Beiträge zum ausländischen und internationalen Privatrecht

128

Herausgegeben vom

Max-Planck-Institut für ausländisches
und internationales Privatrecht

Direktoren:
Holger Fleischer, Ralf Michaels und Reinhard Zimmermann

Jan Oster

Kommunikationsdeliktsrecht

Eine transnationale Untersuchung
am Beispiel des Ehrschutzes

Mohr Siebeck

Jan Oster, geboren 1978; Studium der Rechtswissenschaft an der Johannes Gutenberg-Universität Mainz und der University of California Berkeley; Wissenschaftlicher Mitarbeiter an der Universität Mainz; 2009 Promotion; seit 2009 Rechtsanwalt; 2009 bis 2013 DAAD Lecturer in Law am King's College London; seit 2014 Universitätsdozent für Recht und Institutionen der Europäischen Union an der Universität Leiden; Lehraufträge am Mainzer Medieninstitut, der Universität Luxemburg und der Rechtsanwaltskammer Koblenz; 2018 Habilitation.
orcid.org/0000-0002-7004-0492

ISBN 978-3-16-156936-4 / eISBN 978-3-16-156937-1
DOI 10.1628/978-3-16-156937-1

ISSN 0340-6709 / eISSN 2568-6577
(Beiträge zum ausländischen und internationalen Privatrecht)

Die Deutsche Nationalbibliothek verzeichnet diese Publikation in der Deutschen Nationalbibliographie; detaillierte bibliographische Daten sind über *http://dnb.dnb.de* abrufbar.

© 2019 Mohr Siebeck Tübingen. www.mohrsiebeck.com

Das Buch wurde von Gulde Druck in Tübingen aus der Garamond gesetzt, auf alterungsbeständiges Werkdruckpapier gedruckt und von der Buchbinderei Spinner in Ottersweier gebunden.

Printed in Germany.

Für Eva

Vorwort

Die Arbeit lag dem Fachbereich Rechtswissenschaften der Philipps-Universität Marburg im Wintersemester 2017/2018 als Habilitationsschrift vor. Gesetzgebung, Rechtsprechung und Literatur befinden sich auf dem Stand von Mai 2018. Die zitierten Webseiten wurden zuletzt am 28. Dezember 2018 abgerufen. Zur einfacheren und inklusionsfreundlichen Lesbarkeit verwendet die Arbeit das generische Maskulinum. Aussagen zu geschlechtlicher Identität sind damit nicht verbunden und auch nicht beabsichtigt.

Die Veröffentlichung der Arbeit gibt Gelegenheit, Dank zu sagen. Mein herzlicher Dank gilt Herrn Professor Dr. Georgios Gounalakis für seinen Rat, seinen Ansporn und die Freiheit, die er mir zur Entfaltung meiner Ideen ließ. Einen besseren Betreuer als ihn hätte ich mir nicht wünschen können. Mit Blick auf das Thema dieser Arbeit gilt gleich im doppelten Sinne: Es war mir eine Ehre, bei ihm habilitiert zu haben. Herrn Professor Dr. Florian Möslein danke ich für die rasche und freundliche Erstellung des Zweitgutachtens und für wertvolle Anregungen und Hinweise, die ich für diese Veröffentlichung berücksichtigen konnte. Danken möchte ich auch Herrn Professor Dr. Dieter Dörr von der Universität Mainz für seine Unterstützung und für manchen Zuspruch vor und während des Habilitationsverfahrens.

Mein Dank gilt sodann den Menschen, die mir bei der inhaltlichen und redaktionellen Finalisierung dieses Buches eine unverzichtbare Hilfe waren. Dies sind Frau Dr. Eva Wagner und Herr Dr. Benjamin Straßburger für ihre Anmerkungen zum Manuskript, Herr Dr. Christian Eckl vom Max-Planck-Institut für ausländisches und internationales Privatrecht für seine Empfehlungen zur Vorbereitung des Manuskripts sowie Frau stud. iur. Nina Zillien für ihre kurzfristige und unermüdliche Recherchearbeit.

Ohne die tatkräftige, liebevolle und aufbauende Unterstützung meiner Frau Eva gäbe es dieses Buch nicht. Ihr ist es gewidmet.

Ober-Olm, im Januar 2019   *Jan Oster*

Inhaltsübersicht

Inhaltsverzeichnis

Abkürzungsverzeichnis

1st Cir.	First Circuit
4th Cir.	Fourth Circuit
6th Cir.	Sixth Circuit
7th Cir.	Seventh Circuit
9th Cir.	Ninth Circuit
a. A.	anderer Ansicht
Abs.	Absatz
ABl.	Amtsblatt
abw.	abweichend/e/r
AC	Law Reports, Appeal Cases
ACM	Association for Computing Machinery
AcP	Archiv für civilistische Praxis
(admin)	Administrative Court of the High Court of Justice
AEMR	Allgemeine Erklärung der Menschenrechte
AEUV	Vertrag über die Arbeitsweise der Europäischen Union
a. F.	alte Fassung
AfP	Zeitschrift für Medien- und Kommunikationsrecht (Archiv für Presserecht)
AG	Aktiengesellschaft
AL	Aktualisierungslieferung
All ER	All England Law Reports
AMRK	Amerikanische Menschenrechtskonvention
Art.	Artikel
Aufl.	Auflage
ausf.	ausführlich
AVMD-Richtlinie	Richtlinie über audiovisuelle Mediendienste
Az.	Aktenzeichen
B & C	Barnewall and Cresswell's King's Bench Reports
B & S	Best and Smith's Reports
BAG	Bundesarbeitsgericht
Beschl.	Beschluss
BGB	Bürgerliches Gesetzbuch
BGBl.	Bundesgesetzblatt
BGH	Bundesgerichtshof
BGHZ	Entscheidungen des Bundesgerichtshofes in Zivilsachen
BR-Drucks.	Bundesrats-Drucksache

Brüssel Ia-VO	Verordnung (EU) Nr. 1215/2012 des Europäischen Parlaments und des Rates vom 12. Dezember 2012 über die gerichtliche Zuständigkeit und die Anerkennung und Vollstreckung von Entscheidungen in Zivil- und Handelssachen
BT-Drucks.	Bundestags-Drucksache
Buchst.	Buchstabe
BVerfG	Bundesverfassungsgericht
BVerfGE	Entscheidungen der amtlichen Sammlung des Bundesverfassungsgerichts
BVerwG	Bundesverwaltungsgericht
bzw.	beziehungsweise
ca.	circa
Cal.	California Reports
Cal. 3d	California Reports, Third Series
Cal. Ct. App.	California Court of Appeal
Cal. Rptr.	California Reporter
CanLII	Canadian Legal Information Institute
Car & P	Carrington and Payne's Reports
CC	Constitutional Court of South Africa
Ch	Chancery
CISG	UN-Kaufrecht (United Nations Convention on Contracts for the International Sale of Goods)
Co.	Compagnie; Company
Co Rep	Coke's King's Bench Reports
Corp.	Corporation
CR	Computer und Recht
CR M & R	Crompton, Meeson & Roscoe's Reports
D.C.	District of Columbia
D.D.C.	District of D.C.
D. Mass.	District of Massachusetts
ders.	derselbe
d.h.	das heißt
dies.	dieselbe/n
DSGVO	Datenschutz-Grundverordnung
ebd.	ebenda
e-commerce-Richtlinie	Richtlinie 2000/31/EG des Europäischen Parlaments und des Rates vom 8. Juni 2000 über bestimmte rechtliche Aspekte der Dienste der Informationsgesellschaft, insbesondere des elektronischen Geschäftsverkehrs, im Binnenmarkt („Richtlinie über den elektronischen Geschäftsverkehr")
EFTA	Europäische Freihandelsassoziation (European Free Trade Association)
EG	Europäische Gemeinschaft
EGMR	Europäischer Gerichtshof für Menschenrechte
EKomMR	Europäische Kommission für Menschenrechte
EL	Ergänzungslieferung
EMLR	Entertainment and Media Law Reports

EMRK	Konvention zum Schutz der Menschenrechte und Grundfreiheiten (Europäische Menschenrechtskonvention)
Eq	Equity
ER	English Reports
etc.	et cetera
EU	Europäische Union
EUGRCh	Charta der Grundrechte der Europäischen Union
EuGRZ	Zeitschrift für Europäische Grundrechte
EUV	Vertrag über die Europäische Union
EuZW	Europäische Zeitschrift für Wirtschaftsrecht
EWCA Civ	England and Wales Court of Appeal, Civil Division
EWHC	High Court of Justice of England and Wales
EWS	Europäisches Wirtschafts- und Steuerrecht
f.	folgende/r (Singular)
F.	Federal Reporter
F. 2d	Federal Reporter, Second Series
F. 3d	Federal Reporter, Third Series
F & F	Foster & Finlayson's Reports
FIFA	Weltfußballverband (Fédération Internationale de Football Association)
ff.	folgende (Plural)
Fn.	Fußnote
FS	Festschrift
F. Supp.	Federal Supplement
F. Supp. 2d	Federal Supplement, Second Series
GATS	Allgemeines Abkommen über den Handel mit Dienstleistungen (General Agreement on Trade in Services)
GenTG	Gentechnikgesetz
GG	Grundgesetz
ggf.	gegebenenfalls
GmbH	Gesellschaft mit beschränkter Haftung
GRUR	Gewerblicher Rechtsschutz und Urheberrecht
H & N	Hurlstone & Norman's Exchequer Reports
HCA	High Court of Australia
Hrsg.	Herausgeber
IAGMR	Interamerikanischer Gerichtshof für Menschenrechte
ICANN	Internet Corporation for Assigned Names and Numbers (ICANN)
i.d.F.	in der Fassung
IETF	Internet Engineering Task Force
IFG	Gesetz zur Regelung des Zugangs zu Informationen des Bundes (Informationsfreiheitsgesetz)
Inc.	Incorporated
Int.	international
IOC	Internationales Olympisches Komitee (International Olympic Committee)
IPbpR	Internationaler Pakt über bürgerliche und politische Rechte
IPRax	Praxis des Internationalen Privat- und Verfahrensrechts
IPSO	Independent Press Standards Organisation

i. S. d.	im Sinne des/der
i. V. m.	in Verbindung mit
IZVR	Internationales Zivilverfahrensrecht
JZ	Juristenzeitung
K&R	Kommunikation & Recht
Kap.	Kapitel
KB	Law Reports, King's Bench
KG	Kommanditgesellschaft
KunstUrhG	Gesetz betreffend das Urheberrecht an Werken der bildenden Künste und der Photographie
lit.	littera
Lit.	Literatur
LK	Leipziger Kommentar
LT	Law Times Reports
Ltd.	Limited
Lofft	Lofft's Reports
LR	Law Reports
M	MacPherson's Session Cases
M & W	Meeson and Welsby's Exchequer Reports
Md.	Maryland Reports
(Md. *Jahr*)	Maryland Supreme Court
(Minn. *Jahr*)	Minnesota Supreme Court
MMR	MultiMedia und Recht
m. w. N.	mit weiteren Nachweisen
N.D. Cal.	Northern District of California
NGO	Nichtregierungsorganisation (Non-governmental organization)
NJW	Neue Juristische Wochenschrift
No.	Nummer
Nr.	Nummer
N.W.	North Western Reporter
N.W. 2d	North Western Reporter, Second Series
N.Y.	New York Reports
(N.Y. *Jahr*)	New York Court of Appeals
N.Y. 2d	New York Reports, Second Series
N.Y. 3d	New York Reports, Third Series
N.Y. App. Div.	Appellate Division of the Supreme Court of New York
N.Y.S.	West's New York Supplement
N.Y.S. 2d	West's New York Supplement, Second Series
N.Y. Sup. Ct.	Supreme Court of New York
NYU	New York University
OECD	Organisation für wirtschaftliche Zusammenarbeit und Entwicklung (Organisation for Economic Co-operation and Development)
ÖJZ	Österreichische Juristen-Zeitung
ON CA	Ontario, Canada
Pub.	Publisher
QB	Queen's Bench Reports
(QB)	Queen's Bench Division of the High Court of Justice
QBD	Queen's Bench Division

RabelsZ	Rabels Zeitschrift für ausländisches und internationales Privatrecht
RÄStV	Rundfunkänderungsstaatsvertrag
RIW	Recht der internationalen Wirtschaft
Rn.	Randnummer
Rom II-VO	Verordnung (EG) Nr. 864/2007 des Europäischen Parlaments und des Rates vom 11. Juli 2007 über das auf außervertragliche Schuldverhältnisse anzuwendende Recht („Rom II")
RPC	Reports of Patent Cases
Rs.	Rechtssache
RStV	Staatsvertrag für Rundfunk und Telemedien (Rundfunkstaatsvertrag)
S.	Seite
S.C.R.	Supreme Court Reports
S.D.N.Y.	Southern District of New York
SLT	Scots Law Times
sog.	sogenannt(e/er/es)
SPEECH Act	Securing the Protection of our Enduring and Established Constitutional Heritage (SPEECH) Act 2010
SR (NSW)	State Reports, New South Wales
StGB	Strafgesetzbuch
TDG	Gesetz über die Nutzung von Telediensten (Teledienstegesetz)
TMG	Telemediengesetz
TKG	Telekommunikationsgesetz
TLR	Times Law Reports
u. a.	und andere; unter anderem
UC	University of California
UCLA	University of California Los Angeles
UK	Vereinigtes Königreich (United Kingdom)
UKHL	United Kingdom House of Lords
UN	Vereinte Nationen (United Nations)
UrhG	Gesetz über Urheberrecht und verwandte Schutzrechte (Urheberrechtsgesetz)
Urt.	Urteil
U.S.	United States Supreme Court Reports
US	Vereinigte Staaten (United States)
USA	Vereinigte Staaten von Amerika (United States of America)
UWG	Gesetz gegen den unlauteren Wettbewerb
v.	*versus*; vom
verb. Rs.	verbundene Rechtssachen
vgl.	vergleiche
VwGO	Verwaltungsgerichtsordnung
W.D. Pa.	Western District of Pennsylvania
W-LAN	Wireless Local Area Network
W.L.R.	Weekly Law Reports
ZaöRV	Zeitschrift für ausländisches öffentliches Recht und Völkerrecht
z. B.	zum Beispiel
ZEuP	Zeitschrift für Europäisches Privatrecht
zit.	zitiert

ZPO	Zivilprozessordnung
ZRP	Zeitschrift für Rechtspolitik
ZUM	Zeitschrift für Urheber- und Medienrecht
zust.	zustimmend/e/r

1. Kapitel

Einführung

Das Recht kategorisiert und bewertet Kommunikation sowie deren Inhalt, die Information. Kommunikation kann beispielsweise „zum Hass aufstacheln",[1] beleidigen, täuschen, zu Angelegenheiten von öffentlichem Interesse beitragen oder einen auf die Herbeiführung eines Rechtsgeschäfts gerichteten Willen zum Ausdruck bringen. Informationen können als „vertraulich" oder „geheim" eingestuft sein, und sie sind unter gegebenen Umständen „privat" oder gar „intim". Das IFG des Bundes findet auf „amtliche" Informationen Anwendung.[2] Das Datenschutzrecht bestimmt, dass „personenbezogene" Daten zu löschen sind, wenn sie für bestimmte Zwecke nicht mehr „erheblich" oder „notwendig" sind.[3] Das Urheberrecht schützt „Werke", die Informationen verkörpern.[4] Das GenTG regelt „gentechnische Arbeiten", d. h. Arbeiten an Erbinformationen. Die AVMD-Richtlinie findet Anwendung auf „Dienstleistungen" i. S. d. Art. 56, 57 AEUV, die als „Fernsehprogramm" bzw. als „audiovisuelle Mediendienste auf Abruf" eingestuft werden. Der europäische Rechtsrahmen für elektronische Kommunikation ist anwendbar auf die Übertragung von Informationen, die e-commerce-Richtlinie auf den Inhalt von Internet-Kommunikation.

Zur juristischen Bewältigung der Kommunikation und der Information hat sich in der internationalen Forschung und Lehre eine Querschnittsmaterie als eigenständige Teilrechtsdisziplin entwickelt, die hier unter dem Begriff des „Informations- und Kommunikationsrechts" zusammengefasst wird.[5] Das Infor-

---

[1] Siehe etwa Art. 6 AVMD-Richtlinie; § 130 Abs. 1 Nr. 1 StGB.

[2] Siehe §§ 1, 2 Nr. 1 IFG.

[3] Art. 6 Abs. 1 Buchst. f), Art. 17 Abs. 1 Buchst. a) DSGVO; EuGH, Rs. C-131/12 [2014] Google Spain SL und Google Inc./AEPD u. a. (zu Art. 12 Buchst. b) i. V. m. Art. 6 Buchst. c) Datenschutzrichtlinie 95/46/EG).

[4] Siehe etwa Berner Übereinkunft zum Schutze von Werken der Literatur und Kunst von 1886; §§ 1 und 2 UrhG; Section 1 Abs. 1 UK Copyright, Designs and Patents Act 1988. Dazu ausführlich *Zech*, Information als Schutzgegenstand, 2012.

[5] So etwa ausdrücklich *Albrecht*, Informations- und Kommunikationsrecht – Lehrbuch für das gesamte IT-Recht, 2018. Im Übrigen unterscheiden Lehrbücher und Lehrpläne nach dem Schwerpunkt der Information bzw. der Kommunikation, etwa der Technologie (statt vieler *Murray*, Information Technology Law, 3. Aufl. 2016), dem Inhalteanbieter, beispielsweise der journalistischen Medien (statt vieler *Oster*, Media Freedom as a Fundamental Right,

mations- und Kommunikationsrecht findet seine Daseinsberechtigung in ontologischen, wirtschaftlichen, technologischen und grundrechtlichen Eigengesetzlichkeiten der Information und der Kommunikation. Hierzu zählen etwa
die Intangibilität, Digitalisierung und Datafizierung von Informationen, der
häufig grenzüberschreitende Charakter der Kommunikation, die zunehmende
Komplexität und Verbreitung von Informationstechnologien und der besondere
Schutz von Kommunikationsvorgängen durch Meinungs-, Medien- und Informationsfreiheit.

I. Gegenstand und Ziel der Arbeit

Diese Untersuchung fügt der Erschließung des Informations- und Kommunikationsrechts ein weiteres Kapitel hinzu. Mittels Kommunikation können
Rechte anderer verletzt werden. Dies ist beispielsweise dann der Fall, wenn der
Inhalt der Kommunikation beleidigend ist, die Privatsphäre oder das Urheberrecht verletzt. Es wird vorgeschlagen, im Privatrecht hierfür den Begriff des
„Kommunikationsdeliktsrechts" zu verwenden. Das Kommunikationsdeliktsrecht sollte deswegen zum gesonderten Gegenstand der deliktsrechtlichen Forschung gemacht werden, weil es auf den besonderen Charakteristika des Infor-
mations- und Kommunikationsrechts beruht und sich so von Delikten physischer Natur (Körperverletzungen, defekte Produkte, Schädigungen der
Umwelt, etc.) unterscheidet: Es betrifft häufig grenzüberschreitend zugängliche, jedoch physisch nicht fassbare und damit schwer lokalisierbare Kommuni-
kationsvorgänge, und es muss den besonderen Einfluss der Meinungs-, Medien-
und Informationsfreiheit berücksichtigen.
    Ziel dieser Arbeit ist es, zur Theorie und Dogmatik eines transnationalen
Kommunikationsdeliktsrechts beizutragen, indem es einen gemeinsamen Kern
(„*common core*") von drei Rechtsordnungen am Beispiel des privatrechtlichen
Ehrschutzes herausarbeitet.

II. Theorie und Dogmatik

Theorienbildung besteht darin, ein zusammenhängendes System von Aussagen
zu entwickeln, welches konkrete vergangene, gegenwärtige oder zukünftige

---

2015) oder bestimmter Eigenschaften von Information (statt vieler *Solove/Schwartz*, Information Privacy Law, 5. Aufl. 2015). Die inhaltlichen Überschneidungen dieser Ansätze sind
indessen frappant.

Phänomene zu erklären vermag.[6] „Theorien" im Sinne dieser Arbeit sind als analytische (oder positive) Theorien zu verstehen, nicht als normative Theorien. Sie versuchen nicht, geltendes Recht zu rechtfertigen oder auf seine Veränderung hinzuwirken, sondern es zu verstehen, zu ordnen und zu analysieren.[7] Die Untersuchung baut teilweise auf bestehenden Theorien auf, etwa das Shannon'sche Modell der Kommunikation und die Theorien des Ehrschutzes, teilweise entwickelt sie neue Theorien, insbesondere die Taxonomie der Information als Grundlage des Kommunikationsdeliktsrechts. Aus den theoretischen Grundlagen leitet die Untersuchung Aussagen für eine Dogmatik des Kommunikationsdeliktsrechts her.

III. Die transnationale Perspektive

Das Bedürfnis nach einer *transnationalen* Untersuchung des Kommunikationsdeliktsrechts ergibt sich aus dem Befund von Globalisierung in Gestalt der „postnationalen Konstellation"[8] und dem Entstehen einer „Weltgesellschaft"[9]. Die Friedensverträge von Münster und Osnabrück im Jahre 1648 legten die Grundlagen nationalstaatlicher Souveränität und bestimmten damit die Weltordnung für die darauffolgenden Jahrhunderte.[10] Abendländisches Rechtsdenken beruht seitdem auf einer untrennbaren Verbindung des Rechts mit dem Staat. Der für lange Zeit dominierende politikwissenschaftliche Ansatz des Realismus sieht souveräne Staaten mit klar definierten geographischen Grenzen als die maßgeblichen Akteure internationaler Politik. Angesichts der Phänomene der „Globalisierung" wachsen indessen die Zweifel an der statischen, staatsfokussierten und fragmentierten westfälischen Perspektive auf Recht und internationale Beziehungen. Die Gegenwart unterscheidet sich von früheren Epochen maßgeblich dadurch, dass ihre Probleme in stärkerem Maße global miteinander verknüpft sind. Statt von „der Globalisierung" ist es daher präziser, von verschiedenen „Globalisierungen" unterschiedlicher zeitlicher Abfolge, Intensität und geographischer Reichweite zu sprechen. Bis zur Weltwirtschaftskrise in die

---

[6] Vgl. *Barakso/Sabet/Schaffner*, Understanding Political Science Research Methods – The Challenge of Inference, 2014, S. 57, 60; *DeLue/Dale*, Political Thinking, Political Theory, and Civil Society, 4. Aufl. 2017, S. xx (Introduction).

[7] Vgl. *Shively*, The Craft of Political Research, 9. Aufl. 2016, S. 5.

[8] *Habermas*, Die postnationale Konstellation, in: Die postnationale Konstellation, Politische Essays, 1998, S. 91 ff.

[9] Grundlegend *Luhmann*, Die Gesellschaft der Gesellschaft I, 1998, S. 145; siehe z. B. *Stichweh*, Die Weltgesellschaft, 2000; *Albert*, Zur Politik der Weltgesellschaft, 2002; *Schulte*, Rechtstheorie 39 (2008), 143; *Halfmann*, Rechtstheorie 39 (2008), 279; *Stichweh*, Rechtstheorie 39 (2008), 329.

[10] Dazu statt vieler *Franca Filho*, German Law Journal 8 (2007), 955.

1930er Jahre hinein und dann wieder in der zweiten Hälfte des 20. Jahrhunderts war „Globalisierung" vor allem durch grenzüberschreitenden Warenhandel geprägt und erzeugte damit Bedarf nach einem einheitlichen Kaufrecht: Ernst Rabels „Recht des Warenkaufs"[11] bildete die Grundlage für das Übereinkommen der Vereinten Nationen über Verträge über den internationalen Warenkauf (CISG).[12] Es folgten etwa die Globalisierung der Dienstleistungen, die ihren Höhepunkt im Allgemeinen Abkommen über den Handel mit Dienstleistungen (GATS) fand, die Anschläge vom 11. September 2001 und die Globalisierung des Terrorismus sowie die Globalisierung der Migration. Für diese Arbeit von besonderer Bedeutung ist die globale Kommunikation durch international verbreitete Druckerzeugnisse, Satellitenrundfunk und Internet. Dies wiederum macht globale oder zumindest regionale Problemlösungsansätze erforderlich. Die reaktionär anmutende Betonung des Nationalen (Stichworte „Brexit", „America first") widerlegt nicht das empirische Phänomen der Globalisierungen, sondern ist als Gegenbewegung hierzu gerade ihre Bestätigung.

Das große Paradoxon der Globalisierungen besteht indessen darin, dass scheinbar alles globalisiert ist – nur die Politik selbst nicht. Auch die sorgfältigen Untersuchungen zu *global governance* können nicht darüber hinwegtäuschen, dass es letzten Endes an einer globalen Regelsetzungsinstitution fehlt. Hier kommt nun der Beitrag der Rechtswissenschaft ins Spiel.

Die Reaktion der Rechtswissenschaft auf Globalisierungen sollte in einem rechtlichen Kosmopolitismus bestehen. Seyla Benhabib schreibt dem Recht „jurisgenerative Wirkung" zu, d.h. die Fähigkeit, „ein normatives Bedeutungsuniversum zu schaffen, das sich von der ‚Herkunft formaler Gesetzgebung' oft freimachen kann, wodurch Sinn und Reichweite des Rechts selbst ausgeweitet werden".[13] Im europarechtlichen Diskurs spiegelt sich Benhabibs Jurisgenerativität in dem Gedanken der „Integration durch Recht"[14] wieder.

1. Jessups transnational law

Diese Arbeit begegnet einem Phänomen von Globalisierung – der globalen Kommunikation – und damit einhergehenden Herausforderungen für das Zusammenleben der Weltgesellschaft durch behutsame, stabilisierende Systematisierung des geltenden nationalen und internationalen Rechts und trägt dadurch

[11] *Rabel*, Das Recht des Warenkaufs, 1936 und 1957.
[12] Vom 11.04.1980; BGBl. 1989 II S. 588.
[13] *Benhabib*, Kosmopolitismus ohne Illusionen, 2016, S. 42.
[14] Grundlegend *Stein*, American Journal of International Law 75 (1981), 1; siehe z.B. *Cappelletti/Seccombe/Weiler*, Integration through law: Europe and the American federal experience, 1985; *Haltern*, in: Bieling/Lerch (Hrsg.), Theorien der europäischen Integration, 3. Aufl. 2012, S. 339ff.

zur Konzeptualisierung eines transnationalen Informations- und Kommunikationsrechts bei. Gerade angesichts von Globalisierungen kommt der Ordnungsfunktion der Rechtsdogmatik eine große Bedeutung für Rechtssicherheit zu. In einer vernetzten Welt ist nicht Fragmentierung die Lösung, sondern Transnationalität. Dafür geht die Untersuchung nach der von Philip C. Jessup inspirierten Methode des „transnationalen Rechts" vor. Diese Methode vereinigt für die vorliegende Arbeit Multidisziplinarität und Rechtsvergleichung, sie überwindet hergebrachte Dichotomien (z. B. öffentliches Recht und Privatrecht, nationales Recht und internationales Recht) und sie ersetzt binäre Begrifflichkeiten (z. B. „Angelegenheit von öffentlichem Interesse vs. Privatangelegenheit", „Journalismus vs. Nicht-Journalismus" oder „Schmähkritik vs. keine Schmähkritik") durch imaginäre Skalen und Stufenontologien. Es bedarf eines Perspektivwechsels sowohl in der Rechtswissenschaft als auch in der juristischen Ausbildung[15], um den Herausforderungen durch Globalisierungen zu begegnen und die Bedürfnisse der Weltgesellschaft zu befriedigen: Das Recht ist transnational *zu denken*.

In seinen Vorlesungen an der Yale Law School 1956 entwickelte Philip C. Jessup den Ansatz des *transnational law*.[16] Als Ausgangspunkt seiner Überlegungen identifizierte er die Entwicklung der Gesellschaft in eine „komplexe, wechselbezügliche Weltgemeinschaft".[17] Diese Weltgemeinschaft ist durch eine wachsende Zahl von Konflikten mit grenzüberschreitender Dimension geprägt. Diese betreffen nicht nur Staaten, sondern auch Privatpersonen, Unternehmen, internationale Organisationen und andere gesellschaftliche Gruppen.[18] Gleichwohl seien Gesellschaften seit dem Ende des Feudalismus auf den Nationalstaat fixiert; die Entwicklung eines „Weltstaats" zeichne sich nicht ab.[19]

Auf dieser empirischen Grundlage analysierte Jessup die rechtlichen Regime, welche grenzüberschreitende Aktivitäten und Situationen regeln. Er erkannte, dass es oftmals zu Konflikten rechtlicher Regelungen komme. Zur Lösung solcher Konflikte – im Englischen *conflict of laws* – könne einerseits auf Regelungen zurückgegriffen werden, die das anzuwendende Recht bestimmen.[20] Diese können Vorschriften des IPR sein oder die Jurisdiktion betreffen. Jessup wies andererseits auf außergerichtliche und meta-rechtliche Mittel zur Lösung transnationaler Konflikte hin.[21] Hierunter fasste er beispielsweise die Änderung eines grenzüberschreitenden Vertrages anstelle seiner Erfüllung oder die Entscheidung durch eine zwischenstaatliche Schiedsgerichtsbarkeit. Die Kon-

---

[15] Dazu *Menkel-Meadow*, UC Irvine Law Review 1 (2011), 97; *Reimann*, Pennsylvania State International Law Review 22 (2004), 397.
[16] *Jessup*, Transnational Law, 1956.
[17] *Jessup*, Transnational Law, 1956, S. 1.
[18] *Jessup*, Transnational Law, 1956, S. 3.
[19] *Jessup*, Transnational Law, 1956, S. 1.
[20] *Jessup*, Transnational Law, 1956, S. 4.
[21] *Jessup*, Transnational Law, 1956, S. 6.

fliktlösung würde in solchen Fällen nicht durch die Anwendung bzw. Umsetzung des geltenden Rechts erreicht, aber sie sei dennoch rechtlich verbindlich, da[22] sie *neues* Recht zwischen den Parteien schaffe. Vor diesem Hintergrund plädierte Jessup dafür, hergebrachte rechtliche Kategorisierungen wie beispielsweise monistisch/dualistisch und positivistisch/naturalistisch aufzugeben.

Damit stellte sich für Jessup die Frage, wie sein neues Rechtsdenken begrifflich zu erfassen sei. Er erkannte, dass der Begriff „internationales Recht" (*international law*) unzureichend war, da hiermit im englischen Sprachgebrauch zu Jessups Zeit überwiegend das Recht zwischen Staaten und das Recht internationaler Organisationen verstanden wurde, also das, was im Deutschen unter „Völkerrecht" firmiert.[23] Anstelle des Begriffs „international law" wählte Jessup den des „transnational law", um seinen gedanklichen Ansatz zu beschreiben: Dieser Begriff umfasse „das gesamte Recht, welches Handlungen oder Ereignisse regelt, die nationale Grenzen überschreiten. Sowohl Internationales Öffentliches Recht als auch Internationales Privatrecht sind hiervon umfasst, ebenso wie Regeln, die nicht vollständig in eine solche Standard-Kategorie fallen."[24]

2. Die Rezeption und Weiterentwicklung „transnationalen Rechts"

Jessups Konzept des transnationalen Rechts erlebt vor allem seit den 1990er Jahren eine beachtliche Karriere. Das Ende des Kalten Krieges und die Entwicklungen von Globalisierungen veränderte das Koordinatensystem der internationalen Politik und des internationalen Rechts. Anstelle von Staaten und Staatengemeinschaften rücken transnationale Akteure wie etwa Konzerne, Nichtregierungsorganisationen und internationale Terrororganisationen zunehmend in den Fokus der politikwissenschaftlichen, soziologischen, ökonomischen und juristischen Diskurse. Das Bedürfnis der Weltgesellschaft nach globalen Regeln führt, in Abwesenheit einer zentralen Weltregierung, zu einem Rechtspluralismus aus komplexen, multi-polaren Regelwerken.[25] Neue Konzepte sollten postmoderne transnationale Phänomene erschließen, die nicht mehr in das westfälische Staatsdenken passten; Begriffe wie *„global governan-*

---

[22] Hier wäre genauer zu formulieren: „wenn und soweit".

[23] Heute wird hierfür im Englischen der Begriff „public international law" verwendet, was wiederum dazu geführt hat, dass man im Deutschen in wachsendem Maße von „Internationalem Öffentlichen Recht" spricht.

[24] „I shall use, instead of 'international law,' the term 'transnational law' to include all law which regulates actions or events that transcend national frontiers. Both public and private international law are included, as are other rules which do not wholly fit into such standard categories." (*Jessup*, Transnational Law, 1956, S. 2).

[25] Siehe z.B. *Berman*, Columbia Journal of Transnational Law 43 (2005), 485, 507 ff.; *Berman*, Southern California Law Review 80 (2007), 1155; *Siems/Zumbansen*, European Law Journal 15 (2008), 246; *Calliess/Zumbansen*, Rough Consensus and Running Code, 2010, S. 6.

ce" und „*global constitutionalism*" sind seitdem omnipräsent. Insbesondere die multidisziplinär angelegte Rechtssoziologie entdeckte und besetzte Jessups „transnationales Recht" als konzeptionellen Anknüpfungspunkt für ihre Forschungsagenda. Zum einen schien Jessups Beobachtung einer „Weltgemeinschaft" mit den sozialwissenschaftlichen Befunden einer „Weltgesellschaft", einer „postnationalen Konstellation" und einer „neuen Weltordnung"[26] übereinzustimmen. Zum anderen erwies sich das *transnational law* auch offen für Regelwerke, die nicht in die traditionellen Kategorien des Rechts fallen, und damit als Eingangstür für die rechtssoziologische Adaption des transnationalen Rechts. Denn anders als die Rechtsdogmatik befasst sich die Rechtssoziologie weniger mit den formalen Kategorien als vielmehr mit den tatsächlichen Auswirkungen des Rechts.[27]

Die Adaption von Jessup's *transnational law* durch die Rechtssoziologie führte dazu, dass einerseits das transnationale Recht die Rechtssoziologie um ein Konzept zur Erfassung grenzüberschreitender Sachverhalte angesichts der Dynamiken von Globalisierungen bereicherte, und andererseits die Rechtssoziologie das transnationale Recht rechtssoziologisch auflud. Damit erbte das transnationale Recht die Begriffsunschärfen der Soziologie. Das Adjektiv „schillernd" trifft auf kaum einen anderen juristischen Begriff so treffend zu wie den des „transnationalen Rechts". Bis heute besteht über seinen genauen Inhalt und seine Konturen keine Einigkeit. Bisweilen wird transnationales Recht als „Theorie"[28] bezeichnet, andernorts wahlweise als „Methode" oder „Methodologie",[29] woanders als eine eigene Rechtsordnung bzw. Kategorie des Rechts,[30] und manche halten diese Begriffe offensichtlich für austauschbar.[31] Als begriffliche Alternativen zum transnationalen Recht mit ähnlichem – und

---

[26] *Slaughter*, A New World Order, 2004.

[27] Statt vieler *Cotterrell*, Journal of Law & Society 10 (1983), 241, 242 f.

[28] Vgl. *Zumbansen*, in: Calliess (Hrsg.), Transnationales Recht, 2014, 557, 575: „Transnationales Recht als Politische Rechtstheorie".

[29] *Zumbansen*, Transnational Legal Theory 10 (2010), 141; *Zumbansen*, in: Smits (Hrsg.), Encyclopedia of Comparative Law, 2. Aufl. 2012, 899.

[30] Vgl. *Calliess*, Zeitschrift für Rechtssoziologie 23 (2002), 185, 186 f.: „transnational (commercial) law here denotes a *third category of law* somewhere in between the traditional dichotomy of municipal laws and (public) international law" (Kursivdruck im Original); *Mahlmann*, German Law Journal 10 (2009), 1325, 1326: „Transnational law has various meanings, including rules created by non-state actors which gain binding force".

[31] Siehe z.B. *Calliess/Zumbansen*, Rough Consensus and Running Code, 2010, S. ix: „methodological approach", S. x: „methodological perspective", S. 5: „legal theoretical inquiry", S. 6: „theory", S. 8, 10: „methodological concept", S. 11: „methodological position", S. 26: „legal pluralist theory"; S. 95: „theory of transnational private law"; S. 103: „understanding of 'transnational' as a distinctly methodological orientation" sowie „transnational legal theory"; Calliess (Hrsg.), Transnationales Recht, 2014: Abschnittsüberschrift „VII. Transnationales Recht *als Methode*", gefolgt von dem einzigen Beitrag für diesen Abschnitt von Zumbansen: „Methodologie und Legitimation: Transnationales Recht *als* Politische Rechts*theorie*" (Kursivdruck durch Verf.).

ähnlich unscharfem – Inhalt finden sich im Englischen Termini wie *global law*[32] und *law and globalisation*,[33] im Deutschen wird in diesem Zusammenhang auch der Begriff des „Weltrechts" verwendet.[34] Passend wäre auch die Bezeichnung „Postnationales Recht".

Gemeinsam ist diesen Konzepten, dass sie Governance-Strukturen jenseits des Nationalstaats untersuchen, Rechtssetzung als Bottom-up- statt Top-down-Prozess betrachten, multidisziplinär geprägt und dabei insbesondere an Sozialwissenschaften angelehnt sind. Vertreter des transnationalen Rechts bzw. „Weltrechts" haben verschiedene gedankliche Ansätze der Soziologie, Politikwissenschaft und Ökonomie aufgenommen wie etwa Luhmanns Systemtheorie,[35] die Neue Institutionenökonomik,[36] Pfadabhängigkeit[37] und Denken in Netzwerken.[38] Innerhalb der Rechtswissenschaft spannen sich transnational-rechtliche Ansätze über verschiedene Teilrechtsgebiete, wie etwa Verwaltungsrecht,[39] Vertragsrecht,[40] Gesellschaftsrecht[41] und Menschenrechte.[42]

Vor diesem Hintergrund wäre das Unternehmen, unstreitige gemeinsame Grundgedanken des transnationalen Rechts darzustellen, von vornherein zum Scheitern verurteilt. Auf die Gefahr hin, dass viele Wissenschaftlerinnen und Wissenschaftler „ihr" Verständnis vom transnationalen Recht nicht wiederfinden werden, wird der Begriff „transnationales Recht" als Terminus zur Erfassung der methodischen Grundlagen dieser Arbeit verwendet, die im Folgenden näher dargestellt werden.

---

[32] Vgl. *Chimni*, International Law and Politics 37 (2005), 799; *Marks*, International Law and Politics 37 (2005), 995.

[33] *Berman*, Columbia Journal of Transnational Law 43 (2005), 485.

[34] Vgl. *Schulte*, Rechtstheorie 39 (2008), 143; *Kotzur*, Rechtstheorie 39 (2008), 191; *Voigt*, Rechtstheorie 39 (2008), 357; *Di Fabio*, Rechtstheorie 39 (2008), 399.

[35] Vgl. *Calliess*, Zeitschrift für Rechtssoziologie 23 (2002), 185, 190; *Eichler*, Rechtstheorie 39 (2008), 167, 169; *Schulte*, Rechtstheorie 39 (2008), 143, 145; *Calliess/Renner*, German Law Journal 10 (2009), 1341, 1342 f.; *Calliess/Zumbansen*, Rough Consensus and Running Code, 2010, S. 6.

[36] Vgl. *Calliess/Renner*, German Law Journal 10 (2009), 1341; *Calliess/Zumbansen*, German Law Journal 9 (2008), 389, 390; *Calliess/Zumbansen*, Rough Consensus and Running Code, 2010, S. 14.

[37] *Calliess/Zumbansen*, German Law Journal 9 (2008), 389, 394; *Smits*, German Law Journal 9 (2008), 477; *Calliess/Zumbansen*, Rough Consensus and Running Code, 2010, S. 5.

[38] *Von Bernstorff*, in: Teubner/Joerges/Sand (Hrsg.), Transnational Governance and Constitutionalism, 2004, 257; *Augsberg/Viellechner/Zumbansen*, German Law Journal 10 (2009), 305 m. w. N.; *Viellechner*, German Law Journal 10 (2009), 515.

[39] Vgl. *Marks*, International Law and Politics 37 (2005), 995; *Chimni*, International Law and Politics 37 (2005), 799; *Nicolaidis/Shaffer*, Law and Contemporary Legal Problems 68 (2005), 263; *Fischer-Lescano*, JZ 2008, 373.

[40] Vgl. *Calliess*, Indiana Journal of Global Legal Studies 14 (2007), 469; *Michaels*, Indiana Journal of Legal Studies 14 (2007), 447.

[41] Vgl. *Branson*, Georgia Law Review 34 (2000), 669; *Siems/Zumbansen*, European Law Journal 15 (2008), 246.

[42] Vgl. *Halfmann*, Rechtstheorie 39 (2008), 279, 292 ff.; *Baer*, German Law Journal 10 (2009), 1319.

3. „Transnationales Recht" als Methode

Die Erläuterung eines Konzepts beginnt mit einer Analyse des zugrundeliegenden Begriffs. Transnationales Recht wäre demnach das Recht, welches grenzüberschreitende Sachverhalte regelt. Aber auch diese semantische Auslegung erweist sich im Hinblick auf das transnationale Recht als problematisch, da man – *cum grano salis* – sogar argumentieren könnte, dass transnationales Recht weder transnational noch Recht ist. Der Begriff „transnational" wird hier nicht als räumliche Sphäre jenseits des Nationalen verstanden, sondern als methodischer Ansatz.[43] In diesem Sinne beschreibt „transnationales Recht" nicht etwa eine bereits bestehende Rechtsordnung oder ein Rechtsgebiet, wie etwa „das Völkerrecht", „das (deutsche, englische, amerikanische etc.) Verfassungsrecht", „das Umweltrecht" oder eben „das Informations- und Kommunikationsrecht". Vielmehr ist „transnationales Recht" im Sinne dieser Arbeit zu verstehen als eine *methodische* Herangehensweise mit dem *Desiderat*, mögliche universelle Normen zu identifizieren. Um es terminologisch auf den Punkt zu bringen: *transnationales* Recht im Sinne dieser Arbeit beschreibt die Methode, mit der das Ziel verfolgt wird, *das transnationale* Recht zu erkennen.

Ausgangspunkt transnationaler Rechtserkenntnis ist die Rechtsvergleichung. Diese Rechtsvergleichung richtet ihren Blick indessen auf den gemeinsamen Kern (*common core*) der zu untersuchenden Rechtsordnungen und berücksichtigt dabei positivrechtliche internationaler Harmonisierungstendenzen, insbesondere durch die Menschenrechte. Hierin liegt der über die „traditionelle" Rechtsvergleichung hinausgehende Erkenntnisgewinn transnationalen Rechtsdenkens (dazu a)).

Basierend auf der Definition Jessups umfasst das zu erkennende transnationale Recht nicht nur „Recht" im positiven Sinne, sondern „das *gesamte* Recht, welches Handlungen oder Ereignisse regelt, die nationale Grenzen überschreiten. Sowohl Internationales Öffentliches Recht als auch Internationales Privatrecht sind hiervon umfasst, *ebenso wie Regeln, die nicht vollständig in eine solche Standard-Kategorie fallen*"[44] (Kursivdruck hinzugefügt). Der Schwerpunkt des Begriffs „transnationales Recht" als Methodik liegt daher auf dem Präfix „trans". Die Rechtsdogmatik anerkennt eine Vielzahl von Dichotomien, wie beispielsweise Öffentliches Recht/Privatrecht, nationales Recht/internationales Recht oder die grundlegende Unterscheidung von Recht und Nicht-Recht. Beeinflusst durch multidisziplinäre, postmoderne, kritische, post-westliche und poststrukturalistische Sozialwissenschaft stellt rechtssoziologisch gewandetes transnationales Recht diese Dichotomien in Frage. Dieser Ansatz soll, wenn-

---

[43] Vgl. demgegenüber *Amstutz/Karavas*, Rechtsgeschichte 6 (2006), 14: Recht des „transnationalen Raumes".

[44] *Jessup*, Transnational Law, 1956, S. 2.

gleich mit einigen Einschränkungen, als methodische Grundlage dieser Arbeit dienen (dazu b) bis d)).

a) Rechtsvergleichung, Rechtsvereinheitlichung und Internationales Privatrecht

Wichtigster methodischer Bestandteil transnationalen Rechtsdenkens ist die Rechtsvergleichung.[45] Als zu untersuchende Rechtsordnungen wurden hier die Bundesrepublik Deutschland, England und Wales und das Bundesstaatenrecht der USA ausgewählt. Diese bieten sich für die vorliegende Bearbeitung besonders an, da sie unter den liberalen Demokratien westlicher Prägung sowohl in ihren theoretischen Grundlagen als auch in ihren dogmatischen Ausprägungen des Informations- und Kommunikationsrechts Extrempositionen einer imaginären Skala besetzen. Während die Rechtsprechung des Obersten Gerichtshof der Vereinigten Staaten den besonderen Schutz der Redefreiheit nach dem Ersten Zusatzartikel der US-Verfassung betont, ist das englische Recht berühmt für seinen Schutz der Reputation. London, Sitz des High Court of England and Wales, erhielt hierfür den Spitznamen „libel capital of the world".[46] Die in Deutschland vorherrschende Abwägungsdogmatik nimmt demgegenüber eine vermittelnde Position ein.

Transnationales Recht und Rechtsvergleichung sind indessen nicht identisch. Zwar ist eine systematisierende, funktionale Rechtsvergleichung[47] Teil des dieser Arbeit zugrundeliegenden transnationalen Rechtsdenkens. Darüber hinaus ist die Untersuchung jedoch darum bemüht, Wege zu einer Rechtsvereinheitlichung durch Herausarbeiten eines gemeinsamen Kerns der verschiedenen Rechtsordnungen zu finden. Anhaltspunkte für Mindeststandards derartiger transnationaler Harmonisierungstendenzen finden sich nicht nur im zu vergleichenden nationalen Recht, sondern auch – und insbesondere – in internationalen Menschenrechtskodifikationen und der Rechtsprechung internationaler Gerichte und sonstiger Spruchkörper, etwa des UN-Menschenrechtsausschusses. Diese normativen transnationalen Bezugspunkte verkörpern kosmopolitische Normen mit starker „jurisgenerativer Wirkung" im Sinne Benhabibs.[48] Internationale Menschenrechtskonventionen wie der IPbpR und die EMRK wurden durch die AEMR inspiriert. Gemäß Art. 53 EMRK ist die Konvention

---

[45] Vgl. *Zumbansen*, German Law Journal 6 (2005), 1073, 1081 ff.; *Miller/Zumbansen*, in: dies. (Hrsg.), Comparative Law as Transnational Law, 2011, 3, 6.

[46] Siehe z. B. <https://www.thetimes.co.uk/article/its-official-london-is-the-libel-capital-of-the-world-j32tgdpv72g> (zuletzt abgerufen am 28.12.2018).

[47] Zur funktionalen Rechtsvergleichung *Zweigert/Kötz*, Einführung in die Rechtsvergleichung, 3. Aufl. 1996, S. 33 ff.; *Cabrelli/Siems*, American Journal of Comparative Law 63 (2015), 109, 126 f. Zur transnationalen Perspektive in der Rechtsvergleichung *Reimann*, Tulane Law Review 75 (2001), 1103, 1105 ff.; *Siems*, Comparative Law, 2014, S. 249 ff.

[48] *Benhabib*, Kosmopolitismus ohne Illusionen, 2016, S. 42.

nicht so auszulegen, als beschränke oder beeinträchtige sie Menschenrechte und Grundfreiheiten, die in den Gesetzen einer Vertragspartei oder in einer anderen Übereinkunft, deren Vertragspartei sie ist, anerkannt werden. Eine „andere Übereinkunft" ist beispielsweise der IPbpR. Internationale Menschenrechtsko-difikationen beruhen damit auf gemeinsamen Grundsätzen oder setzen solche Grundsätze voraus.[49] Zu diesen Grundsätzen gehören etwa das Konzept des „Eingriffs" in ein Menschenrecht, der Grundsatz der Verhältnismäßigkeit und die Lehre von den menschenrechtlichen Schutzpflichten. Nationale und internationale Rechtsprechungsorgane befinden sich in einem fortwährenden Diskurs über die Interpretation von Grund- und Menschenrechten.[50]

Die Universalität der Menschenrechte steht seit je her in einem Spannungsverhältnis mit dem partikularen Prinzip des souveränen Nationalstaats.[51] Die Arbeit setzt axiomatisch voraus, dass die Universalität der Menschenrechte in der Prägung des politischen Liberalismus über dem Rechtspluralismus der Nationalstaaten steht.[52] Es wird davon ausgegangen, dass alle Menschen frei und gleich an Rechten geboren werden, die gleiche Würde haben und ein Recht auf gleiche Beachtung und Respekt. Dies schließt nicht aus, bei einer Interpretation der Menschenrechte die jeweiligen politischen, sozialen und kulturellen Kontexte zu berücksichtigen. Dies ist sogar geboten, um den Verdacht zu zerstreuen, es handle sich um westlichen Paternalismus und Werte-Imperialismus. Im Sinne Benhabibs sollte der Kosmopolitismus des Rechts „ohne Illusionen" sein.[53] Jurisgenerativität findet dort ihre Grenzen, wo die Harmonisierungskapazität der universellen Normen endet und Staaten auf ihrem Wertpluralismus beharren. Was in einem Staat (insbesondere den USA) als legale Äußerung zu einer Angelegenheit von öffentlichem Interesse verstanden wird, kann in einer anderen Rechtsordnung (etwa England und Wales) eine Diffamierung darstellen. Diese Grenzen finden beispielsweise Ausdruck in den Beurteilungsspielräumen (*„margin of appreciation"*), die der EGMR und der UN-Menschenrechtsausschuss den Mitgliedstaaten gewährt. Diese Beurteilungsspielräume ermöglichen in der Praxis den Ausgleich zwischen Universalisierung und Plu-

---

[49] *Beck*, European Human Rights Law Review 2008, 214, 239.

[50] Statt vieler EuGH, Rs. C-368/95 [1997] Familiapress/Heinrich Bauer Verlag [26]: Bezugnahme auf den EGMR; IAGMR, Ivcher-Bronstein/Peru [2001] Rs. 11.762 [152] und Herrera-Ulloa/Costa Rica [2004] Rs. 12.367 [113] und [126]: jeweils Bezugnahme auf den EGMR; EGMR, Stoll/Schweiz [2007] Beschwerde-Nr. 69698/01 [111] und Magyar Helsinki Bizott-ság/Ungarn [2016] Beschwerde-Nr. 18030/11 [146]: Bezugnahme auf IAGMR, Claude Reyes u. a./Chile [2006] Rs. 12.108; BGH, Urt. v. 17.12.2013, Az. VI ZR 211/12, NJW 2014, 6 Rn. 19 – Sächsische Korruptionsaffäre. Zum Schrifttum siehe z. B. *Slaughter*, A New World Order, 2004, S. 70; *Bertoni*, European Human Rights Law Review 2009, 332; *Barroso*, Boston College International & Comparative Law Review 35 (2012), 331, 343 ff.

[51] Siehe z. B. *Mahlmann*, German Law Journal 10 (2009), 1325, 1328; *Di Fabio*, Rechtstheorie 39 (2008), 399, 409 ff.

[52] Vgl. *Sloane*, Vanderbilt Journal of Transnational Law 34 (2001), 527.

[53] *Benhabib*, Kosmopolitismus ohne Illusionen, 2016, S. 19 ff.

ralismus und setzen zugleich transnationaler Rechtsvereinheitlichung Grenzen. Der Schutz durch internationale Menschenrechte ist gegenüber dem nationalen Grundrechtsschutz subsidiär.[54] Art. 2 des Optionalen Ersten Zusatzprotokolls des IPbpR und Art. 35 Abs. 1 EMRK bestimmen, dass sich der UN-Menschenrechtsausschuss und der EGMR erst nach der endgültigen innerstaatlichen Entscheidung mit einer Angelegenheit befassen. Daher sind zunächst die Vertragsstaaten dafür verantwortlich, dass auf ihrem Territorium die Menschenrechte beachtet werden.[55] Internationale Spruchkörper treten in ihrer Entscheidungsfindung auch nicht an die Stelle der nationalen Institutionen, sondern sie überprüfen lediglich die Vereinbarkeit der nationalen Entscheidung mit dem jeweiligen Menschenrechtskatalog.[56] Dabei gewähren sie den Vertragsstaaten einen gewissen Beurteilungsspielraum, der sich sowohl auf die tatsächlichen Umstände als auch auf die rechtliche Bewertung des Falles beziehen kann. Je enger dieser Beurteilungsspielraum ist, desto strenger überprüft die internationale Stelle die tatsächlichen und rechtlichen Umstände des Falles. Mit anderen Worten: Je enger der Beurteilungsspielraum ist, desto mehr führt die Entscheidung des internationalen Spruchkörpers zu einer Harmonisierung der Rechtsanwendung unter den Vertragsstaaten. Die Dogmatik des EGMR zum Beurteilungsspielraum hat sich dabei nicht immer als konsistent erwiesen.[57] Für die vorliegende Bearbeitung ist jedoch der folgende Befund entscheidend: Der Umfang des Beurteilungsspielraums bemisst sich danach, inwieweit die Organe der Vertragsstaaten in einer „besseren Position" als die internationalen Richter sind, Inhalt und Schutz bestimmter Interessen – etwa der Moral oder nationalen Sicherheit – in der innerstaatlichen Rechtsordnung zu beurteilen.[58] Hinsichtlich des Beurteilungsspielraums der Vertragsstaaten bei behaupteten

---

[54] Siehe EGMR, Belgischer Sprachenstreit [1968] Beschwerde-Nr. 1474/62, 1677/62, 1691/62, 1769/63, 1994/63 und 2126/64 [10]; ausdrücklich EGMR, Erla Hlynsdottir/Island (Nr. 2) [2014] Beschwerde-Nr. 54125/10 [54]; Erla Hlynsdottir/Island (Nr. 3) [2015] Beschwerde-Nr. 54145/10 [59] (siehe auch zust. Meinung Richter Sajó, ebd.).

[55] EGMR, Handyside/Vereinigtes Königreich [1976] Beschwerde-Nr. 5493/72 [49]; Sunday Times/Vereinigtes Königreich (Nr. 1) [1979] Beschwerde-Nr. 6538/74 [59].

[56] EGMR, Handyside/Vereinigtes Königreich [1976] Beschwerde-Nr. 5493/72 [50]; Sunday Times/Vereinigtes Königreich (Nr. 1) [1979] Beschwerde-Nr. 6538/74 [59].

[57] Dazu *Prepeluh*, ZaöRV 61 (2001), 770; *Greer*, Cambridge Law Journal 62 (2004), 412, 425; *Fenwick/Phillipson*, Media Freedom under the Human Rights Act, 2006, S. 82–86; *De la Rasilla del Moral*, German Law Journal 7 (2006), 611; *Letsas*, Oxford Journal of Legal Studies 26 (2006), 705, 730; *Pellonpää*, EuGRZ 2006, 483, 486; *Filipova*, Coventry Law Journal 17 (2012), 64; *Oster*, Media Freedom as a Fundamental Right, 2015, S. 119–123.

[58] Siehe z. B. EGMR, Handyside/Vereinigtes Königreich [1976] Beschwerde-Nr. 5493/72 [48]; Mosley/Vereinigtes Königreich [2011] Beschwerde-Nr. 48009/08 [108]; vgl. auch EuGH, Rs. C-331/88 [1990] The Queen/Minister for Agriculture, ex p Fedesa [14]; Rs. 138/79 [1980] SA Roquette Frères/Rat [25]; verb. Rs. C-1/90 und C-179/90 [1991] Aragonesa de Publicidad Exterior SA/Departamento de Sanidad y Seguridad Social de la Generalitat de Cataluña [17–18]; Rs. C-280/93 [1994] Bundesrepublik Deutschland/Rat [90]; Rs. C-44/94 [1995] The Queen/Minister of Agriculture, ex p National Federation of Fishermen's Organisations u. a. [123].

Verletzungen des Rechts auf Achtung des Privatlebens nach Art. 8 Abs. 1 EMRK, welches auch den Schutz der Ehre umfasst, wies der EGMR etwa auf folgendes hin: Unter Berücksichtigung der Vielfalt der Gepflogenheiten und der Lage in den Mitgliedstaaten variiere der Begriff der „Achtung" in Art. 8 EMRK von Fall zu Fall.[59] Aufgrund ihres unmittelbaren und stetigen Kontakts mit den lebendigen Kräften ihrer Länder seien die staatlichen Hoheitsträger in einer besseren Position, eine Meinung darüber abzugeben, wie das Recht auf Achtung des Privatlebens innerhalb der staatlichen Rechtsordnung am besten gesichert werden kann.[60]

Der erste Teil der Aussage ist zu unterstreichen; der Wert, den die Vertragsstaaten der Privatheit oder der Ehre zumessen, unterliegt kulturell bedingten Variationen. Darauf wird im Rahmen der Ehrschutztheorien noch hingewiesen: Während das deutsche Rechtsverständnis die „Ehre" überwiegend in der Persönlichkeit verwurzelt sieht, lässt sich die englische Ehrschutztradition mit einem Verständnis von Ehre gleich dem Eigentum erklären. Allerdings ist auch darauf hinzuweisen, dass sich in Kernbereichen des Privatlebens, welche „die intimsten Aspekte des Privatlebens"[61] betreffen, die Wertvorstellungen in einem erheblichen Ausmaß überlappen. Daraus folgt, dass in diesen Bereichen der Beurteilungsspielraum der Vertragsstaaten des Europarates erheblich reduziert ist.

Hinzu kommt folgendes: Der Beurteilungsspielraum der Mitgliedstaaten ist auch erheblich reduziert, was die Gewichtung des „Wertes" der Kommunikationsfreiheit betrifft. Dies gilt besonders bei Beiträgen zu Angelegenheiten von öffentlichem Interesse. Je mehr eine Äußerung zu einer Angelegenheit von öffentlichem Interesse beiträgt, desto größer ist ihre Bedeutung für eine demokratische Gesellschaft und desto strenger wird sie geschützt.[62] Je mehr sich ein Beitrag hingegen auf eine rein private Angelegenheit bezieht, desto weniger Schutz genießt er.[63] Daraus folgt, dass der Beurteilungsspielraum der Vertragsstaaten

---

[59] EGMR, Mosley/Vereinigtes Königreich [2011] Beschwerde-Nr. 48009/08 [108].
[60] EGMR, Mosley/Vereinigtes Königreich [2011] Beschwerde-Nr. 48009/08 [108].
[61] EGMR, Mosley/Vereinigtes Königreich [2011] Beschwerde-Nr. 48009/08 [109].
[62] Siehe z.B. UN-Menschenrechtsausschuss, Bodrožić/Serbien und Montenegro [2005] Mitteilung Nr. 1180/2003 [7.2]; Coleman/Australien [2006] Mitteilung Nr. 1157/2003 [7.3]; Benhadj/Algerien [2007] Mitteilung Nr. 1173/2003 [8.10]; Mavlonov u.a./Usbekistan [2009] Mitteilung Nr. 1334/2004 [8.4]; Abschließende Bemerkungen zu Japan (CCPR/C/JPN/CO/5), Rn. 26; EGMR, Lingens/Österreich [1986] Beschwerde-Nr. 9815/82; Oberschlick/Österreich (Nr. 1) [1991] Beschwerde-Nr. 11662/85 [59]; Castells/Spanien [1992] Beschwerde-Nr. 11798/85 [46]; Flux/Moldawien (Nr. 1) [2006] Beschwerde-Nr. 28702/03 [32]; BVerfG, Beschl. v. 26.06.1990, Az. 1 BvR 1165/89, BVerfGE 82, 272, 281 – „Zwangsdemokrat".
[63] EGMR, Mosley/Vereinigtes Königreich [2011] Beschwerde-Nr. 48009/08 [114]; siehe z.B. von Hannover/Deutschland (Nr. 1) [2004] Beschwerde-Nr. 59320/00 [65]; Hachette Filipacchi Associés ("Ici Paris")/Frankreich [2009] Beschwerde-Nr. 12268/03 [40]; MGN Ltd./Vereinigtes Königreich [2011] Beschwerde-Nr. 39401/04 [143]; Alkaya/Türkei [2012] Beschwerde-Nr. 42811/06 [35].

umso weiter ist, je weniger eine Äußerung zu einer Angelegenheit von öffentlichem Interesse beiträgt *und* je weniger sie den Kernbereich der privaten Lebensgestaltung einschließlich der Ehre berührt. Betrifft die Äußerung eine Angelegenheit von öffentlichem Interesse, dann erlaubt die Kommunikationsfreiheit nur einen geringen Beurteilungsspielraum; betrifft die Äußerung den Kernbereich des Privatlebens einschließlich der Ehre, so reduziert das Recht auf Achtung des Privatlebens den Beurteilungsspielraum.[64] In der Praxis korrespondieren diese beiden Faktoren häufig: Je mehr eine Äußerung das Privatleben einer Person betrifft, desto weniger ist sie dazu veranlagt, zu einer Angelegenheit von öffentlichem Interesse beizutragen, und umgekehrt. Diese Korrespondenz ist allerdings nicht zwangsläufig, da etwa auch eine schmähende Beleidigung zu einer Angelegenheit von öffentlichem Interesse beitragen kann.

Für die vorliegende Bearbeitung bedeutet dies, dass sich transnationale Harmonisierungstendenzen am stärksten dort nachvollziehen lassen werden, wo Äußerungen zu Angelegenheiten von öffentlichem Interesse beitragen, da hier der Kommunikationsfreiheit starker Schutz zukommt. Die sogenannte „Privatfehde" bietet demgegenüber deutlich weniger Material für Beobachtungen transnationaler Rechtsvereinheitlichung. Hinzuweisen ist bereits darauf, dass der *tort of defamation* in den USA – die nicht Mitglied des Europarates sind – im Lichte des Ersten Zusatzartikels zur US-Verfassung weniger darauf abstellt, ob eine Äußerung zu einer Angelegenheit von öffentlichem Interesse beiträgt, als darauf, dass Gegenstand der Äußerung eine Person des öffentlichen Lebens (*public figure*) ist. Dies führt dazu, dass selbst schmähende Äußerungen über Personen des öffentlichen Lebens, die nicht zu Angelegenheiten von öffentlichem Interesse beitragen und somit unter der Ägide der EMRK mutmaßlich unzulässig wären, in den USA zulässig sind. Der Umkehrschluss ist allerdings nicht gültig; Äußerungen über Personen, die keine Personen des öffentlichen Lebens sind, vermögen gleichwohl zu Angelegenheiten von öffentlichem Interesse beitragen und damit besonderen Schutz unter dem First Amendment genießen.[65]

Folgenreich ist allerdings auch der zweite Teil der Feststellung des EGMR: Aufgrund ihres unmittelbaren und stetigen Kontakts mit den lebendigen Kräften ihrer Länder könnten die staatlichen Hoheitsträger besser als das internationale Gericht darüber urteilen, wie das Recht auf Achtung des Privatlebens innerhalb der staatlichen Rechtsordnung am besten gesichert werden kann.[66] Dies betrifft nicht das normative epistemische Defizit des Menschenrechtsgerichtshofs, nämlich die Frage, welchen Wert die Vertragsstaaten dem Recht auf

---

[64] *Oster*, Media Freedom as a Fundamental Right, 2015, S. 153.
[65] Siehe US Supreme Court, Gertz v. Robert Welsh Inc., 418 U.S. 323 (1974); Dun & Bradstreet Inc. v. Greenmoss Builders Inc., 472 U.S. 749 (1985); Philadelphia Newspapers Inc. v. Hepps, 475 U.S. 767 (1986).
[66] EGMR, Mosley/Vereinigtes Königreich [2011] Beschwerde-Nr. 48009/08 [108].

„Achtung" des Privatlebens beimessen, sondern das faktische Problem, *wie* das Recht auf Achtung des Privatlebens zu schützen ist. Diese Frage betrifft die Rechtsfolgen einer Ehrverletzung. Die Mittel, welche Betroffenen einer Ehrverletzung zur Verfügung stehen, variieren zwischen den hier zu untersuchenden Staaten signifikant. Das Vereinigte Königreich – wie auch die USA – gewähren Betroffenen einer Ehrverletzung vorrangig Schadensersatz, wohingegen im deutschen Recht Schadensersatz die *ultima ratio* nach Folgenbeseitigungsansprüchen ist.

Je mehr transnationale Harmonisierungstendenzen zu erkennen sind, desto geringer wird die praktische Bedeutung des Internationales Zivilverfahrensrechts (IZVR) und des Kollisionsrechts für den Ausgang eines konkreten Rechtsstreits. Soweit allerdings solche Annäherungen der Rechtsordnungen nicht zu verzeichnen sind, sind jurisdiktionelle Zuständigkeitsregeln und kollisionsrechtliche Vorschriften nach wie vor praktisch bedeutsam. Ihre Auslegung kann über den Ausgang eines Verfahrens bestimmen. Allerdings sollten auch zuständigkeitsrechtliche und kollisionsrechtliche Regelungen ihrerseits möglichst in transnationaler Perspektive erfasst werden. Dies ist keine Errungenschaft transnationaler Rechtstheorie, sondern in der kollisionsrechtlichen Wissenschaft seit Langem anerkannt. Hier firmiert es unter dem Desiderat des „internationalen Entscheidungseinklangs".[67] Dem Internationalen Privatrecht des Kommunikationsdeliktsrechts wird daher ein eigenes Kapitel gewidmet.

Die hier vertretenen Ansätze der funktionalen Rechtsvergleichung und der *common core*-Rechtsvereinheitlichung werden nicht ohne Gegenstimmen bleiben. Rechtsvergleichung und die Suche nach dem „gemeinsamen Kern" konzentrieren sich auf Gemeinsamkeiten, nicht auf Unterschiede.[68] Sie setzen auf Universalität statt Pluralismus. Damit birgt die Methode die Gefahr, das – auch kulturelle – „Anders-Sein" (*„otherness"*) der zu untersuchenden Rechtsordnungen zu ignorieren.[69] Vereinfacht lässt sich formulieren: Funktionale Rechtsvergleichung und der *common core approach* sind Methoden der Moderne, die sich den Einwänden der Postmoderne ausgesetzt sehen.

Diese Einwände sind für die vorliegende Untersuchung zu berücksichtigen. Gerade der Ehrbegriff unterliegt in den verschiedenen Rechtsordnungen unterschiedlichen kulturellen und philosophischen Einflüssen, was sich auch in der rechtlichen Würdigung bemerkbar macht. Ausgangspunkt dieser Arbeit sind allerdings tatsächliche soziale Konflikte basierend auf menschlicher Kommunikation und nicht rechtliche Institutionen wie beispielsweise ein Vertrag. Ziel der

---

[67] Statt vieler *von Hoffmann/Thorn*, Internationales Privatrecht, 9. Aufl. 2007, § 1 Rn. 13.
[68] So *Schlesinger*, American Journal of Comparative Law 43 (1995), 477, 479; *Grosswald Curran*, European Review of Private Law 2003, 66, 69; *Bussani/Mattei*, Columbia Journal of European Law 3 (1997/1998), 339, 347; *Siems*, Comparative Law, 2014, S. 28 ff.
[69] Vgl. *Legrand*, in: Legrand/Munday (Hrsg.), Comparative Legal Studies: Traditions and Transitions, 2003, 240.

Arbeit ist es gerade nicht, weltweit gültige Voraussetzungen eines Verleum-
dungs- oder Beleidigungstatbestandes zu etablieren. Angesichts der globalen
Kommunikation ist es jedoch geboten, transnational gültige Prinzipien und Regeln eines Ehrverletzungstatbestandes festzustellen, soweit diese existieren.
Dieser Ansatz ist im Übrigen nicht neu. Die Entscheidung des BGH, für Persönlichkeitsrechtsverletzungen Schadensersatz zu gewähren, ist nur ein Beispiel für eine durch Rechtsvergleichung angestoßene Rechtsentwicklung.[70]
Dass schließlich auch ein praktisches Bedürfnis für die Betonung des Gemeinsamen gerade im Bereich des Kommunikationsdeliktsrecht besteht, belegt
Art. 1 Abs. 2 Buchst. g) Rom II-VO. Diese Regelung schließt „außervertragliche
Schuldverhältnisse aus der Verletzung der Privatsphäre oder der Persönlichkeitsrechte, einschließlich der Verleumdung" vom Anwendungsbereich der Verordnung aus. Trotz der Bemühungen des Europäischen Parlaments entschieden
sich die Europäische Kommission und der Rat gegen eine IPR-Regelung für
Verletzungen von Persönlichkeitsrechten.[71] Hintergrund war die Sorge der Mitgliedstaaten davor, die Regelung des IPR im grundrechtssensiblen Bereich der
Pressefreiheit und der Persönlichkeitsrechte der Europäischen Gemeinschaft zu
überlassen. Art. 73m des EG-Vertrages in der Fassung des Vertrages von
Amsterdam (nunmehr Art. 81 AEUV) war von einer Erklärung des Inhalts begleitet, dass diese Vorschrift die Mitgliedstaaten nicht daran hindert, „ihre Ver-
fassungsvorschriften über Pressefreiheit und die Freiheit der Meinungsäußerung in anderen Medien anzuwenden". Es war daher umstritten, ob die Europäische Gemeinschaft überhaupt die Kompetenz besaß, Angelegenheiten zu
regeln, die Meinungsfreiheit und Persönlichkeitsrechte betreffen.[72] Dies ist
nicht nur regelungstechnisch zu bedauern, da das autonome internationale Deliktsrecht „am Leben erhalten" werden muss, um eine einzige Fallgruppe zu
erfassen.[73] Die damit einhergehende Rechtszersplitterung kennt nur Verlierer,
und zwar sowohl auf Seiten der Medienbranche als auch potentiell Betroffener.

b) Öffentliches Recht/Privatrecht

Vertreter des transnationalen Rechts plädieren dafür, die Dichotomie Öffentliches Recht/Privatrecht zu überdenken.[74] Sie identifizieren eine wachsende Ver-

---

[70] Siehe BGH, Urt. v. 19.09.1961, Az. VI ZR 259/60, BGHZ 35, 363, 369 – Ginsengwurzel.
[71] Zur Regelungsgeschichte von Art. 1 Abs. 2 Buchst. g) Rom II-VO *Bach*, in: Huber
(Hrsg.), Rome II Regulation, 2011, Article 1 Rome II Rn. 53 ff.; *Kropholler*, Internationales
Privatrecht, 2007, S. 547 f.; *Junker*, RIW 2010, 257; *von Hinden*, in: FS Kropholler, 2008, 573,
574 ff.; *Vogel*, Das Medienpersönlichkeitsrecht im Internationalen Privatrecht, 2014, S. 267 ff.
[72] *Dickinson*, The Rome II Regulation: The Law Applicable to Non-Contractual Obligations, 2008, Rn. 3.217.
[73] *Wagner*, IPRax 2008, 1, 10; *von Hinden*, in: FS Kropholler, 2008, 573, 577.
[74] Vgl. *Chinkin*, European Journal of International Law 10 (1999), 387; *Berman*, Columbia
Journal of Transnational Law 43 (2005), 485, 518 ff.; *Micklitz*, in: Maduro/Tuori/Sankari
(Hrsg.), Transnational Law, 2014, 271.

schränkung dieser beiden Teilrechtsgebiete. Während einerseits das Verwaltungsrecht in zunehmendem Maße die Koordinierungsfunktion des Zivilrechts übernehme, wachse andererseits die Regulierungsfunktion des Privatrechts. Ausprägungen der Koordinierungsfunktion des Verwaltungsrechts seien beispielsweise das Verwaltungsprivatrecht, Public Private Partnerships, Regulierung durch New Governance und New Public Management und der Einsatz von Steuerungsmitteln wie beispielsweise Anreize.[75] Die Regulierungsfunktion des Privatrechts komme am deutlichsten am Phänomen der Selbstregulierung durch nicht-staatliche Regelwerke wie beispielsweise der *lex mercatoria* oder der Uniform Domain-Name Dispute-Resolution Policy der ICANN zum Vorschein.[76] An die Stelle der Kategorien Öffentliches Recht/Privatrecht träten Querschnittsmaterien wie beispielsweise das „Wirtschaftsrecht".[77]

Das Plädoyer für die Aufgabe der Unterscheidung von Öffentlichem Recht und Privatrecht ist indessen nicht unangreifbar. Das von Theoretikern des transnationalen Rechts gewählte Beispiel des „Wirtschaftsrechts" ist recht ungeeignet, da es kaum fassbare Konturen aufweist. Auch gehen insbesondere Calliess und Zumbansen, prominente Vertreter eines rechtssoziologischen *transnational law*, von zu stark vereinfachten Funktionen des öffentlichen Rechts (*regulative function*) und des Privatrechts (*co-ordinative function*) aus.[78] Ihre Theorie von der Koordinierungsfunktion des Privatrechts leidet an einem zu starken Fokus auf das Vertrags- und das Sachenrecht unter Vernachlässigung des Deliktsrechts.[79] Letzterem kommt in England und insbesondere in den USA seit je her auch eine regulative Funktion zu. Auf der Grundlage einer derart vereinfachten Funktionalität wird jede Kritik an der Dichotomie von öffentlichem Recht und Privatrecht zur *petitio principii*. Ferner ist die Frage, ob die Trennung von Öffentlichem Recht und Privatrecht aufrechterhalten werden sollte, davon zu unterscheiden, ob eine Rechtsordnung eine solche Unterscheidung positivrechtlich trifft. *De lege lata* ist diese Unterscheidung im deutschen Recht allgegenwärtig. So eröffnet § 40 Abs. 1 VwGO den Verwaltungsrechtsweg nur für bestimmte öffentlich-rechtliche Streitigkeiten. Zwar handelt es sich hierbei um eine rechtliche Systematisierung oder, in postmoderner Diktion, um eine „soziale Konstruktion". Im Unterschied zu anderen – tatsächlichen oder vermeintlichen – „sozialen Konstruktionen" kann diese jedoch nur durch den

---

[75] Statt vieler *Salamon*, Fordham Urban Law Journal 28 (2001), 1611, 1632 ff.; *Lobel*, Minnesota Law Review 89 (2004), 342.

[76] Dazu *Calliess*, Zeitschrift für Rechtssoziologie 23 (2002), 185, 196 ff.; *Michaels*, Indiana Journal of Global Legal Studies 14 (2007), 447; *Eichler*, Rechtstheorie 39 (2008), 167.

[77] Vgl. *Tietje/Nowrot*, in: Tietje/Brouder/Nowrot (Hrsg.), Philip C. Jessup's *Transnational Law* Revisited, 2006, 17; *Calliess/Zumbansen*, Rough Consensus and Running Code, 2010, S. 98 f.

[78] *Calliess/Zumbansen*, Rough Consensus and Running Code, 2010, S. 97.

[79] Siehe insbesondere *Calliess/Zumbansen*, Rough Consensus and Running Code, 2010, S. 102.

Gesetzgeber selbst beseitigt werden, nicht jedoch durch die Wissenschaft. Nach den Worten Julius von Kirchmanns werden „ganze Bibliotheken" durch „drei berichtigende Worte des Gesetzgebers [...] zu Makulatur." Dies gilt indessen nicht umgekehrt: Ganze Bibliotheken vermögen nicht, drei Worte des Gesetzgebers zu Makulatur zu machen. Dogmatisch und systematisch ist die Unterscheidung von Öffentlichem Recht und Privatrecht daher immer noch beachtlich, wie auch in dieser Bearbeitung gezeigt wird.

Der Ansatz des transnationalen Rechts, die Dichotomie von Öffentlichem Recht und Privatrecht zu hinterfragen, ist gleichwohl verdienstvoll. Im Informations- und Kommunikationsrecht verschwimmen diese Grenzen zusehends, insbesondere durch europarechtliche Einflüsse. Beispielhaft genannt seien die rechtsgebietsübergreifende „Filterfunktion" der Art. 12 bis 14 e-commerce-Richtlinie, die Bindung sowohl privater als auch öffentlicher Stellen durch das europäische Datenschutzrecht und das Konzept der „regulierten Selbstregulierung" im Telekommunikationsrecht.[80] Von besonderer Bedeutung für die vorliegende Arbeit ist die Inkorporierung von Vorschriften des Strafrechts (§§ 185 ff. StGB) in das Zivilrecht via § 823 Abs. 2 BGB. Das Denken in Querschnittsmaterien, wie es das transnationale Recht anregt, ist daher nicht nur aus praktischen, sondern auch aus dogmatischen Erwägungen einem starren Öffentliches Recht/Privatrecht-Holzschnitt vorzuziehen. Allerdings wird diese Arbeit auch aufzeigen, dass in dieser Hinsicht die sorgfältige Anwendung *bestehender* Konzepte ausreicht, um den Herausforderungen durch Globalisierungen zu begegnen. Hier sei nur auf ein Beispiel einzugehen: Die wirtschaftliche und soziale Macht internationaler Kommunikationsunternehmen beflügelt Rufe nach einer „Internet-Grundrechtecharta", die auch solche Unternehmen binden soll.[81] Facebook oder Google besäßen nämlich ein Staaten vergleichbares grundrechtsbedrohendes Potential. Dies mag aus empirischen Gründen zunächst überzeugend erscheinen, hat doch Facebook mehr aktive Nutzer als die Volksrepublik China Einwohner und Google einen größeren Datenschatz als die meisten staatlichen Geheimdienste. Allerdings bedarf es zur Zähmung dieser Internetgiganten keiner eigenen Grundrechtsbindung. Zwar trifft es zu, dass die nationalen und internationalen Grundrechtskodifikationen grundsätzlich nur staatliche Stellen und keine privaten Unternehmen binden. Sie entfalten jedoch gegenüber Privaten eine mittelbare Drittwirkung, welche bei der Auslegung des einfachen Rechts zu berücksichtigen ist (dazu Kapitel 2). Einer speziellen Internet-Grundrechtskodifizierung bedarf es daher nicht.

---

[80] Siehe zu letzterem *Oster*, in: FS Dauses, 2014, 285.
[81] Siehe <https://digitalcharta.eu/> (zuletzt abgerufen am 28.12.2018).

c) Nationales Recht/internationales Recht

Ferner stellt das transnationale Recht die Dichotomie von nationalem Recht und internationalem Recht in Frage.[82] Dies läuft parallel zu einer Auffassung, welche die Teilung von Innen- und Außenpolitik bezweifelt und stattdessen für eine „Weltinnenpolitik" plädiert.[83] Als *locus classicus* für ein Phänomen, welches sich nicht in den Kategorien nationales Recht/internationales Recht erfassen lässt, wird regelmäßig die Europäische Union genannt.[84] Das BVerfG charakterisiert die EU weder als Staatenbund noch als Bundesstaat, sondern beschreibt sie mit dem Neologismus „Staatenverbund".[85] Ferner nennen Theoretiker des transnationalen Rechts die WTO-Rechtsprechungsinstanz, den Internationalen Schiedsgerichtshof und den EGMR als Beispiele für die Auflösung der Grenzen von nationalem und internationalem Recht.[86] Hinzuzufügen wäre beispielsweise der UN-Menschenrechtsausschuss, wenngleich dessen Kasuistik deutlich weniger entwickelt ist als die des EGMR.

Begleitet wird die Auflösung der Grenzen von nationalem und internationalem Recht von einem Dialog der Gerichte und der Rechtsordnungen. So verweisen deutsche Gerichte – auch und gerade im Kommunikationsdeliktsrecht – regelmäßig auf die Rechtsprechung des EuGH, des EGMR, die EUGRCh und die „interpretationsleitenden" Gewährleistungen der EMRK.[87] Gemäß Art. 6 Abs. 3 EUV sind die Grundrechte der EMRK und der gemeinsamen Verfassungsüberlieferungen der Mitgliedstaaten als allgemeine Grundsätze Teil des EU-Rechts. Und nach Art. 52 Abs. 3 Satz 1 EUGRCh haben Grundrechte der Charta, die den durch die EMRK garantierten Rechten entsprechen, die gleiche Bedeutung und Tragweite, wie sie ihnen in der EMRK verliehen wird.

---

[82] Vgl. *Schultz*, European Journal of International Law 19 (2008), 799 ff.; *Fischer-Lescano/Teubner*, Michigan Journal of International Law 25 (2004), 999, 1010.

[83] Vgl. *Bartosch*, Weltinnenpolitik. Zur Theorie des Friedens von Carl Friedrich von Weizsäcker, 1995; *Beck*, Nachrichten aus der Weltinnenpolitik, 2010.

[84] Siehe z.B. *Amstutz/Karavas*, Rechtsgeschichte 6 (2006), 14, 28 ff.; *Smits*, German Law Journal 9 (2008), 477; *Baer*, German Law Journal 10 (2009), 1319; *Menkel-Meadow*, UC Irvine Law Review 1 (2011), 97, 102; *Tuori*, in: Maduro/Tuori/Sankari (Hrsg.), Transnational Law, 2014, 11, 20 f.

[85] Siehe BVerfG, Urt. v. 12.10.1993, Az. 2 BvR 2134, 2159/92, BVerfGE 89, 155 – Maastricht-Urteil; Urt. v. 30.06.2009, Az. 2 BvE 2/08 u.a., BVerfGE 123, 267 Rn. 233 – Vertrag von Lissabon.

[86] Vgl. *Branson*, Georgia Law Review 34 (2000), 669; *Aleinikoff*, Yale Journal of International Law 3 (2008), 479, 484; *Voigt*, Rechtstheorie 39 (2008), 357, 369 f.; *Calliess/Renner*, German Law Journal 10 (2009), 1341, 1345 ff.; *Tuori*, in: Maduro/Tuori/Sankari (Hrsg.), Transnational Law, 2014, 11, 19 ff.

[87] Z.B. BGH, Urt. v. 15.12.2009, Az. VI ZR 227/08, BGHZ 183, 353 Rn. 16 – dradio.de; BGH, Urt. v. 11.12.2012, Az. VI ZR 314/10, NJW 2013, 790 Rn. 30 – Stasi; BGH, Urt. v. 14.10.2010, Az. I ZR 191/08, BGHZ 187, 241 Rn. 21 – AnyDVD; BGH, Urt. v. 14.05.2013, Az. VI ZR 269/12, BGHZ 197, 213 Rn. 21 – Google I; BGH, Urt. v. 05.11.2013, Az. VI ZR 304/12, BGHZ 198, 346 Rn. 14 – Jauch.

Allerdings ist solchen Bestrebungen zu widersprechen, die die Unterscheidung zwischen nationalem und internationalem Recht gänzlich aufgeben wollen. Auch dies ergibt sich aus dem positiven Recht. Hinsichtlich des Völkerrechts folgt aus Art. 25 GG und Art. 59 GG, dass sowohl die allgemeinen Regeln des Völkerrechts (Art. 25 GG) als auch völkerrechtliche Verträge (Art. 59 GG) im Rang unterhalb des Grundgesetzes stehen.[88] Einem verfassungsrechtlichen Verbot der Überschreitung eines völkerrechtlichen Abkommens (*treaty override*) erteilte das BVerfG eine Absage.[89] Hinzu kommt, dass sich die Vollstreckungsgewalt von Staaten auf ihr eigenes Territorium begrenzt. Ob ein Staat ausländische Gerichtsurteile oder Verwaltungsentscheidungen auf seinem Staatsgebiet anerkennt und vollstreckt, unterliegt grundsätzlich seiner eigenen souveränen Entscheidung. Es existiert keine allgemeine Verpflichtung, die Entscheidung einer ausländischen Autorität anzuerkennen und zu vollstrecken, sofern sich die betroffenen Staaten nicht völkerrechtlich einem System gegenseitiger Anerkennung und Vollstreckung unterworfen haben. Eine Ausnahme hierzu bildet wiederum die Europäische Union mit ihren Brüssel-Verordnungen. Ein Beispiel ist die Abschaffung des Exequatur-Verfahrens in Art. 36 Brüssel Ia-VO. Danach werden die in einem Mitgliedstaat ergangenen Entscheidungen in den anderen Mitgliedstaaten anerkannt, ohne dass es hierfür eines besonderen Verfahrens bedarf. Dennoch sieht auch die Brüssel Ia-VO vor, dass die Anerkennung einer Entscheidung auf Antrag eines Berechtigten versagt wird, wenn sie der öffentlichen Ordnung (*ordre public*) des ersuchten Mitgliedstaats offensichtlich widersprechen würde. Selbst innerhalb der EU ist es den Mitgliedstaaten somit noch in einem gewissen Ausmaß möglich, das Gebot der gegenseitigen Anerkennung aufgrund überwiegender nationaler Prinzipien zu durchbrechen (dazu Kapitel 7).[90]

d) „Hard Law" und „Soft Law", Recht und Nicht-Recht

Das rechtssoziologisch geprägte transnationale Recht stellt die Unterscheidung zwischen hoheitlich gesetztem und durchsetzbarem Recht einerseits und freiwilligen Regeln und sozialen Normen andererseits in Frage.[91] Transnationales Recht berücksichtigt sämtliche von einem Regelungsadressaten als verbindlich betrachtete Normen, weil sie eine bestimmte Situation betreffen, unabhängig

---

[88] BVerfG, Beschl. v. 15.12.2015, Az. 2 BvL 1/12, NJW 2016, 1295 Rn. 41 und 43 – „Treaty override" m. w. N.

[89] BVerfG, Beschl. v. 15.12.2015, Az. 2 BvL 1/12, NJW 2016, 1295 Rn. 80 – „Treaty override".

[90] Vgl. EuGH, Gutachten 2/13 [2014] Beitritt zur EMRK [191 f.]; *Oster*, Journal of Private International Law 11 (2015), 542, 544.

[91] Vgl. *Branson*, Georgia Law Review 34 (2000), 669; *Abbott/Snidal*, International Organization 54 (2000), 421; *Chinkin*, International & Comparative Law Quarterly 38 (1989), 850; *Shaffer/Pollack*, Minnesota Law Review 94 (2010), 706; *Menkel-Meadow*, UC Irvine Law Review 1 (2011), 97, 111; *Pronto*, Vanderbilt Journal of Transnational Law 48 (2015), 941.

von ihrer Rechtsnatur oder ihrer Genese als staatlich gesetztes Recht. Eine „Norm" ist danach ein Maßstab angemessenen Verhaltens, die auf Akteure mit bestimmten Eigenschaften Anwendung findet.[92] Dahinter steht die Aufgabe der hergebrachten Dichotomie von Recht und Staat einerseits und Gesellschaft andererseits.[93] „Recht" wird als soziales Phänomen verstanden, welches in eine funktional differenzierte Gesellschaft eingebettet ist. Der Staat handelt nicht von einer hervorgehobenen Position, sondern ist lediglich ein Akteur unter vielen.[94] Andere Akteure, die ebenfalls mit Regelsetzung befasst sind, sind beispielsweise Nichtregierungsorganisationen (NGOs), der Weltfußballverband FIFA, das Internationale Olympische Komitee (IOC) und internationale Organisationen. „Recht" umfasst beispielsweise soziale Normen, die Veröffentlichungen von Ratingagenturen,[95] die Uniform Dispute Resolution Policy des ICANN,[96] die Standardsetzungsverfahren der Internet Society, Regelungskomplexe wie die *lex mercatoria*,[97] Selbstverpflichtungs-Kodizes wie die der Corporate Social Responsibility oder die Setzung sportiver Regeln.[98] Vertreter des transnationalen Rechts weisen damit den rechtspositivistischen Ansatz zurück, nur der Staat könne als Rechtssetzer fungieren, und messen der Frage nach der Rechtsnatur einer Regelung daher untergeordnete Bedeutung bei. Beispielhaft sei hier der prozedurale Ansatz von Calliess/Zumbansen genannt, die, inspiriert von dem „Request for Comments"-Verfahren der Internet Engineering Task Force (IETF), für eine Methode des „Rough Consensus – Running Code" plädieren.[99] Sie halten einen informalen „groben Konsens" der Regelunterworfenen über ein der Veränderung unterliegendes Regelwerk (im Fall der IETF handelt es sich um Internet-Standards) für ausreichend, um „Recht" im Sinne des *transnational law* für gegeben zu erachten. Dass dies zu Rechtsrelativismus und Rechtspluralismus führt, nehmen Calliess/Zumbansen in Kauf. Keinem der heterogenen Rechtskreise des *transnational law* kommt kraft einer Normenhierarchie ein Vorrang zu.[100] Auch die Legitimationsdefizite eines „Rough

---

[92] *Finnemore/Sikkink*, International Organziation 52 (1998), 887, 889 m. w. N. („norm as a standard of appropriate behaviour for actors with a given identity").

[93] Vgl. *Amstutz*, German Law Journal 10 (2009), 361, 362 ff.

[94] *Calliess/Zumbansen*, Rough Consensus and Running Code, 2010, S. 105.

[95] Vgl. *Kerwer*, Governance 18 (2005), 453; *Oster*, Maastricht Journal of European and Comparative Law 4 (2010), 353.

[96] Vgl. *Calliess*, Zeitschrift für Rechtssoziologie 23 (2002), 185, 201 ff.; *von Bernstorff*, in: Teubner/Joerges/Sand (Hrsg.), Transnational Governance and Constitutionalism, 2004, 257; *Viellechner*, Transnationalisierung des Rechts, 2013.

[97] Siehe *Calliess*, Zeitschrift für Rechtssoziologie 23 (2002), 185, 196 ff.; *Michaels*, Indiana Journal of Global Legal Studies 14 (2007), 447; *Eichler*, Rechtstheorie 39 (2008), 167; *Halfmann*, Rechtstheorie 39 (2008), 279, 287 ff.; *Calliess/Zumbansen*, Rough Consensus and Running Code, 2010.

[98] Vgl. *Halfmann*, Rechtstheorie 39 (2008), 279, 290 ff.; *Tuori*, in: Maduro/Tuori/Sankari (Hrsg.), Transnational Law, 2014, 11, 23.

[99] *Calliess/Zumbansen*, Rough Consensus and Running Code, 2010, 134 ff.

[100] Vgl. *Fischer-Lescano/Teubner*, Michigan Journal of International Law 25 (2004), 999,

Consensus – Running Code" erkennen Calliess und Zumbansen an. In Ermangelung einer rechtsetzenden „Weltregierung" ließen sich etatistische Kategorien demokratischer Legitimation jedoch nicht auf das transnationale Recht übertragen. Kurz gesagt, ein „grober Konsens" sei immer noch mehr Demokratie als gar kein Konsens, und ein „Running Code" sei einem nicht existenten Regelwerk vorzuziehen.

Die zunehmende Verflechtung und damit einhergehend die Verwischung der Grenzen von Recht und Nicht-Recht, wie sie von Vertretern des *transnational law* analysiert wird, ist im Informations- und Kommunikationsrecht im Allgemeinen und im Kommunikationsdeliktsrecht im Besonderen zu beobachten. Im Informations- und Kommunikationsrecht allgemein ist beispielhaft auf § 10 Abs. 2 Satz 3 TKG hinzuweisen, der Art. 15 Abs. 3 der Rahmenrichtlinie 202/21/EG umsetzt. Danach haben die nationalen Regulierungsbehörden die Empfehlung der Kommission in Bezug auf relevante Produkt- und Dienstemärkte sowie die Leitlinien zur Marktanalyse und zur Bewertung beträchtlicher Marktmacht „weitestgehend" zu berücksichtigen. Dies steht scheinbar im Widerspruch zu Art. 288 Abs. 5 AEUV, wonach Empfehlungen nicht verbindlich sind. Die Empfehlung und die Leitlinien als unverbindliche Rechtsakte („soft law") werden somit in einem gewissen Umfang zu „hard law".[101] Auch im Kommunikationsdeliktsrecht sind die Grenzen zwischen Recht und Nicht-Recht bzw. zwischen „hard law" und „soft law" fließend. Beispielhaft genannt sei hier die „journalistische Ethik", eine dem Recht externe soziale Ordnung, die der EGMR im Rahmen der Abwägung der Pressefreiheit mit kollidierenden Interessen als Argumentationstopos berücksichtigt.[102] Kodizes der journalistischen Selbstregulierung können Inhalte dieser „journalistischen Ethik" indizieren, insbesondere durch pressemäßige Sorgfaltspflichten, und damit mittelbar gerichtliche Entscheidungen beeinflussen.[103] Schließlich kann Entscheidungen von Stellen der journalistischen Selbstregulierung schon für sich gesehen quasi-rechtlicher Charakter zukommen. Bezüglich der Ehre besagt Ziffer 9 des Pressekodex des Deutschen Presserates ausdrücklich: „Es widerspricht journa-

---

1017; *Amstutz/Karavas*, Rechtsgeschichte 6 (2006), 14, 15; *Mahlmann*, Rechtsphilosophie und Rechtstheorie, 3. Aufl. 2015, § 15 Rn. 78.

[101] Vgl. BVerwG, Urt. v. 02.04.2008, Az. 6 C 16.07, Rn. 24 – Terminierungsentgelte; *Oster*, in: Hoeren/Sieber/Holznagel, Handbuch Multimediarecht, EL 40 Dez. 2014, Teil 4 Rn. 44.

[102] Siehe z. B. EGMR, Fressoz und Roire/Frankreich [1999] Beschwerde-Nr. 29183/95 [54]; Pedersen und Baadsgaard/Dänemark [2004] Beschwerde-Nr. 49017/99 [78]; Stoll/Schweiz [2007] Beschwerde-Nr. 69698/01 [103]; Axel Springer AG/Deutschland (Nr. 1) [2012] Beschwerde-Nr. 39954/08 [93].

[103] Siehe z. B. Jameel v. Wall Street Journal Europe Sprl [2006] UKHL 44 [55] (Lord Hoffmann): „just as the standard of reasonable care in particular areas, such as driving a vehicle, is made more concrete by extra-statutory codes of behaviour like the Highway Code, so the standard of responsible journalism is made more specific by the Code of Practice which has been adopted by the newspapers and ratified by the Press Complaints Commission. This too, while not binding upon the courts, can provide valuable guidance."

listischer Ethik, mit unangemessenen Darstellungen in Wort und Bild Menschen in ihrer Ehre zu verletzen." Auf dieser Grundlage hat der Deutsche Presserat mehrfach Hinweise, Missbilligungen und Rügen ausgesprochen.[104]

Allerdings provoziert die Amalgamierung von „hard law" und „soft law" auch Widerspruch. In den genannten Beispielen inkorporiert eine legitimierte Instanz „soft law" in „hard law": Der Richtlinien- bzw. Gesetzgeber selbst transformiert Empfehlung und Leitlinien in „weitestgehend" verbindliche Rechtsakte, und mit dem EGMR ist es eine völkerrechtliche Rechtsprechungsinstanz, welche die journalistische Ethik zu einem rechtlich relevanten Aspekt in der Anwendung von Art. 10 Abs. 2 EMRK erhebt. Fehlt es jedoch an einem Anerkennungsakt durch eine demokratisch legitimierte Instanz, so trifft die Verrechtlichung von Nicht-Recht oder die Verleihung formaler rechtlicher Verbindlichkeit an sich unverbindlicher Normen auf ein Legitimitätsproblem.[105] Dieses Defizit konnte bislang auch durch Theorien und Methoden des transnationalen Rechts nicht überzeugend behoben werden.

Vielmehr wird hier die Auffassung vertreten, dass auch das transnationale Recht auf ein auch formal verbindliches und durchsetzbares Normensystem nicht verzichten kann.[106] Ebenso gilt, dass das unilaterale Beharren auf staatlichen Normen, wie dies beispielsweise unter dem SPEECH Act 2010 in den USA der Fall ist,[107] jegliches transnationale Räsonnement obsolet macht. Die Ordnung der Selbstregulierung der Presse in Großbritannien macht die Notwendigkeit der Unterscheidung von „Recht" und „Nicht-Recht" beispielhaft deutlich. Im Jahre 2013 verabschiedete der Kronrat die Royal Charter zur Selbstregulierung der Presse. Organe der presserechtlichen Selbstregulierung können

---

[104] Allein zwischen 2012 und 2016 waren dies folgende Entscheidungen: Az. 0618/16/1 [2016] „Beschimpfungen von der Leiter aus"; Az. 0232/16/1 [2016] „Ehrverletzung durch Begriff ‚Hitler-Droge'"; Az. 0161/14/2 [2014] „Brief an den ‚aufgeschwemmten Mausepaul'"; Az. 0712/13/1 [2013] „Demonstranten als ‚roten Abschaum' bezeichnet"; Az. 0381+0469 +0471/13/2 [2013] „Redaktion lässt Fürsorgepflicht unbeachtet"; Az. 0454/13/1 [2013] „Politische Werbung am Baggersee"; Az. 0060/13/1 [2013] „Schwere Vorwürfe gegen eine Schulleiterin"; Az. 0186/13/1 [2013] „Zwei Päpste als ‚alte Säcke' tituliert"; Az. 0680/12/1 [2012] „Witze über eine schwere Behinderung"; Az. 0042/13/1 [2013] „Zuspitzung ist ausdrücklich erwünscht"; Az. 0510/12/1 [2012] „Zeitung unterstellt Körpergeruch"; Az. 0502/12/1 [2012] „Mathematischer ‚Todeskuss' an der Uni"; Az. 0404/12/1 [2012] „Beschwerdeflut – und die Zeitschrift schweigt"; Az. 0401/12/2 [2012] „Redaktion: ‚Indiskutable Überschrift'"; Az. 0242/12/1 [2012] „Polizeigewerkschaft in schlechtes Licht gerückt".
[105] Vgl. *Aleinikoff*, Yale Journal of International Law 3 (2008), 479, 488; *Kreide*, Global Justice: Theory Practice Rhetoric 2 (2009), 18, 19; *Calliess/Zumbansen*, Rough Consensus and Running Code, 2010, S. 106; *Zumbansen*, German Law Journal 13 (2012), 1269, 1278 ff.; *Siems*, Comparative Law, 2014, S. 256.
[106] Vgl. *Di Fabio*, Rechtstheorie 39 (2008), 399, 406; *Ipsen*, Private Normenordnungen als transnationales Recht?, 2009; *Kotzur*, Rechtstheorie 39 (2008), 191, 194; *Cotterrell*, Law & Social Inquiry 37 (2012), 500, 520 f.; *Mahlmann*, Rechtsphilosophie und Rechtstheorie, 3. Aufl. 2015, § 15 Rn. 83.
[107] Dazu Kapitel 7.

offizielle Anerkennung unter der Royal Charter durch das Press Recognition
Panel beantragen. Nach dem – umstrittenen und noch nicht in Kraft getretenen
– Section 40 Abs. 2 Crime and Courts Act 2013 würden einem beklagten Zeitungsunternehmen, welches Mitglied einer anerkannten Stelle der presserechtlichen Selbstregulierung ist, auch dann grundsätzlich keine Kosten auferlegt
werden dürfen, wenn es in einem Prozess verliert. Umgekehrt bestimmt Section
40 Abs. 3 Crime and Courts Act 2013, dass einem beklagten Presseunternehmen, das einer solchen Stelle nicht angehört, grundsätzlich auch dann die Kosten eines Verfahrens auferlegt werden müssen, in dem es obsiegt. Im Oktober
2016 wurde IMPRESS als das erste Organ der presserechtlichen Selbstregulierung unter der Royal Charter anerkannt. Die wesentlich einflussreichere[108] Independent Press Standards Organisation (IPSO) hingegen beantragte keine
Anerkennung.

Der rechtssoziologisch orientierte Ansatz des transnationalen Rechts weist
daher zwar zutreffend darauf hin, dass im praktischen Ergebnis allein die tatsächliche Befolgung von Normen und Geboten zählt. Wenngleich der Einfluss
von „soft law“, insbesondere journalistischer Standards der Selbstverpflichtung,
auf den praktischen Ehrschutz unbestreitbar ist, so ist es für eine juristische
Untersuchung dennoch notwendig, im Einzelfall rechtliche Pflichten von rechtlich unverbindlichen sozialen Normen oder Regeln der Selbstverpflichtung abzugrenzen. Insbesondere sind Anstand und respektvoller Umgang miteinander
trotz ihrer tatsächlichen Beachtung rechtlich nicht einklagbar, sondern gehören
in den Bereich der Ethik. Das Recht bildet lediglich „das Minimum der Normen
eines bestimmten Gesellschaftszustandes.“ Es umfasst nur „diejenigen Normen
[...], welche die unveränderte Existenz eines solchen [Gesellschaftszustandes]
sichern.“[109] Ein theoretischer Rahmen, der sowohl das Recht als auch sonstige
Normen angemessen berücksichtigt, ist der Code-Ansatz Lawrence Lessigs.
Lessig argumentiert, dass vier Modalitäten menschliches Verhalten beeinflussen
oder, in Lessigs Terminologie, „regulieren“: Recht, Normen, Märkte und Architektur.[110] „Recht“ steht dabei für das formale, positive Gesetzes- und Richterrecht, „Normen“ bezieht sich auf soziale Normen, „Märkte“ umfassen ökonomische Anreize, und „Architektur“ beschreibt das tatsächlich Mögliche. Ein
Beispiel soll dies verdeutlichen: Dass Menschen in einer geschlossenen Ort-
schaft nicht mehr als 50km/h fahren, mag daran liegen, dass schnelleres Fahren
verboten ist (Recht), dass es andere Menschen gefährdet und damit ethisch

---

[108] Die meisten Presseunternehmen des Vereinigten Königreichs sind Mitglied von IPSO.
Die Zeitungen *Financial Times*, *The Independent* und *The Guardian* sind allerdings nicht
Mitglied von IPSO, sondern haben ihr eigenes unabhängiges Beschwerdesystem eingerichtet.
[109] *Jellinek*, Die sozialethische Bedeutung von Recht, Unrecht und Strafe, 2. Aufl. 1908,
S. 46.
[110] *Lessig*, Code, version 2.0, 2006, S. 122 ff., 234, 340 ff. Kritisch zu Lessigs Markt- und
Technologiedeterminismus *Post*, California Law Review 88 (2000), 2353 und *Mayer-Schön-
berger*, Wisconsin Law Review 2008, 713.

falsch ist (Normen), dass schnelleres Fahren mehr Benzin verbraucht und damit höhere Kosten verursacht (Märkte) oder dass Bremsschwellen auf der Straße schnelles Fahren unmöglich machen (Architektur). Lessig entwickelte seine Idee am Beispiel des Internets, bei dem ebenfalls diese vier Faktoren das Verhalten der Nutzer beeinflussen. Besonderen Wert legte er dabei auf die „Architektur" des Internets, den „Internet-Code". Bekannt geworden ist Lessigs Ansatz durch sein kerniges, gleichwohl missverständliches und häufig missverstandenes Diktum „code is law".

Lessigs Code-Theorie ist als theoretischer Rahmen der hier gewählten Methodik besonders geeignet. Lessigs Ansatz berücksichtigt die Überschneidungen der vier Modalitäten. So kann beispielsweise das Recht die „Architektur" oder die „Märkte" beeinflussen: Bremsschwellen dürfen erst auf verwaltungsbehördliche Anordnung installiert werden, die wiederum einer gesetzlichen Grundlage bedarf, und die Mineralölsteuer kann Benzin künstlich verteuern und damit Anreize setzen, kraftstoffsparend zu fahren. Anders als das rechtssoziologisch geprägte transnationale Recht trennt Lessig jedoch zwischen positivem Recht und sozialen Normen. Insbesondere aber lenkt diese sogenannte „New Chicago School" das Augenmerk auf das tatsächlich Mögliche, die Architektur. An dem aktuellen Beispiel von Hasskommentaren in sozialen Online-Netzwerken lassen sich die analytischen Vorzüge der New Chicago School verdeutlichen. Es besteht weitgehend Einigkeit darüber, dass viele Kommentare, die bei Twitter und Facebook abgegeben werden, sozialen Normen widersprechen und sogar justiziabel sind. Hierauf ließe sich durch verschiedene Ansätze einwirken: z.B. eine Verschärfung der Strafen (Recht), eine Informationskampagne zur „Netiquette" (Normen), oder aber durch eine Veränderung der Architektur des Internets. Das Internet ermöglicht es, im Schutze der Anonymität beleidigende und zum Hass aufstachelnde Kommentare gegenüber einem Massenpublikum abzugeben. Diese Architektur, die logische Infrastruktur des Netzes, ist indessen nicht naturgegeben, sondern veränderbar.[111] Hier ließe sich etwa an den Einsatz von Geolokation-Technologien oder Identifikationskontrollen denken. Allerdings ist hieran wiederum erkennbar, wie sich Lessigs Modalitäten überschneiden. Erst ein rechtliches Gebot (Recht) oder ein wirtschaftlicher Anreiz (Markt) könnte Internet-Diensteanbieter – z.B. Facebook – dazu veranlassen, eine verpflichtende Identifikation vorzuschreiben. In der Realität sozialer Netzwerke verhält es sich indessen so, dass Facebook – zuvorderst wohl aus Werbezwecken (Markt) – seinen Nutzern einen Klarnamenzwang auferlegt.[112] § 13 Abs. 6 Satz 1 TMG (Recht) hingegen besagt, dass Diensteanbieter

---

[111] *Lessig*, Code, version 2.0, 2006, S. 32; siehe bereits *Lessig*, Stanford Law Review 48 (1996), 1403; *Lessig*, Harvard Law Review 113 (1999), 501; *Reidenberg*, Texas Law Review 76 (1998), 553; *von Hinden*, Persönlichkeitsrechtsverletzungen im Internet, 1999, S. 256 ff.

[112] <https://www.facebook.com/help/www/958948540830352/> (zuletzt abgerufen am 28.12.2018).

die Nutzung von Telemedien anonym oder unter Pseudonym zu ermöglichen haben, soweit dies technisch möglich und zumutbar ist. Auf Anonymität wird in Kapitel 4 noch näher einzugehen sein.

Ein weiterer Beleg für eine notwendig zusammenhängende Betrachtung von Recht und Architektur im Lessig'schen Sinne bietet das IPR. Das rechtssoziologisch aufgeladene transnationale Recht betont regelmäßig die Unfähigkeit staatszentrierten Denkens, globale Phänomene – wie beispielsweise die globale Kommunikation durch das Internet – sachgerecht zu erfassen. Das entspricht indessen nicht der architektonischen Realität des Internets (lässt man einmal das sogenannte Darknet beiseite). Zwar funktioniert das TCP/IP-Protokoll unabhängig von der Kenntnis des Ortes, an dem sich ein Nutzer befindet. Dies bedeutet jedoch nicht, dass die Architektur des Internets *zwingend* ortsungebunden ist. Vielmehr ermöglichen es Geolokation-Technologien, den Standort von Internet-Nutzern zu bestimmen. Außerdem lässt sich der Standort von Internet-Servern regelmäßig zuverlässig lokalisieren. Hiervon zu trennen ist indessen die Frage, ob der Einsatz von Geolokation-Technologien wünschenswert ist und ob Serverstandorte taugliche Anknüpfungspunkte für die Bestimmung der zuständigen Jurisdiktion und des anwendbaren Rechts bieten. Hierauf wird Kapitel 7 zu sprechen kommen.

IV. Der privatrechtliche Ehrschutz als Beispiel

Die Untersuchung entwickelt die Theorie und Dogmatik des Kommunikationsdeliktsrechts am Beispiel des sozialen Konflikts der Ehrverletzung. Die Verbindung von Ehre und Recht ist in der Geschichte und den Kulturen ständig gegenwärtig.[113] Seit der Antike werden Gerichtsverfahren zur Verteidigung oder Wiedergewinnung der Ehre genutzt.[114] Das Gerichtsverfahren ist gleichsam das „disziplinierte Ritual des Ehrenkampfes".[115] Die Ehre wird zudem rechtsordnungsübergreifend geschützt: „[E]s bleibt als soziale, wenn nicht gar als anthropologische Konstante, dass Menschen nach Ehre streben, dass sie ihr Selbstbild mit dem Außenbild, ihre Selbstachtung mit der Achtung durch andere in Deckung bringen wollen. [...] Auf Ehre als Verhaltenscode und soziales Regulativ verzichtet keine menschliche Gesellschaft."[116] In praktischer Hinsicht ist der Schutz von Ehre und Ansehen heute relevanter denn je. Geschäftszweige spezialisieren sich auf den Schutz der privaten oder der Geschäftsehre,

---

[113] Siehe *von Jhering*, Der Zweck im Recht, Band 1, 1877, S. 435 ff.
[114] *Speitkamp*, Ohrfeige, Duell und Ehrenmord, 2010, S. 79.
[115] *Speitkamp*, Ohrfeige, Duell und Ehrenmord, 2010, S. 320.
[116] *Speitkamp*, Ohrfeige, Duell und Ehrenmord, 2010, S. 319; vgl. *Schopenhauer*, Parerga und Paralipomena I, 1851, S. 367.

wie beispielsweise reputation.com. Während der Finanzkrise 2008 beschäftigten Angestellte der Wall Street Unternehmen, die sich auf den Schutz der Reputation spezialisiert haben, um negative Online-Präsenz der Banker so gering wie möglich zu halten.[117] Die aktuelle Debatte um Online-„Hassreden" würde um einiges weniger aufgeregt geführt, wenn das Recht des Ehrschutzes – strafrechtlich wie zivilrechtlich – konsequent angewendet und vollstreckt würde.[118] Schließlich ist die politische und gesellschaftliche Dimension des Ehrschutzes zu beachten: Inwieweit das Recht Kritik an Trägern von Macht einerseits zulässt, andererseits aber diesen Personen wenigstens residualen Ehrschutz zubilligt, sagt viel über die tatsächliche demokratische Verfasstheit eines Landes und die Qualität seiner Diskussionskultur aus.[119]

Obwohl die Arbeit die Ehrverletzung als Fallbeispiel untersucht, so soll sie doch für andere Kommunikationsdelikte anschlussfähig bleiben. Die Kommunikations- und Medienfreiheit, die Taxonomie der Information, Grundfragen der Abwägungsentscheidung zwischen Persönlichkeitsrechten und Kommunikationsfreiheit sowie Fragen des Internationalen Privatrechts sind bei allen Kommunikationsdelikten relevant; hierauf wird im Text regelmäßig hingewiesen. Durch Tätlichkeiten begangene Ehrverletzungen, etwa die Ohrfeige oder das Anspucken, bleiben demgegenüber außer Betracht. Wenngleich hiermit auch eine Kommunikation einhergeht, dürfte es jedoch regelmäßig an einer transnationalen Dimension fehlen.

V. Zusammenfassung von Kapitel 1

In der internationalen Forschung und Lehre hat sich das Informations- und Kommunikationsrecht als Querschnittsmaterie und eigenständige Teilrechtsdisziplin etabliert. Es findet seine Daseinsberechtigung in ontologischen, wirtschaftlichen, technologischen und grundrechtlichen Eigengesetzlichkeiten der Information und der Kommunikation. Das Kommunikationsdeliktsrecht ist eine Teildisziplin des Informations- und Kommunikationsrechts. Es betrifft häufig grenzüberschreitend zugängliche, physisch nicht fassbare und damit schwer lokalisierbare Informationen, und es muss den besonderen Einfluss der Meinungs- und Medienfreiheit berücksichtigen.

---

[117] *Schmidt/Cohen*, The New Digital Age, 2013, S. 38.

[118] Einen entsprechenden Versuch des Gesetzgebers stellt das das „Gesetz zur Verbesserung der Rechtsdurchsetzung in sozialen Netzwerken (Netzwerkdurchsetzungsgesetz – NetzDG)" vom 01.09.2017, BGBl. I S. 3352, dar. Dazu etwa *Gersdorf*, MMR 2017, 439; *Nolte*, ZUM 2017, 552; *Steinbach*, JZ 2017, 653, 659 ff.

[119] Vgl. *Weaver u.a.*, The Right to Speak Ill, 2006, S. 4 f.; allg. *Loveland*, Political Libels, 2000.

Indem diese Arbeit am Beispiel des privatrechtlichen Ehrschutzes einen gemeinsamen Kern („*common core*") dreier Rechtsordnungen unter Berücksichtigung internationaler Menschenrechtskodifikationen herausarbeitet, trägt sie zu Theorie und Dogmatik eines transnationalen Kommunikationsdeliktsrechts bei. Das Bedürfnis nach einer transnationalen Untersuchung des Kommunikationsdeliktsrechts folgt aus der Globalisierung der Kommunikation in der Weltgesellschaft. Die Reaktion der Rechtswissenschaft auf Globalisierungen sollte in einem rechtlichen Kosmopolitismus bestehen. In Ermangelung einer Weltregierung kommt dem Recht selbst, insbesondere den universellen Menschenrechten, „jurisgenerative Wirkung" zu. In einer vernetzten Welt ist nicht Fragmentierung die Lösung, sondern Transnationalität. Dafür geht die Untersuchung nach der von Philip C. Jessup inspirierten Methode des „transnationalen Rechts" vor. Diese Methode vereinigt Multidisziplinarität und Rechtsvergleichung, sie hinterfragt hergebrachte Dichotomien (öffentliches Recht/Privatrecht, nationales Recht und internationales Recht, „hard law"/„soft law") und sie ersetzt binäre Begrifflichkeiten durch imaginäre Skalen und Stufenontologien.

2. Kapitel

Grundlagen eines transnationalen Kommunikationsdeliktsrechts

Diese Arbeit verwendet Konzepte, die als „wesentlich umstritten" im Sinne Walter Bryce Gallies bezeichnet werden müssen: *„essentially contested concepts"*.[1] Gallie zeigte, dass die Bedeutung bestimmter Begriffe einem logisch-rationalen Argument nicht zugänglich und aufgrund der unterschiedlichen normativen Anschauungen über diesen Begriff notwendigerweise umstritten sei. Bei den dem Kommunikationsdeliktsrecht zugrundeliegenden Begriffen wie beispielsweise „Ehre", „Privatheit", „Medien", „Kunst", „Journalismus" und „(Kommunikations-)Freiheit" handelt es sich um solche *„essentially contested concepts"*. Aufgabe dieser Arbeit wird es daher sein, die gemeinsame Kernbedeutung dieser Begriffe für die hier zu untersuchenden Jurisdiktionen zu analysieren und den umstrittenen Bedeutungsgehalt zu umschreiben.

I. Die Kommunikationstheorie Claude E. Shannons

Ausgangspunkt des Kommunikationsdeliktsrechts ist der tatsächliche Vorgang, der zu dem sozialen Konflikt „Ehrverletzung", „Verletzung der Privatheit" usw. führt. Kommunikationsdelikte erfolgen durch einen Akt der Kommunikation. Daher ist es erforderlich, den Vorgang „Kommunikation" näher zu betrachten. Einen geeigneten kommunikationstheoretischen Rahmen für das Kommunikationsdeliktsrecht bildet die mathematische Theorie der Kommunikation von Claude E. Shannon. Shannon unterschied die folgenden vier Hauptelemente der Kommunikation:[2]

1. Eine Botschaft. Shannon selbst führte die Botschaft („message") im Zusammenhang mit der Informationsquelle (dazu (2.)) auf. Für die vorliegende Untersuchung – wie auch für alle sonstigen Kommunikationsdelikte – empfiehlt

---

[1] *Gallie*, Proceedings of the Aristotelian Society 56 (1956), 167.
[2] *Shannon*, The Bell System Technical Journal 27 (1948), 379; weiter ausgeführt in *Shannon/Weaver*, The Mathematical Theory of Communication, 1949.

es sich jedoch, systematisch zwischen der „Botschaft" und ihrer „Quelle" zu unterscheiden.

2. Eine Informationsquelle oder „Sender".
3. Ein Informationsempfänger, d. h. die Person oder die Sache an welche die Botschaft gerichtet ist.
4. Ein Kommunikationsmedium oder mehrere Kommunikationsmedien. Die Kommunikationsmedien können verschiedenen Funktionen dienen, etwa der Umwandlung der Botschaft in transportable Signale, der Übertragung der Signale und der Rückumwandlung der Signale in eine für den Empfänger intelligiblen Form.

Ein kommunikativer Akt stellt dann ein Kommunikationsdelikt in Gestalt einer Ehrverletzung dar, wenn eine ehrverletzende Botschaft gegenüber einem Informationsempfänger kommuniziert wird. In Abschnitt V.2. wird dargestellt, dass deutsches, englisches und amerikanisches Recht unterschiedliche Voraussetzungen an die Eigenschaft des Informationsempfängers stellen: Während es nach deutschem Recht für das Vorliegen einer Beleidigung genügt, dass die Information gegenüber dem Ehrträger selbst geäußert wird, verlangen sowohl die üble Nachrede und Verleumdung nach deutschem Recht (§§ 186, 187 StGB) als auch der *tort of defamation* nach englischem und amerikanischem Recht, dass der Empfänger der Botschaft eine vom Ehrträger verschiedene Person sein muss.

Die Unterscheidung zwischen Sender und Kommunikationsmedium, wie Shannon sie annahm, liegt auch den für diese Untersuchung relevanten Regelwerken zugrunde. So kann sich auf den Haftungsausschluss nach Art. 12 bis 14 e-commerce-Richtlinie nur berufen, wer lediglich die Inhalte Dritter weiterleitet oder speichert. Im Umkehrschluss stellt § 7 Abs. 1 TMG ausdrücklich klar, dass Diensteanbieter für *eigene* Informationen, die sie bereithalten, nach den allgemeinen Gesetzen verantwortlich sind. Welchen Herausforderungen diese Trennung angesichts neuerer Technologien begegnet, wird in Kapitel 6 erörtert.

II. Kommunikationsdelikte als Sprechakt

Jegliche Kommunikation enthält eine „Botschaft", den Inhalt der Kommunikation. Für die Zwecke des Kommunikationsdeliktsrechts ist dieser Inhalt eine mit Worten kommunizierte Information. Zwingende Voraussetzung eines Kommunikationsdeliktsrechts ist somit, dass Worte Handlungen, und zwar *unerlaubte Handlungen*, darstellen können.

Worte sind mehr als phonetische Laute. Mit Worten wird ein Versprechen begründet, ein Rat gegeben, ein Befehl erteilt, um Entschuldigung gebeten, aber eben auch gedroht, getäuscht, herabgesetzt, Vertraulichkeit gebrochen und

Scham erzeugt. Der Begründer der Sprechakttheorie, J. L. Austin, unterschied drei Dimensionen von Äußerungen:[3]

1. Lokution: Auf der Grundlage eines bestimmten Wortverständnisses und einer Grammatik werden Worte mit einer Bedeutung verbunden.
2. Illokution: Der eigentliche performative Akt, nämlich die Begründung eines Versprechens, die Bitte um Entschuldigung, die Erteilung des Befehls, das Treffen einer Verabredung, etc.
3. Perlokution: Der Effekt, den Worte beim Sprecher oder beim Empfänger auslösen können, etwa Gefühle, Gedanken oder Handlungen.

Entscheidend für die Beurteilung von Lokution, Illokution und Perlokution sind stets die konkreten Umstände des Einzelfalls, etwa die Autorität der handelnden Personen oder die Verständigung auf den Gebrauch eines bestimmten Vokabulars. So hängt etwa der illokutionäre Effekt der Taufe des Schiffs *Queen Elizabeth* davon ab, dass eine hierzu berufene Person eine Flasche Champagner gegen das Schiff fallen lässt und ihm den Namen „Queen Elizabeth" gibt. Wirft jedoch ein Werftarbeiter eine Flasche Bier gegen das Schiff und nennt es „General Stalin", dann wird der illokutionäre Effekt einer Schiffstaufe nicht erzeugt.[4]

Diese Arbeit macht Austins Sprechakttheorie zur Grundlage eines transnationalen Kommunikationsdeliktsrechts.[5] Hierfür lässt sich der Begriff der *juristischen Sprechakttheorie* verwenden.

1. Die Ermittlung der Bedeutung einer Äußerung

Auf der Ebene der Lokution ist zunächst die Bedeutung einer Äußerung zu ermitteln. Für das Kommunikationsdeliktsrecht ist in diesem Zusammenhang zentral, ob die Äußerung als Tatsachenbehauptung oder Werturteil zu betrachten ist und, falls sie eine Tatsachenbehauptung ist, ob sie wahr ist oder nicht. Hierauf wird im folgenden Abschnitt zur Taxonomie der Information eingegangen. Vorher ist festzustellen, wie die Bedeutung einer Äußerung nach einer juristischen Sprechakttheorie zu ermitteln ist.

Maßstäblich für die Interpretation einer Aussage ist das Verständnis eines unbefangenen, objektiven und unvoreingenommenen Durchschnittsempfängers (Lesers, Zuschauers oder Hörers) im Zeitpunkt der Äußerung bei einer Bewer-

---

[3] *Austin*, How to do Things With Words, 1962; siehe auch *Habermas*, Theorie des kommunikativen Handelns, Band 1: Handlungsrationalität und gesellschaftliche Rationalisierung, 1981, S. 388 ff.

[4] Vgl. *Austin*, How to do Things With Words, 1962, S. 117.

[5] Vgl. zur Anwendung der Sprechakttheorie auf Willenserklärungen *Archavlis*, Die juristische Willenserklärung – eine sprechakttheoretische Analyse, 2015.

tung der Aussage in ihrem Gesamtzusammenhang unter Berücksichtigung des allgemeinen Sprachgebrauchs (in England: *natural and ordinary meaning*).[6]

Abzustellen ist grundsätzlich auf einen durchschnittlichen Informationsempfänger, der mit einer Spezialmaterie nicht vertraut ist.[7] Richtet sich die Information jedoch im konkreten Fall ersichtlich an einen bestimmten Adressatenkreis, dann ist ihr Inhalt aus Sicht dieses Adressatenkreises auszulegen.[8] Maßgeblich ist, wie der Empfänger die Äußerungen verstehen konnte, und nicht, wie er sie auffassen musste.[9] Unmaßgeblich ist demgegenüber, was der Äußernde tatsächlich mitteilen *wollte*.[10] Insbesondere kann der Äußernde nicht durch Einschübe, wie beispielsweise „mit an Sicherheit grenzender Wahrscheinlichkeit", „angeblich", oder „ich meine, dass", aus einer Tatsachenbehauptung eine Meinungsäußerung machen.[11] Ein Gericht braucht auch nicht „auf entfernte, weder durch den Wortlaut noch die Umstände der Äußerung gestützte Alternativen einzugehen oder gar abstrakte Deutungsmöglichkeiten zu entwickeln, die in den konkreten Umständen keinerlei Anhaltspunkte finden."[12]

---

[6] Vgl. EGMR, Lingens/Österreich [1986] Beschwerde-Nr. 9815/82 [40]; Castells/Spanien [1992] Beschwerde-Nr. 11798/85 [48]; Nikowitz und Verlagsgruppe News GmbH/Österreich [2007] Beschwerde-Nr. 5266/03 [25]; OOO 'Vesti' und Ukhov/Russland [2013] Beschwerde-Nr. 21724/03 [63]; BGH, Urt. v. 19.03.1957, Az. VI ZR 263/55, NJW 1957, 1149 – Konkursmeldung; BGH, Urt. v. 20.06.1961, Az. VI ZR 222/60, NJW 1961, 1913, 1914 – Wiedergutmachung; BGH, Urt. v. 11.03.2008, Az. VI ZR 7/07, NJW 2008, 2110 Rn. 15 – „Gen-Milch"; BVerfG, Beschl. v. 10.10.1995, Az. 1 BvR 1476/91, 1 BvR 1980/91, 1 BvR 102/92, 1 BvR 221/92, NJW 1995, 3303, 3310 – „Soldaten sind Mörder"; BVerfG, Beschl. v. 25.10.2005, Az. 1 BvR 1696/98, BVerfGE 114, 339, 348 f. – Stolpe; Jones v. Skelton [1963] 1 WLR 1362, 1370; Brown v. Bower u. a. [2017] EWHC 2637 (QB) [10]; Guise v. Shah [2017] EWHC 1689 (QB) [13]; *Sutter*, Defamation, in: Goldberg/Sutter/Walden (Hrsg.), Media Law and Practice, 2009, 373, 379 ff. m. w. N.

[7] EGMR, Růžový panter, o.s./Tschechische Republik [2012] Beschwerde-Nr. 20240/08 [31]; BGH, Urt. v. 20.06.1961, Az. VI ZR 222/60, NJW 1961, 1913, 1914 – Wiedergutmachung; *Sutter*, Defamation, in: Goldberg/Sutter/Walden (Hrsg.), Media Law and Practice, 2009, 373, 379 ff. m. w. N.

[8] BVerfG, Beschl. v. 07.12.1976, Az. 1 BvR 460/72, NJW 1977, 799, 800 – Flugblatt; vgl. auch BGH, Urt. v. 12.10.1965, Az. VI ZR 95/64, NJW 1965, 2395, 2396 – „Mörder unter uns"; BGH, Urt. v. 29.10.1968, Az. VI ZR 180/66, GRUR 1969, 147, 150 – Korruptionsvorwurf; BGH, Urt. v. 03.06.1969, Az. VI ZR 17/68, DB 1969, 1283 – Ausscheiden eines Mitgesellschafters.

[9] BGH, Urt. v. 20.06.1961, Az. VI ZR 222/60, NJW 1961, 1913, 1914 – Wiedergutmachung; BGH, Urt. v. 30.05.1974, Az. VI ZR 174/72, MDR 1974, 921 – Brüning-Memoiren I.

[10] BGH, Urt. v. 19.03.1957, Az. VI ZR 263/55, NJW 1957, 1149 – Konkursmeldung; BGH, Urt. v. 20.06.1961, Az. VI ZR 222/60, NJW 1961, 1913, 1914 – Wiedergutmachung; BGH, Urt. v. 08.07.1969, Az. VI ZR 275/67 – „Kavaliersdelikt"; BGH, Urt. v. 30.05.1974, Az. VI ZR 174/72, MDR 1974, 921 – Brüning-Memoiren I; BVerfG, Beschl. v. 10.10.1995, Az. 1 BvR 1476/91, 1 BvR 1980/91, 1 BvR 102/92, 1 BvR 221/92, NJW 1995, 3303, 3310 – „Soldaten sind Mörder".

[11] BGH, Urt. v. 22.04.2008, Az. VI ZR 83/07, BGHZ 176, 175 Rn. 18 – BKA/Focus; BGH, Urt. v. 22.09.2009, Az. VI ZR 19/08, NJW 2009, 3580 Rn. 13 – „Unsaubere Geschäfte".

[12] BVerfG, Beschl. v. 10.10.1995, Az. 1 BvR 1476/91, 1 BvR 1980/91, 1 BvR 102/92, 1 BvR

Einer Äußerung „darf kein Inhalt unterschoben werden", den ihr der Äußernde „erkennbar nicht beilegen wollte".[13] Auch dürfen Äußerungen nicht aus ihrem Zusammenhang gelöst werden, um so zu der Annahme zu gelangen, dass die Äußerungen allein den Zweck hatten, den Betroffenen herabzusetzen.[14] Die bloße Möglichkeit von Missverständnissen braucht nicht durch klärende Zusätze ausgeschlossen zu werden.[15]

Rechtsbegriffe wie „Betrug", „Mörder", „illegal" oder „strafrechtlich relevant" sind nicht im fachlich-technischen Sinn zu verstehen, wenn sie erkennbar nicht fachspezifisch, sondern gemeingebräuchlich verwendet werden.[16] In diesem Fall stellen sie eine subjektive Wertung und damit eine Meinungsäußerung dar.[17] Sie stellen jedoch – ebenso wie Meinungsäußerungen im Allgemeinen – insoweit auch Tatsachenbehauptungen dar, als sie zugleich auf bestimmte tatsächliche Vorgänge Bezug nehmen, die dem Beweis zugänglich sind.[18] Sofern rechtstatsächliche Vorgänge beschrieben werden, sind gutgläubigen juristischen Laien beim Gebrauch juristischer Terminologie kleinere Ungenauigkeiten nachzusehen.[19] Umgekehrt gilt, dass der Gebrauch rechtlicher Terminologie durch juristisch fachkundige Stellen auch im juristischen Sinne zu verstehen ist.[20]

221/92, NJW 1995, 3303, 3305 – „Soldaten sind Mörder"; vgl. BGH, Urt. v. 11.03.2008, Az. VI ZR 7/07, NJW 2008, 2110 Rn. 27 – „Gen-Milch".

[13] BVerfG, Beschl. v. 25.03.1992, Az. 1 BvR 514/90, BVerfGE 86, 1, 9 – „geb. Mörder, Krüppel".

[14] BVerfG, Beschl. v. 13.05.1980, Az. 1 BvR 103/77, BVerfGE 54, 129, 137 – Kunstkritik; st. Rspr., siehe z.B. BGH, Urt. v. 11.03.2008, Az. VI ZR 7/07, NJW 2008, 2110 Rn. 15 – „Gen-Milch"; BGH, Urt. v. 12.04.2016, Az. VI ZR 505/14, MDR 2016, 648 Rn. 11 – Organentnahme; BGH, Urt. v. 14.05.2013, Az. VI ZR 269/12, BGHZ 197, 213 Rn. 14 – Google I.

[15] BGH, Urt. v. 08.07.1980, Az. VI ZR 159/78, BGHZ 78, 9, 15 – „Medizin-Syndikat" III; BGH, Urt. v. 17.12.1991, Az. VI ZR 169/91, NJW 1992, 1314, 1315 – Kassenärztliche Vereinigungen.

[16] BGH, Urt. v. 03.06.1969, Az. VI ZR 17/68, DB 1969, 1283 – Ausscheiden eines Mitgesellschafters; BGH, Urt. v. 25.05.1971, Az. VI ZR 26/70, VersR 1971, 845, 846 – „Dreckschleuder" (insoweit nicht abgedruckt); BGH, Urt. v. 22.06.1982, Az. VI ZR 251/80, NJW 1982, 2246, 2247 – Klinikdirektoren; BVerfG, Beschl. v. 09.10.1991, Az. 1 BvR 1555/88, BVerfGE 85, 1, 19 – Bayer-Aktionäre; BGH, Urt. v. 17.11.1992, Az. VI ZR 344/91, MDR 1993, 122, 123 – „Illegaler Fellhandel".

[17] Vgl. BGH, Urt. v. 16.11.2004, Az. VI ZR 298/03 – „Bauernfängerei"-Zitat; BGH, Urt. v. 16.12.2014, Az. VI ZR 39/14, NJW 2015, 773 Rn. 10 – „Scharlatanerieprodukt".

[18] Vgl. EGMR, Constantinescu/Rumänien [2000] Beschwerde-Nr. 28871/95 [73]; Einarsson/Island [2017] Beschwerde-Nr. 24703/15 [50f.]; BGH, Urt. v. 17.12.1991, Az. VI ZR 169/91, NJW 1992, 1314, 1316 – Kassenärztliche Vereinigungen; BGH, Urt. v. 28.06.1994, Az. VI ZR 252/93, NJW 1994, 2614, 2616 – Börsenjournalist; BGH, Urt. v. 16.11.2004, Az. VI ZR 298/03 – „Bauernfängerei"-Zitat; BGH, Urt. v. 11.03.2008, Az. VI ZR 7/07, NJW 2008, 2110 Rn. 14 – „Gen-Milch".

[19] Siehe z.B. EGMR, Traustason u.a./Island [2017] Beschwerde-Nr. 44081/13 [48]: Verwechslung von der „Untersuchung" eines Falles (*til skoðunar*, vom Gericht übersetzt mit *to examine*) mit der „Ermittlung" in einem Fall (*rannsókn*, vom Gericht übersetzt mit *investigation*).

[20] Siehe z.B. Bukovsky v. Crown Prosecution Service [2017] EWCA Civ 1529 [28].

Betrifft die Äußerung die subjektive Haltung eines anderen, etwa Absichten, Motive, Vorstellungen oder Überzeugungen, so kann es sich hierbei um die Behauptung einer sogenannten „inneren Tatsache" (und damit um eine Tatsachenbehauptung) oder um eine Meinungsäußerung handeln. Maßgeblich ist, ob der Mitteilende seine persönliche Schlussfolgerung hinsichtlich der subjektiven Haltung nur auf Indizien stützt oder auf das Verhalten des Betroffenen, welches die subjektive Haltung tatsächlich zu erklären vermag.[21]

Bei Fragen ist zu unterscheiden zwischen der grammatischen Form eines Fragesatzes und der Frage als Sprechhandlungstyp. Regelmäßig ist eine grammatische Frage ein Sprechakt, mit dem das Ziel verfolgt wird, eine Antwort zu erhalten. In dieser Gestalt lassen sich Fragen nicht Tatsachenbehauptungen oder Werturteilen zuordnen, sondern bilden eine eigene semantische Kategorie.[22] Für die vorliegende Untersuchung sind diese Fragen daher uninteressant.

Nicht jede Frage im grammatischen Sinn ist jedoch auch eine Frage als Sprechhandlungstyp. Insbesondere lassen sich Behauptungen auch als Fragen einkleiden. Solche sogenannten „rhetorische Fragen" bilden Aussagen, die nach der Taxonomie der Information als Werturteil oder als Tatsachenbehauptung zu kategorisieren sind.[23] Als solche können sie ehrverletzend sein.[24] Die Einteilung einer Frage als Informationsersuchen oder als Aussagesatz ist in jedem Einzelfall nach den jeweiligen Umständen zu ermitteln.[25]

Bei der Auslegung einer Äußerung sind Besonderheiten und Sachzwänge des Kommunikationsmediums zu beachten.[26] Für die Berichterstattung im Fernsehen etwa „darf das Bild in seiner Bedeutung für eine Erweiterung des Aussagegehalts über das gesprochene Wort hinaus nicht überinterpretiert werden".[27] Neue Technologien stellen neue Herausforderungen an die Auslegung von Aussagen. Gegenstand der Rechtsprechung war beispielsweise die sogenannte Autocomplete-Funktion bei Suchmaschinen. Bei einer Eingabe in eine Suchmaschine präsentiert ein Algorithmus Wortkombinationen, die von anderen Nut-

---

[21] BGH, Urt. v. 17.12.1991, Az. VI ZR 169/91, NJW 1992, 1314, 1316 – Kassenärztliche Vereinigungen; BGH, Urt. v. 22.04.2008, Az. VI ZR 83/07, BGHZ 176, 175 Rn. 19 – BKA/Focus.

[22] Vgl. BVerfG, Beschl. v. 09.10.1991, Az. 1 BvR 221/90, BVerfGE 85, 23, 31 – Arbeitskreis Umwelt und Frieden.

[23] BVerfG, Beschl. v. 09.10.1991, Az. 1 BvR 221/90, BVerfGE 85, 23, 32 – Arbeitskreis Umwelt und Frieden; BGH, Urt. v. 27.09.2016, Az. VI ZR 250/13, AfP 2017, 48 Rn. 14 – Frontal 21.

[24] BVerfG, Beschl. v. 09.10.1991, Az. 1 BvR 221/90, BVerfGE 85, 23, 33 f. – Arbeitskreis Umwelt und Frieden.

[25] BVerfG, Beschl. v. 09.10.1991, Az. 1 BvR 221/90, BVerfGE 85, 23, 33 – Arbeitskreis Umwelt und Frieden; BGH, Urt. v. 09.12.2003, Az. VI ZR 38/03, NJW 2004, 1034 f. – Caroline von Hannover und Udo Jürgens.

[26] BGH, Urt. v. 10.12.1991, Az. VI ZR 53/91, NJW 1992, 1312, 1313 – Bezirksleiter Straßenbauamt.

[27] BGH, Urt. v. 10.12.1991, Az. VI ZR 53/91, NJW 1992, 1312, 1313 – Bezirksleiter Straßenbauamt.

zern zu dem fraglichen Suchbegriff am häufigsten eingegeben wurden und die sich auf den Webseiten befinden, auf die die Suchmaschine verweist. Der BGH entschied, dass auf diese Weise generierten Suchbegriffen nicht nur der Inhalt zu entnehmen sei, dass Nutzer diese Begriffe zur Recherche eingegeben haben oder dass Webseiten diese Begriffe enthalten, sondern dass zwischen der Eingabe des Namens einer Person und dem vorgeschlagenen Ergänzungsbegriff auch eine inhaltliche Verbindung bestehe.[28] Der BGH begründete dies damit, dass in der Praxis häufig die Erwartung bestätigt würde, dass die vorgeschlagenen Wortkombinationen inhaltliche Bezüge zu dem Suchbegriff widerspiegelten.[29] Daher verpflichtete der BGH einen Suchmaschinenbetreiber dazu, ehrverletzende Ergänzungsvorschläge zu unterlassen.

Diese Rechtsprechung begegnet jedoch grundsätzlichen Bedenken im Hinblick auf die rechtliche Bewältigung der Internetkommunikation. Mit seiner Entscheidung adelt der BGH eine algorithmisch-quantitative Wahrscheinlichkeitsrechnung – der Ergänzungsbegriff *könnte* inhaltlich relevant sein – zu einer anthropogen-qualitativen Schlussfolgerung: aus Sicht der Nutzer *sei* der Ergänzungsbegriff inhaltlich relevant. Hierdurch stellt der BGH den Umgang mit Internet-Informationen, der sogenannten *internet literacy*, auf den Kopf. Zur *internet literacy* gehört das Wissen darüber, wie Informationen im Internet generiert werden; im Fall von Suchmaschinen-Ergänzungsvorschlägen also, dass diese gerade nicht auf der bewussten Feststellung eines inhaltlichen Zusammenhangs beruhen, sondern auf einem algorithmischen Prozess.

Gerichte in Deutschland und England unterscheiden zwischen zwei Formen der „Bedeutung" (*meaning*) einer Äußerung: die „offene" bzw. „natürliche und normale Bedeutung" (*natural and ordinary meaning*) und die „versteckte Bedeutung" (*meaning by innuendo*). Die offene Bedeutung ist entweder die wörtliche Bedeutung oder eine implizite, abgeleitete oder indirekte Bedeutung; jedenfalls eine Bedeutung, die keine Kenntnis von außerhalb der Aussage selbst liegenden, nicht allgemein bekannten Tatsachen erfordert.[30] Verdeckte Behauptungen sind solche, die „zwischen den Zeilen" stehen. Eine versteckte Bedeutung wird erst durch die Kenntnis von Tatsachen verständlich, die außerhalb der Äußerung selbst liegen und die nicht allgemein bekannt sind. Macht der Äußernde mit einer verdeckten Behauptung eine „zusätzliche Sachaussage"

---

[28] BGH, Urt. v. 14.05.2013, Az. VI ZR 269/12, BGHZ 197, 213 Rn. 13 – Google I.
[29] BGH, Urt. v. 14.05.2013, Az. VI ZR 269/12, BGHZ 197, 213 Rn. 16 – Google I.
[30] Jones v. Skelton [1963] 1 WLR 1362, 1370–1371: „The ordinary and natural meaning of words may be either the literal meaning or it may be an implied or inferred or an indirect meaning: any meaning that does not require the support of extrinsic facts passing beyond general knowledge but is a meaning which is capable of being detected in the language used can be a part of the ordinary and natural meaning of words." Siehe z. B. McEvoy v. Michael [2014] EWHC 701 (QB) [49].

bzw. legt er diese dem Leser als „unabweisliche Schlussfolgerung" nahe, so steht die „verdeckte" Aussage einer „offenen" Behauptung gleich.[31]

In *Jeynes v. News Magazines* fasste der Court of Appeal die Prinzipien zusammen, mit denen die Bedeutung einer Äußerung zu ermitteln ist:

„1. Das wichtigste Prinzip ist Vernünftigkeit.
2. Der hypothetische vernünftige Leser ist weder naiv noch unangemessen misstrauisch. Er kann zwischen den Zeilen lesen. Er ist eher bereit, eine Schlussfolgerung in einen Text hineinzulesen als ein Anwalt, er mag eher seine Gedanken schweifen lassen, aber er ist nicht begierig nach Skandal und sucht sich nicht eine diffamierende Bedeutung heraus, wo andere nicht-diffamierende Bedeutungen ebenfalls vorhanden sind.
3. Eine übermäßig sorgfältige Analyse ist zu vermeiden.
4. Die Absicht des Äußernden ist unerheblich.
5. Der Artikel muss als Ganzes gelesen werden; ‚Gift und Gegengift' sind gemeinsam zu betrachten.
6. Der hypothetische Leser steht stellvertretend für diejenigen, die die streitgegenständliche Veröffentlichung lesen würden.
7. Bei der Bestimmung der Reichweite möglicher diffamierender Bedeutungen sollte das Gericht diejenigen ausschließen, die nur als Ergebnis einer überdehnten, gezwungenen oder vollkommen unvernünftigen Interpretation stehen können.
8. Es reicht daher nicht aus, dass die Worte durch die eine oder andere Person als diffamierend verstanden werden *könnten*."[32]

---

[31] BGH, Urt. v. 22.11.2005, Az. VI ZR 204/04, NJW 2006 Rn. 17 – Erzbistum; vgl. McEvoy v. Michael [2014] EWHC 701 (QB) [51]; Begg v. BBC [2016] EWHC 2688 (QB) [53]; BGH, Urt. v. 26.10.1999, Az. VI ZR 322/98, NJW 2000, 656, 657 – Vergabepraxis; BGH, Urt. v. 08.07.1980, Az. VI ZR 159/78, BGHZ 78, 9, 15 – „Medizin-Syndikat" III; BGH, Urt. v. 20.05.1986, Az. VI ZR 242/85, NJW 1987, 1398, 1399 – „Kampfanzug unter der Robe"; BGH, Urt. v. 25.11.2003, Az. VI ZR 226/02, NJW 2004, 598, 599 – „Klinik Monopoly"; BVerfG, Beschl. v. 19.12.2007, Az. 1 BvR 967/05, NJW 2008, 1654 Rn. 30 – Schiffskoffer.

[32] Jeynes v. News Magazines Ltd. & Anor [2008] EWCA Civ 130 [14]; bestätigt z.B. in Flood v. Times Newspapers Ltd. (No 2) [2013] EWHC 2182 (QB) [6]; Cooke & Midland Heart Limited v. MGN Limited & Trinity Mirror Midlands Limited [2014] EWHC 2831 (QB) [9]; McEvoy v. Michael [2014] EWHC 701 (QB) [48]; Theedom v. Nourish Training t/a CSP Recruitment and Sewell [2015] EWHC 3769 (QB) [6]; Begg v. BBC [2016] EWHC 2688 (QB) [46]:
„(1) The governing principle is reasonableness.
(2) The hypothetical reasonable reader is not naïve but he is not unduly suspicious. He can read between the lines. He can read in an implication more readily than a lawyer and may indulge in a certain amount of loose thinking but he must be treated as being a man who is not avid for scandal and someone who does not, and should not, select one bad meaning where other non-defamatory meanings are available.
(3) Over-elaborate analysis is best avoided.
(4) The intention of the publisher is irrelevant.
(5) The article must be read as a whole, and any "bane and antidote" taken together.
(6) The hypothetical reader is taken to be representative of those who would read the publication in question.
(7) In delimiting the range of permissible defamatory meanings, the court should rule out any meaning which, 'can only emerge as the produce of some strained, or forced, or utterly unreasonable interpretation [...]'.

Weitere Entscheidungen präzisierten diese Kriterien. Zum dritten Kriterium entschied der High Court, dass der hypothetische vernünftige Leser eine Äußerung nur einmal hört oder liest und sich dann ein Bild macht. Gerichte sollten daher „eine übermäßig detaillierte linguistische Analyse jedes einzelnen Satzes oder eine langwierige Übung im logischen Positivismus" vermeiden.[33] Das Prinzip von „Gift und Gegengift" (Kriterium 5) betrifft nicht nur einen einzelnen Artikel, wie dies in *Jeynes* angedeutet wurde, sondern auch die Umstände und die Form der Äußerung.[34] Die „Umstände" beziehen sich auf Tatsachen, die zum Zeitpunkt der Veröffentlichung allgemein bekannt waren sowie weiteres Material, welches gemeinsam mit der streitgegenständlichen Äußerung bekanntgemacht wurde. Das Kriterium der „Form" betrifft die Art und Weise, in der der gewöhnliche Empfänger die Nachricht aufnimmt einschließlich der Zeit, die er auf die Verarbeitung der Nachricht verwendet.[35] So kann sich eine Äußerung auf mehrere zusammenhängende Veröffentlichungen zum selben Thema beziehen, etwa Flugzettel, Plakate und Internet-Veröffentlichungen einer Kampagne.[36] In *Monroe v. Hopkins* analysierte der High Court sehr detailliert, wie Äußerungen auf Twitter zu verstehen sind, deren Inhalt mit (damals) max. 140 Zeichen zwar an sich übersichtlich sind, die sich jedoch ihrerseits häufig auf andere Tweets beziehen und damit andere Sinnzusammenhänge ergeben.[37]

Wenngleich zwischen der deutschen und der englischen Bestimmung der lokutionären Dimension von Äußerungen erhebliche Übereinstimmungen bestehen, so ist doch ein folgenreicher Unterschied bei der Auslegung mehrdeutiger Äußerungen erkennbar. Bei mehreren möglichen Interpretationen einer Äußerung ist nach der deutschen Rechtsprechung grundsätzlich diejenige der rechtlichen Beurteilung zu Grunde zu legen, die dem Mitteilenden günstiger ist und den Verletzten weniger beeinträchtigt.[38] Es sind solche Interpretationsmöglichkeiten auszuschließen, welche eine dem Mitteilenden nachteilige Rechtsfolge nicht rechtfertigen.[39] Eine Ausnahme gilt bei Entscheidungen über die Unter-

---

(8) It follows that 'it is not enough to say that by some person or another the words *might* be understood in a defamatory sense.'" (Fundstellennachweise entfernt).

[33] Begg v. BBC [2016] EWHC 2688 (QB) [47], unter Verweis auf Slim v. Daily Telegraph Ltd. [1968] 2 QB 157, 171 f.: „The court should avoid a minute linguistic analysis of every phrase or engaging in a protracted exercise in logical positivism."

[34] Monroe v. Hopkins [2017] EWHC 433 (QB) [32], unter Verweis auf Charleston v. News Group Newspapers Ltd. [1995] 2 AC 65.

[35] Monroe v. Hopkins [2017] EWHC 433 (QB) [32].

[36] Siehe Hourani v. Thomson u. a. [2017] EWHC 432 (QB) [121].

[37] Monroe v. Hopkins [2017] EWHC 433 (QB).

[38] BVerfG, Beschl. v. 09.10.1991, Az. 1 BvR 221/90, BVerfGE 85, 23, 33 f. – Arbeitskreis Umwelt und Frieden; BGH, Urt. v. 16.06.1998, Az. VI ZR 205/97, BGHZ 139, 95, 104 – Stolpe; BGH, Urt. v. 09.12.2003, Az. VI ZR 38/03, NJW 2004, 1034, 1035 – Caroline von Hannover und Udo Jürgens; BGH, Urt. v. 25.11.2003, Az. VI ZR 226/02, NJW 2004, 598, 599 – „Klinik Monopoly".

[39] St. Rspr., statt vieler BVerfG, Beschl. v. 13.02.1996, Az. 1 BvR 262/91, BVerfGE 94, 1, 9

lassung zukünftiger Äußerungen. Anders als bei Sanktionen ist bei Unterlassungsansprüchen die das Persönlichkeitsrecht stärker verletzende Interpretation anzunehmen.[40] Der Äußernde habe schließlich „die Möglichkeit, sich in der Zukunft eindeutig auszudrücken und damit zugleich klarzustellen, welcher Äußerungsinhalt der rechtlichen Prüfung einer Verletzung des Persönlichkeitsrechts zu Grunde zu legen ist".[41]

Englische Gerichte würden diese Herangehensweise wohl als „naiv" bezeichnen: Wenn es zwei mögliche Bedeutungen gibt, von denen eine weniger diffamierend ist als die andere, dann bestimmt sich die rechtlich relevante Bedeutung allein nach dem Verständnis des hypothetischen, vernünftigen Lesers unter Berücksichtigung aller Umstände. Ein vernünftiger Leser ist nicht begierig nach Skandal und sucht auch nicht eine diffamierende Bedeutung heraus, wo andere nicht-diffamierende Bedeutungen ebenfalls vorhanden sind. Unvernünftig sei es allerdings, *stets* die weniger diffamierende Bedeutung anzunehmen: dies sei eben „naiv".[42] Gleiches gilt im Übrigen umgekehrt: Es besteht keine Vermutung dafür, eine stärker diffamierende Bedeutung einer anderen Bedeutung vorzuziehen. Ein solcher Ansatz, der Kläger gegenüber Beklagten systematisch bevorteilt, stünden Gerechtigkeit und Logik gleichermaßen entgegen.[43] Inzwischen regelt der Defamation Act 2013 allerdings, dass wenn eine Äußerung mehrdeutig ist und eine der möglichen Bedeutungen nicht als im Wesentlichen wahr bewiesen werden kann, der Beklagte grundsätzlich die Einrede der Wahrheit nach Section 2 Defamation Act 2013 verliert. Dies gilt nach Section 2 Abs. 3 Defamation Act 2013 jedoch dann nicht, wenn die Bedeutungen, die nicht erwiesenermaßen „im Wesentlichen wahr" sind, unter Berücksichtigung der Bedeutungen, die im Wesentlichen wahr sind, den guten Ruf des Klägers nicht ernsthaft beeinträchtigen.

Die den Deliktstäter möglichst begünstigende Auslegung des BVerfG ist nicht sprachlogisch zu begründen, sondern dem Einfluss des Art. 5 Abs. 1 Satz 1 GG geschuldet. Wie noch näher zu zeigen sein wird, beruht die Rechtsprechung des BVerfG auf einer Vermutung zugunsten der Kommunikationsfreiheit. Lässt man einmal die Vereinigten Staaten beiseite, bei denen eine noch stärkere Vermutung zugunsten der Redefreiheit spricht, ist diese Rechtsprechung des

---

– DGHS; BVerfG, Beschl. v. 25.10.2005, Az. 1 BvR 1696/98, BVerfGE 114, 339, 349 – Stolpe; BVerfG, Beschl. v. 19.12.2007, Az. 1 BvR 967/05, NJW 2008, 1654 Rn. 32 – Schiffskoffer.

[40] BVerfG, Beschl. v. 25.10.2005, Az. 1 BvR 1696/98, BVerfGE 114, 339, 350 – Stolpe; BVerfG, Beschl. v. 19.12.2007, Az. 1 BvR 967/05, NJW 2008, 1654 Rn. 35 – Schiffskoffer.

[41] BVerfG, Beschl. v. 25.10.2005, Az. 1 BvR 1696/98, BVerfGE 114, 339, 350 – Stolpe; BVerfG, Beschl. v. 19.12.2007, Az. 1 BvR 967/05, NJW 2008, 1654 Rn. 35 – Schiffskoffer; vgl. BGH, Urt. v. 11.03.2008, Az. VI ZR 7/07, NJW 2008, 2110 Rn. 27 – „Gen-Milch".

[42] McAlpine v. Bercow [2013] EWHC 1342 (QB) [63–66]; bestätgend Rufus v. Elliot [2015] EWCA Civ 121 [11]; Begg v. BBC [2016] EWHC 2688 (QB) [46]; Monroe v. Hopkins [2017] EWHC 433 (QB) [30].

[43] Simpson v. Mirror Group Newspapers Ltd. [2016] EWCA Civ 772 [15].

BVerfG transnational nicht anschlussfähig. Nach dem Diktum des EGMR etwa sind Art. 8 EMRK und Art. 10 EMRK gleichwertige Menschenrechte.[44]

Unterschiede zwischen Deutschland und England bestehen auch in der Rechtsprechung zur Verdachtsberichterstattung. Nach Auffassung des BGH setzen „Teile der Öffentlichkeit" die Einleitung eines Ermittlungsverfahrens mit einem Schuldnachweis gleich, weshalb selbst bei einer späteren Einstellung des Ermittlungsverfahrens oder gar bei einem Freispruch vom Schuldvorwurf „etwas hängenbleibt".[45] In der englischen Rechtsprechung wird hingegen regelmäßig zwischen den „drei Ebenen der Ernsthaftigkeit" (*three levels of seriousness*) unterschieden: Beweis der Tatsache eines Ermittlungsverfahrens, Beweis dafür, dass es vernünftige Gründe für das Ermittlungsverfahren gibt, und Nachweis der Schuld.[46] Eine vernünftige Person, die nicht begierig nach Skandal ist, würde die Schuld nicht allein daraus herleiten, dass eine Ermittlung anhängig ist.[47]

2. Die juristisch-illokutionäre und -perlokutionäre Dimension einer Äußerung

Die illokutionäre Dimension einer Äußerung ist von überragender Bedeutung für das gesamte Recht. Für eine juristische Sprechakttheorie ist in Verengung der Austin'schen Sprechakttheorie allein die Wertung des Rechts maßgeblich, dies allerdings unter Berücksichtigung der Absicht des Sprechers, gesellschaftlichem Kontext und Konvention. Das Beamtenrecht entscheidet beispielsweise darüber, ob die Äußerung eines Vorgesetzten gegenüber einem Untergebenen eine „dienstliche Anweisung" begründet. Eine Äußerung des Bundespräsidenten kann unter den Voraussetzungen des Art. 60 Abs. 2 GG eine „Begnadigung" darstellen. Erst die Bestimmung zum Beweis im Rechtsverkehr macht eine verkörperte Gedankenerklärung zu einer „Urkunde" im Sinne des § 267 StGB. Die Äußerung des Wortes „ja" kann eine Willenserklärung nach §§ 116 ff. BGB begründen.

---

[44] Vgl. EGMR, Hachette Filipacchi Associés ("Ici Paris")/Frankreich [2009] Beschwerde-Nr. 12268/03 [41]; Mosley/Vereinigtes Königreich [2011] Beschwerde-Nr. 48009/08 [111]; von Hannover/Deutschland (Nr. 2) [2012] Beschwerde-Nr. 40660/08 und 60641/08 [106].

[45] BGH, Urt. v. 16.02.2016, Az. VI ZR 367/15, MDR 2016, 520 Rn. 23 – Missbrauchsvorwürfe im Online-Archiv.

[46] Lewis v. Daily Telegraph Ltd. [1964] AC 234; Chase v. News Group Newspapers Ltd. [2002] EWCA Civ 1772; Flood v. Times Newspapers Ltd. (Nr. 2) [2013] EWHC 2182 (QB) [10]; Begg v. BBC [2016] EWHC 2688 (QB) [57]; Brown v. Bower u.a. [2017] EWHC 2637 (QB) [33 ff.].

[47] Lewis v. Daily Telegraph Ltd. [1964] AC 234, 260; Begg v. BBC [2016] EWHC 2688 (QB) [50].

Zentral für das Kommunikationsdeliktsrecht ist schließlich die perlokutionäre Dimension von Aussagen. Hier entscheidet sich etwa, ob eine Aussage zu Hass oder Gewalt „aufstachelt", ob der Empfänger einer falschen Vorstellung von Tatsachen unterliegt, ob er sich bedroht fühlt, in seinem Selbstbild herabgesetzt wird oder ein schlechtes Bild von einem Dritten hat.

Juristische Lokution, Illokution und Perlokution gemeinsam entscheiden somit darüber, ob eine bestimmte Äußerung (kommunikations-)deliktischen Charakter hat. Dies bedeutet umgekehrt, dass allein der perlokutionäre Effekt für die Qualifikation als Kommunikationsdelikt nicht ausreicht. Hinzutreten muss, dass die Äußerung nach den Wertungen des Rechts auch illokutionär als deliktisch einzustufen ist. Auf das Beispiel der Ehrverletzung angewendet bedeutet dies, dass es gerade nicht genügt, dass sich jemand durch eine bestimmte Äußerung beleidigt *fühlt* (Perlokution). Hinzu treten muss, dass die Person – etwa nach den Wertungen des § 185 StGB – objektiv beleidigt *wird* (Illokution). Nicht jede als diffamierend, sexistisch oder diskriminierend *empfundene* Äußerung stellt somit ein justiziables Kommunikationsdelikt dar.

Damit stellt sich die Frage, unter welchen Voraussetzungen eine justiziable Illokution gegeben ist. Für das Kommunikationsdeliktsrecht sind hierbei zwei Rahmenbedingungen zu beachten: Zum einen ist das Kommunikationsdeliktsrecht ein Unterfall des Privatrechts, d.h. es regelt die Rechtsbeziehungen zwischen rechtlich gleichgestellten Rechtssubjekten. Fragen der Legitimität des öffentlichen Rechts einschließlich des Strafrechts, wie etwa die Wahrung von Allgemeinwohlinteressen, das Funktionieren des Staates und seiner Einrichtungen oder der Schutz des Menschen vor sich selbst, haben daher außer Betracht zu bleiben.[48] Zum anderen ist die besondere Grundrechtssensibilität des Kommunikationsdeliktsrechts zu beachten: Jede Feststellung eines Kommunikationsdelikts schränkt die Kommunikationsfreiheit des Mitteilenden ein. Ein geeigneter theoretischer Rahmen für die Festlegung freiheitsbeschränkender Regeln und Prinzipien eines transnationalen Kommunikationsdeliktsrechts findet sich in der Freiheitsphilosophie John Stuart Mills. Die einzige Grenze der Freiheit, die Mill zuließ, war das sog. „*harm principle*": der „einzige Zweck, um dessentwillen man Zwang gegen den Willen eines Mitglieds einer zivilisierten Gemeinschaft ausüben darf, [ist der]: die Schädigung (*harm*) anderer zu verhüten."[49] Zu fragen ist also danach, wann jemand durch eine Äußerung objektiv einen Nachteil erlitten hat und nicht danach, wann sich jemand subjektiv durch eine Äußerung benachteiligt fühlt. Terminologisch bietet sich hierfür Mills Unterscheidung zwischen *offence* und *injury* an. *Injury*, was hier mit „Verletzung"

---

[48] Hierdurch unterscheidet sich diese Arbeit von dem auf das Strafrecht fokussierten Ansatz Joel Feinbergs; siehe *Feinberg*, The Moral Limits of the Criminal Law: Harm to Others, 1984, S. 11 f. Dies schließt indessen nicht aus, dass Feinbergs Feststellungen zum *harm principle* für diese Arbeit fruchtbar gemacht werden können.

[49] *Mill*, Über die Freiheit, 1859, S. 19.

übersetzt wird, muss objektiv feststellbar sein. Demgegenüber bezieht sich *offence* auf die persönlichen Überzeugungen und Werte des Betroffenen. Nach Mill ist es der Gesellschaft nur bei einer *injury* ausnahmsweise erlaubt, die Äußerung mit den Mitteln des Rechts zu unterbinden. Eine *offence* hingegen gestattet lediglich, den Äußernden durch die öffentliche Meinung, nicht aber durch das Recht, zu verurteilen.[50] Wenngleich die Unterscheidung zwischen *injury* und *offence* im Einzelfall nur schwer zu ziehen sein kann, ist hieran konzeptionell festzuhalten.[51] Bloß Gefühltes entzieht sich dem Recht. Bejaht man etwa eine Ehr*verletzung* aufgrund einer rein subjektiven Empfindung des Beleidigt-Seins, so wären der Privatzensur und dem „Veto des Zwischenrufers" (*heckler's veto*) Tür und Tor geöffnet.[52] Die Kommunikationsfreiheit wäre in Gefahr, reichte das subjektive „Sich-beleidigt-Fühlen" aus, um die freie Rede zu beschränken.[53] Zudem ist zu beachten, dass Kommunikationsdelikte im Allgemeinen und Ehrverletzungen im Besonderen in vielen Ländern, beispielsweise in Deutschland, auch Straftatbestände begründen. Diese sind an dem Grundsatz *nulla poena sine lege* zu messen (Art. 15 IPbpR, Art. 7 EMRK, Art. 103 Abs. 2 GG). Daher ist eine Bezugnahme auf einen „objektiven Standpunkt" erforderlich.[54] Zu fragen ist danach, ob ein bestimmtes Verhalten die Grenze vom „Bedauernswerten" zum „Inakzeptablen" überschritten hat.[55] Anderen Menschen nicht zu nahe zu treten ist eine Frage des Anstands und der Moral, aber nicht des Rechts.

Die Rechtsprechung aller hier zu untersuchenden Jurisdiktionen bestätigt, dass das bloße „Sich-angegriffen-Fühlen" von einer objektiven, juristisch feststellbaren Rechtsverletzung abzugrenzen ist. Der US Supreme Court unterscheidet in ständiger Rechtsprechung zwischen nicht-justiziabler, subjektiver „Entrüstung" (*outrage*)[56] oder „Anstoß" (*offense*)[57] der Rezipienten einer Äußerung einerseits und Kategorien justiziabler Rede, etwa beleidigender „Kampfbegriffe" (*fighting words*)[58] andererseits. Nach dem High Court ist eine Äußerung nur dann diffamierend, wenn sie die Einstellung anderer Menschen gegen-

---

[50] *Mill*, Über die Freiheit, 1859, S. 108.

[51] Vgl. *Feinberg*, The Moral Limits of the Criminal Law: Harm to Others, 1984, S. 46; *Schauer*, Ethics 103 (1993), 635, 647.

[52] Dazu *Garton Ash*, Free Speech, 2016, S. 218.

[53] Vgl. Trimingham v. Associated Newspapers Ltd. [2012] EWHC 1296 (QB) [267]; *Barendt*, Freedom of Speech, 2. Aufl. 2005, S. 192; *Trispiotis*, Columbia Journal of European Law 19 (2013), 499, 515; *Lester*, in: Casadevall u.a. (Hrsg.), Freedom of Expression – Essays in Honour of Nicolas Bratza, 2012, 297; *van Noorloos*, European Journal of Crime, Criminal Law and Criminal Justice 22 (2014), 351, 354

[54] Hourani v. Thomson u.a. [2017] EWHC 432 (QB) [141].

[55] Vgl. Hourani v. Thomson u.a. [2017] EWHC 432 (QB) [142]; *Feinberg*, The Moral Limits of the Criminal Law: Harm to Others, 1984, S. 45f.

[56] US Supreme Court, Hustler Magazine v. Falwell, 485 U.S. 46, 54 (1988).

[57] US Supreme Court, FCC v. Pacifica Foundation, 438 U.S. 726, 745f. (1978).

[58] US Supreme Court, Chaplinsky v. New Hampshire, 315 U.S. 568, 571–572 (1942).

über dem Betroffenen wesentlich nachteilig beeinflusst oder hierzu tendiert.[59] Dies ist nach dem High Court ein „objektiver Test", der sich nach der Reaktion „normaler, vernünftiger Personen" richtet (*ordinary reasonable persons*).[60] Nicht ausreichend ist, dass die Äußerung die Gefühle des Betroffenen verletzt.[61] Die Unterscheidung zwischen *offence* und *injury* findet sich auch in der ständigen Rechtsprechung des EGMR seit *Handyside gegen Vereinigtes Königreich* wieder: Die Freiheit der Äußerung gelte

> „nicht nur für die günstig aufgenommenen oder als unschädlich oder unwichtig angesehenen ‚Informationen' oder ‚Ideen', sondern auch für die, welche den Staat oder irgendeinen Teil der Bevölkerung verletzen, schockieren oder beunruhigen (*offend, shock or disturb*). So wollen es Pluralismus, Toleranz und Aufgeschlossenheit, ohne die es eine ‚demokratische Gesellschaft' nicht gibt."[62]

Maßgeblich für die Frage, ob ein Kommunikationsdelikt vorliegt, ist daher weder das subjektive Empfinden des Betroffenen noch die Absicht des Äußernden allein, sondern das objektiv legitime Interesse an einem Schutz der eigenen Rechte, wie etwa der persönlichen Ehre.[63] Rein subjektive Empfindungen ohne Bezug zur individuellen Persönlichkeit, wie beispielsweise die „nationale Ehre", religiöse Empfindungen oder die Ablehnung von als sexistisch, unmoralisch oder diskriminierend empfundenen Darstellungen sind daher jedenfalls für das Privatrecht bedeutungslos.[64]

---

[59] Thornton v. Telegraph Media Group Ltd. [2010] EWHC 1414 (QB) [96]: „[A meaning is defamatory of the claimant if it substantially] affects in an adverse manner the attitude of other people towards him, or has a tendency to do so"; bestätigt z.B. in Hourani v. Thomson u.a. [2017] EWHC 432 (QB) [116].

[60] Statt vieler Brown v. Bower u.a. [2017] EWHC 2637 (QB) [10]; Alsaifi v. Trinity Mirror plc & Board of Directors u.a. [2017] EWHC 2873 (QB) [46]; Pirtek (UK) Limited v. Jackson [2017] EWHC 2834 (QB) [42].

[61] Cooke & Midland Heart Limited v. MGN Limited & Trinity Mirror Midlands Limited [2014] EWHC 2831 (QB) [30]: „It is not enough to show that the publication has caused or is likely to cause serious distress or injury to feelings." Siehe auch Theedom v. Nourish Training t/a CSP Recruitment and Sewell [2015] EWHC 3769 (QB) [15]; Guise v. Shah [2017] EWHC 1689 (QB) [17].

[62] EGMR, Handyside/Vereinigtes Königreich [1976] Beschwerde-Nr. 5493/72 [49] (übersetzt durch EGMR-E 1, 217, 223); wiederholt z.B. in Sunday Times/Vereinigtes Königreich (Nr. 1) [1979] Beschwerde-Nr. 6538/74 [65]; Lingens/Österreich [1986] Beschwerde-Nr. 9815/82 [41]; Thorgeir Thorgeirson/Island [1992] Beschwerde-Nr. 13778/88 [63]. Siehe auch US Supreme Court, Cohen v. California, 403 U.S. 15, 25 (1971): „one man's vulgarity is another's lyric".

[63] Siehe *Mitchell*, The Making of the Modern Law of Defamation, 2005, S. 38; *McNamara*, Reputation and Defamation, 2007, S. 111; *Baker*, Defamation Law and Social Attitudes, 2011, S. 34.

[64] Dies schließt wiederum nicht aus, dass an der Beschränkung von Verhalten, welches den öffentlichen Frieden stört, ein öffentliches Interesse bestehen kann; ein Beispiel hierfür ist § 166 StGB. Ausführlich dazu *Feinberg*, The Moral Limits of the Criminal Law: Harm to Others, 1984, S. 13; *Feinberg*, The Moral Limits of the Criminal Law: Offense to Others, 1985; *Barroso*, Boston College International & Comparative Law Review 35 (2012), 331, 379.

Nun ist die Frage zu beantworten, wie der Begriff der „Schädigung" (*harm*) im Sinne Mills im Kommunikationsdeliktsrecht zu definieren ist. Eine „Schädigung" ist dann gegeben, wenn der Mitteilende ein rechtlich geschütztes Interesse des Betroffenen beeinträchtigt, ohne dass dies gerechtfertigt ist.[65] Es ist davon auszugehen, dass das transnationale Kommunikationsdeliktsrecht den Nachweis einer objektiven Rechtsverletzung voraussetzt und dass es anhand verschiedener Faktoren möglich – wenngleich schwierig – ist, diese Grenze im Einzelfall zu ziehen. Eine transnationale Theorie und Dogmatik des Kommunikationsdeliktsrechts sollte Skeptizismus und Relativismus eine Absage erteilen.

III. Die Theorie von der Taxonomie der Information

Die dieser Untersuchung zugrundeliegende „Taxonomie der Information" betrifft die „Botschaft" im Sinne der Kommunikationstheorie Shannons. Die Theorie von der Taxonomie der Information wurde bereits in einem früheren Werk entwickelt[66] und soll in dieser Untersuchung als Raster für Ehrverletzungsdelikte getestet werden. Nach der Taxonomie der Information sind Kommunikationsdelikte nach dem Inhalt der deliktsbegründenden Kommunikation zu bestimmen. Es wird vorgeschlagen, Persönlichkeitsrechte nicht induktiv nach einzelnen Fallgruppen, wie etwa Recht auf Privatheit, Recht am eigenen Wort, Recht am eigenen Bild, etc., sondern deduktiv nach der betreffenden Information zu typisieren.[67] Soweit die Taxonomie der Information für die vorliegende Untersuchung relevant ist, ist ihr Inhalt folgender: Informationen lassen sich u. a. in Tatsachenbehauptungen und Werturteile unterscheiden. Tatsachenbehauptungen lassen sich wiederum in wahre und unwahre Tatsachenbehauptungen untergliedern; dies gilt nicht für Meinungsäußerungen. Unwahre und nicht erwiesen wahre Tatsachenbehauptungen sowie Werturteile können eine Ehrverletzung begründen. Erwiesen wahre Tatsachenbehauptungen können hingegen grundsätzlich nicht die Ehre verletzen, wohl aber die Privatsphäre. Umgekehrt gilt, dass nicht erwiesen wahre und unwahre Tatsachenbehauptungen sowie Werturteile grundsätzlich nicht die Privatsphäre verletzen können. Hierauf ist in Abschnitt IV. noch näher einzugehen.

---

[65] Vgl. *Feinberg*, The Moral Limits of the Criminal Law: Harm to Others, 1984, S. 33.
[66] *Oster*, Media Freedom as a Fundamental Right, 2015, S. 167 ff.
[67] Vgl. *Grimm*, NJW 1995, 1697, 1705.

1. Die Abgrenzung zwischen Tatsachenbehauptungen und Werturteilen

Erste Annahme der Theorie von der Taxonomie der Information – soweit sie für diese Untersuchung relevant ist – ist die, dass sich Tatsachenbehauptungen von Werturteilen abgrenzen lassen. Eine Tatsachenbehauptung ist dem Beweis zugänglich.[68] Nicht erforderlich für das Vorliegen einer Tatsachenbehauptung ist, dass der Vorgang im Einzelfall tatsächlich bewiesen werden kann.[69] Werturteil, Meinung oder Idee ist demgegenüber ein Gedanke, der dem Beweis nicht zugänglich ist.[70]

Belege hierfür finden sich etwa bei Kant und Habermas. Kant unterschied drei „erkennbare Dinge": „*Sachen der Meinung* (opinabile), *Tatsachen* (scibile), und *Glaubenssachen* (mere credibile)."[71] Tatsachen sind danach „Gegenstände für Begriffe, deren objektive Realität (es sei durch reine Vernunft, oder durch Erfahrung, und, im ersteren Falle, aus theoretischen oder praktischen Datis derselben, in allen Fällen aber vermittelst einer ihnen korrespondierenden Anschauung) bewiesen werden kann".[72] „*Meinungssachen*" sind demgegenüber „jederzeit Objekte einer wenigstens an sich möglichen Erfahrungserkenntnis (Gegenstände der Sinnenwelt), die aber, nach dem bloßen Grade dieses Vermögens, den wir besitzen, *für uns* unmöglich ist."[73] Habermas unterscheidet zwischen deskriptiven Sätzen, die der Tatsachenfeststellung dienen und unter dem Aspekt der Wahrheit einer Proposition bejaht oder verneint werden können; normativen Sätzen oder Sollsätzen, die der Rechtfertigung von Handlungen dienen, unter dem Aspekt der Richtigkeit bzw. Gerechtigkeit einer Handlungsweise; und evaluativen Sätzen (oder Werturteilen), die der Bewertung von etwas dienen; und Explikationen, die der Erklärung von Operationen wie „sprechen", „rechnen" etc. dienen.[74]

Auf die Einzelheiten der erkenntnis- und sprachphilosophischen Diskurse ist hier nicht einzugehen. Wichtiger ist, dass *das Recht selbst* die Unterscheidung

---

[68] Statt vieler EGMR, Dyuldin und Kislov/Russland [2007] Beschwerde-Nr. 25968/02 [46]; OOO Ivpress u.a./Russland [2013] Beschwerde-Nr. 33501/04, 38608/04, 35258/05 und 35618/05 [72]; BGH, Urt. v. 15.10.1968, Az. VI ZR 126/67 – „Der unschuldige Spiegel"; BGH, Urt. v. 08.07.1969, Az. VI ZR 275/67 – „Kavaliersdelikt"; BGH, Urt. v. 30.05.1974, Az. VI ZR 174/72, MDR 1974, 921 – Brüning-Memoiren I; BGH, Urt. v. 12.05.1987, Az. VI ZR 195/86, NJW 1987, 2225, 2226 – Chemiegift.
[69] BVerfG, Beschl. v. 25.08.1998, Az. 1 BvR 1435/98, NJW 1999, 483, 484 – Wehrmachtsausstellung.
[70] Statt vieler EGMR, Dyuldin und Kislov/Russland [2007] Beschwerde-Nr. 25968/02 [46]; OOO Ivpress u.a./Russland [2013] Beschwerde-Nr. 33501/04, 38608/04, 35258/05 und 35618/05 [72]; BVerfG, Beschl. v. 11.05.1976, Az. 1 BvR 671/70, BVerfGE 42, 143, 149 – DGB; BVerfG, Beschl. v. 19.11.1985, Az. 1 BvR 934/82, BVerfGE 71, 162, 179 – Frischzellentherapie.
[71] *Kant*, Kritik der Urteilskraft, 3. Aufl. 1799, S. 432.
[72] *Kant*, Kritik der Urteilskraft, 3. Aufl. 1799, S. 435.
[73] *Kant*, Kritik der Urteilskraft, 3. Aufl. 1799, S. 434.
[74] *Habermas*, Theorie des kommunikativen Handelns, Band 1: Handlungsrationalität und gesellschaftliche Rationalisierung, 1981, S. 66f.

zwischen Tatsachenbehauptungen und Werturteilen voraussetzt. Aus dem deutschen Recht allein sind in diesem Zusammenhang beispielsweise § 263 StGB oder § 824 BGB zu nennen. Für den Ehrschutz gilt, dass für Tatsachenbehauptungen ein anderes Abwägungsprogramm gilt als für Werturteile (siehe Kapitel 4). Einzelne Rechtsfolgen, etwa Gegendarstellung und Widerruf, knüpfen an das Vorliegen von Tatsachenbehauptungen an, Unterlassungsansprüche hingegen gelten sowohl gegenüber Tatsachenbehauptungen als auch gegenüber Werturteilen. Diese Untersuchung beruht somit auf der Annahme, dass sich die Unterscheidung zwischen Tatsachenbehauptungen und Werturteilen immer ziehen lässt, auch dann, wenn Mischformen auftreten und die Abgrenzung im Einzelfall schwierig ist.[75]

Von der theoretischen Möglichkeit der Unterscheidung zwischen Tatsachenbehauptungen und Werturteilen zu unterscheiden ist die rechtsdogmatische Frage, *wie* diese Unterscheidung im Einzelfall zu ziehen ist. Aus transnationaler Perspektive ist hierbei folgendes Problem zu beobachten: Art. 19 Abs. 2 IPbpR und Art. 10 Abs. 1 EMRK schützen Tatsachenbehauptungen und Meinungsäußerungen (*„information and ideas"*) gleichermaßen. Die – inoffizielle – Übersetzung des ersten Satzes (Art. 10 Abs. 1 EMRK) bzw. des ersten Halbsatzes (Art. 19 Abs. 2 IPbpR) als das „Recht auf freie Meinungsäußerung" ist insofern unglücklich; „freedom of expression" ist gerade nicht auf Äußerungen der Meinung beschränkt, sondern umfasst alle Äußerungen.[76] Vor diesem Hintergrund besteht bei der Auslegung von Äußerungen als Tatsachenbehauptungen oder Meinungsäußerungen kein normatives Bedürfnis, die eine über die andere Auslegung zu favorisieren.

Anders verhält es sich unter Art. 5 Abs. 1 GG, da diese Vorschrift ihrem Wortlaut nach nur Meinungsäußerungen schützt. Diesem – leider nicht einzigen[77] – „Geburtsfehler" des Art. 5 Abs. 1 GG ist es geschuldet, dass das BVerfG und die Instanzgerichte häufig nur unter erheblichen linguistischen Anstrengungen zu dem Ergebnis kommen, dass es sich bei einer Äußerung um eine „Meinung" im Sinne des Art. 5 Abs. 1 Satz 1 GG handelt. Es entspricht ständiger Rechtsprechung des BVerfG, den Begriff der „Meinung" in Art. 5 Abs. 1 Satz 1 GG „grundsätzlich weit" zu verstehen: Sofern eine Äußerung „durch die Elemente der Stellungnahme, des Dafürhaltens oder Meinens geprägt ist", falle sie in den Schutzbereich des Grundrechts. Das gelte auch dann, wenn sich diese Elemente „mit Elementen einer Tatsachenmitteilung oder -behauptung verbinden oder vermischen" und wenn eine „Trennung der wertenden und der tat-

---

[75] Siehe z.B. BGH, Urt. v. 23.06.2009, Az. VI ZR 196/08, BGHZ 181, 328 Rn. 33 – spickmich.de; McEvoy v. Michael [2014] EWHC 701 (QB) [52 ff.]. Zu den Schwierigkeiten der Abgrenzung etwa *Sendler*, ZRP 1994, 343, 347.

[76] Siehe *Oster*, Media Freedom as a Fundamental Right, 2015, S. 72 m. w. N.

[77] Siehe dazu auch Kapitel 6 Abschnitt I.

sächlichen Gehalte den Sinn der Äußerung aufhöbe oder verfälschte".[78] Bei einer Mischung von Tatsachenbehauptung und Werturteil sei in einer Zusammenschau zu würdigen, welcher Bestandteil – Tatsachenbehauptung oder Werturteil – im Vordergrund steht und der Aussage das „entscheidende Gepräge" gibt.[79] Häufig kommt das BVerfG zu dem Zwischenergebnis, dass sich Tatsachenbehauptung und Meinungsäußerung im konkreten Fall nicht trennen ließen „und der tatsächliche Gehalt gegenüber der Wertung in den Hintergrund" trete.[80] Wenn eine Äußerung, in der sich Tatsachen und Meinungen verbinden, „in entscheidender Weise durch die Elemente der Stellungnahme, des Dafürhaltens oder Meinens geprägt ist, wird sie als Werturteil und Meinungsäußerung in vollem Umfang vom genannten Grundrecht geschützt." In einem solchen Fall dürfe „der Grundrechtsschutz der Meinungsfreiheit nicht dadurch verkürzt werden, dass ein tatsächliches Element aus dem Zusammenhang gerissen und isoliert betrachtet wird."[81] Sollte eine Trennung der tatsächlichen und der wertenden Bestandteile den Sinn einer Mitteilung verfälschen, dann müsse diese „insgesamt als Meinungsäußerung angesehen und in den Schutzbereich der Meinungsfreiheit einbezogen werden, weil andernfalls eine wesentliche Verkürzung des Grundrechtsschutzes drohte."[82] Die Gerichte sprechen insoweit von einer „interpretationsleitenden" Wirkung des Art. 5 Abs. 1 Satz 1 GG.[83]

Dieses Vorgehen ist allerdings sowohl in sprachlicher als auch in rechtlicher Hinsicht problematisch. Sprachlich ist dies deswegen fragwürdig, weil sich das „entscheidende Gepräge" einer Aussage häufig nicht exakt nachweisen lässt. Rechtlich ist dies problematisch, da das Recht selbst, insbesondere das Kommunikationsdeliktsrecht, die trennscharfe Unterscheidung zwischen Tatsachenbehauptungen und Werturteilen voraussetzt.[84] Der EGMR weist in ständiger

---

[78] BVerfG, Beschl. v. 22.06.1982, Az. 1 BvR 1376/79, BVerfGE 61, 1, 9 – „CSU: NPD Europas"; BVerfG, Beschl. v. 09.10.1991, Az. 1 BvR 1555/88, BVerfGE 85, 1, 15 – Bayer-Aktionäre.

[79] BGH, Urt. v. 12.05.1987, Az. VI ZR 195/86, NJW 1987, 2225, 2226 – Chemiegift; BGH, Urt. v. 17.11.1992, Az. VI ZR 344/91, MDR 1993, 122, 123 – „Illegaler Fellhandel".

[80] BVerfG, Beschl. v. 22.06.1982, Az. 1 BvR 1376/79, BVerfGE 61, 1, 9 – „CSU: NPD Europas".

[81] BVerfG, Beschl. v. 22.06.1982, Az. 1 BvR 1376/79, BVerfGE 61, 1, 9 – „CSU: NPD Europas"; BVerfG, Beschl. v. 29.06.2016, Az. 1 BvR 2732/15, AfP 2016, 433 Rn. 12 – „Spanner"; BGH, Urt. v. 28.06.1994, Az. VI ZR 252/93, NJW 1994, 2614, 2615 – Börsenjournalist; BGH, Urt. v. 30.01.1996, Az. VI ZR 386/94, BGHZ 132, 13, 22 – „Lohnkiller"; BGH, Urt. v. 24.01.2006, Az. XI ZR 384/03, NJW 2006, 830 Rn. 64 – Kirch/Breuer; BGH, Urt. v. 16.12.2014, Az. VI ZR 39/14, NJW 2015, 773 Rn. 9 – „Scharlatanerieprodukt".

[82] BVerfG, Beschl. v. 09.10.1991, Az. 1 BvR 1555/88, BVerfGE 85, 1, 15 f. – Bayer-Aktionäre; BVerfG, Beschl. v. 13.04.1994, Az. 1 BvR 23/94, BVerfGE 90, 241, 248 – „Auschwitzlüge".

[83] Statt vieler BGH, Urt. v. 22.09.2009, Az. VI ZR 19/08, NJW 2009, 3580 Rn. 16 – „Unsaubere Geschäfte".

[84] So auch die ständige Rechtsprechung des EGMR zum Ehrschutzrecht; vgl. Lingens/Österreich [1986] Beschwerde-Nr. 9815/82 [46]; Cumpănă und Mazăre/Rumänien [2004] Beschwerde-Nr. 33348/96 [98 f.]; Chemodurov/Russland [2007] Beschwerde-Nr. 72683/01 [25 f.];

Rechtsprechung darauf hin, dass Konventionsstaaten *per se* Art. 10 EMRK verletzen, wenn sie eine Meinungsäußerung fälschlicherweise als Tatsachenbehauptung qualifizieren und von dem Mitteilenden erwarten, diese zu beweisen.[85] Zwar ist sich auch der EGMR bewusst, dass die Abgrenzung zwischen Tatsachenbehauptungen und Meinungsäußerungen im Einzelfall schwierig sein kann.[86] Allerdings ist dieses Problem von geringer praktischer Bedeutung. Wie in Kapitel 4 Abschnitt III.6. zu zeigen sein wird, kommt es nach dem EGMR für die Abwägung zwischen dem Schutz der Ehre und der Kommunikationsfreiheit bei Meinungsäußerungen u. a. darauf an, ob die Meinungsäußerung auf einer hinreichenden Tatsachengrundlage beruht. Sofern sich Meinungsäußerungen mit Tatsachenbehauptungen vermengen, ist daher grundsätzlich entscheidend, ob die Tatsachenbehauptungen wahr sind. Sofern hingegen abwertende Meinungsäußerungen ohne jede Angabe von Tatsachen kundgetan werden, sind sie regelmäßig nicht gerechtfertigt.[87]

Die Herangehensweise des BVerfG lässt sich demgegenüber allein mit dem Wortlaut des Art. 5 Abs. 1 Satz 1 GG erklären, der eben nur die Äußerung einer „Meinung" ausdrücklich schützt. Zwar erkennt das BVerfG an, dass Art. 5 Abs. 1 Satz 1 GG weit zu verstehen ist und Tatsachenbehauptungen dann erfasst, wenn diese Voraussetzung für die Bildung einer Meinung sind. Gleichwohl billigt das Gericht Tatsachenbehauptungen geringeren Schutz zu als Meinungsäußerungen. Die „Vermutung zugunsten der freien Rede" gilt nach dem BVerfG für Tatsachenbehauptungen nicht in gleicher Weise wie für Werturteile.[88] Hierin liegt indessen ein naturalistischer Fehlschluss in rechtlicher Einkleidung, nämlich ein Schluss von einem – hier rechtlichen – „Ist"-Zustand zu einem an die Gerichte gewendeten Sollensgebot: Weil die Kundgabe von Meinungen nach Art. 5 Abs. 1 Satz 1 GG stärker geschützt *ist*, *soll* nach dem BVerfG im Zweifel von einer Meinungsäußerung auszugehen sein. Denn wenn Instanzgerichte zu Unrecht vom Vorliegen einer Tatsachenbehauptung ausgehen, verkürzen sie den

---

Novaya Gazeta und Borodyanskiy/Russland [2013] Beschwerde-Nr. 14087/08 [30]; OOO Ivpress u. a./Russland [2013] Beschwerde-Nr. 33501/04, 38608/04, 35258/05 und 35618/05 [73].

[85] Statt vieler EGMR, Grinberg/Russland [2005] Beschwerde-Nr. 23472/03 [28–30]; Albert-Engelmann-Gesellschaft mbH/Österreich [2006] Beschwerde-Nr. 46389/99 [31 f.]; Karman/Russland [2006] Beschwerde-Nr. 29372/02 [38]; OOO Ivpress u. a./Russland [2013] Beschwerde-Nr. 33501/04, 38608/04, 35258/05 und 35618/05 [78].

[86] Siehe z. B. EGMR, OOO 'Vesti' und Ukhov/Russland [2013] Beschwerde-Nr. 21724/03 [64]; OOO Ivpress u. a./Russland [2013] Beschwerde-Nr. 33501/04, 38608/04, 35258/05 und 35618/05 [78].

[87] Siehe z. B. EGMR, Chemodurov/Russland [2007] Beschwerde-Nr. 72683/01 [26]; OOO Ivpress u. a./Russland [2013] Beschwerde-Nr. 33501/04, 38608/04, 35258/05 und 35618/05 [77].

[88] BVerfG, Beschl. v. 22.06.1982, Az. 1 BvR 1376/79, BVerfGE 61, 1, 8 – „CSU: NPD Europas"; BVerfG, Beschl. v. 13.04.1994, Az. 1 BvR 23/94, BVerfGE 90, 241, 247 f. – „Auschwitzlüge"; BVerfG, Beschl. v. 29.06.2016, Az. 1 BvR 2732/15, AfP 2016, 433 Rn. 12 – „Spanner".

grundrechtlichen Schutz der Meinungsfreiheit.[89] Dieser Fehlschluss kann vermieden werden, indem die juristische Prämisse dahingehend modifiziert wird, dass Tatsachenbehauptungen und Werturteile gleichen Schutz genießen. Dann ist die Unterscheidung von Tatsachenbehauptungen und Werturteilen nicht schon für die rein binäre Fragestellung der Eröffnung des grundrechtlichen Schutzbereichs, sondern erst bei der ungleich feineren Abwägungsentscheidung auf Rechtfertigungsebene relevant. Wünschenswert wäre daher, das BVerfG gäbe die Bindung an den engen Wortlaut des Art. 5 Abs. 1 Satz 1 GG auf und würde – ebenso wie der EGMR – Tatsachenbehauptungen und Werturteilen auf Schutzbereichsebene als gleichwertig behandeln.[90] Aus transnationaler Perspektive wird daher vorgeschlagen, Art. 5 Abs. 1 Satz 1 GG als einheitliches Grundrecht der „Kommunikationsfreiheit" zu konzipieren.[91]

Im Unterschied zum BVerfG grenzt der EGMR scharf zwischen Tatsachenbehauptungen und Meinungsäußerungen ab, ohne auf das „entscheidende Gepräge" des einen oder anderen Elements abzustellen. So entschied der EGMR beispielsweise in *Růžový panter gegen Tschechische Republik*, dass der Begriff *spolčila* (*pactiser* in der frz. Sprachversion des Urteils; z. dt. in etwa „gemeinsame Sache machen"), mit dem eine Verbindung zwischen einem Politiker und einer Gruppe Vorbestrafter beschrieben wurde, sowohl eine Tatsachenbehauptung als auch ein Werturteil enthalte. In tatsächlicher Hinsicht werde dadurch zum Ausdruck gebracht, dass eine Verbindung überhaupt bestehe, und in wertender Hinsicht werde diese Verbindung kritisiert.[92] Da es für das tatsächliche Element der Äußerung an einer hinreichenden Grundlage fehlte, hielt der EGMR die Verurteilung wegen Diffamierung für mit Art. 10 EMRK vereinbar.

Aufgrund der Tatbestandsvoraussetzungen einzelner gesetzlicher Bestimmungen (etwa § 186 StGB und § 824 BGB) ist auch der BGH dazu gezwungen, Tatsachenbehauptungen trennschärfer als das BVerfG von Meinungsäußerungen abzugrenzen. So ist der Tatbestand des § 186 StGB nicht nur dann einschlägig, wenn der Täter sich darauf beschränkt, die ehrenrührige Tatsache völlig kommentarlos zu behaupten, sondern auch dann, wenn er sich zusätzlich dazu äußert, in welcher Weise der Verletzte dadurch in der öffentlichen Meinung herabgewürdigt wird. Der Täter könne die Anwendung des Tatbestandes der üblen Nachrede nicht dadurch ausschließen, dass er aus der ehrenrührigen Tatsachenbehauptung entspringende Werturteile anfügt. Vielmehr sei in solchen Fällen gegebenenfalls Tateinheit zwischen § 186 und § 185 StGB möglich.[93]

---

[89] Siehe statt vieler BVerfG, Beschl. v. 29.06.2016, Az. 1 BvR 2732/15, AfP 2016, 433 Rn. 13 – „Spanner".
[90] Vgl. *Grabenwarter*, in: Maunz/Dürig, GG, 68. EL Januar 2013, Art. 5 Abs. 1, 2 Rn. 50.
[91] Siehe dazu auch Kapitel 6 Abschnitt I.
[92] Vgl. EGMR, Růžový panter, o.s./Tschechische Republik [2012] Beschwerde-Nr. 20240/08 [32].
[93] RG, Urt. v. 12.11.1925, Az. II 447/25, RGSt 59, 414, 417 – „Giftspritzer"; BGH, Urt. v. 12.05.1954, Az. 6 StR 92/54, BGHSt 6, 159, 161 – FDJ-Flugschriften.

Im englischen und amerikanischen Recht schließlich ergibt sich das Gebot, trennscharf zwischen Tatsachenbehauptungen und Meinungsäußerungen abzugrenzen, aus den Voraussetzungen für mögliche Einreden des Äußernden. Während die Einrede des *fair* bzw. *honest comment* nur auf Werturteile angewandt werden kann, gilt die Einrede der *justification* nur für Tatsachenbehauptungen (siehe Kapitel 3).

Entgegen der Rechtsprechung des BVerfG zum Schutzbereich des Art. 5 Abs. 1 Satz 1 GG beruht die Theorie von der Taxonomie von der Information somit auf der Annahme, dass Tatsachenbehauptungen und Meinungsäußerungen in jedem Einzelfall voneinander abzugrenzen sind.

2. Die Unterscheidung zwischen Wahrheit und Unwahrheit einer Tatsachenbehauptung

Die zweite grundlegende Annahme der Taxonomie der Information ist, dass sich Tatsachenbehauptungen in wahre und unwahre Behauptungen unterscheiden lassen. Wie „Wahrheit" zu definieren ist und ob es überhaupt eine „objektive Wahrheit" gibt, gehört zu den ältesten Fragen der Philosophie.[94] Skeptische Ansätze widersprechen schon im Ansatz der epistemologischen Möglichkeit, „wahre" von „unwahren" Behauptungen zu unterscheiden.[95] Andeutungen hierzu finden sich bereits in der Antike in dem Streit zwischen Platon und den Rhetorikern bzw. Sophisten über Wissen und Wahrheit.[96] Folgende Feststellungen genügen indessen für die vorliegende Bearbeitung: Erstens setzen die hier zu untersuchenden Rechtsordnungen selbst die Möglichkeit des Wahrheitsbeweises voraus. Materiell-rechtlich ist dies beispielsweise bei den Tatbeständen des Meineides[97] oder §§ 186 und 187 StGB i. V. m. § 823 Abs. 2 BGB bzw. dem *tort of defamation* nach englischem und amerikanischem Recht der Fall. Daher scheidet die Berücksichtigung von Theorien aus, die die Möglichkeit des Wahrheitsbeweises grundsätzlich in Frage stellen bzw. relativieren. Zweitens geht es nicht darum, „die Wahrheit" im philosophischen Sinne zu finden, sondern allein darum, die empirische Übereinstimmung einer *Aussage* mit der Wirklichkeit festzustellen. Für den rechtlichen Begriff der Wahrheit oder Unwahrheit einer Aussage reicht somit die vorwissenschaftliche Korrespondenztheorie aus. Wahrheit ist danach die Übereinstimmung des Inhalts einer Aussage mit der

---

[94] Siehe z. B. *Aristoteles*, Metaphysik, 993a30 ff. (S. 52); *Kant*, Kritik der reinen Vernunft, 2. Aufl. 1787, S. 102; *Marx*, Zweite These über Feuerbach, 1845; *Wittgenstein*, Tractatus Logico-Philosophicus, 1922, 1.1, 2.04–2.06, 2.222–2.225, 4.063.

[95] *Baker*, UCLA Law Review 25 (1978), 964, 974 f.; *Ingber*, Duke Law Journal 1984, 15.

[96] Dazu *Oster*, Media Freedom as a Fundamental Right, 2015, S. 21 f.

[97] Vgl. Section 1 Abs. 1 des UK Perjury Act 1911, Titel 18, Teil 1, Section 1621 des United States Code sowie § 154 StGB.

Realität.[98] Dass die Korrespondenztheorie ethische und ästhetische „Wahrheiten" (etwa: „Mao war böse"; „die ‚Mona Lisa' ist schön") nicht bestätigen oder widerlegen kann, ist kein überzeugender theoretischer Einwand, sondern bestätigt gerade, dass sorgfältig zwischen Tatsachenbehauptungen und Meinungsäußerungen zu unterscheiden ist. Nur Tatsachenbehauptungen sind mit den Kategorien „Wahrheit" und „Unwahrheit" logisch zu erfassen, Aussagen zu Ethik und Ästhetik hingegen sind Meinungsäußerungen.[99] Auch der Einwand, die Korrespondenztheorie vermöge den Beweis der Wahrheit nicht zu erbringen, wenn es um die Behauptung eines Unterlassens geht (z. B. „X hat das ihm anvertraute Geld nicht an den Tierschutzverein überwiesen."), überzeugt hier nicht. In diesem Fall entfällt zwar die Möglichkeit, die Übereinstimmung einer Aussage an der Realität zu messen, da der Vorgang gerade nicht stattgefunden haben soll. Die Behauptung des Unterlassens ist jedoch dann widerlegt, wenn der bestrittene Vorgang mit der Realität übereinstimmt (X hat das ihm anvertraute Geld tatsächlich dem Tierschutzverein überwiesen). Drittens obliegt es dem Gericht, darüber zu entscheiden, ob es eine tatsächliche Behauptung für wahr oder für nicht wahr erachtet.[100] Mit dem Gericht ist die Entscheidungsinstanz über die Feststellung der empirischen „Wahrheit" einer Aussage gegeben, die der Philosophie gerade fehlt. Das Phänomen des *Rashomon*-Effekts, wonach Interessenlagen und Motive die subjektive Wahrnehmung einer Situation beeinflussen,[101] ist somit ein tatsächliches Problem, etwa der Glaubwürdigkeit eines Zeugen, aber kein überzeugender theoretischer Einwand gegen die Anwendung der Korrespondenztheorie im Recht. Diese Annahme liegt auch der sog. „objektiven Theorie" zugrunde, die etwa bei der Auslegung von § 153 StGB ständige Rechtsprechung ist.[102] Hinzuweisen ist in diesem Zusammenhang auf den Einwand gegen die Korrespondenztheorie, dass die Begriffe „Realität" und „Übereinstimmen" ihrerseits „wahr" sein müssen, die Korrespondenztheorie somit auf einem Zirkelschluss beruht. Dieser Einwand ist zwar für die Korrespondenztheorie nur schwer widerlegbar, spielt jedoch für die hier maßgebliche vorwissenschaftliche Anwendung der Korrespondenztheorie keine Rolle. Für die Feststellung des Wahrheitsgehalts einer Behauptung, d.h. ihre „Übereinstimmung" mit der „Realität", ist das Verständnis eines fiktiven unbefangenen, objektiven und unvoreingenommenen Durchschnittsempfängers maßgeblich. Dieses Verständnis wird auch das Gericht zugrundelegen. Für die Zwecke der

---

[98] Vgl. *Aristoteles*, Metaphysik, 1011b25 (S. 107 f.), 1051b35 ff. (S. 239 ff.); *Kant*, Kritik der reinen Vernunft, 2. Aufl. 1787, S. 102 f.; *Russell*, History of Western Philosophy, 1946, S. 732; *Engisch*, Wahrheit und Richtigkeit im juristischen Denken, 1963, S. 6.
[99] Vgl. *Frege*, Beiträge zur Philosophie des Deutschen Idealismus I, 2 (1918), 58.
[100] Siehe z. B. BGH, Urt. v. 30.01.1996, Az. VI ZR 386/94, BGHZ 132, 13, 28 – „Lohnkiller".
[101] Dazu etwa *Roth/Mehta*, Sociological Methods and Research 31 (2002), 131.
[102] Statt vieler BGH, Urt. v. 16.12.1954, Az. 3 StR 493/54, BGHSt 7, 147, 148 f. – Offenbarungseid.

Abwägung zwischen Persönlichkeitsrechten und der Kommunikationsfreiheit ist es daher notwendig, aber auch ausreichend, dass zur Überzeugung des entscheidenden Gerichts eine Übereinstimmung zwischen Behauptung und Realität besteht oder nicht besteht. Ob eine Aussage mit der Realität übereinstimmt, wird das Gericht allein nach sprachlichem Kontext, Empirie und den Regeln der Logik entscheiden.

Allerdings vermag auch die rechtliche Festlegung auf die Trennung wahrer von unwahren Aussagen nichts daran ändern, dass das Gericht die Wahrheit im Einzelfall nur schwierig oder gar nicht feststellen kann. Maßgeblich für die Feststellung der juristischen Wahrheit sind zunächst gesetzliche Fiktionen und Vermutungen. Von besonderer Bedeutung für die vorliegende Untersuchung ist insofern die Unschuldsvermutung, die in Art. 11 Abs. 1 AEMR, Art. 14 Abs. 2 IPbpR, Art. 6 Abs. 2 EMRK und Art. 48 EUGRCh ausdrücklich genannt und als wahrhaft transnationales Prinzip anerkannt ist. Danach gilt jede Person, die einer Straftat angeklagt ist, bis zum Beweis ihrer Schuld als unschuldig. Nach deutschem Recht gilt zudem: Ist die behauptete oder verbreitete Tatsache eine Straftat, so ist nach § 190 StGB der Beweis der Wahrheit als erbracht anzusehen, wenn der Beleidigte wegen dieser Tat rechtskräftig verurteilt worden ist. Der Beweis der Wahrheit ist dagegen ausgeschlossen, wenn der Beleidigte vor der Behauptung oder Verbreitung rechtskräftig freigesprochen worden ist. Ebenso wie §§ 185–187 StGB wird § 190 StGB über § 823 Abs. 2 BGB in das Deliktsrecht transformiert.[103] Darüber hinaus bestimmt sich die Wahrheit oder Unwahrheit einer Äußerung danach, ob diese zur Überzeugung des Gerichts feststeht (in Deutschland: § 286 ZPO). Hierfür ist wiederum maßgeblich, welcher Inhalt einer Äußerung beigemessen wird.

Hinzuweisen ist schließlich noch auf einen vierten Aspekt, der das Verhältnis zwischen „Wahrheit" und „Unwahrheit" betrifft. Ehrverletzungen werden häufig durch unwahre Tatsachenbehauptungen begangen. Unwahre, ehrverletzende Tatsachenbehauptungen firmieren neudeutsch als Unterfall sogenannter *fake news*. In der Debatte um staatliche Maßnahmen gegen sog. *fake news* wird gelegentlich die Befürchtung laut, staatliche Stellen dürften sich nicht zu einem „Wahrheitsministerium" im Orwell'schen Sinne aufspielen.[104] Diese Analogie ist indessen unglücklich. Das Wahrheitsministerium in Orwells Roman schrieb nicht nur vor, was die Einwohner Ozeaniens nicht denken durften, d.h. was das Ministerium zur Unwahrheit erklärte („Ozeanien ist nicht im Krieg mit Eurasi-

103 BGH, Urt. v. 09.07.1985, Az. VI ZR 214/83, BGHZ 95, 212, 216 – Nachtigall II.
104 Statt vieler Linksfraktion im Deutschen Bundestag, Nachricht von Sahra Wagenknecht und Petra Sitte v. 13.12.2017, abrufbar unter <https://www.linksfraktion.de/themen/nachrichten/detail/fake-news-bekommen-wir-bald-ein-wahrheitsministerium/>; Augsburger Allgemeine v. 22.01.2017, <http://www.augsburger-allgemeine.de/digital/Medienforscher-ueber-Fake-News-Wir-brauchen-kein-Wahrheitsministerium-id40253852.html> (jeweils zuletzt abgerufen am 28.12.2018).

en"). Es schrieb darüber hinaus vor, was sie denken mussten, d. h. was das Ministerium zur Wahrheit erklärte („Ozeanien ist im Krieg mit Ostasien"). Bei angeblich unwahren Tatsachenbehauptungen (*fake news*) geht es indessen nicht darum, dass staatliche Stellen einen bestimmten Vorgang zur Wahrheit erklären. Vielmehr geht es darum, dass ein Gericht eine Tatsachenbehauptung für unwahr erklärt. Dazwischen besteht ein erheblicher Unterschied. Zwar trifft es zu, dass Wahrheit und Unwahrheit gelegentlich zwei logische Seiten derselben Medaille sind. Die Wahrheit der Aussage „X ist tot" bedingt die Unwahrheit der Aussage „X lebt", und umgekehrt. Auch kann die Aussage „X hat das ihm anvertraute Geld nicht an das Tierheim überwiesen" nur durch den Nachweis widerlegt werden, dass X das Geld tatsächlich an das Tierheim überwiesen hat. Abgesehen von den seltenen Fällen einer Binarität von Wahrheit und Unwahrheit (z. B. tot/lebendig, schwanger/nicht schwanger)[105] sowie den Fällen, in denen ein tatsächlicher Vorgang negiert wird, setzt der Nachweis der Unwahrheit einer Behauptung gerade nicht den Beweis der Wahrheit einer anderen Behauptung voraus. Die Behauptung „Die Erde ist flach" ist nicht deswegen unwahr, weil die Behauptung „Die Erde ist rund" wahr ist. Die Behauptung „Die Erde ist flach" ist eine unwahre Tatsachenbehauptung, weil die Erde *nicht flach* ist. Für die Entlarvung der Aussage „Die Erde ist flach" als unwahre Tatsachenbehauptung bedarf es daher keines „Wahrheitsministeriums", welches besagt, dass die Erde rund ist. Diese Behauptung wäre im Übrigen ihrerseits wohl *fake news*, denn nach dem gegenwärtigen Stand der Wissenschaft ist die Erdfigur nicht rund.[106]

Die richtige Herangehensweise zur Feststellung der Unwahrheit einer Tatsachenbehauptung ist daher regelmäßig nicht, die Wahrheit einer anderen Tatsachenbehauptung zu beweisen, sondern lediglich, die Ausgangsbehauptung selbst zu falsifizieren. Dies korrespondiert mit der Wissenschaftstheorie Karl Poppers, wonach Wissenschaft nicht damit befasst sein sollte, die Wahrheit von Theorien zu bestätigen, sondern zu widerlegen (Falsifikationismus).[107] Erkenntnistheoretisch gilt, dass das „Unwahre" deutlicher erkannt werden kann als das „Wahre".[108]

---

[105] Die Kategorien „Mann" und „Frau" sind demgegenüber nach den Erkenntnissen der Geschlechterforschung zumindest in sozialer Hinsicht keine Binaritäten.
[106] Sie ist mutmaßlich ein Ellipsoid; siehe <https://de.wikipedia.org/wiki/Erdfigur> (zuletzt abgerufen am 28.12.2018).
[107] Vgl. *Popper*, Logik der Forschung, 1934.
[108] *Keller*, Allgemeine Erkenntnistheorie, 3. Aufl. 2006, Rn. 137.

3. Anschlussfähigkeit der Taxonomie der Information für sonstige Kommunikationsdelikte

Zwar wird die Taxonomie der Information hier auf Tatsachenbehauptungen und Werturteile beschränkt. Sie ist aber im Hinblick auf weitere Informationstypen und damit andere Kommunikationsdelikte als Ehrverletzungen anknüpfungsfähig. Informationen und Sprechakte lassen sich demnach weiter ausdifferenzieren nach fiktionalen Informationen, Drohungen, Äußerungen des religiösen Bekenntnisses u.v.m. Fiktionale Informationen wären beispielsweise von Bedeutung für Urheberrechtsverletzungen, Drohungen für die Tatbestände etwa der Nötigung und der Erpressung, und Äußerungen des religiösen Bekenntnisses für Fragen der öffentlichen Ordnung.[109]

Die Abgrenzung zwischen fiktionalen Informationen und Tatsachenbehauptungen bzw. Werturteilen ist etwa bedeutsam für den Konflikt zwischen literarischen Werken und Persönlichkeitsrechten. Wie noch zu zeigen sein wird, hängt das Ergebnis dieser Abwägungsentscheidung maßgeblich davon ab, inwieweit das Werk reale Personen und Geschehnisse wiedergibt und erkennen lässt. Reine Fiktion lässt sich nicht mit den Kategorien Tatsachenbehauptungen und Werturteil erfassen und kann daher auch keine Verletzung von Persönlichkeitsrechten begründen. Soweit literarische Werke jedoch Bezüge auf Personen und Geschehnisse der Wirklichkeit erkennen lassen, müssen sie als Tatsachenbehauptungen oder Werturteile mit den Persönlichkeitsrechten der Betroffenen vereinbar sein.[110]

IV. Die Systematisierung von Persönlichkeitsrechten

Allen Persönlichkeitsrechten ist gemein, dass sie die geistige Integrität einer Person, d.h. ihre Persönlichkeit, schützen. Im Unterschied zur physischen Integrität, die gesondert geschützt wird (menschenrechtlich etwa durch Art. 2 Abs. 2 GG, einfachrechtlich durch § 823 Abs. 1 oder den *tort of battery*), schützen Persönlichkeitsrechte vor solchen Eingriffen, die sich allenfalls mittelbar körperlich auswirken. Die Wesensähnlichkeit und zugleich Verschiedenheit von körperlichen Beeinträchtigungen und Beeinträchtigungen der Persönlichkeit wird in der *Herrenreiter*-Entscheidung des BGH deutlich, in der der BGH einen Anspruch auf Ersatz des immateriellen Schadens auf eine analoge An-

---

[109] Siehe zu letzterem *Oster*, Review of International Law & Politics 12 (2016), 139.

[110] Vgl. EGMR, Lindon, Otchakovsky-Laurens und July/Frankreich [2007] Beschwerde-Nr. 21279/02 und 36448/02 [55]; BVerfG, Beschl. v. 13.06.2007, Az. 1 BvR 1783/05, BVerfGE 119, 1, 30 – Esra; BVerfG, Beschl. v. 19.12.2007, Az. 1 BvR 1533/07, ZUM 2008, 323 Rn. 11 – Hagener Mädchenmord.

wendung von § 847 BGB a.F. stützte. Der BGH verwies auf den Begriff der „Freiheitsentziehung" in § 847 BGB a.F. Das BGB verstehe unter „Freiheitsentziehung" allein die Entziehung der körperlichen Bewegungsfreiheit sowie die Nötigung zu einer Handlung durch Gewalt oder Bedrohung. Bei dem in diesem Fall einschlägigen Tatbestand des § 22 KunstUrhG handle es sich ebenfalls um eine Freiheitsberaubung, allerdings „im Bereich eigenverantwortlicher Willensentschließung".[111] § 847 BGB a.F. sei auf eine solche „Freiheitsberaubung ‚im Geistigen'" analog anzuwenden.

Die geistige Integrität einer Person kann auf zwei Wegen beeinträchtigt werden: Durch ein physisches Eindringen in eine räumliche – einschließlich körperliche – Sphäre oder durch die Unterdrückung, Erhebung oder Verbreitung von persönlichkeitsrelevanten Informationen. Hieraus ergibt sich folgende transnational anschlussfähige Typologie der Persönlichkeitsinteressen:
1. Physisch-räumliche Persönlichkeitsinteressen sowie
2. informationelle Persönlichkeitsinteressen.

1. Physisch-räumliche Persönlichkeitsinteressen

In ihrer physisch-räumlichen Dimension schützen Persönlichkeitsrechte vor physisch fassbaren und räumlich beschreibbaren Eingriffen in die geistige Integrität. Solche Eingriffe umfassen das ungewollte unmittelbare oder mittelbare Eindringen in die körperliche Sphäre, physische Veränderungen außerhalb des menschlichen Körpers und das Eindringen in eine räumliche Sphäre. Beispiele für ein Eindringen in die körperliche Sphäre, die das „Seins- und Bestimmungsfeld der Persönlichkeit [...] materialisiert",[112] sind Durch- und Untersuchungen des Körpers gegen den Willen des Betroffenen. Ein mittelbares Eindringen in die körperliche Sphäre ist gegeben, wenn dem Betroffenen eine Veränderung seines äußeren körperlichen Erscheinungsbildes aufgegeben wird, etwa das Gebot, sich die Haare zu kürzen oder eine Tätowierung zu entfernen.[113] Eine Beeinträchtigung der Persönlichkeit durch Gebote physischer Veränderungen außerhalb des menschlichen Körpers ist beispielsweise das Ge- oder Verbot, bestimmte Kleidung zu tragen. Ein Eindringen in eine räumliche Sphäre, welches Persönlichkeitsrechte verletzen kann, ist etwa das Ausspähen einer Duschkabine oder der Einbruch in eine Wohnung.[114]

Im internationalen Schrifttum wird der physisch-räumliche Aspekt der Persönlichkeitsrechte zumeist als *„freedom from intrusion privacy"* bezeichnet. In

---

[111] BGH, Urt. v. 14.02.1958, Az. I ZR 151/56, BGHZ 26, 349, 355 – Herrenreiter.
[112] BGH, Urt. v. 09.11.1993, Az. VI ZR 62/93, BGHZ 124, 52 – Spermakonserve.
[113] Vgl. BVerwG, Beschl. v. 17.12.2013, Az. 1 WRB 2.12, Rn. 45 f. – Haar- und Barttracht der Soldaten.
[114] Siehe Art. 17 Abs. 1 IPbpR, 8 Abs. 1 EMRK, Art. 13 GG.

seinem einflussreichen Aufsatz definierte Prosser das Eindringen in die Privat-sphäre als einen *tort of violation of privacy* unter amerikanischem Recht: *„intrusion upon the plaintiff's seclusion or solitude, or into his private affairs"*.[115] Die wohl bekannteste Beschreibung des Interesses an physisch-räumlichem Persönlichkeitsschutz ist Warrens und Brandeis' Definition von Privatheit als das „Recht, allein gelassen zu werden" *(right to be let alone)*.[116] Als deutscher Begriff bietet sich insofern etwa die „physisch-räumliche Privatheit" (im Unter-schied zur informationellen Privatheit, dazu sogleich) an.

In der Rechtsprechung deutscher Gerichte findet die *freedom from intrusion privacy* ihren Niederschlag in der sog. „räumlichen Privatsphäre": Der Schutz der Privatsphäre umfasst danach „einen räumlichen Bereich, in dem der Ein-zelne zu sich kommen, sich entspannen oder auch gehen lassen kann."[117] Solche Rückzugsorte für örtliche Abgeschiedenheit, in der der Betroffene „objektiv erkennbar für sich allein sein will",[118] sind nicht nur Wohnungen, sondern auch sonstige Örtlichkeiten, die von der Öffentlichkeit abgeschieden sind.[119] Maß-geblich für das physisch-räumliche Persönlichkeitsinteresse ist, ob der Einzel-ne *begründetermaßen* erwarten darf, unbeobachtet zu sein; der bloße Wunsch, für sich zu bleiben, genügt hingegen nicht.[120] Im englischsprachigen Schrift-tum und Fallrecht wird insofern von einer *reasonable expectation of privacy* gesprochen.[121]

2. Informationelle Persönlichkeitsinteressen

Vom physisch-räumlichen Persönlichkeitsinteresse zu unterscheiden ist die in-formationelle Dimension der Persönlichkeitsrechte. Diese umfasst die Befug-nis, Informationen über sich selbst zu kontrollieren.[122] Das informationelle Per-

---

[115] *Prosser*, California Law Review 48 (1960), 383.

[116] *Warren/Brandeis*, Harvard Law Review 4 (1890), 193, 195.

[117] BVerfG, Urt. v. 15.12.1999, Az. 1 BvR 653/96, BVerfGE 101, 361, 382 f. – Caroline von Monaco II; vgl. BGH, Urt. v. 25.10.2011, Az. VI ZR 332/09, NJW 2012, 767 Rn. 15 – „Porno-darsteller": „räumlich[e]" Bestimmung des Schutzes der Privatsphäre.

[118] BGH, Urt. v. 09.12.2003, Az. VI ZR 373/02, NJW 2004, 762, 763 – Sabine Christiansen.

[119] BVerfG, Urt. v. 15.12.1999, Az. 1 BvR 653/96, BVerfGE 101, 361, 383 f. – Caroline von Monaco II; BGH, Urt. v. 09.12.2003, Az. VI ZR 373/02, NJW 2004, 762, 763 – Sabine Chris-tiansen.

[120] Vgl. BVerfG, Urt. v. 15.12.1999, Az. 1 BvR 653/96, BVerfGE 101, 361, 396 – Caroline von Monaco II.

[121] US Supreme Court, Katz v. United States 389 U.S. 347, 360 (1967) (zust. Meinung Rich-ter Harlan); Campbell v. MGN [2004] UKHL 22 [21]; A v. B plc [2002] EWCA Civ 337; siehe auch Nr. 2 Abs. 3 IPSO Editors' Code of Practice. Aus dem Schrifttum statt vieler *Barendt*, Journal of Media Law 8 (2016), 129.

[122] Vgl. *Warren/Brandeis*, Harvard Law Review 4 (1890), 193; *Prosser*, California Law Re-view 48 (1960), 383, 392; *Solove*, California Law Review 90 (2002), 1087, 1109; *Hughes*, Mo-dern Law Review 75 (2012), 806, 809; *Volokh*, Stanford Law Review 52 (2000), 1049, 1050;

sönlichkeitsinteresse kann wiederum in zwei Typenkategorien unterteilt werden: Das Recht, bestimmte Informationen, die einen selbst betreffen, zu erhalten und das Recht, die Erhebung, Verarbeitung oder Verbreitung bestimmter Informationen über sich selbst durch andere zu verhindern. Im Persönlichkeitsrecht verwurzelte Ansprüche auf Informationszugang sind etwa das Recht auf Kenntnis der eigenen Abstammung,[123] auf Zugang zu persönlichen Krankenakten[124] oder zu Sozialversicherungsdokumenten, die Informationen über die persönliche Vergangenheit einer Person enthalten.[125] Von Bedeutung für die vorliegende Untersuchung ist jedoch allein die informationelle Dimension der Persönlichkeitsrechte, welche die Erhebung, Verarbeitung oder Verbreitung von Informationen über einen selbst betreffen.

a) Die Unterscheidung von Ehre und informationeller Privatheit

Es wird vorgeschlagen, diese informationellen Persönlichkeitsinteressen deduktiv *nach dem Wesen der betreffenden Information* zu typisieren. Dies bedeutet, dass die deutsche Rechtsfigur des *allgemeinen Persönlichkeitsrechts* aufzugeben und durch einzelne, von der Information her zu denkende *Persönlichkeitsrechte* zu ersetzen ist, von denen eines der Schutz der persönlichen Ehre ist. Nach der Taxonomie der Information lassen sich Informationen – soweit sie für die informationelle Dimension der Persönlichkeitsrechte relevant sind – in Tatsachenbehauptungen und Werturteile sowie in wahre und unwahre Tatsachenbehauptungen untergliedern. Diese Differenzierung sollte dafür maßgeblich sein, ob das betroffene Persönlichkeitsrecht die informationelle Privatheit einerseits oder die Ehre andererseits ist.

Die Aufnahme und Verbreitung wahrer Informationen, die eine Person betreffen, wird im internationalen Schrifttum als „*information privacy*" bezeichnet.[126] Für die vorliegende Untersuchung wird entsprechend der Begriff der „informationellen Privatheit" verwendet. Deutsche Gerichte verwenden hierfür den Begriff der „thematisch[en]" Bestimmung der Privatsphäre.[127] Diese umfasse „Angelegenheiten, die wegen ihres Informationsinhalts typischerweise als ‚privat' eingestuft werden, weil ihre öffentliche Erörterung oder Zurschaustellung als unschicklich gilt, das Bekanntwerden als peinlich empfunden wird

---

EGMR, von Hannover/Deutschland (Nr. 2) [2012] Beschwerde-Nr. 40660/08 und 60641/08 [96].

[123] EGMR, Jäggi/Schweiz [2006] Beschwerde-Nr. 58757/00 [38]; BVerfG, Urt. v. 31.01.1989, Az. 1 BvL 17/87, BVerfGE 79, 256, 269 – Kenntnis der eigenen Abstammung.

[124] EGMR, K.H. u. a./Slowakei [2009] Beschwerde-Nr. 32881/04 [50].

[125] EGMR, M.G./Vereinigtes Königreich [2002] Beschwerde-Nr. 39393/98 [27].

[126] Statt vieler *Volokh*, Stanford Law Review 52 (2000), 1049; *Solove*, University of Pennsylvania Law Review 154 (2006), 477.

[127] Siehe BVerfG, Urt. v. 15.12.1999, Az. 1 BvR 653/96, BVerfGE 101, 361, 382 – Caroline von Monaco II; BGH, Urt. v. 25.10.2011, Az. VI ZR 332/09, NJW 2012, 767 Rn. 15 – „Pornodarsteller".

oder nachteilige Reaktionen der Umwelt auslöst".[128] Informationen, welche die informationelle Privatheit betreffen können, umfassen beispielsweise den Namen einer Person,[129] ihr Abbild,[130] ihr Vorstrafenregister,[131] den Inhalt der Korrespondenz[132] und die Kommunikationsverbindungsdaten,[133] das gesprochene Wort,[134] Informationen über körperliche Intimität wie etwa Nacktheit, Krankheit oder Verletzungen[135] oder über Sexualität, Sexualleben und sexuelle Orientierung,[136] Freundschaften und Beziehungen zu anderen Personen,[137] Urlaub,[138] persönliche Daten[139] und die Auseinandersetzungen mit sich selbst in Tagebüchern.[140] Prosser definierte drei *privacy torts*, die sich auf die informationelle Privatheit bezogen: „die Veröffentlichung peinlicher privater Tatsachen über den Kläger, den Kläger im Auge der Öffentlichkeit in ein falsches Licht stellende Publizität, sowie die Aneignung des Namens des Klägers oder von Ähnlichkeit mit dem Kläger zum Vorteil des Beklagten."[141]

---

[128] Siehe BVerfG, Urt. v. 15.12.1999, Az. 1 BvR 653/96, BVerfGE 101, 361, 382 – Caroline von Monaco II; BGH, Urt. v. 09.12.2003, Az. VI ZR 373/02, NJW 2004, 762, 764 – Sabine Christiansen.

[129] Siehe Art. 24 Abs. 2 IPbpR; Art. 7 und 8 der Konvention über die Rechte des Kindes; EGMR, Burghartz/Schweiz [1994] Beschwerde-Nr. 16213/90 [24]; Standard Verlags GmbH/Österreich (Nr. 3) [2012] Beschwerde-Nr. 34702/07 [36].

[130] EGMR, Schüssel/Österreich [2002] Beschwerde-Nr. 42409/98; von Hannover/Deutschland (Nr. 1) [2004] Beschwerde-Nr. 59320/00 [50 ff.]; Eerikäinen u. a./Finnland [2009] Beschwerde-Nr. 3514/02 [61].

[131] EGMR, Leander/Schweden [1987] Beschwerde-Nr. 9248/81 [59] und [67]; Amann/Schweiz [2000] Beschwerde-Nr. 27798/95 [67]; Rotaru/Rumänien [2000] Beschwerde-Nr. 28341/95 [43]; Segerstedt-Wiberg u. a./Schweden [2006] Beschwerde-Nr. 62332/00.

[132] Siehe Art. 17 Abs. 1 IPbpR, Art. 8 Abs. 1 EMRK und Art. 10 GG.

[133] EGMR, Malone/Vereinigtes Königreich [1984] Beschwerde-Nr. 8691/79 [84]; Copland/Vereinigtes Königreich [2007] Beschwerde-Nr. 62617/00 [43].

[134] BVerfG, Beschl. v. 31.01.1973, Az. 2 BvR 454/71, BVerfGE 34, 238, 246 – Heimliche Tonbandaufnahmen.

[135] EGMR, X und Y/Niederlande [1985] Beschwerde-Nr. 8978/80 [22]; Raninen/Finnland [1997] Beschwerde-Nr. 152/1996/771/972 [63]; Biriuk/Litauen [2008] Beschwerde-Nr. 23373/03 [43]; BVerfG, Beschl. v. 08.03.1972, Az. 2 BvR 28/71, BVerfGE 32, 373, 379 f. – Ärztekartei.

[136] EGMR, Peck/Vereinigtes Königreich [2003] Beschwerde-Nr. 44647/98 [57]; Biriuk/Litauen [2008] Beschwerde-Nr. 23373/03 [34]; Ruusunen/Finnland [2014] Beschwerde-Nr. 73579/10 [50]; BVerfG, Beschl. v. 21.12.1977, Az. 1 BvL 1/75, 1 BvR 147/75, BVerfGE 47, 46, 74 – Sexualkundeunterricht; BVerfG, Beschl. v. 11.10.1978, Az. 1 BvR 16/72, BVerfGE 49, 286, 298 ff. – Transsexuelle I.

[137] EGMR, Botta/Italien [1998] Beschwerde-Nr. 153/1996/772/973 [32]; von Hannover/Deutschland (Nr. 1) [2004] Beschwerde-Nr. 59320/00 [50]; *mutatis mutandis*, BVerfG, Beschl. v. 13.05.1980, Az. 1 BvR 103/77, BVerfGE 54, 129, 137 – Kunstkritik; BVerfG, Beschl. v. 20.04.1982, Az. 1 BvR 426/80, BVerfGE 60, 234, 240 – „Kredithaie".

[138] EGMR, von Hannover/Deutschland (Nr. 1) [2004] Beschwerde-Nr. 59320/00 [61]; BGH, Urt. v. 03.07.2007, Az. VI ZR 164/06, NJW 2008, 759 – Oliver Kahn.

[139] EGMR, S. und Marper/Vereinigtes Königreich [2008] Beschwerde-Nr. 30562/04 und 30566/04 [41].

[140] BVerfG, Beschl. v. 14.09.1989, Az. 2 BvR 1062/87, BVerfGE 80, 367, 375 – Tagebuch.

[141] *Prosser*, California Law Review 48 (1960), 383, 389: „public disclosure of embarrassing

Eine Verletzung der informationellen Privatheit setzt daher grundsätzlich zweierlei voraus: bei den privaten Informationen muss es sich erstens um *Tatsachen* handeln, die zweitens *der Wahrheit entsprechen*. Die informationelle Privatheit, etwa das Recht am eigenen Wort und das Recht am eigenen Bild, betrifft die Freiheit der Selbstentschließung über einen persönlichen Lebensbereich.[142] Meinungsäußerungen über eine Person oder unwahre Tatsachenbehauptungen sind jedoch nicht Teil der Lebenswelt des Betroffenen und daher auch nicht Teil seiner Privatheit. Meinungsäußerungen und unwahre Tatsachenbehauptungen sind daher grundsätzlich ungeeignet, die informationelle Privatheit einer Person zu verletzen. Sie können hingegen die Ehre einer Person als zweites informationelles Persönlichkeitsinteresse neben der informationellen Privatheit verletzen. Im Unterschied zur informationellen Privatheit schützt die Ehre grundsätzlich – zu Ausnahmen sogleich – die Selbstachtung und das Interesse daran, von anderen Menschen so wahrgenommen zu werden, wie es dem verdienten Achtungsanspruch entspricht (dazu V.). Die Verbreitung wahrer Informationen kann daher grundsätzlich keine Ehrverletzung darstellen, da die Ehre nur den *verdienten* Geltungs- und Achtungsanspruch schützt. Informationen über eine Person, die der Wahrheit entsprechen, reflektieren grundsätzlich ihre verdiente Geltung und Achtung. Umgekehrt gilt: Weil die Ehre den verdienten Geltungs- und Achtungsanspruch schützt, hat der Betroffene grundsätzlich ein Recht darauf, dass über ihn keine wahrheitswidrigen Informationen verbreitet werden, da diese seine Geltung und Achtung nicht reflektieren. Die Ehre – genauer: die „äußere" Ehre – wird bestimmt durch die Einschätzung einer Person durch Dritte. Mit dem Recht auf informationelle Privatheit – genauer: mit dem Recht auf Selbstdarstellung – bestimmt der Rechtsträger selbst darüber, wie er von Dritten wahrgenommen wird. Äußere Ehre und informationelle Privatheit sind daher einerseits komplementär, stehen aber andererseits in einem Spannungsverhältnis zueinander. Einerseits hat der Rechtsträger ein Interesse daran, Kontrolle über die Informationen auszuüben, die über ihn im Umlauf sind. Andererseits hat die Öffentlichkeit ein Interesse daran, möglichst viele wahre Informationen über den Rechtsträger zu besitzen, um sich ein Bild von ihm zu machen, um also eine auf möglichst vielen wahren Tatsachen gestützte Reputation zu bilden. Jedoch möchte der Rechtsträger gerade diese Informationen beeinflussen, um eine möglichst vorteilhafte Reputation zu haben. Privatheit bzw. die Kontrolle über private Informationen dient daher auch dem Ehrschutz.

Ein Beispiel dafür, wozu die Verkennung der Abgrenzung von informationeller Privatheit einerseits und Ehre andererseits führt, ist die EGMR-Entschei-

---

private facts about the plaintiff; publicity which places the plaintiff in a false light in the public eye; [and] appropriation for the defendant's advantage, of the plaintiff's name or likeness." Das Restatement (Second) of Torts (1977), Section 625A, übernahm Prossers Taxonomie der Privatheit.

[142] BGH, Urt. v. 14.02.1958, Az. I ZR 151/56, BGHZ 26, 349, 355 f. – Herrenreiter.

dung *Fürst-Pfeifer gegen Österreich*.[143] Eine Zeitung schrieb über die psychischen Erkrankungen der Beschwerdeführerin, einer forensischen Psychiaterin. Der EGMR prüfte eine Verletzung des Rechts auf Schutz der Reputation der Beschwerdeführerin als Ausprägung von Art. 8 Abs. 1 EMRK.[144] Da die in dem Artikel behaupteten Tatsachen der Wahrheit entsprachen (und der Artikel im Übrigen keine beleidigenden Werturteile enthielt), kam der EGMR zu dem Ergebnis, dass eine Verletzung der Reputation nicht vorlag und wies die Beschwerde ab. Dadurch überging der EGMR das eigentliche Problem des Falles. Da es sich um wahre Informationen handelte, wäre nämlich zu prüfen gewesen, ob möglicherweise das Recht der Beschwerdeführerin auf (informationelle) Privatheit verletzt worden ist. Angesichts der Details, die die Zeitung über den Gesundheitszustand der Beschwerdeführerin veröffentlichte, lag eine solche Verletzung zumindest nicht fern. Hierauf wiesen die Richter Wojtyczek und Kūris in ihrer abweichenden Meinung zutreffend hin.[145] Das Mehrheitsvotum, das sich ausschließlich auf die Reputation konzentrierte, ging hierauf jedoch nicht ein.

Formelhaft lassen sich Ehre und informationelle Privatheit folglich so abgrenzen: Die Ehre verleiht das Recht, die Verbreitung von Informationen zu unterdrücken, weil sie falsch und ehrenrührig oder weil sie abschätzig sind. Die informationelle Privatheit hingegen gibt das Recht, die Erhebung und Verbreitung von Informationen zu verhindern, obwohl sie wahr sind, weil sie die Privatsphäre verletzen. Ehre und informationelle Privatheit überschneiden sich somit insoweit, als sie – allerdings nur in einem gewissen Ausmaß – das Interesse des Betroffenen schützen, so wahrgenommen zu werden, wie er es möchte.

b) Die Systematik informationeller Persönlichkeitsinteressen in Gesetzgebung und Rechtsprechung

Gesetzgebung und nationale wie internationale Rechtsprechung stützen diese Systematisierung. Die Vorschriften zum Schutz der Ehre nach dem deutschen Strafrecht, welche über § 823 Abs. 2 BGB in das Zivilrecht inkorporiert werden, sind im 14. Abschnitt des Besonderen Teils des StGB kodifiziert: die mit „Beleidigung" überschriebenen Ehrverletzungsdelikte. Sie beruhen auf folgender Systematik: Die üble Nachrede nach § 186 StGB und die Verleumdung nach § 187 StGB betreffen nicht erweislich wahre (§ 186) bzw. erwiesen unwahre (§ 187) Tatsachenbehauptungen gegenüber einer anderen Person als dem Ehrträger. § 185 StGB hingegen erfasst ehrenrührige Werturteile, die gegenüber dem Ehrträger selbst oder gegenüber einem Dritten mitgeteilt werden, sowie ehrenrüh-

---

143 EGMR, Fürst-Pfeifer/Österreich [2016] Beschwerde-Nr. 33677/10 und 52340/10.
144 EGMR, Fürst-Pfeifer/Österreich [2016] Beschwerde-Nr. 33677/10 und 52340/10 [35].
145 EGMR, Fürst-Pfeifer/Österreich [2016] Beschwerde-Nr. 33677/10 und 52340/10, abw. Meinung Richter Wojtyczek und Kūris [1] und [14].

rige Tatsachenbehauptungen gegenüber dem Ehrträger. Ungeschriebene Tatbestandsvoraussetzung des § 185 StGB ist, dass die behauptete Tatsache unwahr ist.[146] Die Äußerung einer wahren Tatsache ist nämlich nur ausnahmsweise unter den Voraussetzungen des § 192 StGB strafbar, wenn sich aus der Form oder den sonstigen Umständen eine tatsacheninadäquate Herabwürdigung ergibt. Der Fünfzehnte Abschnitt des StGB hingegen betrifft die Verletzung des persönlichen Lebens- und Geheimbereichs, d.h. die informationelle Privatheit. Dort bestraft § 201a Abs. 2 StGB, „wer unbefugt von einer anderen Person eine Bildaufnahme, die geeignet ist, dem Ansehen der abgebildeten Person erheblich zu schaden, einer dritten Person zugänglich macht." Das Zugänglichmachen einer wahren reputationsschädigenden Information, hier einer Bildaufnahme, unterfällt somit den Delikten über den Schutz der informationellen Privatheit, nicht den Ehrverletzungsdelikten.

Zudem ist zu beachten, dass eine in der deutschen Rechtsprechung und Literatur befürchtete „Kommerzialisierung der Persönlichkeitsrechte" nur in den Fällen in Betracht kommt, die vorliegend als solche der informationellen Privatheit kategorisiert werden. Dies sind insbesondere Fälle, in denen zu kommerziellen Zwecken in das Recht am eigenen Namen oder am eigenen Bild eingegriffen wird.[147] Nur die Verbreitung solcher geldwerter *wahrer* Informationen kann bereicherungsrechtlich ausgleichspflichtig und sogar postmortal schadensersatzpflichtig sein, nicht jedoch die Verbreitung falscher Informationen oder ehrenrühriger Werturteile. Denn nur im ersten Fall wird „etwas" im Sinne des § 812 Abs. 1 Satz 1 BGB „erlangt", was vorher schon bestand (nämlich das Bild oder der Name), nicht jedoch im zweiten Fall, in dem eine Information erst geschaffen werden musste. So sagte Shakespeares Iago zu Othello:

„Der gute Name, mein liebster gnädiger Herr, ist bey Manns- und Weibsleuten ein Kleinod das ihnen so theuer seyn soll als ihre Seele. Wer mir mein Geld stiehlt, stiehlt Quark; es ist etwas und ist nichts; es war mein, nun ists sein, und ist schon ein Sclave von Tausenden gewesen; aber wer mir meinen guten Namen nimmt, beraubt mich eines Schazes, der ihn nicht reicher und mich in der That arm macht."[148]

Anders als im deutschen Recht existiert im englischen Recht kein „allgemeines Persönlichkeitsrecht". Stattdessen ist hier eine trennscharfe Unterscheidung zwischen einzelnen Ansprüchen erforderlich. Ansprüche aus *defamation* unterliegen der knappen Verjährungsfrist des Section 4A Limitation Act 1980 (ein Jahr), Ansprüche wegen der Verletzung der Privatsphäre oder der Vertraulichkeit hingegen nicht. Vorbeugende Unterlassungsklagen wegen *defamation* sind

---

[146] So die h.M., z.B. *Gounalakis/Rhode*, Persönlichkeitsschutz im Internet, 2002, Rn.106 m.w.N.; *Wessels/Hettinger/Engländer*, Strafrecht Besonderer Teil 1, 41. Aufl. 2017, Rn.513; *Finger*, Homophobie und Strafrecht, 2015, S. 79.
[147] Vgl. BGH, Urt. v. 14.02.1958, Az. I ZR 151/56, BGHZ 26, 349 – Herrenreiter; BGH, Urt. v. 01.12.1999, Az. I ZR 49/97, BGHZ 143, 214 – Marlene Dietrich.
[148] *Shakespeare*, Othello, der Mohr von Venedig, Dritter Aufzug, Fünfte Scene.

unzulässig (dazu Kapitel 5 Abschnitt I.). Im Recht auf *privacy* hingegen feierte zeitweise die sogenannte *super injunction* fröhliche Urständ; hierbei darf nicht nur die streitgegenständliche Information an sich nicht veröffentlicht werden, sondern bereits die Tatsache, dass ein entsprechender Antrag gestellt wurde und ein Beschluss erging.[149] Auch unterscheiden sich die Einreden gegenüber *defamation*-Ansprüchen einerseits und *privacy*-Klagen andererseits: Im *tort of defamation* ist die Wahrheit der geäußerten Behauptung eine absolute Einrede, für eine Klage wegen Verletzung der Privatsphäre kommt es hingegen entscheidend darauf an, ob der Kläger eine Achtung seiner Privatsphäre vernünftigerweise erwarten konnte.[150]

Auch der EGMR erkannte, dass das Recht auf informationelle Privatheit einerseits und auf Schutz der Ehre andererseits unterschiedlichen Abwägungsfaktoren unterliegt. Zunächst entschied der EGMR in *Markt intern Verlag GmbH & Klaus Beermann gegen Deutschland*, dass „selbst die Veröffentlichung von Informationen, die wahr sind und tatsächliche Geschehnisse beschreiben, unter bestimmten Umständen verboten werden können: die Verpflichtung zur Achtung der Privatheit anderer oder die Pflicht, die Vertraulichkeit bestimmter geschäftlicher Informationen zu achten, sind Beispiele."[151] Nach einer längeren Rechtsprechungsgenese fasste der EGMR die Kriterien für eine Abwägung zwischen der Kommunikationsfreiheit und dem Recht auf Achtung des Privatlebens nach Art. 8 Abs. 1 EMRK in *Axel Springer AG gegen Deutschland (Nr. 1)* wie folgt zusammen:[152]

1. Der Beitrag zu einer Debatte von allgemeinem Interesse,
2. die Bekanntheit der betroffenen Person und der Gegenstand der Berichterstattung,
3. das frühere Verhalten der betroffenen Person,
4. die Art der Erlangung von Informationen und ihr Wahrheitsgehalt,
5. der Inhalt, die Form und die Auswirkungen der Veröffentlichung, und
6. die Schwere der verhängten Sanktion.

Im Anschluss an *Axel Springer AG (Nr. 1)* wandte der EGMR diese Kriterien sowohl auf Fälle betreffend das Recht auf Privatheit als auch auf Ehrschutz-

---

[149] Master of the Rolls, Report of the Committee on Super-Injunctions: Super-Injunctions, Anonymised Injunctions and Open Justice, 2011, Rn. 2.1. So gab der liberaldemokratische Abgeordnete John Hemming unter dem Schutz seiner Immunität als Parlamentsabgeordneter bekannt, dass der ehemalige Fußballspieler Ryan Giggs einen erfolgreichen Antrag auf eine *super injunction* stellte. Der Begriff der *super injunction* geht mutmaßlich zurück auf den Guardian-Journalisten James Robinson; siehe <http://www.guardian.co.uk/uk/2009/oct/13/super-injunctions-guardian-carter-ruck> (zuletzt abgerufen am 28.12.2018).
[150] *Barendt*, Journal of Media Law 7 (2015), 85, 90.
[151] EGMR, Markt intern Verlag GmbH und Klaus Beermann/Deutschland [1989] Beschwerde-Nr. 10572/83 [35].
[152] EGMR, Axel Springer AG/Deutschland (Nr. 1) [2012] Beschwerde-Nr. 39954/08 [89–95]; wiederholt z. B. in Satakunnan Markkinapörssi Oy und Satamedia Oy/Finnland [2017] Beschwerde-Nr. 931/13 [165].

fälle an.[153] Vereinzelt modifizierte der EGMR die Kriterien jedoch für Ehrschutzfälle, indem er das Kriterium „Art der Erlangung von Informationen" schlicht überging und allein auf ihren (nicht erwiesenen) Wahrheitsgehalt abstellte.[154] Damit handelte der EGMR im Einklang mit der hier vorgeschlagenen Taxonomie der Information: Der Unterschied zwischen Privatheit und Ehre besteht regelmäßig im Wahrheitsgehalt der betreffenden Information. Die Kriterien „Beitrag zu einer Debatte von allgemeinem Interesse", „Bekanntheit der betroffenen Person und der Gegenstand der Berichterstattung", „früheres Verhalten der betroffenen Person", „Inhalt, Form und Auswirkungen der Veröffentlichung" sowie „Schwere der verhängten Sanktion" sind daher in Fällen betreffend die Privatheit und den Ehrschutz in etwa gleich zu bewerten. An dem Kriterium „Art der Erlangung von Informationen und ihr Wahrheitsgehalt" scheiden sich jedoch Privatheit und Ehrschutz. Ist die Information wahr, so kann grundsätzlich nur das Recht auf informationelle Privatheit betroffen sein. Dann kommt auch der Frage, wie die Information erlangt wurde, etwa durch den Bruch eines Vertrauensverhältnisses oder durch unbefugtes Eindringen in die Privatsphäre, maßgebliche Bedeutung zu. Ist die Information hingegen nicht erwiesen wahr oder gar bewiesen unwahr, so bleibt regelmäßig kein Raum für eine Verletzung des Rechts auf informationelle Privatheit, wohl aber für den Schutz der persönlichen Ehre. Der Vorwurf einer Ehrverletzung richtet sich jedoch nicht gegen die „Art der Erlangung von Informationen", sondern gerade dagegen, dass offenbar nicht genügend Informationen „erlangt" wurden, um den Wahrheitsgehalt der Behauptung belegen zu können. Vereinfacht ließe sich das Verhältnis von informationeller Privatheit und Ehre daher so beschreiben: Der Vorwurf der Verletzung der informationellen Privatheit besteht in einem „Zuviel", der Vorwurf der Ehrverletzung besteht in einem „Zuwenig" an bewiesen wahren Informationen.

c) Die Systematik des Ehrschutzes

Die Ehre ist als transnationales Rechtsgut als die Selbstachtung einer Person (die sog. innere Ehre) und die verdiente Achtung durch Dritte (die sog. äußere Ehre, Reputation oder „guter Ruf") zu konzipieren. Entscheidendes Abgren-

---

[153] Vgl. EGMR, Niskasaari and Otavamedia Oy/Finnland [2015] Beschwerde-Nr. 32297/10 [49]; Verlagsgruppe Handelsblatt GmbH & Co. KG/Deutschland [2016] Beschwerde-Nr. 52205/16 [23]; Magyar Tartalomszolgáltatók Egyesülete und Index.hu Zrt/Ungarn [2016] Beschwerde-Nr. 22947/13 [68]; Standard Verlagsgesellschaft mbH/Österreich [2017] Beschwerde-Nr. 19068/13 und 73322/13 [58].
[154] Siehe z.B. EGMR, Armellini u.a./Österreich [2015] Beschwerde-Nr. 14134/07; Kącki/ Polen [2017] Beschwerde-Nr. 10947/11 [49]; Faludy-Kovács/Ungarn [2018] Beschwerde-Nr. 20487/13 [28].

zungskriterium ist somit, wem gegenüber eine Behauptung geäußert wird – nur gegenüber dem Ehrträger selbst oder auch gegenüber Dritten.

Diese Abgrenzung ist konstitutiv für das Vorliegen einer „Kundgabe" im englischen Recht, aber auch für die Anwendung von §§ 186, 187 StGB: Voraussetzung ist jeweils eine Äußerung gegenüber Dritten (ausführlich dazu unter V.). Nach deutschem Recht besteht zudem dann kein Widerrufsanspruch, wenn die Behauptungen nur dem Verletzten gegenüber aufgestellt worden sind: Es gehe „über die Aufgabe des Zivilrichters hinaus, Beleidigungen ‚unter vier Augen' durch Verurteilung zum Widerruf zu beseitigen, da es sich insoweit nicht mehr um Schadenswiedergutmachung (§ 249 BGB) und Beseitigung rechtswidriger und gefahrdrohender Zustände (§ 1004 BGB) handelt, sondern um Genugtuung und Sühne, also um Aufgaben, die dem Strafverfahren wesenseigen sind.“[155]

Keine internationale, in vielen Ländern aber eine nationale Bedeutung kommt der Ehre im Recht des geistigen Eigentums zu. Im Verständnis einzelner Rechtsordnungen von den Grundlagen des Rechts des geistigen Eigentums finden sich ähnliche theoretische Auffassungsunterschiede wieder wie in der theoretischen Konzeption der Ehre selbst. Vornehmlich anglo-amerikanische Begründungsansätze sehen die Rechtfertigung des Schutzes geistigen Eigentums in der Arbeit des Schöpfers oder Erfinders, in der Bedeutung des Schutzes geistigen Eigentums für die Gesellschaft oder in einer effizienten Allokation von Ressourcen.[156] Einen Schutz der „Ehre" des Erfinders oder Schöpfers im Wege sogenannter *moral rights* sehen diese Ansätze indessen nicht vor.[157] Anders verhält es sich nach der vornehmlich in Kontinentaleuropa vertretenen persönlichkeitsrechtlichen Begründung des Schutzes geistigen Eigentums. Diese schützt auch das Urheberpersönlichkeitsrecht und die sogenannte Erfinderehre.[158]

d) Überschneidungen und Ausnahmen

Hinzuweisen ist aber auch darauf, dass sich die genannten Typen der Persönlichkeitsrechte im Einzelfall nur schwer abgrenzen lassen und sich sogar überschneiden können. So kann beispielsweise die heimliche Fotoaufnahme eines Prominenten durch einen Paparazzo auf dem Grundstück des Prominenten sowohl ein Eindringen in die räumliche Privatsphäre als auch eine Verletzung der informationellen Privatheit begründen. Das Hacken eines Computers kann ein

---

[155] BGH, Urt. v. 17.06.1953, Az. VI ZR 51/52, BGHZ 10, 104, 106 – Eiprodukten-Einfuhrverband.

[156] Ausf. *Oster*, European and International Media Law, 2017, S. 373 ff.

[157] Vgl. Erwägungsgrund 19 der Richtlinie 2001/29/EG.

[158] Siehe zum Urheberpersönlichkeitsrecht §§ 12 bis 14 UrhG sowie BGH, Urt. v. 26.11.1954, Az. I ZR 266/52, BGHZ 15, 249, 258 – Eva Chamberlain; Art. 6bis Berner Übereinkunft zum Schutz von Werken der Literaturt und Kunst; Art. 5 WIPO-Vertrag über Darbietungen und Tonträger (WPPT). Zur Erfinderehre *Götting*, Gewerblicher Rechtsschutz, 10. Aufl. 2014, § 18 Rn. 4 f.

Eindringen in die räumliche Privatsphäre darstellen, das Ausspähen, Kopieren und die Weitergabe von Informationen auf diesem Computer hingegen kann das Recht auf informationelle Privatheit verletzen.[159] Außerdem stellt jede einzelne Maßnahme der Informationsverarbeitung – etwa Sammlung, Speicherung und Weitergabe – einen separaten Eingriff in die informationelle Privatheit dar.[160] Auch zwischen der körperlichen Unversehrtheit, der physischen Privatheit und der Ehre kann es zu Überschneidungen kommen. Bekanntestes Beispiel hierfür ist die Ohrfeige. Diese kann eine nicht unerhebliche Beeinträchtigung der körperlichen Unversehrtheit sowie eine Beeinträchtigung der physischen Privatheit darstellen. Im Vordergrund steht allerdings zumeist die mittels der Ohrfeige tätlich erklärte, ehrabschneidende Missachtung.

Für die vorliegende Untersuchung beachtlicher sind indessen Überschneidungen zwischen dem Recht auf Schutz der Ehre einerseits und der informationellen Privatheit andererseits.[161] Folgende Fallgruppen sind zu unterscheiden:

1. Wahre, aber stigmatisierende Tatsachenbehauptungen.
2. Unwahre, aber nicht ehrenrührige Tatsachenbehauptungen.

Der Beweis der Wahrheit einer Äußerung (erste Fallgruppe) begründet nach englischem Recht eine absolute Einrede gegen einen *tort of defamation*. Auch im deutschen Recht stellen wahre, aber als ehrenrührig empfundene Äußerungen grundsätzlich keine haftungsbegründende Ehrverletzung dar. Bei einer wahren Tatsachenbehauptung treten Persönlichkeitsrechte selbst dann regelmäßig hinter der Kommunikationsfreiheit zurück, wenn die Behauptung nachteilig für den Betroffenen ist.[162] Eine Ausnahme gilt hingegen, wenn die Äußerung eine „Prangerwirkung"[163], „Stigmatisierung"[164] oder „soziale Ausgrenzung und Isolierung"[165] herbeiführt. Das gilt insbesondere dann, wenn eine Privatperson willkürlich ausgewählt und in eine ihr „ungewollte und nicht her-

---

[159] BVerfG, Urt. v. 21.02.2008, Az. 1 BvR 370/07 und 1 BvR 595/07, BVerfGE 120, 274 Rn. 198 – Online-Durchsuchung.

[160] EGMR, Rotaru/Rumänien [2000] Beschwerde-Nr. 28341/95 [43]; P.G. und J.H./Vereinigtes Königreich [2001] Beschwerde-Nr. 44787/98 [59]; Peck/Vereinigtes Königreich [2003] Beschwerde-Nr. 44647/98 [59]; Weber und Savaria/Deutschland [2006] Beschwerde-Nr. 54934/00 [79].

[161] Vgl. zum englischen Recht John Terry (previously referred to as "LNS") v. Persons Unknown [2010] EWHC 119 (QB) [96]; *Barendt*, Journal of Media Law 7 (2015), 85.

[162] Vgl. BVerfG, Beschl. v. 24.03.1998, Az. 1 BvR 131/96, BVerfGE 97, 391, 403 – Missbrauchsbezichtigung; BGH, Urt. v. 09.02.2010, Az. VI ZR 243/08, NJW 2010, 2432 Rn. 16 – Spiegel-Dossier.

[163] BVerfG, Urt. v. 05.06.1973, Az. 1 BvR 536/72, BVerfGE 35, 202, 233 – Lebach; BVerfG, Beschl. v. 08.04.1999, Az. 1 BvR 2126/93, NJW 1999, 2358, 2359 – Greenpeace-Plakataktion; BVerfG, Beschl. v. 17.12.2002, Az. 1 BvR 755/99 u.a., NJW 2003, 1109, 1110f. – Flensborg Avis; BVerfG, Beschl. v. 18.02.2010, Az. 1 BvR 2477/08 – Anwaltsschreiben.

[164] BGH, Urt. v. 07.12.2004, Az. VI ZR 308/03, BGHZ 161, 266, 269 – Abtreibungsgegner; BGH, Urt. v. 25.10.2011, Az. VI ZR 332/09, NJW 2012, 767 Rn. 25 – „Pornodarsteller".

[165] BVerfG, Beschl. v. 24.03.1998, Az. 1 BvR 131/96, BVerfGE 97, 391, 405 – Missbrauchsbezichtigung; BGH, Urt. v. 15.12.2009, Az. VI ZR 227/08, BGHZ 183, 353 Rn. 13 – dradio.de.

ausgeforderte Öffentlichkeit gedrängt wird".[166] Dieser Ansatz lässt sich auch der Rechtsprechung des EGMR entnehmen.[167] In solchen Fällen wahrer, aber stigmatisierender Informationen ist grundsätzlich das Recht einer Person auf Schutz ihrer informationellen Privatheit betroffen, nicht hingegen ihre Ehre, auch wenn die Person die Verbreitung der Information als rufschädigend empfindet. Denn grundsätzlich hat niemand ein Recht darauf, nur nach den eigenen Vorstellungen dargestellt zu werden.[168] Hiervon macht allerdings § 192 StGB eine Ausnahme. Danach schließt der Beweis der Wahrheit der behaupteten oder verbreiteten Tatsache eine Bestrafung nach § 185 StGB – sowie §§ 186 und 187 StGB[169] – dann nicht aus, wenn das Vorhandensein einer Beleidigung aus der Form der Behauptung oder Verbreitung oder aus den Umständen, unter welchen sie geschah, hervorgeht. § 192 StGB kommt insbesondere dann in Betracht, wenn eine wahre, ehrenrührige Tatsache in der Presse verbreitet wird, insbesondere wenn es sich um Tatsachen aus der Intimsphäre handelt.[170] Im englischen wie auch im amerikanischen Recht würde hier allerdings ein *tort of defamation* ausscheiden, und es käme allein ein Anspruch wegen Verletzung der Privatheit in Betracht.

Die hier vorgeschlagene Typisierung der informationellen Persönlichkeitsrechte anhand der betreffenden Information scheint einen Betroffenen dann schutzlos zu stellen, wenn über ihn unwahre, aber nicht ehrenrührige Tatsachen verbreitet werden (zweite Fallgruppe). Die rechtliche Folgenlosigkeit der Verbreitung unwahrer, nicht ehrenrühriger Tatsachen führt jedoch sowohl aufgrund des berechtigten Satisfaktionsinteresses des Betroffenen als auch hinsichtlich der mangelnden Schutzwürdigkeit des Täters zu Gerechtigkeitslücken. Richter Diplock meinte hierzu lapidar: „[E]very man, whether he is in public life or not, has a right not to have lies told about him".[171]

---

[166] BGH, Urt. v. 07.12.2004, Az. VI ZR 308/03, BGHZ 161, 266, 270 – Abtreibungsgegner; in der Sache zu einem anderen Ergebnis kam der EGMR in Annen/Deutschland [2015] Beschwerde-Nr. 3690/10.

[167] Vgl. EGMR, Biriuk/Litauen [2008] Beschwerde-Nr. 23373/03 [41]; Armonienė/Litauen [2008] Beschwerde-Nr. 36919/02 [47]; Ageyevy/Russland [2013] Beschwerde-Nr. 7075/10 [216].

[168] BVerfG, Beschl. v. 26.06.1990, Az. 1 BvR 776/84, BVerfGE 82, 236, 269 – Schubart; BVerfG, Beschl. v. 14.01.1998, Az. 1 BvR 1861/93 u.a., BVerfGE 97, 125, 149 – Caroline von Monaco I; BVerfG, Beschl. v. 24.03.1998, Az. 1 BvR 131/96, BVerfGE 97, 391, 403 – Missbrauchsbezichtigung; BVerfG, Urt. v. 15.12.1999, Az. 1 BvR 653/96, BVerfGE 101, 361, 380 – Caroline von Monaco II; BVerfG, Beschl. v. 25.01.2012, Az. 1 BvR 2499/09 und 1 BvR 2503/09, NJW 2012, 1500 Rn. 37 – Ochsenknecht; BVerfG, Beschl. v. 14.09.2010, Az. 1 BvR 1842/08 u.a., NJW 2011, 740 Rn. 56 – Charlotte Casiraghi; BGH, Urt. v. 05.11.2013, Az. VI ZR 304/12, BGHZ 198, 346 Rn. 14 – Jauch.

[169] *Fischer*, StGB, 64. Aufl. 2017, § 192 Rn. 1.

[170] *Fischer*, StGB, 64. Aufl. 2017, § 192 Rn. 2; vgl. Deutscher Presserat, Az. 0381+0469 +0471/13/2 [2013] „Redaktion lässt Fürsorgepflicht unbeachtet".

[171] Silkin v. Beaverbrook Newspapers Ltd. [1958] 1 WLR 743, 746.

Unwahre, aber nicht ehrenrührige Tatsachenbehauptungen über eine andere Person können daher ebenfalls einen Anspruch wegen Verletzung der informationellen Privatheit begründen, nicht jedoch eine Ehrverletzung. Dies setzt allerdings voraus, dass dem Betroffenen aus der falschen Darstellung ein Nachteil entsteht. Es sind dies die Fälle, in denen – mit den Worten Prossers – eine „Publizität" geschaffen wird, die den Kläger im „Auge der Öffentlichkeit" in ein „falsches Licht" rücken würde (*publicity which places the plaintiff in a false light in the public eye*).[172] Der *false light claim* ist dem *tort of defamation* ähnlich, und beide Ansprüche sind oft nebeneinander einschlägig.[173] Anders als *defamation* schützt der *false light*-Anspruch jedoch nicht nur vor ehrverletzenden Behauptungen. Ein wichtiger praktischer Anwendungsfall für eine unwahre, aber nicht notwendig ehrenrührige Information, die einen Anspruch wegen Verletzung der informationellen Privatheit begründen kann, ist das Unterschieben falscher Zitate, die das Privatleben betreffen.[174] Das Zitat ist „eine besonders scharfe Waffe im Meinungskampf: Gegenüber der erkennbaren Meinungsäußerung kommt ihm die besondere Überzeugungskraft und Beweiskraft des Faktums zu. Ist das Zitat unrichtig, verfälscht oder entstellt, so greift dies in das Persönlichkeitsrecht des Kritisierten um so tiefer ein, als er hier sozusagen als Zeuge gegen sich selbst ins Feld geführt wird".[175] Zwar hat niemand ein Recht darauf, nur so dargestellt zu werden, *wie* er sich selber sieht oder gesehen werden möchte. Hiervon zu unterscheiden ist jedoch die Frage, *ob* sich jemand – etwa durch Äußerungen – in die Öffentlichkeit begeben will.[176] Ein Unterschieben falscher Zitate verletzt daher den Anspruch des Betroffenen auf Selbstbestimmung über sein Erscheinungsbild, die Selbstdarstellung.[177] Das BVerfG entschied daher, dass es mit Art. 2 Abs. 1 GG unvereinbar sei, „für die Frage, ob das Unterschieben einer nicht getanen Äußerung das Persönlichkeitsrecht des Betroffenen beeinträchtigt, nicht maßgebend auf dessen Selbstdefinition, sondern auf das Bild abzustellen, das sich andere – begründet oder unbegründet – von ihm machen oder machen könnten."[178]

---

[172] *Prosser*, California Law Review 48 (1960), 383, 400. Dies ist die von Prosser entwickelte dritte Kategorie von *privacy torts*.

[173] *Prosser*, California Law Review 48 (1960), 383, 400; vgl. *Ardia*, Harvard Civil Rights-Civil Liberties Law Review 45 (2010), 261, 278 f.

[174] *Prosser*, California Law Review 48 (1960), 383, 398 f.; vgl. BVerfG, Beschl. v. 14.02.1973, Az. 1 BvR 112/65, BVerfGE 34, 269, 283 f. – Soraya; BVerfG, Beschl. v. 03.06.1980, Az. 1 BvR 185/77, BVerfGE 54, 148, 155 – Eppler; BGH, Urt. v. 23.06.2009, Az. VI ZR 196/08, BGHZ 181, 328 Rn. 46 – spickmich.de.

[175] BVerfG, Beschl. v. 03.06.1980, Az. 1 BvR 797/78, BVerfGE 54, 208, 217 f. – Böll.

[176] Vgl. BVerfG, Beschl. v. 03.06.1980, Az. 1 BvR 185/77, BVerfGE 54, 148, 155 – Eppler.

[177] BGH, Urt. v. 15.11.1994, Az. VI ZR 56/94, BGHZ 128, 1, 7 – Erfundenes Exklusiv-Interview.

[178] BVerfG, Beschl. v. 03.06.1980, Az. 1 BvR 185/77, BVerfGE 54, 148, 156 – Eppler.

Ein weiterer bedeutsamer praktischer Anwendungsfall sind solche unwahren, aber nicht ehrenrührigen Tatsachenbehauptungen, die die Entwicklung von Kindern gefährden können. Hierzu ist zunächst festzustellen, dass auch ein Kind ein Recht auf Achtung seines Privatlebens und auf Schutz gegen Beeinträchtigungen seiner Ehre und seines Rufes hat.[179] Ein kindgerechtes Kommunikationsdeliktsrecht hat jedoch zu berücksichtigen, dass diese Rechte ihrerseits unter einem sie überragenden Prinzip zu verstehen sind, dass nämlich jedes Kind ein Recht auf ungehinderte Entfaltung seiner Persönlichkeit und ungestörte kindgemäße Entwicklung hat.[180] Ein Kind ist daher auch vor solchen unwahren Informationen zu schützen, die zwar nicht ehrenrührig sind, aber dennoch die Entfaltung seiner Persönlichkeit und kindgemäße Entwicklung beeinträchtigen.[181]

Gegen unwahre, aber nicht notwendig ehrenhafte Tatsachenbehauptungen können schließlich Ansprüche auf Gegendarstellung und Folgenbeseitigung sowie datenschutzrechtliche Ansprüche bestehen (dazu Kapitel 5 Abschnitte II., III. und V.).

e) Plädoyer für die Aufgabe des „allgemeinen Persönlichkeitsrechts"

Sieht man von diesen Ausnahmen ab, sieht sich die hier vorgeschlagene Theorie von der Taxonomie der Information durch die transnationale Analyse bestätigt. Im Widerspruch zur Theorie von der Taxonomie der Information steht jedoch das deutsche Konzept des „allgemeinen Persönlichkeitsrechts". Das allgemeine Persönlichkeitsrecht stellt nicht auf die Natur der rechtsverletzenden Information ab. Stattdessen umfasst die „Worthülse"[182] „allgemeines Persönlichkeitsrecht" ein heterogenes, bisweilen willkürlich anmutendes Sammelsurium einzelner Persönlichkeitsinteressen, wie etwa dem Recht am gesprochenen Wort, dem Recht am eigenen Bild oder neuerer Rechtsschöpfungen wie dem „Grundrecht auf Gewährleistung der Vertraulichkeit und Integrität informationstechnischer Systeme". Diese Kasuistik ist stark der deutschen Rechtstradition verhaftet und transnational nicht anschlussfähig. Zumindest die hier zu untersuchenden Rechtsordnungen wie auch internationale Rechtsprechungsorgane sehen bislang keinen Bedarf, ein allgemeines Persönlichkeitsrecht zu kreieren und daraus neue Gewährleistungen zu deduzieren. Schließlich ist auch im Internationalen Privatrecht, etwa in Art. 1 Abs. 2 Buchst. g) Rom II-VO, von einem allgemeinen Persönlichkeitsrecht nicht die Rede.

---

[179] Siehe Art. 16 der Konvention über die Rechte des Kindes.
[180] BGH, Beschl. v. 16.08.2016, Az. VI ZB 17/16, NJW 2016, 3380 Rn. 12 – Schülerstreit auf Facebook; siehe auch Präambel der Konvention über die Rechte des Kindes.
[181] Vgl. EGMR, K.U./Finnland [2008] Beschwerde-Nr. 2872/02 [41].
[182] So *Ehmann*, in: FS Georgiades, 2005, 113, 114.

Die Rechtsfigur des allgemeinen Persönlichkeitsrechts ist daher aufzugeben. Stattdessen ist nach der hier vorgeschlagenen Taxonomie der Information die Natur einzelner Persönlichkeitsrechte nach der betreffenden Information zu bestimmen. In der jüngeren deutschen Rechtsprechung ist ebenfalls die Tendenz erkennbar, weniger auf die Natur des betroffenen Rechts als auf die Art der Persönlichkeitsgefährdung abzustellen. Das BVerfG deutete dies in der Entscheidung zur Online-Durchsuchung an,[183] und ähnliche Tendenzen lassen sich in der Rechtsprechung des BGH erkennen. So unterschieden BGH und BVerfG in jüngeren Entscheidungen schärfer zwischen der Wort- und Schriftberichterstattung einerseits und der Bildberichterstattung andererseits.[184] Bei der Schriftberichterstattung gebühre dem Persönlichkeitsschutz „nicht schon deswegen der Vorrang, weil eine weder unwahre noch ehrenrührige Berichterstattung bloße Belanglosigkeiten über eine prominente Person zum Gegenstand hat, ohne einen wesentlichen Beitrag zur öffentlichen Meinungsbildung zu leisten."[185] Die Fixierung des Erscheinungsbildes einer Person in einer Lichtbildaufnahme oder in einem Film stelle demgegenüber einen stärkeren Eingriff in die persönliche Sphäre dar als eine Wort- oder Schriftberichterstattung.[186] §§ 22, 23 KunstUrhG bringen dies zum Ausdruck. Im Bereich der Textberichterstattung hingegen ist ein vom Kommunikationsinhalt unabhängiger Schutz nur im Rahmen der Rechtsfigur des „Rechts am gesprochenen Wort" anerkannt.[187] Das abgestufte Schutzkonzept, welches auf das Recht am eigenen Bild Anwendung findet, gilt daher nicht für die Wortberichterstattung. Für die Feststellung eines Eingriffs durch eine Wortberichterstattung bedarf es bereits einer inhaltsbezogenen Abwägung, wohingegen die Aufnahme eines Fotos *per se* einen Eingriff darstellt. Auch steht dem Verletzten bei der Veröffentlichung wahrer Informationen, etwa bei einer Verletzung des Rechts am eigenen Bild, nur ein Anspruch auf eine Geldentschädigung zur Verfügung, aber keine anderen Abwehrmöglichkeiten wie etwa eine Gegendarstellung, ein Widerruf oder eine Richtigstellung.[188]
Aus alldem folgt: Der informationelle Schutz der Persönlichkeit bedeutet Kontrolle über Informationen über einen selbst. Informationelle Persönlich-

---

[183] BVerfG, Urt. v. 27.02.2008, Az. 1 BvR 370/07, BVerfGE 120, 274 Rn. 169 – Online-Durchsuchung.
[184] BGH, Urt. v. 26.10.2010, Az. VI ZR 230/08, BGHZ 187, 200 Rn. 12 – Charlotte Casiraghi; BVerfG, Beschl. v. 25.01.2012, Az. 1 BvR 2499/09 und 1 BvR 2503/09, NJW 2012, 1500 Rn. 35 – Ochsenknecht.
[185] BGH, Urt. v. 26.10.2010, Az. VI ZR 230/08, BGHZ 187, 200 Rn. 11 – Charlotte Casiraghi.
[186] BGH, Urt. v. 26.10.2010, Az. VI ZR 230/08, BGHZ 187, 200 Rn. 12 – Charlotte Casiraghi.
[187] BGH, Urt. v. 26.10.2010, Az. VI ZR 230/08, BGHZ 187, 200 Rn. 13 – Charlotte Casiraghi.
[188] BGH, Urt. v. 05.10.2004, Az. VI ZR 255/03, BGHZ 160, 298, 303 – Alexandra von Hannover.

keitsrechte – Ehre und informationelle Privatheit – sind Instrumente, um die Selbst- und vor allem die Fremddachtung zu gestalten. Das Verhältnis zwischen Ehre und informationeller Privatheit ist wie folgt zu beschreiben: Die Ehre ist *lex specialis* zum Recht auf informationelle Privatheit, soweit unwahre Tatschenbehauptungen betroffen sind, die ehrenrührig sind. Unwahre Tatsachenbehauptungen, die nicht ehrenrührig sind, können demgegenüber vom Recht auf informationelle Privatheit erfasst werden. Darüber hinaus vermag allein das Recht auf Schutz der Ehre, nicht jedoch das Recht auf Schutz der informationellen Privatheit, für den Betroffenen negative Meinungsäußerungen zu unterbinden.

Worin liegt der Erkenntnisgewinn dieser Typisierung? Nicht gesagt wird damit, dass jede einzelne Ausprägung der Persönlichkeitsrechte *de lege lata* geschützt wird oder gar *de lege ferenda* schützenswert ist. Die Typisierung hilft jedoch dabei, nationale Regelungen in einem transnational einheitlichen Koordinatensystem zu erfassen, welches weitgehend unabhängig von nationalen Besonderheiten operiert. Das Recht am eigenen Bild mag somit im deutschem Recht in einem für Außenstehende schwierig zu durchschauenden Geflecht von §§ 22, 23 KunstUrhG, Art. 2 Abs. 1 i. V. m. Art. 1 Abs. 1 GG und Allgemeinem Persönlichkeitsrecht als „sonstiges Recht" in § 823 Abs. 1 BGB verankert sein. Klar ist jedoch, dass das Recht am eigenen Bild nach der hier vorgeschlagenen Typisierung ein Unterfall des informationellen Persönlichkeitsrechts in Gestalt des Rechts auf informationelle Privatheit ist.

Aus transnationaler Perspektive empfiehlt sich somit ein Mittelweg zwischen dem konturlosen allgemeinen Persönlichkeitsrecht deutscher Prägung einerseits und den zusammenhanglosen Ansprüchen der aktionenrechtlichen englischen Tradition andererseits. Daher wird hier einerseits – in Fortentwicklung des englischen Rechts – für eine einheitliche Dogmatik der *Persönlichkeitsrechte*, im wesentlichen Ehre und Privatheit, plädiert, und andererseits zur Aufgabe des *allgemeinen* Persönlichkeitsrechts in Deutschland ermutigt.

V. Ehre als Rechtsgut des Kommunikationsdeliktsrechts

Wie bereits dargestellt, soll eine die Kommunikationsfreiheit legitimierende Einschränkung dann gegeben sein, wenn der Mitteilende ein rechtlich geschütztes Interesse des Betroffenen beeinträchtigt, ohne dass dies gerechtfertigt ist. Rechtlich geschützte Interessen des Kommunikationsdeliktsrechts sind insbesondere Persönlichkeitsrechte. Gegenstand der vorliegenden Untersuchung ist die Ehre als Beispiel für ein solches Persönlichkeitsrecht. Hierbei handelt es sich um ein transnational anerkanntes Rechtsgut im Range eines Menschenrechts (dazu 1. und 2.). Es wird vorgeschlagen, den in der deutschen Rechtsprechung

und Literatur[189] entwickelten gemischt normativ-faktischen Dualismus von
„innerer Ehre" und „äußerer Ehre" einer transnationalen Begriffsbestimmung
und Theoriebildung zugrunde zu legen (dazu 3.).

1. Schutz der Ehre als transnationales Menschenrecht

Die Ehre und ihr Unterfall, die Reputation, sind in nationalen und internationalen Menschenrechtsverbriefungen scheinbar nur als Ausnahme zum Grundrecht der Kommunikationsfreiheit kodifiziert. Nach Art. 5 Abs. 2 GG findet die
Meinungsfreiheit ihre Schranken u. a. „in dem Recht der persönlichen Ehre".
Nach Art. 10 Abs. 2 EMRK kann die Kommunikationsfreiheit u. a. dann beschränkt werden, wenn dies „zum Schutz des guten Rufes" anderer notwendig
ist. Dem ähnlich kann die Kommunikationsfreiheit nach Art. 19 Abs. 2 IPbpR
gemäß Art. 19 Abs. 3 Buchst. a) IPbpR Einschränkungen unterworfen werden,
die für „die Achtung [...] des Rufs anderer" erforderlich sind. Aus alldem ließe
sich der Schluss ziehen, dass der Schutz der Ehre bzw. des guten Rufes lediglich
ein Interesse ist, welches Einschränkungen der Kommunikationsfreiheit zu le-
gitimieren vermag. Nach dem Grundsatz *in dubio pro libertate* wäre dann davon auszugehen, dass das Grundrecht der Kommunikationsfreiheit die in
Art. 19 Abs. 3 IPbpR, Art. 10 Abs. 2 EMRK oder Art. 5 Abs. 2 GG genannten
Interessen grundsätzlich überwiegt. Die Rechtfertigungsgründe in Art. 19
Abs. 3 IPbpR, Art. 10 Abs. 2 EMRK und Art. 5 Abs. 2 GG sind nämlich eng
auszulegen und die Notwendigkeit einer Einschränkung der Kommunikationsfreiheit ist überzeugend darzulegen.[190] So formulierte der EGMR, dass sich das
Gericht bei Anwendung des Art. 10 Abs. 1 EMRK einerseits und der Rechtfertigungsgründe in Art. 10 Abs. 2 EMRK andererseits nicht für eines von zwei
konfligierenden Prinzipien entscheiden müsse. Vielmehr sei der Ausgangspunkt
das Prinzip der Redefreiheit, welches in Art. 10 Abs. 2 EMRK eine Reihe von
eng auszulegenden Ausnahmen vorsehe. Es sei jedoch nicht ausreichend, dass
der Eingriff in die Redefreiheit unter eine der Ausnahmen in Art. 10 Abs. 2
EMRK subsumiert werden kann. Stattdessen müsse das Gericht davon über-

---

[189] Siehe z. B. *Helle*, Der Schutz der Persönlichkeit, der Ehre und des wirtschaftlichen Rufs
im Privatrecht, 2. Aufl. 1969, S. 6; *Tettinger*, Die Ehre – Ein ungeschütztes Verfassungsgut?,
1995, S. 16 f.; *Stark*, Ehrenschutz in Deutschland, 1996, S. 30 f.; *Merz*, Strafrechtlicher Ehrenschutz und Meinungsfreiheit, 1998, S. 4 ff.; *Amelung*, Die Ehre als Kommunikationsvoraussetzung, 2002, S. 8 f.; LK-*Hilgendorf*, Vor § 185 Rn. 7 m. w. N.
[190] Siehe z. B. EGMR, Observer und Guardian/Vereinigtes Königreich [1991] Beschwerde-Nr. 13585/88 [59]; Thorgeir Thorgeirson/Island [1992] Beschwerde-Nr. 13778/88 [63];
Tammer/Estland [2001] Beschwerde-Nr. 41205/98 [59]; Wirtschafts- und Sozialrat der Vereinten Nationen, Siracusa Principles on the Limitation and Derogation Provisions in the International Covenant on Civil and Political Rights, U.N. Doc. E/CN.4/1985/4, Annex (1985).

zeugt sein, dass der Eingriff unter den Umständen des jeweiligen Einzelfalles notwendig war.[191]

a) AEMR und IPbpR

Dass es sich bei der Ehre indessen um ein eigenständiges Menschenrecht handelt, folgt bereits aus dem Wortlaut von Art. 12 AEMR und Art. 17 IPbpR. Nach Art. 12 AEMR darf niemand Beeinträchtigungen seiner Ehre und seines Rufes ausgesetzt werden. Zudem hat jeder Anspruch auf rechtlichen Schutz gegen solche Beeinträchtigungen. Ähnlich formuliert es Art. 17 IPbpR, nach dessen Absatz 1 niemand rechtswidrigen Beeinträchtigungen seiner Ehre und seines Rufes ausgesetzt werden darf. Auch gewährt Art. 17 in Absatz 2 einen Anspruch auf rechtlichen Schutz gegen solche Beeinträchtigungen. Art. 12 AEMR und Art. 17 IPbpR kodifizieren somit ein eigenes Menschenrecht auf Schutz der Ehre und des guten Rufes.

b) EMRK

In Art. 8 EMRK findet sich kein ausdrücklicher Verweis auf die Ehre. Vielmehr hat danach jede Person das Recht auf Achtung ihres Privat- und Familienlebens, ihrer Wohnung und ihrer Korrespondenz. Im Verfahren zur Vorbereitung der EMRK wurden die Worte „nor to attacks upon his honour and reputation" aus Art. 8 Abs. 1 EMRK gestrichen.[192]

Allerdings geht aus der Rechtsprechung des EGMR hervor, dass der Begriff des „Privatlebens" in Art. 8 Abs. 1 EMRK auch die Ehre und die Reputation umfasst.[193] Grundlegend hierfür ist die Entscheidung *Radio France gegen Frankreich*. Darin entschied der EGMR, dass das Recht auf Schutz der Reputation ein Element des Rechts auf Achtung des Privatlebens ist.[194] In *Pfeifer gegen Österreich* erläuterte das Gericht dann, dass das Ansehen einer Person einen

---

[191] EGMR, Sunday Times/Vereinigtes Königreich (Nr. 1) [1979] Beschwerde-Nr. 6538/74 [65].

[192] Europarat, Preparatory work on Article 8 of the European Convention on Human Rights, DH (56) 12, S. 5.

[193] Siehe zur Reputation beispielsweise EGMR, Chauvy u. a./Frankreich [2004] Beschwerde-Nr. 64915/01 [70]; Radio France u. a./Frankreich [2004] Beschwerde-Nr. 53984/00 [31]; Cumpănă und Mazăre/Rumänien [2004] Beschwerde-Nr. 33348/96 [109]; Pfeifer/Österreich [2007] Beschwerde-Nr. 12556/03 [35]; Petrina/Rumänien [2008] Beschwerde-Nr. 78060/01 [19]; Print Zeitungsverlag GmbH/Österreich [2013] Beschwerde-Nr. 26547/07 [31]. Zur Ehre: EGMR, Polanco Torres et Movilla Polanco/Spanien [2010] Beschwerde-Nr. 34147/06 [40]; A./ Norwegen [2009] Beschwerde-Nr. 28070/06 [64].

[194] EGMR, Radio France u. a./Frankreich [2004] Beschwerde-Nr. 53984/00 [31]; wiederholt z.B. in Pfeifer/Österreich [2007] Beschwerde-Nr. 12556/03 [35]; Petrina/Rumänien [2008] Beschwerde-Nr. 78060/01 [19]; Alithia Publishing Company Ltd. und Constantinides/ Zypern [2008] Beschwerde-Nr. 17550/03 [53]. Siehe auch *Fenwick/Phillipson*, Media Freedom under the Human Rights Act, 2006, S. 1069; *Mullis/Scott*, Northern Ireland Legal Quarterly 63 (2012), 27, 35.

Teil ihrer persönlichen Identität und psychologischen Integrität und daher ebenfalls einen Teil ihres Privatlebens ausmache.[195] In *A. gegen Norwegen* fügte der EGMR den Schutz der Ehre als Unterfall des Rechts auf Achtung des Privatlebens hinzu.[196]

Daraus folgt, dass der Schutz von Reputation und Ehre nicht lediglich legitime Interessen im Sinne von Art. 10 Abs. 2 EMRK sind, die eine Einschränkung der Kommunikationsfreiheit zu rechtfertigen vermögen, wie insbesondere englische Gerichte dies annahmen.[197] Stattdessen hat der Schutz von Reputation und Ehre ebenfalls den Rang eines Menschenrechts, und zwar als Ausprägungen des Rechts auf Achtung des Privatlebens nach Art. 8 Abs. 1 EMRK. Daraus folgt, dass Konflikte zwischen Ehre und Kommunikationsfreiheit eine Abwägung gleichwertiger Rechte erfordern und nicht auf der Vermutung basieren, dass das Recht (Kommunikationsfreiheit) das entgegenstehende Interesse (Ehre) überwiegt.[198]

Eine vergleichende Betrachtung von Art. 8 Abs. 1 EMRK mit Art. 12 AEMR und Art. 17 Abs. 1 IPbpR widerspricht diesem Befund nur scheinbar. Zwar schützen Art. 12 AEMR und Art. 17 Abs. 1 IPbpR in der deutschen Übersetzung sowohl das Privatleben als auch Ehre und Reputation. Vor diesem Hintergrund erscheint es widersprüchlich, Ehre und Reputation im Rahmen der EMRK als Unterfälle des Privatlebens zu behandeln, während sie in der AEMR und dem IPbpR offenbar unterschiedliche Konzepte sind. In der englischen Sprachfassung schützen Art. 12 AEMR und Art. 17 Abs. 1 IPbpR jedoch *privacy* und nicht, wie Art. 8 Abs. 1 EMRK, *private life*. Auf diesen semantischen Unterschied wird im Zusammenhang mit der Systematisierung der Persönlichkeitsrechte noch zurückzukommen sein (unten Abschnitt IV.): Das „Privatleben" (*private life*) i. S. d. Art. 8 EMRK umfasst sowohl die „Privatheit" (*privacy*) als auch die Ehre, deren Unterfall wiederum die Reputation ist.

Die Voraussetzungen des Ehrschutzes werden in der Rechtsprechung des EGMR jedoch nicht einheitlich behandelt. In *Karakó gegen Ungarn*[199] verneinte die Zweite Sektion des Gerichts das Vorliegen eines Konfliktes zwischen Reputation und Kommunikationsfreiheit. Die Richter unterschieden zwischen

---

[195]   Pfeifer/Österreich [2007] Beschwerde-Nr. 12556/03 [35]; wiederholt in Petrina/Rumänien [2008] Beschwerde-Nr. 78060/01 [29].

[196]   A./Norwegen [2009] Beschwerde-Nr. 28070/06 [64].

[197]   So Douglas v. Hello! [2000] EWCA Civ 353 [136]; Berezovsky and Glouchkov v. Forbes Inc. and Michaels [2001] EWCA Civ 1251 [11].

[198]   Siehe EGMR, Hachette Filipacchi Associés ("Ici Paris")/Frankreich [2009] Beschwerde-Nr. 12268/03 [41]; Mosley/Vereinigtes Königreich [2011] Beschwerde-Nr. 48009/08 [111]; von Hannover/Deutschland (Nr. 2) [2012] Beschwerde-Nr. 40660/08 und 60641/08 [106]; *Fenwick/Phillipson*, Media Freedom under the Human Rights Act, 2006, S. 1070; *Nicol/Millar/Sharland*, Media Law & Human Rights, 2. Aufl. 2009, Rn. 5.21; *Milo*, Defamation and Freedom of Speech, 2008, S. 22 f.

[199]   Karakó/Ungarn [2009] Beschwerde-Nr. 39311/05 [25].

„persönlicher Integrität" und „Reputation". Diese seien auf unterschiedliche Weise geschützt. Das Ansehen einer Person sei traditionell durch das Diffamierungsrecht in erster Linie hinsichtlich finanzieller Interessen oder des gesellschaftlichen Status geschützt.[200] Im Gegensatz dazu sei die Bewertung eines Individuums durch Dritte für von Art. 8 EMRK umfasste Rechte auf Schutz der persönlichen Integrität unbeachtlich.[201] Die Bewertung durch Dritte könne zwar die Wertschätzung einer Person durch die Gesellschaft, nicht jedoch die unveräußerliche Integrität einer Person verletzen. Reputation könne daher nur „unter außergewöhnlichen Umständen" als eigenständiges Rechtsgut betrachtet werden, insbesondere wenn Tatsachenbehauptungen derart anstößig sind, dass ihre Veröffentlichung unvermeidlich eine direkte Auswirkung auf das Privatleben des Antragstellers hätte.[202] Das Gericht war der Auffassung, die dem Art. 10 Abs. 2 EMRK „innewohnende Logik" schließe einen Konflikt mit Art. 8 EMRK aus.

In *Axel Springer AG gegen Deutschland (Nr. 1)* milderte die Große Kammer des EGMR jedoch die Anforderungen ab, welche die *Karakó*-Entscheidung dafür aufstellte, dass Reputation überhaupt in den Schutzbereich des Art. 8 Abs. 1 EMRK fällt.[203] Bemerkenswert ist dabei, dass die Große Kammer mit keinem Wort auf *Karakó* einging. In *Axel Springer AG (Nr. 1)* forderte der Gerichtshof lediglich, dass „der Angriff auf den guten Ruf einer Person ein gewisses Maß an Schwere erreichen" muss, damit Art. 8 EGMR zum Tragen kommt.[204] Der EGMR bestätigte damit, dass das Ansehen einer Person ein Unterfall des „Privatlebens" ist. Im Unterschied zu *Karakó* ist somit nicht erforderlich, dass ehrenrührige Behauptungen unvermeidlich eine direkte Auswirkung auf das Privatleben des Ehrträgers haben müssen.

Die Änderung der *Karakó*-Doktrin ist schlüssig. Die Tatsache, dass Reputation in Art. 10 Abs. 2 EMRK ausdrücklich erwähnt ist, schließt nicht aus, dass sie daneben als eigenes Menschenrecht kodifiziert sein kann. Hierfür spricht auch die vergleichende Betrachtung von Art. 8 Abs. 1 EMRK und Art. 12 AEMR sowie Art. 17 Abs. 1 IPbpR. Zuzugeben ist, dass aufgrund dieser Auslegung die explizite Erwähnung des „guten Rufs" in Art. 10 Abs. 2 EMRK über-

---

[200] Karakó/Ungarn [2009] Beschwerde-Nr. 39311/05 [22].

[201] Karakó/Ungarn [2009] Beschwerde-Nr. 39311/05 [23].

[202] Karakó/Ungarn [2009] Beschwerde-Nr. 39311/05 [23]: „the factual allegations were of such a seriously offensive nature that their publication had an inevitable direct effect on the applicant's private life".

[203] Axel Springer AG/Deutschland (Nr. 1) [2012] Beschwerde-Nr. 39954/08 [83].

[204] Axel Springer AG/Deutschland (Nr. 1) [2012] Beschwerde-Nr. 39954/08 [83] (nichtamtliche Übersetzung der Bundesregierung); bestätigt z.B. in Tănăsoaica/Rumänien [2012] Beschwerde-Nr. 3490/03 [37], Popovski/Ehemalige jugoslawische Republik Mazedonien [2013] Beschwerde-Nr. 12316/07 [88], Erla Hlynsdottir/Island (Nr. 2) [2014] Beschwerde-Nr. 54125/10 [56], Lavric/Rumänien [2014] Beschwerde-Nr. 22231/05 [31] und Caragea/Rumänien [2015] Beschwerde-Nr. 51/06 [20]: „a certain level of gravity" bzw. „a certain level of seriousness".

flüssig wird, da Ehre und Reputation bereits als „Rechte anderer" im Sinne von Art. 10 Abs. 2 EMRK geschützt sind. Das Gleiche gilt allerdings für den IPbpR, der den Schutz des „guten Rufs" sowohl als Menschenrecht in Art. 17 Abs. 1 als auch als legitime Einschränkung der Kommunikationsfreiheit in Art. 19 Abs. 3 IPbpR erwähnt.

Abschließend ist darauf hinzuweisen, dass die Rechtsprechung des EGMR zur Intensität des Schutzes von Ehre und Reputation als Unterfall des Privatlebens noch nicht gefestigt ist. In zahlreichen Entscheidungen zu Ehre und Reputation, die auf *Axel Springer AG (Nr. 1)* folgten, bezogen sich die Sektionen des Gerichts weder auf *Karakó* noch auf *Axel Springer AG (Nr. 1)*. Entweder bezogen sie sich auf Entscheidungen, die vor *Radio France* getroffen wurden,[205] oder sie vermieden die Frage gänzlich.[206]

c) Die EU-Grundrechtecharta

Aus der Rechtsprechung des EGMR folgt, dass auch im europäischen Primärrecht die Ehre dem Recht auf Achtung des Privatlebens nach Art. 7 EUGRCh unterfällt, denn die Rechte nach Art. 7 EUGRCh „entsprechen den Rechten, die durch Art. 8 EMRK garantiert sind".[207] Nach Art. 52 Abs. 3 EUGRCh haben die Rechte, die den durch die EMRK garantierten Rechten entsprechen, die gleiche Bedeutung und Tragweite, wie sie ihnen in der EMRK verliehen wird. Schutzbereich und legitime Einschränkungen des Art. 7 EUGRCh entsprechen daher denen des Art. 8 EMRK.[208]

Nach Art. 51 Abs. 1 EUGRCh gilt die Charta für die Organe, Einrichtungen und sonstigen Stellen der EU sowie für die Mitgliedstaaten „ausschließlich bei der Durchführung" von EU-Recht. Das Kriterium „ausschließlich bei der Durchführung" von Unionsrecht ist allerdings so zu verstehen, dass die Verpflichtung zur Einhaltung der EU-Grundrechte bereits dann gilt, wenn die Mitgliedstaaten „im Anwendungsbereich" des Unionsrechts handeln.[209] Daraus folgt, dass die Mitgliedstaaten beispielsweise auch dann zur Beachtung der Grundrechtecharta verpflichtet sind, wenn sie in EU-Grundfreiheiten eingreifen oder wenn sie europäisches IPR anwenden. Der EuGH hat ausdrücklich anerkannt, dass der Schutz der Grundrechte als ein „zwingender Grund des

---

[205] Siehe EGMR, Brosa/Deutschland [2014] Beschwerde-Nr. 5709/09.

[206] Siehe z. B. EGMR, Soltész/Slowakei [2013] Beschwerde-Nr. 11867/09; Someşan und Butiuc/Rumänien [2013] Beschwerde-Nr. 45543/04 [23]; Cârstea/Rumänien [2014] Beschwerde-Nr. 20531/06 [29] und [38]; vgl. auch Putistin/Ukraine [2013] Beschwerde-Nr. 16882/03 [32]: Zurückweisung von *Karakó*, aber keine Auseinandersetzung mit *Axel Springer*.

[207] Erläuterungen zur Charta der Grundrechte, ABl. C 303/17, S. 20.

[208] Erläuterungen zur Charta der Grundrechte, ABl. C 303/17, S. 20.

[209] EuGH, Rs. C-260/89 [1991] ERT [42]; Rs. C-309/96 [1997] Annibaldi [13]; Erläuterungen zur Charta der Grundrechte, ABl. C 303/17, S. 32.

Gemeinwohls" im Sinne der *Cassis de Dijon*-Rechtsprechung[210] einen Eingriff in die Grundfreiheiten zu rechtfertigen vermag.[211] Daher dürfen sich Mitgliedstaaten auf den durch Art. 7 EUGRCh gewährleisteten Schutz der Ehre berufen, um etwa den Import einer ehrverletzenden Zeitung oder – vorbehaltlich der Anwendung der e-commerce-Richtlinie – den Empfang einer ehrverletzenden Internet-Veröffentlichung zu verhindern. Ein solcher Eingriff stünde allerdings unter dem Vorbehalt der Verhältnismäßigkeit.[212] Ferner sind die Mitgliedstaaten dann durch die EU-Grundrechtecharta – und damit auch durch Art. 7 der Charta – verpflichtet, wenn sie die *ordre public*-Regelungen der Brüssel Ia- oder der Rom II-VO anwenden. Hierauf wird in Kapitel 7 noch einzugehen sein.

d) Nationales Verfassungsrecht

Das Vereinigte Königreich ist bereits seit 1949 Mitglied des Europarates. Erst der Human Rights Act 1998 inkorporierte jedoch die EMRK – mit verfassungsrechtlichem Status – in nationales Recht. Die damit einhergehende Konstitutionalisierung des Rechts auf Achtung des Privatlebens und der Kommunikationsfreiheit (Art. 8 und 10 EMRK) hat sich im englischen Privatrecht insbesondere auf den *tort of defamation* (dazu unter 2.c)) und den Schutz der Privatheit ausgewirkt.[213]

In den USA genießt die Ehre keinen verfassungsrechtlichen Schutz auf Bundesebene.[214] Sie ist lediglich durch einige Gliedstaatenverfassungen geschützt, z.B. Art. 1 der Verfassung des Commonwealth of Pennsylvania 1968.[215] In den USA hat jedoch die Auslegung des Ersten Zusatzartikels zur US-Verfassung durch den Obersten Gerichtshof erhebliche Auswirkungen auf den Ehrschutz gezeigt (dazu unter 2.d)).

---

[210] EuGH, Rs. 120/78 [1979] Rewe/Bundesmonopolverwaltung für Branntwein („Cassis de Dijon") [8].

[211] EuGH, Rs. C-112/00 [2003] Schmidberger/Österreich [82]; Rs. C-36/02 [2004] Omega Spielhallen- und Automatenaufstellungs-GmbH/Oberbürgermeisterin der Bundesstadt Bonn [31].

[212] Grundlegend EuGH, Rs. 120/78 [1979] Rewe/Bundesmonopolverwaltung für Branntwein („Cassis de Dijon") [8].

[213] Siehe House of Lords, Campbell v. MGN [2004] UKHL 22; OBG Ltd. u.a. v. Allan u.a. [2007] UKHL 21; aus der Literatur etwa *Cremer*, Human Rights and the Protection of Privacy in Tort Law, 2011; *Mullis/Scott*, Northern Ireland Legal Quarterly 63 (2012), 27; *Wacks*, Privacy and Media Freedom, 2013, S. 103 ff.

[214] Paul v. Davis, 424 U.S. 693 (1976); Siegert v. Gilley, 500 U.S. 226 (1991); *Milo*, Defamation and Freedom of Speech, 2008, S. 26; a.A. Richter Brennan in seiner abweichenden Meinung in Paul v. Davis, 424 U.S. 693, 722f. (1976); *Christie*, Michigan Law Review 75 (1976), 43, 45; *Monaghan*, Cornell Law Review 62 (1977), 405, 423–429; *Armacost*, Virginia Law Review 85 (1999), 569, 576–585.

[215] „All men are born equally free and independent, and have certain inherent and indefeasible rights, among which are those of enjoying and defending life and liberty, of acquiring, possessing and protecting property and reputation, and of pursuing their own happiness."

Anders als einzelne Landesverfassungen[216] sieht das Grundgesetz einen ausdrücklichen Schutz der Ehre als eigenständiges Grundrecht ebenfalls nicht vor. Seinem Wortlaut nach vermag der Schutz der persönlichen Ehre allein als Rechtfertigungsgrund für einen Eingriff in die Meinungsfreiheit dienen, Art. 5 Abs. 2 GG. Mit dem Inkrafttreten des Grundgesetzes trat jedoch die Menschenwürde der Person (Art. 1 Abs. 1 GG), „die in freier Selbstbestimmung als Glied einer freien Gesellschaft wirkt" (Art. 2 Abs. 1 GG), in den „Mittelpunkt der grundgesetzlichen Ordnung".[217] Aufgrund der „Gefährdungen der menschlichen Persönlichkeit" in der Moderne entwickelte das BVerfG aus Art. 1 Abs. 1 i. V. m. Art. 2 Abs. 1 GG das allgemeine Persönlichkeitsrecht, welches „die engere persönliche Lebenssphäre und die Erhaltung ihrer Grundbedingungen" gewährleistet.[218] Das BVerfG hat dem allgemeinen Persönlichkeitsrecht in seiner Rechtsprechung einen besonders hohen Rang beigemessen, insbesondere seinem Menschenwürdekern.[219]

Das verfassungsrechtliche allgemeine Persönlichkeitsrecht ergänzt als „unbenanntes" Freiheitsrecht die speziellen („benannten") Freiheitsrechte, die ebenfalls Elemente der Persönlichkeit schützen.[220] Aufgabe des allgemeinen Persönlichkeitsrechts ist es, „im Sinne des obersten Konstitutionsprinzips der ‚Würde des Menschen' (Art. 1 Abs. 1 GG) die engere persönliche Lebenssphäre und die Erhaltung ihrer Grundbedingungen zu gewährleisten, die sich durch die traditionellen konkreten Freiheitsgarantien nicht abschließend erfassen lassen."[221]

Im Unterschied zu dem als „allgemeine Handlungsfreiheit" konzipierten Recht auf freie Entfaltung der Persönlichkeit nach Art. 2 Abs. 1 GG[222] betont das allgemeine Persönlichkeitsrecht in seinem Zusammenhang mit Art. 1 Abs. 1 GG das Recht auf *Respektierung* eines geschützten Bereichs, welches zur Entfaltung der Persönlichkeit notwendig ist, und nicht das „aktive Element" dieser Entfaltung.[223] Das allgemeine Persönlichkeitsrecht ist daher kein Freiheitsrecht, sondern ein Statusrecht. Für die Entwicklung einer Grundrechtsdogmatik des

---

[216] Art. 3 HessLV; Art. 4 rh.-pf. LV.

[217] Vgl. BVerfG, Urt. v. 15.01.1958, Az. 1 BvR 400/51, BVerfGE 7, 198, 204 – Lüth; BVerfG, Beschl. v. 14.02.1973, Az. 1 BvR 112/65, BVerfGE 34, 269, 281 – Soraya; BVerfG, Urt. v. 15.12.1983, Az. 1 BvR 209/83 u. a., BVerfGE 65, 1, 41 – Volkszählungsurteil.

[218] BVerfG, Beschl. v. 03.06.1980, Az. 1 BvR 185/77, BVerfGE 54, 148, 153 – Eppler; BVerfG, Beschl. v. 25.10.2005, Az. 1 BvR 1696/98, BVerfGE 114, 339, 346 – Stolpe; BVerfG, Beschl. v. 13.06.2007, Az. 1 BvR 1783/05, BVerfGE 119, 1, 23 f. – Esra.

[219] BVerfG, Beschl. v. 03.06.1987, Az. 1 BvR 313/85, BVerfGE 75, 369, 380 – Strauß-Karikatur; BVerfG, Beschl. v. 14.09.1989, Az. 2 BvR 1062/87, BVerfGE 80, 367, 373 f. – Tagebuch; BVerfG, Beschl. v. 13.06.2007, Az. 1 BvR 1783/05, BVerfGE 119, 1, 23 – Esra.

[220] BVerfG, Beschl. v. 03.06.1980, Az. 1 BvR 185/77, BVerfGE 54, 148, 153 – Eppler.

[221] BVerfG, Beschl. v. 03.06.1980, Az. 1 BvR 185/77, BVerfGE 54, 148, 153 – Eppler.

[222] Siehe BVerfG, Urt. v. 16.01.1957, Az. 1 BvR 253/56, BVerfGE 6, 32 – Elfes.

[223] Vgl. BVerfG, Beschl. v. 31.01.1973, Az. 2 BvR 454/71, BVerfGE 34, 238, 247 – Heimliche Tonbandaufnahmen; BGH, Urt. v. 02.04.1957, Az. VI ZR 9/56, BGHZ 24, 72, 81 – „Idiot"; BVerfG, Beschl. v. 03.06.1980, Az. 1 BvR 185/77, BVerfGE 54, 148, 153 – Eppler.

allgemeinen Persönlichkeitsrechts ging das BVerfG von den Grundsätzen aus, die das Gericht zur verfassungsrechtlichen Zulässigkeit von Eingriffen in die körperliche Unversehrtheit entwickelt hatte.[224] Dabei zieht das BVerfG die tatbestandlichen Voraussetzungen des allgemeinen Persönlichkeitsrechts durch das abgestufte Schutzkonzept der sog. Sphärentheorie enger als diejenigen der allgemeinen Handlungsfreiheit.[225] Allerdings müsse der „gemeinschaftsbezogene[] und gemeinschaftsgebundene[] Bürger […] staatliche Maßnahmen hinnehmen, die im überwiegenden Interesse der Allgemeinheit unter strikter Wahrung des Verhältnismäßigkeitsgebots getroffen werden, soweit sie nicht den unantastbaren Bereich privater Lebensgestaltung beeinträchtigen.“[226]

e) Die mittelbare Drittwirkung von Grund- und Menschenrechten

In internationalen Menschenrechtskodifikationen sowie in den (Bundes-)Verfassungen der hier zu untersuchenden Jurisdiktionen mit Ausnahme der USA ist die Ehre daher als Menschenrecht geschützt. Grund- und Menschenrechte verpflichten jedoch Staaten, nicht private Individuen. Sie sind grundsätzlich Abwehrrechte des Bürgers gegen den Staat.[227] Dementsprechend heißt es etwa in Art. 10 Abs. 1 EMRK, dass das „Recht auf freie Meinungsäußerung“ die Freiheit einschließt, Informationen und Ideen „ohne behördliche Eingriffe“ zu empfangen und weiterzugeben. Nach Art. 1 Abs. 3 GG binden die Grundrechte (nur) die Gesetzgebung, vollziehende Gewalt und Rechtsprechung als unmittelbar geltendes Recht, nicht jedoch private Individuen. Und nach Art. 6 Abs. 1 Human Rights Act 1998 ist es „für eine öffentliche Stelle“ („for a public authority“) rechtswidrig, der EMRK zuwiderzuhandeln.

Grundrechte haben nur ausnahmsweise unmittelbare Drittwirkung. Zu nennen sind hier beispielsweise Art. 14 AMRK und Art. 8 Abs. 2 Satz 2 EUGRCh. Art. 14 AMRK gewährt ein Recht auf Gegendarstellung und auf Richtigstellung gegen „jedes rechtlich regulierte Medium der Kommunikation“. Damit ist das Recht auf Gegendarstellung und Richtigstellung nach der Amerikanischen Menschenrechtskonvention, der die USA allerdings nicht beigetreten ist, ein Menschenrecht mit unmittelbarer Wirkung gegenüber Privaten.[228] Nach Art. 8 Abs. 2 Satz 2 EUGRCh hat jede Person das Recht, Auskunft über die sie betreffenden erhobenen Daten zu erhalten und die Berichtigung der Daten zu erwirken. Dieses Recht unterscheidet nicht zwischen öffentlichen und privaten Stellen und dürfte daher ebenfalls unmittelbare Drittwirkung besitzen. Darauf

---

[224] Vgl. BVerfG, Beschl. v. 31.01.1973, Az. 2 BvR 454/71, BVerfGE 34, 238, 246 – Heimliche Tonbandaufnahmen.

[225] Siehe z.B. BGH, Urt. v. 05.11.2013, Az. VI ZR 304/12, BGHZ 198, 346 Rn. 10 – Jauch.

[226] BVerfG, Beschl. v. 31.01.1973, Az. 2 BvR 454/71, BVerfGE 34, 238, 246 – Heimliche Tonbandaufnahmen.

[227] BVerfG, Urt. v. 15.01.1958, Az. 1 BvR 400/51, BVerfGE 7, 198, 203 – Lüth.

[228] So bereits *Oster*, Media Freedom as a Fundamental Right, 2015, S. 106.

wird in Kapitel 5 Abschnitt V. näher einzugehen sein. Grundsätzlich entfalten Grund- und Menschenrechte jedoch keine unmittelbare Drittwirkung.

Grund- und Menschenrechte können allerdings eine mittelbare Drittwirkung entfalten. Dies entspricht gefestigter Rechtsprechung nationaler wie internationaler Gerichte.[229] Aus transnationaler Perspektive lassen sich hierfür zwei Begründungsansätze identifizieren, die einander nicht widersprechen, sondern sich überschneiden. Nach dem BVerfG „will" das Grundgesetz „keine wertneutrale Ordnung sein". Vielmehr habe es in seinem Grundrechtsabschnitt „auch eine objektive Wertordnung aufgerichtet". Hierdurch komme „eine prinzipielle Verstärkung der Geltungskraft der Grundrechte zum Ausdruck". „Dieses Wertsystem, das seinen Mittelpunkt in der innerhalb der sozialen Gemeinschaft sich frei entfaltenden menschlichen Persönlichkeit und ihrer Würde findet, muss als verfassungsrechtliche Grundentscheidung für alle Bereiche des Rechts gelten; Gesetzgebung, Verwaltung und Rechtsprechung empfangen von ihm Richtlinien und Impulse. So beeinflußt es selbstverständlich auch das bürgerliche Recht; keine bürgerlich-rechtliche Vorschrift darf in Widerspruch zu ihm stehen, jede muß in seinem Geiste ausgelegt werden."[230] Ähnlich dem BVerfG argumentiert der Oberste Gerichtshof der Vereinigten Staaten. Wenngleich der Supreme Court eine Dogmatik der mittelbaren Drittwirkung der Grundrechte der US-Verfassung nie ausdrücklich entwickelte, so ist doch auch in den USA anerkannt, dass auch das Privatrecht der verfassungskonformen Auslegung bedarf. Grundlegend hierfür war die Entscheidung *New York Times v. Sullivan.* Der Supreme Court entschied:

„Was ein [Glied-]Staat nicht durch sein Strafrecht verfassungskonform hervorbringen kann, das ist ebenso außerhalb der Reichweite seines Diffamierungs-Zivilrechts. [...] Die Angst vor Schadensersatzansprüchen unter einer Regel wie die, auf die sich die Gerichte von Alabama hier stützen, kann merklich hemmender sein als die Angst vor der Strafverfolgung unter einem Strafgesetz. [...] Unabhängig davon, ob eine Zeitung eine Folge solcher Urteile überlebt, schafft die Wolke der Angst und Furchtsamkeit, die denjenigen auferlegt wird, die der öffentlichen Kritik eine Stimme geben, eine Atmosphäre, in der die Freiheiten des Ersten Zusatzartikels nicht überleben können. Offensichtlich ist das zivile Diffamierungsrecht von Alabama ‚eine Form der Regulierung, die Gefahren für geschützte Freiheiten schafft, die merklich größer sind als die, die auf dem Strafrecht beruhen'".[231]

---

[229] Vgl. BVerfG, Urt. v. 15.01.1958, Az. 1 BvR 400/51, BVerfGE 7, 198, 205 f. – Lüth; EGMR, von Hannover/Deutschland (Nr. 1) [2004] Beschwerde-Nr. 59320/00 [57]; IAGMR, Fontevecchia und D'Amico/Argentinien [2011] Rs. 12.524 [59].

[230] BVerfG, Urt. v. 15.01.1958, Az. 1 BvR 400/51, BVerfGE 7, 198, 205 – Lüth.

[231] US Supreme Court, New York Times Co. v. Sullivan, 376 U.S. 254, 277 f. (1964): „What a State may not constitutionally bring about by means of a criminal statute is likewise beyond the reach of its civil law of libel. [...] The fear of damage awards under a rule such as that invoked by the Alabama courts here may be markedly more inhibiting than the fear of prosecution under a criminal statute. [...] Whether or not a newspaper can survive a succession of such [libel] judgments, the pall of fear and timidity imposed upon those who would give voice to

Das Gebot, eine „Atmosphäre" zu erhalten, in der die Freiheiten des Ersten Zusatzartikels „überleben können", erinnert in seinem Ansatz der „objektiven Wertordnung", von der das BVerfG ausgeht.

Während das BVerfG die mittelbare Drittwirkung der Grundrechte somit mit der von den Grundrechten aufgestellten „objektiven Wertordnung" begründet und der US Supreme Court mit einer „Atmosphäre", in der die Freiheiten des Ersten Zusatzartikels „überleben" können müssen, betont der EGMR die aus den Menschenrechten wirkenden Schutzpflichten des Staates, die auch für das Privatrecht gelten.[232] Staatliche Stellen seien nicht nur dazu verpflichtet, von Menschenrechtsverletzungen Abstand zu nehmen, sondern sie sind auch dazu verpflichtet, aktiv Maßnahmen zu ergreifen, um die Voraussetzungen für die Verwirklichung der Grundrechte zu schaffen. Hierzu gehört, die Grundrechte einer Person vor einem Angriff durch eine andere Person zu schützen. So gewährt Art. 8 Abs. 1 EMRK ausdrücklich ein Recht auf *Achtung* des Privatlebens. Daraus folgt, dass es nicht nur eine Pflicht staatlicher Stellen gibt, selbst von Eingriffen in das Privatleben – und damit auch in die persönliche Ehre – Abstand zu nehmen, sondern dass sie auch dazu verpflichtet sind, die Achtung von Ehre und Privatleben durchzusetzen. Diese Verpflichtung kann sich auch auf Maßnahmen beziehen, die die Achtung des Privatlebens und der persönlichen Ehre zwischen Privaten gewährleisten. In *von Hannover gegen Deutschland (Nr. 1)* führte der EGMR aus:

„[57] Der Gerichtshof macht wiederholt deutlich, dass Artikel 8, auch wenn es sein grundsätzliches Ziel ist, den Einzelnen vor willkürlichen behördlichen Eingriffen zu schützen, sich nicht darauf beschränkt, dem Staat aufzuerlegen, sich solcher Eingriffe zu enthalten: zu diesen negativen können positive Verpflichtungen hinzukommen, die Bestandteil einer wirksamen Achtung des Privat- und Familienlebens sind. Diese Verpflichtungen können Maßnahmen erforderlich machen, die der Achtung der Privatsphäre dienen und bis in die Beziehungen zwischen den Einzelnen untereinander hineinreichen. [...]

Die Abgrenzung der positiven von den negativen Verpflichtungen des Staates aus Artikel 8 eignet sich zwar nicht für eine präzise Bestimmung, doch sind die anwendbaren Grundsätze durchaus vergleichbar. In beiden Fällen ist insbesondere ein ausgewogenes Gleichgewicht zwischen den konkurrierenden Interessen des Einzelnen und der Allgemeinheit insgesamt herzustellen und zu beachten, wobei der Staat in beiden Fällen über einen Ermessensspielraum verfügt".[233]

---

public criticism is an atmosphere in which the First Amendment freedoms cannot survive. Plainly the Alabama law of civil libel is 'a form of regulation that creates hazards to protected freedoms markedly greater than those that attend reliance upon the criminal law.'" (Nachweise im Text entfernt).

[232] Vgl. *Rebhahn*, AcP 210 (2010), 489, 500ff.

[233] EGMR, von Hannover/Deutschland (Nr. 1) [2004] Beschwerde-Nr. 59320/00 [57] (nichtamtliche Übersetzung des Bundesministeriums der Justiz; Nachweise im Text entfernt).

Dem vergleichbar verpflichtet Art. 2 Abs. 1 IPbpR jeden Vertragsstaat, die in dem Pakt anerkannten Rechte zu achten und sie „zu gewährleisten". Art. 17 Abs. 2 IPbpR bringt dies hinsichtlich des Ehrschutzes dadurch zum Ausdruck, dass die Vorschrift jedermann einen Anspruch auf rechtlichen Schutz gegen rechtswidrige Beeinträchtigungen seiner Ehre gibt.

Schließlich benennt Art. 1 Abs. 3 und Art. 6 Abs. 3 Buchst. a) Human Rights Act 1998 ausdrücklich die nationalen Gerichte als Adressaten der Menschenrechte der EMRK und bewirkt so ebenfalls eine mittelbare Drittwirkung dieser Menschenrechte.[234]

Ein Zivilgericht hat bei einer Entscheidung daher die Wertungen der Grundrechte zu berücksichtigen. Den Weg für die praktische Umsetzung dieses Gebotes hat wiederum das BVerfG in seiner *Lüth*-Entscheidung gewiesen. Wenngleich der EGMR die *Lüth*-Entscheidung nie ausdrücklich rezipierte, so hatte die Rechtsprechung des BVerfG doch erkennbar Vorbildfunktion für das Europäische Gericht und – über den Human Rights Act 1998 – mittelbar auch für englische Gerichte.

Nach dem BVerfG findet die durch die Grundrechtsbindung der rechtsprechenden Gewalt gebotene Abwägung widerstreitender Rechte im Rahmen der Auslegung zivilrechtlicher Vorschriften statt, nicht unabhängig davon. Dogmatisch geschieht dies über wertungsoffene Begriffe und Generalklauseln, die „Einbruchstellen" der Grundrechte darstellen.[235] Solche „Einbruchstellen", die für die vorliegende Untersuchung bedeutsam sind, sind etwa der Tatbestand der „Wahrnehmung berechtigter Interessen" in § 193 StGB, der über § 823 Abs. 2 BGB Eingang in das Privatrecht findet, das Vorliegen eines „berechtigten Interesses" nach § 824 Abs. 2 BGB, oder die „guten Sitten" nach § 826 BGB. Die „Tragweite des Grundrechts der Meinungsfreiheit" beeinflusst die durch diese Klauseln gebotene Güterabwägung. So erkennt der BGH etwa die Berichterstattung durch die Medien „im Hinblick auf deren Funktion im demokratischen Staat" als „Wahrnehmung berechtigter Interessen" i. S. d. § 193 StGB an.[236] Eröffnet der Wortlaut der einschlägigen Regelungen keine Möglichkeit verfassungskonformer Auslegung, so ist er nötigenfalls um eine Rechtsfortbildung zu ergänzen. Dies ist beispielsweise der Fall im Hinblick auf den Ersatz des immateriellen Schadens auch in Ermangelung einer entsprechenden Regelung im Sinne von § 253 Abs. 1 BGB (dazu Kapitel 5 Abschnitt IV.).

Auch der EGMR hat anerkannt, dass Zivilgerichte das Privatrecht so anwenden müssen, dass sie einen angemessenen Ausgleich zwischen widerstreitenden,

---

[234] *Fenwick/Phillipson*, Media Freedom under the Human Rights Act, 2006, S. 128 f.
[235] BVerfG, Urt. v. 15.01.1958, Az. 1 BvR 400/51, BVerfGE 7, 198, 206 – Lüth.
[236] Siehe etwa BGH, Urt. v. 22.12.1959, Az. VI ZR 175/58, BGHZ 31, 308, 312 – Alte Herren. Bestätigt durch BVerfG, Beschl. v. 25.01.1961, Az. 1 BvR 9/57, BVerfGE 12, 113, 125 f. – Schmid/Spiegel.

menschenrechtlich geschützten Interessen schaffen.[237] Zwar hat der EGMR den
nationalen Gerichten nicht ausdrücklich aufgegeben, wie sie einen solchen Ausgleich herzustellen haben. Insbesondere ist es nicht Aufgabe des EGMR, über
die Auslegung nationalen Rechts zu entscheiden. Für den EGMR ist allein entscheidend, dass ein „ausgewogenes Gleichgewicht zwischen den konkurrierenden Interessen des Einzelnen und der Allgemeinheit insgesamt" hergestellt
wird.[238] In einer auf Kodifikationen beruhenden Rechtsordnung kann dies etwa
dadurch geschehen, dass Vorschriften des Privatrechts in menschenrechtskonformer Weise auszulegen sind, wie dies bei den „Einfallstoren" unbestimmter
Rechtsbegriffe und Generalklauseln nach der *Lüth*-Dogmatik des BVerfG der
Fall ist. Im Common Law hingegen entwickeln die Gerichte das bestehende
Richterrecht in menschenrechtskonformer Interpretation weiter, oder aber der
Gesetzgeber schreitet zur Gewährleistung eines menschenrechtskonformen Zu-
standes ein. Ein Beispiel für richterliche Rechtsfortbildung ist die Entscheidung
Reynolds v. Times Newspapers, die bezeichnenderweise im Jahre 1999 erging,
d. h. ein Jahr nach dem Erlass und vor dem Inkrafttreten des Human Rights Act
1998. Wie noch darzustellen sein wird, entwickelte das House of Lords darin die
Einrede des „eingeschränkten Privilegs" weiter.[239] Grund- und Menschenrechte
entfalten somit in englischer Diktion *„indirect horizontal effect"*.[240]
     Angemerkt sei, dass zwischen der Rechtsprechung des BGH zur Auslegung
des § 193 StGB und der *Reynolds*-Entscheidung auffällige Parallelen bestehen.
Das Reichsgericht billigte der Presse den Rechtfertigungsgrund des § 193 StGB
bzw. § 824 Abs. 2 BGB nur dann zu, wenn zu der behandelten Angelegenheit
eine nahe Beziehung des Redakteurs oder Autors im Sinne einer besonderen
Interessenberührung bestand.[241] Ähnlich verhielt es sich mit der Auslegung der
qualified privilege-Einrede nach englischem Recht vor der *Reynolds*-Entschei-

---

[237] Grundlegend EGMR, von Hannover/Deutschland (Nr. 1) [2004] Beschwerde-Nr. 59320/00 [57]; siehe z.B. Khurshid Mustafa und Tarzibachi/Schweden [2008] Beschwerde-Nr. 23883/06 [36]. Dazu etwa *Drzemczewski*, Netherlands International Law Review 2 (1979), 168; *Alkema*, in: Matscher/Petzold/Wiarda (Hrsg.), Protecting Human Rights:
The European Dimension. Studies in Honour of G.J. Wiarda, 1988, 33; *Clapham*, Human
Rights in the Private Sphere, 1993; *Barak*, in: Friedmann/Barak-Erez (Hrsg.), Human Rights
in Private Law, 2001, 13; *Kay*, European Human Rights Law Review 2005, 466, 475 ff.; *Nowak*, CCPR, Introduction Rn. 4; *Fenwick/Phillipson*, Media Freedom under the Human
Rights Act, 2006, S. 128.
[238] EGMR, von Hannover/Deutschland (Nr. 1) [2004] Beschwerde-Nr. 59320/00 [57]
(nichtamtliche Übersetzung des Bundesministeriums der Justiz).
[239] House of Lords, Reynolds v. Times Newspapers Ltd. [2001] 2 AC 127; fortgeführt in
Jameel v. Wall Street Journal Europe Sprl [2006] UKHL 44, nunmehr kodifiziert durch Section 4 Defamation Act 2013.
[240] Grundlgend BVerfG, Urt. v. 15.01.1958, Az. 1 BvR 400/51, BVerfGE 7, 198, 205 – Lüth.
[241] Vgl. RG, Urt. v. 09.02.1922, Az. III 408/21, RGSt 56, 380, 383 – Beleidigung des Polizei-
obersten; RG, Urt. v. 12.11.1925, Az. II 447/25, RGSt 59, 414, 417 – „Giftspritzer"; RG, Urt. v.
21.03.1929, Az. II 86/29, RGSt 63, 92, 93 – „Sauwirtschaft"; RG, Urt. v. 11.12.1913, Az. VI
383/13, RGZ 83, 362, 365 – Berliner Lokalanzeiger.

dung (dazu sogleich unter 2.c)). Sowohl der BGH als auch das House of Lords erkannten jedoch, dass dies der im demokratischen Staat besonders bedeutsamen Funktion der Presse, über Angelegenheiten von öffentlichem Interesse zu informieren und an der öffentlichen Meinungsbildung mitzuwirken, nicht gerecht werde. Vielmehr sei die Presse bei der Wahrnehmung ihrer Aufgabe „zur Wahrung der Interessen der Öffentlichkeit befugt."[242]

Die Lehre von der mittelbaren Drittwirkung der Grund- und Menschenrechte ist zugleich die Antwort der Grund- und Menschenrechtsdogmatik auf komplexe Industriegesellschaften, bei denen die Gefährdung der Rechte von Individuen durch andere Individuen, insbesondere jedoch durch ökonomisch mächtige, politisch einflussreiche und oftmals multinationale Unternehmen, mindestens ebenso groß ist wie die Gefährdung durch Staaten selbst. Das Informations- und Kommunikationsrecht steht hierfür beispielhaft. So ist es kein Zufall, dass die wegweisenden Entscheidungen zur mittelbaren Drittwirkung von Grundrechten – das *Lüth*-Urteil des BVerfG, die *Caroline von Hannover*-Judikatur des EGMR, *New York Times v. Sullivan* des US Supreme Court und die *Reynolds*-Entscheidung des House of Lords – allesamt Klagen gegen Medienunternehmen wegen Verletzung der Privatsphäre oder der Reputation betrafen. Der Freiheitsgewinn der einen Seite korrespondiert in diesen Fällen notwendig mit dem Freiheitsverlust der anderen Seite.

Menschenrechte liefern in der Regel jedoch keine feststehenden Bedingungen für die Lösung zivilrechtlicher Konflikte, sondern geben lediglich einen Rahmen vor, aus dem sich Abwägungsparameter ergeben.[243] Ein gerichtliches Urteil zu einer Persönlichkeitsrechtsverletzung kann ein Menschenrecht nur dann verletzen, wenn und soweit dieses bei der Urteilsfindung zu beachten war.[244] Und auch dann liegt eine Menschenrechtsverletzung nur dann vor, wenn die einschlägigen Vorschriften des Zivilrechts durch das Menschenrecht „inhaltlich so beeinflusst werden, dass sie das Urteil nicht mehr tragen".[245] Dies gilt sowohl für das BVerfG, das keine „Superrevisionsinstanz" ist, als auch für den EGMR, der lediglich die Einhaltung der Menschenrechte der EMRK überprüft. Die Fachgerichte haben bei ihren Entscheidungen anwendbare Menschenrechte zu berücksichtigen und „die sich hieraus ergebende Modifikation des Privatrechts zu beachten", indem sie „Reichweite und Wirkkraft der Grundrechte im Gebiet des bürgerlichen Rechts zutreffend beurteil[en]". Es ist allerdings „nicht Sache des Verfassungsgerichts, Urteile des Zivilrichters in vollem Umfange auf

---

[242] BGH, Urt. v. 22.12.1959, Az. VI ZR 175/58, BGHZ 31, 308, 312 m. w. N. – Alte Herren; vgl. House of Lords, Reynolds v. Times Newspapers [2001] 2 AC 127.

[243] Vgl. BVerfG, Urt. v. 15.01.1958, Az. 1 BvR 400/51, BVerfGE 7, 198, 205 – Lüth; BVerfG, Beschl. v. 11.05.1976, Az. 1 BvR 671/70, BVerfGE 42, 143, 148 f. – DGB.

[244] BVerfG, Urt. v. 15.01.1958, Az. 1 BvR 400/51, BVerfGE 7, 198, 203 – Lüth.

[245] BVerfG, Urt. v. 15.01.1958, Az. 1 BvR 400/51, BVerfGE 7, 198, 203 – Lüth.

Rechtsfehler zu prüfen".[246] Die Feststellung des Sachverhalts sowie die Auslegung und Anwendung des einfachen Rechts sind allein Sache der Fachgerichte.[247] Das Verfassungsgericht vermag lediglich zu prüfen, ob fachgerichtliche Entscheidungen „auf einer grundsätzlich unrichtigen Auffassung von Reichweite und Wirkkraft eines Grundrechts beruhen oder ob das Entscheidungsergebnis selbst Grundrechte eines Beteiligten verletzt."[248] Letzteres ist dann der Fall, wenn das Gericht „bei Anwendung der typischen Kriterien, die sich aus der Ausstrahlung der Grundrechte ergeben, nicht zu dem gefundenen Ergebnis hätte gelangen können."[249] Diese „typischen Kriterien" sind „abwägungsrelevante Umstände [und] Rechtspositionen", die zu berücksichtigen und angemessen zu gewichten sind.[250] Diese „Umstände und Rechtspositionen" und ihre Gewichtung werden in Kapitel 4 näher dargestellt. Das BVerfG vermag hingegen nicht darüber zu urteilen, ob sich die Entscheidung der Fachgerichte „vom Boden der zivilrechtlichen Dogmatik aus begründen läßt."[251]

Diese Feststellungen des BVerfG betreffen sowohl das dogmatische Verhältnis zwischen Menschenrechten und Zivilrecht als auch die Dichte gerichtlicher Kontrolle durch Gerichte, welche lediglich die Beachtung von Menschenrechten überprüfen; diese Abgrenzungen sind deckungsgleich. Aus diesem Grunde trifft das Diktum des BVerfG nur auf Gerichte zu, die lediglich die Wahrung von Grund- und Menschenrechten überprüfen und nicht auch die Auslegung des einfachen Zivilrechts. So könnten zwar die Obersten Gerichtshöfe des Vereinigten Königreichs und der Vereinigten Staaten im Gegensatz zum BVerfG und zum EGMR ein instanzgerichtliches Urteil bereits deswegen aufheben, weil es auf einer fehlerhaften Auslegung des *Privatrechts* beruht. Der Teilsatz „es ist nicht Sache des Verfassungsgerichts, Urteile des Zivilrichters in vollem Umfange auf Rechtsfehler zu prüfen", trifft auf diese Gerichte somit nicht zu. Einen Verstoß gegen *Menschenrechte* können auch „Superrevisionsinstanzen" jedoch nur dann feststellen, wenn das Diktum des BVerfG greift, wonach das Urteil des Instanzgerichts „auf der Außerachtlassung [des] verfassungsrechtlichen" – bzw. des menschenrechtlichen – „Einflusses auf die zivilrechtlichen Normen" beruhen muss.[252] Der Umfang dieses Einflusses bestimmt die Reichweite, in der in-

---

[246] BVerfG, Urt. v. 15.01.1958, Az. 1 BvR 400/51, BVerfGE 7, 198, 207 – Lüth.
[247] BVerfG, Beschl. v. 18.09.1952, Az. 1 BvR 612/52, BVerfGE 1, 418, 420 – Ahndungsgesetz; BVerfG, Beschl. v. 10.06.1964, Az. 1 BvR 37/63, BVerfGE 18, 85, 92 – Patent; BVerfG, Beschl. v. 24.02.1971, Az. 1 BvR 435/68, BVerfGE 30, 173, 201 – Mephisto; BVerfG, Urt. v. 05.06.1973, Az. 1 BvR 536/72, BVerfGE 35, 202, 219 – Lebach.
[248] BVerfG, Beschl. v. 14.02.1973, Az. 1 BvR 112/65, BVerfGE 34, 269, 280 m.w.N. – Soraya.
[249] BVerfG, Urt. v. 15.01.1958, Az. 1 BvR 400/51, BVerfGE 7, 198, 205f. – Lüth; siehe auch BVerfG, Beschl. v. 24.02.1971, Az. 1 BvR 435/68, BVerfGE 30, 173, 220 – Mephisto; BVerfG, Urt. v. 05.06.1973, Az. 1 BvR 536/72, BVerfGE 35, 202, 219 – Lebach.
[250] BVerfG, Beschl. v. 15.12.2011, Az. 1 BvR 1248/11, NJW 2012, 1205 Rn. 32 – AnyDVD.
[251] BVerfG, Beschl. v. 14.02.1973, Az. 1 BvR 112/65, BVerfGE 34, 269, 284 – Soraya.
[252] BVerfG, Urt. v. 15.01.1958, Az. 1 BvR 400/51, BVerfGE 7, 198, 206 – Lüth.

ternationale Menschenrechtskodifikationen zur Harmonisierung des materiellen Privatrechts – hier des Ehrschutzrechts – beitragen können.

2. Ehrschutz im einfachen Recht

Nachdem nunmehr die menschenrechtlichen Rahmenbedingungen des privatrechtlichen Ehrschutzes feststehen, beschreibt dieser Abschnitt das System und die Dogmatik des Ehrschutzes im einfachen Recht einschließlich des europäischen Sekundärrechts.

a) Das EU-Sekundärrecht

Das EU-Sekundärrecht bietet kein abgeschlossenes System des Ehrschutzes. Dennoch lassen sich einzelne Wertentscheidungen des europäischen Gesetzgebers identifizieren und für eine transnationale Analyse heranziehen. Im europäischen IPR schließt Art. 1 Abs. 2 Buchst. g) Rom II-VO „außervertragliche Schuldverhältnisse aus der Verletzung der Privatsphäre oder der Persönlichkeitsrechte, einschließlich der Verleumdung" vom Anwendungsbereich der Verordnung aus. Aus dieser Vorschrift lassen sich einige Hypothesen deduzieren, auf die in Kapitel 7 noch näher einzugehen sein wird:

1. Das europäische Internationale Privatrecht kennt Persönlichkeitsrechte, aber kein allgemeines Persönlichkeitsrecht.
2. Ehre und Privatsphäre sind solche Persönlichkeitsrechte.
a) Hinsichtlich der Ehre folgt dies aus dem Verweis auf die „Verleumdung" (nach der englischen Sprachfassung *defamation*) als ehrschutzrechtlicher Tatbestand, der einen Unterfall einer „Verletzung [...] der Persönlichkeitsrechte" darstellt.
b) Hinsichtlich der Privatsphäre folgt dies zwar nicht unmittelbar aus dem Wortlaut, der vielmehr ein alternatives Verhältnis zwischen Persönlichkeitsrechten einerseits und Privatsphäre andererseits suggeriert („Privatsphäre *oder* der Persönlichkeitsrechte"). Diese Formulierung kann indessen nur als Redaktionsversehen verstanden werden, handelt es sich doch bei der Privatsphäre um ein transnationales Persönlichkeitsrecht *par excellence*.[253] Art. 1 Abs. 2 Buchst. g) Rom II-VO ist stattdessen wie folgt zu lesen: „außervertragliche Schuldverhältnisse aus der Verletzung der Persönlichkeitsrechte, einschließlich Verletzungen der Privatsphäre und Verleumdung".

In sachrechtlicher Hinsicht ist der Ehrschutz im europäischen Sekundärrecht nur rudimentär ausgestaltet. Nach Art. 28 Abs. 1 AVMD-Richtlinie muss jede natürliche oder juristische Person, deren berechtigte Interessen, insbesondere

---

[253] Vgl. *Engle*, London Law Review 1 (2005), 215; *Kuipers*, German Law Journal 12 (2011), 1681; *Märten*, Journal of Media Law 4 (2012), 333.

Ehre und Ansehen, aufgrund der Behauptung falscher Tatsachen in einem Fernsehprogramm beeinträchtigt worden sind, ein Recht auf Gegendarstellung oder gleichwertige Maßnahmen beanspruchen können. Hierauf wird in Kapitel 5 Abschnitt II. näher einzugehen sein. Erwächst eine Ehrverletzung zu einer Verletzung der Menschenwürde, so können die Mitgliedstaaten unter den Verfahrensvoraussetzungen des Art. 3 Abs. 4 Buchst. a) lit. i) erster SpStr. e-commerce-Richtlinie vom Herkunftslandprinzip nach Art. 3 Abs. 1 der Richtlinie abweichen. Für audiovisuelle Mediendienste auf Abruf wiederholt Art. 3 Abs. 4 Buchst. a) lit. i) erster SpStr. AVMD-Richtlinie diese Regelung explizit. Für lineare audiovisuelle Mediendienste trifft Art. 3 Abs. 2 AVMD-Richtlinie keine solche Möglichkeit; hier ist eine Abweichung vom Herkunftslandprinzip nur dann zulässig, wenn ein Fernsehprogramm aus einem anderen Mitgliedstaat in offensichtlicher, ernster und schwerwiegender Weise gegen Art. 27 Abs. 1 oder Abs. 2 und/oder Art. 6 AVMD-Richtlinie verstößt. Im Lichte des Art. 1 EU-GRCh jedoch wird eine Abweichung auch dann zulässig sein, wenn das ausländische Fernsehprogramm gegen die Menschenwürde verstößt.

Weitere europarechtliche Regelungen, die dem Schutz der Ehre dienen können, befinden sich im europäischen Datenschutzrecht. Hierauf ist in Kapitel 5 Abschnitt V. einzugehen.

b) Deutschland

In Deutschland wird die Ehre in zahlreichen Einzelvorschriften geschützt. § 826 BGB schützt den Ehrträger vor vorsätzlichen sittenwidrigen Schädigungen. § 823 Abs. 2 BGB inkorporiert die strafrechtlichen Ehrschutzvorschriften der §§ 185 ff. StGB in das Privatrecht. § 185 StGB bestraft die Beleidigung, § 186 StGB die üble Nachrede und § 187 StGB die Verleumdung. Eine Verleumdung besteht in einer bewusst und erwiesen unwahren Behauptung oder Verbreitung einer Tatsache gegenüber einer anderen Person als dem Ehrträger, welche den Ehrträger „verächtlich zu machen oder in der öffentlichen Meinung herabzuwürdigen oder dessen Kredit zu gefährden geeignet ist". Ist die Tatsache nicht erweislich wahr, so greift das Verbot der üblen Nachrede nach § 186 StGB. § 185 StGB bestraft schließlich ehrabschneidende Tatsachenbehauptungen gegenüber dem Ehrträger selbst sowie Meinungsäußerungen sowohl gegenüber dem Ehrträger als auch gegenüber Dritten.[254] § 193 StGB statuiert einen besonderen Rechtfertigungsgrund insbesondere für Äußerungen, welche zur Wahrnehmung berechtigter Interessen gemacht werden. Diese Vorschrift gilt allerdings nur für Beleidigung und üble Nachrede, nicht jedoch für Verleumdung.[255] § 193

---

[254] *Fischer*, StGB, 64. Aufl. 2017, §185 Rn. 5.
[255] Vgl. BGH, Urt. v. 15.11.1977, Az. VI ZR 101/76, NJW 1978, 210 – Alkoholtest; BGH, Urt. v. 12.02.1985, Az. VI ZR 225/83, NJW 1985, 1621, 1623 – Türkeiflug I.

StGB stellt ein „Einfallstor" für die grundrechtlich gebotene Abwägung widerstreitender Interessen im deutschen Ehrschutzrecht dar (dazu Kapitel 4).

Nach § 824 Abs. 1 BGB hat Schadensersatz zu leisten, wer wahrheitswidrig
eine Tatsache behauptet oder verbreitet, die geeignet ist, den Kredit eines anderen zu gefährden oder sonstige Nachteile für dessen Erwerb oder Fortkommen
herbeizuführen. Subjektiv setzt § 824 Abs. 1 BGB voraus, dass der Mitteilende
die Unwahrheit kannte oder kennen musste. § 824 BGB schützt somit den wirtschaftlichen Ruf und die gewerbliche Tätigkeit gegen die Verbreitung unwahrer
Tatsachen.[256] Umgekehrt gilt die Vorschrift nicht für die Behauptung oder Verbreitung nicht erwiesen unwahrer Tatsachenbehauptungen, bewiesen wahrer
Tatsachenbehauptungen und Werturteile.[257] War die Unwahrheit dem Mitteilenden unbekannt, so ist dieser nicht zum Schadensersatz verpflichtet, wenn er
oder der Empfänger der Mitteilung an ihr ein berechtigtes Interesse hatte (§ 824
Abs. 2 BGB). Für die nach § 824 Abs. 2 BGB erforderliche Abwägung gelten ähnliche Maßstäbe wie im Rahmen von § 193 StGB. Abzuwägen sind das Interesse
des Betroffenen an durch Falschmeldungen nicht belastete wirtschaftliche Beziehungen zu seinen Geschäftspartnern einerseits und Art. 5 GG andererseits.[258]
Abwägungsfaktoren sind der Grad des öffentlichen Interesses an dem Thema,
der Grad des geschäftsschädigenden Gehalts der Äußerung und die Wahrung
der Sorgfaltspflichten.[259] Je geschäftsschädigender die Nachricht, desto strenger
sind die Sorgfaltspflichten.[260] Besonders strenge Sorgfaltsanforderungen gelten
daher etwa für eine Konkursmeldung[261] oder den Vorwurf, „pleite gemacht" zu
haben[262]. Die wahrheitswidrige Behauptung muss geeignet sein, Nachteile für
den Erwerb oder das Fortkommen des Betroffenen herbeizuführen. Ob eine
solche Entwicklung eingetreten ist, ist demgegenüber rechtlich ohne Belang.
Entscheidend ist allein die Eignung im Zeitpunkt der Behauptung.[263]

Vom verfassungsrechtlichen allgemeinen Persönlichkeitsrecht zu unterscheiden ist das zivilrechtliche allgemeine Persönlichkeitsrecht als „sonstiges Recht"

---

[256] BGH, Urt. v. 07.02.1984, Az. VI ZR 193/82, BGHZ 90, 113, 121 – Bundesbahnplanungsvorhaben.
[257] Vgl. BGH, Urt. v. 28.11.1952, Az. I ZR 21/52, BGHZ 8, 142, 144 – Verband der Deutschen Rauchwaren- und Pelzwirtschaft; BGH, Urt. v. 21.04.1998, Az. VI ZR 196/97, BGHZ
138, 311, 315 – Filmaufnahmen in Appartement-Hotelanlage; BGH, Urt. v. 24.01.2006, Az.
XI ZR 384/03, NJW 2006, 830 Rn. 94 – Kirch/Breuer.
[258] BGH, Urt. v. 10.12.1991, Az. VI ZR 53/91, NJW 1992, 1312, 1313 – Bezirksleiter Straßenbauamt.
[259] Vgl. BGH, Urt. v. 21.06.1966, Az. VI ZR 266/64, NJW 1966, 2010, 2011 f. – Teppichkehrmaschine.
[260] Vgl. BGH, Urt. v. 21.06.1966, Az. VI ZR 266/64, NJW 1966, 2010, 2011 – Teppichkehrmaschine.
[261] BGH, Urt. v. 19.03.1957, Az. VI ZR 263/55, NJW 1957, 1149 – Konkursmeldung.
[262] BGH, Urt. v. 28.06.1994, Az. VI ZR 252/93, NJW 1994, 2614, 2616 – Börsenjournalist.
[263] BGH, Urt. v. 15.10.1968, Az. VI ZR 126/67 – „Der unschuldige Spiegel"; BGH, Urt. v.
08.07.1969, Az. VI ZR 275/67 – „Kavaliersdelikt"; BGH, Urt. v. 30.05.1974, Az. VI ZR 174/72,
MDR 1974, 921 – Brüning-Memoiren I.

i. S. d. § 823 Abs. 1 BGB. Das Reichsgericht lehnte ein solches allgemeines Persönlichkeitsrecht noch ab, da dieses „dem geltenden bürgerlichen Recht fremd" sei.[264] Lediglich einzelnen Persönlichkeitsrechten erkannte das Reichsgericht Schutz zu, wie beispielsweise dem Recht auf den Namen, dem Recht am eigenen Bild, dem Urheberpersönlichkeitsrecht und dem Recht auf Schutz der persönlichen Ehre.[265] Hinsichtlich des Ehrschutzes erkannte das Reichsgericht Ansprüche auf Widerruf und Richtigstellung begangener sowie auf Unterlassung weiterer Ehrverletzungen an.[266] Eine Entschädigung in Geld wegen eines Nichtvermögensschadens billigte das Reichsgericht jedoch nur insoweit zu, als die Ehrverletzung zu einer Gesundheitsschädigung führte.[267]

Nach dem zweiten Weltkrieg „haben die für die moderne Gesellschaft charakteristischen Formen der Publizität und Reklame, die immer stärkere Betonung des Rechts (des Einzelnen wie der Gesellschaft) auf Information, die Vervollkommnung der Nachrichtenmittel und anderer technischer Geräte Möglichkeiten des Einbruchs in den persönlichen Bereich des Einzelnen geschaffen, die für den Gesetzgeber des Bürgerlichen Gesetzbuchs nicht vorstellbar waren."[268] 1954 erkannte der BGH daher erstmals das allgemeine Persönlichkeitsrecht als privates, von jedermann zu achtendes Recht an.[269] In späteren Entscheidungen konkretisierte der BGH die Weite und den Inhalt des allgemeinen Persönlichkeitsrechts.[270] Der BGH begründet das zivilrechtliche allgemeine Persönlichkeitsrecht mit dem durch Art. 1 und 2 GG geschützten Recht auf Achtung der Würde und der freien Entfaltung der Persönlichkeit. Diese Vorschriften schützten „das, was man die menschliche Personhaftigkeit nennt".[271] Sie erfassen „unmittelbar jenen inneren Persönlichkeitsbereich, der grundsätzlich nur der freien und eigenverantwortlichen Selbstbestimmung des Einzelnen untersteht und dessen Verletzung rechtlich dadurch gekennzeichnet ist, daß sie in erster Linie sogenannte immaterielle Schäden, Schäden, die sich in einer Per-

---

[264] RG, Urt. v. 07.11.1908, Az. I 638/07, RGZ 69, 401, 403 – Nietzsche-Briefe; bestätigt z. B. in RG, Urt. v. 08.06.1912, Az. I 382/11, RGZ 79, 397, 398 – „Felseneiland mit Sirenen"; RG, Urt. v. 12.05.1926, Az. I 287/25, RGZ 113, 413, 414 – „Der Tor und der Tod".

[265] Vgl. RG, Urt. v. 07.11.1908, Az. I 638/07, RGZ 69, 401, 403 – Nietzsche-Briefe; RG, Urt. v. 08.06.1912, Az. I 382/11, RGZ 79, 397, 398 – „Felseneiland mit Sirenen"; RG, Urt. v. 12.05.1926, Az. I 287/25, RGZ 113, 413, 414 – „Der Tor und der Tod".

[266] RG, Urt. v. 05.01.1905, Az. VI 38/04, RGZ 60, 6, 7 – Unterlassung.

[267] Siehe z. B. RG, Urt. v. 23.10.1933, Az. VI 204/205/33, RGZ 142, 116, 122 f. – „Schädling der Anwaltschaft".

[268] BVerfG, Beschl. v. 14.02.1973, Az. 1 BvR 112/65, BVerfGE 34, 269, 271 – Soraya.

[269] BGH, Urt. v. 25.05.1954, Az. I ZR 211/53, BGHZ 13, 334, 338 – Veröffentlichung von Briefen.

[270] Siehe etwa BGH, Urt. v. 26.11.1954, Az. I ZR 266/52, BGHZ 15, 249, 258 – Eva Chamberlain; BGH, Urt. v. 08.05.1956, Az. I ZR 62/54, BGHZ 20, 345 – Paul Dahlke; BGH, Urt. v. 02.04.1957, Az. VI ZR 9/56, BGHZ 24, 72 – „Idiot"; BGH, Urt. v. 14.02.1958, Az. I ZR 151/56, BGHZ 26, 349 – Herrenreiter; BGH, Urt. v. 22.12.1959, Az. VI ZR 175/58, BGHZ 31, 308 – Alte Herren.

[271] BGH, Urt. v. 14.02.1958, Az. I ZR 151/56, BGHZ 26, 349, 254 – Herrenreiter.

sönlichkeitsminderung ausdrücken, erzeugt."[272] Das allgemeine Persönlichkeitsrecht ist als offener Tatbestand konzipiert; eine rechtswidrige Verletzung ist mittels einer ordnungsgemäßen Abwägung festzustellen.[273]

Das BVerfG billigte die Rechtsprechung des BGH.[274] Das zivilrechtliche allgemeine Persönlichkeitsrecht fülle die „Lücken im Persönlichkeitsschutz aus, die hier trotz Anerkennung einzelner Persönlichkeitsrechte verblieben und im Laufe der Zeit aus verschiedenen Gründen immer fühlbarer geworden waren".[275]

Der Inhalt des verfassungs- und des zivilrechtlichen allgemeinen Persönlichkeitsrechts ist nicht allgemein und abschließend umschrieben.[276] Stattdessen haben BVerfG und BGH die Ausprägungen des geschützten Rechts jeweils anhand des zu entscheidenden Falles herausgearbeitet. Bei dem allgemeinen Persönlichkeitsrecht handelt es sich „nicht um eine statische, für alle Zeiten feststehende Größe", sondern „sein Bestand [hängt] in gewissem Umfang auch von der tatsächlichen Anerkennung durch die Öffentlichkeit [ab]."[277] Das allgemeine Persönlichkeitsrecht sichert dem Einzelnen zunächst einen räumlichen Bereich privater Lebensgestaltung, in dem er „für sich" sein kann, „sich selbst gehört" und „ein Eindringen oder einen Einblick durch andere auszuschließen" vermag.[278] Darüber hinaus gewährt das allgemeine Persönlichkeitsrecht ein Verfügungsrecht über Darstellungen der eigenen Person. Danach darf jeder grundsätzlich selbst darüber bestimmen, ob und wieweit andere persönliche Lebenssachverhalte öffentlich darstellen dürfen.[279] Hierzu gehört ein Recht am eigenen Bild, d.h. „Einfluss- und Entscheidungsmöglichkeiten, soweit es um die Anfertigung und Verwendung von Fotografien oder Aufzeichnungen seiner Person durch andere geht."[280] Auch umfasst das allgemeine Persönlichkeitsrecht das Recht am gesprochenen Wort, d.h. die Befugnis, „selbst zu bestimmen, ob

---

[272] BGH, Urt. v. 14.02.1958, Az. I ZR 151/56, BGHZ 26, 349, 354 – Herrenreiter.

[273] BGH, Urt. v. 21.06.1966, Az. VI ZR 261/64, BGHZ 45, 296, 307 f. – Höllenfeuer; BGH, Urt. v. 20.03.1968, Az. I ZR 44/66, BGHZ 50, 133, 143 f. – Mephisto; BGH, Urt. v. 19.12.1978, Az. VI RZ 137/77, BGHZ 73, 120, 124 – Abhöraffäre; bestätigt durch das BVerfG u. a. in BVerfG, Beschl. v. 25.10.2005, Az. 1 BvR 1696/98, BVerfGE 114, 339, 348 – Stolpe.

[274] BVerfG, Beschl. v. 24.02.1971, Az. 1 BvR 435/68, BVerfGE 30, 173, 194 ff. – Mephisto; BVerfG, Beschl. v. 14.02.1973, Az. 1 BvR 112/65, BVerfGE 34, 269, 281 f. – Soraya.

[275] BVerfG, Beschl. v. 14.02.1973, Az. 1 BvR 112/65, BVerfGE 34, 269, 281 – Soraya.

[276] BVerfG, Beschl. v. 13.06.2007, Az. 1 BvR 1783/05, BVerfGE 119, 1, 29 – Esra.

[277] BVerfG, Beschl. v. 09.03.2010, Az. 1 BvR 1891/05, NJW-RR 2010, 1195 Rn. 33 – Cornelia Pieper; BGH, Urt. v. 17.12.2013, Az. VI ZR 211/12, NJW 2014, 6 Rn. 42 – Sächsische Korruptionsaffäre.

[278] BVerfG, Beschl. v. 16.07.1969, Az. 1 BvL 19/63, BVerfGE 27, 1, 6 – Mikrozensus.

[279] BVerfG, Urt. v. 05.06.1973, Az. 1 BvR 536/72, BVerfGE 35, 202, 220 – Lebach; BVerfG, Beschl. v. 08.02.1983, Az. 1 BvL 20/81, BVerfGE 63, 131, 142 f. – Gegendarstellung.

[280] BGH, Urt. v. 08.05.1956, Az. I ZR 62/54, BGHZ 20, 345 – Paul Dahlke; BGH, Urt. v. 14.02.1958, Az. I ZR 151/56, BGHZ 26, 349 – Herrenreiter; BVerfG, Urt. v. 05.06.1973, Az. 1 BvR 536/72, BVerfGE 35, 202, 220 – Lebach; BVerfG, Urt. v. 15.12.1999, Az. 1 BvR 653/96, BVerfGE 101, 361, 381 – Caroline von Monaco II.

Worte einzig dem Gesprächspartner, einem bestimmten Kreis oder der Öffentlichkeit zugänglich sein sollen."[281] Schließlich zählt zum allgemeinen Persönlichkeitsrecht auch das Recht auf informationelle Selbstbestimmung.[282]

Von besonderer Bedeutung für die vorliegende Bearbeitung sind die soziale Anerkennung sowie die persönliche Ehre als Unterfälle des allgemeinen Persönlichkeitsrechts.[283] Ehrenrührige Äußerungen "gefährden die freie Entfaltung der Persönlichkeit, weil sie das Ansehen des Einzelnen schmälern, seine sozialen Kontakte schwächen und infolgedessen sein Selbstwertgefühl untergraben können".[284] Das allgemeine Persönlichkeitsrecht "schützt insbesondere vor verfälschenden oder entstellenden Darstellungen, die von nicht ganz unerheblicher Bedeutung für die Persönlichkeitsentfaltung sind."[285]

Ein "allgemeines und umfassendes Verfügungsrecht über die Darstellung der eigenen Person" gewährt das allgemeine Persönlichkeitsrecht jedoch nicht. Es erstreckt sich lediglich "auf die tatsächlichen Grundlagen seines sozialen Geltungsanspruchs".[286] Hingegen umfasst das allgemeine Persönlichkeitsrecht nicht das Recht, "nur so von anderen dargestellt zu werden, wie er sich selber sieht oder gesehen werden möchte".[287] "Ein derart weiter Schutz würde nicht

---

[281] BGH, Urt. v. 20.05.1958, Az. VI ZR 104/57, BGHZ 27, 284, 286 – Heimliche Tonaufnahme; BVerfG, Beschl. v. 31.01.1973, Az. 2 BvR 454/71, BVerfGE 34, 238 – Heimliche Tonbandaufnahmen.

[282] BVerfG, Urt. v. 15.12.1983, Az. 1 BvR 209/83 u.a., BVerfGE 65, 1, 43 – Volkszählungsurteil.

[283] BVerfG, Beschl. v. 03.06.1980, Az. 1 BvR 185/77, BVerfGE 54, 148, 153 f. – Eppler; BVerfG, Beschl. v. 03.06.1980, Az. 1 BvR 797/78, BVerfGE 54, 208, 217 f. – Böll; BVerfG, Beschl. v. 25.10.2005, Az. 1 BvR 1696/98, BVerfGE 114, 339, 346 – Stolpe; BVerfG, Beschl. v. 13.06.2007, Az. 1 BvR 1783/05, BVerfGE 119, 1, 24 – Esra; BVerfG, Beschl. v. 10.10.1995, Az. 1 BvR 1476/91, 1 BvR 1980/91, 1 BvR 102/92, 1 BvR 221/92, NJW 1995, 3303, 3303 – "Soldaten sind Mörder"; BVerfG, Beschl. v. 09.02.2000, Az. 1 BvR 140/98, NJW 2000, 3485 – Unterbezirk Usedom-Peene; BGH, Urt. v. 22.12.1959, Az. VI ZR 175/58, BGHZ 31, 308, 311 – Alte Herren.

[284] BVerfG, Beschl. v. 10.11.1998, Az. 1 BvR 1531/96, BVerfGE 99, 185, 193 f. – Scientology; BVerfG, Beschl. v. 09.02.2000, Az. 1 BvR 140/98, NJW 2000, 3485 – Unterbezirk Usedom-Peene.

[285] BVerfG, Beschl. v. 14.01.1998, Az. 1 BvR 1861/93 u.a., BVerfGE 97, 125, 148 f. – Caroline von Monaco I; BVerfG, Beschl. v. 24.03.1998, Az. 1 BvR 131/96, BVerfGE 97, 391, 403 – Missbrauchsbezichtigung; BVerfG, Beschl. v. 10.11.1998, Az. 1 BvR 1531/96, BVerfGE 99, 185, 194 – Scientology; BVerfG, Beschl. v. 09.02.2000, Az. 1 BvR 140/98, NJW 2000, 3485 – Unterbezirk Usedom-Peene; BVerfG, Beschl. v. 25.10.2005, Az. 1 BvR 1696/98, BVerfGE 114, 339, 346 – Stolpe; BVerfG, Beschl. v. 13.06.2007, Az. 1 BvR 1783/05, BVerfGE 119, 1, 24 – Esra.

[286] BVerfG, Beschl. v. 14.09.2010, Az. 1 BvR 1842/08 u.a., NJW 2011, 740 Rn. 56 – Charlotte Casiraghi; BGH, Urt. v. 05.11.2013, Az. VI ZR 304/12, BGHZ 198, 346 Rn. 14 – Jauch.

[287] BVerfG, Beschl. v. 26.06.1990, Az. 1 BvR 776/84, BVerfGE 82, 236, 269 – Schubart; BVerfG, Beschl. v. 14.01.1998, Az. 1 BvR 1861/93 u.a., BVerfGE 97, 125, 149 – Caroline von Monaco I; BVerfG, Beschl. v. 24.03.1998, Az. 1 BvR 131/96, BVerfGE 97, 391, 403 – Missbrauchsbezichtigung; BVerfG, Urt. v. 15.12.1999, Az. 1 BvR 653/96, BVerfGE 101, 361, 380 – Caroline von Monaco II; BVerfG, Beschl. v. 25.01.2012, Az. 1 BvR 2499/09 und 1 BvR 2503/09, NJW 2012, 1500 Rn. 37 – Ochsenknecht; BVerfG, Beschl. v. 14.09.2010, Az. 1 BvR 1842/08

nur das Schutzziel, Gefährdungen der Persönlichkeitsentfaltung zu vermeiden, übersteigen, sondern auch weit in die Freiheitssphäre Dritter hineinreichen."[288]

Das allgemeine Persönlichkeitsrecht umfasst unter Umständen auch das Recht, keine falschen Zitate untergeschoben zu bekommen.[289] Dies ist dann der Fall, wenn ein anerkanntes Schutzgut des Persönlichkeitsrechts, etwa die Privatsphäre oder die Ehre, verletzt wird.[290]

Wenngleich sich das verfassungs- und das zivilrechtliche allgemeine Persönlichkeitsrecht in weiten Teilen überschneiden, so bestehen doch Unterschiede.[291] Der Gesetzgeber und die Zivilgerichte können den privatrechtlichen Schutz der Persönlichkeit grundsätzlich weiter ausbauen, als dies verfassungsrechtlich geboten ist.[292] Das verfassungsrechtliche allgemeine Persönlichkeitsrecht schützt gegenüber staatlichen Eingriffen und nur mittelbar gegenüber Eingriffen in Privatrechtsverhältnissen, wohingegen das zivilrechtliche allgemeine Persönlichkeitsrecht nur im Privatrecht gilt. Allein das verfassungsrechtliche allgemeine Persönlichkeitsrecht genießt grundrechtlichen Schutz. Behörden und juristische Personen des öffentlichen Rechts, soweit sie öffentliche Aufgaben wahrnehmen, können sich nur auf den zivilrechtlichen, jedoch nicht auf den verfassungsrechtlichen Ehrschutz berufen. § 823 Abs. 1 BGB, der das zivilrechtliche allgemeine Persönlichkeitsrecht schützt, ist ein „allgemeines Gesetz" im Sinne von Art. 5 Abs. 2 GG.[293] Das verfassungsrechtlich geschützte allgemeine Persönlichkeitsrecht vermag demgegenüber als verfassungsimmanente Schranke auch Eingriffe in vermeintlich vorbehaltlos geschützte Grundrechte, insbesondere die Kunstfreiheit nach Art. 5 Abs. 3 GG, zu rechtfertigen. Allerdings erfährt die „Wirkkraft" des „allgemeinen Gesetzes" nach Art. 5 Abs. 2 GG eine „verfassungsrechtliche Verstärkung aus dem Schutzauftrag der Art. 1 und 2 Abs. 1 GG" in den Fällen, in denen die Einschränkung dem Schutz des allgemeinen Persönlichkeitsrechts dient.[294] Daraus folgt, dass bei einer Abwä-

---

u. a., NJW 2011, 740 Rn. 56 – Charlotte Casiraghi; BGH, Urt. v. 05.11.2013, Az. VI ZR 304/12, BGHZ 198, 346 Rn. 14 – Jauch.

[288] BVerfG, Urt. v. 15.12.1999, Az. 1 BvR 653/96, BVerfGE 101, 361, 380 – Caroline von Monaco II.

[289] Vgl. BVerfG, Beschl. v. 14.02.1973, Az. 1 BvR 112/65, BVerfGE 34, 269, 282 f. – Soraya; BGH, Urt. v. 15.11.1994, Az. VI ZR 56/94, BGHZ 128, 1, 7 – Erfundenes Exklusiv-Interview.

[290] BVerfG, Beschl. v. 14.02.1973, Az. 1 BvR 112/65, BVerfGE 34, 269, 282 f. – Soraya; BVerfG, Beschl. v. 03.06.1980, Az. 1 BvR 185/77, BVerfGE 54, 148, 155 – Eppler; BVerfG, Beschl. v. 03.06.1980, Az. 1 BvR 797/78, BVerfGE 54, 208, 217 f. – Böll; BGH, Urt. v. 22.12.1959, Az. VI ZR 175/58, BGHZ 31, 308, 311 f. – Alte Herren; BGH, Urt. v. 15.11.1994, Az. VI ZR 56/94, BGHZ 128, 1, 10 – Erfundenes Exklusiv-Interview.

[291] BVerfG, Beschl. v. 22.08.2006, Az. 1 BvR 1168/04, NJW 2006, 3409, 3410 – Blauer Engel.

[292] BVerfG, Beschl. v. 22.08.2006, Az. 1 BvR 1168/04, NJW 2006, 3409, 3410 – Blauer Engel.

[293] BVerfG, Beschl. v. 14.02.1973, Az. 1 BvR 112/65, BVerfGE 34, 269, 282 – Soraya.

[294] BVerfG, Beschl. v. 14.02.1973, Az. 1 BvR 112/65, BVerfGE 34, 269, 282 – Soraya.

gung kein Verfassungsgut grundsätzlich Vorrang beanspruchen kann.[295] Hierauf wird in Kapitel 4 noch einzugehen sein.

Der Schutz der Menschenwürde gilt auch postmortal. Das Grundgesetz schützt zwar nicht vor einer postmortalen kommerziellen Ausbeutung von vermögenswerten Persönlichkeitsrechten, die nicht mit einer Menschenwürdeverletzung verbunden ist. Es steht der privatrechtlichen Anerkennung eines solches Schutzes allerdings auch nicht entgegen (dazu Kapitel 3 Abschnitt I.).[296]

Bei ehrverletzenden Äußerungen in einem bestehenden Vertragsverhältnis kann dem Betroffenen ein Anspruch auf Schadensersatz aus §§ 280 Abs. 1, 241 Abs. 2 BGB zustehen. Eine Beleidigung oder üble Nachrede des Arbeitgebers durch den Arbeitnehmer kann zudem einen wichtigen Grund zur fristlosen Kündigung nach § 626 Abs. 1 BGB darstellen.[297] Außerdem entsteht nach § 311 Abs. 2 Nr. 1 BGB ein Schuldverhältnis mit der Verpflichtung, auf die Rechte, Rechtsgüter und Interessen des anderen Teils Rücksicht zu nehmen (§ 241 Abs. 2 BGB), bereits mit der Aufnahme von Vertragsverhandlungen. Nach § 241 Abs. 2 BGB kann ein Schuldverhältnis seinem Inhalt nach jeden Teil zur Rücksicht auf die Rechte, Rechtsgüter und Interessen des anderen Teils verpflichten. Insbesondere hat sich jede Vertragspartei bei der Abwicklung des Schuldverhältnisses so zu verhalten, dass Person, Eigentum und sonstige Rechtsgüter, auch das Vermögen, des anderen Teils nicht verletzt werden.[298] Hierzu zählt beispielsweise die Pflicht einer Bank, die Kreditwürdigkeit eines Darlehensnehmers weder durch Tatsachenbehauptungen – auch wenn diese wahr sind – noch durch Meinungsäußerungen zu gefährden.[299] Auch Art. 5 Abs. 1 Satz 1 GG erlaubt grundsätzlich nicht die Verletzung vertraglicher Pflichten.[300] Eine Ausnahme gilt jedoch unter bestimmten Voraussetzungen für Personen, die die Öffentlichkeit über ihnen bekannt gewordene Missstände an ihrem Arbeitsplatz unterrichten (sog. „Whistleblower").[301]

---

[295] BVerfG, Beschl. v. 14.02.1973, Az. 1 BvR 112/65, BVerfGE 34, 269, 282 – Soraya; BVerfG, Beschl. v. 08.02.1983, Az. 1 BvL 20/81, BVerfGE 63, 131, 144 – Gegendarstellung.

[296] BVerfG, Beschl. v. 22.08.2006, Az. 1 BvR 1168/04, NJW 2006, 3409, 3410 – Blauer Engel.

[297] BAG, Urt. v. 24.11.2005, Az. 2 AZR 584/04, NZA 2006, 650 – Kritik am Arbeitgeber; BAG, Urt. v. 29.08.2013, Az. 2 AZR 419/12, NZA 2014, 660 – Kritik am Arbeitgeber II; BAG, Urt. v. 18.12.2014, Az. 2 AZR 265/14, NZA 2015, 797 – Beleidigung des Vorgesetzten im Wahlkampf; vgl. EGMR, Palomo Sánchez u. a./Spanien [2011] Beschwerde-Nr. 28955/06, 28957/06, 28959/06 und 28964/06 [67]; *mutatis mutandis* Rubins/Lettland [2015] Beschwerde-Nr. 79040/12 [91].

[298] Siehe z. B. BGH, Urt. v. 23.07.1997, Az. VIII ZR 130/96, BGHZ 136, 295, 299 – Schockwerbung; BGH, Urt. v. 13.01.2004, Az. XI ZR 479/02, BGHZ 157, 256, 269 – Kreditkartengeschäfte.

[299] BGH, Urt. v. 24.01.2006, Az. XI ZR 384/03, NJW 2006, 830 Rn. 39 – Kirch/Breuer.

[300] BGH, Urt. v. 24.01.2006, Az. XI ZR 384/03, NJW 2006, 830 Rn. 41 – Kirch/Breuer.

[301] Grundlegend EGMR, Guja/Moldawien [2008] Beschwerde-Nr. 14277/04; ausf. *Oster*, Media Freedom as a Fundamental Right, 2015, S. 210 f. m. w. N.

c) England und Wales

Im Privatrecht von England und Wales ist die Ehre durch eine Vielzahl von Ansprüchen geschützt. Diese beruhen auf einer – systematisch nicht immer kohärenten – Verschränkung von historisch gewachsenem Common Law und Gesetzesrecht, zuletzt dem Defamation Act 2013. Wichtigste Anspruchsgrundlage zum Schutz der Ehre im englischen Recht ist der *tort of defamation* mit seinen Untergruppen *libel* und *slander*. Allerdings schützt der *tort of defamation* nur die Reputation, d. h. die äußere Ehre. Dies folgt aus der ersten Voraussetzung des *tort of defamation*, der Veröffentlichung einer diffamierenden Behauptung gegenüber einem Dritten. Äußerungen gegenüber dem Ehrträger selbst sind vom *tort of defamation* nicht erfasst.

aa) Diffamierende Äußerung

Erste Voraussetzung eines Anspruchs aus *defamation* ist das Vorliegen einer diffamierenden Äußerung (*defamatory statement*). Die Reichhaltigkeit englischsprachiger Literatur zum *tort of defamation* steht im auffälligen Gegensatz zur Knappheit an Untersuchungen zur Konzeption des Ehrbegriffs.[302] Das Common Law geht von der Frage aus, wann eine Ehr*verletzung* vorliegt, kennt jedoch keine positive Bestimmung des Begriffs der Ehre. Wann eine Aussage ehrverletzend ist, ist im Common Law Gegenstand einer langen Rechtsprechungsgenese und bis heute nicht abschließend geklärt.[303] Die damit zum Ausdruck kommende Vermeidung abstrakter kategorischer Definitionen ist für das aktionenrechtlich gewachsene „Bottom-up-Modell" des Common Law typisch. In *Parmiter v. Coupland*[304] definierte Lord Wensleydale als „diffamierend" „eine Veröffentlichung, die [...] darauf abzielt, das Ansehen eines anderen zu verletzen, indem sie ihn dem Hass, der Geringschätzung oder der Lächerlichkeit preisgibt."[305] In *Youssoupoff v. MGM*[306] hielt der Court of Appeal *defamation* dann für gegeben, wenn der Betroffene aufgrund der Aussage von anderen „gemieden" wird. Klägerin war eine Dame, der nachgesagt wurde, sie sei von Rasputin verführt worden. Die Richter erkannten hierin keine Gefahr des

---

[302] Vgl. *Gounalakis/Rösler*, Ehre, Meinung und Chancengleichheit im Kommunikationsprozeß, 1998, S. 18; *Barendt*, Current Legal Problems 52 (1999), 111; *Kenyon*, Defamation, 2006, S. 32 ff.; *Milo*, Defamation and Freedom of Speech, 2008, S. 15; Supreme Court of Canada, Hill v. Church of Scientology of Toronto [1995] 2 S.C.R. 1130 [107].

[303] *McNamara*, Reputation and Defamation, 2007, S. 1; *Deakin/Johnston/Markesinis*, Markesini's and Deakin's Tort Law, 7. Aufl. 2013, S. 633 f.; vgl. Berkoff v. Burchill [1996] 4 All ER 1008, 1011 (Lord Neill) „I am not aware of any entirely satisfactory definition of the word 'defamatory'."

[304] Parmiter v. Coupland and another [1840] 6 M & W 105.

[305] „A publication, without justification of lawful excuse, which is calculated to injure the reputation of another, by exposing him to hatred, contempt or ridicule."

[306] Youssoupoff v. MGM [1934] 50 TLR 581.

Hasses, der Geringschätzung oder der Lächerlichkeit im Sinne von *Parmiter v. Coupland*, gaben aber mit der angegebenen Begriffsbestimmung („to cause the plaintiff to be shunned and avoided by others") der Klage gleichwohl statt. Lord Atkin entschied in *Sim v. Stretch*[307], dass bestimmte Aussagen auch dann als ehrverletzend anzusehen seien, wenn die Worte geeignet seien, den Kläger „in der Einschätzung gerecht denkender Mitglieder der Gesellschaft insgesamt herabzusetzen".[308] Der Report der Faulks Committee on Defamation versuchte im Jahre 1975 eine Begriffsbestimmung, die aber nie Gesetz wurde. Eine *defamation* sei danach „die Veröffentlichung einer Angelegenheit gegenüber einem Dritten, welche nach allen ihren Umständen geeignet ist, eine Person in der Einschätzung vernünftiger Menschen insgesamt nachteilig zu beeinflussen."[309] In *Thornton v. Telegraph Media Group Ltd* legte der High Court schließlich folgende Begriffsbestimmung fest, die nunmehr als ständige Rechtsprechung gelten dürfe: Eine Äußerung ist nur dann diffamierend, wenn sie die Einstellung anderer Menschen gegenüber dem Betroffenen wesentlich nachteilig beeinflusst oder hierzu tendiert.[310]

Section 1 Abs. 1 Defamation Act 2013 bestimmt nunmehr, dass eine Äußerung dann *nicht* als „diffamierend" anzusehen ist, wenn diese der Reputation des Klägers keinen „ernsthaften Schaden" (*serious harm*) zugefügt hat oder wahrscheinlich zufügen wird.[311] Section 1 Defamation Act 2013 macht somit nicht die Formel aus *Thornton* obsolet, sondern erhöht lediglich die Schwelle für die Annahme einer Diffamierung.[312] Darin drückt sich das Bemühen des Gesetzgebers aus, „triviale Fälle" von vornherein dem ausufernden Anwendungsbereich des *tort of defamation* zu entziehen.[313] In der Rechtsprechung des High Court haben sich seit dem Inkrafttreten des Defamation Act 2013 mehrere Kriterien für die Annahme eines „ernsthaften Schadens" herausgebildet. Es sind solche Fälle vom *tort of defamation* auszuschließen, in denen der diffamie-

---

[307] Sim v. Stretch [1936] 2 All ER 1237, 1240.

[308] „Would words tend to lower the plaintiff in the estimation of right-thinking members of society generally?"

[309] „The publication to a third party of a matter which in all the circumstances would be likely to affect a person adversely in the estimation of reasonable people generally."

[310] Thornton v. Telegraph Media Group Ltd. [2010] EWHC 1414 (QB) [96]: „[A meaning is defamatory of the claimant if it substantially] affects in an adverse manner the attitude of other people towards him, or has a tendency to do so"; bestätigt z.B. in Hourani v. Thomson u.a. [2017] EWHC 432 (QB) [116]; Lachaux v. Independent Print Limited u.a. [2017] EWCA Civ 1334 [50].

[311] „A statement is not defamatory unless its publication has caused or is likely to cause serious harm to the reputation of the claimant."

[312] Theedom v. Nourish Training t/a CSP Recruitment and Sewell [2015] EWHC 3769 (QB) [28]; Ames and McGee v. Spamhouse Project Ltd. and Linford [2015] EWHC 127 (QB) [49]; Hourani v. Thomson u.a. [2017] EWHC 432 (QB) [123]; Lachaux v. Independent Print Limited u.a. [2017] EWCA Civ 1334 [36].

[313] Defamation Act 2013 Explanatory Notes, Rn. 11; *Hooper/Waite/Murphy*, Entertainment Law Review 24 (2013), 199; *Mullis/Scott*, Journal of Media Law 3 (2011), 1, 3.

rende Inhalt der Behauptung selbst vernachlässigenswert ist. Dies bestimmt sich zunächst nach der Breitenwirkung der Veröffentlichung.[314] Eine Klage wegen *defamation* nach Section 1 Abs. 1 Defamation Act 2013 soll ausgeschlossen sein, wenn die Aussage an sich zwar in hinreichender Schwere diffamierend ist, sie allerdings keinen ernsthaften Schaden verursacht, insbesondere weil zu wenige Menschen Kenntnis von der Behauptung erlangen. Die Erläuterungen zum Defamation Act 2013 beziehen sich insoweit auf *Jameel v. Dow Jones*.[315] Der Court of Appeal wies darin eine *defamation*-Klage als missbräuchlich ab, weil die streitgegenständliche Webseite nur von fünf Personen in England und Wales abgerufen worden ist, wovon drei Berater des Klägers waren. Auf der Grundlage des Defamation Act 2013 entschied der High Court in *Sobrinho v. Impresa Publishing*, dass 55 Leser eines diffamierenden Artikels in einer portugiesischen Zeitung zu wenig sind, um „ernsthaften Schaden" in England und Wales zu indizieren.[316] Allerdings gilt, dass diffamierende Veröffentlichungen in den Massenmedien in aller Regel einen „ernsthaften Schaden" verursachen. Dabei ist zu berücksichtigen, ob eine Äußerung, die an einen kleinen Personenkreis adressiert war, sich weiterverbreitet hat. Dies wirkt sich regelmäßig zu Lasten des Beklagten aus.[317] Allerdings ist die Frage des „ernsthaften Schadens" nicht als Zahlenspiel zu verstehen. Ernsthafter Schaden kann auch dann entstehen, wenn eine diffamierende Äußerung nur einer einzigen Person gegenüber mitgeteilt wird.[318]

Zur Feststellung eines „ernsthaften Schadens" sind ferner die Auswirkungen auf den Betroffenen zu berücksichtigen, insbesondere sein berufliches Fortkommen,[319] inwieweit Empfänger der Information tatsächlich beeinflusst worden sind und ein negatives Bild vom Betroffenen haben,[320] inwieweit der Äußernde glaubwürdig ist,[321] die Kenntnis oder grob fahrlässige Unkenntnis des

---

[314] Vgl. Barron and Healey v. Vines [2016] EWHC 1226 (QB) [39]; Hourani v. Thomson u. a. [2017] EWHC 432 (QB) [125]; Monroe v. Hopkins [2017] EWHC 433 (QB) [55]; Alsaifi v. Trinity Mirror plc & Board of Directors u. a. [2017] EWHC 2873 (QB) [94]; Woodward v. Grice [2017] EWHC 1292 (QB) [43 ff.]; Barron u. a. v. Collins [2017] EWHC 162 (QB) [47]; Lachaux v. Independent Print Limited u. a. [2017] EWCA Civ 1334 [87].

[315] Jameel v. Dow Jones & Co. [2005] EWCA Civ 75; Defamation Act 2013 Explanatory Notes, Rn. 11. Vgl. Lachaux v. Independent Print Limited u. a. [2017] EWCA Civ 1334 [35].

[316] Sobrinho v. Impresa Publishing SA [2016] EWHC 66 (QB) [75] und [96].

[317] Sobrinho v. Impresa Publishing SA [2016] EWHC 66 (QB) [50]; Monroe v. Hopkins [2017] EWHC 433 (QB) [68].

[318] Sobrinho v. Impresa Publishing SA [2016] EWHC 66 (QB) [47]; Monroe v. Hopkins [2017] EWHC 433 (QB) [68].

[319] Vgl. Theedom v. Nourish Training t/a CSP Recruitment and Sewell [2015] EWHC 3769 (QB) [27]; Barron and Healey v. Vines [2016] EWHC 1226 (QB) [69].

[320] Theedom v. Nourish Training t/a CSP Recruitment and Sewell [2015] EWHC 3769 (QB) [19]; Hourani v. Thomson u. a. [2017] EWHC 432 (QB) [125].

[321] Vgl. Monroe v. Hopkins [2017] EWHC 433 (QB) [71]; Lachaux v. Independent Print Limited u. a. [2017] EWCA Civ 1334 [87].

Äußernden von der Unwahrheit der Äußerung[322] und ob der Äußernde die Äußerung richtiggestellt oder sich entschuldigt hat.[323] Keine Bedeutung hat, ob die Reputation durch vorherige Veröffentlichungen bereits beschädigt war.[324]

Um festzustellen, ob eine Äußerung diffamierend ist, war im Common Law bis zum Erlass des Defamation Act 2013 kein anderer Beweis zulässig als die geäußerten Worte selbst.[325] Das Erfordernis des *„serious harm"* gestattet und erfordert es nunmehr sogar, dass Beweise beigebracht werden.[326] Auf die damit verbundenen Schwierigkeiten haben Richter bereits hingewiesen: Dem Kläger dürfte daran gelegen sein, dass möglichst wenige Menschen von der streitgegenständlichen Äußerung Kenntnis erlangen, weshalb er dies auch nur ungern im Bekanntenkreis erfragen möchte.[327] Der Court of Appeal bemängelte zudem, dass eine Beweisaufnahme zu einem weiteren Anstieg der Kosten in *defamation*-Verfahren führen wird und damit genau das Gegenteil von dem bewirkt, was Section 1 Defamation Act 2013 eigentlich beabsichtigt.[328]

Maßgeblicher Zeitpunkt für die Schwelle von „zugefügt hat" und „zufügen wird" in Section 1 Abs. 1 Defamation Act 2013 ist der Zeitpunkt der Publikation,[329] nicht erst der Zeitpunkt der Klageerhebung.[330]

bb) Kundgabe

Der *tort of defamation* erfordert die Kundgabe der diffamierenden Äußerung unter Bezugnahme auf den Kläger (*publication referring to the claimant*) gegenüber mindestens einer anderen Person als dem Ehrträger selbst.[331] Der *tort of*

---

[322] Barron and Healey v. Vines [2016] EWHC 1226 (QB) [22]; Monroe v. Hopkins [2017] EWHC 433 (QB) [66].

[323] Cooke & Midland Heart Limited v. MGN Limited & Trinity Mirror Midlands Limited [2014] EWHC 2831 (QB) [44]; Monroe v. Hopkins [2017] EWHC 433 (QB) [65]; Woodward v. Grice [2017] EWHC 1292 (QB) [31]; Barron u.a. v. Collins [2017] EWHC 162 (QB) [29]; *mutatis mutandis* Lachaux v. Independent Print Limited u.a. [2017] EWCA Civ 1334 [97].

[324] Lachaux v. Independent Print Limited u.a. [2017] EWCA Civ 1334 [90f.]; anders noch die Vorinstanz: Lachaux v. Independent Print Limited u.a. [2015] EWHC 2242 (QB) [87].

[325] Siehe z.B. Slim v. Daily Telegraph Ltd. [1968] 2 QB 157, 173.

[326] Cooke & Midland Heart Limited v. MGN Limited & Trinity Mirror Midlands Limited [2014] EWHC 2831 (QB) [37–39]; Sobrinho v. Impresa Publishing SA [2016] EWHC 66 (QB) [46]; Monroe v. Hopkins [2017] EWHC 433 (QB) [68].

[327] Ames and McGee v. Spamhouse Project Ltd. and Linford [2015] EWHC 127 (QB) [55]; siehe auch Sobrinho v. Impresa Publishing SA [2016] EWHC 66 (QB) [46]; Monroe v. Hopkins [2017] EWHC 433 (QB) [68].

[328] Lachaux v. Independent Print Limited u.a. [2017] EWCA Civ 1334 [69ff.]. Kritisch bereits Theedom v. Nourish Training t/a CSP Recruitment and Sewell [2015] EWHC 3769 (QB) [31].

[329] Lachaux v. Independent Print Limited u.a. [2017] EWCA Civ 1334 [67]; Alsaifi v. Trinity Mirror plc & Board of Directors u.a. [2017] EWHC 2873 (QB) [91].

[330] So noch Cooke & Midland Heart Limited v. MGN Limited & Trinity Mirror Midlands Limited [2014] EWHC 2831 (QB) [33].

[331] Pullman v. W. Hill & Co. Ltd. [1891] 1 QB 524, 527.

defamation schützt damit nicht die Ehre insgesamt, sondern nur die „äußere Ehre", das Ansehen des Ehrträgers.

Der Begriff der *„publication"* ist jedoch irreführend.[332] Es haftet nämlich nicht nur derjenige wegen *defamation*, der eine Stellungnahme erst veröffentlicht. Dies würde beispielsweise den Autor ausschließen, dessen Buch oder dessen Artikel erst durch einen Verleger oder eine Zeitung einer breiteren Öffentlichkeit bekannt gemacht wird. Kern des *tort of defamation* ist jedoch weder Urheberschaft noch Veröffentlichung im engeren Sinne, sondern der Beitrag zur Kommunikation einer diffamierenden Äußerung.[333] Sowohl der Urheber einer diffamierenden Äußerung als auch der Intermediär, d. h. die Person oder Institution, die das Kommunikationsmedium zur Verfügung stellt, fallen unter das Konzept des *publisher* und können daher grundsätzlich für eine Ehrverletzung haften. In der englischen Literatur und Rechtsprechung werden sie als „primäre" und „sekundäre" *publishers* bezeichnet, was jedoch nichts an der rechtlichen Würdigung ändert, dass sie beide für *defamation* haften können. Nach englischem Recht haftet vielmehr jede Person oder Institution für *defamation*, die dazu beiträgt, dass eine diffamierende Äußerung einer anderen Person bekannt gemacht wird.[334] Das Recht von England und Wales verlangt auch keine aktive Teilnahme an der Bekanntgabe. Für eine Beteiligung genügt es grundsätzlich, dass es ein Kommunikationsintermediär nicht verhindert, dass jemand das von ihm zur Verfügung gestellte Medium für die Verbreitung von diffamierenden Äußerungen verwendet.[335]

Noch nicht abschließend geklärt ist jedoch, ob die fehlende Kenntnis des Kommunikationsintermediärs von der Äußerung bereits den Tatbestand der *publication* ausschließt, oder ob dies lediglich für die Einrede des Intermediärs relevant wird.[336] In der Rechtsprechung lassen sich zwei Ansätze unterscheiden. In *Godfrey v. Demon Internet* entschied Richter Morland, dass ein Internet-Diensteanbieter auch dann als *publisher* zu qualifizieren sei, wenn er von der diffamierenden Äußerung, die über seinen Dienst verbreitet wurde, keine Kenntnis hatte.[337] Morland verstand die fehlende Kenntnis des Diensteanbieters als Teil einer möglichen Einrede, nämlich die der „schuldlosen Verbreitung" (*innocent dissemination*; dazu unter ee) und Kapitel 6). Im Unterschied zu Morland entschied Richter Eady in *Bunt v. Tilley*, dass ein Internet-Diensteanbieter, der nicht mehr als eine „passive Rolle" bei der Veröffentlichung von Pos-

---

[332] *Oster*, Legal Studies 35 (2015), 348, 352 ff.

[333] *Oster*, Legal Studies 35 (2015), 348, 352 f. m. w. N.

[334] Pullman v. W. Hill & Co. Ltd. [1891] 1 QB 524, 527; Marchant v. Ford [1936] 2 All ER 1510; Godfrey v. Demon Internet Ltd. [1999] EWHC 240 (QB) [33]; *Mitchell*, The Making of the Modern Law of Defamation, 2005, S. 124.

[335] Byrne v. Deane [1937] 1 KB 818, 837.

[336] Die nachfolgenden Ausführungen beruhen auf *Oster*, Legal Studies 35 (2015), 348, 353 ff.

[337] Godfrey v. Demon Internet Ltd. [1999] EWHC 240 (QB) [26].

tings im Internet ausübte, nicht als *publisher* im Sinne des Common Law quali-
fiziere, solange er nicht weiß oder wissen muss, dass die Veröffentlichung
„wahrscheinlich" diffamierend sei.[338] Eine ähnliche Ansicht wie Richter Eady
vertrat bereits der New York Court of Appeals in *Lunney v. Prodigy*. Das Gericht entschied, dass der Anbieter eines Internet-Chatrooms für diffamierende
Postings nicht verantwortlich sei, da er die Äußerungen nicht im Sinne des *tort
of defamation* „veröffentlicht" habe.[339]

   Die praktische Bedeutung der Frage, ob die fehlende Kenntnis des Intermediärs bereits den Tatbestand der *publication* ausschließt oder lediglich eine Einrede begründet, ist gering. In beiden Fällen wäre die Klage im Ergebnis abzu-
weisen. Sie ist jedoch von erheblichem dogmatischem Interesse und soll daher
kurz erörtert werden. Richter Morland und Richter Eady beziehen sich auf dieselben Präzedenzfälle, aber lesen diese unterschiedlich. Hier soll ein Hinweis
auf die Entscheidung *Emmens v. Pottle* aus dem Jahr 1885, auf die sich sowohl
Bunt v. Tilley (unter Rn. 23) als auch *Godfrey v. Demon Internet* (unter Rn. 31)
beziehen, genügen.[340] Die Beklagten betrieben einen Zeitungsstand, der u. a.
Ausgaben eines Magazins verkaufte, das eine diffamierende Äußerung enthielt.
Lord Esher MR entschied, dass eine *publication* dann nicht vorliege, wenn eine
Person eine rein passive Rolle in dem Kommunikationsprozess spiele. Seine
Lordschaft erläuterte dann jedoch, dass die Beklagten aufgrund ihrer fehlenden
Kenntnis „schuldlose Verbreiter" (*innocent disseminators*) einer Äußerung waren, deren Inhalt sie nicht kannten.[341] *Emmens v. Pottle* lässt sich somit einerseits so verstehen, dass fehlende Kenntnis von einer diffamierenden Äußerung
bereits das Tatbestandsmerkmal der *publication* ausschließt. Andererseits lässt
sich *Emmens v. Pottle* auch so lesen, dass fehlende Kenntnis der Äußerung erst
eine Einrede begründe, nämlich die der „schuldlosen Verbreitung" (*innocent
dissemination*).

   Die unterschiedliche Interpretation von *Emmens v. Pottle* ist vor dem Hintergrund der historischen Entwicklung des *tort of defamation* zu verstehen. Bis
zum Ende des 19. Jahrhunderts, d. h. auch noch zu dem Zeitpunkt von *Emmens
v. Pottle*, war der *tort of defamation* ein verschuldensabhängiges Delikt. Seit
spätestens 1910 – das genaue Datum des Rechtsprechungswandels lässt sich
heute nicht mehr nachvollziehen (dazu ee)) – ist *defamation* jedoch für Autoren,
d. h. für *primary publishers*, verschuldensunabhängig. *Secondary publishers*,
d. h. Kommunikationsintermediäre, können sich indessen auf die Einrede der
innocent dissemination berufen. Wie der Begriff *„innocent"* suggeriert, ist die

---

[338] Bunt v. Tilley [2006] EWHC 407 (QB) [36]; bestätigt z. B. in Tamiz v. Google [2013]
EWCA Civ 68 [26]; Richardson v. Facebook and Richardson v. Google (UK) Ltd. [2015]
EWHC 3154 (QB) [29].
[339] Lunney v. Prodigy Services Co., 701 N.Y.S. 2d 684 (N.Y. 1999).
[340] Für weitere Nachweise siehe *Oster*, Legal Studies 35 (2015), 348, 354 f.
[341] Emmens v. Pottle [1885] 16 QBD 354, 357 f.

Einrede verschuldensabhängig.[342] Aus diesem Grunde erscheinen *Emmens v. Pottle* und andere Entscheidungen zur Haftung von Intermediären aus dem 19. Jahrhundert aus heutiger Sicht zweideutig. Sie sind vor dem Hintergrund des *tort of defamation* als für alle Beteiligten verschuldensabhängiges Delikt zu verstehen. Anders formuliert: Der Einwand des fehlenden Verschuldens stand zu dieser Zeit nicht nur Kommunikationsintermediären, sondern auch Autoren zu. Somit bestand zu dieser Zeit, anders als heute, kein Bedürfnis danach, zwischen der Kenntnis von Autoren und Intermediären zu unterscheiden.

Bereits an anderer Stelle wurde dafür argumentiert, das Tatbestandsmerkmal der *publication* unabhängig davon zu konzipieren, ob der Beklagte Autor oder Intermediär ist.[343] Vielmehr ist *publication* als funktionales Äquivalent zum Erfordernis der Kausalität, welches bei anderen *torts* gilt, zu begreifen. Auch „rein passive", d.h. auf der Grundlage automatischer Abläufe agierende Kommunikationsintermediäre können somit das Merkmal der *publication* erfüllen. Ihre Kenntnis oder Unkenntnis sollte allein für die Einrede der *innocent publication* relevant sein. Diese Betrachtung erlaubt nicht zuletzt eine dogmatisch harmonische Einbettung der e-commerce-Richtlinie in das englische Recht (dazu Kapitel 6).

Nach englischem Recht stellt jede Kundgabe einer diffamierenden Äußerung eine erneute Kundgabe dar, die einen Anspruch wegen *defamation* begründen kann.[344] Diese sogenannte „*multiple publication rule*" wurde erstmals 1849 in *Duke of Brunswick v. Harmer* angewandt.[345] 1830 veröffentlichte die britische Zeitung „Weekly Dispatch" einen Artikel, der Karl II., Herzog zu Braunschweig und Lüneburg, diffamierte.[346] Siebzehn Jahre später sandte Karl II. seinen Diener nach London, der ihm dort zwei Exemplare der besagten Ausgabe des Weekly Dispatch besorgte; eines aus dem British Museum und eines vom Herausgeber des Weekly Dispatch selbst. Der Herzog erhob daraufhin Klage gegen den Herausgeber der Zeitung. Dieser verwies das Gericht auf die Verjährungsfrist von damals 6 Jahren. Das Gericht entschied jedoch, dass die Übergabe der Zeitungen durch das British Museum bzw. durch Weekly Dispatch an den Diener des Herzogs jeweils eine neue Kundgabe (*publication*) des diffamierenden Inhalts darstellte und somit die Verjährungsfrist neu auslöste.[347] Die streitgegenständliche Ausgabe des Weekly Dispatch wurde daher nicht nur bei ihrer Erstausgabe im Sinne des englischen *defamation law* veröffentlicht, son-

---

[342] *Mitchell*, The Making of the Modern Law of Defamation, 2005, S. 114.

[343] *Oster*, Legal Studies 35 (2015), 348, 355 ff.

[344] *Smith*, Internet Law and Regulation, 4. Aufl. 2007, Rn. 4-006; *Sutter*, Defamation, in: Goldberg/Sutter/Walden (Hrsg.), Media Law and Practice, 2009, 373, 391.

[345] Duke of Brunswick v. Harmer [1849] 14 QB 185.

[346] Der genaue Inhalt des Artikels ist heute nicht mehr bekannt; siehe <http://www.theguardian.com/technology/2005/dec/27/news.constitution> (zuletzt abgerufen am 28.12.2018).

[347] Duke of Brunswick v. Harmer [1849] 14 QB 189.

dern mit jedem weiteren Verkauf – die *multiple publication rule* war geschaffen. Die verjährungsrechtliche *multiple publication rule* führt beispielsweise dazu, dass die Verjährungsfrist für eine Veröffentlichung in einem Internet-Archiv stets neu zu laufen beginnt, wenn der Artikel abgerufen wird. In *Times Newspapers Ltd gegen Vereinigtes Königreich (Nr. 1 und 2)* bestätigte der EGMR, dass der verjährungsrechtliche Effekt der *multiple publication rule* mit Art. 10 EMRK vereinbar ist.[348]

Anders als englische (und australische) Gerichte wenden amerikanische Gerichte hingegen die sogenannte *single publication rule* an.[349] Die *single publication rule* betrachtet eine Kundgabe in zeitlicher wie auch in örtlicher Hinsicht als einzigartig. In zeitlicher Hinsicht erfolgt eine Kundgabe nur in dem Moment ihrer erstmaligen Kommunikation.[350] In örtlicher Hinsicht findet eine Kundgabe nur am Handlungsort statt.

Die umstrittene verjährungsrechtliche *multiple publication rule* ist auch in England und Wales seit 2013 Rechtsgeschichte. Section 8 des Defamation Act 2013 hat inzwischen eine *single publication rule* hinsichtlich der Verjährung einer Verleumdungsklage eingeführt. Allerdings gilt die *multiple publication rule* weiterhin für die Bestimmung der Jurisdiktion (siehe Kapitel 7).[351]

cc) Die Unterscheidung zwischen libel und slander

Das Common Law[352] untergliedert den *tort of defamation* in zwei Fallgruppen: *libel* und *slander*. Abgrenzungskriterium ist, ob die ehrverletzende Äußerung in irgendeiner Form für eine gewisse Dauer verfestigt ist, insbesondere schriftlich festgehalten wurde; in diesem Fall ist *libel* gegeben. Wurde sie hingegen mündlich mitgeteilt, handelt es sich um *slander*. Der rechtliche Unterschied besteht darin, dass bei einer Klage wegen *libel* das Bestehen eines Schadens vermutet wird, *slander* hingegen die – vom Kläger zu beweisende – Feststellung eines Schadens voraussetzt. *Libel* ist somit *actionable per se*.

Die Unterscheidung zwischen *libel* und *slander* ist historisch bedingt.[353] Der gesteigerte Vorwurf des *libel* besteht darin, dass der Schreiber einer ehrenrüh-

---

[348] EGMR, Times Newspapers Ltd./Vereinigtes Königreich (Nr. 1 und 2) [2009] Beschwerde-Nr. 3002/03 und 23676/03.
[349] Siehe Section 577A Restatement (Second) of Torts (1977). Die *single publication rule* wurde erstmals in Wolfson v. Syracuse Newspapers Inc., 279 N.Y. 716 (N.Y. 1939) formuliert und auf Internet-Sachverhalte in Firth v. State of New York, N.Y. 3d 709 (N.Y. 2005) angewandt.
[350] Gregoire v. GP Putnam's Sons, 298 N.Y. 119 (N.Y. 1948).
[351] *Mullis/Scott*, Journal of Media Law 3 (2011), 1, 13; *Rudkin*, Entertainment Law Review 25 (2014), 19, 21.
[352] Die Unterscheidung zwischen *libel* und *slander* existiert allerdings nicht im schottischen Recht; siehe *Deakin/Johnston/Markesinis*, Markesini's and Deakin's Tort Law, 7. Aufl. 2013, S. 636.
[353] Dazu *Zweigert/Kötz*, Einführung in die Rechtsvergleichung, 3. Aufl. 1996, S. 706;

rigen Äußerung über die Angelegenheit tiefgründiger räsoniert haben soll als derjenige, der sie nur verbal und damit in der Regel spontan äußert.[354] Getreu dem Grundsatz *verba volant, scripta manent* bleiben zudem nur niedergeschriebene ehrenrührige Äußerungen „in der Welt". In der Unterscheidung zwischen *libel* und *slander* findet sich somit der gleiche Rechtsgedanke wieder, der die Strafschärfung „durch Schriften" in §§ 186, 187 StGB begründet.

Eine hinreichende Verfestigung im Sinne eines *libel* ist beispielsweise gegeben bei Büchern, Zeitungen und Zeitschriften. Darüber hinaus gelten diffamierende Worte nach Section 4 Abs. 1 Theatres Act 1968 als *libel*, wenn sie in einer Theateraufführung gesprochen werden, nach Section 7 Abs. 2 Theatres Act 1968 hingegen als *slander*, wenn sie während der Proben gesprochen werden. Diffamierungen in einer Rede sind *slander*; wird die Rede im Fernsehen ausgestrahlt, werden sie zu *libel*.[355] In *Monson v. Tussauds*[356] stellte der High Court fest, dass auch eine Wachsfigur eine hinreichend verfestigte Ehrverletzung im Sinne des *libel* sein kann.

dd) Einreden (defences)

Unter einer *defence* ist eine Regel zu verstehen, die außerhalb der Tatbestandsmerkmale des Delikts liegt und somit die Voraussetzungen des Delikts unberührt lässt, die Haftung ausschließt und die grundsätzlich vom Beklagten zu behaupten und zu beweisen ist.[357] Aufgrund der funktionalen Äquivalenz wird daher im Folgenden der Begriff der „Einrede" verwendet, um *defence* zu übersetzen.

Ebenso wie die deliktischen Voraussetzungen des *tort of defamation* sind die Voraussetzungen einer *defence* im Einklang mit den Menschenrechten der EMRK auszulegen. Von besonderer Bedeutung für die Kategorisierung der *defences* ist die Unterscheidung zwischen Tatsachenbehauptungen und Werturteilen. Beispielsweise kann die Einrede der Wahrheit der Äußerung (*justification*) allein bei Tatsachenbehauptungen, die des *honest comment* allein bei Werturteilen erfolgreich geltend gemacht werden.

Gounalakis/Rösler, Ehre, Meinung und Chancengleichheit im Kommunikationsprozeß, 1998, S. 16; *Deakin/Johnston/Markesinis*, Markesini's and Deakin's Tort Law, 7. Aufl. 2013, S. 636 f.

[354] In diese Richtung Smith v. ADVN [2008] EWHC 1797 (QB); vgl. *Edwards*, in: Edwards/Waelde (Hrsg.), Law and the Internet, 3. Aufl. 2009, 47, 51.

[355] Section 166 Abs. 1 Broadcasting Act 1990. Siehe z. B. Barron u. a. v. Collins [2017] EWHC 162 (QB) [43 f.]

[356] Monson v. Tussauds Ltd. [1894] 1 QB 671.

[357] Siehe *Goudkamp*, Tort Law Defences, 2013, S. 6 f.

(1) Wahrheit der behaupteten Tatsache

Mit der Common Law-Einrede der „Rechtfertigung" (*justification*) konnte der Beklagte einer Klage wegen *defamation* den Boden entziehen, wenn er die Wahrheit der von ihm aufgestellten oder verbreiteten ehrenrührigen Tatsachenbehauptung beweisen konnte. Section 2 Defamation Act 2013 kodifiziert diese Einrede nunmehr, allerdings in einer für den Beklagten weniger strengen Form. Nach Section 2 Abs. 1 Defamation Act 2013 hat der Beklagte bereits dann eine Einrede, wenn er beweisen kann, dass die diffamierende Behauptung, die durch die Äußerung vermittelt wurde, „im Wesentlichen wahr" (*substantially true*) ist. Diese Vorschrift kodifiziert eine Regel aus *Chase v. News Group Newspapers*.[358] Darin entschied der Court of Appeal, dass der Beklagte nicht die Wahrheit eines jeden Wortes beweisen müsse. Stattdessen reiche es aus, wenn er den „Stachel" der Verleumdung dem Grunde nach oder im Wesentlichen beweisen könne.[359]

Ist die Äußerung mehrdeutig und kann keine der möglichen Bedeutungen als im Wesentlichen wahr bewiesen werden, so verliert der Beklagte grundsätzlich die Einrede der Wahrheit. Dies gilt nach Section 2 Abs. 3 Defamation Act 2013 jedoch dann nicht, wenn die Bedeutungen, die nicht erwiesenermaßen „im Wesentlichen wahr" sind, unter Berücksichtigung der Bedeutungen, die im Wesentlichen wahr sind, den guten Ruf des Klägers nicht ernsthaft beeinträchtigen.

Die Einrede der *justification* ist absolut, d.h. gegen eine wahrheitsgemäße Aussage ist eine Klage wegen *defamation* erfolglos. Aus der Konzeption des Wahrheitsbeweises als Einrede – und nicht etwa der Unwahrheit der Äußerung als Tatbestandsvoraussetzung des *tort of defamation* – folgt, dass der *tort of defamation* in England auf der Vermutung beruht, dass eine diffamierende Aussage unwahr ist.[360]

(2) Veröffentlichung zu einer Angelegenheit von öffentlichem Interesse

Von besonderer praktischer Bedeutung ist die Einrede der „Veröffentlichung zu einer Angelegenheit von öffentlichem Interesse" gemäß Section 4 Abs. 1 Defamation Act 2013. Danach steht dem Beklagten eine Einrede zu, wenn die Äußerung eine Angelegenheit von öffentlichem Interesse betraf und der Beklagte vernünftigerweise glaubte, dass die Kundgabe der Äußerung im öffentlichen Interesse sei. Die Vorschrift kodifiziert das Common Law, welches seit der wegweisenden Entscheidung *Reynolds v. Times Newspapers* galt.[361] Hinter-

---

[358] Chase v. News Group Newspapers Ltd. [2002] EWCA Civ 1772 [34]. Siehe Defamation Act 2013 Explanatory Notes, Rn. 14; *Mullis/Scott*, Journal of Media Law 3 (2011), 1, 7.
[359] „[T]he defendant does not have to prove that every word he or she published was true. He or she has to establish the "essential" or "substantial" truth of the sting of the libel". Siehe z.B. Serafin v. Malkiewicz u.a. [2017] EWHC 2992 (QB) [183].
[360] *Milo*, Defamation and Freedom of Speech, 2008, S. 156ff.
[361] House of Lords, Reynolds v. Times Newspapers [2001] 2 AC 127.

grund der *Reynolds*-Entscheidung und damit auch von Section 4 Abs. 1 Defamation Act 2013 ist folgender: Die Einrede des „eingeschränkten Privilegs" (*qualified privilege*) schützte vor *defamation*-Klagen, bei denen der Beklagte den Wahrheitsbeweis seiner Aussage nicht – oder jedenfalls nicht zur Überzeugung der Jury – führen konnte. Ihren Namen trug die Einrede in Abgrenzung zur absoluten Indemnität von Abgeordneten nach Art. 9 der Bill of Rights 1689. Im Unterschied zu diesem *absolute privilege* schied die *qualified privilege*-Einrede aus, wenn die Äußerung in bösem Glauben getätigt wurde.

Gegenstand der Einrede war der sog. *duty and interest test*: Der Äußernde musste aus rechtlichen oder moralischen Gründen zu der Behauptung verpflichtet gewesen sein (*duty*) und der Empfänger musste ein wesentliches Interesse an der Information haben (*interest*).[362] Bis 1999 galten diese Voraussetzungen nur dann als erfüllt, wenn zwischen dem Äußernden und dem Empfänger der Information eine besondere Beziehung bestand, etwa ein Arbeits- oder Familienverhältnis.[363] Nicht umfasst von der Einrede des eingeschränkten Privilegs waren hingegen Mitteilungen an die Öffentlichkeit, etwa durch Zeitungen oder Rundfunk.[364] Schulbeispiel für den *duty and interest test* war der Vater, der seine Tochter davor warnt, mit einer bestimmten Person auszugehen, da diese Person einen schlechten Leumund habe. Eine besondere Beziehung, die den *duty and interest test* erfüllte, nahm der High Court etwa in *Beach v. Freeson* an. Ein Bürger beschwerte sich bei seinem Parlamentsabgeordneten über die Arbeit einer Rechtsanwaltskanzlei. Der Abgeordnete gab diese Beschwerde an den Lordkanzler sowie die Rechtsanwaltskammer weiter. Die Rechtsanwaltskanzlei verklagte den Abgeordneten wegen *defamation*, aber der High Court entschied, dass der Abgeordnete gegenüber dem Bürger seines Wahlkreises verpflichtet gewesen war, die Anschuldigungen an die zuständigen Stellen weiterzugeben.[365]

In der Entscheidung *Reynolds v. Times Newspapers* im Jahre 1999 konzipierte das House of Lords die Einrede des eingeschränkten Privilegs neu. Albert Reynolds war bis zu einer Regierungskrise im Jahre 1994 der Taoiseach (Premierminister) von Irland. Die Zeitung The Times äußerte in einem Artikel den Verdacht, dass Reynolds das irische Parlament belogen habe. Daraufhin verklagte Reynolds die Times wegen *defamation*. Da die Times nicht beweisen

---

[362] Adam v. Ward [1917] AC 309, 334; Blackshaw v. Lord [1984] QB 1; Beach v. Freeson [1972] 1 QB 14.

[363] Toogood v. Spyring [1834] 1 CR M & R 181; Davies v. Snead [1870] LR 5 QB 608; Adam v. Ward [1917] AC 309, 334; Turner v. MGM Ltd. [1950] 1 All ER 449; Regan v. Taylor [2000] 1 All ER 307.

[364] So noch der Court of Appeal in London Artists Ltd. v. Littler [1969] 2 QB 375. Vereinzelt ist die eingeschränkte Immunität inzwischen gesetzlich geregelt, etwa für Berichterstattungen über Gerichtsverhandlungen; siehe Section 15 und Schedule 1 Defamation Act 1996. Zum vorangegangenen Case Law siehe Watts v. Times Newspapers [1996] 1 All ER 152; Cook v. Alexander [1974] QB 279.

[365] Beach v. Freeson [1972] QB 14.

konnte, dass Reynolds tatsächlich gelogen hatte, kam für sie die Einrede der *justification* nicht in Betracht. Zwar gab das House of Lords der Klage Reynolds' im Ergebnis statt; allerdings entschied es auch, dass sich Medienorgane unter bestimmten Voraussetzungen auf die Einrede des eingeschränkten Privilegs berufen können. Wenn eine Medienveröffentlichung eine Angelegenheit von öffentlichem Interesse betraf, so bestand eine Pflicht der Medien gegenüber der Öffentlichkeit, hierüber zu berichten. Zugleich habe die Öffentlichkeit ein Interesse daran, hiervon zu erfahren. Eine besondere Beziehung zwischen Verkünder und Empfänger der Information war somit verzichtbar. Ob ein Medienunternehmen im konkreten Fall in den Genuss des eingeschränkten Privilegs kommt, machten die Lordrichter von den Umständen des Einzelfalls abhängig, sog. *circumstancial test*. Das House of Lords benannte – nicht abschließend[366] – zehn „Umstände", die es zu berücksichtigen gelte:[367]

„1. Die Schwere der Behauptung. Je schwerer die Anschuldigung, desto mehr wird die Öffentlichkeit desinformiert und desto mehr Schaden wird dem Betroffenen zugefügt, wenn sich die Anschuldigungen als unrichtig erweisen.

2. Der Inhalt der Information, und in welchem Ausmaß der Gegenstand der Äußerung eine Angelegenheit von öffentlichem Interesse ist.

3. Die Informationsquelle. Einige Informanten haben keine direkte Kenntnis von Ereignissen. Einige haben eine Rechnung zu begleichen, andere werden für ihre Geschichten bezahlt.

4. Welche Schritte unternommen wurden, um die Information zu verifizieren.

5. Der Status der Information. Ist die Behauptung bereits Gegenstand einer Untersuchung, so ist dies zu respektieren.

6. Die Dringlichkeit der Angelegenheit. Neuigkeiten sind oft eine „verderbliche Ware".

7. Ob dem Betroffenen Gelegenheit gegeben wurde, sich zu äußern. Er könnte über Informationen verfügen, die andere nicht besitzen oder nicht veröffentlicht haben. Allerdings wird es nicht immer notwendig sein, den Betroffenen zu kontaktieren.

8. Ob der Artikel die Kernaussage aus Sicht des Betroffenen wiedergibt.

9. Der Ton des Artikels. Eine Zeitung kann Fragen stellen oder eine Untersuchung fordern. Sie braucht eine Beschuldigung nicht als Tatsachenbehauptung zu übernehmen.

10. Die Umstände der Veröffentlichung, einschließlich des Zeitpunkts."

Die *Reynolds*-Entscheidung nahm die Einrede des eingeschränkten Privilegs somit zum dogmatischen Anknüpfungspunkt für die Pflicht des Vereinigten Königreichs zur Beachtung von Art. 10 EMRK. Der Zeitpunkt dieses Wandels in der Rechtsprechung war nicht zufällig: 2000 trat der Human Rights Act in Kraft. Nicht zuletzt aufgrund der Rechtsprechung des EGMR[368] erkannte das

---

[366] House of Lords, Reynolds v. Times Newspapers [2001] 2 AC 127, 205; Jameel v. Wall Street Journal Europe Sprl [2006] UKHL 44 [56].

[367] House of Lords, Reynolds v. Times Newspapers [2001] 2 AC 127, 205.

[368] Z.B. EGMR, Observer und Guardian/Vereinigtes Königreich [1991] Beschwerde-Nr. 13585/88; Tolstoy Miloslavsky/Vereinigtes Königreich [1995] Beschwerde-Nr. 18139/91; EKomMR, Bowman/Vereinigtes Königreich [1998] Beschwerde-Nr. 141/1996/762/959.

House of Lords die Notwendigkeit, das Verhältnis von Ehrschutz und Meinungsfreiheit in England und Wales neu zu justieren.

Unklar war jedoch, ob *Reynolds* tatsächlich nur eine Weiterentwicklung der Einrede des eingeschränkten Privilegs darstellte,[369] oder ob die Entscheidung eine neue Einrede begründete.[370] Der Begriff des „Privilegs", wie er im Common Law verstanden wird, setzt eine besondere, eben privilegierte, *Situation* voraus. Darauf kam es in *Reynolds* jedoch gerade nicht an, sondern auf das öffentliche Interesse an der *Information*.[371] Der Defamation Act 2013 geht offenbar davon aus, dass es sich bei *Reynolds* um eine selbständige Einrede handelte. Section 4 Abs. 6 Defamation Act 2013 bestimmt, dass die „als Reynolds-Einrede bekannte" Common Law-Einrede abgeschafft werde.

Der nunmehr anstelle von *Reynolds* geltende Section 4 Abs. 1 Defamation Act 2013 gilt – abweichend vom Common Law – nicht nur für Tatsachenbehauptungen, sondern auch für Meinungsäußerungen.[372] Da allerdings Meinungsäußerungen sowohl im Common Law als auch nunmehr in Section 3 Defamation Act 2013 (dazu unter (4)) von einer eigenen Einrede erfasst waren bzw. sind, erscheint fraglich, ob Section 4 Defamation Act 2013 überhaupt ein eigener Anwendungsbereich für Meinungsäußerungen verbleibt. Dies gilt umso mehr, als Section 3 Defamation Act 2013 verlangt, dass die Meinungsäußerung die Tatsachen mitteilen muss, auf deren Grundlage die Meinung gebildet wurde, und diese Tatsachenbehauptung ihrerseits wahr oder durch ein Privileg – etwa Section 4 Defamation Act 2013 selbst – geschützt ist. Somit verwischt Section 4 Defamation Act 2013 die für das Kommunikationsdeliktsrecht zentrale Unterscheidung zwischen Tatsachenbehauptungen und Meinungsäußerungen.[373]

Die Einrede des Section 4 Defamation Act 2013 setzt zweierlei voraus:
1. Die Äußerung trug zu einer Angelegenheit von öffentlichem Interesse bei (Section 4 Abs. 1 Buchst. a)), und
2. der Beklagte durfte vernünftigerweise annehmen, dass die Äußerung im öffentlichen Interesse sei (Section 4 Abs. 1 Buchst. b)).[374]

Die erste Voraussetzung – Beitrag zu einer Angelegenheit von öffentlichem Interesse – entspricht dem zweiten *Reynolds*-Kriterium. Section 4 Abs. 1 Defama-

---

[369] So Lord Bingham in Jameel v. Wall Street Journal Europe Sprl [2006] UKHL 44 [29 f].
[370] So Jameel v. Wall Street Journal Europe Sprl [2006] UKHL 44 [46]; Loutchansky v. Times Newspapers Ltd. (Nos 2–5) [2002] QB 783, 806; Spiller v. Joseph [2010] UKSC 53 [65].
[371] Jameel v. Wall Street Journal Europe Sprl [2006] UKHL 44 [46].
[372] Section 4 Abs. 5 Defamation Act 2013; *Mullis/Scott*, Journal of Media Law 3 (2011), 1, 11.
[373] Kritisch auch *Mullis/Scott*, Journal of Media Law 3 (2011), 1, 11 f.
[374] „(1) It is a defence to an action for defamation for the defendant to show that –
(a) the statement complained of was, or formed part of, a statement on a matter of public interest; and
(b) the defendant reasonably believed that publishing the statement complained of was in the public interest."

tion Act 2013 definiert indessen nicht, wie der Begriff des „öffentlichen Interesses" zu bestimmen ist. Die Erläuterungen zu dieser Vorschrift verweisen stattdessen darauf, dass das Konzept des „öffentlichen Interesses" im Common Law „fest etabliert" sei.[375] Eine Angelegenheit ist dann von öffentlichem Interesse, wenn sie eine Vielzahl von Personen betrifft und diese ein legitimes Interesse daran haben, die Meinungsäußerung zu vernehmen.[376] Gegenstand des öffentlichen Interesses sind insbesondere Menschen, die Aspekte ihres Privatlebens in die Öffentlichkeit getragen haben oder vielen Menschen als Vorbild dienen.[377] Es wird jedoch regelmäßig darauf hingewiesen, dass der Begriff des öffentlichen Interesses nicht mit dem Interesse der Öffentlichkeit zu verwechseln ist.[378]

Nach Section 4 Abs. 1 Buchst. b) Defamation Act 2013 musste der Beklagte zudem vernünftigerweise annehmen dürfen, dass die Äußerung im öffentlichen Interesse sei. Dies setzt zunächst voraus, dass der Beklagte selbst glaubte, dass seine Äußerung im öffentlichen Interesse gewesen ist. Dies ist nur dann der Fall, wenn er davon ausgeht, dass sie wahr ist. Section 4 Abs. 1 Defamation Act 2013 schützt somit nur die in gutem Glauben getätigte Äußerung.[379] Außerdem musste der Beklagte unter den gegebenen Umständen vernünftigerweise annehmen dürfen, dass die Äußerung im öffentlichen Interesse sei. Beachtlich ist insofern der Unterschied des Wortlauts zu Buchst. a): Buchst. a) verlangt einen Beitrag *zu* einer Angelegenheit von öffentlichem Interesse, Buchst. b) hingegen erfordert, dass der Beklagte annehmen durfte, dass die Äußerung selbst *im* öffentlichen Interesse sei. Damit inkorporiert die Vorschrift die in *Reynolds* etablierten Sorgfaltspflichten.[380]

Darüber hinaus enthält Section 4 Defamation Act 2013 weitere Bestimmungen zu den Sorgfaltspflichten. Section 4 Abs. 3 Defamation Act 2013 betrifft die Berichterstattung über diffamierende Äußerungen Dritter, die bereits Gegenstand einer Auseinandersetzung zwischen dem Kläger und dem Dritten sind. Wenn die streitgegenständliche Berichterstattung die Behauptung eines Dritten richtig und unparteiisch wiedergibt, dann besteht keine Verpflichtung, Schritte zu unternehmen, um die Wahrheit der Behauptung zu ermitteln. Art. 4 Abs. 3 Defamation Act 2013 kodifiziert somit die Common Law-Doktrin der „*reportage*", die eine Ausnahme vom Gebot der Wahrung von Sorgfaltspflich-

---

[375] Defamation Act 2013 Explanatory Notes, Rn. 30.
[376] London Artists Ltd. v. Littler [1969] 2 QB 375; Telnikoff v. Matusevitch [1992] 2 AC 343; Burstein v. Associated Newspapers [2007] EWCA Civ 600.
[377] Branson v. Bower [2002] QB 737.
[378] Reynolds v. Times Newspapers [2001] 2 AC 127, 288; Jameel v. Wall Street Journal Europe Sprl [2006] UKHL 44 [31]; *Milo*, Defamation and Freedom of Speech, 2008, S. 104; *Moosavian*, Journal of Media Law 6 (2014), 234, 243 ff.
[379] Siehe z. B. Singh v. Weayou [2017] EWHC 2102 (QB) [8].
[380] Economou v. de Freitas [2016] EWHC 1853 (QB) [160]; vgl. Serafin v. Malkiewicz u. a. [2017] EWHC 2992 (QB) [335]; so bereits *Mullis/Scott*, Journal of Media Law 3 (2011), 1, 4 f.; *Mullis/Scott*, Modern Law Review 77 (2014), 87, 90.

ten begründete.[381] Section 4 Abs. 4 Defamation Act 2013 trifft eine besondere Regelung für redaktionelle Entscheidungen (*editorial judgements*). Bei der Feststellung, ob der Beklagte vernünftigerweise annehmen durfte, dass die Veröffentlichung der Behauptung im öffentlichen Interesse sei, muss das Gericht redaktionellen Entscheidungen einen angemessenen Spielraum gewährleisten. Die Vorschrift erkennt somit den Beurteilungsspielraum an, den der Oberste Gerichtshof in *Flood v. Times Newspapers*[382] zugestanden hatte. Die Erläuterungen zum Defamation Act weisen dabei ausdrücklich darauf hin, dass der Anwendungsbereich des Section 4 Abs. 4 Defamation Act 2013 nicht auf Medien beschränkt ist.[383] Unter der Geltung von *Reynolds* war noch unklar, ob die Einrede nur für journalistische Medien oder auch für Privatpersonen galt.[384] Allerdings sind unter Section 4 Defamation Act 2013 weniger strenge Anforderungen an die Sorgfaltspflichten von Privatpersonen zu stellen als an die von Journalisten.[385] Schließlich stellt Section 4 Abs. 2 Defamation Act 2013 klar, dass das Gericht bei der Prüfung der Voraussetzungen des Section 4 Abs. 1 Defamation Act 2013 alle Umstände des Falles berücksichtigen muss.

(3) Der Schutz der akademischen Rede

Zu den zentralen Anliegen des Defamation Act 2013 zählte, wissenschaftliche Äußerungen stärker gegen *defamation*-Ansprüche zu schützen.[386] Hintergrund waren Klagen gegen (populär-)wissenschaftliche Äußerungen, die breite öffentliche Wahrnehmung und Empörung hervorriefen. Section 6 Abs. 1 Defamation Act 2013 schafft eine neue Einrede für Veröffentlichung in einer wissenschaftlichen oder akademischen Zeitschrift in elektronischer oder analoger Form. Eine solche Veröffentlichung ist dann privilegiert, wenn die folgenden Voraussetzungen vorliegen:

1. Die Äußerung betrifft eine wissenschaftliche oder akademische Angelegenheit (Section 6 Abs. 2 Defamation Act 2013),

---

[381] Siehe z. B. Al-Fagih v. HH Saudi Research & Marketing [2001] EWCA Civ 1634; *Bosland*, Oxford Journal of Legal Studies 31 (2011), 89.

[382] Flood v. Times Newspapers Ltd. [2012] UKSC 11.

[383] Defamation Act 2013 Explanatory Notes, Rn. 33; vgl. Hourani v. Thomson u. a. [2017] EWHC 432 (QB) [165 ff.].

[384] Vgl. Jameel v. Wall Street Journal Europe Sprl [2006] UKHL 44 [46] (Lord Hoffmann): „conditions of responsible journalism"; Privy Council, Bonnick v. Morris [2003] 1 AC 300, 309: „the Reynolds privilege is concerned to provide a proper degree of protection for responsible journalism when reporting matters of public concern"; Malik v. Newspost Ltd. [2007] EWHC 3603 (QB): keine *Reynolds defence* für einen Leserbrief; verallgemeinernd dazu Starr v. Ward [2015] EWHC 1987 (QB) [112]; anders Hays Plc v. Hartley [2010] EWHC 1068 (QB): *Reynolds defence* potentiell anwendbar auf eine Person, die einem Journalisten Informationen für einen Artikel liefert.

[385] Economou v. de Freitas [2016] EWHC 1853 (QB) [246].

[386] *Mullis/Scott*, Modern Law Review 77 (2014), 87, 98.

2. die Äußerung wurde vor der Veröffentlichung einer unabhängigen wissenschaftlichen oder akademischen Prüfung durch den Herausgeber der Zeitschrift[387] und einer oder mehrerer Experten in dem betroffenen Bereich (sog.
peer review) unterzogen (Section 6 Abs. 3 Defamation Act 2013),

3. die Veröffentlichung wurde in gutem Glauben getätigt (Section 6 Abs. 6 Defamation Act 2013), und

4. die Veröffentlichung verstößt nicht gegen geltendes Recht (Section 6 Abs. 7
Buchst. a) Defamation Act 2013).

Section 6 Abs. 4 und 5 Defamation Act 2013 gewähren Einreden auch für bestimmte Kommentare und Wiedergaben des Artikels nach Section 6 Abs. 2 Defamation Act 2013. Darüber hinaus schützt Section 7 Abs. 9 Defamation Act
2013 faire, wahrheitsgetreue Berichte über wissenschaftliche Konferenzen sowie Kopien, Auszüge und Zusammenfassungen von Konferenzveröffentlichun-
gen vor *defamation*-Klagen.

So verdienstvoll die Absicht des englischen Gesetzgebers auch sein mag, wissenschaftliche Veröffentlichungen besser schützen zu wollen: Section 6 und
Section 7 Abs. 9 Defamation Act begegnen drei durchgreifenden Einwänden.
Erstens erscheint es nicht gerechtfertigt, wissenschaftliche Publikationen gegenüber anderen Beiträgen zu Angelegenheiten von öffentlichem Interesse,
etwa der Kunst, zu privilegieren.[388] Zweitens ist fragwürdig, ob es der Kodifizierung eines eigenen Wissenschaftsprivilegs überhaupt bedurfte, anstatt es unter die allgemeine Einrede der Sections 3 oder 4 Defamation Act 2013 zu subsumieren. Bezeichnend ist, dass mutmaßlich keine einzige der streitgegenständlichen Veröffentlichungen, die zur Kodifizierung des Section 6 Defamation Act
2013 Anlass gaben, von dieser Vorschrift profitieren würden. Die Fälle betrafen
– soweit ersichtlich – eine E-Mail, in denen ein wissenschaftlicher Artikel kritisiert wurde,[389] zwei wissenschaftsjournalistische Zeitungsartikel[390] sowie einen
Beitrag im Editorial der *Nature*.[391] Keine dieser Veröffentlichungen dürfte die
Voraussetzungen des Section 6 Abs. 3 Defamation Act 2013 erfüllen, da es ihnen
am erforderlichen *peer review* fehlte. Daraus folgt ein dritter, methodischer
Einwand: Section 6 Defamation Act 2013 konstruiert eine Umkehrschluss-Fal-
le. Betrachtet man Section 6 Defamation Act 2013 als abschließende Regelung
für wissenschaftliche Publikationen, dann entspricht es offenbar dem Willen
des Gesetzgebers, Autoren wissenschaftlicher Beiträge, die wegen Section 6
Abs. 3 Defamation Act 2013 nicht von Section 6 Defamation Act 2013 erfasst

---

[387] Als „Herausgeber" ist derjenige anzusehen, der die redaktionelle Entscheidung über
die Veröffentlichung trifft (Section 6 Abs. 8 Defamation Act 2013).

[388] Ähnlich die Kritik von *Mullis/Scott*, Modern Law Review 77 (2014), 87, 98.

[389] Bowker v. RSPB [2011] EWHC 737 (QB).

[390] British Chiropractic Association (BCA) v. Singh [2010] EWCA Civ 350; Rath v. Guardian Newspapers [2008] EWHC 398 (QB).

[391] El Naschie v. MacMillan Publishers Ltd. [2012] EWHC 1809 (QB).

werden, *keine* Einrede zuzugestehen. Ihnen bliebe daher auch der Weg zu Sections 3 und 4 Defamation Act 2013 versperrt. Dies stünde der Absicht des Gesetzgebers allerdings diametral entgegen.

(4) Ehrliche Meinungsäußerung

Section 3 Defamation Act 2013 regelt nunmehr die Einrede der „ehrlichen Meinungsäußerung" (*honest opinion*). Diese Regelung kodifiziert die Common Law-Einrede des *fair comment*, die seit der Entscheidung *Spiller v. Joseph*[392] auch als *honest comment* bezeichnet wird. Historisch ist diese Einrede aus dem Bedürfnis erwachsen, Literatur-, Kunst- und Musikkritiker vor *defamation*-Klagen zu schützen.[393] In der zweiten Hälfte des 19. Jahrhunderts wurde die Einrede des *honest comment* dann auf andere Angelegenheiten von öffentlichem Interesse, insbesondere Kritik an Personen des öffentlichen Lebens ausgeweitet.[394] Bis zu ihrer Kodifizierung durch Section 3 Defamation Act 2013 hatte die Einrede des *honest comment* folgende Voraussetzungen:[395]

1. Bei der streitgegenständlichen Äußerung handelt es sich um eine Meinungsäußerung und nicht um eine Tatsachenbehauptung.[396]
2. Die Meinungsäußerung bezieht sich auf eine Angelegenheit von öffentlichem Interesse.[397]
3. Die Tatsachen, welche der Meinungsäußerung zugrunde liegen, müssen wahr sein oder ihre Behauptung muss durch ein Privileg geschützt sein.[398]
4. Die Meinungsäußerung muss ausdrücklich oder implizit und zumindest allgemein die Tatsachen mitteilen, auf deren Grundlage die Meinung gebildet wurde. Der Leser oder Zuhörer sollte in die Lage versetzt werden, selbst darüber zu urteilen, ob er die Meinungsäußerung für begründet hält oder nicht.
5. Die Meinungsäußerung muss „*fair*" sein: Es muss sich um eine solche Äußerung handeln, die von einer ehrlichen Person (*honest person*) getätigt werden könnte, unabhängig von den Vorurteilen dieser Person und unabhängig von ihren übertriebenen oder starrsinnigen Standpunkten,[399] und sie muss sich auf den kritisierten Gegenstand beziehen.[400]
6. Die Äußerung darf nicht in bösem Glauben abgegeben worden sein.[401]

---

[392] Spiller v. Joseph [2010] UKSC 53 [84].
[393] *Mitchell*, The Making of the Modern Law of Defamation, 2005, S. 169 ff.
[394] Vgl. Turnbull v. Bird [1861] 2 F & F 508.
[395] Siehe Spiller v. Joseph [2010] UKSC 53.
[396] Vgl. Keays v. Guardian Newspapers [2003] EWHC 1565 (QB).
[397] Grundlegend London Artists Ltd. v. Littler [1969] 2 QB 375.
[398] Siehe z. B. London Artists Ltd. v. Littler [1969] 2 QB 375, 395.
[399] Siehe Lord Porter in Turner v. MGM Ltd. [1950] 1 All ER 449, 461; Merivale v. Carson [1887] 20 QBD 275, 281.
[400] Siehe Gardiner v. Fairfax [1942] 42 SR (NSW) 171, 174.
[401] Siehe Hong Kong Court of Final Appeal, Tse Wai Chun Paul v. Albert Cheng [2001] EMLR 777; Spiller v. Joseph [2010] UKSC 53 [83] und [105].

Insbesondere aufgrund der dritten Voraussetzung – die Meinungsäußerung musste grundsätzlich auf wahren, vom Beklagten zu beweisenden Tatsachen beruhen – war die *fair comment defence* häufig ebenso schwer zu erzielen wie die *justification defence*.

Section 3 Defamation Act 2013 nahm diese Voraussetzungen leicht modifiziert auf und schaffte die Common Law-Einrede des *fair comment* bzw. *honest comment* ab.[402] Die Vorschrift stellt folgende Voraussetzungen auf:

1. Die streitgegenständliche Äußerung ist eine Meinungsäußerung (Section 3 Abs. 2 Defamation Act 2013),
2. die Meinungsäußerung enthält einen allgemeinen oder spezifischen Hinweis auf ihre Tatsachengrundlage (Section 3 Abs. 3 Defamation Act 2013) und
3. eine „ehrliche Person" (*honest person*) konnte die Meinung auf der Grundlage irgendeiner zum Zeitpunkt der Äußerung bekannten Tatsache oder aufgrund von Tatsachen vertreten haben, deren Behauptung privilegiert war (Section 3 Abs. 4 Defamation Act 2013).
4. Die Einrede erlischt, wenn der Kläger beweisen kann, dass der Beklagte die Meinung, die er äußerte, in Wirklichkeit nicht vertrat (Section 3 Abs. 5 Defamation Act 2013).

Anders als die Common Law-Einrede setzt Section 3 Defamation Act 2013 somit nicht mehr voraus, dass sich die Meinungsäußerung auf eine Angelegenheit von öffentlichem Interesse bezieht.[403]

Für das erste Kriterium gilt, dass die Äußerung als Meinungsäußerung erkennbar sein muss.[404] Maßgeblich hierfür ist das Verständnis einer einfachen, vernünftigen Person.[405] Die Folgerung aus einer Tatsachenbehauptung ist als Meinungsäußerung zu werten.[406] Handelt es sich tatsächlich um eine Tatsachenbehauptung, so ist die Einrede der ehrlichen Meinungsäußerung nicht anwendbar.

Das zweite Kriterium, wonach die Meinungsäußerung einen Hinweis auf ihre Tatsachengrundlage enthalten muss, kodifiziert die Rechtsprechung englischer Gerichte, die der Oberste Gerichtshof zuletzt in *Spiller v. Joseph* bestätigte.[407] Dieses Kriterium soll einen „Minimalstandard vernünftiger Debatte" sicherstellen und reine Meinungsäußerungen ohne jede Tatsachengrundlage ausschließen.[408] Einer Darlegung der Tatsachengrundlage bedarf es indessen nicht,

---

[402] Section 3 Abs. 8 Defamation Act 2013.

[403] Kritisch dazu *Phillipson*, Northern Ireland Legal Quarterly 63 (2012), 149.

[404] Defamation Act 2013 Explanatory Notes, Rn. 21; aus dem Common Law siehe Hong Kong Court of Final Appeal, Tse Wai Chun Paul v. Albert Cheng [2001] EMLR 777.

[405] Defamation Act 2013 Explanatory Notes, Rn. 21; *Mullis/Scott*, Modern Law Review 77 (2014), 87, 92.

[406] Defamation Act 2013 Explanatory Notes, Rn. 21.

[407] Spiller v. Joseph [2010] UKSC 53 [105]. Siehe etwa Guise v. Shah [2017] EWHC 1689 (QB) [20].

[408] *Mullis/Scott*, Journal of Media Law 3 (2011), 1, 11.

wenn sich die Meinungsäußerung auf ein bestimmtes Werk bezieht, welches der Öffentlichkeit zugänglich ist oder wenn sich die Äußerung auf eine Person des öffentlichen Lebens bezieht, die Gegenstand öffentlicher Diskussion ist und dem Empfänger der Äußerung die Bezugnahme auf diese Diskussion erkennbar ist.[409]

Es muss allerdings nicht die angegebene Tatsachengrundlage sein, welche die Meinungsäußerung objektiv zu tragen vermag. Die Vorschrift bezieht sich in ihrem dritten Kriterium vielmehr auf „irgendeine Tatsache" (*any fact*). Die Klausel privilegiert somit solche Personen, die sich bei ihrer Meinungsäußerung auf Tatsachenbehauptungen Dritter beziehen, die sich möglicherweise als nicht wahr herausstellen. In der Praxis dürfte es sich hierbei zumeist um die Nutzer sozialer Medien handeln, die Presseartikel kommentieren.[410] Irgendeine relevante Tatsache reicht somit aus, um die Einrede zu begründen.[411] Section 3 Abs. 7 Defamation Act 2013 benennt die Einreden (Privilegierungen), nach denen die Behauptung der entsprechenden Tatsache gerechtfertigt sein kann. Dies sind Veröffentlichung zu einer Angelegenheit von öffentlichem Interesse (Section 4 Defamation Act 2013), Veröffentlichung in einer akademischen Zeitschrift (Section 6 Defamation Act 2013), Berichterstattung über Gerichtsverfahren (Section 14 Defamation Act 1996) und andere Berichterstattungen (Section 15 Defamation Act 1996).

Maßstab für die Relevanz der Tatsache ist eine „ehrliche Person". Wenn die Tatsache nicht ausreicht, um die Auffassung zu vertreten, dann würde eine „ehrliche Person" diese auch nicht vertreten.[412] Hierdurch inkorporiert der Defamation Act 2013 ein funktionales Äquivalent zum deutschen Konzept der „Schmähkritik" (dazu Kapitel 4 Abschnitt III.6.). Nach der Rechtsprechung englischer Gerichte ist eine Meinungsäußerung nur dann *fair*, wenn Kritik in der Sache, etwa an einem künstlerischen Werk, geübt wird, nicht hingegen bei Angriffen gegen die Person.[413] Nur dann, wenn die Tatsachen vernünftigerweise einen Rückschluss auf den Charakter einer Person zulassen, sei ein Angriff gegen die Person selbst gestattet.[414] Das Gericht kann dies indessen nur dann überprüfen, wenn ihm die Tatsachen bekannt sind, auf die sich der Äußernde stützt.[415] Das wiederum ist der Gedanke hinter Section 3 Abs. 3 Defamation

---

[409] Grundlegend Kemsley v. Foot [1952] AC 345, 354; siehe z. B. Telnikoff v. Matusevitch [1992] 2 AC 343.

[410] Siehe *Mullis/Scott*, Modern Law Review 77 (2014), 87, 96 f.

[411] Defamation Act 2013 Explanatory Notes, Rn. 23; *Mullis/Scott*, Modern Law Review 77 (2014), 87, 94. Siehe z. B. Serafin v. Malkiewicz u. a. [2017] EWHC 2992 (QB) [306].

[412] Defamation Act 2013 Explanatory Notes, Rn. 23.

[413] Campbell v. Spottiswoode [1863] 3 B & S 769, 778; Merivale v. Carson [1887] 20 QBD 275, 280 f.

[414] Dakhyl v. Labouchere [1908] 2 KB 325, 329; Hunt v. The Star Newspaper Co. Ltd. [1908] 2 KB 309.

[415] Grundlegend Hunt v. The Star Newspaper Co. Ltd. [1908] 2 KB 309: „the facts must be

Act 2013, wonach die Meinungsäußerung einen Hinweis auf ihre Tatsachengrundlage enthalten muss. Die Verwendung anstößiger Worte oder Übertreibungen schließen die *fair* bzw. *honest comment defence* indessen nicht grundsätzlich aus.[416]

Section 3 Abs. 5 Defamation Act 2013 kodifizierte das seinerzeit geltende
Common Law, wonach die Einrede der ehrlichen Meinungsäußerung dann
nicht gegeben ist, wenn die Meinungsäußerung nicht aufrichtig ist. Auf *honest
comment* konnte sich nicht berufen, wer in bösem Glauben (*malicious*) handelte.
Bösgläubigkeit liegt dann vor, wenn der Äußernde die Meinung nicht selbst vertritt. Hierfür trägt der Kläger die Beweislast.[417] Die Vorschrift gilt indessen
dann nicht, wenn der Beklagte die streitgegenständliche Äußerung lediglich
verbreitet, etwa in einer Zeitung. In diesem Fall ist nach Section 3 Abs. 3 Defamation Act 2013 die Einrede dann nicht gegeben, wenn der Kläger nachweisen
kann, dass der Beklagte wusste oder hätte wissen müssen, dass die veröffentlichte Äußerung nicht der Meinung ihres Autors entsprach.

(5) Schuldlose Verbreitung

Die Einrede der schuldlosen Verbreitung (*innocent dissemination*) entspringt
dem Common Law.[418] Die Common Law-Einrede der schuldlosen Verbreitung
bestand dann, wenn der Beklagte den diffamierenden Inhalt nicht selbst ver-
fasste, sondern lediglich verbreitete, und keine Kenntnis oder schuldhafte Unkenntnis von ihrem diffamierenden Inhalt hatte.[419] Die Einrede ist nunmehr in
Section 1 Defamation Act 1996 kodifiziert (dazu Kapitel 6).

(6) Sonstige Einreden

Das englische Recht kennt weitere Einreden, auf die hier in aller Kürze eingegangen wird. Nach dem Grundsatz *volenti non fit iniuria* steht dem Beklagten
dann eine wirksame Einrede zu, wenn der Kläger in die Diffamierung eingewil-
ligt hat (*consent*). Faire und wahrheitsgemäße Berichterstattung[420] über Gerichtsverfahren sind nach Section 14 Defamation Act[421] absolut, d.h. unabhängig von einer Bösgläubigkeit des Beklagten, geschützt. „Gericht" im Sinne die-

---

truly stated. If the facts upon which the comment purports to be made do not exist the foundation of the plea fails."

[416] Merivale v. Carson [1887] 20 QBD 275; Silkin v. Beaverbrook Newspapers Ltd. [1958] 1
WLR 743.

[417] Horrocks v. Lowe [1975] AC 135; Hong Kong Court of Final Appeal, Tse Wai Chun
Paul v. Albert Cheng [2001] EMLR 777.

[418] Bromage v. Prosser [1825] 4 B & C 247; Chubb v. Flannagan [1834] 6 Car & P 431; Emmens v. Pottle [1885] 16 QBD 354.

[419] Vgl. Emmens v. Pottle [1885] 16 QBD 354; Vizetelly v. Mudie's Select Library Ltd.
[1900] 2 QBD 170.

[420] Dazu Alsaifi v. Trinity Mirror plc & Board of Directors u. a. [2017] EWHC 2873 (QB)
[73 ff.] m. w. N.

[421] I.d.F. von Section 7 Defamation Act 2013.

ser Vorschrift sind nur Gerichte des Vereinigten Königreichs, Gerichte eines Staates oder Territoriums außerhalb des Vereinigten Königreichs sowie ein internationales Gericht oder Tribunal, welches durch den UN-Sicherheitsrat oder durch ein internationales Abkommen eingesetzt wurde. Section 7 Defamation Act 2013 entfernte den EuGH sowie den EGMR von der Liste der Gerichte unter Section 14 Defamation Act 1996. Diese unterfallen nunmehr Section 15 Defamation Act 1996. Nach dieser Vorschrift besteht ein eingeschränktes Privileg für faire und wahrheitsgemäße Berichterstattung über Gerichtsverfahren, parlamentarische Debatten, Gerichtsverfahren und Versammlungen internationaler Organisationen. Die Einrede entfällt dann, wenn die Berichterstattung in bösem Glauben gemacht wurde sowie – unter bestimmten Voraussetzungen – wenn dem Kläger nicht die Gelegenheit gegeben wurde, sich zur Berichterstattung zu äußern. Auf die Einrede „Angebot auf Wiedergutmachung" ist in Kapitel 5 näher einzugehen.

ee) Kein Verschulden erforderlich

Bis zum Ende des 19. Jahrhunderts war *defamation* vom Vorsatz des Äußernden abhängig: Die Äußerung musste vorsätzlich diffamierend und – bei Tatsachenbehauptungen – in Kenntnis oder zumindest grob fahrlässiger Unkenntnis der Unwahrheit (*malice*) getätigt worden sein.[422] Das Erfordernis von *malice* „verwelkte"[423] allerdings zu Beginn des 20. Jahrhunderts und wurde schließlich in der Entscheidung *Jones v. E Hulton* 1910 endgültig aufgegeben.[424] In England und Wales (und auch in Australien) besteht somit grundsätzlich Gefährdungshaftung (*strict liability*) für Urheber, Redakteure und Herausgeber[425] diffamierender Äußerungen. Der Beklagte kann folglich auch dann wegen *defamation* haftbar gemacht werden, wenn keine Diffamierung beabsichtigt war und er von der Wahrheit der Äußerung ausging.[426] Im Hinblick auf Tatsachenbehauptungen ist der *tort of defamation* daher strukturell äquivalent zu § 186 StGB und, *argumentum a fortiori*, § 187 StGB. Allerdings bieten die Einreden der Veröffentlichung zu einer Angelegenheit von öffentlichem Interesse und ehrliche Meinungsäußerung – ähnlich § 193 StGB – gewisse Exkulpationsmöglichkeiten.

---

[422] *Mitchell*, The Making of the Modern Law of Defamation, 2005, S. 101–113; zur Definition von *malice*: Horrocks v. Lowe [1975] AC 135.
[423] *Ibbetson*, A Historical Introduction to the Law of Obligations, 1999, S. 185 Fn. 108 („withered").
[424] Jones v. E Hulton [1910] AC 20, 23; siehe Byrne v. Deane [1937] 1 KB 818, 837; anders noch The Capital and Counties Bank Ltd. v. Henty & Sons [1882] 7 AC 741, 772.
[425] Nicht jedoch für Intermediäre; siehe bb).
[426] Dow Jones & Company Inc. v. Gutnick [2002] HCA 56 [25].

ff) Schadensnachweis

Der wichtigste praktische Unterschied zwischen *libel* und *slander* besteht darin, dass *libel* das Vorliegen eines Schadens unwiderlegbar vermutet, wohingegen *slander* den Nachweis eines Schadens verlangt. Die Vermutung eines Schadens im Recht des *libel* wurde zwar bisweilen kritisiert,[427] zuletzt aber von einer Mehrheit des House of Lords in *Jameel v. Wall Street Journal Europe* bestätigt.[428] Inzwischen bestimmt Section 1 Abs. 1 Defamation Act 2013 allerdings, dass eine Äußerung dann nicht als „diffamierend" anzusehen ist, wenn diese der Reputation des Klägers keinen „ernsthaften Schaden" (*serious harm*) zugefügt hat oder wahrscheinlich zufügen wird. Nach Auffassung des High Court wandelte Section 1 Defamation Act 2013 somit die unwiderlegbare Vermutung in eine widerlegbare Vermutung und näherte *libel* damit dem *slander* an.[429] Hieran bestehen allerdings Zweifel, auf die noch in Kapitel 5 Abschnitt IV. einzugehen sein wird.

gg) Weitere Anspruchsgrundlagen

Malicious falsehood, oder *injurious falsehood*, betrifft eine falsche Tatsachenbehauptung über den Betroffenen,[430] durch die diesem ein Schaden entstanden ist. Zum *tort of defamation* bestehen folgende Unterschiede: Bei *malicious falsehood* trägt der Kläger die Beweislast dafür, dass die behauptete Tatsache unwahr ist.[431] Anders als *defamation* erfordert *malicious falsehood* jedoch nicht, dass die Tatsachenbehauptung ehrenrührig ist.[432] Voraussetzung für *malicious falsehood* ist stattdessen allein, dass dem Kläger durch die Falschbehauptung ein wirtschaftlicher oder beruflicher Nachteil entstanden ist oder wahrscheinlich entstehen wird.[433] In der Systematik des englischen Deliktsrechts – sofern man hier von „Systematik" überhaupt sprechen kann – firmiert *malicious false-*

---

[427] Siehe EGMR, Steel und Morris/Vereinigtes Königreich [2005] Beschwerde-Nr. 68416/01 [96]; Jameel v. Wall Street Journal Europe Sprl [2006] UKHL 44 [154] (abw. Meinung Baronin Hale); Jameel v. Dow Jones & Co. [2005] EWCA Civ 75 [33–41].

[428] Jameel v. Wall Street Journal Europe Sprl [2006] UKHL 44 [12]; vgl. *Mitchell*, The Making of the Modern Law of Defamation, 2005, S. 55; *Weir*, A Casebook on Tort, 10. Aufl. 2004, S. 519.

[429] Lachaux v. Independent Print Limited u. a. [2015] EWHC 2242 (QB) [60]; differenzierend der Court of Appeal in Lachaux v. Independent Print Limited u. a. [2017] EWCA Civ 1334 [72]: unwiderlegbare Vermutung des Schadenseintritts bleibt bestehen, nicht aber der Eintritt eines „ernsthaften" (*serious*) Schadens.

[430] Eine unwahre Tatsachenbehauptung ohne Bezugnahme zum Betroffenen reicht daher nicht aus; vgl. White v. Mellin [1895] AC 154; Cambridge University Press v. University Tutorial Press [1928] 45 RPC 335.

[431] Statt vieler: Singh v. Weayou [2017] EWHC 2102 (QB) [5].

[432] Vgl. Ratcliffe v. Evans [1892] 2 QB 524; Pirtek (UK) Limited v. Jackson [2017] EWHC 2834 (QB) [54].

[433] Statt vieler: Pirtek (UK) Limited v. Jackson [2017] EWHC 2834 (QB) [57].

hood daher als *economic tort* und nicht unter *defamation*.[434] Schließlich muss der Täter hinsichtlich der Unwahrheit der Äußerung mit *malice* gehandelt haben, d.h. er muss die Unwahrheit der behaupteten Tatsachen gekannt haben, infolge grober Fahrlässigkeit nicht gekannt haben oder mit unredlichen Motiven gehandelt haben.[435]

Grundsätzlich muss der Betroffene nachweisen, dass ihm ein Schaden entstanden ist. Kann der Betroffene jedoch nachweisen, dass der Äußernde in der Absicht gehandelt hat, ihm einen wirtschaftlichen Nachteil zuzufügen, so wird der Eintritt eines Schadens unwiderleglich vermutet (Section 3 Defamation Act 1952).

Ein weiteres, neben anderen Rechtsgütern auch die Ehre schützendes Delikt ist das der Belästigung (*harassment*). Dieses ist im Protection from Harassment Act 1997[436] kodifiziert, den wiederum der Equality Act 2010[437] erheblich ergänzt. Teile 3 bis 7 Equality Act 2010 legen die verpflichteten Adressaten des Gesetzes fest, etwa Arbeitgeber, Schulen und Universitäten. Section 119 Equality Act 2010 gewährt Betroffenen einen Anspruch auf Schadensersatz.

Section 1 Abs. 1 Protection from Harassment Act 1997 verbietet ein Verhalten, von dem der Täter weiß oder wissen muss, dass es eine andere Person belästigt. Das Verhalten muss mindestens zwei Mal erfolgt sein (Section 7 Abs. 3),[438] und es umfasst auch Äußerungen (Section 7 Abs. 4). Section 7 Abs. 4 schließt den Kreis zur Ehrverletzung: Zwar setzt der Tatbestand der Belästigung nicht notwendig ehrverletzendes Verhalten voraus. Regelmäßig wiederkehrende ehrverletzende Äußerungen und Publikationen können jedoch den Tatbestand der Belästigung begründen.[439]

Das Gesetz selbst definiert nicht, welches Verhalten genau unter den Begriff der „Belästigung" fällt. Section 7 Abs. 2 bestimmt nicht abschließend,[440] dass „Belästigung" Verhalten umfasst, wodurch eine andere Person beunruhigt oder bedrängt wird (*alarming the person or causing the person distress*). Nach dem Obersten Gerichtshof ist *harassment* „ein gewöhnliches englisches Wort mit einer wohlverstandenen Bedeutung. *Harassment* ist ein beharrlicher und absichtlicher Vorgang unvernünftigen und repressiven Verhaltens, das auf eine andere Person abzielt dieser Person absichtlich Beunruhigung, Angst oder Be-

---

[434] Vgl. etwa *Weir*, A Casebook on Tort, 10. Aufl. 2004, Kapitel 15; *McBride/Bagshaw*, Tort Law, 5. Aufl. 2015, Kapitel 24.

[435] Dunlop v. Maison Talbot [1904] 20 TLR 579; Joyce v. Motor Surveys Ltd. [1948] Ch 252; Pirtek (UK) Limited v. Jackson [2017] EWHC 2834 (QB) [57].

[436] Ch. 40.

[437] Ch. 15.

[438] Dazu Pratt v. DPP [2001] EWHC 483 (Admin) [12]; Merelie v. Newcastle PCT [2004] EWHC 2554 (QB) [22]; Hourani v. Thomson u.a. [2017] EWHC 432 (QB) [132].

[439] Vgl. Thomas v. News Group Newspapers Ltd. [2001] EWCA Civ 1233; Hourani v. Thomson u.a. [2017] EWHC 432 (QB); Guise v. Shah [2017] EWHC 1689 (QB) [33].

[440] Hourani v. Thomson u.a. [2017] EWHC 432 (QB) [138].

drängnis verursacht."[441] Der Equality Act 2010 führt das Tatbestandsmerkmal der „Belästigung" weiter aus. Insbesondere definiert Section 26 Abs. 1 Equality Act 2010 Belästigung als „unerwünschtes Verhalten […], welches bezweckt oder bewirkt, dass die Würde einer anderen Person verletzt oder eine einschüchternde, feindselige, herabsetzende, demütigende oder anstößige Umgebung geschaffen wird".[442] Das „unerwünschte Verhalten" muss sich auf eine „geschützte Eigenschaft" beziehen (Section 26 Abs. 1 Equality Act 2010),[443] sexueller Natur sein (Section 26 Abs. 2 Equality Act 2010) oder eine Person deswegen benachteiligen, weil sie sich unerwünschtem Verhalten sexueller Natur hingaben oder dieses zurückwiesen (Section 26 Abs. 3 Equality Act 2010). Section 26 Abs. 4 Equality Act 2010 bestimmt die Faktoren, nach denen zu bestimmen ist, ob das Verhalten die Wirkungen des Section 26 Abs. 1 Equality Act 2010 zeitigt. Es sind dies die Wahrnehmung des Betroffenen (Buchst. a)), die sonstigen Umstände des Falles (Buchst. b)) sowie ob das Verhalten in annehmbarer Weise diese Effekte hervorruft (Buchst. c)). Auffällig ist Buchst. a): Diese Regelung scheint mit dem Grundsatz zu brechen, wonach es zur Feststellung des rechtlich relevanten illokutionären Effekts gerade nicht auf die perlokutionäre Wirkung beim Betroffenen allein ankommen kann. Buchst. b) rückt dies jedoch gerade, indem die Vorschrift auch auf die „sonstigen Umstände des Falles" abstellt.

Angesichts der Tatsache, dass Belästigung nicht nur ein zivilrechtliches Delikt (Section 3), sondern auch einen Straftatbestand darstellt (Section 2), sind diese vagen Versuche einer Begriffsumgrenzung im Hinblick auf Art. 7 EMRK höchst bedenklich.[444] Angesichts der mit *harassment* verbundenen Strafdrohung ist zumindest ein gewisser Grad an Ernsthaftigkeit erforderlich, um den Tatbestand zu erfüllen.[445]

Nach Section 1 Abs. 3 liegt eine Belästigung dann nicht vor, wenn das Verhalten der Verhinderung oder Aufklärung einer Straftat diente (Buchst. a)), gesetzlich vorgesehen war (Buchst. b)) oder unter den besonderen Umständen ver-

---

[441] Hayes v. Willoughby [2013] UKSC 17 [1]: „an ordinary English word with a well understood meaning. Harassment is a persistent and deliberate course of unreasonable and oppressive conduct, targeted at another person, which is calculated to and does cause that person alarm, fear or distress."

[442] „(1) A person (A) harasses another (B) if –
(a) A engages in unwanted conduct related to a relevant protected characteristic, and
(b) the conduct has the purpose or effect of –
(i) violating B's dignity, or
(ii) creating an intimidating, hostile, degrading, humiliating or offensive environment for B."

[443] Alter, Behinderung, Geschlechtsumwandlung, Rasse, Religion oder Glaube, Geschlecht und sexuelle Orientierung (Section 26 Abs. 5 Equality Act 2010).

[444] Vgl. Majrowski v. Guy's and St Thomas's NHS Trust [2006] UKHL 34 [30].

[445] Hourani v. Thomson u.a. [2017] EWHC 432 (QB) [139], unter Verweis auf Majrowski v. Guy's and St Thomas's NHS Trust [2006] UKHL 34 [30]; Dowson v. Chief Constable of Northumbria Police [2010] EWHC 2612 (QB) [142]

nünftig war (Buchst. c)). Die Auslegung des Tatbestands der „Vernünftigkeit"
im Sinne des Section 1 Abs. 3 Buchst. c) stellt wiederum eine Einbruchstelle für
die Abwägung der widerstreitenden Grundrechte dar, namentlich Art. 8 und 10
EMRK.[446] Insbesondere stellt Kritik in der Presse nur unter „seltenen", „missbräuchlichen", „außergewöhnlichen" Umständen eine Belästigung im Sinne des
Section 1 dar.[447]

d) Das Bundesrecht der USA

Der *tort of defamation* in den USA ist in den einzelnen Gliedstaaten unterschiedlich ausgestaltet. So sehen manche Gliedstaaten bestimmte Behauptungen als *defamatory per se* an, d.h. es bedarf bei Klagen wegen solchen Behauptungen keines Nachweises eines Schadens,[448] andere hingegen nicht. Gleichwohl sind die gliedstaatlichen Ausprägungen des *tort of defamation* erheblich
durch die Rechtsprechung des Obersten Gerichtshofs der Vereinigten Staaten
zum Ersten Zusatzartikel der US-Verfassung beeinflusst.

Die Grundstruktur des *tort of defamation* in den amerikanischen Gliedstaaten entspricht – mit einigen Abweichungen – dem der einstigen Kolonialmacht
und Mutterland des Common Law, England. Der Einfluss des First Amendment hat die inhaltliche Ausgestaltung des *torts* jedoch erheblich modifiziert.
Die verfassungsrechtliche Gewährleistung subjektiver Rechte durch die United
States Bill of Rights im Jahre 1789 leitete eine Vielzahl von Abweichungen des
amerikanischen Rechts vom Common Law englischer Prägung ein, insbesondere bezüglich des Rechts auf Redefreiheit. Bereits vor der Unabhängigkeitserklärung der USA gab es Anzeichen dafür, dass die amerikanischen Kolonien
einem anderen Konzept von Meinungs- und Pressefreiheit folgten als das englische Mutterland. So wurde etwa der Journalist John Peter Zenger im Jahre 1735
deswegen vom Vorwurf des *seditious libel* freigesprochen wurde, weil der von
ihm veröffentlichte Artikel der Wahrheit entsprach. Im englischen Common
Law gab es seinerzeit keine *defence of truth* gegen *seditious libel*. Im Gegenteil,
der Nachweis der Wahrheit einer aufrührerischen Behauptung wirkte sogar
strafschärfend.[449]

Im Jahre 1964 manifestierte sich in der Entscheidung *New York Times v. Sullivan* des US Supreme Court die wohl signifikanteste Abweichung vom *law of*

---

[446] Vgl. Thomas v. News Group Newspapers Ltd. [2001] EWCA Civ 1233 [32]; Law Society v. Kordowski [2011] EWHC 3185 (QB) [133]; Trimingham v. Associated Newspapers Ltd.
[2012] EWHC 1296 (QB) [53]; Hourani v. Thomson u.a. [2017] EWHC 432 (QB) [146].

[447] Thomas v. News Group Newspapers Ltd. [2001] EWCA Civ 1233 [35]; Hourani v.
Thomson u.a. [2017] EWHC 432 (QB) [144].

[448] Z.B. Section 45a California Civil Code; *Schwartz/Kelly/Partlett*, Prosser, Wade and
Schwartz's Torts – Case and Materials, 12. Aufl. 2010, S. 891. Dies umfasst beispielsweise die
unwahre Behauptung, jemand habe eine Straftat begangen.

[449] Siehe Star Chamber, De libellis famosis [1606] 5 Co Rep 125a; *Weaver u.a.*, The Right
to Speak Ill, 2006, S. 6ff.

defamation Englands. Bürgerrechtsaktivisten hatten mittels einer Anzeige in der New York Times gegen Polizeiaktionen in Montgomery/Alabama protestiert. Der Beauftragte für die öffentliche Sicherheit in Montgomery, L.B. Sullivan, fühlte sich durch unrichtige Darstellungen in seiner Ehre verletzt und verklagte die New York Times. Sullivan gewann vor den Gerichten des Staates Alabama. Der US Supreme Court erklärte diese Entscheidungen jedoch wegen Verstoßes gegen das Recht auf freie Meinungsäußerung in den Gliedstaaten (Erster Zusatzartikel in Verbindung mit dem Vierzehnten Zusatzartikel der US-Verfassung) für verfassungswidrig und entschied zugunsten der New York Times.[450] Der Supreme Court legte mit der Entscheidung die Grundlage für die sog. *public figure defence*: Personen des öffentlichen Lebens[451] dürfen grundsätzlich zum Gegenstand von Kritik gemacht werden und müssen strenge Anforderungen erfüllen, um die Redefreiheit der Gegenseite durch den Nachweis von deren Bösgläubigkeit (*malice*) zu entkräften. *Malice* liegt dann vor, wenn dem Beklagten die Unwahrheit der Äußerung bekannt war oder er sie aus grober Fahrlässigkeit nicht kannte.[452] Den Richtern Black und Douglas ging dies nicht weit genug: Sie waren der Auffassung, dass vor dem Hintergrund des First Amendment ein *malice test* gar nicht statthaft sei.[453] Diese noch radikalere Abkehr vom englischen Common Law konnte sich indessen nicht durchsetzen.[454]

Die ersten auf *Sullivan* folgenden Entscheidungen waren damit befasst, den Kreis der Personen des öffentlichen Lebens zu bestimmen; in der Regel erfolgte die Auslegung großzügig zugunsten dieser Einordnung.[455] In *Gertz v. Robert Welsh* stellte der US Supreme Court zunächst klar, dass es grundsätzlich den Gliedstaaten selbst überlassen ist, an welche Voraussetzungen sie die Haftung für *defamation* knüpfen, wenn der Kläger *keine* Person des öffentlichen Lebens ist, es sich aber um eine Angelegenheit von öffentlichem Interesse handelt. Der Erste Zusatzartikel verlange allein, dass dem Beklagten ein Verschulden nachgewiesen werden müsse; Gefährdungshaftung (*strict liability*) wie unter englischem Recht ist daher unter keinen Umständen zulässig. Ersatz für vermuteten Schaden und Strafschadensersatz dürfen die Gliedstaaten aber nur in Fällen von *actual malice* gestatten.[456] In *Philadelphia Newspapers Inc. v. Hepps* schränkte

---

[450] New York Times Co. v. Sullivan, 376 U.S. 254 (1964).

[451] In der Entscheidung *New York Times v. Sullivan* war noch die Rede von „public officials"; später erweiterte der Supreme Court die Anwendung auf „public figures" allgemein, siehe Curtis Publishing Co. v. Butts, 388 U.S. 130 (1967); Associated Press v. Walker, 389 U.S. 28 (1967).

[452] New York Times Co. v. Sullivan, 376 U.S. 254, 280 (1964).

[453] New York Times Co. v. Sullivan, 376 U.S. 254, 297 (1964) (zust. Meinung Richter Black und Douglas).

[454] Siehe Garrison v. Louisiana, 379 U.S. 64 (1964).

[455] Siehe Associated Press v. Walker, 389 U.S. 28 (1967); Curtis Publishing Co. v. Butts, 388 U.S. 130 (1967); Time Inc. v. Hill, 385 U.S. 374 (1967).

[456] Gertz v. Robert Welch Inc., 418 U.S. 323, 349 (1974).

der Oberste Gerichtshof die Gestaltungsfreiheit der Gliedstaaten im Rahmen des *tort of defamation* weiter ein. Handelt es sich bei der streitgegenständlichen Äußerung um einen Beitrag zu einer Angelegenheit von öffentlichem Interesse, so tragen auch solche Kläger, die keine Personen des öffentlichen Lebens sind, die Beweislast für die Unrichtigkeit der Behauptung.[457]

In *Dun & Bradstreet v. Greenmoss Builders* etablierte der Oberste Gerichtshof die maßgeblichen Regeln für die Klage einer Privatperson gegen eine diffamierende Äußerung, die keine Angelegenheit von öffentlichem Interesse betrifft.[458] In einem solchen Fall sei es den Gliedstaaten möglich, auch ohne den Nachweis von *actual malice* Ersatz für vermuteten Schaden und Strafschadensersatz zu gewähren.[459]

Schließlich äußerte sich der Oberste Gerichtshof auch zu den Auswirkungen des Ersten Zusatzartikels auf herabsetzende Meinungsäußerungen. Es ist ein Mantra der First Amendment-Dogmatik, dass es eine „falsche Idee" nicht geben kann. „Wie verderblich eine Meinung auch sein mag, wir hängen zu ihrer Richtigstellung nicht vom Gewissen von Richtern und Geschworenen ab, sondern vom Wettbewerb mit anderen Ideen."[460] In *Milkovich v. Lorain Journal* stellte der Supreme Court allerdings klar, dass aus diesem Grundsatz keine umfassende Einrede gegen *defamation*-Klagen wegen herabsetzender Meinungsäußerungen hergeleitet werden könne.[461] Die nähere Ausgestaltung der *fair comment*-Einrede gegen ehrenrührige Meinungsäußerungen ist daher weitgehend dem Recht der Gliedstaaten überlassen. Zu beachten ist in diesem Zusammenhang allerdings die Entscheidung *Hustler Magazine v. Falwell*.[462] Streitgegenstand war eine Parodie des Herrenmagazins „Hustler" auf den Pastor Jerry Falwell, der sich kritisch über das Magazin geäußert hatte. Die Parodie bestand in einer nachgeahmten Campari-Werbung, in der Prominente doppeldeutig über ihr „erstes Mal" in Gestalt ihres ersten Campari berichteten. Hustler druckte ein erfundenes Interview mit Jerry Falwell ab, nach dem dieser sein „erstes Mal" in betrunkenem Zustand mit seiner Mutter in einem Toilettenhäuschen gehabt haben soll. Da es sich bei dem Interview offensichtlich um Parodie handelte, lehnten die Instanzgerichte einen Antrag wegen *defamation* ab, sprachen dem

---

[457] Philadelphia Newspapers Inc. v. Hepps, 475 U.S. 767 (1986).

[458] Nach der hier vertretenen Auffassung wäre das klägerische Unternehmen indessen als Person des öffentlichen Lebens *per se* zu qualifizieren gewesen, und das fehlerhafte Rating dieses Unternehmens als Beitrag zu einer Angelegenheit von öffentlichem Interesse; so auch *Fetzer*, Iowa Law Review 68 (1982), 35.

[459] US Supreme Court, Dun & Bradstreet Inc. v. Greenmoss Builders Inc., 472 U.S. 749, 761 (1985).

[460] „Under the First Amendment, there is no such thing as a false idea. However pernicious an opinion may seem, we depend for its correction not on the conscience of judges and juries, but on the competition of other ideas" (siehe z. B. US Supreme Court, Gertz v. Robert Welch Inc., 418 U.S. 323, 339f. (1974); Hustler Magazine v. Falwell, 485 U.S. 46, 51 (1988)).

[461] US Supreme Court, Milkovich v. Lorain Journal Co., 497 U.S. 1, 18 (1990).

[462] US Supreme Court, Hustler Magazine v. Falwell, 485 U.S. 46 (1988).

Kläger jedoch Schadensersatz wegen *intentional infliction of emotional distress* zu. Zweck dieses *tort* ist nicht der Schutz der Reputation, sondern der Schutz des Betroffenen vor seelischer Belastung.[463] Die Ausführungen des Supreme Court in dieser Entscheidung sind gleichwohl auch für die vorliegende Untersuchung bedeutsam, da der Kläger Schutz vor seelischer Belastung durch ehrenrührige Äußerungen begehrte. Der Supreme Court wies darauf hin, dass es auf die verletzenden Absichten des Äußernden nicht ankommen dürfe, wenn es um Äußerungen über Personen des öffentlichen Lebens gehe. Gerade politische Parodien und Karikaturen lebten davon, unvorteilhafte körperliche Eigenschaften oder peinliche Momente auszunutzen und damit die Gefühle des Betroffenen zu verletzen.[464] Personen des öffentlichen Lebens können sich daher nicht auf *intentional infliction of emotional distress* berufen, wenn sie nicht beweisen können, dass die seelisch belastende Äußerung unwahre Tatsachenbehauptungen enthält, die in bösem Glauben getätigt wurden. Nur so könne der Redefreiheit der erforderliche „Raum zum Atmen" (*breathing space*) gelassen werden.[465]

Zusammengefasst ergeben sich aus dem Ersten Zusatzartikel daher folgende Grundsätze:

1. Handelt es sich bei dem Kläger um eine Person des öffentlichen Lebens, so hat dieser die Unwahrheit der Behauptung zu beweisen und nachzuweisen, dass dem Beklagten die Unwahrheit bekannt oder aus grober Fahrlässigkeit unbekannt war.

2. Handelt es sich bei dem Kläger nicht um eine Person des öffentlichen Lebens, aber handelt es sich bei der Äußerung um einen Beitrag zu einer Angelegenheit von öffentlichem Interesse, so muss der Kläger die Unwahrheit der Behauptung beweisen und dem Beklagten muss eine Form des Verschuldens nachzuweisen sein.

3. Handelt es sich bei dem Kläger nicht um eine Person des öffentlichen Lebens und trägt die Äußerung auch nicht zu einer Angelegenheit von öffentlichem Interesse bei, so muss dem Beklagten ein Verschulden nachzuweisen sein. Die Festlegung der übrigen Voraussetzungen obliegt den Gliedstaaten.[466]

4. Auch Meinungsäußerungen sind grundsätzlich einem Anspruch wegen *defamation* zugänglich. Die nähere Ausgestaltung einer Einrede gegen ehrenrührige Meinungsäußerungen ist weitgehend dem Recht der Gliedstaaten überlassen. Zu beachten ist allerdings das Gebot des Ersten Zusatzartikels, der Redefreiheit „Raum zum Atmen" zu lassen. Insbesondere können sich Personen des öffentlichen Lebens nicht auf *intentional infliction of emotional distress* berufen, wenn sie nicht beweisen können, dass die seelisch belastende

---

[463] US Supreme Court, Hustler Magazine v. Falwell, 485 U.S. 46, 50 (1988).
[464] US Supreme Court, Hustler Magazine v. Falwell, 485 U.S. 46, 53 f. (1988).
[465] US Supreme Court, Hustler Magazine v. Falwell, 485 U.S. 46, 56 (1988).
[466] Für eine Übersicht über das Recht der Gliedstaaten siehe *Schwartz/Kelly/Partlett*, Prosser, Wade and Schwartz's Torts – Case and Materials, 12. Aufl. 2010, S. 937.

Äußerung unwahre Tatsachenbehauptungen enthalten, die in bösem Glauben getätigt wurden.

Ähnlich unergiebig wie die englische Rechtsprechung ist das Fallrecht in den USA zu der Frage, *wann* eine Äußerung diffamierend ist.[467] Dies entscheiden jeweils die Gliedstaaten. Nach der gängigsten Definition ist eine Äußerung diffamierend, wenn sie geneigt ist, den Kläger öffentlicher Verachtung, Lächerlichkeit, Abneigung oder Schande auszusetzen oder gerecht denkende Personen zu einer schlechten Meinung über ihn zu verleiten und ihm ihren freundlichen Umgang in der Gesellschaft vorzuenthalten.[468] Das Restatement (Second) of Torts bezeichnet eine Äußerung dann als diffamierend, wenn sie dazu geneigt ist, dem Ansehen einer Person Schaden zuzufügen, so dass sie in der Wertschätzung der Gemeinschaft sinkt oder Dritte davon abgeschreckt werden, mit der Person zu verkehren oder Geschäfte zu machen.[469]

3. Übereinstimmungen in der ehrschutzrechtlichen Kasuistik

Wenngleich der Begriff der Ehre bzw. der Reputation erheblich von nationalen Kulturvorstellungen geprägt ist und sich daraus unterschiedliche Auffassungen ergeben, wann jeweils eine Ehrbeeinträchtigung vorliegt, lassen sich gleichwohl erhebliche Übereinstimmungen identifizieren.

Diese lassen sich zunächst dem Recht selbst entnehmen. Das Strafrecht bringt die schärfste Form staatlicher Missbilligung gegenüber menschlichem Verhalten zum Ausdruck. Daher ist der Vorwurf, eine Straftat begangen zu haben, *per se* als ehrenrührig anzusehen.[470] Gleiches gilt für die Anschuldigung, mit Straftaten anderer in Verbindung zu stehen, etwa Mitglied in einer Vereinigung zu

---

[467] Vgl. *Ardia*, Harvard Civil Rights-Civil Liberties Law Review 45 (2010), 261, 265.

[468] „Any written or printed article is libelous or actionable without alleging special damages if it tends to expose the plaintiff to public contempt, ridicule, aversion or disgrace, or induce an evil opinion of him in the minds of right-thinking persons, and to deprive him of their friendly intercourse in society." Siehe Sydney v. Macfadden Newspaper Pub. Corp., 242 N.Y. 208, 211–212 (N.Y. 1926); Gates v. New York Recorder Co., 155 N.Y. 228, 231 (N.Y. 1898); Rinaldi v. Holt, Rinehart & Winston, 42 N.Y. 2d 369 (N.Y. App. Div. 1977).

[469] „A communication is defamatory if it tends so to harm the reputation of another as to lower him in the estimation of the community or to deter third persons from associating or dealing with him." American Law Institute, Restatement (Second) of Torts, 1977, Section 559.

[470] Vgl. EGMR, Bladet Tromsø und Stensaas/Norwegen [1999] Beschwerde-Nr. 21980/93 [50]; Popovski/Ehemalige jugoslawische Republik Mazedonien [2013] Beschwerde-Nr. 12316/07 [91]; Olafsson/Island [2017] Beschwerde-Nr. 58493/13 [49]; Cooke & Midland Heart Limited v. MGN Limited & Trinity Mirror Midlands Limited [2014] EWHC 2831 (QB) [43]; Economou v. de Freitas [2016] EWHC 1853 (QB); Smith v. Persons Unknown [2016] EWHC 1775 (QB) [22]; Monroe v. Hopkins [2017] EWHC 433 (QB) [52]; BGH, Urt. v. 12.10.1965, Az. VI ZR 95/64, NJW 1965, 2395, 2396 – „Mörder unter uns; BGH, Urt. v. 14.05.2013, Az. VI ZR 269/12, BGHZ 197, 213 Rn. 12 – Google I; BGH, Urt. v. 16.02.2016, Az. VI ZR 367/15, MDR 2016, 520 Rn. 17 – Missbrauchsvorwürfe im Online-Archiv; US Supreme

sein, die Straftaten begangen hat oder zu begehen gedenkt oder einer solchen Vereinigung nahezustehen.[471] Ehrenrührig ist schließlich auch der Vorwurf, Straftaten geduldet und damit seine Pflicht verletzt zu haben.[472] Umgekehrt gilt, dass die Unterstellung eines Verhaltens, welches in einer bestimmten Gruppe ein negatives Bild hat, aber generell sozial nützlich ist, nicht als ehrenrührig anzusehen ist.[473] Wenngleich bestimmte Vorgänge zwar als solche nie strafrechtlich geahndet wurden, in der historischen Rückschau aber als Verbrechen gesehen werden, so ist der Vorwurf, an diesen Vorgängen beteiligt gewesen zu sein, ebenfalls ehrenrührig. Dies betrifft etwa die Behauptung, mit einem diktatorischen Regime zusammengearbeitet zu haben, diesem nahezustehen oder seine Taten zu bagatellisieren.[474]

Als ehrenrührig anzusehen sind ferner Vorwürfe, die zwar nicht notwendig die Begehung von Straftaten betreffen, aber einen sonstigen Rechtsbruch indizieren und die gegebenenfalls juristische Konsequenzen haben können. Hierzu rechnet etwa die Behauptung des dienstlichen oder arbeitsrechtlichen Fehlverhaltens,[475] der Unfähigkeit der Amtsausübung,[476] des Wuchers[477] oder des rechtswidrigen Verhaltens eines Politikers.[478]

Problematischer – und Vereinheitlichungstendenzen weniger zugänglich – sind Vorwürfe sozial inadäquaten oder in weiten Teilen der Gesellschaft als unethisch, unmoralisch, sozialschädlich oder sonst negativ betrachteten Verhaltens. Ob derartige Behauptungen als ehrenrührig anzusehen sind, unterliegt

---

Court, Milkovich v. Lorain Journal Co., 497 U.S. 1 (1990); *Schwartz/Kelly/Partlett*, Prosser, Wade and Schwartz's Torts – Case and Materials, 12. Aufl. 2010, S. 891.

[471] Vgl. Cooke & Midland Heart Limited v. MGN Limited & Trinity Mirror Midlands Limited [2014] EWHC 2831 (QB) [43]; BVerfG, Beschl. v. 03.06.1980, Az. 1 BvR 797/78, BVerfGE 54, 208, 217 – Böll.

[472] Vgl. Barron and Healey v. Vines [2016] EWHC 1226 (QB) [38].

[473] Vgl. Monroe v. Hopkins [2017] EWHC 433 (QB) [50]: Vorwurf einer kriminellen Organisation gegenüber einem Mitglied, ein „Spitzel" der Polizei zu sein

[474] Vgl. Knupffer v. London Express Newspaper Ltd. [1944] UKHL 1; BVerfG, Beschl. v. 25.10.2005, Az. 1 BvR 1696/98, BVerfGE 114, 339, 347 – Stolpe; BGH, Urt. v. 22.12.1959, Az. VI ZR 175/58, BGHZ 31, 308, 311 f. – Alte Herren; BGH, Urt. v. 12.10.1965, Az. VI ZR 95/64, NJW 1965, 2395, 2396 – „Mörder unter uns"; BGH, Urt. v. 08.07.1980, Az. VI ZR 159/78, BGHZ 78, 9, 13 f. – „Medizin-Syndikat" III; BGH, Urt. v. 09.07.1985, Az. VI ZR 214/83, BGHZ 95, 212, 215 f. – Nachtigall II; BGH, Urt. v. 11.12.2012, Az. VI ZR 314/10, NJW 2013, 790 Rn. 9 – Stasi.

[475] Vgl. Theedom v. Nourish Training t/a CSP Recruitment and Sewell [2015] EWHC 3769 (QB) [29]; BGH, Urt. v. 16.11.1982, Az. VI ZR 122/80, NJW 1983, 1183 – Arbeitsamt; BGH, Urt. v. 30.01.1996, Az. VI ZR 386/94, BGHZ 132, 13, 23 – „Lohnkiller"; BGH, Urt. v. 30.01.1979, Az. VI ZR 163/77, NJW 1979, 1041 – Exdirektor.

[476] Vgl. EGMR, Lepojić/Serbien [2007] Beschwerde-Nr. 13909/05 [77]; BVerfG, Beschl. v. 25.01.1961, Az. 1 BvR 9/57, BVerfGE 12, 113, 131 – Schmid/Spiegel.

[477] Vgl. BGH, Urt. v. 20.06.1961, Az. VI ZR 222/60, NJW 1961, 1913, 1914 – Wiedergutmachung.

[478] Vgl. BVerfG, Beschl. v. 03.06.1980, Az. 1 BvR 185/77, BVerfGE 54, 148, 154 – Eppler; Yeo v. Times Newspapers Ltd. [2015] EWHC 3375 (QB) [2].

den gesellschaftlichen Konventionen des jeweiligen Staates. Aber auch hier lassen sich teilweise eindeutige Kategorien bilden. Über nationale Grenzen hinaus als ehrenrührig angesehen werden insbesondere Vorwürfe der Unehrlichkeit und fehlender Aufrichtigkeit, etwa der Lüge, der Heuchelei, der Illoyalität und des Treuebruchs.[479] Transnational als ehrenrührig angesehen ist ferner der Vorwurf der mangelnden Zuverlässigkeit im Geschäftsverkehr, etwa Zahlungsverzug oder Zahlungsunfähigkeit.[480] Grenzüberschreitend als ehrbeeinträchtigend dürften schließlich die folgenden Vorwürfe anzusehen sein: Unredlichkeit, etwa ein Plagiatsvorwurf an einen Schriftsteller oder Wissenschaftler;[481] die Zuschreibung von Gruppenmitgliedschaften, die das Bild einer Person in der Öffentlichkeit nachteilig beeinflusst, etwa in einer Sekte;[482] die nachlässige oder unlautere Ausübung seines Berufs („Berufsehre");[483] der Vorwurf des Handelns aus unlauterem Gewinnstreben.[484] Aus dem Bereich der Meinungsäußerungen eindeutig als ehrenrührig anzusehen, sind die Verwendung von Kraftausdrücken, etwa die Bezeichnung als „asozialer Abschaum"[485] oder als „durchgeknallt".[486]

Zu beachten ist aber auch, dass der Ehrbegriff einem ständigen gesellschaftlichen Wandel unterliegt. War die Unterstellung, homosexuell zu sein, noch im 20. Jahrhundert in vielen Ländern eindeutig ehrenrührig,[487] ist dies in weiten Teilen der Welt heute nicht mehr der Fall.[488] Die Zuschreibung von psychischen Erkrankungen ließe sich als ehrenrührig ansehen, da solchen Beeinträchtigun-

---

[479] Vgl. EGMR, Niskasaari and Otavamedia Oy/Finnland [2015] Beschwerde-Nr. 32297/10 [58]; McEvoy v. Michael [2014] EWHC 701 (QB) [69]; Simpson v. Mirror Group Newspapers Ltd. [2016] EWCA Civ 772 [7]; HH Prince Moulay Hicham Ben Abdallah Al Alaoui of Morocco v. Elaph Publishing Limited [2017] EWCA Civ 29 [37]; BVerfG, Beschl. v. 09.02.2000, Az. 1 BvR 140/98, NJW 2000, 3485 – Unterbezirk Usedom-Peene; BGH, Urt. v. 20.01.1959, Az. 1 StR 518/58, BGHSt 12, 287, 290f. – Badenerland; BGH, Urt. v. 03.10.1978, Az. VI ZR 191/76, NJW 1979, 266, 267 – Untersuchungsausschuss.

[480] Vgl. FlyMeNow Ltd. v. Quick Air Jet Charter GmbH [2016] EWHC 3197 (QB) [112]; zu § 824 BGB Kapitel 3 Abschnitt II.1.

[481] EGMR, Hasan Yazıcı/Türkei [2014] Beschwerde-Nr. 40877/07 [55]; BGH, Urt. v. 21.01.1960, Az. I ZR 30/58, JZ 1960, 701 – „La Chatte".

[482] BVerfG, Beschl. v. 10.11.1998, Az. 1 BvR 1531/96, BVerfGE 99, 185, 193 – Scientology; BGH, Urt. v. 14.05.2013, Az. VI ZR 269/12, BGHZ 197, 213 Rn. 12 – Google I.

[483] EGMR, Wabl/Österreich [2000] Beschwerde-Nr. 24773/94 [40]; Kucharczyk/Polen [2015] Beschwerde-Nr. 72966/13 [35]; BGH, Urt. v. 30.05.1974, Az. VI ZR 174/72, MDR 1974, 921 – Brüning-Memoiren I; BGH, Urt. v. 27.05.1986, Az. VI ZR 169/85 – Stasi-Kontakte; BGH, Urt. v. 01.03.2016, Az. VI ZR 34/15, NJW 2016, 2106 Rn. 31 – Ärztebewertung III; BGH, Urt. v. 27.09.2016, Az. VI ZR 250/13, AfP 2017, 48 Rn. 17 – Frontal 21.

[484] Vgl. BGH, Urt. v. 25.05.1965, Az. VI ZR 19/64, MDR 1965, 735 – „Wo ist mein Kind?".

[485] BGH, Beschl. v. 16.08.2016, Az. VI ZB 17/16, NJW 2016, 3380 – Schülerstreit auf Facebook.

[486] BVerfG, Beschl. v. 29.06.2016, Az. 1 BvR 2646/15, AfP 2016, 431 Rn. 18 – „Durchgeknallte Staatsanwältin".

[487] Vgl. etwa BGH, Urt. v. 05.03.1963, Az. VI ZR 55/62, BGHZ 39, 124, 128 – Fernsehansagerin.

[488] Vgl. Brown v. Bower u. a. [2017] EWHC 2637 (QB) [50].

gen immer noch ein Odium anhaftet das zur Ausgrenzung von Personen führt.[489] Andererseits ist zu bedenken, dass die Einstufung der falschen Behauptung einer psychischen Erkrankung als „ehrenrührig" genau dazu führen kann, dass Menschen, die tatsächlich an einer solchen Beeinträchtigung leiden, weiter ausgegrenzt und stigmatisiert werden. Hier wird es im Einzelfall auf die Wertvorstellungen einzelner Gesellschaften ankommen. Von „den Werten" einer „Weltgesellschaft" kann daher außer in den genannten Kernbereichen, etwa dem Vorwurf strafbaren Verhaltens, nicht gesprochen werden.

4. Erklärungsmodelle für den Ehrschutz

Weder der Rechtsprechung des EGMR noch der deutscher, englischer oder amerikanischer Gerichte lässt sich ein ausdrückliches Bekenntnis zu einer bestimmten theoretischen Erklärung der Ehre entnehmen. Die Literatur identifiziert mehrere theoretische Begründungen für den Schutz von Ehre und Reputation. Dabei variieren sowohl die Ansätze als auch die Begrifflichkeiten: Lawrence McNamara etwa spricht von dem „moralischen Urteil der Gemeinschaft",[490] Ernst Helle von der „öffentlichen Meinung",[491] Heike Altenhain als die „Vorstellung" Dritter „über Eigenschaften und Wesen und damit schließlich über die gesamte Persönlichkeit eines Menschen",[492] Robert C. Post nennt als „Konzepte der Reputation" Ehre, Eigentum und Würde,[493] David Rolph konzipiert Reputation als „Berühmtheit"[494] und David S. Ardia als komplexen „Feedback-Mechanismus".[495] Auf einer mittleren Abstraktionsebene lassen sich indessen zwei Linien deskriptiv-theoretischer Erklärungen des Ehrschutzes identifizieren: Ehrschutztheorien, welche die Ehre als einen dem Menschen intrinsischen Wert betrachten, und solche, welche die Ehre allein anhand des Urteils Dritter bestimmen. Im Folgenden werden diese Linien als „Würdetheorien" und „Eigentumstheorien" bezeichnet. Diese Linien sind teilidentisch mit der Dichotomie von innerer Ehre und äußerer Ehre. Während sich die äußere Ehre sowohl mit Würdetheorien als auch – und insbesondere – mit Eigentumstheorien erklären lässt, vermögen allein Würdetheorien die innere Ehre hinreichend zu beschreiben. Sieht man einmal von englischer Rechtsprechung des 19. Jahrhundert ab, trat keine der beiden theoretischen Linien in der Praxis je-

---

[489] BVerfG, Beschl. v. 25.08.2005, Az. 1 BvR 2165/00, NJW 2006, 595, 596 – „Lehrerkrieg von Bielefeld"; so auch *Howarth*, Modern Law Review 74 (2011), 845, 850ff.

[490] *McNamara*, Reputation and Defamation, 2007, S. 21ff., 37ff.

[491] *Helle*, Der Schutz der Persönlichkeit, der Ehre und des wirtschaftlichen Rufs im Privatrecht, 2. Aufl. 1969, S. 8.

[492] *Altenhain*, Negatorischer Ehrenschutz, 2003, S. 92.

[493] *Post*, California Law Review 74 (1986), 691.

[494] *Rolph*, Reputation, Celebrity and Defamation Law, 2008, S. 178ff.

[495] *Ardia*, Harvard Civil Rights-Civil Liberties Law Review 45 (2010), 261, 263.

mals in Reinform auf. Sie sind nur analytisch, gewissermaßen „unter klinischen Bedingungen", trennscharf voneinander unterscheidbar; in der Praxis sind sie überlappend, ergänzen einander und vermögen verschiedene Phänomene des Kommunikationsdeliktsrechts auf ihre Weise zu erklären. Sie sind idealtypisch im Sinne Max Webers.[496]

a) Ehre als Ausprägung der Menschenwürde

Nach den Begründungsansätzen, die hier unter den Oberbegriff „Würdetheorien" zusammengefasst sind, ist die Ehre ein dem Menschen intrinsischer Wert; kraft seines Menschseins hat der Mensch Ehre. Ehre ist individuell und an die Persönlichkeit gebunden. Ehre „hat man"; ihr Inhaber kann sie nicht veräußern, verlieren oder mehren.[497] Theorien von der Ehre als Ausprägung der Menschenwürde vermögen sowohl die „innere" als auch die „äußere" Ehre zu erklären, ihr Schwerpunkt liegt aber auf der „inneren" Ehre, der Schätzung des eigenen Werts unabhängig von der äußeren Anerkennung.[498] Auch die „äußere" Ehre wird jedoch insoweit geschützt, als dass der Mensch stets als Selbstzweck zu behandeln ist, nie als Mittel zum Zweck. Dass sich zudem Individuum und Gesellschaft nicht streng voneinander trennen lassen, ist Kernbestandteil der Theorie vom Spiegelbildeffekt (looking-glass self) als Vorläuferin des symbolischen Interaktionismus.[499]

Erste Ansätze einer Konzeption eines dem Menschen intrinsisch Guten lassen sich bereits bei Aristoteles erkennen. Aristoteles unterschied zwischen der Ehre und dem Guten. Die Ehre sei zwar das „Ziel des politischen Lebens"; sie liege allerdings „wohl eher in den Ehrenden als in dem Geehrten". Das Gute hingegen sei dem Menschen eigen und könne „nicht leicht verlorengehen".[500] Die Dualität des Ehrbegriffs – die Unterscheidung zwischen „innerer" und „äußerer" Ehre – wird, soweit ersichtlich,[501] erstmals von Cicero angesprochen. Cicero entwickelte honestum (das Ehrenhafte) als die Verbindung von Weisheit,

---

[496] Weber, Gesammelte Aufsätze zur Wissenschaftslehre, 3. Aufl 1968, S. 190 ff.; Weber, Wirtschaft und Gesellschaft – Soziologie, 1918–1920, S. 170–172.

[497] Vgl. Stark, Ehrenschutz in Deutschland, 1996, S. 25; Burkhart, Eine Geschichte der Ehre, 2005, S. 62; Descheemaeker, Oxford Journal of Legal Studies 2009, 603, 609; Floridi, Philosophy & Technology 29 (2016), 307 (zur Privatheit).

[498] Vgl. Korff, Ehre, Prestige, Gewissen, 1966, S. 60 f.; Vogt/Zingerle, in: dies. (Hrsg.), Ehre. Archaische Momente in der Moderne, 1994, 9, 17; Steuten, Duisburger Beiträge zur Soziologischen Forschung 2 (2005), 1, 18.

[499] Die Theorie geht zurück auf Cooley, Human Nature and the Social Order, 1902, weiterentwickelt von Mead, Mind, Self and Society, 1934. Zur Übertragung in den juristischen Kontext Post, California Law Review 74 (1986), 691, 708; Ardia, Harvard Civil Rights-Civil Liberties Law Review 45 (2010), 261, 286; Howarth, Modern Law Review 74 (2011), 845, 854.

[500] Aristoteles, Die Nikomachische Ethik, Erstes Buch, 1095b22-27 (S. 109).

[501] Dazu Burkhart, Eine Geschichte der Ehre, 2005, S. 13; Speitkamp, Ohrfeige, Duell und Ehrenmord, 2010, S. 81.

Gerechtigkeit, Seelengröße und Tapferkeit sowie Schicklichkeit.[502] Diese Sitt-lichkeit des Einzelnen begründete bereits seine Ehrenhaftigkeit, die abzugren-zen sei vom äußeren Ansehen (*honos* und *dignitas*).[503]

Zwar spielte die Ehre im Mittelalter eine erhebliche praktische Rolle im tägli-chen Leben wie auch in der Literatur; zu denken ist etwa an das Nibelungenlied und den Beowulf.[504] Sieht man von Einzelwerken der Scholastik ab, war ihre philosophisch-theoretische Erschließung in dieser Zeit indessen überschau-bar.[505] Erst mit der rechtlichen Erschließung der Menschenwürde legten frühe Naturrechtler, insbesondere Pufendorf,[506] die Grundlage für die Achtung des Menschen *vor sich selbst* als rechtlich schützenswertes Interesse. Philosophen des Deutschen Idealismus betonten dann den eigenständigen Wert der „inneren Ehre" unabhängig vom äußeren Ansehen. Ohne im Detail auf die Ehre einzu-gehen,[507] unterstrich Kant die Bedeutung der Vernunft und damit die morali-sche Autonomie des Menschen für die Menschenwürde. Im Unterschied zu Hobbes (dazu sogleich) setzte Kant in der *Grundlegung zur Metaphysik der Sitten* den „Wert" – oder die Würde – eines Menschen nicht mit seinem „Preis" gleich, sondern stellte diese Begriffe gegenüber:

„Im Reiche der Zwecke hat alles entweder einen *Preis*, oder eine *Würde*. Was einen Preis hat, an dessen Stelle kann auch etwas anderes, als *Äquivalent*, gesetzt werden; was dage-gen über allen Preis erhaben ist, mithin kein Äquivalent verstattet, das hat eine Würde. Was sich auf die allgemeinen menschlichen Neigungen und Bedürfnisse bezieht, hat ei-nen *Marktpreis*; das, was, auch ohne ein Bedürfnis vorauszusetzen, einem gewissen Ge-schmacke, d. i. einem Wohlgefallen am bloßen zwecklosen Spiel unserer Gemütskräfte, gemäß ist, einen *Affektionspreis*; das aber, was die Bedingung ausmacht, unter der allein etwas Zweck an sich selbst sein kann, hat nicht bloß einen relativen Wert, d. i. einen Preis, sondern einen innern Wert, d. i. *Würde*."[508]

In der *Metaphysik der Sitten* betonte Kant zudem den Unterschied zwischen Würde und bloßer Wertschätzung:

„*Achtung*, die ich für andere trage, oder die ein anderer von mir fordern kann (obser-vantia aliis praestanda), ist also die Anerkennung einer Würde (dignitas) an anderen Menschen, d. i. eines Werts, der keinen Preis hat, kein Äquivalent, wogegen das Objekt der Wertschätzung (aestimii) ausgetauscht werden könnte. – Die Beurtheilung eines Dinges, als eines solchen, das keinen Wert hat, ist die Verachtung. Ein jeder Mensch hat rechtmäßigen Anspruch auf Achtung von seinen Nebenmenschen, und *wechselseitig* ist er dazu auch gegen jeden anderen verbunden. Die Menschheit selbst ist eine Würde; denn

---

[502] *Cicero*, Vom pflichtgemäßen Handeln, Erstes Buch, 5(15) ff.: *sapientia, iustitia, magna-nimitas* und *fortitudo, decorum*.
[503] Siehe *Korff*, Ehre, Prestige, Gewissen, 1966, S. 17.
[504] Siehe *Speitkamp*, Ohrfeige, Duell und Ehrenmord, 2010, S. 83 ff.
[505] Etwa bei *Thomas von Aquin*, Summa contra gentiles, Buch III, Kap. 51 und 63.
[506] *Von Pufendorf*, Acht Bücher vom Natur- und Völkerrecht, 2. Buch, Kap. 1, § 5.
[507] Siehe aber auch *Kant*, Grundlegung zur Metaphysik der Sitten, 2. Aufl. 1786, S. 24.
[508] *Kant*, Grundlegung zur Metaphysik der Sitten, 2. Aufl. 1786, S. 68.

der Mensch kann von keinem Menschen (weder von anderen noch sogar von sich selbst) bloß als Mittel, sondern muß jederzeit zugleich als Zweck gebraucht werden und darin besteht eben seine Würde (die Persönlichkeit), dadurch er sich über alle andere Weltwesen, die nicht Menschen sind, und doch gebraucht werden können, mithin über alle Sachen erhebt. Gleichwie er also sich selbst für keinen Preis weggeben kann (welches der Pflicht der Selbstschätzung widerstreiten würde), so kann er auch nicht der eben so notwendigen Selbstschätzung anderer, als Menschen, entgegen handeln, d. i. er ist verbunden, die Würde der Menschheit an jedem anderen Menschen praktisch anzuerkennen, mithin ruht auf ihm eine Pflicht, die sich auf die jedem anderen Menschen nothwendig zu erzeigende Achtung bezieht. "[509]

1795 verließ Johann Gottlieb Fichte Jena infolge einer Auseinandersetzung mit studentischen Geheimbünden über die Mensur. Um „dem Publikum Rechenschaft" abzulegen, sah sich Fichte veranlasst, sein Verständnis von Ehre darzulegen, welches den inneren Ehrbegriff stark betont. Er setze die Ehre

„keineswegs in das Urteil anderer über meine Handlungen […]; sondern in dasjenige, das ich selbst über sie fällen kann. Das Urteil, welches ich selbst über meine Handlungen fälle, hängt davon ab, ob ich bei ihnen in Übereinstimmung mit mir selbst bleibe, oder durch sie mich mit mir selbst in Widerspruch versetze. Im ersten Fall kann ich sie billigen; im zweiten Falle würde ich durch sie vor mir selbst entehrt, und es bliebe mir nichts übrig, um meine Ehre vor mir selbst wiederherzustellen, als freimütiger Widerruf und Gutmachen aus allen meinen Kräften."[510]

Hegel grenzte das, „was wir im modernen Sinne unter Ehre verstehen", nämlich die „romantische Ehre", von der „Anerkennung des Ruhms und der Tapferkeit" ab, die Gegenstand von Homers Ilias war. Nach Hegel fühlte sich Achilles dadurch verletzt, dass ihm Agamemnon seinen „wirkliche[n] Beuteanteil, der ihm gehört und der seine Ehrenbelohnung […] ist", nimmt. Diese Verletzung dringe jedoch „nicht in die letzte Spitze der Persönlichkeit als solcher", so Hegel.[511] Die Verletzung der „romantischen Ehre" betreffe demgegenüber

„nicht den sachlichen realen Wert, Eigentum, Stand, Pflicht usf., sondern die Persönlichkeit als solche und deren Vorstellung von sich selbst, den Wert, den das Subjekt sich für sich selber zuschreibt. […] Was nun das Individuum besitzt, was an ihm etwas Besonderes ausmacht, nach dessen Verlust es ebenso gut als vorher bestehen könnte, in das wird durch die Ehre die absolute Geltung der ganzen Subjektivität hineingelegt und darin für sich und andere vorgestellt. Der Maßstab der Ehre geht also nicht auf das, was das Subjekt wirklich ist, sondern auf das, was in dieser Vorstellung ist."[512]

Hegel betonte somit den Persönlichkeitscharakter der Ehre. Allerdings lassen sich auch Bezugnahmen auf die „äußere Ehre" in Hegels Werk finden. So schrieb er in seinen Grundlinien zur Philosophie des Rechts zur Bestimmung

---

[509] *Kant*, Die Metaphysik der Sitten, 2. Aufl. 1786, S. 600f.
[510] *Fichte*, in: Riess (Hrsg.), Ein Evangelium der Freiheit – Bekenntnisse des Denkers und Schriftstellers, 1914.
[511] *Hegel*, Vorlesungen über die Ästhetik, 1835–1838, S. 630.
[512] *Hegel*, Vorlesungen über die Ästhetik, 1835–1838, S. 631.

sozialer Stände: „aber die letzte und wesentliche Bestimmung liegt in der subjektiven Meinung und der besonderen Willkür, die sich in dieser Sphäre ihr
Recht, Verdienst und ihre Ehre gibt".[513]

Schopenhauer unterschied zwischen dem „negativen Charakter" der Ehre
und dem „positiven Charakter" des Ruhmes:

> „Denn die Ehre ist nicht die Meinung von besondern, diesem Subjekt allein zukommen-
> den Eigenschaften, sondern nur von den, der Regel nach, vorauszusetzenden, als welche
> auch ihm nicht abgehn sollen. Sie besagt daher nur, daß dies Subjekt keine Ausnahme
> mache; während der Ruhm besagt, daß es eine mache. Ruhm muss daher erst erworben
> werden: die Ehre hingegen braucht bloß nicht verloren zu gehn."[514]

Soweit ersichtlich,[515] sprach das Staats-Lexikon von 1839 erstmals die Symbiose
von innerer und äußerer Ehre aus: Erst die innere und äußere Ehre zusammen
machten die „ganze und wahre Ehre" aus.[516] In der Praxis spielte indessen die
äußere Ehre die bei weitem wichtigere Rolle. Die Ehre „galt in der Gesellschaft
des ausgehenden 18. und des 19. Jahrhunderts als symbolisches Kapital".[517]
Nach ihr bemaß sich „der rechtlich anerkannte Verkehrskurs eines Menschen".[518] Ein Affront war nur dann durch ein Duell satisfaktionsfähig, wenn er
öffentlich erfolgte; eine private Beleidigung, d.h. ein Angriff auf die „innere
Ehre" allein, reichte hierfür nicht aus.[519] Vor diesem Hintergrund bestritt
Schopenhauer den Dualismus der Ehre mit seinem bekannten Aphorismus: „die
Ehre ist, objektiv, die Meinung Anderer von unserm Werth, und subjektiv, un-
sere Furcht vor dieser Meinung."[520] Er wies damit die – von ihm als solche wahrgenommene – Definition zurück, die Ehre sei „das äußere Gewissen, und das
Gewissen die innere Ehre".[521]

b) Ehre als dem Eigentum vergleichbares Rechtsgut

Nach den „Eigentumstheorien" der Ehre ist die Ehre ein Wert, der nicht intrinsisch, sondern nur in Beziehung zu anderen Menschen denkbar ist. Der Mensch
hat kraft seines Menschseins Würde, aber erst durch soziale Interaktion hat er
Ehre.[522] Ehre „verdient man"; vergleichbar dem Eigentum kann man sie er-

---

[513] *Hegel*, Grundlinien der Philosophie des Rechts, 1820, § 206.

[514] *Schopenhauer*, Parerga und Paralipomena I, 1851, S. 361.

[515] Siehe *Speitkamp*, Ohrfeige, Duell und Ehrenmord, 2010, S. 120.

[516] *Welcker*, Infamie, Ehre, Ehrenstrafen, in: von Rotteeck/Welcker, Staats-Lexikon oder
Encyklopädie der Staatswissenschaften, Bd. 8, Altona 1839, S. 311.

[517] *Burkhart*, Eine Geschichte der Ehre, 2005, S. 89; vgl. *Ardia*, Harvard Civil Rights-Civil
Liberties Law Review 45 (2010), 261, 267.

[518] *Binding*, Die Ehre und ihre Verletzbarkeit, 1892, S. 12 f.

[519] *Burkhart*, Eine Geschichte der Ehre, 2005, S. 67.

[520] *Schopenhauer*, Parerga und Paralipomena I, 1851, S. 359.

[521] *Schopenhauer*, Parerga und Paralipomena I, 1851, S. 359.

[522] Vgl. *Speitkamp*, Ohrfeige, Duell und Ehrenmord, 2010, S. 18; *Vogt*, Zur Logik der Ehre
in der Gegenwartsgesellschaft, 1997, S. 16, 98 ff.; *Vogt/Zingerle*, in: dies. (Hrsg.), Ehre. Ar-

werben und mehren wie auch verlieren.[523] Dieses Verständnis von Ehre ist somit im Wesentlichen reduziert auf die „äußere Ehre", das Prestige oder die Reputation.[524]

„Eigentum" ist in diesem Zusammenhang nicht mit dem Eigentumsbegriff des Art. 14 GG identisch, der auf einer Mischung aus Liberalismus und Gemeinschaftsgebundenheit basiert und seinerseits in der Menschenwürde wurzelt.[525] „Eigentum" meint vielmehr den Locke'schen Eigentumsbegriff, nach dem jeder Mensch Eigentum an seiner eigenen Person hat, woraus Locke folgert, dass alles, was die Arbeit seines Körpers und seiner Hände hervorgebracht hat, auch sein Eigentum wird.[526] Dieser Ansatz betont daher gerade nicht den Würdekern des Eigentums, sondern den wirtschaftlichen Wert, der ihm durch die Einschätzung anderer zukommt.[527] Ehre bzw. Reputation hat einen Wert, der sich aus der Gemeinschaftsbezogenheit des Einzelnen erst aufgrund der Wertschätzung anderer ergibt.[528]

Die wohl radikalste Reduzierung der Ehre auf die äußere Ehre vor dem Aufkeimen des Liberalismus findet sich in Hobbes' Leviathan. Hobbes bestimmte den „Wert" oder „Preis" eines Menschen danach, ob er geehrt oder nicht geehrt wird:

„Wird der Wert hoch angesetzt, so heißt es *ehren*, fällt er gering aus, *entehren*" (im Sinne von nicht ehren, verachten, geringschätzen). Unter Würde versteht man insgemein den Wert, welcher auf dem Urteile nicht eines einzelnen Menschen, sondern viel mehr eines ganzen Staates beruht, nach welchem ihm Regierungs- oder obrigkeitliche oder sonst öffentliche Geschäfte übertragen und ehrenvolle Namen oder Titel beigelegt werden."[529]

Ihre Hochzeit feierte die Theorie der Ehre als Eigentum in der englischen Rechtsprechung des 19. Jahrhunderts, wohl nicht ganz zufällig zeitgleich mit dem Siegeszug des Manchester-Kapitalismus.[530] Gerichte stellten mehrfach aus-

---

chaische Momente in der Moderne, 1994, 9, 17; *Peifer*, Individualität im Zivilrecht, 2001, S. 208 f.

[523] Vgl. *Burkhart*, Eine Geschichte der Ehre, 2005, S. 62; *Post*, California Law Review 74 (1986), 691, 694.

[524] Vgl. *Post*, California Law Review 74 (1986), 691, 701; *Korff*, Ehre, Prestige, Gewissen, 1966, S. 33; *Vogt*, Zur Logik der Ehre in der Gegenwartsgesellschaft, 1997, S. 13, 66 ff.; *Ardia*, Harvard Civil Rights-Civil Liberties Law Review 45 (2010), 261, 267 ff.

[525] Vgl. *Alexander*, Cornell Law Review 88 (2003), 733, 739; *Wendt*, in: Sachs (Hrsg.), GG, 7. Aufl. 2014, Art. 14 Rn. 1; *Axer*, in: Epping/Hillgruber (Hrsg.), GG, 2. Aufl. 2013, Art. 14 Rn. 2.

[526] *Locke*, Über die Regierung, 1690, Kap. V Nr. 27.

[527] *Alexander*, Cornell Law Review 88 (2003), 733, 739.

[528] Zutr. *Bellah*, California Law Review 74 (1986), 743; *Milo*, Defamation and Freedom of Speech, 2008, S. 17; *Ardia*, Harvard Civil Rights-Civil Liberties Law Review 45 (2010), 261, 262.

[529] *Hobbes*, Leviathan, 1651, S. 82.

[530] Vgl. *Rolph*, Reputation, Celebrity and Defamation Law, 2008, S. 22.

drücklich die Reputation mit dem Eigentum gleich.[531] Die Ehre ist somit, in den Worten Pierre Bourdieus, Teil des „symbolischen Kapitals" einer Person.[532] In seiner Kapitaltheorie unterscheidet Bourdieu zwischen vier Arten von Kapital: dem ökonomischen, dem sozialen, dem kulturellen und dem symbolischen Kapital. Symbolisches Kapital sei die „wahrgenommene und als legitim anerkannte Form" der drei anderen Kapitalien; es werde „gemeinhin als Prestige, Renommee, usw. bezeichnet".[533] Das Konzept der Ehre als Eigentum oder Kapital suggeriert ein Gesellschaftsbild, in dem die Menschen über einen Markt miteinander verbunden sind.[534] Der Verlust der Ehre kann wie der Verlust des Eigentums in Geld bemessen werden.[535] Zu widersprechen ist daher Max Webers apodiktischem Verweis, der Markt wisse „nichts von ‚Ehre'".[536]

c) Die Erklärungsmodelle und die Praxis

Im Verlauf der Arbeit wird aufgezeigt, dass jede rechtsdogmatische Ausprägung des Ehrschutzes mit mindestens einer dieser beiden Theorien zur Begründung des Ehrschutzes erklärt werden kann. So rechtfertigen Menschenwürdetheorien den Tatbestand der Beleidigung (§ 185 StGB) durch rein bilaterale Kommunikation zwischen Beleidiger und Beleidigtem. Da die Würde unveräußerlich ist, kommt nach der reinen Lehre von der Ehre als Teil der Persönlichkeit ein Schadensersatzanspruch für eine Verletzung der Ehre grundsätzlich nicht in Betracht.[537] Stattdessen kommen Gegendarstellung und Folgenbeseitigung Vorrang zu (siehe Kapitel 5). Als Ausprägung der Menschenwürde partizipiert die Ehre in einem bestimmten Ausmaß am postmortalen Schutz dieser Würde (siehe Kapitel 3).

---

[531] Siehe M'Pherson v. Daniels [1829] 10 B & C 263, 276: „every injury to property is the subject of a civil action. Upon what principle can it be said that a wrong done to the good name and reputation of another is not equally so?"; Dixon v. Holden [1869] LR 7 Eq 488: „it is within the jurisdiction of this Court to stop the publication of a libel […] which goes to destroy [the plaintiff's] property or his reputation, which is his property, and, if possible, more valuable than other property". Siehe auch Art. 1 der Verfassung des Commonwealth of Pennsylvania 1968.

[532] So bereits *Vogt*, Zur Logik der Ehre in der Gegenwartsgesellschaft, 1997, S. 121 ff.; *Ardia*, Harvard Civil Rights-Civil Liberties Law Review 45 (2010), 261, 267; *Steuten*, Duisburger Beiträge zur Soziologischen Forschung 2 (2005), 1, 13.

[533] *Bourdieu*, Sozialer Raum und „Klassen", in: ders., Sozialer Raum und „Klassen", Leçon sur la leçon, 1985, S. 11.

[534] *Post*, California Law Review 74 (1986), 691, 695; *Milo*, Defamation and Freedom of Speech, 2008, S. 27; *Howarth*, Modern Law Review 74 (2011), 845, 853.

[535] Vgl. *Milo*, Defamation and Freedom of Speech, 2008, S. 27 (zur Reputation).

[536] *Weber*, Wirtschaft und Gesellschaft – Gemeinschaften, S. 266: „Der Markt und die ökonomischen Vorgänge auf ihm kannte […] kein ‚Ansehen der Person': ‚sachliche' Interessen beherrschten ihn. Er weiß nichts von ‚Ehre'".

[537] RG, Urt. v. 23.10.1933, Az. VI 204/205/33, RGZ 142, 116, 123 – „Schädling der Anwaltschaft".

Theorien von der Ehre als Eigentum vermögen hingegen nur die äußere Ehre zu erklären. Einen Tatbestand der bilateralen Beleidigung rechtfertigt dieser Ansatz nicht, da es einer solchen Beleidigung am Gemeinschaftsbezug fehlt. Da die Ehre vermögensrechtlicher Natur ist, ist Schadensersatz zur Kompensation einer Ehrverletzung nicht nur zulässig, sondern sogar vorrangig geboten. Allein Theorien von der Ehre als Eigentum können als Grundlage für den Ehrschutz juristischer Personen dienen (siehe Kapitel 3). Der United States District Court for the District of Columbia betonte in diesem Zusammenhang „die offensichtliche Tatsache, dass eine Klage wegen *libel*, die für ein Unternehmen eingereicht wurde, nicht die essentielle Würde und den Wert eines jeden Menschen umfasst."[538]

Schließlich bestehen zwischen Würdetheorien und Eigentumstheorien in ihren praktischen Folgen aber auch erhebliche Übereinstimmungen. Der Schutz der Reputation durch §§ 186, 187 StGB i. V. m. § 823 BGB sowie den *tort of defamation* ist, zumindest in seinen Grundzügen, als Ausprägung sowohl der Würde als auch als des Eigentums erklärbar. Aus beiden Theoriesträngen folgt, dass nur die persönliche, individuelle Ehre rechtlich schützenswert ist, nicht hingegen die Ehre einer Gemeinschaft, etwa in Form der „Familienehre"[539] oder „nationale Ehre". Nach beiden Ansätzen ist Ehre zudem egalitär.[540] Sie steht jeder Person gleichermaßen zu (Würde) bzw. kann durch Verhalten, Fähigkeiten oder Verdienst erworben werden (Eigentum).[541] Keinesfalls steht jedoch einer Person bereits qua Geburt oder qua Geschlecht (z. B. „Frauenehre"[542]) mehr Ehre zu als einer anderen Person; dem stünde schon Art. 3 GG entgegen.[543] Die Ehre ist ein Gegenpol zur Freiheit anderer, begründet aber keine Freiheitsrechte oder gar rechtliche Handlungsaufforderungen, etwa das Recht (und die Pflicht), seine Ehre oder die seines Standes oder Staates im Wege des Duells zu verteidigen. Dem Recht auf Leben, dem Recht auf Gesundheit und dem Recht auf Achtung der Privatsphäre vergleichbar ist das Recht auf Schutz der Ehre daher kein Freiheitsrecht, sondern ein Statusrecht. Es ist vor allem ein Recht auf Kontrolle von Information. So verstanden hat die Ehre nichts Altmodisches oder Überkommenes, sondern sie ist zeitlos aktuell.

---

[538] Martin Marietta Corp. v. Evening Star Newspaper Co., 417 F. Supp. 947, 955 (D.D.C. 1976): „the obvious fact that a libel action brought on behalf of a corporation does not involve ‚the essential dignity and worth of every human being'".

[539] Vgl. EGMR, Putistin/Ukraine [2013] Beschwerde-Nr. 16882/03 [37 f.]; BGH, Urt. v. 04.06.1974, Az. VI ZR 68/73, GRUR 1974, 797 – Fiete Schulze; LK-*Hilgendorf*, Vor § 185 Rn. 33.

[540] *Burkhart*, Eine Geschichte der Ehre, 2005, S. 29.

[541] Vgl. BVerfG, Beschl. v. 10.10.1995, Az. 1 BvR 1476/91, 1 BvR 1980/91, 1 BvR 102/92, 1 BvR 221/92, NJW 1995, 3303, 3307 – „Soldaten sind Mörder".

[542] Anders noch BGH, Urt. v. 05.03.1963, Az. VI ZR 55/62, BGHZ 39, 124, 128 – Fernsehansagerin. In England und Wales hob Section 14 Abs. 1 Defamation Act 2013 den viktorianischen Slander of Women Act 1891 (54 & 55 Vict. c.51) auf.

[543] Vgl. LK-*Hilgendorf*, Vor § 185 Rn. 3.

In Gesetzgebung und Rechtsprechung tritt eine Theorie der Ehre zwar weder als Ausprägung der Würde noch als Eigentum in Reinform auf.[544] Allerdings vermögen diese beiden theoretischen Ansätze das unterschiedliche Verständnis des Ehrschutzes in Deutschland einerseits und England und den USA andererseits zu erklären: Das deutsche Verständnis des Ehrschutzes wie auch das des EGMR ist stärker vom naturrechtlichen Menschenwürdebegriff geprägt. Das BVerfG sieht „die Grundrechte insgesamt [als] Konkretisierungen des Prinzips der Menschenwürde".[545] Über das allgemeine Persönlichkeitsrecht wird die Ehre selbst in Art. 2 Abs. 1 i. V. m. Art. 1 Abs. 1 GG verankert. Ehre und Würde sind jedoch nicht identisch. Die Ehre ist lediglich eine Ausprägung der Menschenwürde, allerdings eine besondere. Das BVerfG betont in ständiger Rechtsprechung „Unterschiede zwischen der Menschenwürde und dem allgemeinen Persönlichkeitsrecht. Ein Unterschied zeigt sich etwa daran, dass die Menschenwürde im Konflikt mit der Meinungsfreiheit nicht abwägungsfähig ist, während es bei einem Konflikt der Meinungsfreiheit mit dem allgemeinen Persönlichkeitsrecht regelmäßig zu einer Abwägung kommt."[546] Der EGMR sieht die Ehre bzw. Reputation als Unterfall des Rechts auf Achtung des Privatlebens nach Art. 8 Abs. 1 EMRK. In *Cumpănă und Mazăre gegen Rumänien* rückte der EGMR die Reputation sogar ausdrücklich, wenn auch nur beiläufig, in die Nähe der Menschenwürde.[547] Auch die Entscheidung *Karakó gegen Ungarn* kann nur vor dem Hintergrund einer Konzeption der Reputation als Ausprägung der Menschenwürde und nicht aufgrund von Eigentumstheorien erklärt werden.[548] Das folgt aus dem Hinweis, das Diffamierungsrecht schütze in erster Linie finanzielle Interessen und gesellschaftlichen Status, Art. 8 EMRK hingegen schütze die Reputation nur dann als Menschenrecht, wenn die unveräußerliche Integrität einer Person verletzt würde.

---

[544] Siehe *Dworkin*, Taking Rights Seriously, 1977, S. 134; *McNamara*, Reputation and Defamation, 2007, S. 38. Ausführlich zur rechtshistorischen Entwicklung in Deutschland *Moosheimer*, Die actio injuriarum aestimatoria im 18. und 19. Jahrhundert, 1997; *Peifer*, Individualität im Zivilrecht, 2001, S. 203 ff.

[545] BVerfG, Beschl. v. 11.03.2003, Az. 1 BvR 426/02, BVerfGE 107, 275, 284 – Schockwerbung II.

[546] BVerfG, Beschl. v. 05.04.2001, Az. 1 BvR 932/94, NJW 2001, 2957, 2959 – Kaisen.

[547] EGMR, Cumpănă und Mazăre/Rumänien [2004] Beschwerde-Nr. 33348/96 [109]: „the Romanian courts fully recognised that it involved a conflict between the applicants' right, as representatives of the media, to impart information and ideas and Mrs R.M.'s right to protection of her reputation and dignity". Ausdrücklicher Lindon, Otchakovsky-Laurens und July/ Frankreich [2007] Beschwerde-Nr. 21279/02 und 36448/02, zust. Meinung von Richter Loucaides: „the suppression of untrue defamatory statements, apart from protecting the dignity of individuals, discourages false speech [...]. And although [the mass media] may be achieving such objectives incidentally, accidentally or occasionally, even deliberately, they should be subject to certain restraint out of respect for the truth and for the dignity of individuals."

[548] Vgl. *Mullis/Scott*, Northern Ireland Legal Quarterly 63 (2012), 27, 43.

Wenngleich der US Supreme Court[549] und das House of Lords[550] sich ebenfalls in einzelnen Entscheidungen auf die Menschenwürde als Wurzel der Reputation bezogen haben, so hat das Bekenntnis zur Menschenwürde in der englischen und amerikanischen Rechtsprechung nicht annähernd die gleiche praktische Bedeutung erfahren wie in Deutschland.[551] Stattdessen ist im Hinblick auf den Ehrschutz erkennbar, dass das anglo-amerikanische Ehr- bzw. Reputationsverständnis stärker vom liberalen Eigentumsbegriff geprägt worden ist.[552] Dies ist etwa daran zu sehen, dass der *tort of defamation* nur die äußere Ehre schützt, nicht aber die innere Ehre. Bei Verletzungen der Reputation ist Schadensersatz zu gewähren; Ansprüche auf Gegendarstellung und Folgenbeseitigung bei Ehrverletzungen sind dem Common Law weitgehend fremd (siehe Kapitel 5 Abschnitte II. und III.). Anders als das deutsche Recht schützt das Common Law nicht einmal ansatzweise eine „postmortale Reputation" (siehe Kapitel 3 Abschnitt I.). Allerdings ist auch hier zu beachten, dass der Eigentumsbegriff nicht alle Phänomene des Ehrschutzes im Common Law zu erklären vermag. So ist etwa die unwiderlegbare Schadensvermutung im englischen Recht (dazu Kapitel 5 Abschnitt IV.) nur mit der Reputation als Ausprägung der Menschenwürde erklärbar, nicht hingegen auf eigentumstheoretischer Grundlage.[553]

VI. Die Kommunikationsfreiheit

Soweit ersichtlich, schützen alle nationalen und internationalen Grund- und Menschenrechtskodifikationen Kommunikationsfreiheiten. Art. 19 Abs. 2 IPbpR und Art. 10 Abs. 1 EMRK schützen beinahe gleichlautend die Freiheit, Informationen und Ideen ohne behördliche Eingriffe und ohne Rücksicht auf Staatsgrenzen zu empfangen und weiterzugeben. Anders als es die inoffizielle deutsche Übersetzung suggeriert, umfassen Art. 19 Abs. 2 IPbpR und Art. 10 Abs. 1 EMRK damit nicht nur die „Meinungsfreiheit", sondern generell die „Freiheit, sich auszudrücken" (*freedom of expression* bzw. *liberté d'expressi-*

---

[549] Rosenblatt v. Baer, 383 U.S. 75, 92 (1966) (zust. Meinung Richter Steward); Gertz v. Robert Welsh Inc., 418 U.S. 323, 341 (1974); Dun & Bradstreet Inc. v. Greenmoss Builders Inc., 472 U.S. 749, 758 (1985).

[550] House of Lords, Reynolds v. Times Newspapers Ltd. [2001] 2 AC 127, 201.

[551] Vgl. *Post*, California Law Review 74 (1986), 691, 735; *Whitman*, Yale Law Journal 113 (2004) 1151; *McCrudden*, The European Journal of International Law 19 (2008), 655, 704; *Rösler*, Berkeley Journal of International Law 26 (2008), 153, 173; *Barroso*, Boston College International & Comparative Law Review 35 (2012), 331.

[552] So auch *Post*, California Law Review 74 (1986), 691, 727; *Rösler*, Berkeley Journal of International Law 26 (2008), 153, 162.

[553] Vgl. *Anderson*, Arizona Law Review 48 (2006), 1047, 1048; *Ardia*, Harvard Civil Rights-Civil Liberties Law Review 45 (2010), 261, 284, 286.

on).[554] Wie noch zu zeigen sein wird, schützt auch die „Meinungsfreiheit" nach Art. 5 Abs. 1 Satz 1 GG in gewissem Umfang die Verbreitung von Tatsachenbehauptungen, und der Erste Zusatzartikel der US-Verfassung umfasst nicht nur die „Freiheit der Rede" (*freedom of speech*), sondern die der Kommunikation generell. Aus diesem Grunde ist im Folgenden von „Kommunikationsfreiheit" und nicht von „Meinungsfreiheit" die Rede.[555] Dies entspricht auch mittlerweile der Diktion deutscher Rechtsprechung in einzelnen Fällen.[556]

1. Theorien der Kommunikationsfreiheit

Der rechtsdogmatischen Frage, *wie* und in welchen Grenzen die Kommunikationsfreiheit geschützt wird, ist die theoretische Frage vorgelagert, *warum* die Kommunikationsfreiheit zu schützen ist. Literatur und Rechtsprechung zu den theoretischen Grundlagen der Kommunikationsfreiheit ist Legion. Die hierzu vertretenen Ansätze lassen sich im Wesentlichen mit Hilfe von drei sich überlappenden Fragen einteilen:

1. Dient die Kommunikationsfreiheit vorranging dem individuellen oder dem gesellschaftlichen Interesse?
2. Ist die Kommunikationsfreiheit ein Selbstzweck oder dient sie einem weiteren Zweck?
3. Bestimmt das Interesse des Äußernden oder die Auswirkungen der Äußerung auf die Gesellschaft den moralischen Wert der Äußerung?

Die theoretischen Erklärungsversuche für die Existenz der Kommunikationsfreiheit lassen sich somit danach kategorisieren, ob man diese Freiheit intrinsisch oder mittels konsequentialistischer, kommunitaristischer oder utilitaristischer Theorien begründet. Letztere betonen das soziale Interesse an der freien Rede vor dem Interesse des Individuums; sie betrachten die Redefreiheit als Mittel zum Zweck und – anders als intrinsische Theorien – nicht als Selbstzweck.

Die kommunitaristische Begründung der Kommunikationsfreiheit wurzelt im klassischen Republikanismus, der auf die Werke von Platon und Aristoteles

---

[554] Wie wenig sinnstiftend die deutsche Übersetzung ist, lässt sich erkennen, wenn man Satz 1 und Satz 2 von Art. 10 Abs. 1 EMRK gemeinsam liest: „Jede Person hat das Recht auf freie Meinungsäußerung. Dieses Recht schließt die Meinungsfreiheit [...] ein".

[555] So auch *Blanke*, in: Merten/Papier (Hrsg.), Handbuch der Grundrechte in Deutschland und Europa, Band VI/1, 2010, § 142 Rn. 19; *Vedder*, in: Merten/Papier (Hrsg.), Handbuch der Grundrechte in Deutschland und Europa, Band VI/2, 2009, § 174 Rn. 62; *Kühling*, Die Kommunikationsfreiheit als europäisches Gemeinschaftsgrundrecht, 1999; *Schulze-Fielitz*, in: Dreier (Hrsg.), GG, Band I, 3. Aufl. 2013, Art. 5 I, II Rn. 10.

[556] Siehe BVerfG, Beschl. v. 13.03.2007, Az. 1 BvR 1377/04, NJW-RR 2007, 1194 – Veronica Ferres; BVerfG, Beschl. v. 19.12.2007, Az. 1 BvR 967/05, NJW 2008, 1654 Rn. 31 – Schiffskoffer; BGH, Urt. v. 20.02.2018, Az. VI ZR 30/17, Rn. 13 und 19 – Ärztebewertung IV. Dafür auch *Hain*, K&R 2012, 98, 103.

zurückgeht und am extremsten von Jean-Jacques Rousseau vertreten wurde.[557] Die Idee des klassischen Republikanismus geht davon aus, dass Bürger sich als freie und gleiche Mitglieder einer Gemeinschaft verstehen, die sich in erster Linie mit öffentlichen Angelegenheiten, der *res publica*, befasst.[558] Die Gesellschaft ist demnach mehr als die Summe ihrer Individuen; sie ist eine „Gesamtkörperschaft".[559] Klassischer Republikanismus betont den „nicht-instrumentalisierbaren Eigenwert staatsbürgerlicher Selbstorganisation, so daß für eine von Haus aus politische Gemeinschaft die Menschenrechte nur als Elemente ihrer eigenen, bewußt angeeigneten Tradition Verbindlichkeit gewinnen."[560] Rousseau drückte dies mit den Worten aus: „Schließlich gibt sich jeder, da er sich allen gibt, niemandem [...] Gemeinsam stellen wir alle, jeder von uns seine Person und seine ganze Kraft unter die oberste Richtschnur des Gemeinwillens; und wir nehmen, als Körper, jedes Glied als untrennbaren Teil des Ganzen auf."[561]

Klassischer Republikanismus betont nicht die individuelle Autonomie von Menschen als Menschen (*hommes*), sondern die politische Autonomie der Menschen als Bürger (*citoyens*). Nach der Lesart eines klassischen Republikanismus dient die Kommunikationsfreiheit dazu, Volkssouveränität auszuüben und zum gemeinsamen Wohl beizutragen.

Ein konsequentialistisches Verständnis begründet die Existenz der Kommunikationsfreiheit damit, dass diese Freiheit einen instrumentellen, aber keinen intrinsischen Wert hat. Dementsprechend ist Menschen die Freiheit zu gewähren, sich auszudrücken, weil die guten Folgen der freien Rede die schlechten überwiegen.[562] Die Theorie der Kommunikationsfreiheit, die ein konsequentialistisches Verständnis am deutlichsten zum Ausdruck bringt, ist das auf Alexander Meiklejohn zurückzuführende „Argument von der Demokratie" (*argument from democracy*). Das Argument von der Demokratie basiert auf der Idee, dass es keine Restriktionen für Beiträge zur demokratischen Meinungsbildung und dem freien Fluss von Informationen zu Angelegenheiten von politischer Bedeutung geben darf, damit dem Wahlvolk möglichst weitreichende Informationen für seine demokratische Entscheidung zur Verfügung stehen.[563] Die Freiheit der politischen Debatte ist Kernbestandteil der Demokratie und

---

[557] Dazu *Bassani*, Telos 124 (2002), 131; *Habermas*, Faktizität und Geltung, 1998, S. 324 ff.

[558] *Habermas*, Faktizität und Geltung, 1998, S. 325 f.; siehe auch *Post*, William & Mary Law Review 32 (1991), 267, 285 f.

[559] *Rousseau*, Vom Gesellschaftsvertrag, 1762, S. 18.

[560] *Habermas*, Faktizität und Geltung, 1998, S. 130.

[561] *Rousseau*, Vom Gesellschaftsvertrag, 1762, S. 18.

[562] *Scanlon*, Philosophy and Public Affairs 1 (1972), 204, 205.

[563] Siehe insb. *Meiklejohn*, Free Speech and its Relation to Self-Government, 1948; *Meiklejohn*, Supreme Court Review 1961, 245; *Bork*, Indiana Law Journal 47 (1971), 1, 20; *Sunstein*, University of Chicago Law Review 59 (1992), 255, 263; *Weaver/Partlett*, New York Law School Law Review 50 (2005–2006), 57, 78; *Weinstein*, Virginia Law Review 97 (2011), 491; *Wragg*, Public Law 2013, 363, 364.

muss daher besonders geschützt sein. In einer demokratischen Gesellschaft kontrollieren nicht nur die Staatsgewalten einander, sondern auch die Medien und die öffentliche Meinung kontrollieren den Staat.[564] Das Recht, den Staat und seine Repräsentanten zu beobachten und zu kritisieren ist somit ein grundlegendes Prinzip, welches jede Menschenrechtsverbriefung prägt und auch für die vorliegende Bearbeitung von zentraler Bedeutung ist.

Spätere Autoren entwickelten Meiklejohns Argument von der Demokratie weiter zu einem „Argument vom öffentlichen Diskurs". Trotz zum Teil erheblicher Meinungsverschiedenheiten betreffend die Grenzen der Redefreiheit ist ihnen gemeinsam, dass sie die positiven Auswirkungen von Kommunikation auf die Diskussion von Angelegenheiten von öffentlichem Interesse jenseits der Abgabe von Stimmen im demokratischen Prozess betonen.[565] Die Fokussierung auf explizit politische Beiträge, die andere Beiträge zu Angelegenheiten von öffentlichem Interesse geringer betrachtet, perpetuiere eine „altmodische Unterscheidung zwischen öffentlicher und privater Macht".[566] Das Argument vom öffentlichen Diskurs schützt daher die Redefreiheit, weil und soweit freie Meinungsäußerungen zu Angelegenheiten des öffentlichen Interesses beitragen. Dies schließt beispielsweise Diskussionen im Bereich der Bildung, Philosophie, Wissenschaft, Literatur, den Künsten und zu Personen und Institutionen, die über das Leben von Menschen und deren Meinungsbildung Einfluss ausüben, ein.[567] So betont auch der EGMR, dass seine Entscheidungen keinen Anlass geben, zwischen politischen Diskussionen und Diskussionen zu anderen Angelegenheiten von öffentlichem Interesse zu unterscheiden.[568] Das Argument ist nachvollziehbar: Der Einfluss von Privatakteuren, wie beispielsweise internationale Unternehmen, stellt häufig eine größere Gefahr für die Persönlichkeitsrechte von Individuen dar als die Macht von Regierungen.

Ein utilitaristischer Ansatz zur Begründung der Kommunikationsfreiheit ist das Argument von der Wahrheit. Dieses schützt die Redefreiheit aufgrund ihres Nutzens für die Allgemeinheit, nämlich das Wissen zu mehren und sich der Wahrheit zu nähern.[569] Zwei der bekanntesten Vertreter des Arguments von der

---

[564] EGMR, Castells/Spanien [1992] Beschwerde-Nr. 11798/85 [46]; siehe auch Kaperzyński/Polen [2012] Beschwerde-Nr. 43206/07 [64]; High Court of Australia, Lange v. Australian Broadcasting Corporation [1997] HCA 25.

[565] Siehe z. B. *Post*, Virginia Law Review 97 (2011), 477, 482–485; *Weinstein*, Virginia Law Review 97 (2011), 491, 493 f., 499 f.; *O'Flynn*, Res Publica 16 (2010), 299.

[566] Siehe *Chesterman*, Freedom of Speech in Australian Law: A Delicate Plant, 2000, S. 48.

[567] Vgl. *Meiklejohn*, Supreme Court Review 1961, 245, 257; *Emerson*, Yale Law Journal 72 (1963), 877, 907; *Blasi*, American Bar Foundation Research Journal 1977, 521, 559; *Schauer*, Northwestern University Law Review 78 (1983), 1284, 1303 f.; *Post*, University of Colorado Law Review 64 (1993), 1109, 1116; *Post*, California Law Review 88 (2000), 2353, 2363; *Balkin*, NYU Law Review 79 (2004), 1.

[568] Thorgeir Thorgeirson/Island [1992] Beschwerde-Nr. 13778/88 [64].

[569] *Emerson*, Yale Law Journal 72 (1963), 877, 881; *Schauer*, Free speech: a philosophical enquiry, 1982, S. 15.

Wahrheit als theoretische Grundlage der Kommunikationsfreiheit waren John Milton und John Stuart Mill. In *Areopagitica* forderte John Milton, die Wahrheit mit der Unwahrheit „kämpfen" zu lassen; die Wahrheit würde sich in einer „freien und offenen Begegnung" durchsetzen.[570] Und John Stuart Mill wies darauf hin, dass die hergebrachte Weisheit der Gesellschaft niemals vollständig sei. Stattdessen sei das „Abweichen der Meinungen voneinander vorteilhaft", „wenn nämlich bei den beiden in Konflikt stehenden Anschauungen, statt dass die eine richtig und die andere falsch ist, die Wahrheit in der Mitte liegt, und die nicht übereinstimmende These gebraucht wird, den Rest der Wahrheit zu liefern, wovon die hergebrachte Doktrin nur ein Teil ist".[571] Das Argument von der Wahrheit schützt die Kommunikationsfreiheit somit, weil die Wahrheit am besten erreicht und die Unwahrheit am besten beseitigt wird, wenn sie in einer freien Auseinandersetzung aufeinander treffen. In diesem Zusammenhang ist darauf hinzuweisen, dass „Wahrheit" nicht wörtlich zu verstehen ist. Nur Tatsachenbehauptungen sind dem Wahrheitsbeweis zugänglich, nicht jedoch Meinungsäußerungen. Das Argument von der Wahrheit schließt indessen Meinungsäußerungen mit ein; „Wahrheit" ist in diesem Zusammenhang zu verstehen als die „beste", die überzeugendste Meinung.

Eine in den USA besonders bekannte Ausprägung des Arguments von der Wahrheit ist Richter Holmes' Metapher vom „Marktplatz der Ideen". In einer der am meisten zitierten abweichenden Meinungen in der Geschichte des US Supreme Court plädierte Richter Holmes für den „freien Handel von Ideen", dass die „beste Wahrheit" der Gedanke sei, der die Kraft hat, im Wettbewerb des Marktes akzeptiert zu werden.[572] Die Theorie vom Marktplatz der Ideen behauptet somit, dass eine Gesellschaft dadurch zur „Wahrheit" oder zur „besten Idee" gelangt, wenn sie jedem die Teilnahme an der öffentlichen Debatte gestatte, und dass letztlich Marktkräfte die Ideen auswählen, die für die Gesellschaft am besten sind.[573]

Ein weiterer Spross der Theorie von der Wahrheit ist die von Frederick Schauer vertretene libertäre Theorie vom „Misstrauen in den Staat" (*suspicion of government*).[574] Im Unterschied zu den Argumenten von der Demokratie und von

---

[570] *Milton*, Areopagitica, 1644, S. 35.

[571] *Mill*, Über die Freiheit, 1859, S. 67 f.

[572] Abrams v. United States, 250 U.S. 616, 630 (1919) (abw. Meinung Richter Holmes). Siehe auch Whitney v. California, 274 U.S. 357, 375–378 (1927) (zust. Meinung Richer Brandeis); Gertz v. Robert Welch Inc., 418 U.S. 323, 339 f. (1974); Hustler Magazine v. Falwell, 485 U.S. 46, 51 (1988); House of Lords, R v. Secretary of State for the Home Department, ex p Simms [2000] 2 AC 115.

[573] Siehe *Baker*, UCLA Law Review 25 (1978), 964, 967; *Garry*, Marquette Law Review 72 (1989), 187, 191; *Pugh*, University of Pennsylvania Law Review 143 (1995), 1739, 1751; *Bruns*, JZ 2005, 428; *Volokh*, Virginia Law Review 97 (2011), 595, 596.

[574] *Schauer*, Free speech: a philosophical enquiry, 1982, S. 81, 148, 162 f.: „distrust of government"; *Volokh*, Virginia Law Review 97 (2011), 595; *Estlund*, The George Washington Law Review 59 (1990), 1.

der Wahrheit beruht die *suspicion of government*-Theorie allerdings nicht darauf, dass der Redefreiheit an sich ein bestimmter Wert beigemessen wird, sondern darauf, dass nicht der Staat darüber entscheiden darf, was „gute" und was „schlechte" Inhalte sind.[575]

Kommunitaristische und konsequentialistische Ansätze stehen im Gegensatz zu intrinsischen Begründungen der Freiheit im Allgemeinen und der Kommunikationsfreiheit im Besonderen. Während die kommunitaristischen und konsequentialistischen Theorien die Bedeutung der Kommunikationsfreiheit für die Allgemeinheit betonen, begründen intrinsische Ansätze die Kommunikationsfreiheit mit der Bedeutung der Freiheit für das Individuum.[576] Sie betrachten die Freiheit des Einzelnen nicht als Mittel zum Zweck, sondern als Selbstzweck.[577] Kommunikationsfreiheit ist nicht wegen ihrer Folgen, sondern aufgrund ihres intrinsischen Werts bedeutsam. Sie ist Ausfluss der Annahme, dass Menschen *als solche* in die Lage versetzt werden müssen, sich frei auszudrücken.[578] Teilweise wird kommunikatives Handeln als Ausprägung der Menschenwürde verstanden,[579] andere stellen auf die Bedeutung der Kommunikation für die menschliche Selbstverwirklichung ab,[580] wiederum andere auf die persönliche Autonomie.[581] Intrinsische Begründungen der Kommunikations-

---

[575] Vgl. dazu auch EGMR, Putistin/Ukraine [2013] Beschwerde-Nr. 16882/03, zust. Meinung Richter Lemmens [2]: „It is of course not our task to give a judgment on the historical truth."

[576] Vgl. *Berlin*, in: ders., Four Essays on Liberty, 1969 (Neudruck 1971), 118, 139–141; *Baker*, Human Liberty and Freedom of Speech, 1989, S. 59; *Richards*, Free Speech and the Politics of Identity, 1999, S. 23; *Richards*, Toleration and the Constitution, 1986, S. 169; *Redish*, University of Pennsylvania Law Review (1982), 591; *Milo*, Defamation and Freedom of Speech, 2008, S. 78; *Moro/Aikat*, First Amendment Studies 47 (2013), 58, 60.; *Steinbach*, JZ 2017, 653, 657 ff.

[577] Siehe *Kant*, Grundlegung zur Metaphysik der Sitten, 2. Aufl. 1786, S. 63; *Schauer*, Free speech: a philosophical enquiry, 1982, S. 60; *Schauer*, Ethics 103 (1993), 635, 639; *Nagel*, Philosophy and Public Affairs 24 (1995), 83, 86; *Klein*, Der Staat 10 (1971), 145, 164 ff.

[578] Vgl. *Blasi*, American Bar Foundation Research Journal 1977, 521, 545; *Baker*, UCLA Law Review 25 (1978), 964, 996; *Scanlon*, University of Pittsburgh Law Review 40 (1979), 519, 533 ff.; *Redish*, University of Pennsylvania Law Review (1982), 591, 593; *Richards*, Toleration and the Constitution, 1986, S. 169; *Baker*, Human Liberty and Freedom of Speech, 1989, S. 59; *Post*, University of Colorado Law Review 64 (1993), 1109; *Richards*, Free Speech and the Politics of Identity, 1999, S. 23; *Nestler*, University of Pennsylvania Law Review 154 (2005), 201, 211; *Moore*, UCL Jurisprudence Review 2005, 95; *Wells*, Harvard Civil Rights—Civil Liberties Law Journal 32 (1997), 159, 166; *Scanlon*, Virginia Law Review 97 (2011), 541.

[579] Vgl. *Scanlon*, Philosophy and Public Affairs 1 (1972), 204; *Milo*, Defamation and Freedom of Speech, 2008, S. 78; *Barroso*, Boston College International & Comparative Law Review 35 (2012), 331, 363.

[580] Vgl. *Richards*, Free Speech and the Politics of Identity, 1999, S. 23; *Richards*, Toleration and the Constitution, 1986, S. 169; *Redish*, University of Pennsylvania Law Review (1982), 591; *Baker*, Human Liberty and Freedom of Speech, 1989, S. 59; *Moore*, UCL Jurisprudence Review 2005, 95; *Steinbach*, JZ 2017, 653, 657 f.

[581] Vgl. *Moro/Aikat*, First Amendment Studies 47 (2013), 58, 61; *Scanlon*, Virginia Law Review 97 (2011), 541.

freiheit lösen sich von dem Paradigma, dass die Redefreiheit deswegen zu schützen ist, wenn oder weil sie zur Entwicklung der Gesellschaft beiträgt; Kommunikationsfreiheit ist ein individuelles Gut, kein kollektives. Hegel beschrieb dies mit den abschätzigen Worten: „die Befriedigung jenes prickelnden Triebes, seine Meinung zu sagen und gesagt zu haben".[582]

Weder in der Theorie noch in der Praxis vermögen die dargestellten Ansätze indessen absoluten Vorrang zu beanspruchen. Stattdessen sind sie überlappend und ergänzen einander, indem sie verschiedene Aspekte der Redefreiheit betonen.[583] So erkannte auch Mill, einer der Vertreter des Arguments von der Wahrheit, die Vorzüge der Freiheit für die geistige Entwicklung und das persönliche Glück.[584] Und Robert Post, der zur Entwicklung von Meiklejohns Argument von der Demokratie zu einem Argument vom öffentlichen Diskurs beitrug, wies darauf hin, dass demokratische Legitimation darauf basiere, dass die Rechtsunterworfenen davon überzeugt seien, dass sie durch ihre Teilnahme am öffentlichen Diskurs bei der Gestaltung von Gesetzen mitwirken können.[585] Das Argument vom öffentlichen Diskurs ist daher nicht nur auf das Interesse der Allgemeinheit ausgelegt, sondern auch darauf, dass sich Teilnehmer am öffentlichen Diskurs als „Co-Autoren" der Gesetzgebung fühlen dürfen.

Gleichwohl unterscheiden sich die Theorien in ihren Erklärungen einzelner dogmatischer Fragen. Intrinsische Ansätze erlauben keine qualitative Klassifizierung von *„speech"*; Beiträge zu politischen Angelegenheiten müssen denselben Schutz genießen wie rein private Äußerungen, und die Kundgabe religiöser Überzeugungen ist im Grundsatz gleichermaßen zu schützen wie *„hate speech"*, da jegliche Äußerung Ausdruck der Autonomie der Person ist. Nicht zuletzt umfasst die Redefreiheit nämlich auch das Recht, „Dampf abzulassen" (*„the right to let off steam"*).[586] Ein besonderer Schutz journalistischer Publikationen lässt sich hingegen nicht rechtfertigen.[587] Anders ist dies nach dem Argument von der Demokratie bzw. dem öffentlichen Interesse: Beiträge zu Themen von öffentlichem Interesse genießen stärkeren Schutz als rein private Angelegenheiten. Gruppen und Organisationen, die regelmäßig zu Angelegenheiten von öffentlichem Interesse beitragen, insbesondere Journalisten, sind besonders zu schützen.

Das Argument von der Demokratie und vom öffentlichen Diskurs sowie das Argument von der Wahrheit und vom „Marktplatz der Ideen" haben gemein-

---

[582] *Hegel*, Grundlinien der Philosophie des Rechts, 1820, § 319.

[583] Siehe *Blasi*, American Bar Foundation Research Journal 1977, 521, 554; *Barendt*, Freedom of Speech, 2. Aufl. 2005, S. 6 f.; *Milo*, Defamation and Freedom of Speech, 2008, S. 55; *Marshall*, Public Law 1992, 40, 44; *Wragg*, Public Law 2013, 363.

[584] *Mill*, Über die Freiheit, 1859, S. 98 f.

[585] *Post*, William & Mary Law Review 32 (1991), 267, 316.

[586] *Emerson*, Yale Law Journal 72 (1963), 877, 885.

[587] *Barendt*, Freedom of Speech, 2. Aufl. 2005, S. 14–17; *Milo*, Defamation and Freedom of Speech, 2008, S. 78.

sam, dass sie die Kommunikationsfreiheit mit ihren vorteilhaften sozialen Folgen bzw. ihrem Nutzen begründen, nämlich dem Fortschritt einer demokratischen Gesellschaft bzw. dem Erreichen der Wahrheit. Die Unterschiede zwischen den beiden Begründungsansätzen sind gleichwohl bedeutsam, da sie die Grenzen der Kommunikationsfreiheit unterschiedlich ziehen: Das konsequentialistische Argument von der Demokratie begründet die Redefreiheit damit, dass diese zum demokratischen Gemeinwesen beiträgt. Für die Dogmatik der Kommunikationsfreiheit bedeutet dies allerdings, dass die Redefreiheit auch nur *insoweit* schützenswert ist, *als* sie zum demokratischen Gemeinwesen beiträgt. So war bereits der platonische Sokrates davon überzeugt, dass manche Menschen mehr wissen als andere und dass manche Meinungen besser waren als andere.[588] Das Mittel, um Wahrheit zu erlangen, war *parrhêsia*: die freie, unbefangene Rede.[589]

Anders verhält es sich mit dem Argument von der Wahrheit. Hier ist entscheidend, ob eine Äußerung auch dann zulässig sein soll, wenn sie „unwahr" oder „falsch" ist. Die Theorie vom „Marktplatz der Ideen" beruht auf der skeptischen Annahme, dass es keine absolute Wahrheit gibt bzw. dass eine absolute Wahrheit niemals gefunden wird.[590] Dementsprechend bestimme sich auch „die Wahrheit" allein nach der überzeugenden Kraft der Argumentation auf dem geistigen Marktplatz.[591] Ideengeschichtlich lässt sich der Gedanke vom „Marktplatz der Ideen" zurückführen auf das dem Sophisten Protagoras zugeschriebene Diktum, wonach der Mensch „das Maß aller Dinge" sei, „der seienden, wie sie sind, der nichtseienden, wie sie nicht sind."[592] Dies bringt die Überzeugung der Sophisten zum Ausdruck, dass es keine objektive Wahrheit und kein objektiv richtiges oder falsches Verhalten gibt, sondern dass Überzeugungen und Werte relativ sind.[593] Die Behauptung oder Meinung setze sich durch, die rhetorisch und argumentativ am überzeugendsten vorgetragen wird. Nicht zufällig waren die Sophisten auch und vor allem Lehrer der Redekunst.[594]

Selbst wenn man jedoch davon ausgeht, dass sich „wahre" von „unwahren" Behauptungen unterscheiden lassen, so ist danach zu fragen, ob das Argument von der Wahrheit die Äußerung unwahrer Tatsachenbehauptungen unter-

---

[588] Siehe *Platon*, Theaitetos, 161 St.1 A.

[589] *Foucault*, Discourse and Truth: the Problematization of Parrhesia, 6 lectures given by Michel Foucault at the University of California at Berkeley, Oct–Nov. 1983, hrsg. v. Joseph Pearson, 1985, S. 6; *van Raalte*, in: Sluiter/Rosen (Hrsg.), Free Speech in Classical Antiquity, 2004, 279, 280.

[590] *Schauer*, Free speech: a philosophical enquiry, 1982, S. 24 f., weist zutreffend auf den Unterschied zwischen „Wahrheit" (truth) und „Sich-sicher-sein" (certainty) hin.

[591] Siehe *Schauer*, Free speech: a philosophical enquiry, 1982, S. 20.

[592] Vgl. *Platon*, Theaitetos, 152 St.1 A. Das Zitat stammt mutmaßlich aus Protagoras' verlorenem Buch „Wahrheit".

[593] *Oster*, Media Freeedom as a Fundamental Right, 2015, S. 21 f. m. w. N.

[594] Vgl. *Ueding*, Klassische Rhetorik, 5. Aufl. 2011, S. 18 ff.

drückt. Mill selbst widersprach: Er warnte, die Wahrheit würde ein „totes Dogma", wenn sie nicht „vollständig, oft und furchtlos zur Debatte gestellt wird."[595]

2. Theorien der Kommunikationsfreiheit in der gerichtlichen Praxis

Ein eindeutiges Bekenntnis zu einer bestimmten Theorie lässt sich der Rechtsprechung der hier zu untersuchenden Gerichte nicht entnehmen. Zutreffend ist
daher, von einem „Doppelcharakter der Meinungsfreiheit" in der Rechtsprechung zu sprechen.[596]
In *Handyside gegen Vereinigtes Königreich* begründete der EGMR seine ständige Rechtsprechung zur Bedeutung der Kommunikationsfreiheit nach Art. 10
Abs. 1 EMRK: „Das Recht der freien Meinungsäußerung stellt einen der Grund-
pfeiler einer [demokratischen] Gesellschaft dar, eine der Grundvoraussetzungen
für ihren Fortschritt und für die Entfaltung eines jeden Einzelnen."[597] In späteren Entscheidungen ersetzte der EGMR den Begriff der „Entfaltung eines jeden
Einzelnen" mit der „Selbstverwirklichung jedes Einzelnen".[598] Hier ist sowohl
das konsequentialistische Argument von der Demokratie als auch das intrinsische Argument von der persönlichen Selbstverwirklichung erkennbar.[599]
Auch der UN-Menschenrechtsausschuss erkennt an, dass die Meinungs- und
die Redefreiheit „unentbehrliche Bedingungen für die volle Entwicklung einer
Person" sind"[600] und „Eckpfeiler in jeder freien und demokratischen Gesellschaft bilden. Es ist das Wesen solcher Gesellschaften, dass Bürgern gestattet
sein muss, sich über Alternativen des politischen Systems/der regierenden Parteien zu informieren, und dass sie, vorbehaltlich gewisser Einschränkungen in
Art. 19 Abs. 3 IPbpR, ihre Regierungen ohne Angst vor Beeinträchtigungen
oder Strafen kritisieren oder offen und öffentlich bewerten dürfen."[601] Darüber

---

[595] *Mill*, Über die Freiheit, 1859, S. 53.

[596] *Grabenwarter*, in: Maunz/Dürig, GG, 68. EL Januar 2013, Art. 5 Abs. 1, 2 Rn. 6.

[597] Handyside/Vereinigtes Königreich [1976] Beschwerde-Nr. 5493/72 [49] (übersetzt
durch EGMR-E 1, 217, 223); wiederholt z. B. in Sunday Times/Vereinigtes Königreich (Nr. 1)
[1979] Beschwerde-Nr. 6538/74 [65]; Lingens/Österreich [1986] Beschwerde-Nr. 9815/82 [41];
Axel Springer AG/Deutschland (Nr. 1) [2012] Beschwerde-Nr. 39954/08 [78].

[598] Siehe z. B. Lindon, Otchakovsky-Laurens und July/Frankreich [2007] Beschwerde-
Nr. 21279/02 und 36448/02 [45]; Frankowicz/Polen [2008] Beschwerde-Nr. 53025/99 [38];
Annen/Deutschland [2015] Beschwerde-Nr. 3690/10 [52] (übersetzt durch Bundesministeri-
um der Justiz und für Verbraucherschutz).

[599] Vgl. Lingens/Österreich [1986] Beschwerde-Nr. 9815/82 [41]; Tammer/Estland [2001]
Beschwerde-Nr. 41205/98 [59]; Chauvy/Frankreich [2004] Beschwerde-Nr. 64915/01 [63];
Radio France u. a./Frankreich [2004] Beschwerde-Nr. 53984/00 [32]; Saaristo u. a./Finnland
[2010] Beschwerde-Nr. 184/06 [54].

[600] General Comment Nr. 34, Rn. 2.

[601] Benhadj/Algerien [2007] Mitteilung Nr. 1173/2003 [8.10]; vgl. Aduayom u. a./Togo
[1996] Mitteilung Nr. 422–424/1990 [7.4]; Gryb/Weißrussland [2011] Mitteilung Nr. 1316/2004
[13.3]; General Comment Nr. 34, Rn. 2.

hinaus betont der Menschenrechtsausschuss regelmäßig, dass die Redefreiheit „von herausragender Bedeutung für jede demokratische Gesellschaft ist, und dass jegliche Einschränkung ihrer Ausübung strenge Verhältnismäßigkeitsprüfungen bestehen muss."[602]

Der EuGH betonte, dass die „Wahrung der durch Art. 11 [EUGRCh] geschützten Freiheiten […] unbestreitbar ein im Allgemeininteresse liegendes Ziel" darstellt, „dessen Bedeutung in einer demokratischen und pluralistischen Gesellschaft nicht genug betont werden kann […]. Diese Bedeutung zeigt sich ganz besonders bei Ereignissen von großem öffentlichen Interesse."[603]

Das Verständnis des BVerfG von der Kommunikationsfreiheit findet seinen Ausgangspunkt in dem vom Gericht als solchen wahrgenommenen Menschenbild des Grundgesetzes. Dieses sei „nicht das eines isolierten souveränen Individuums; das Grundgesetz hat vielmehr die Spannung Individuum – Gemeinschaft im Sinne der Gemeinschaftsbezogenheit und Gemeinschaftsgebundenheit der Person entschieden".[604] Der Mensch als eigenverantwortliche, mit Würde ausgestattete Persönlichkeit entfalte sich innerhalb der sozialen Gemeinschaft frei.[605] Das Menschenbild des Grundgesetzes werde durch die besonderen Freiheitsgarantien ebenso geprägt wie von der Wertvorstellung des Art. 1 Abs. 1 GG. Der soziale Wert- und Achtungsanspruch des Einzelnen sei daher nicht den Freiheiten übergeordnet, und umgekehrt dürfe sich der Einzelne in der Ausübung seiner Freiheiten nicht ohne weiteres über den allgemeinen Achtungsanspruch des Menschen hinwegsetzen.[606]

Innerhalb der besonderen Freiheitsgarantien hat das BVerfG Art. 5 Abs. 1 Satz 1 GG indessen erhöhte Bedeutung verliehen.[607] Nach dem BVerfG ist die Meinungsfreiheit „in gewissem Sinn die Grundlage jeder Freiheit überhaupt, ‚the matrix, the indispensable condition of nearly every other form of freedom' (Cardozo)".[608] In philosophischer Hinsicht verankert das BVerfG die Meinungsfreiheit sowohl in der Bedeutung dieser Freiheit für das Individuum als auch in ihrem kollektiven Nutzen.[609] Zum einen ist die Meinungsfreiheit Ausdruck menschlicher Persönlichkeit:

---

[602] Siehe z. B. Park/Republik Korea [1998] Mitteilung Nr. 628/1995 [10.3]; Shchetko u. a./ Weißrussland [2001] Mitteilung Nr. 1009/2001 [7.3]; Velichkin/Weißrussland [2001] Mitteilung Nr. 1022/2001 [7.3].

[603] EuGH, Rs. C-283/11 [2013] Sky Österreich/Österreichischer Rundfunk [52] m. w. N.

[604] BVerfG, Urt. v. 20.07.1954, Az. 1 BvR 459, 484, 548, 555, 623, 651, 748, 783, 801/52, 5, 9/53, 96, 114/54, BVerfGE 4, 7, 15 f. – Investitionshilfe.

[605] BVerfG, Beschl. v. 16.07.1969, Az. 1 BvL 19/63, BVerfGE 27, 1, 7 – Mikrozensus; BVerfG, Beschl. v. 24.02.1971, Az. 1 BvR 435/68, BVerfGE 30, 173, 193 – Mephisto.

[606] BVerfG, Beschl. v. 24.02.1971, Az. 1 BvR 435/68, BVerfGE 30, 173, 194 – Mephisto.

[607] BVerfG, Beschl. v. 25.01.1961, Az. 1 BvR 9/57, BVerfGE 12, 113, 124 – Schmid/Spiegel.

[608] BVerfG, Urt. v. 15.01.1958, Az. 1 BvR 400/51, BVerfGE 7, 198, 207 – Lüth.

[609] BVerfG, Urt. v. 22.02.1994, Az. 1 BvL 30/88, BVerfGE 90, 60, 87 – 8. Rundfunkentscheidung (Rundfunkgebühren).

„Das Grundrecht auf freie Meinungsäußerung ist als unmittelbarster Ausdruck der menschlichen Persönlichkeit in der Gesellschaft eines der vornehmsten Menschenrechte überhaupt (un des droits les plus precieux de l'homme nach Artikel 11 der Erklärung der Menschen- und Bürgerrechte von 1789)."[610]

Hieraus folgt das Diktum des BVerfG, dass grundsätzlich jeder frei sagen können soll, was er denkt, auch wenn er keine nachprüfbaren Gründe für sein Urteil angibt oder angeben kann.[611] Die Meinungsfreiheit steht somit

„nicht unter einem allgemeinen Vorbehalt des öffentlichen Interesses, sondern sie verbürgt primär die Selbstbestimmung des einzelnen Grundrechtsträgers über die Entfaltung seiner Persönlichkeit in der Kommunikation mit anderen. Bereits hieraus bezieht das Grundrecht sein in die Abwägung mit dem allgemeinen Persönlichkeitsrecht einzustellendes Gewicht, das durch ein mögliches öffentliches Informationsinteresse lediglich weiter erhöht werden kann".[612]

Die Meinungsfreiheit beschränke sich nicht allein auf die Gewährleistung eines geistigen Meinungskampfs in öffentlichen Angelegenheiten. Art. 5 Abs. 1 Satz 1 GG könne nicht auf ein rein funktionales Verständnis zur Förderung einer öffentlichen Debatte mit Gemeinbezug reduziert werden. Vielmehr sei die Meinungsfreiheit „als subjektive Freiheit des unmittelbaren Ausdrucks der menschlichen Persönlichkeit ein grundlegendes Menschenrecht".[613] Die Meinungsfreiheit sei daher „auch um ihrer Privatnützigkeit willen gewährleistet und umfasst nicht zuletzt die Freiheit, die persönliche Wahrnehmung von Ungerechtigkeiten in subjektiver Emotionalität in die Welt zu tragen."[614]

Diese letzte Formulierung spiegelt das Autonomie-Argument für die Kommunikationsfreiheit in besonderem Maße wieder. So weist das BVerfG darauf hin, dass es „eine verfassungsrechtlich bedenkliche Verkürzung" darstelle, wenn Gerichte einem Kläger allein deshalb einen Unterlassungsanspruch gegen eine bestimmte Äußerung zuerkennen, weil dessen allgemeines Persönlichkeitsrecht das Informationsinteresse der Öffentlichkeit überwiege.[615] Hinzu kommen muss vielmehr, dass sie auch das Interesse des Äußernden selbst überwiegen.

Zum anderen wiederholt das BVerfG regelmäßig, die Meinungsfreiheit sei für eine freiheitlich-demokratische Staatsordnung „schlechthin konstituierend",

---

[610] BVerfG, Urt. v. 15.01.1958, Az. 1 BvR 400/51, BVerfGE 7, 198, 207 – Lüth; siehe auch BVerfG, Beschl. v. 25.01.1961, Az. 1 BvR 9/57, BVerfGE 12, 113, 124 – Schmid/Spiegel.

[611] BVerfG, Beschl. v. 11.05.1976, Az. 1 BvR 163/72, NJW 1976, 1680, 1681 – Echternach.

[612] BVerfG, Beschl. v. 18.02.2010, Az. 1 BvR 2477/08, Rn. 28 – Anwaltsschreiben; BVerfG, Beschl. v. 09.03.2010, Az. 1 BvR 1891/05, NJW-RR 2010, 1195 Rn. 29 – Cornelia Pieper; BGH, Urt. v. 25.10.2011, Az. VI ZR 332/09, NJW 2012, 767 Rn. 27 – „Pornodarsteller".

[613] BVerfG, Beschl. v. 10.03.2016, Az. 1 BvR 2844/13, NJW 2016, 2173 Rn. 24 – Kachelmann-Geliebte.

[614] BVerfG, Beschl. v. 10.03.2016, Az. 1 BvR 2844/13, NJW 2016, 2173 Rn. 24 – Kachelmann-Geliebte.

[615] BVerfG, Beschl. v. 18.02.2010, Az. 1 BvR 2477/08 – Anwaltsschreiben.

indem sie „den geistigen Kampf, die freie Auseinandersetzung der Ideen und Interessen gewährleistet, die für das Funktionieren dieser Staatsordnung lebensnotwendig ist".[616] Art. 5 Abs. 1 GG sei „gerade aus dem besonderen Schutzbedürfnis der Machtkritik erwachsen" und finde „darin unverändert seine Bedeutung".[617] Danach basiert die Rechtsprechung auch auf einem konsequentialistischen Verständnis der Meinungsfreiheit. Auch der Gedanke vom „Marktplatz der Ideen" findet sich in der Rechtsprechung des BVerfG wieder:

> „Nur die freie öffentliche Diskussion über Gegenstände von allgemeiner Bedeutung sichert die freie Bildung der öffentlichen Meinung, die sich im freiheitlich demokratischen Staat notwendig ‚pluralistisch' im Widerstreit verschiedener und aus verschiedenen Motiven vertretener, aber jedenfalls in Freiheit vorgetragener Auffassungen, vor allem in Rede und Gegenrede vollzieht. Jedem Staatsbürger ist durch Art. 5 Abs. 1 Satz 1 GG das Recht gewährleistet, an dieser öffentlichen Diskussion teilzunehmen."[618]

Von der Meinungsfreiheit umfasst ist daher nicht nur das freie Äußern einer Meinung, sondern auch ihre geistige, meinungsbildende Wirkung auf andere.[619] In manchen Entscheidungen bezieht sich das BVerfG ausdrücklich auf den „Marktplatz der Meinungen" oder den „Meinungsmarkt".[620] Ein regelmäßig auftretender Topos in den Entscheidungen des BGH ist, dass es Personen des öffentlichen Lebens möglich sei, ihre eigene Sicht der Dinge darzustellen und es deshalb nicht notwendig sei, die Hilfe des Gerichts in Anspruch nehmen.[621]

Im Hinblick auf die vorliegende Untersuchung spielt der konsequentialistische Ansatz insbesondere bei Beiträgen zu Angelegenheiten von öffentlichem Interesse eine Rolle. Das BVerfG betont regelmäßig, dass in solchen Fällen eine Vermutung für die Zulässigkeit der freien Rede spreche.[622] Dies gilt auch dann, wenn die Äußerung ehrenrührigen Inhalt besitzt und führt bei der In-

---

[616] BVerfG, Beschl. v. 25.01.1961, Az. 1 BvR 9/57, BVerfGE 12, 113, 124 – Schmid/Spiegel; grundlegend BVerfG, Urt. v. 17.08.1956, Az. 1 BvB 2/51, BVerfGE 5, 85, 205 – KPD-Verbot; BVerfG, Urt. v. 15.01.1958, Az. 1 BvR 400/51, BVerfGE 7, 198, 207 – Lüth.

[617] BVerfG, Beschl. v. 10.10.1995, Az. 1 BvR 1476/91, 1 BvR 1980/91, 1 BvR 102/92, 1 BvR 221/92, NJW 1995, 3303, 3304 – „Soldaten sind Mörder"; BVerfG, Beschl. v. 15.09.2008, Az. 1 BvR 1565/05 – „Schwarz-Rot-Senf".

[618] BVerfG, Beschl. v. 25.01.1961, Az. 1 BvR 9/57, BVerfGE 12, 113, 125 – Schmid/Spiegel.

[619] BVerfG, Urt. v. 15.01.1958, Az. 1 BvR 400/51, BVerfGE 7, 198, 205, 209 – Lüth; BVerfG, Beschl. v. 22.06.1982, Az. 1 BvR 1376/79, BVerfGE 61, 1, 7 – „CSU: NPD Europas".

[620] Siehe beispielsweise BVerfG, Urt. v. 16.06.1981, Az. 1 BvL 89/78, BVerfGE 57, 295, 322 – 3. Rundfunkentscheidung (FRAG/Saarländisches Rundfunkgesetz); BVerfG, Beschl. 25.06.2009, Az. 1 BvR 134/03, AfP 2009, 480 Rn. 80 – Effecten-Spiegel; dazu *Rösler*, Tulane European and Civil Law Forum 23 (2008), 1, 30.

[621] BGH, Urt. v. 09.11.1965, Az. VI ZR 276/64, NJW 1966, 245 – Literaturlexikon; *mutatis mutandis* BGH, Urt. v. 08.03.1966, Az. VI ZR 176/64, NJW 1966, 1213, 1915 – Luxemburger Wort.

[622] St. Rspr. seit BVerfG, Urt. v. 15.01.1958, Az. 1 BvR 400/51, BVerfGE 7, 198, 212 – Lüth; statt vieler BVerfG, Beschl. v. 13.04.1994, Az. 1 BvR 23/94, BVerfGE 90, 241, 249 – „Auschwitzlüge".

teressenabwägung zu einer erheblichen Reduktion des Ehrschutzes (dazu Kapitel 4).

Das deutlichste Bekenntnis zum Argument von der Wahrheit findet sich in den USA. Auf Richter Holmes' „Marktplatz der Ideen" wurde bereits hingewiesen. Dass auch falsche Behauptungen und *hate speech* den Schutz der Redefreiheit genießen, hat der US Supreme Court seitdem mehrfach betont.[623] Das beste Mittel gegen eine unwahre Aussage sei eine wahre Aussage und nicht ihre Unterdrückung.[624] Selbst eine falsche Äußerung kann somit zu einer öffentlichen Debatte beitragen, gerade weil sie eine wahrheitsgemäße Gegenäußerung provoziert.[625] Flankiert wird der „Marktplatz der Ideen" durch Hinweise auf die Theorie vom Misstrauen in den Staat. Unter dem Ersten Zusatzartikel gäbe es keine „falsche Idee",[626] und ein „Orwell'sches Wahrheitsministerium" sei mit der Redefreiheit nicht vereinbar.[627] Jeder müsse sein eigener „Wächter der Wahrheit" sein, denn „die Vorväter trauten keiner Regierung, das Wahre vom Unwahren für uns zu unterscheiden".[628]

Auch dieses Bekenntnis gilt indessen nicht uneingeschränkt. Neben dem Argument von der Wahrheit betont das Gericht regelmäßig den besonderen Schutz von Beiträgen zu Angelegenheiten von öffentlichem Interesse durch die Redefreiheit.[629] Und selbst Beiträge zu Angelegenheiten von öffentlichem Interesse dürfen dann unterbunden werden, wenn sie ehrenrührig und erwiesen falsch sind und in bösem Glauben getätigt wurden.[630] Hier lässt der Oberste Gerichtshof Referenz zu John Stuart Mills *„harm principle"* erkennen. Schließlich lässt der Supreme Court auch die Selbstverwirklichung des Einzelnen als theoretische Begründung seiner Auslegung der Redefreiheit durchschimmern.[631] Gerade die Tatsache, dass das Gericht nur äußerst geringe Anforderungen an ein

---

[623] Siehe z.B. US Supreme Court, Garrison v. Louisiana, 379 U.S. 64 (1964); R.A.V. v. City of St. Paul, 505 U.S. 377 (1992); Snyder v. Phelps, 562 U.S. 443, 451 (2011); United States v. Alvarez, 567 U.S. ___ (2012), 1.

[624] United States v. Alvarez, 567 U.S. ___ (2012), 1, 11–15.

[625] Siehe New York Times Co. v. Sullivan, 376 U.S. 254, 304 (1964); United States v. Alvarez, 567 U.S. ___ (2012), 1, 4 (zust. Meinung Richter Breyer).

[626] Gertz v. Robert Welch Inc., 418 U.S. 323 (1974).

[627] United States v. Alvarez, 567 U.S. ___ (2012), 1.

[628] Thomas v. Collins, 323 U.S. 516, 545 (1945) (zust. Meinung Richter Jackson): „every person must be his own watchman for truth, because the forefathers did not trust any government to separate the true from the false for us."

[629] Siehe z.B. US Supreme Court, Roth v. United States, 354 U.S. 476, 484 (1957); New York Times Co. v. Sullivan, 376 U.S. 254, 269 (1964); Garrison v. Louisiana, 379 U.S. 64, 72f. (1964); Gertz v. Robert Welch Inc., 418 U.S. 323, 346 (1974); Connick v. Myers, 461 U.S. 138, 146 (1983); Dun & Bradstreet Inc. v. Greenmoss Builders Inc., 472 U.S. 749, 761 (1985); Hustler Magazine v. Falwell, 485 U.S. 46, 50 (1988); Bartnicki v. Vopper, 532 U.S. 514, 528, 533 f. (2001); Snyder v. Phelps, 562 U.S. 443, 451 (2011).

[630] New York Times Co. v. Sullivan, 376 U.S. 254, 279 f. (1964).

[631] So ausdrücklich US Supreme Court, Whitney v. California, 274 U.S. 357, 375 f. (1927) (zust. Meinung Richter Brandeis).

Mindestmaß an Zivilität im öffentlichen Diskurs stellt, lässt sich nur mit der Bedeutung der Redefreiheit für den Äußernden selbst erklären.[632]

In einer leidenschaftlichen *concurring opinion* argumentierte Richter Brandeis, dass sich die Redefreiheit nach dem Ersten Zusatzartikel zur US-Verfassung gerade nicht mit nur einer Theorie begründen ließe. Er betonte stattdessen, dass die Kämpfer für die Unabhängigkeit der Kolonien die Freiheit „sowohl als Zweck als auch als Mittel" betrachteten.[633] Der Supreme Court wies ausdrücklich darauf hin, dass die Freiheit, seine Meinung sagen zu dürfen, nicht nur eine individuelle Freiheit und damit ein intrinsisches Gut sei, sondern auch für die gemeinsame Suche nach Wahrheit und der Vitalität einer Gesellschaft insgesamt wesentlich sei.[634]

Entscheidungen englischer Gerichte lassen wiederum den Einfluss sowohl konsequentialistischer als auch intrinsischer Theorien erkennen. Verweise auf die Menschenwürde und die Selbstverwirklichung finden sich allerdings nur vereinzelt.[635] Demgegenüber überwiegt die Bedeutung der Redefreiheit für Beiträge zu Angelegenheiten von öffentlichem Interesse deutlich.[636]

Markante Unterschiede in den theoretischen Grundlagen der Kommunikationsfreiheit lassen sich bei den hier zu untersuchenden Rechtsprechungsorganen daher nicht identifizieren. Die Gerichte berufen sich sowohl auf intrinsische als auch konsequentialistische Theorien der Kommunikationsfreiheit. Unterschiede in ihrer Rechtsprechung, insbesondere zwischen dem US Supreme Court einerseits und europäischen Gerichten andererseits, sind daher weniger auf die Theorie als auf die Dogmatik der Meinungsfreiheit und den Ehrschutz zurückzuführen. Hierauf wird im nächsten Abschnitt sowie in den folgenden Kapiteln einzugehen sein.

3. Schutzbereich der Kommunikationsfreiheit

Wenngleich der Wortlaut der einzelnen Kodifikationen der Kommunikationsfreiheit divergiert, lassen sich doch transnational übereinstimmende Tendenzen

---

[632] *Post*, American Bar Foundation Research Journal 1987, 539, 555.

[633] Whitney v. California, 274 U.S. 357, 375f. (1927) (zust. Meinung Richter Brandeis).

[634] US Supreme Court, Bose Corp. v. Consumers Union of United States Inc., 466 U.S. 485, 503f. (1984); Hustler Magazine v. Falwell, 485 U.S. 46, 50f. (1988): „the freedom to speak one's mind is not only an aspect of individual liberty – and thus a good unto itself – but also is essential to the common quest for truth and the vitality of society as a whole."

[635] Siehe z.B. House of Lords, R v. Secretary of State for the Home Department, ex p Simms [2000] 2 AC 115 [126].

[636] Siehe z.B. London Artists Ltd. v. Littler [1969] 2 QB 375, 391; Lion Laboratories Ltd. v. Evans [1984] 1 WLR 526, 530; Francome v. Mirror Group Newspapers Ltd. [1984] 1 WLR 892, 897; Reynolds v. Times Newspapers Ltd. [2001] 2 AC 127, 205; Grobbelaar v. News Group Newspapers Ltd. [2002] 1 WLR 2034; Privy Council, Bonnick v. Morris [2003] 1 AC 300; Flood v. Times Newspapers Ltd. [2012] UKSC 11 [24].

in der Auslegung dieser Bestimmungen durch die zuständigen Spruchkörper erkennen.

a) Tatsachenbehauptungen und Werturteile

Sämtliche hier zu untersuchenden Kodifikationen – Art. 19 Abs. 2 IPbpR, Art. 10 Abs. 1 EMRK, Art. 11 Abs. 1 EUGRCh, der Erste Zusatzartikel zur US-Verfassung sowie Art. 5 Abs. 1 Satz 1 GG – erfassen die Äußerung von Meinungen. Art. 19 Abs. 2 IPbpR, Art. 10 Abs. 1 EMRK und Art. 11 Abs. 1 EUGRCh sprechen insoweit von „Ideen". Unerheblich ist dabei, ob die Äußerung „begründet oder grundlos, emotional oder rational ist, als wertvoll oder wertlos, gefährlich oder harmlos eingeschätzt wird".[637] Im Hinblick auf Art. 5 Abs. 1 Satz 1 GG entschied das BVerfG, dass das Grundrecht unabhängig davon eingreife, ob die Meinungsäußerung auch einen tatsächlichen Kern aufweist. Der Schutzbereich des Grundrechts erstrecke sich auch auf „Äußerungen, in denen sich Tatsachen und Meinungen vermengen und die insgesamt durch die Elemente der Stellungnahme, des Dafürhaltens oder Meinens geprägt werden."[638]

Im Unterschied zu Art. 5 Abs. 1 Satz 1 GG sind Art. 10 Abs. 1 EMRK und Art. 19 Abs. 2 IPbpR bereits ihrem Wortlaut nach nicht auf die Verbreitung von Meinungen reduziert, sondern erfassen auch Tatsachenbehauptungen.[639] Demgegenüber sind nach der Rechtsprechung des BVerfG reine Tatsachenbehauptungen durch das Grundrecht der Meinungsäußerungsfreiheit nur geschützt, soweit sie Voraussetzung der Bildung von Meinungen ist. Soweit Tatsachenbehauptungen nicht zur Meinungsbildung beitragen können, sind sie nicht geschützt.[640] Dies sei insbesondere bei bewusst unwahren Tatsachenbehauptungen der Fall.[641]

---

[637] BVerfG, Beschl. v. 17.05.2016, Az. 1 BvR 257/14, K&R 2016, 494 Rn. 11 – „ACAB"; dazu bereits BVerfG, Beschl. v. 14.03.1972, Az. 2 BvR 41/71, BVerfGE 33, 1, 14 f. – Brief des Strafgefangenen, vgl. US Supreme Court, Gertz v. Robert Welch Inc., 418 U.S. 323, 339 f. (1974); Hustler Magazine v. Falwell, 485 U.S. 46, 51 (1988): „Under the First Amendment, there is no such thing as a false idea."

[638] BVerfG, Beschl. v. 22.06.1982, Az. 1 BvR 1376/79, BVerfGE 61, 1, 9 – „CSU: NPD Europas"; BVerfG, Beschl. v. 09.10.1991, Az. 1 BvR 1555/88, BVerfGE 85, 1, 15 – Bayer-Aktionäre; BVerfG, Beschl. v. 08.05.2007, Az. 1 BvR 193/05, NJW 2008, 358, 359 – „Bauernfängerei"-Zitat; BGH, Urt. v. 30.01.1996, Az. VI ZR 386/94, BGHZ 132, 13, 21 – „Lohnkiller"; BGH, Urt. v. 23.06.2009, Az. VI ZR 196/08, BGHZ 181, 328 Rn. 33 – spickmich.de.

[639] *Grabenwarter/Pabel*, Europäische Menschenrechtskonvention, 6. Aufl. 2016, § 23 Rn. 4; *Grabenwarter*, in: Maunz/Dürig, GG, 68. EL Januar 2013, Art. 5 Abs. 1, 2 Rn. 11; *Oster/Wagner*, in: Dauses/Ludwigs (Hrsg.), Handbuch des EU-Wirtschaftsrechts, Kommunikation und Medien, 31. EL 2012, Rn. 23.

[640] BVerfG, Beschl. v. 22.06.1982, Az. 1 BvR 1376/79, BVerfGE 61, 1, 8 – „CSU: NPD Europas".

[641] BVerfG, Beschl. v. 14.02.1973, Az. 1 BvR 112/65, BVerfGE 34, 269, 283 – Soraya; BVerfG, Beschl. v. 03.06.1980, Az. 1 BvR 797/78, BVerfGE 54, 208, 219 – Böll; BVerfG,

Eine entsprechende Einschränkung der Kommunikationsfreiheit lässt sich bei den anderen Rechtsprechungsorganen, die den Gegenstand dieser Untersuchung bilden, nicht nachweisen. In der Kommunikationsfreiheit der Art. 19 Abs. 2 IPbpR und Art. 10 Abs. 1 EMRK sowie dem Ersten Zusatzartikel zur US-Verfassung ist eine Reduktion auf Meinungen – im Unterschied zu Tatsachenbehauptungen – schon im Wortlaut nicht angelegt. Erst in der Abwägung mit widerstreitenden Interessen nehmen auch der Menschenrechtsausschuss, der EGMR sowie der US Supreme Court eine Abgrenzung zwischen Tatsachenbehauptungen und Werturteilen vor (dazu Kapitel 4).

Zudem erfasst die Kommunikationsfreiheit kommerzielle Meinungsäußerungen ebenso wie reine Wirtschaftswerbung mit wertendem, meinungsbildendem Inhalt.[642] In der Abwägung mit widerstreitenden Interessen kommt rein kommerziellen Äußerungen (*commercial speech*) allerdings geringerer Schutz zu als etwa Beiträgen zu politischen Angelegenheiten.[643] Hinsichtlich der Regulierung von Werbung gewährt der EGMR den Vertragsstaaten daher grundsätzlich einen weiten Entscheidungsspielraum.[644] Betrifft die Werbung allerdings eine Angelegenheit von öffentlichem Interesse, dann ist dieser Entscheidungsspielraum aufgrund des starken Schutzes der Kommunikationsfreiheit reduziert.[645] Gleiches gilt für Kritik an Unternehmen und kritische Berichterstattung über Konsumgüter.[646]

Beschl. v. 13.04.1994, Az. 1 BvR 23/94, BVerfGE 90, 241, 247 – „Auschwitzlüge"; vgl. bereits BVerfG, Beschl. v. 25.01.1961, Az. 1 BvR 9/57, BVerfGE 12, 113, 130 – Schmid/Spiegel; BGH, Urt. v. 12.02.1985, Az. VI ZR 225/83, NJW 1985, 1621, 1622 – Türkeiflug I.

[642] BVerfG, Beschl. v. 12.12.2000, Az. 1 BvR 1762/95 und 1 BvR 1787/95, BVerfGE 102, 347 – Schockwerbung I; BVerfG, Beschl. v. 11.03.2003, Az. 1 BvR 426/02, BVerfGE 107, 275 – Schockwerbung II; BGH, Urt. v. 31.03.2016, Az. I ZR 160/14, NJW 2016, 3373 Rn. 44 – „Berliner Sumpf".

[643] Z.B. BGH, Urt. v. 08.05.1956, Az. I ZR 62/54, 345, 352 – Paul Dahlke; EGMR, Markt intern Verlag GmbH und Klaus Beermann/Deutschland [1989] Beschwerde-Nr. 10572/83; Hertel/Schweiz [1998] Beschwerde-Nr. 59/1997/843/1049 [47]; US Supreme Court, Dun & Bradstreet Inc. v. Greenmoss Builders Inc., 472 U.S. 749 (1985). Siehe z.B. *Cooper/Williams*, European Human Rights Law Review 1999, 593, 603; *Fenwick/Phillipson*, Media Freedom under the Human Rights Act, 2006, S. 38 Fn. 3 und S. 51 ff.

[644] Siehe EGMR, Casado Coca/Spanien [1994] Beschwerde-Nr. 15450/89 [50] und [54]; Demuth/Schweiz [2002] Beschwerde-Nr. 38743/97 [41 ff.].

[645] EGMR, Stambuk/Deutschland [2002] Beschwerde-Nr. 37928/97; vgl. etwa BVerfG, Beschl. v. 12.12.2000, Az. 1 BvR 1762/95 und 1 BvR 1787/95, BVerfGE 102, 347 – Schockwerbung I; BVerfG, Beschl. v. 11.03.2003, Az. 1 BvR 426/02, BVerfGE 107, 275 – Schockwerbung II.

[646] Siehe EGMR, Steel und Morris/Vereinigtes Königreich [2005] Beschwerde-Nr. 68416/01 [94]; Heinisch/Deutschland [2011] Beschwerde-Nr. 28274/08 [89]; Hertel/Schweiz [1998] Beschwerde-Nr. 59/1997/843/1049 [47].

b) Wahl der Form

Die Kommunikationsfreiheit schützt sowohl den Inhalt von Informationen und Meinungen als auch die Form, in der diese vermittelt werden. Dies schließt ein gewisses Maß an Provokation und Übertreibung,[647] unmäßige Äußerungen,[648] den Gebrauch von Kraftausdrücken,[649] polemische Zuspitzungen,[650] vulgäre Sätze und satirischen Stil[651] mit ein. Auch scharfe, verletzende und übersteigerte Äußerungen fallen grundsätzlich in den Schutzbereich der Kommunikationsfreiheit.[652] Insbesondere obliegt es den journalistischen Medien, und nicht den Gerichten, über die Methoden und Techniken journalistischer Berichterstattung zu entscheiden.[653]

Geschützt ist ferner die Wahl von Zeit und Ort einer Äußerung. Der Mitteilende darf für seine Äußerung grundsätzlich „diejenigen Umstände wählen, von denen er sich die größte Verbreitung oder die stärkste Wirkung seiner Meinungskundgabe verspricht".[654]

c) Wahl des Mediums

Darüber hinaus schließt die Kommunikationsfreiheit auch die Freiheit ein, selbst über das Medium und die Form der Kommunikation zu entscheiden.[655] Dies bringt Art. 19 Abs. 3 IPbpR am deutlichsten zum Ausdruck. Die Mei-

---

[647] EGMR, Prager und Oberschlick/Österreich [1995] Beschwerde-Nr. 15974/90 [38]; De Haes und Gijsels/Belgien [1997] Beschwerde-Nr. 19983/92 [46]; Bladet Tromsø und Stensaas/ Norwegen [1999] Beschwerde-Nr. 21980/93 [59]; Fressoz und Roire/Frankreich [1999] Beschwerde-Nr. 29183/95 [45]; Thoma/Luxemburg [2001] Beschwerde-Nr. 38432/97 [46].

[648] EGMR, Mladina d.d. Ljubljana/Slowenien [2014] Beschwerde-Nr. 20981/10 [40].

[649] EGMR, Thorgeir Thorgeirson/Island [1992] Beschwerde-Nr. 13778/88 [67]; July und SARL Liberation/Frankreich [2008] Beschwerde-Nr. 20893/03 [75]. Vgl. US Supreme Court, Cohen v. California, 403 U.S. 15 (1971): Jacke mit der Aufschrift „fuck the draft" in einem Gerichtsgebäude getragen.

[650] EGMR, Oberschlick/Österreich (Nr. 2) [1997] Beschwerde-Nr. 20834/92 [33]; Unabhängige Initiative Informationsvielfalt/Österreich [2002] Beschwerde-Nr. 28525/95 [43]; BVerfG, Beschl. v. 29.06.2016, Az. 1 BvR 2646/15, AfP 2016, 431 Rn. 13 – „Durchgeknallte Staatsanwältin".

[651] EGMR, Tuşalp/Türkei [2012] Beschwerde-Nr. 32131/08 und 41617/08 [48].

[652] BVerfG, Beschl. v. 13.05.1980, Az. 1 BvR 103/77, BVerfGE 54, 129, 139 – Kunstkritik; BVerfG, Beschl. v. 13.04.1994, Az. 1 BvR 23/94, BVerfGE 90, 241, 247 – „Auschwitzlüge".

[653] Siehe z.B. EGMR, Jersild/Dänemark [1994] Beschwerde-Nr. 15890/89 [31]; Bladet Tromsø und Stensaas/Norwegen [1999] Beschwerde-Nr. 21980/93 [63]; Stoll/Schweiz [2007] Beschwerde-Nr. 69698/01 [146]; Schweizerische Radio- und Fernsehgesellschaft SRG/ Schweiz [2012] Beschwerde-Nr. 34124/06 [64].

[654] BVerfG, Beschl. v. 10.10.1995, Az. 1 BvR 1476/91, 1 BvR 1980/91, 1 BvR 102/92, 1 BvR 221/92, NJW 1995, 3303 – „Soldaten sind Mörder"; US Supreme Court, Snyder v. Phelps, 562 U.S. 443 (2011).

[655] Siehe z.B. EGMR, Autronic AG/Schweiz [1990] Beschwerde-Nr. 12726/87 [47]; Jersild/Dänemark [1994] Beschwerde-Nr. 15890/89 [31]; De Haes und Gijsels/Belgien [1997] Beschwerde-Nr. 19983/92 [48]; Murphy/Irland [2003] Beschwerde-Nr. 44179/98 [61]; Radio France u.a./Frankreich [2004] Beschwerde-Nr. 53984/00 [39].

nungsfreiheit umfasst das Recht des Mitteilenden, das Verbreitungsmedium einer Äußerung frei zu wählen und so zu bestimmen, dass die Äußerung ihre stärkste Wirkung erzielt.[656] Kommunikationsmedien umfassen etwa Bücher, Zeitungen, Rundfunk, das Internet, Flugblätter, Poster oder Spruchbänder.[657] Formen der Kommunikation sind beispielsweise gesprochene, geschriebene und Zeichensprache, Bilder und sonstige Kunstwerke.[658] Ferner schützt die Kommunikationsfreiheit auch die Freiheit, die Sprache zu wählen, in der man sich ausdrückt.[659] Schließlich enthält die Kommunikationsfreiheit auch die Freiheit des symbolischen Ausdrucks, etwa durch das Tragen von Abzeichen[660] oder durch Handlungen, mit denen Aktivitäten anderer gestört werden, die der Mitteilende ablehnt.[661]

VII. Die Medienfreiheit

Eine der zentralen Fragen des Kommunikationsdeliktsrechts ist, wie die Veröffentlichungen journalistischer Medien im Rahmen einer Abwägung mit den Rechten eines Betroffenen zu behandeln sind. Es ist zu prüfen, ob für solche Veröffentlichungen besondere Abwägungsfaktoren eingreifen bzw. eingreifen sollten. Die Frage, ob Urheber und Verbreiter einer journalistischen Veröffentlichung besonderen rechtlichen Rahmenbedingungen hinsichtlich des Inhalts der Veröffentlichung unterliegen, hat angesichts des Aufkeimens eines nichtprofessionell betriebenen „Bürgerjournalismus" im Internet signifikant an Bedeutung gewonnen. Die Antwort auf diese Frage bestimmt sich zunächst danach, ob ein gesondertes Grundrecht der „Medienfreiheit" überhaupt anzuerkennen ist. Ist dies zu bejahen, so sind der persönliche und sachliche Schutzbereich sowie Inhalt und Grenzen dieses Grundrechts zu bestimmen.

---

[656] BVerfG, Beschl. v. 17.12.2002, Az. 1 BvR 755/99 u. a., NJW 2003, 1109, 1110 – Flensborg Avis; BGH, Urt. v. 23.06.2009, Az. VI ZR 196/08, BGHZ 181, 328 Rn. 36 – spickmich.de.

[657] *Mutatis mutandis* UN-Menschenrechtsausschuss, Kim/Republik Korea [1999] Mitteilung Nr. 574/1994 [12.4]; Zalesskaya/Weißrussland [2011] Mitteilung Nr. 1604/2007 [10.2]; Abschließende Bemerkungen zu Japan (CCPR/C/JPN/CO/5), Rn. 26; EGMR, Chorherr/Österreich [1993] Beschwerde-Nr. 13308/87; Tolstoy Miloslavsky/Vereinigtes Königreich [1995] Beschwerde-Nr. 18139/91; Incal/Türkei [1998] Beschwerde-Nr. 41/1997/825/1031 [46]; Appleby u. a./Vereinigtes Königreich [2003] Beschwerde-Nr. 44306/98 [41]; PETA Deutschland/Deutschland [2012] Beschwerde-Nr. 43481/09 [42]; Mouvement raëlien suisse/Schweiz [2012] Beschwerde-Nr. 16354/06 [49].

[658] Siehe UN-Menschenrechtsausschuss, Shin/Republik Korea [2004] Mitteilung Nr. 926/2000 [7.2].

[659] UN-Menschenrechtsausschuss, Ballantyne u. a./Kanada [1993] Mitteilung Nr. 359, 385/89 [11.3]; EuGH, Rs. C-250/06 [2007] United Pan-Europe Communications Belgium SA u. a./Belgien u. a. [42]; siehe auch IAGMR, López-Álvarez/Honduras [2006] Rs. 12.387 [164].

[660] EGMR, Vajnai/Ungarn [2008] Beschwerde-Nr. 33629/06 [47].

[661] Siehe z. B. EGMR, Hashman und Harrup/Vereinigtes Königreich [1999] Beschwerde-Nr. 25594/94 [28]: Blasen eines Jagdhorns um eine Treibjagd zu stören.

Die vorliegende Untersuchung basiert auf der Annahme, dass ein Grundrecht der Medienfreiheit für journalistische Medien anzuerkennen ist. Theoretischer Hintergrund eines solchen Grundrechts ist die Diskurstheorie der Medienfreiheit, die in einem früheren Werk entwickelt wurde[662] und in dieser Untersuchung am Beispiel der Ehrverletzung getestet wird.

1. Die Theorie der Medienfreiheit

Der besondere Schutz der journalistischen Medien rechtfertigt sich mit ihrer Bedeutung für den öffentlichen Diskurs. Journalismus ist „das soziale System zur Lieferung von Neuigkeiten", die Grundlage für die „Schaffung von Gemeinschaft und Demokratie", welches Bürgern die notwendigen Informationen vermittelt, um frei und selbstverwaltet zu sein.[663] Die Medienfreiheit institutionalisiert die rechtlichen Rahmenbedingungen einer Massenkommunikation, die für den öffentlichen Diskurs notwendig ist. Presse, Rundfunk und Fernsehen sind die „wichtigste[n] Instrument[e] der Bildung der öffentlichen Meinung".[664] Sie genießen deshalb spezifischen Grundrechtsschutz: in Deutschland unter Art. 5 Abs. 1 Satz 2 GG, in der EU unter Art. 11 Abs. 2 EUGRCh und im Europarat unter Art. 10 EMRK in seiner medienspezifischen Auslegung durch den EGMR. Eine Theorie der Medienfreiheit beruht auf drei Grundsätzen:[665]

1. Als „institutioneller Kern der Öffentlichkeit"[666] beziehen die Medien ihre Freiheit nicht nur aus dem individuellen Schutz der Medienschaffenden, sondern vor allem durch die Bedeutung der Medien für den öffentlichen Diskurs.
2. Einschränkungen der Medienfreiheit sind möglich, um Verletzungen der Rechte anderer zu vermeiden oder auszugleichen und um den öffentlichen Diskurs selbst zu schützen.
3. Das Gewicht, welches der Medienfreiheit in der Abwägung mit widerstreitenden Interessen beizumessen ist, bestimmt sich danach, in welchem Umfang die Medien ihren Pflichten und ihrer Verantwortung im öffentlichen Diskurs nachgekommen sind, insbesondere in welchem Umfang sie zu einer Angelegenheit von öffentlichem Interesse beitragen.

Um ihren Zweck als Institution des öffentlichen Diskurses zu erfüllen, ist den journalistischen Medien Schutz für ihre Aufgabe zu gewähren, Informationen

---

[662] Dieser Abschnitt basiert auf *Oster*, Media Freedom as a Fundamental Right, 2015, S. 24 ff. und entwickelt darin enthaltene Überlegungen weiter.

[663] *Kovach/Rosenstiel*, The elements of journalism, 2001, S. 10, 17 und 18.

[664] BVerfG, Beschl. v. 25.01.1961, Az. 1 BvR 9/57, BVerfGE 12, 113, 124 – Schmid/Spiegel.

[665] Ausf. *Oster*, Media Freedom as a Fundamental Right, 2015, S. 29 ff.

[666] *Habermas*, Theorie des kommunikativen Handelns, Band 2: Zur Kritik der funktionalistischen Vernunft, 1981, S. 471.

zu recherchieren und zu verbreiten.[667] Ein privilegierter Schutz der journalistischen Medien ermutigt zur Verbreitung von Informationen und Meinungen und damit auch solcher Inhalte, die zu Angelegenheiten von öffentlichem Interesse beitragen.[668]

Die Diskurstheorie der Medienfreiheit findet sich in der Rechtsprechung des BVerfG, des EGMR und in Ansätzen auch des UN-Menschenrechtsausschusses wieder. Zwar geht Art. 5 Abs. 1 Satz 2 GG – anders als etwa Art. 11 Abs. 2 EUGRCh und die Rechtsprechung des EGMR – nicht von einem einheitlichen Grundrecht der „Medienfreiheit" aus, sondern unterscheidet zwischen Presse, Rundfunk und Film. In der Rechtsprechung des BVerfG und des BGH zeichnet sich indessen allmählich die Anerkennung eines Grundrechts der „Medienfreiheit" ab.[669] Im Hinblick auf die Konvergenz der Medien ist diese Entwicklung, gerade von einem transnationalen Standpunkt, nur zu begrüßen.[670]

Nach dem BVerfG sind die Presse- und die Rundfunkfreiheit nach Art. 5 Abs. 1 Satz 2 GG, ebenso wie die Meinungs- und die Informationsfreiheit, „schlechthin konstituierend" für die freiheitlich-demokratische Grundordnung.[671] Hörfunk, Fernsehen und Presse sind

„unentbehrliche Massenkommunikationsmittel, denen sowohl für die Verbindung zwischen dem Volk und den Staatsorganen wie für deren Kontrolle als auch für die Integration der Gemeinschaft in allen Lebensbereichen eine maßgebende Wirkung zukommt. Sie verschaffen dem Bürger die erforderliche umfassende Information über das Zeitgeschehen und über Entwicklungen im Staatswesen und im gesellschaftlichen Leben. Sie ermöglichen die öffentliche Diskussion und halten sie in Gang, indem sie Kenntnis von den verschiedenen Meinungen vermitteln, dem Einzelnen und den verschiedenen gesellschaftlichen Gruppen Gelegenheit geben, meinungsbildend zu wirken, und sie stellen selbst einen entscheidenden Faktor in dem permanenten Prozeß der öffentlichen Meinungs- und Willensbildung dar".[672]

---

[667] Siehe *Rooney*, Marquette Law Review 67 (1983), 34, 58; *Garry*, Marquette Law Review 72 (1989), 187, 199.

[668] *Nestler*, University of Pennsylvania Law Review 154 (2005), 201, 211.

[669] Vgl. BVerfG, Urt. v. 12.03.2003, Az. 1 BvR 330/96 und 1 BvR 348/99, NJW 2003, 1787, 1793 – Aufklärung schwerer Straftaten; BGH, Urt. v. 11.12.2012, Az. VI ZR 314/10, NJW 2013, 790 Rn. 12 – Stasi; BGH, Urt. v. 08.05.2012, Az. VI ZR 217/08, NJW 2012, 2197 Rn. 35 – rainbow.at II; BGH, Urt. v. 01.03.2016, Az. VI ZR 34/15, NJW 2016, 2106 Rn. 24 – Ärztebewertung III; BGH, Urt. v. 27.09.2016, Az. VI ZR 250/13, AfP 2017, 48 Rn. 20 – Frontal 21.

[670] So auch z. B. *Sporn*, K&R Beihefter 2/2013, 2, 8; *Fechner*, Medienrecht, 17. Aufl. 2016, Kap. 3 Rn. 100; *Hoffman-Riem*, Der Staat 42 (2003), 193, 213; *Hain*, K&R 2012, 98, 103. A. A. etwa *Dörr*, K&R Beihefter 2/2013, 9; *Schulze-Fielitz*, in: Dreier (Hrsg.), GG, Band I, 3. Aufl. 2013, Art. 5 I, II Rn. 39; *Bethge*, in: Sachs (Hrsg.), GG, 7. Aufl. 2014, Art. 5 Rn. 89c; *Franzius*, JZ 2016, 650, 655 ff. (zum Vorschlag einer „Internetfreiheit").

[671] BVerfG, Urt. v. 15.01.1958, Az. 1 BvR 400/51, BVerfGE 7, 198, 208 – Lüth; BVerfG, Beschl. v. 06.10.1959, Az. 1 BvL 118/53, BVerfGE 10, 118, 121 – Berufsverbot I; BVerfG, Urt. v. 05.06.1973, Az. 1 BvR 536/72, BVerfGE 35, 202, 221 – Lebach.

[672] BVerfG, Urt. v. 05.06.1973, Az. 1 BvR 536/72, BVerfGE 35, 202, 222 – Lebach. Siehe bereits BVerfG, Beschl. v. 25.01.1961, Az. 1 BvR 9/57, BVerfGE 12, 113, 125 – Schmid/Spiegel;

Hinsichtlich des Rundfunks betonte das BVerfG, dieser sei nicht nur „Medium", sondern auch „Faktor" im öffentlichen Kommunikationsprozess.[673] Es obliegt ihm,

„in möglichster Breite und Vollständigkeit zu informieren; er gibt dem Einzelnen und den gesellschaftlichen Gruppen Gelegenheit zu meinungsbildendem Wirken und ist selbst an dem Prozeß der Meinungsbildung beteiligt. Dies geschieht in einem umfassenden Sinne; Meinungsbildung vollzieht sich nicht nur durch Nachrichtensendungen, politische Kommentare oder Sendereihen über Probleme der Vergangenheit, der Gegenwart oder der Zukunft, sondern ebenso in Hör- und Fernsehspielen, musikalischen Darbietungen oder Unterhaltungssendungen."[674]

Auch der EGMR betont bei journalistischen Publikationen stets „die wesentliche Rolle […], die der Presse in einer demokratischen Gesellschaft zukommt."[675] Die journalistischen Medien[676] dürfen

„zwar in Bezug auf den Schutz des guten Rufes und der Rechte anderer gewisse Grenzen nicht überschreiten, ihre Aufgabe ist es jedoch, unter Beachtung ihrer Pflichten und Verantwortlichkeiten Informationen und Ideen über alle Fragen von allgemeinem Interesse mitzuteilen. Zu ihrer Aufgabe, Informationen und Ideen über solche Fragen zu verbreiten, kommt das Recht der Öffentlichkeit hinzu, sie zu empfangen. Andernfalls könnte die Presse ihre unabdingbare Rolle als ‚Wachhund' nicht spielen."[677]

Die Freiheit der Medien stelle eines der besten Mittel für die Öffentlichkeit dar, um die Ideen und Einstellungen politischer Führungspersönlichkeiten zu erfahren und sich darüber eine Meinung zu bilden. Es obliege den Medien, Informationen und Ideen über politische Angelegenheiten und andere Angelegenheiten von öffentlichem Interesse zu verbreiten.[678]

Auch der UN-Menschenrechtsausschuss hat die Bedeutung journalistischer Medien für eine demokratische Gesellschaft anerkannt. In *Bodrozic gegen Serbien und Montenegro* entschied der Ausschuss, dass der IPbpR der öffentlichen

---

BVerfG, Teilurt. v. 05.08.1966, Az. 1 BvR 586/62, 610/63 und 512/64, BVerfGE 20, 162, 174 f. – Spiegel.

[673] St. Rspr. seit BVerfG, Urt. v. 28.02.1961, Az. 2 BvG 1, 2/60, BVerfGE 12, 205, 260 – 1. Rundfunkentscheidung (Deutschland-Fernsehen).

[674] BVerfG, Urt. v. 04.11.1986, Az. 1 BvF 1/84, BVerfGE 73, 118, 152 – 4. Rundfunkentscheidung (Landesrundfunkgesetz Niedersachsen).

[675] Statt vieler EGMR, Axel Springer AG/Deutschland (Nr. 1) [2012] Beschwerde-Nr. 39954/08 [79] (nichtamtliche Übersetzung der Bundesregierung).

[676] Siehe EGMR, Jersild/Dänemark [1994] Beschwerde-Nr. 15890/89 [31]; Radio France u. a./Frankreich [2004] Beschwerde-Nr. 53984/00 [33].

[677] Statt vieler EGMR, Axel Springer AG/Deutschland (Nr. 1) [2012] Beschwerde-Nr. 39954/08 [79] (nichtamtliche Übersetzung der Bundesregierung); ständige Rechtsprechung seit Sunday Times/Vereinigtes Königreich (Nr. 1) [1979] Beschwerde-Nr. 6538/74 [65].

[678] Centro Europa 7 S.r.l. und Di Stefano/Italien [2012] Beschwerde-Nr. 38433/09 [131]; siehe z. B. Lingens/Österreich [1986] Beschwerde-Nr. 9815/82 [41 f.]; Sürek/Türkei (Nr. 1) [1999] Beschwerde-Nr. 26682/95 [59]; Thoma/Luxemburg [2001] Beschwerde-Nr. 38432/97 [45].

Debatte über Politiker „insbesondere in den Medien" (*especially in the media*) besonderen Wert beimisst.[679] Der Ausschuss verweist auf den Zusammenhang von Art. 19 IPbpR und Art. 25 IPbpR, der jedem Staatsbürger u. a. das Recht und die Möglichkeit gewährt, ohne unangemessene Einschränkungen an der Gestaltung der öffentlichen Angelegenheiten unmittelbar oder durch frei gewählte Vertreter teilzunehmen. Um dieses Recht in vollem Umfang wahrnehmen zu können, bedarf es der freien Kommunikation von Informationen und Meinungen über politische und sonstige Angelegenheiten von öffentlichem Interesse zwischen Bürgern, Kandidaten und gewählten Repräsentanten. Dies setzt freie Medien voraus, die die Öffentlichkeit informieren und zur öffentlichen Meinungsbildung beitragen.[680] Nach dem Ausschuss folgt aus Art. 25 IPbpR i. V. m. Art. 19 IPbpR, dass Bürger „insbesondere durch die Medien" Gelegenheit haben sollten, Informationen und Meinungen über die Handlungen gewählter Organe und ihrer Mitglieder zu erhalten und zu verbreiten.[681]

Konsequenz der Diskurstheorie der Medienfreiheit ist, dass Medienfreiheit ein instrumentelles Recht ist, kein intrinsisches.[682] Die Medien werden geschützt, weil und soweit sie eine Funktion für die demokratische Gesellschaft erfüllen, nämlich, über Angelegenheiten von öffentlichem Interesse zu berichten. Medienfreiheit ist daher mehr als nur Redefreiheit für Journalisten. Privilegierter Schutz der Medien basiert auf einem konsequentialistischen, funktionellen Verständnis von Medienarbeit. In den Theorien der Kommunikationsfreiheit findet die Medienfreiheit ihre Stütze daher im Argument von der Demokratie und in der Theorie vom „Marktplatz der Ideen", nicht jedoch im Argument von der individuellen Autonomie oder der Selbstverwirklichung.[683] Diese intrinsischen Erklärungsmodelle schützen das Recht von Individuen, sich selbst zu verwirklichen und auch mal „Dampf abzulassen". Diese Ausprägung der Redefreiheit kann jedoch nur auf Aussagen von Menschen als Individuen Anwendung finden, nicht jedoch auf Journalisten in ihrer Eigenschaft als Journalisten. Es trifft zwar zu, dass auch Journalisten durch ihre Arbeit Selbstverwirklichung erfahren. Dies allein rechtfertigt jedoch keinen *privilegierten* Schutz gegenüber anderen Individuen. Hinzu kommt, dass das Argument von der persönlichen Autonomie *eo ipso* keine Anwendung auf Medienunternehmen finden kann.[684]

---

[679] Bodrožić/Serbien und Montenegro [2005] Mitteilung Nr. 1180/2003 [7.2].

[680] General Comment Nr. 25, Rn. 25; siehe auch Marques de Morais/Angola [2005] Mitteilung Nr. 1128/2002 [6.8].

[681] Gauthier/Kanada [1999] Mitteilung Nr. 633/95 [13.4].

[682] *Oster*, Media Freedom as a Fundamental Right, 2015, S. 33.

[683] Siehe *Nimmer*, Hastings Law Journal 26 (1975), 639, 654; *Nestler*, University of Pennsylvania Law Review 154 (2005), 201, 212; *Fargo/Alexander*, Harvard Journal of Law & Public Policy 32 (2009), 1093, 1097; *Marshall*, Public Law 1992, 40, 42.

[684] Vgl. *Nestler*, University of Pennsylvania Law Review 154 (2005), 201, 212.

Nach einer insbesondere in den USA vertretenen Auffassung genießen journalistische Medien indessen keine verfassungsrechtlich gewährleisteten Privilegien gegenüber nicht-journalistischen Publikationen.[685] Das Schrifttum hat für diesen Ansatz verschiedene Bezeichnungen geprägt: das „Äquivalenz-Modell", weil der Schutz von Journalisten dem von Nicht-Journalisten entsprechen soll,[686] die „Neutralitäts-Theorie", da die Nicht-Existenz journalistischer Privilegien aus der Pflicht des Staates folgt, in der Gewährleistung solcher Privilegien neutral zu sein,[687] und das „Presse-als-Technologie-Modell", da die Pressefreiheit im Sinne des Ersten Zusatzartikels zur US-Verfassung lediglich das Recht verbrieft, Kommunikationstechnologien zu benutzen, und keine Privilegien der Pressezunft.[688] Wenngleich amerikanische Gesetzgebung bestimmte Presseprivilegien vorsieht und auch der US Supreme Court die Presse als „mächtiges Gegengift gegen Machtmissbrauch durch Träger staatlicher Gewalt"[689] bezeichnet, so hat das Gericht eine *verfassungsrechtliche* Privilegierung der Presse bislang abgelehnt.[690] Dieser Ansatz ist vor allem einer historischen Auslegung des Ersten Zusatzartikels geschuldet.[691] Die Presseklausel im Ersten Zusatzartikel der US-Verfassung war als Gegenmodell zur seinerzeit in England vorherrschenden Zensur intendiert. *„Freedom of the press"* im Sinne des Ersten Zusatzartikels wird somit als auf ein Verbot der Pressezensur beschränkt verstanden. Diese Auslegungsmethode des *„originalist meaning"* wird zwar in den USA immer noch deutlich stärker vertreten als in Europa, ist jedoch auch dort

---

[685] Siehe z.B. *Lange*, UCLA Law Review 23 (1975), 77; *Van Alstyne*, Hastings Law Journal 28 (1977), 761, 768 f.; *Lewis*, Hofstra Law Review 7 (1979), 595; *Amar*, Hastings Law Journal 50 (1999), 711, 714; *Carter*, William and Mary Law Review 33 (1992), 871, 874; *Anderson*, Texas Law Review 80 (2002), 429, 528; *Baker*, Hofstra Law Review 35 (2007), 955, 958; *Baker*, Law & Ethics of Human Rights 5 (2011), 219, 230; *Volokh*, University of Pennsylvania Law Review 160 (2012), 459, 538 f.

[686] Vgl. *Fenwick/Phillipson*, Media Freedom under the Human Rights Act, 2006, S. 20.

[687] Vgl. *Bezanson*, Virginia Law Review 63 (1977), 731, 755; *Rooney*, Marquette Law Review 67 (1983), 34, 54; *McChesney*, Hofstra Law Review 35 (2007), 1433, 1442.

[688] *Volokh* University of Pennsylvania Law Review 160 (2012), 459, 463; einen historischen Überblick verschafft *Levy*, Stanford Law Review 37 (1985), 767.

[689] Mills v. Alabama, 384 U.S. 214, 219 (1966); siehe auch Estes v. Texas, 381 U.S. 532, 539 (1965): „The free press has been a mighty catalyst in awakening public interest in governmental affairs, exposing corruption among public officers and employees and generally informing the citizenry of public events and occurrences."

[690] Citizens United v. Federal Election Commission, 130 S. Ct. 876, 905 (2010) (Verweise entfernt). Siehe z.B. Associated Press v. United States, 326 U.S. 1, 7 (1945); Curtis Publishing Co. v. Butts, 388 U.S. 130, 150 (1967); Branzburg v. Hayes, 408 U.S. 665, 704 (1972); Pell v. Procunier, 417 U.S. 817, 834 (1974); Saxbe v. Washington Post Co., 417 U.S. 843, 848 f. (1974). Anders verschiedene Distriktgerichte; siehe z.B. New York Times Co. v. Gonzales, 382 F. Supp. 2d 457, 501–503 (S.D.N.Y. 2005); O'Grady v. Superior Court, 44 Cal. Rptr. 3d 72 (Cal. Ct. App. 2006). Darüber hinaus haben 40 Gliedstaaten und der Distrikt von Columbia in sog. *shield laws* einfachgesetzliche Zeugnisverweigerungsrechte erlassen.

[691] Ausf. *Anderson*, UCLA Law Review 30 (1983), 455; *Volokh*, University of Pennsylvania Law Review 160 (2012), 459; siehe auch *Lange*, UCLA Law Review 23 (1975), 77, 88 ff.; Lewis, Hofstra Law Review 7 (1979), 595, 600; *Anderson*, Texas Law Review 80 (2002), 429, 446 f.

nicht unumstritten und wird durch sog. Textualisten herausgefordert.[692] Auch
der US Supreme Court ist regelmäßig gezwungen, den historischen Willen der
„Verfassungsväter" an neue Formen der Kommunikation anzupassen.[693]

Allerdings argumentieren auch Befürworter einer textualistischen Interpretation, journalistischen Medien keine verfassungsrechtlichen Privilegien zu gewähren. Der Erste Zusatzartikel, so Richter Antonin Scalia, schütze die freie Rede
(„*speech*"), aber nicht bestimmte Redner („*speakers*").[694] Dieses Argument verweist auf ein Problem, welches der Gewährung spezifischer Privilegien an Medien
innewohnt. Sie erfordert nämlich, den Begriff der „Medien" zu definieren. Wer
diese Aufgabe unternimmt, riskiert jedoch eine zu weite oder eine zu enge Auslegung.[695] Eine zu weite Auslegung schafft die Gefahr des Missbrauchs, eine zu enge
Auslegung hingegen diskriminiert Personen, die regelmäßig zu Angelegenheiten
von öffentlichem Interesse beitragen, die jedoch formal nicht als Journalisten zu
qualifizieren sind, wie beispielsweise Künstler oder Wissenschaftler.[696]

Entgegen der Argumentation im amerikanischen Schrifttum würde ein privilegierter Schutz der journalistischen Medien jedoch nicht bedeuten, dass andere
Personen und Institutionen, die ebenfalls regelmäßig zu Angelegenheiten von
öffentlichem Interesse beitragen, gegenüber den Medien diskriminiert würden.
Vielmehr sollten auch diese Personen und Institutionen besonderen Schutz genießen. Dies bringen beispielsweise Art. 13 EUGRCh und Art. 5 Abs. 3 GG
zum Ausdruck, welche die Freiheit der Kunst und der Wissenschaft schützen.
Auch das Argument, dass die Grenze zwischen Journalismus und nicht-journalistischen Publikationen schwierig zu ziehen ist, vermag nicht zu überzeugen.
Es ist tatsächlich umstritten, ob der „einsame Pamphletist", der im amerikanischen Schrifttum omnipräsent ist, als „Presse" zu qualifizieren ist oder nicht.[697]

---

[692] Zur Auseinandersetzung von „Intentionalisten" und „Textualisten" *Oster*, Normative
Ermächtigungen im Regulierungsrecht, 2010, S. 90 ff. m. w. N.

[693] Vgl. US Supreme Court, Reno v. ACLU, 521 U.S. 844 (1997): Kommunikation im Internet.

[694] Citizens United v. Federal Election Commission, 130 S. Ct. 876, 905 (2010) (zust. Meinung Richter Scalia).

[695] US Supreme Court, Branzburg v. Hayes, 408 U.S. 665, 704 (1972); vgl. *Lange*, UCLA
Law Review 23 (1975), 77, 106; *Amar*, Hastings Law Journal 50 (1999), 711, 714; *Anderson*,
Texas Law Review 80 (2002), 429, 510; *Alonzo*, Legislation and Public Policy 9 (2006), 751,
759; *Baker*, Hofstra Law Review 35 (2007), 955, 1015; *Blocher*, Washington Law Review 87
(2012), 409, 428 f.

[696] *Lewis*, Hofstra Law Review 7 (1979), 595, 602 f.

[697] Das Beispiel stammt von Richter White in Branzburg v. Hayes, 408 U.S. 665, 704 (1972);
siehe z. B. *Lange*, UCLA Law Review 23 (1975), 77, 106; *Lewis*, Hofstra Law Review 7 (1979),
595, 606 f.; *Anderson*, Texas Law Review 80 (2002), 429, 435; *Ugland*, Duke Journal of Constitutional Law and Public Policy 3 (2008), 118, 127; *Fargo/Alexander*, Harvard Journal of Law
& Public Policy 32 (2009), 1093, 1096. Nach dem EGMR unterfallen Flugblätter nicht der
Pressefreiheit: Chorherr/Österreich [1993] Beschwerde-Nr. 13308/87 [24]; Tolstoy Miloslavs-
ky/Vereinigtes Königreich [1993] Beschwerde-Nr. 18139/91 [35]; anders in Deutschland:
BVerfG, Beschl. v. 09.10.1991, Az. 1 BvR 1555/88, BVerfGE 85, 1, 13 – Bayer-Aktionäre.

Schwierigkeiten einer Begriffsbestimmung sind jedoch ein Kernbestand juristischer Arbeit. Sie rechtfertigen es nicht, die Begriffe zu ignorieren, wie beispielsweise den der „Presse" in Art. 5 Abs. 1 Satz 2 GG und dem Ersten Zusatzartikel zur US-Verfassung oder der „Medien" in Art. 11 Abs. 2 EUGRCh. Umstrittene Urteile wird es zwangsläufig geben, aber das Gleiche gilt für die Auslegung der Begriffe „Religion", „Vereinigung" oder „Versammlung".[698] Käme diesen Freiheiten keine über die Kommunikationsfreiheit hinausgehende Bedeutung zu, dann wären sie überflüssig.[699] Presse- und Medienfreiheit bestimmt einen Rechteinhaber und nicht nur einen Unterfall der Meinungsfreiheit. Das BVerfG und der EGMR interpretieren die Presse- bzw. Medienfreiheit als Freiheit *der* Presse bzw. *der* Medien, und nicht lediglich als die Freiheit, etwas *über* bestimmte Medien zu kommunizieren.

Die journalistischen Medien sind daher zu schützen, weil sie eine bedeutende Funktion in einer demokratischen Gesellschaft einnehmen. Da Medienfreiheit somit im grundrechtstheoretischen Sinne konsequentialistisch und nicht intrinsisch ist, hängt die Intensität des Schutzes journalistischer Medien davon ab, ob sie ihre Funktion erfüllen oder ob sie ihre Stellung missbrauchen. Entscheidend für den Schutz journalistischer Veröffentlichungen ist im Einzelfall daher, ob die Medien ihren Pflichten und ihrer Verantwortung nachgekommen sind. Ist dies nicht der Fall, so genießt eine journalistische Veröffentlichung in der Abwägung mit widerstreitenden Interessen geringeren Schutz (dazu Kapitel 4).

---

[698] Siehe z. B. den Ersten Zusatzartikel zur US-Verfassung: „Congress shall make no law respecting an establishment of religion, or prohibiting the free exercise thereof; [...] or the right of the people peaceably to assemble"; Art. 4, 8 und 9 GG; Art. 9 und 11 EMRK; Art. 10 und 12 EUGRCh. Zur Auslegung des Begriffs „Religion" siehe z. B. US Supreme Court, Sherbert v. Verner, 374 U.S. 398 (1963); Thomas v. Review Board of the Indiana Employment Security Division, 450 U.S. 707 (1981); Church of the Lukumi Babalu Aye Inc. v. City of Hialeah, 508 U.S. 520 (1993); EKomMR, Swami Omkarananda und Divine Light Zentrum/Schweiz [1981] Beschwerde-Nr. 8118/77; EGMR, Buscarini u. a./San Marino [1999] Beschwerde-Nr. 24645/94; Pretty/Vereinigtes Königreich [2002] Beschwerde-Nr. 2346/02; BVerfG, Beschl. v. 05.02.1991, Az. 2 BvR 263/86, BVerfGE 83, 341 – Bahá'í. Zum Begriff der „Versammlung", siehe z. B. UN-Menschenrechtsausschuss, Kungurov/Usbekistan [2011] Mitteilung Nr. 1478/2006 [8.2]; EGMR, Vereinigte Kommunistische Partei u. a./Türkei [1998] Beschwerde-Nr. 133/1996/752/951 [24–34]; EuGH, Rs. C-112/00 [2003] Schmidberger/Österreich; BVerfG, Beschl. v. 12.07.2001, Az. 1 BvQ 28/01, 1 BvQ 30/01, NJW 2001, 2459 – „Fuckparade" und „Love Parade"; BVerfG, Beschl. v. 10.12.2010, Az. 1 BvR 1402/06, NVwZ 2011, 422 – Versammlung/Ansammlung.

[699] Grundlegend *Stewart*, Hastings Law Journal 26 (1975), 631, 633; siehe auch *Nimmer*, Hastings Law Journal 26 (1975), 639, 640; *Pasich*, Loyola of Los Angeles Law Review 12 (1978), 357, 385; *Schauer*, Minnesota Law Review 89 (2005), 1256, 1263 f.; *Ugland*, Duke Journal of Constitutional Law and Public Policy 3 (2008), 118, 136; *West*, UCLA Law Review 58 (2011), 1025, 1030 f.; *Bezanson*, Iowa Law Review 97 (2012), 1259, 1261.

2. Inhalt der Medienfreiheit

Geht man – wie die vorliegende Untersuchung – von der Existenz eines Grundrechts der Medienfreiheit aus, so stellt sich die Frage, welche Verhaltensweisen im Einzelnen geschützt sein sollen.

Weitgehende Einigkeit besteht zunächst darin, dass die Medienfreiheit die „institutionelle Eigenständigkeit" der Medien „von der Beschaffung der Information bis zur Verbreitung der Nachricht und der Meinung" verbürgt.[700] Journalistische Privilegien bestehen etwa in Ausnahmen von bestimmten datenschutzrechtlichen Bestimmungen,[701] besonderen Informationszugangsrechten,[702] dem Recht auf Zeugnisverweigerung[703] und Geheimhaltung[704] sowie dem Medienprivileg im Urheberrecht.[705] Problematisch ist jedoch, ob die Medienfreiheit auch den Inhalt einer Veröffentlichung umfasst. Mit anderen Worten: Unterliegen Publikationen deswegen anderen rechtlichen Rahmenbedingungen, etwa hinsichtlich der Intensität des Schutzes und der Abwägung mit widerstreitenden Interessen, weil sie Publikationen von journalistischen Medien sind? Diese Frage betrifft das Verhältnis zwischen der Freiheit der Medien und dem allgemeinen Grundrecht der Kommunikationsfreiheit.

---

[700] Vgl. BVerfG, Beschl. v. 06.10.1959, Az. 1 BvL 118/53, BVerfGE 10, 118, 121 – Berufsverbot I; BVerfG, Urt. v. 28.02.1961, Az. 2 BvG 1, 2/60, BVerfGE 12, 205, 260 – 1. Rundfunkentscheidung (Deutschland-Fernsehen); BVerfG, Beschl. v. 09.10.1991, Az. 1 BvR 1555/88, BVerfGE 85, 1, 12 – Bayer-Aktionäre.

[701] Vgl. Art. 85 DSGVO; §§ 9c, 57 RStV; EGMR, Satakunnan Markkinapörssi Oy und Satamedia Oy gegen Finnland [2017] Beschwerde-Nr. 931/13.

[702] Vgl. § 55 Abs. 3 i. V. m. § 9a RStV; EGMR, Társaság a Szabadságjogokért/Ungarn [2009] Beschwerde-Nr. 37374/05; Youth Initiative for Human Rights/Serbien [2013] Beschwerde-Nr. 48135/06.

[703] Vgl. § 53 Abs. 1 Satz 1 Nr. 5 StPO; UN-Menschenrechtskommission, Report of the Special Rapporteur on the promotion and protection of the right to freedom of opinion and expression, Mr Abid Hussain, submitted pursuant to Commission Resolution 1997/27, E/CN.4/1998/40/Add.1, Rn. 17 und 22; Human Rights Resolution 2005/38: The Right to Freedom of Opinion and Expression, E/CN.4/RES/2005/38; Ministerkommittee des Europarates, Recommendation No. R(2000) 7 on the right of journalists not to disclose their sources of information; Parlamentarische Versammlung des Europarates, Recommendation 1950 (2011): The protection of journalistic sources; EGMR, Goodwin/Vereinigtes Königreich [1996] Beschwerde-Nr. 17488/90 [39]; Roemen und Schmit/Luxemburg [2003] Beschwerde-Nr. 51772/99 [57]; Cumpănă und Mazăre/Rumänien [2004] Beschwerde-Nr. 33348/96 [106]; Radio Twist a.s./Slowakei [2006] Beschwerde-Nr. 62202/00 [62]; Voskuil/Niederlande [2007] Beschwerde-Nr. 64752/01 [65]; Tillack/Belgien [2007] Beschwerde-Nr. 20477/05 [53]; Financial Times Ltd. u.a./Vereinigtes Königreich [2009] Beschwerde-Nr. 821/03 [59]; Sanoma Uitgevers B.V./Niederlande [2010] Beschwerde-Nr. 38224/03 [50]; Nagla/Lettland [2013] Beschwerde-Nr. 73469/10; Internationaler Strafgerichtshof für das ehemalige Jugoslawien, Prosecutor v. Brdjanin and Talic, Rs. IT-99-36-AR73.9, Decision on interlocutory appeal of Jonathan Randal (11. Dezember 2002) [50]; UN-Menschenrechtsausschuss, Abschließende Bemerkungen zu Kuwait (CCPR/CO/69/KWT), Rn. 20.

[704] EuGH, verb. Rs. C-293/12 und C-594/12 [2014] Digital Rights Ireland Ltd. und Kärntner Landesregierung [58 ff.].

[705] Vgl. Art. 5 Abs. 3 Buchst c) Urheberrechts-Richtlinie 2001/29/EG; § 49 UrhG.

Zwei Argumentationslinien lassen sich identifizieren: Nach einem Ansatz ist die Medienfreiheit lediglich ein „dienendes Grundrecht" der Redefreiheit bzw. ein die Redefreiheit ergänzendes Grundrecht.[706] Nach diesem Verständnis dient die Medienfreiheit der Redefreiheit sowie der freien Meinungsbildung, indem sie Zensur verbietet und journalistische Arbeit ermöglicht. Sie ergänzt damit die Redefreiheit um weitere Schutzdimensionen, aber sie geht hinsichtlich des Kommunikationsinhalts nicht über die Redefreiheit hinaus.[707] Insbesondere gelten für das Recht von Journalisten, sich zu äußern, dieselben Bedingungen wie für die privater Individuen. Dieser Ansatz wird hier als „partielles Äquivalenz-Modell" bezeichnet. Es entspricht teilweise, nämlich im Hinblick auf den Inhalt einer Publikation, dem im US-Schrifttum vertretenen Äquivalenz-Modell, wonach der Schutz von Journalisten dem von Nicht-Journalisten entsprechen soll.

Das partielle Äquivalenz-Modell wird vom BVerfG vertreten, auch wenn die Rechtsprechung nicht immer eindeutig war. Einerseits betont das Gericht nämlich, dass die Rundfunk- und die Pressefreiheit das Recht gewährleisteten, „Art und Ausrichtung, Inhalt und Form" einer Rundfunksendung oder eines Publikationsorgans „frei zu bestimmen".[708] Die Pressefreiheit umfasse die Pressetätigkeit „in sämtlichen Aspekten", einschließlich der Freiheit der Gründung und der Gestaltung von Presseerzeugnissen. Die Gestaltungsfreiheit werde sowohl in inhaltlicher als auch in formaler Hinsicht gewährleistet.[709] Andererseits stellte das BVerfG mit Hinweis auf die Historie der Meinungsfreiheit in Deutschland klar, dass die Pressefreiheit die einzelne Meinungsäußerung, sobald sie in einem Presseerzeugnis enthalten ist, nicht schütze: „Die Pressefreiheit ist weder ein Spezialgrundrecht für drucktechnisch verbreitete Meinungen noch eine auf die Presse gemünzte verstärkende Wiederholung der Meinungsfreiheit."[710] Geht es um die Zulässigkeit einer bestimmten Äußerung, so beurteilt sich diese folg-

---

[706] Vgl. BVerfG, Urt. v. 16.06.1981, Az. 1 BvL 89/78, BVerfGE 57, 295, 319 – 3. Rundfunkentscheidung (FRAG/Saarländisches Rundfunkgesetz); siehe auch BVerfG, Beschl. v. 24.03. 1987, Az. 1 BvR 147, 478/86, BVerfGE 74, 297, 323 f. – 5. Rundfunkentscheidung (Baden-Württemberg).

[707] Siehe z.B. *Barendt*, Freedom of Speech, 2. Aufl. 2005, S. 309 f.; *Grabenwarter*, in: Maunz/Dürig, GG, 68. EL Januar 2013, Art. 5 Abs. 1, 2 Rn. 4.

[708] BVerfG, Teilurt. v. 05.08.1966, Az. 1 BvR 586/62, 610/63 und 512/64, BVerfGE 20, 162, 174 ff. – Spiegel; BVerfG, Urt. v. 05.06.1973, Az. 1 BvR 536/72, BVerfGE 35, 202, 223 – Lebach; BVerfG, Beschl. v. 08.02.1983, Az. 1 BvL 20/81, BVerfGE 63, 131, 143 – Gegendarstellung; BVerfG, Beschl. v. 25.01.1984, Az. 1 BvR 272/81, NJW 1984, 1741, 1742 – „Der Aufmacher"; BVerfG, Urt. v. 15.12.1999, Az. 1 BvR 653/96, BVerfGE 101, 361, 389 – Caroline von Monaco II.

[709] Statt vieler BVerfG, Beschl. v. 14.01.1998, Az. 1 BvR 1861/93 u.a., BVerfGE 97, 125, 144 – Caroline von Monaco I; BVerfG, Beschl. v. 06.10.1959, Az. 1 BvL 118/53, BVerfGE 10, 118, 121 – Berufsverbot I; BVerfG, Beschl. v. 20.04.1982, Az. 1 BvR 426/80, BVerfGE 60, 234, 240 – „Kredithaie".

[710] BVerfG, Beschl. v. 09.10.1991, Az. 1 BvR 1555/88, BVerfGE 85, 1, 11 f. – Bayer-Aktionäre. Ähnlich BVerfG, Beschl. 25.06.2009, Az. 1 BvR 134/03, AfP 2009, 480 Rn. 59 – Effecten-Spiegel.

lich nach Art. 5 Abs. 1 Satz 1 GG, „und zwar unabhängig davon, ob sie in einem Medium gefallen ist oder fallen soll, das den Schutz der Pressefreiheit genießt". Diese sei erst dann einschlägig, „wenn die über einzelne Meinungsäußerungen hinausreichende Bedeutung der Presse für die individuelle und öffentliche Meinungsbildung in Rede steht".[711] Daher beziehe sich Art. 5 Abs. 1 Satz 2 GG „vor allem auf die Voraussetzungen, die gegeben sein müssen, damit die Presse ihre Aufgabe im Kommunikationsprozeß erfüllen kann." Diese institutionelle Sicherung der Presse schließt indessen nicht einzelne Äußerungen in der Presse ein.[712] Der Schutzbereich der Pressefreiheit ist vielmehr nur dann berührt,

> „wenn es um die im Pressewesen tätigen Personen in Ausübung ihrer Funktion, um ein Presseerzeugnis selbst, um seine institutionell-organisatorischen Voraussetzungen und Rahmenbedingungen sowie um die Institution einer freien Presse überhaupt geht. Handelt es sich dagegen um die Frage, ob eine bestimmte Äußerung erlaubt war oder nicht, insbesondere ob ein Dritter eine für ihn nachteilige Äußerung hinzunehmen hat, ist ungeachtet des Verbreitungsmediums Art. 5 Abs. 1 Satz 1 GG einschlägig."[713]

Zur „inhaltlichen Gestaltungsfreiheit" gehört allein die Bestimmung der Themen und der Beiträge, die in eine Ausgabe aufgenommen werden sollen.[714] So greift etwa die Pflicht zum Abdruck einer Gegendarstellung in den Schutzbereich des Art. 5 Abs. 1 Satz 2 GG ein, da die Freiheit der Entscheidung beschränkt wird, welche Beiträge abgedruckt oder nicht abgedruckt werden. Auf den Inhalt der Äußerung kommt es jedoch nicht an.[715]

Nach einem anderen Ansatz ist die Medienfreiheit indessen kein untergeordnetes, „dienendes" Recht der Redefreiheit oder ein die Redefreiheit ergänzendes Grundrecht, sondern vielmehr *lex specialis* zur Kommunikationsfreiheit.[716] Eine Veröffentlichung, die als „journalistisch" einzustufen ist, bemisst sich in der Abwägung mit widerstreitenden Interessen nach anderen Faktoren als eine nicht-journalistische Äußerung. Staatliche Eingriffe in journalistische Publikationen sind noch schwerer zu rechtfertigen als solche in nicht-journalistische Veröffentlichungen. Dieser Ansatz findet sich etwa in der Rechtsprechung des EGMR wieder. Der EGMR unterscheidet in seiner Rechtsprechung

---

[711] BVerfG, Beschl. v. 24.03.1998, Az. 1 BvR 131/96, BVerfGE 97, 391, 400 – Missbrauchsbezichtigung.

[712] BVerfG, Beschl. v. 09.10.1991, Az. 1 BvR 1555/88, BVerfGE 85, 1, 12 – Bayer-Aktionäre.

[713] BVerfG, Beschl. v. 09.10.1991, Az. 1 BvR 1555/88, BVerfGE 85, 1, 12 – Bayer-Aktionäre; BVerfG, Beschl. v. 23.02.2000, Az. 1 BvR 456/95, NJW-RR 2000, 1209, 1210 – Agenturprivileg, mit Verweis auf BVerfG, Beschl. v. 07.12.1976, Az. 1 BvR 460/72, NJW 1977, 799 – Flugblatt.

[714] BVerfG, Beschl. v. 19.12.2007, Az. 1 BvR 967/05, NJW 2008, 1654 Rn. 25 – Schiffskoffer m. w. N.

[715] BVerfG, Beschl. v. 19.12.2007, Az. 1 BvR 967/05, NJW 2008, 1654 Rn. 26 – Schiffskoffer m. w. N.

[716] So etwa *Stewart*, Hastings Law Journal 26 (1975), 631, 633; *Bezanson*, Virginia Law Review 63 (1977), 731, 733; *Ossenbühl*, JZ 1995, 633, 635; *West*, UCLA Law Review 58 (2011), 1025, 1032; *Oster*, Media Freedom as a Fundamental Right, 2015, S. 48.

strikt zwischen Veröffentlichungen von Journalisten in ihrer Eigenschaft als Journalisten und solchen privater Individuen.[717] So betrafen etwa sowohl *Busuioc gegen Moldawien* als auch *Janowski gegen Polen (Nr. 1)* Urteile wegen Diffamierung von Amtsträgern. In *Busuioc gegen Moldawien* hob das Gericht ausdrücklich hervor, dass der streitgegenständliche Artikel vom Beschwerdeführer in seiner Eigenschaft als Journalist geschrieben wurde und daher in den Anwendungsbereich der Pressefreiheit falle. Daher genossen die moldawischen Zivilgerichte einen eingeschränkten Beurteilungsspielraum bei der Abwägung der widerstreitenden Interessen.[718] In *Janowski gegen Polen (Nr. 1)*, auf das sich das Gericht in *Busuioc gegen Moldawien* bezog, hatte das Gericht hingegen darauf hingewiesen, dass die kritischen Kommentare des Beschwerdeführers nicht unter die Pressefreiheit fielen. Wenngleich der Beschwerdeführer von Beruf Journalist war, handelte er in diesem Fall „eindeutig als Privatperson".[719]

In *Wojtas-Kaleta gegen Polen* war der Beschwerdeführer angestellter Journalist bei einer öffentlich-rechtlichen Rundfunkanstalt.[720] Diese ermahnte ihn dafür, dass er sich öffentlich über die mangelnde Qualität des Programms seines Arbeitgebers beklagte. Der EGMR wies ausdrücklich auf die bedeutende Rolle des Journalismus für die Gesellschaft hin und auf ihre Verantwortung, zu öffentlichen Debatten zu ermutigen und hierzu beizutragen. Daher könne die arbeitsrechtliche Pflicht zur Zurückhaltung nicht uneingeschränkt auf Journalisten angewandt werden, da ihnen gerade die Aufgabe zukomme, Informationen und Meinungen zu verbreiten.[721]

3. Grenzen der Medienfreiheit

Die Massenmedien können ihren beträchtlichen Einfluss nicht nur dazu gebrauchen, wahrheitsgemäß zu Angelegenheiten von öffentlichem Interesse beizutragen. Sie können ihre Macht auch missbrauchen, indem sie zum Hass aufstacheln oder die Reputation oder das Privatleben eines Individuums zerstören.[722] Ebenso wie der Inhalt der Medienfreiheit sich nach den Bedürfnissen des offenen, freien und rationalen öffentlichen Diskurses richtet, bestimmt dieser Diskurs auch die Grenzen der Medienfreiheit. Diese „Normen der Zivilität"

---

[717] Siehe z.B. EGMR, Niskasaari and Otavamedia Oy/Finnland [2015] Beschwerde-Nr. 32297/10 [58]; Medžlis Islamske Zajednice Brčko u.a./Bosnien und Herzegowina [2015] Beschwerde-Nr. 17224/11 [31].
[718] Busuioc/Moldawien [2004] Beschwerde-Nr. 61513/00 [64 f.].
[719] Janowski/Polen (Nr. 1) [1999] Beschwerde-Nr. 25716/94 [32].
[720] Wojtas-Kaleta/Polen [2009] Beschwerde-Nr. 20436/02.
[721] Wojtas-Kaleta/Polen [2009] Beschwerde-Nr. 20436/02 [46].
[722] Siehe z.B. *Pasich*, Loyola of Los Angeles Law Review 12 (1978), 357, 359; *Carter*, Yale Law Journal 93 (1984), 581; *Curran/Seaton*, Power Without Responsibility, 7. Aufl. 2010; *Baker*, Law & Ethics of Human Rights 5 (2011), 219, 234; *Leveson*, An Inquiry into the Culture, Practices and Ethics of the Press, 2012, S. 76–78.

(rules of civility)[723] lassen sich in zwei Kategorien unterscheiden: Rechte anderer Individuen einerseits und unverzichtbare soziale Normen andererseits. Normativ sind diese Grenzen der Medienfreiheit in Art. 19 Abs. 3 und Art. 20 IPbpR, Art. 10 Abs. 2 EMRK und Art. 5 Abs. 2 GG verankert. Art. 19 Abs. 3 IPbpR und Art. 10 Abs. 2 EMRK verbinden die Ausübung der Kommunikationsfreiheiten ausdrücklich mit „Pflichten und Verantwortung". Wenngleich diese Klauseln auf journalistische Medien wie auf private Individuen gleichermaßen Anwendung zu finden scheinen, ist ihr historischer Zweck, Machtmissbrauch durch moderne Massenmedien zu verhindern.[724]

Zu den Pflichten journalistischer Medien gehört insbesondere die Pflicht zur sorgfältigen Ermittlung des Sachverhalts. Diese Sorgfaltspflicht hat zwei Wurzeln. Sie ist zum einen durch die Rechte Betroffener, etwa den Schutz der persönlichen Ehre, bedingt.[725] Zum anderen folgt sie aus „der Bedeutung der öffentlichen Meinungsbildung im Gesamtorganismus einer freiheitlichen Demokratie": Nur soweit die Leser oder Zuschauer zutreffend informiert werden, kann sich die öffentliche Meinung richtig bilden.[726] Die Medien sind daher zu einer möglichst wahrheitsgemäßen Berichterstattung verpflichtet.[727] Sie sind gehalten, Nachrichten und Behauptungen, die sie weitergeben, auf ihren Wahrheitsgehalt zu prüfen. Sie sollten „ernsthaft und sachbezogen" über Angelegenheiten von öffentlichem Interesse berichten und damit zur Bildung der öffentlichen Meinung beitragen und nicht das „Bedürfnis einer mehr oder minder breiten Leserschicht nach oberflächlicher Unterhaltung befriedig[en]."[728]

Die Theorie von der Medienfreiheit erscheint daher auf den ersten Blick paradox.[729] Einerseits ist die Medienfreiheit eine Freiheit von regulatorischen Erfordernissen. Andererseits soll der Genuss der Medienfreiheit davon abhängen, dass die Medien gewisse Pflichten einhalten. Die Privilegien der Medien und ihre Pflichten und Verantwortung sind jedoch nicht widersprüchlich, sondern

---

[723] Siehe *Post*, Harvard Law Review 103 (1990), 601; *Post*, William & Mary Law Review 32 (1991), 267, 286; *Post*, California Law Review 88 (2000), 2353, 2365.

[724] Europarat, Preparatory work on Article 10 of the European Convention on Human Rights, DH (56) 15, S. 23; *Bossuyt*, Guide to the "Travaux Préparatoires" of the International Covenant on Civil and Political Rights, 1987, S. 386.

[725] BVerfG, Beschl. v. 25.01.1961, Az. 1 BvR 9/57, BVerfGE 12, 113, 130 – Schmid/Spiegel; BGH, Urt. v. 22.12.1959, Az. VI ZR 175/58, BGHZ 31, 308, 312 f. – Alte Herren.

[726] BVerfG, Beschl. v. 25.01.1961, Az. 1 BvR 9/57, BVerfGE 12, 113, 130 – Schmid/Spiegel.

[727] BVerfG, Beschl. v. 25.01.1961, Az. 1 BvR 9/57, BVerfGE 12, 113, 130 – Schmid/Spiegel.

[728] BVerfG, Beschl. v. 14.02.1973, Az. 1 BvR 112/65, BVerfGE 34, 269, 281 – Soraya; BGH, Urt. v. 09.12.2003, Az. VI ZR 373/02, NJW 2004, 762, 764 – Sabine Christiansen; vgl. EGMR, Mosley/Vereinigtes Königreich [2011] Beschwerde-Nr. 48009/08 [114]; siehe z.B. auch von Hannover/Deutschland (Nr. 1) [2004] Beschwerde-Nr. 59320/00 [65]; Hachette Filipacchi Associés ("Ici Paris")/Frankreich [2009] Beschwerde-Nr. 12268/03 [40]; MGN Ltd./Vereinigtes Königreich [2011] Beschwerde-Nr. 39401/04 [143]; Alkaya/Türkei [2012] Beschwerde-Nr. 42811/06 [35]; Someşan und Butiuc/Rumänien [2013] Beschwerde-Nr. 45543/04 [27].

[729] Siehe *Post*, Harvard Law Review 103 (1990), 601, 643; *Post*, William & Mary Law Review 32 (1991), 267, 287.

komplementär: Die Medien genießen bestimmte Privilegien, *weil und wenn* sie besondere Sorgfaltsanforderungen erfüllen. Lord Nicholls brachte das Verhältnis zwischen journalistischen Sorgfaltspflichten und Privilegien folgendermaßen auf den Punkt: Die Einhaltung journalistischer Sorgfaltspflichten – in Gestalt des *Reynolds*-Tests – sei „der Preis, den Journalisten für den Erhalt des [*Reynolds*-]Privilegs bezahlen" („the price journalists pay in return for the privilege").[730] Dieser Satz ist indessen auch umkehrbar: Das Privileg ist die Belohnung, die Journalisten für die Einhaltung von Sorgfaltspflichten zuteil wird. Es sind die strengeren Anforderungen an die Pflichten und Verantwortung der Medien, die gewisse Privilegien rechtfertigen, und umgekehrt. Zu unterscheiden ist dabei der institutionelle Schutz der journalistischen Medien vom Schutz einer einzelnen Publikation. Institutionellen Schutz, beispielsweise ein Recht auf Zeugnisverweigerung, genießt, wer sich generell journalistischen Sorgfaltspflichten verschrieben hat. Eine einzelne Publikation wird demgegenüber geschützt, wenn und soweit der Äußernde in diesem konkreten Einzelfall die Sorgfaltspflichten gewahrt hat.

Sowohl die Privilegien als auch die besonderen Pflichten unterscheiden journalistische Medien daher von privaten Individuen. An private Kommunikation kann nicht derselbe Sorgfaltsmaßstab gestellt werden wie an die durch Medien, da Privatpersonen nicht die Aufklärungsmöglichkeiten der journalistischen Medien haben und deswegen geringere Glaubwürdigkeit in Anspruch nehmen (dazu Kapitel 4 Abschnitt III.5.). Sorgfaltspflichten privater Individuen ergeben sich allein aus den Rechten anderer, nicht jedoch aus der Bedeutung der Äußerungen solcher Individuen für die Allgemeinheit. Daher dürfen an die Pflichten und Verantwortung privater Individuen keine strengeren, wohl aber mildere Anforderungen gestellt werden als an die von Journalisten.[731]

4. Träger der Medienfreiheit

In der Folge der Popularisierung des Internets ist die Möglichkeit, ein Massenpublikum zu erreichen, nicht mehr das Privileg der traditionellen Medien und somit auch kein Abgrenzungsmerkmal zwischen journalistischen Medien einerseits und nicht-journalistischen Publikationen andererseits. Blogger und andere Amateur-Journalisten bereichern den öffentlichen Diskurs, indem sie zu Debatten zu Angelegenheiten von öffentlichem Interesse beitragen. Daher verschwimmen die Grenzen zwischen traditionellen journalistischen Medien, insbesondere der Presse, und Nicht-Journalisten.[732]

---

[730] Privy Council, Bonnick v. Morris [2003] 1 AC 300, 309.

[731] EGMR, Braun/Polen [2014] Beschwerde-Nr. 30162/10 [40] und [50]; BVerfG, Beschl. v. 09.10.1991, Az. 1 BvR 1555/88, BVerfGE 85, 1, 22 – Bayer-Aktionäre.

[732] Dazu aus der medienwissenschaftlichen Forschung etwa *Loosen*, Digital Journalism 3 (2015), 68; *Wall*, Digital Journalism 3 (2015), 797.

Auch im Internet-Zeitalter haben die traditionellen, professionellen Medien indessen nichts von ihrer Funktion als „Gatekeeper"[733] bei der Beeinflussung der öffentlichen Meinung eingebüßt. Im Gegenteil: Indem sie Internetquellen journalistisch recherchieren und hierüber berichten, beeinflussen die traditionellen Medien erst die Aufmerksamkeit, die eine breitere Öffentlichkeit der Internetquelle zukommen lässt.[734] Individuen fehlt es an den Ressourcen und an der Zeit, das Internet nach solchen Informationen zu filtern, die für sie wichtig sind. Der EGMR wies darauf hin, dass „in einer Welt, in der der Einzelne mit großen Mengen an Informationen konfrontiert wird, die über traditionelle und elektronische Medien kommuniziert werden und eine ständig wachsende Zahl an Beteiligten einbeziehen, der Überwachung des Handelns in Übereinstimmung mit journalistischer Ethik wachsende Bedeutung zukommt".[735] Das Alleinstellungsmerkmal des Journalismus ist es, dass sich seine Mitglieder einer besonderen Ethik und Verantwortung verschrieben haben. Hierzu gehört, dass Journalisten bestimmten selbstauferlegten Sorgfaltspflichten unterliegen, etwa der der Maßgabe, vor Veröffentlichung Schritte zu unternehmen, um die Tatsachengrundlage der Veröffentlichung zu verifizieren.

Veröffentlichungen von „Bürgerjournalisten" unterscheiden sich davon nachweislich in Qualität und Einfluss: Einige Blogger weisen Fähigkeiten hinsichtlich des Aufspürens und der Verarbeitung von Informationen und ein Verständnis von sozialer Verantwortung auf, welches denen professioneller Journalisten ähnelt.[736] Sie sind dabei in der Regel auf engere Themen spezialisiert und sprechen ein kleineres Zielpublikum an.[737] Viele Blogs sind hingegen rein meinungsbasiert und nicht mit der Ermittlung von Tatsachen befasst.[738] Reine Internet-Veröffentlichungen variieren zudem nicht nur in ihrer Qualität, sondern auch in ihrer Erscheinung. Sie reichen von politischen Blogs zu Hotelbewertungen. Schließlich fehlt Internetpublikationen regelmäßig eine institutionelle Anbindung, eine feste Adresse und damit die rechtliche Erreichbarkeit, wie sie der klassische Journalismus besitzt.[739] Professionelle Medien unterliegen entspre-

---

[733] Grundlegend *Lippmann*, Public Opinion, 1922; siehe auch *Manning White*, Journalism Quarterly 27 (1950), 383; *Whitney/Becker*, Journalism Quarterly 59 (1982), 60.

[734] *Curran/Seaton*, Power Without Responsibility, 7. Aufl. 2010, S. 286; *Calvert/Torres*, Vanderbilt Journal of Entertainment and Technology Law 23 (2011), 323, 345; *Park u. a.*, The Social Science Journal 50 (2013), 616.

[735] EGMR, Novaya Gazeta und Borodyanskiy/Russland [2013] Beschwerde-Nr. 14087/08 [42].

[736] *Örnebring*, The International Communication Gazette 75 (2013), 35, 38; *Park u. a.*, The Social Science Journal 50 (2013), 616; *Campbell*, Digital Journalism 3 (2015), 704; *Kim/Lowrey*, Digital Journalism 3 (2015), 298; *Steensen/Ahva*, Digital Journalism 3 (2015), 1; *Wall*, Digital Journalism 3 (2015), 797.

[737] *Carpenter*, Journalism and Mass Communication Quarterly 85 (2008), 531.

[738] *Reese* u. a., Journalism 8 (2007), 235.

[739] *Pörksen*, Trolle, Empörungsjunkies und kluge Köpfe – Die fünfte Gewalt des digitalen Zeitalters, Cicero.de, 17. April 2015.

chenden rechtlichen Verpflichtungen, etwa der Transparenzpflicht nach Art. 5 AVMD-Richtlinie oder § 5 HPresseG. Mit einer solchen Pflicht ist die im Internet häufig praktizierte Anonymität nicht vereinbar.

Es würde daher zu weit gehen, jedem, der ein Massenpublikum anspricht, journalistische Privilegien zu gewähren.[740] Eine solche Auslegung würde praktisch jeder Internet-Publikation journalistischen Status zubilligen. Die Folgen einer derart weiten Auslegung des Begriffs „Journalismus" wären bedenklich. Zu den journalistischen Privilegien gehört beispielsweise das Recht der Zeugnisverweigerung. Dieses Privileg ist deswegen gerechtfertigt, weil Journalisten als „vierte Gewalt" besondere Verantwortung tragen und Vertrauen genießen. Wäre jeder, der über einen Blog oder über soziale Medien an die Öffentlichkeit kommuniziert, als Journalist zu qualifizieren, so würde die Ausnahme zur Regel. Die gerichtliche Wahrheitsfindung würde erheblichen Schaden erleiden. Daraus folgt, dass nicht jede Publikation an die Öffentlichkeit als „Journalismus" einzustufen ist. Stattdessen wird argumentiert, dass die Unterscheidung zwischen Journalisten und Nicht-Journalisten auf einer gemischt formal-funktionalen Grundlage zu treffen ist:

1. Eine Unterscheidung auf formaler Grundlage: Journalist ist, wer im Journalismus ausgebildet wurde, wer für eine journalistische Institution arbeitet und/oder wer bei einer Organisation journalistischer Selbstkontrolle registriert ist.[741]

2. Eine Unterscheidung auf funktionaler Grundlage: Journalist ist auch derjenige, der journalistisch arbeitet, d.h. der regelmäßig gegenüber einem unbestimmten Adressatenkreis zu Angelegenheiten des öffentlichen Interesses beiträgt und dabei bestimmte Sorgfaltsmaßstäbe beachtet. Bedeutung kommt dabei der Frage zu, ob sich jemand selbst als Journalist bezeichnet und damit entsprechende Glaubwürdigkeit in Anspruch nimmt. Derjenige muss sich dann an den journalistischen Sorgfaltspflichten messen lassen.

Eine Abgrenzung nach formalen Kriterien liegt der früheren Rechtsprechung des BGH, der EKomMR, des EGMR und den früheren Stellungnahmen des Ministerkomitees des Europarates zugrunde.[742] Ein Erfordernis von Professio-

---

[740] Ungenau daher UN-Menschenrechtsausschuss, General Comment Nr. 34, Rn. 44.

[741] Siehe § 1 Abs. 1 Satz 1 Beschwerdeordnung Deutscher Presserat, § 9 Satzung des Deutschen Presserates.

[742] BGH, Urt. v. 11.03.2008, Az. VI ZR 7/07, NJW 2008, 2110 Rn. 31 – „Gen-Milch"; EKomMR, *Loersch und Nouvelle Association du Courrier/Schweiz* [1995] Beschwerde-Nr. 23868/94 und 23869/94 [3]; Europarat, Recommendation No. R (97) 20 on 'hate speech', Principle 2; Recommendation Rec(2003)13 on the provision of information through the media in relation to criminal proceedings, Rn. 3; Parlamentarische Versammlung, Resolution 1636 (2008): Indicators for media in a democracy', Rn. 10; EGMR, *Sürek und Özdemir/Türkei* [1999] Beschwerde-Nr. 23927/94 und 24277/94 [63]; *Şener/Türkei* [2000] Beschwerde-Nr. 26680/95 [42]; *Wizerkaniuk/Polen* [2011] Beschwerde-Nr. 18990/05 [68]; *Kaperzyński/Polen* [2012] Beschwerde-Nr. 43206/07 [70]; Europarat, Ministerkomitee, Recommendation CM/Rec(2011)7 on a new notion of media, Appendix, Rn. 38.

nalität schließt jedoch diejenigen vom Schutz der Medienfreiheit aus, die zwar regelmäßig zu Angelegenheiten von öffentlichem Interesse beitragen, aber keine Entlohnung hierfür erhalten, wie beispielsweise einzelne Blogger.[743] Professionalität sollte daher als ein wichtiger, jedoch nicht als der einzige Faktor zugrunde gelegt werden, um Journalisten von Nicht-Journalisten abzugrenzen. Entscheidender Abgrenzungsfaktor sollte der Inhalt der Arbeit sein. Nichtregierungsorganisationen oder sogenannte Bürgerjournalisten, die regelmäßig zu Angelegenheiten von öffentlichem Interesse beitragen und die mit einer Sorgfalt arbeiten, die der professioneller Journalisten ähnlich ist, sollten auch im Rechtssinne als „Journalisten" betrachtet werden und den Schutz der Medienfreiheit genießen.[744]

Dieser funktionale Ansatz wird auch in der jüngeren Rechtsprechung des EGMR, des BGH und des BVerwG bestätigt. Die EGMR-Entscheidung *Fatullayev gegen Aserbaidschan* betraf Zeitungsartikel und ein Online-Forum, in denen der Beschwerdeführer seine Sicht vom Massaker von Chodschali während des Bergkarabach-Konflikts vom 25./26. Februar 1992 darstellte. Abweichend von der Regierungsdoktrin sah der Beschwerdeführer eine Mitschuld von Mitgliedern der aserbaidschanischen Armee an dem Massaker, woraufhin er wegen Verleumdung zu einer Gefängnisstrafe verurteilt wurde. Es war allerdings unklar, ob der Beschwerdeführer die im Online-Forum getätigten Äußerungen in seiner Eigenschaft als Journalist oder als Privatperson tätigte. Der EGMR maß dieser Unterscheidung indessen gar keine Bedeutung bei. Für das Gericht waren vielmehr drei Dinge entscheidend: Die Äußerungen betrafen eine Angelegenheit von großem öffentlichem Interesse, sie wurden über ein Medium (Internet) verbreitet, „welches in modernen Zeiten keinen geringeren Einfluss hat als die gedruckte Presse", und der Beschwerdeführer versteckte sich nicht hinter einem – in Internetforen üblichen – Pseudonym, sondern gab seine Identität zu erkennen.[745] Daher gewährte das Gericht den Beiträgen des Beschwerdeführers in dem Online-Forum den gleichen Schutz wie seinen Zei-

---

[743] Siehe *Ugland*, Duke Journal of Constitutional Law and Public Policy 3 (2008), 118, 137; *West*, UCLA Law Review 58 (2011), 1025, 1068; *Blocher*, Washington Law Review 87 (2012), 409, 429; *Oster*, Media Freedom as a Fundamental Right, 2015, S. 64 f.

[744] So etwa *Flanagan*, Fordham Intellectual Property, Media and Entertainment Law Journal 16 (2005), 395; *Anonymer Autor*, Harvard Law Review 120 (2007), 990, 998; *Oster*, Journal of Media Law 5 (2013), 57, 78; vgl. Europarat, Recommendation No. R (2000) 7 on the right of journalists not to disclose their sources of information, Appendix: „For the purposes of this Recommendation [...] the term ″journalist″ means any natural or legal person who is regularly *or* professionally engaged in the collection and dissemination of information to the public via any means of mass communication" (Kursivdruck durch Verf.); EGMR, Fatullayev/Aserbaidschan [2010] Beschwerde-Nr. 40984/07 [95]; Růžový panter, o.s./Tschechische Republik [2012] Beschwerde-Nr. 20240/08; UN-Menschenrechtsausschuss, Toktakunov/Kirgistan [2011] Mitteilung Nr. 1470/2006 [6.3].

[745] EGMR, Fatullayev/Aserbaidschan [2010] Beschwerde-Nr. 40984/07 [95].

tungsartikeln. Der EGMR erkannte auf eine Verletzung von Artikel 10 EMRK, und zwar in Gestalt der Pressefreiheit.[746]

Ähnlich journalistischen Medien gewährt der EGMR starken Schutz für Äußerungen von Akteuren der Zivilgesellschaft, wie etwa Nichtregierungsorganisationen, unterwirft diese aber auch ähnlichen Sorgfaltspflichten.[747] Die Entscheidung in der Rechtssache *Růžový panter gegen Tschechische Republik* betraf eine Online-Pressemitteilung der tschechischen Nichtregierungsorganisation „Rosaroter Panther", in der diese einem Geschäftsmann Verwicklungen in einen Steuerhinterziehungsskandal und einen Mordkomplott nachsagte.[748] Da die NGO diese Behauptungen vor Gericht nicht beweisen konnte, wurde sie von tschechischen Gerichten zur Zahlung von Schadensersatz an den Geschäftsmann verurteilt. Der EGMR sah hierin keine Verletzung von Artikel 10 EMRK. Wenngleich die NGO keinen recherchebasierten Journalismus betrieb, maß der EGMR der Tatsache besondere Bedeutung bei, dass die Öffentlichkeit ihre Pressemitteilung für ernsthaft und glaubwürdig hielt. Somit träfen die NGO besondere Sorgfaltspflichten, denen sie in diesem Fall nicht nachgekommen sei. Der EGMR beurteilte die NGO daher nach ähnlichen Kriterien wie einen Journalisten.

In *Růžový panter gegen Tschechische Republik* entschied der EGMR somit, dass Nicht-Journalisten für Beiträge zu Debatten von öffentlichem Interesse keine geringeren Sorgfaltspflichten erfüllen müssen als Journalisten. Der EGMR ging jedoch nicht auf die Frage ein, ob Nicht-Journalisten noch strengeren Sorgfaltspflichten unterliegen, wenn sie sich irrtümlich wahrheitswidrig öffentlich äußern. Hierzu lieferte dann die Rechtssache *Braun gegen Polen* aus dem Jahre 2014 eine Antwort.[749] Der Beschwerdeführer, ein Regisseur und Historiker, bezeichnete in einem Radio- und einem Fernsehinterview einen in Polen bekannten Professor für Linguistik als Informanten der ehemaligen polnischen Geheimpolizei. Obwohl der Beschwerdeführer vor seinen Äußerungen Nachforschungen betrieb, konnte er die Wahrheit seiner Behauptungen vor Gericht letztlich nicht vollständig beweisen. Die polnischen Gerichte verurteilten ihn daraufhin zur Zahlung von Schadensersatz und zur Veröffentlichung einer Entschuldigung. Da er kein Journalist sei, könne er sich nicht auf das nur für Journalisten geltende Privileg berufen, irrtümlich falsche Informationen verbreiten zu dürfen. Hierin sah der EGMR einen Verstoß gegen Artikel 10 EMRK. Da der Beschwerdeführer mit seiner Stellungnahme zu einer Debatte von öffentlichem Interesse beitrug, durften an ihn keine strengeren Anforde-

---

[746] Vgl. EGMR, Fatullayev/Aserbaidschan [2010] Beschwerde-Nr. 40984/07 [88].

[747] EGMR, Steel und Morris/Vereinigtes Königreich [2005] Beschwerde-Nr. 68416/01; Animal Defenders International/Vereinigtes Königreich [2013] Beschwerde-Nr. 48876/08; Youth Initiative for Human Rights/Serbien [2013] Beschwerde-Nr. 48135/06; siehe auch UN-Menschenrechtsausschuss, Toktakunov/Kirgistan [2011] Mitteilung Nr. 1470/2006 [6.3].

[748] EGMR, Růžový panter, o.s./Tschechische Republik [2012] Beschwerde-Nr. 20240/08.

[749] EGMR, Braun/Polen [2014] Beschwerde-Nr. 30162/10.

rungen im Hinblick auf seine vorherigen Recherchebemühungen gestellt werden als an professionelle Journalisten.[750] Das Gericht setzte sich somit nicht mit
der Frage auseinander, ob der Beschwerdeführer tatsächlich die Anforderungen
erfüllte, die an Journalisten zu stellen sind. Es kann jedoch vorsichtig – wenn
auch nicht zwingend – angenommen werden, dass dies der Fall war. Der Beschwerdeführer war Historiker, Autor von Zeitungsartikeln und Fernsehprogrammen, und er trug regelmäßig öffentlich zu Angelegenheiten von öffentlichem Interesse bei. Er betrieb zudem beachtliche Recherchearbeit, bevor er mit
seinen Anschuldigungen gegen den Betroffenen an die Öffentlichkeit ging.

Die drei genannten Urteile stehen stellvertretend für einen Wandel in der
Rechtsprechung des EGMR. Zwar betont das Gericht immer noch regelmäßig
die Rolle der klassischen journalistischen Medien als „öffentlicher Wachhund".
Allerdings ist auch erkennbar, dass die Straßburger Richter nicht-journalistischen Publikationen, die an ein Massenpublikum adressiert sind und zu Angelegenheiten von öffentlichem Interesse beitragen, inzwischen ähnliche Bedeutung beimessen wie klassischer journalistischer Berichterstattung. Dies geht in
beide Richtungen: Zum einen sind an die Veröffentlichungen glaubwürdiger
Institutionen, vom EGMR als „*social watchdogs*" bezeichnet, ähnlich strenge
Anforderungen zu stellen wie an traditionelle Medien (*Růžový panter*), zum
anderen dürfen an Nicht-Journalisten jedoch keine strengeren Anforderungen
gestellt werden als an Journalisten (*Braun*).[751]

Auch in der jüngeren deutschen Rechtsprechung vollzieht sich andeutungs-
weise ein Wandel vom rein formalen Journalismusbegriff zu einem funktionalen Verständnis. Der BGH entschied, dass „nur die Tätigkeiten, die der Erfüllung der Aufgaben einer funktional verstandenen Presse bzw. des Rundfunks
dienen", vom datenschutzrechtlichen Medienprivileg in §17 Deutschlandra-
dio-Staatsvertrag a.F. erfasst sind.[752] Und nach dem BVerwG ist der Begriff der
„Presse" im Sinne des Medienprivilegs nach §41 BDSG a.F. unter Berücksichtigung von Art.5 Abs.1 Satz2 GG, Art.10 EMRK und Art.11 EUGRCh weit
auszulegen.[753] Auch auf die Publikationen selbständiger Journalisten, die nicht
in redaktionelle Strukturen eingebunden sind, sowie auf Kunden-, Werks-, Par-
tei- und Vereinspublikationen kann das Medienprivileg Anwendung finden.[754]
Journalistische Tätigkeiten sind nicht Medienunternehmen vorbehalten.[755]

---

[750] EGMR, Braun/Polen [2014] Beschwerde-Nr. 30162/10 [40] und [50].
[751] EGMR, Růžový panter, o.s./Tschechische Republik [2012] Beschwerde-Nr. 20240/08;
siehe auch Braun/Polen [2014] Beschwerde-Nr. 30162/10 [40]; Kurski/Polen [2016] Beschwerde-Nr. 26115/10 [56].
[752] BGH, Urt. v. 15.12.2009, Az. VI ZR 227/08, BGHZ 183, 353 Rn. 25 – dradio.de.
[753] BVerwG, Beschl. v. 29.10.2015, Az. 1 B 32.15, K&R 2016, 66 Rn. 5 – Medienprivileg,
m.w.N. aus der Lit.
[754] BVerwG, Beschl. v. 29.10.2015, Az. 1 B 32.15, K&R 2016, 66 Rn. 5 – Medienprivileg,
m.w.N. aus der Lit.
[755] BVerwG, Beschl. v. 29.10.2015, Az. 1 B 32.15, K&R 2016, 66 Rn. 5 – Medienprivileg.

Für Blogger und Nichtregierungsorganisationen hat der gemischt formal-funktionale Journalismusbegriff zwei Seiten: Zum einen genießen sie Schutz wie traditionelle Medien, soweit sie zu Debatten von öffentlichem Interesse beitragen. Zum anderen stellen der EGMR und der BGH jedoch an „Bürger-Journalisten" oder *social watchdogs* ähnliche Anforderungen wie an professionelle Journalisten, gerade weil sie durch ihre Professionalität Vertrauen in die Richtigkeit ihrer Informationen wecken und Glaubwürdigkeit beanspruchen.[756] Dem Erwartungshorizont kommt hierbei eine große Bedeutung zu. Denn Publikationsorgane, denen größeres Vertrauen geschenkt wird, stellen zugleich eine größere Gefahr für die Persönlichkeitsrechte anderer dar, gerade weil ihren – auch ehrenrührigen – Publikationen geglaubt wird.[757] Dieser Gedanke findet sich zumindest im Ansatz in der Strafschärfung für ehrenrührige „Schriften" in §§ 186, 187 StGB sowie in der Unterscheidung zwischen *libel* und *slander* im Common Law wieder. Das Verbreiten von „Schriften", d. h. von zur Verbreitung bestimmten Aufzeichnungen,[758] war bis zur Popularisierung des Internets zumeist die Domäne von Presseorganen.

In welchem Umfang NGOs und Bürgerjournalisten im Einzelfall geschützt sind, bestimmt sich somit nicht danach, ob sie im traditionell-formalen Sinne als „Journalisten" zu qualifizieren sind, sondern danach, ob sie ihre Sorgfaltspflichten erfüllen. Hierzu zählen neben gründlicher Recherche und Offenlegung der eigenen Autorenschaft nach der Rechtsprechung des EGMR beispielsweise die Achtung der Privatsphäre auch von Personen des öffentlichen Lebens, eine objektive und ausgewogene Darstellung von Tatsachen, die Richtigstellung falscher Behauptungen und die Beachtung der Unschuldsvermutung bei Berichterstattungen über Ermittlungs- und Strafverfahren.

Der hier vertretene dualistische Journalismusbegriff widersteht dem insbesondere in der amerikanischen Literatur vorgetragenen Einwand, dass die Grenze zwischen Journalismus und nicht-journalistischen Publikationen schwierig zu ziehen sei. „Journalismus" ist ein vager Begriff. Mit Philipp Heck und H.L.A. Hart ist anzunehmen, dass ein vager Begriff einen Bedeutungskern und einen Bedeutungshof hat.[759] Der Bedeutungskern umfasst die sicheren, evidenten Anwendungsfälle, außerhalb des Bedeutungshofs liegen die evidenten

---

[756] Vgl. EGMR, Růžový panter, o.s./Tschechische Republik [2012] Beschwerde-Nr. 20240/08; BGH, Urt. v. 09.12.1975, Az. VI ZR 157/73, BGHZ 65, 325, 334 – Warentest II; BGH, Urt. v. 03.12.1985, Az. VI ZR 160/84, NJW 1986, 981 – Warentest III; BGH, Urt. v. 30.01.1996, Az. VI ZR 386/94, BGHZ 132, 13, 24 – „Lohnkiller"; *mutatis mutandis* BGH, Urt. v. 23.06.2009, Az. VI ZR 196/08, BGHZ 181, 328 Rn. 39 – spickmich.de.

[757] Vgl. BGH, Urt. v. 23.06.2009, Az. VI ZR 196/08, BGHZ 181, 328 Rn. 39 – spickmich. de; Lachaux v. Independent Print Limited u. a. [2017] EWCA Civ 1334 [87].

[758] Vgl. BGH, Urt. v. 22.12.1959, Az. 3 StR 52/59, BGHSt 13, 375, 376 – „Schrift" i. S. d. § 93 StGB a. F.

[759] *Heck*, AcP 112 (1914), 1, 173; *Heck*, Begriffsbildung und Interessenjurisprudenz, 1932, S. 52, 60; *Hart*, The Concept of Law, 3. Aufl. 2012, S. 127–131.

Nichtanwendungsfälle, im Bedeutungshof befinden sich die zweifelhaften An-wendungsfälle. Im Kern des Begriffs „Journalismus" befinden sich die Indi-viduen und Institutionen, die dem formalen Journalismusbegriff unterfallen. Außerhalb des Bedeutungshofs liegen Äußerungen von Individuen, die un-zweifelhaft weder dem formalen noch dem funktionalen Journalismusbegriff unterfallen, da sie offenkundig nicht an journalistischen Standards gemessen werden können und sollen. Hierunter fällt die große Mehrzahl privater Inter-net-Publikationen wie etwa Urlaubsfotos, Katzenvideos und Tweets von Sport-lern oder Schauspielern. Verbleibende Zweifelsfälle, in der Diktion Ronald Dworkins sogenannte *„hard cases"*, liegen entweder im Bedeutungshof von „Journalismus", oder sie fallen außerhalb des Begriffs des Journalismus. Es sind dies die Fälle, in denen der Journalismusbegriff zwar nicht formal, möglicher-weise aber funktional erfüllt ist.

Nach der hier vertretenen Auffassung ist der Begriff des funktionalen Jour-nalismus wie folgt zu ermitteln. Journalismus setzt notwendig redaktionelle Arbeit voraus. Der Begriff „redaktionell" ist seinerseits ein Rechtsbegriff. Art. 1 Abs. 1 Buchst. c) AVMD-Richtlinie etwa definiert „redaktionelle Verantwor-tung" als „Ausübung einer wirksamen Kontrolle sowohl hinsichtlich der Zu-sammenstellung [...] als auch hinsichtlich [der] Bereitstellung" von Inhalten. Der presserechtliche Begriff der „redaktionellen Gestaltung" beschreibt eine planvolle Tätigkeit, die auf die inhaltliche, sprachliche oder graphische Bearbei-tung eines Angebots abzielt und der Einwirkung auf die öffentliche Meinungs-bildung zu dienen bestimmt ist.[760] Rundfunkrechtliche Literatur beschreibt „redaktionell" als ein Mindestmaß an organisatorischer Verfestigung und Kon-tinuität sowie inhaltlicher Aufbereitung.[761] Negativ lässt sich der Begriff in Ab-grenzung zu Art. 12 bis 14 e-commerce-Richtlinie bzw. §§ 8 bis 10 TMG so bestimmen, dass ein Mindestmaß an gedanklicher Auseinandersetzung, Aus-wahl und Aufbereitung mit dem zu verbreitenden Inhalt erforderlich ist, ein bloßes Speichern oder Weiterleiten also nicht genügt.[762]

Redaktionelle Arbeit ist notwendige, allerdings nicht hinreichende Voraus-setzung für den Begriff des Journalismus. Diese Unterscheidung wird jedoch auch vom Gesetzgeber nicht immer beachtet. So schließt § 2 Abs. 3 Nr. 4 RStV lineare, an die Allgemeinheit gerichtete Angebote, die „nicht journalistisch-re-daktionell gestaltet sind", aus dem Rundfunkbegriff aus und ordnet sie somit dem Begriff der Telemedien zu.[763] In der Begründung zum 12. RÄStV heißt es

---

[760] *Mann/Smid*, in: Spindler/Schuster, Recht der elektronischen Medien, 3. Aufl. 2015, Presserecht Rn. 12.

[761] Vgl. *Held*, in: Hahn/Vesting (Hrsg.), Beck'scher Kommentar zum Rundfunkrecht, 3. Aufl. 2012, RStV § 54 Rn. 55; *Held*, in: Hahn/Vesting (Hrsg.), Beck'scher Kommentar zum Rundfunkrecht, 3. Aufl. 2012, RStV § 11d Rn. 43.

[762] BGH, Urt. v. 23.06.2009, Az. VI ZR 196/08, BGHZ 181, 328 Rn. 41 – spickmich.de; *Weiner/Schmelz*, K&R 2006, 453, 457; *Oster*, Legal Studies 35 (2015), 348, 358 ff.

[763] Telemedien sind „alle elektronischen Informations- und Kommunikationsdienste, so-

hierzu lapidar, dass solchen Angeboten „generell Breitenwirkung, Aktualität und Suggestivkraft" fehle.[764] Indessen fehlt es allein nicht-redaktionellen Angeboten, wie beispielsweise dem Betrieb einer Webcam am Strand,[765] an diesen Wirkungen. Redaktionelle Angebote können hingegen auch dann eine intensive Breitenwirkung, Aktualität und Suggestivkraft entfalten, wenn sie nicht journalistisch sind – zu denken ist etwa an Werbespots politischer Parteien.

Wie also ist der funktionale Journalismusbegriff juristisch zu bestimmen? Den wichtigsten Hinweis gibt das Recht selbst: Gesetzgeber und Gerichte knüpfen an das Vorliegen von „Journalismus" bestimmte Pflichten.[766] „Journalist" kann folglich nur sein, wer diese Pflichten regelmäßig erfüllt oder von dem die Erfüllung dieser Pflichten realistischerweise erwartet werden kann und wer *deshalb* in den Genuss bestimmter journalistischer Privilegien kommen soll. Kern dieser Pflichten ist die Wahrung anerkannter journalistischer Grundsätze, die sich aus presse- und rundfunkrechtlichen Regelungen sowie aus den Richtlinien von Organisationen journalistischer Selbstverpflichtung ergeben. Viele dieser Grundsätze sind transnational anerkannt; der EGMR verweist insoweit regelmäßig auf die „journalistische Ethik" und die Grundsätze „verantwortungsvollen Journalismus'".[767] Der wohl wichtigste Grundsatz ist die Pflicht zur sorgfältigen Recherche über den Wahrheitsgehalt einer Behauptung. Diese umfasst die Prüfung der Zuverlässigkeit von Quellen,[768] Zitattreue,[769] Ausgewogenheit, d. h. die Berücksichtigung entlastender Tatsachen und abweichender Standpunkte,[770] dem Betroffenen möglichst Gelegenheit zu geben, sich vor der

---

weit sie nicht Telekommunikationsdienste […] oder Rundfunk" sind (§ 1 Abs. 1 Satz 1 TMG, § 2 Abs. 1 Satz 3 RStV).

[764] Begründung zum 12. RÄStV, S. 5.

[765] *Schulz*, in: Hahn/Vesting (Hrsg.), Beck'scher Kommentar zum Rundfunkrecht, 3. Aufl. 2012, RStV § 2 Rn. 57.

[766] Siehe z. B. EGMR, Bladet Tromsø und Stensaas/Norwegen [1999] Beschwerde-Nr. 21980/93 [65]; Fressoz und Roire/Frankreich [1999] Beschwerde-Nr. 29183/95 [54]; Bergens Tidende u. a./Norwegen [2000] Beschwerde-Nr. 26132/95 [53]; § 54 Abs. 2 RStV und Begründung zu § 11 MDStV; BVerfG, Beschl. v. 26.08.2003, Az. 1 BvR 2243/02, NJW 2004, 589 – Haarfarbe des Bundeskanzlers; BGH, Urt. v. 11.12.2012, Az. VI ZR 314/10, NJW 2013, 790 Rn. 28 – Stasi; BGH, Urt. v. 12.04.2016, Az. VI ZR 505/14, MDR 2016, 648 Rn. 38 – Organentnahme.

[767] Siehe z. B. EGMR, Stoll/Schweiz [2007] Beschwerde-Nr. 69698/01 [128]; Ricci/Italien [2013] Beschwerde-Nr. 30210/06 [57].

[768] Siehe z. B. EGMR, Bladet Tromsø und Stensaas/Norwegen [1999] Beschwerde-Nr. 21980/93 [66]; McVicar/Vereinigtes Königreich [2002] Beschwerde-Nr. 46311/99 [84]; Pedersen und Baadsgaard/Dänemark [2004] Beschwerde-Nr. 49017/99 [78 ff.]; Ringier Axel Springer Slovakia, a. s./Slowakei [2011] Beschwerde-Nr. 41262/05 [97]; BGH, Urt. v. 03.05.1977, Az. VI ZR 36/74, NJW 1977, 1288, 1289 – Abgeordnetenbestechung.

[769] Vgl. Richtlinie 2.4 Pressekodex des Deutschen Presserates; BVerfG, Beschl. v. 03.06.1980, Az. 1 BvR 797/78, BVerfGE 54, 208, 220 – Böll.

[770] EGMR, Bladet Tromsø und Stensaas/Norwegen [1999] Beschwerde-Nr. 21980/93 [63]; Bergens Tidende u. a./Norwegen [2000] Beschwerde-Nr. 26132/95 [58]; Selistö/Finnland [2004] Beschwerde-Nr. 56767/00 [62] und [66]; BVerfG, Beschl. v. 25.01.1961, Az. 1 BvR 9/57, BVerfGE 12, 113, 130 – Schmid/Spiegel.

Veröffentlichung zu erklären,[771] besondere Anforderungen an Gerichts- und Verdachtsberichterstattung, insbesondere die Wahrung der Unschuldsvermutung,[772] die Pflicht zur Richtigstellung,[773] Transparenz- und Impressumspflichten,[774] Pflicht zur Gegendarstellung[775] und die Trennung von Kommentaren und Berichterstattung.[776] Schließlich ist die Frage, ob eine Person oder Institution den funktionalen Journalismusbegriff erfüllt, auch unter Berücksichtigung der Funktion des Journalismus für den öffentlichen Diskurs zu beantworten. Journalistische Arbeit gewährleistet die freie öffentliche und individuelle Meinungsbildung in einer demokratischen Gesellschaft.

Kriterien für einen funktionalen Journalismusbegriff sind daher:
- Ein Mindestmaß an Aktualität bzw. Periodizität.[777]
- Ein Mindestmaß an gesellschaftlicher Relevanz;[778] dies schließt etwa Tagebuch-Blogs vom Journalismusbegriff aus.
- Die Ausrichtung an Tatsachen und Meinungsbildung in Abgrenzung zu rein fiktionalen Werken. Dass Informationen unterhaltend vermittelt werden,

---

[771] EGMR, Bergens Tidende u. a./Norwegen [2000] Beschwerde-Nr. 26132/95 [58]; *mutatis mutandis* Flux/Moldawien (Nr. 6) [2008] Beschwerde-Nr. 22824/04 [29]; BGH, Urt. v. 25.05.1965, Az. VI ZR 19/64, MDR 1965, 735 – „Wo ist mein Kind?"; BGH, Urt. v. 30.01.1996, Az. VI ZR 386/94, BGHZ 132, 13, 22 m. w. N. – „Lohnkiller".

[772] Art. 14 Abs. 2 IPbpR, Art. 6 Abs. 2 EMRK. Vgl. Ziffer 13 Pressekodex des Deutschen Presserates; BGH, Urt. v. 30.01.1979, Az. VI ZR 163/77, NJW 1979, 1041 – Exdirektor; EGMR, Bladet Tromsø und Stensaas/Norwegen [1999] Beschwerde-Nr. 21980/93 [65]; Pedersen und Baadsgaard/Dänemark [2004] Beschwerde-Nr. 49017/99 [78]; White/Schweden [2006] Beschwerde-Nr. 42435/02 [21]; Flux/Moldawien (Nr. 6) [2008] Beschwerde-Nr. 22824/04 [31]; Salumäki/Finnland [2014] Beschwerde-Nr. 23605/09 [58]; Axel Springer AG/Deutschland (Nr. 1) [2012] Beschwerde-Nr. 39954/08 [96]; Europarat, Recommendation Rec(2003)13 on the provision of information through the media in relation to criminal proceedings; BVerfG, Urt. v. 05.06.1973, Az. 1 BvR 536/72, BVerfGE 35, 202, 232 – Lebach; BVerfG, Beschl. v. 25.01.2012, Az. 1 BvR 2499/09 und 1 BvR 2503/09, NJW 2012, 1500 Rn. 36 – Ochsenknecht.

[773] Vgl. Nr. 1 Abs. 2 IPSO Editors' Code of Practice; Ziffer 3 Pressekodex des Deutschen Presserates; EGMR, Ristamäki und Korvola/Finnland [2013] Beschwerde-Nr. 66456/09 [57]; Times Newspapers Ltd./Vereinigtes Königreich (Nr. 1 und 2) [2009] Beschwerde-Nr. 3002/03 und 23676/03 [47]; Węgrzynowski und Smolczewski/Polen [2013] Beschwerde-Nr. 33846/07 [59]; BGH, Urt. v. 18.11.2014, Az. VI ZR 76/14, BGHZ 203, 239 – Chefjustiziar

[774] § 55 Abs. 2 RStV; Art. 5 AVMD-Richtlinie.

[775] Vgl. Art. 28 AVMD-Richtlinie; Nr. 1 Abs. 3 IPSO Editors' Code of Practice; § 56 Abs. 1 RStV; Europarat, Ministerkommittee, Resolution (74) 26 on the right of reply–Position of the individual in relation to the press; EKomMR, Ediciones Tiempo S.A./Spanien [1989] Beschwerde-Nr. 13010/87, S. 253; Kaperzyński gegen Polen [2012] Beschwerde-Nr. 43206/07 [66]; BVerfG, Beschl. v. 08.02.1983, Az. 1 BvL 20/81, BVerfGE 63, 131 – Gegendarstellung

[776] Vgl. Nr. 1 Abs. 4 IPSO Editors' Code of Practice; § 10 Abs. 1 Satz 4 RStV.

[777] Vgl. Europarat, Recommendation No. R (2000) 7 on the right of journalists not to disclose their sources of information, Appendix: „For the purposes of this Recommendation […] the term "journalist" means any natural or legal person who is *regularly or professionally* engaged in the collection and dissemination of information to the public via any means of mass communication" (Kursivdruck durch Verf.).

[778] BGH, Urt. v. 23.06.2009, Az. VI ZR 196/08, BGHZ 181, 328 Rn. 41 – spickmich.de.

sog. „Infotainment", steht der Einordnung als Journalismus allerdings nicht entgegen.[779]
– Die Veröffentlichungen müssen an die Allgemeinheit, d.h. an einen unbestimmten Personenkreis, gerichtet sein.[780]
– Ein Mindestmaß an journalistischer Professionalität, insbesondere die Einhaltung journalistischer Standards bei der Recherche und Darstellung von Informationen.
– Hinreichende Transparenz, die etwa durch ein Impressum gegeben ist.
Daraus folgt, dass beispielsweise sogenannte „wiki"-basierte Webseiten[781] wie etwa Wikipedia nicht als Journalismus qualifiziert werden können. Mangels zentraler Kontrolle eines Verantwortlichen sind diese Webseiten als solche schon nicht redaktionell. In jedem Fall sind sie nicht journalistisch, da – im Widerspruch zu journalistischen Transparenzpflichten – kein Verantwortlicher benannt ist. Auch sind sie einem Gegendarstellungsanspruch nicht zugänglich, da jeder den Inhalt ändern kann.

Blogs sind zwar *per se* redaktionell; ob sie auch journalistisch sind, hängt aber vom Einzelfall ab. Online-Datenbanken sind nicht redaktionell, soweit sie Informationen bloß speichern und weiterleiten. Beim Microblogging, beispielsweise via Twitter, dürfte journalistische Berichterstattung wegen der Kürze der Beiträge faktisch ausgeschlossen sein. Nicht auszuschließen ist jedoch, dass Tweets Journalismus ergänzen, etwa indem sie auf journalistische Beiträge verweisen. Auch das Einbetten eines Links in eine pressemäßige Internet-Veröffentlichung ist neben der Meinungsfreiheit nach Art. 5 Abs. 1 Satz 1 GG auch der Pressefreiheit des Art. 5 Abs. 1 Satz 2 GG unterstellt.[782] Ein Link hat in diesem Fall „informationsverschaffenden Charakter".[783] Suchmaschinen beruhen nicht auf einer redaktionellen, sondern algorithmischen Strukturierung von Informationen. Zudem stellen die Webseiten, auf die verwiesen wird, keine eigenen Informationen des Suchmaschinenbetreibers dar. Soziale Netzwerke generieren bislang noch keine eigenen Inhalte und sind daher nicht redaktionell. Die „quantitative Wende" (*quantitative turn*) vom anthropogenen zum algo-

---

[779] BVerfG, Urt. v. 05.06.1973, Az. 1 BvR 536/72, BVerfGE 35, 202, 223 – Lebach; BVerfG, Urt. v. 15.12.1999, Az. 1 BvR 653/96, BVerfGE 101, 361, 389f. – Caroline von Monaco II m.w.N. aus der kommunikationswissenschaftlichen Literatur; BGH, Urt. v. 05.11.2013, Az. VI ZR 304/12, BGHZ 198, 346 Rn. 10 – Jauch.

[780] BGH, Urt. v. 15.12.2009, Az. VI ZR 227/08, BGHZ 183, 353 Rn. 25 – dradio.de; BGH, Urt. v. 09.02.2010, Az. VI ZR 243/08, NJW 2010, 2432 Rn. 30 – Spiegel-Dossier.

[781] Webseiten, deren Inhalte von den Benutzern nicht nur gelesen, sondern auch online direkt geändert werden können (<https://de.wikipedia.org/wiki/Wiki>; zuletzt abgerufen am 28.12.2018).

[782] BGH, Urt. v. 01.04.2004, Az. I ZR 317/01, BGHZ 158, 343, 348 – Schöner Wetten; BGH, Urt. v. 14.10.2010, Az. I ZR 191/08, BGHZ 187, 241 Rn. 22 – AnyDVD; bestätigt durch BVerfG, Beschl. v. 15.12.2011, Az. 1 BvR 1248/11, NJW 2012, 1205 Rn. 31 – AnyDVD.

[783] BGH, Urt. v. 14.10.2010, Az. I ZR 191/08, BGHZ 187, 241 Rn. 22 – AnyDVD; vgl. BGH, Urt. v. 17.07.2003, Az. I ZR 259/00, BGHZ 156, 1, 18 – Paperboy.

rithmischen Journalismus hat jedoch gerade begonnen und dürfte zu den zentralen Herausforderungen des Informations- und Kommunikationsrechts der Zukunft zählen.[784]

VIII. Der Schutz künstlerischer Äußerungen

Art. 13 EUGRCh und Art. 5 Abs. 3 GG sehen die Freiheit der Kunst als eigenständiges Grundrecht vor. Im Hinblick auf Art. 5 GG folgert das BVerfG, dass Art. 5 Abs. 3 GG *lex specialis* zu Art. 5 Abs. 1 GG ist.[785] Daraus folgt, dass die Kunstfreiheit nach dem GG vorbehaltlos gewährleistet ist. Insbesondere finden die Schranken des Art. 5 Abs. 2 GG auf die Kunstfreiheit keine Anwendung.[786] Daher ist es nach dem BVerfG nicht zulässig, aus dem Zusammenhang eines Kunstwerks einzelne Teile herauszulösen und sie als Meinungsäußerungen im Sinne des Art. 5 Abs. 1 Satz 1 GG zu behandeln, auf die die Schranken des Abs. 2 Anwendung finden.[787]

Nach Art. 19 Abs. 2 IPbpR ist die Freiheit des künstlerischen Ausdrucks hingegen Teil der Meinungsfreiheit. Das Recht auf freie Meinungsäußerung schließt danach die Freiheit ein, Informationen und Gedankengut jeder Art u. a. „durch Kunstwerke" zu empfangen und weiterzugeben. Ebenso wie die US-Verfassung enthält die EMRK keine Verbriefung der Kunstfreiheit. Das Straßburger Gericht hat bislang der Kunstfreiheit als solcher keinen menschenrechtlichen Schutz zugebilligt, wie dies die Richter Spielmann und Jebens in ihrer gemeinsamen abweichenden Meinung zu *Vereinigung Bildender Künstler gegen Österreich* forderten.[788] Die Kommunikationsfreiheit des Art. 10 Abs. 1

---

[784] Dazu *Cohen/Hamilton/Turner*, Communications of the ACM 54 (2011), 66; *Flew/Spurgeon/Daniel/Swift*, Journalism Practice 6 (2012), 157; *Anderson*, New Media & Society 15 (2013), 1005; *Clerwall*, Journalism Practice 8 (2014), 519; *Carlson*, Digital Journalism 3 (2014), 416; *Appelgren/Nygren*, Digital Journalism 2 (2014), 394; *Gynnild*, Journalism 15 (2014), 713; *Coddington*, Digital Journalism 3 (2015), 331; *Lewis*, Digital Journalism 3 (2015), 321; *De Maeyer/Libert/Domingo/Heinderyckx/Le Cam*, Digital Journalism 3 (2015), 432; *Dörr*, Digital Journalism 4 (2016), 700; *Broussard*, Digital Journalism 4 (2016), 266.

[785] BVerfG, Beschl. v. 24.02.1971, Az. 1 BvR 435/68, BVerfGE 30, 173, 221 – Mephisto; BVerfG, Beschl. v. 07.03.1990, Az. 1 BvR 266/86 und 913/87, BVerfGE 81, 278, 291 – Bundesflagge.

[786] BVerfG, Beschl. v. 24.02.1971, Az. 1 BvR 435/68, BVerfGE 30, 173, 191 f. – Mephisto; BVerfG, Beschl. v. 17.07.1984, Az. 1 BvR 816/82, BVerfGE 67, 213, 224 – Anachronistischer Zug.

[787] BVerfG, Beschl. v. 24.02.1971, Az. 1 BvR 435/68, BVerfGE 30, 173, 190 – Mephisto.

[788] EGMR, Vereinigung Bildender Künstler/Österreich [2007] Beschwerde-Nr. 68354/01, gemeinsame abw. Meinung der Richter Spielman und Jebens [6]. Die Richter Spielman und Jebens sahen denoch keine Verletzung von Art. 10 EMRK, da das streitgegenständliche Gemälde ihres Erachtens die Menschenwürde verletzte.

EMRK schützt gleichwohl die Kunst als eine Form des Ausdrucks.[789] In *Müller gegen die Schweiz* wies das Gericht darauf hin: „Wer Kunstwerke schafft, interpretiert, verbreitet oder ausstellt, trägt zum Austausch von Ideen und Meinungen bei, der für eine demokratische Gesellschaft wesentlich ist. Deshalb ist es eine Verpflichtung des Staates, deren Meinungsäußerungsfreiheit nicht unangemessen zu beeinträchtigen."[790] Wenngleich die Gerichte somit unterschiedliche dogmatische Konzeptionen der Kunstfreiheit vertreten, sind diese Unterschiede im praktischen Ergebnis im Hinblick auf diese Untersuchung von geringer Bedeutung. Von einer transnationalen Perspektive lassen sich vielmehr folgende Übereinstimmungen festhalten.

1. Kunst als eine Form des Ausdrucks

Sowohl das BVerfG als auch der EGMR als auch Art. 19 Abs. 3 IPbpR schützen die Kunst als eine Form des Ausdrucks. Das BVerfG hierzu:

„Sinn und Aufgabe des Grundrechts aus Art. 5 Abs. 3 Satz 1 GG ist es vor allem, die auf der Eigengesetzlichkeit der Kunst beruhenden, von ästhetischen Rücksichten bestimmten Prozesse, Verhaltensweisen und Entscheidungen von jeglicher Ingerenz öffentlicher Gewalt freizuhalten. Die Art und Weise, in der der Künstler der Wirklichkeit begegnet und die Vorgänge gestaltet, die er in dieser Begegnung erfährt, darf ihm nicht vorgeschrieben werden, wenn der künstlerische Schaffensprozeß sich frei soll entwickeln können. Über die ‚Richtigkeit‘ seiner Haltung gegenüber der Wirklichkeit kann nur der Künstler selbst entscheiden. Insoweit bedeutet die Kunstfreiheitsgarantie das Verbot, auf Methoden, Inhalte und Tendenzen der künstlerischen Tätigkeit einzuwirken, insbesondere den künstlerischen Gestaltungsraum einzuengen, oder allgemein verbindliche Regeln für diesen Schaffensprozeß vorzuschreiben."[791]

Daraus ergibt sich, dass die Kunstfreiheit auch die freie Wahl von Thema und Gestaltung umfasst. Das gilt insbesondere dann, wenn sich der Künstler mit aktuellem Geschehen auseinandersetzt.[792]

---

[789] Siehe EGMR, Müller u. a./Schweiz [1988] Beschwerde-Nr. 10737/84 [33]; Vereinigung Bildender Künstler/Österreich [2007] Beschwerde-Nr. 68354/01 [26]; Leroy/Frankreich [2009] Beschwerde-Nr. 36109/03 [39]; Société de Conception de Presse et d'Edition et Ponson/Frankreich [2009] Beschwerde-Nr. 26935/05 [34].

[790] EGMR, Müller u. a./Schweiz [1988] Beschwerde-Nr. 10737/84 [33] (Übersetzung durch EGMR-E 4, 98, 105); siehe auch Vereinigung Bildender Künstler/Österreich [2007] Beschwerde-Nr. 68354/01 [26]; Leroy/Frankreich [2009] Beschwerde-Nr. 36109/03 [44].

[791] BVerfG, Beschl. v. 24.02.1971, Az. 1 BvR 435/68, BVerfGE 30, 173, 190 – Mephisto.

[792] BVerfG, Beschl. v. 24.02.1971, Az. 1 BvR 435/68, BVerfGE 30, 173, 190 f. – Mephisto; BVerfG, Beschl. v. 17.07.1984, Az. 1 BvR 816/82, BVerfGE 67, 213, 227 f. – Anachronistischer Zug; BGH, Urt. v. 26.05.2009, Az. VI ZR 191/08, NJW 2009, 3576 Rn. 19 – „Kannibale von Rotenburg".

Entgegen einer im Schrifttum vertretenen Meinung[793] ist auch nicht zu erkennen, dass der EGMR dem künstlerischen Ausdruck einen kategorisch geringeren Wert beimisst als anderen Ausdrucksformen, etwa der politischen Berichterstattung.[794] Die Gegenauffassung beruht vermutlich auf der Beobachtung, dass in Fällen politischer Berichterstattung vergleichsweise häufig die
Kommunikationsfreiheit des Art. 10 EMRK das konfligierende Interesse überwiegt als in Fällen künstlerischer Betätigung. Dies ist jedoch darauf zurückzuführen, dass die künstlerische Betätigung in der Rechtsprechung des EGMR
häufig in sexuell anzüglichen Darstellungen bestand und damit Fragen der
„Moral" i.S.d. Art. 10 Abs. 2 EMRK berührte.[795] In Ermangelung eines einheitlichen Verständnisses von „Moral" gewährt der EGMR – wie im Übrigen
auch der UN-Menschenrechtsausschuss – den Konventionsstaaten in diesem
Bereich einen weiten Beurteilungsspielraum.[796] Dies lässt indessen nicht den
Schluss zu, der EGMR gewähre dem künstlerischen Ausdruck einen kategorisch geringeren Schutz. Handelt es sich bei dem Kunstwerk um einen Beitrag
zu einer Angelegenheit von öffentlichem Interesse, so gewährt der EGMR dem
Künstler starken Schutz.[797]

2. Die Bestimmung von „Kunst"

Zwei Fragen sind zu unterscheiden. Die erste ist die, wie sich Kunst generell
definieren bzw. von „Nicht-Kunst" abgrenzen lässt. Von dieser binären Fragestellung zu unterscheiden ist die, in welchem Ausmaß ein Kunstwerk fiktional
ist und in welchem Ausmaß es auf die Realität Bezug nimmt und Tatsachenbehauptungen und Meinungsäußerungen vermittelt. Beiden Fragen unterliegt die
Interpretation des Grundgesetzes wie auch die der EUGRCh in strengerem
Maße als die des IPbpR und der EMRK. Indem sie die Kunstfreiheit als eigenständiges Grundrecht normieren, suggerieren Art. 5 Abs. 3 GG und Art. 13
EUGRCh, dass sich „Kunst" von „Nicht-Kunst", von Tatsachenbehauptungen

---

[793] Z.B. *Cooper/Williams*, European Human Rights Law Review 1999, 593, 603; *Fenwick/
Phillipson*, Media Freedom under the Human Rights Act, 2006, S. 38 Fn. 3 und S. 51.

[794] Dazu bereits *Oster*, Media Freedom as a Fundamental Right, 2015, S. 78. Siehe ausdrücklich EGMR, Jelševar u.a./Slowenien [2014] Beschwerde-Nr. 47318/07 [33]: „the Court
considers it important to point out, first of all, that artistic freedom enjoyed by, among others,
authors of literary works is a value in itself, and thus attracts a high level of protection under
the Convention."

[795] Z.B. EGMR, Otto-Preminger-Institut/Österreich [1994] Beschwerde-Nr. 13470/87
[50]; Müller u.a./Schweiz [1988] Beschwerde-Nr. 10737/84 [36].

[796] EGMR, Handyside/Vereinigtes Königreich [1976] Beschwerde-Nr. 5493/72 [48];
UN-Menschenrechtsausschuss, General Comment Nr. 22; siehe auch Hertzberg u.a./Finn-
land [1985] Mitteilung Nr. 61/1979 [10.3].

[797] Vgl. EGMR, Karataş/Türkei [1999] Beschwerde-Nr. 23168/94; Vereinigung Bildender
Künstler/Österreich [2007] Beschwerde-Nr. 68354/01.

und Meinungsäußerungen streng abgrenzen lässt. Nach dem BVerfG ist der „Lebensbereich ‚Kunst' [...] durch die vom Wesen der Kunst geprägten, ihr allein eigenen Strukturmerkmale zu bestimmen."[798]

Auf die erste Frage, der ewigen Herausforderung einer Definition von „Kunst", soll hier nicht näher eingegangen werden.[799] Es genügt der Hinweis, dass in jedem Fall die für das Kommunikationsdeliktsrecht besonders relevanten traditionellen Formen künstlerischer Betätigung, wie beispielsweise Gemälde, Romane,[800] Gedichte und ihre bildhafte Umsetzung[801] und Karikaturen[802] vom Begriff der Kunst erfasst sind. Darüber hinaus legt das BVerfG dem rechtlichen Kunstverständnis einen weiten Kunstbegriff zugrunde.[803]

Hiervon zu unterscheiden ist die Frage, in welchem Ausmaß ein Kunstwerk auf die Realität Bezug nimmt und damit möglicherweise Persönlichkeitsrechte verletzt. Zwar verbietet es das BVerfG, aus dem Zusammenhang eines Kunstwerks einzelne Teile herauszulösen und sie als Meinungsäußerungen zu behandeln. Gleichwohl konzediert auch das BVerfG, dass „Kunst" kein hermetisch abgeschlossener Bereich der Fiktion ist, der sich im Wege einer Binärlogik von „der Realität" abgrenzen lässt: „Wegen der häufig unauflösbaren Verbindung von Anknüpfungen an die Wirklichkeit mit deren künstlerischer Gestaltung ist es nicht möglich, mit Hilfe einer festen Grenzlinie Kunst und Nichtkunst nach dem Maß zu unterscheiden, in dem die künstlerische Verfremdung gelungen ist."[804] Ein Kunstwerk wirkt „nicht nur als ästhetische Realität", sondern hat

---

[798] BVerfG, Beschl. v. 24.02.1971, Az. 1 BvR 435/68, BVerfGE 30, 173, 187 – Mephisto; BVerfG, Beschl. v. 17.07.1984, Az. 1 BvR 816/82, BVerfGE 67, 213, 224 – Anachronistischer Zug.

[799] Diese Frage betrifft vor allem den institutionellen Schutz der Kunst. Dahinter verbirgt sich einer der zentralen Unterschiede zwischen dem Karlsruher und dem Straßburger Verständnis von Kunstfreiheit. Unter „institutionellem Schutz der Kunst" ist der Schutz künstlerischer Betätigung zu verstehen, der über das einzelne Werk hinausgeht. Nach dem BVerfG enthält Art. 5 Abs. 3 Satz 1 GG nicht nur ein individuelles Freiheitsrecht, sondern auch eine objektive Grundsatznorm, die Werk- und Wirkbereich als eine „unlösbare Einheit" schützt (BVerfG, Beschl. v. 24.02.1971, Az. 1 BvR 435/68, BVerfGE 30, 173, 187f. – Mephisto; BVerfG, Beschl. v. 17.07.1984, Az. 1 BvR 816/82, BVerfGE 67, 213, 224 – Anachronistischer Zug; BVerfG, Beschl. v. 13.06.2007, Az. 1 BvR 1783/05, BVerfGE 119, 1, 21 – Esra). Dies erfordert es allerdings, das Vorliegen von „Kunst" im Einzelfall festzustellen. Im Unterschied dazu subsumiert der EGMR auch den institutionellen Schutz der Freiheit künstlerischer Betätigung unter Art. 10 Abs. 1 EMRK und bemisst Eingriffe an den Rechtfertigungsgründen des Art. 10 Abs. 2 EMRK. Dies dürfte zu einem geringeren Schutzstandard der Kunst als Institution unter der EMRK beigetragen haben.

[800] BVerfG, Beschl. v. 24.02.1971, Az. 1 BvR 435/68, BVerfGE 30, 173, 187f. – Mephisto; BVerfG, Beschl. v. 13.06.2007, Az. 1 BvR 1783/05, BVerfGE 119, 1, 20f. – Esra.

[801] BVerfG, Beschl. v. 17.07.1984, Az. 1 BvR 816/82, BVerfGE 67, 213, 226 – Anachronistischer Zug.

[802] BVerfG, Beschl. v. 03.06.1987, Az. 1 BvR 313/85, BVerfGE 75, 369, 378 – Strauß-Karikatur.

[803] BVerfG, Beschl. v. 17.07.1984, Az. 1 BvR 816/82, BVerfGE 67, 213, 227 – Anachronistischer Zug.

[804] BGH, Urt. v. 26.05.2009, Az. VI ZR 191/08, NJW 2009, 3576 Rn. 16 – „Kannibale von Rotenburg".

„daneben ein Dasein in den Realien […], die zwar in der Darstellung künstlerisch überhöht werden, damit aber ihre sozialbezogenen Wirkungen nicht verlieren."[805] Die „reale" und die „ästhetische" Welt im Kunstwerk bilden eine Einheit.[806] Das BVerfG erkennt an, dass Kunst und Wirklichkeit fließend ineinander übergehen: „*Wie weit* danach die Kunstfreiheitsgarantie reicht und was sie im einzelnen bedeutet, lässt sich nicht durch einen für alle Äußerungsformen künstlerischer Betätigung und für alle Kunstgattungen gleichermaßen gültigen allgemeinen Begriff umschreiben."[807] Dieser Übergang von fiktionaler Kunst zur Realität sollte mittels der Taxonomie der Information analysiert werden, um ihn für das Kommunikationsdeliktsrecht erfassbar zu machen.

Ein Kunstwerk ist zunächst als Fiktion anzusehen, nicht als Tatsachenbehauptung oder Meinungsäußerung. Werke der erzählenden Kunst und des Theaters, die an reale Vorgänge und Personen anknüpfen, lösen diese Realitäten grundsätzlich aus den Zusammenhängen der Wirklichkeit und „verdichten" sie im Kunstwerk.[808] Insoweit ist ein Werk nach den der Kunst eigenen Strukturmerkmalen zu bestimmen. An ein Kunstwerk sind – mit den Worten des BVerfG – eine „kunstspezifische Betrachtung" und „werkgerechte Maßstäbe" anzulegen. Dies gilt auch dann, wenn hinter den im Kunstwerk verarbeiteten Figuren reale Personen als Urbilder erkennbar sind. Für die Abwägung zwischen der Freiheit des Künstlers und den Rechten Dritter ist es erforderlich, auf die spezifischen Gesichtspunkte des jeweiligen Kunstwerks einzugehen. „Die künstlerische Darstellung kann nicht am Maßstab der Welt der Realität, sondern nur an einem kunstspezifischen, ästhetischen Maßstab gemessen werden."[809]

Ein Kunstwerk *kann* jedoch auch Informationen – Tatsachenbehauptungen oder Meinungsäußerungen – vermitteln.[810] *Soweit* das Kunstwerk beim Leser oder Betrachter Faktizität suggeriert, ist das Werk nicht allein an kunstspezifischen Maßstäben zu bewerten, sondern auch nach der Taxonomie von Tatsa-

---

[805] BVerfG, Beschl. v. 24.02.1971, Az. 1 BvR 435/68, BVerfGE 30, 173, 193 f. – Mephisto.

[806] BVerfG, Beschl. v. 24.02.1971, Az. 1 BvR 435/68, BVerfGE 30, 173, 194 – Mephisto.

[807] BVerfG, Beschl. v. 24.02.1971, Az. 1 BvR 435/68, BVerfGE 30, 173, 183 f. – Mephisto; BVerfG, Beschl. v. 17.07.1984, Az. 1 BvR 816/82, BVerfGE 67, 213, 224 – Anachronistischer Zug (Hervorhebung durch Verfasser).

[808] BVerfG, Beschl. v. 24.02.1971, Az. 1 BvR 435/68, BVerfGE 30, 173, 189 – Mephisto; vgl. BGH, Urt. v. 03.06.1975, Az. VI ZR 123/74, NJW 1975, 1882, 1883 – „Der Geist von Oberzell".

[809] BVerfG, Beschl. v. 13.06.2007, Az. 1 BvR 1783/05, BVerfGE 119, 1, 28 – Esra unter Verweis auf BVerfG, Beschl. v. 24.02.1971, Az. 1 BvR 435/68, BVerfGE 30, 173, 204 – Mephisto (Sondervotum Richter Stein); BVerfG, Beschl. v. 07.03.1990, Az. 1 BvR 266/86 und 913/87, BVerfGE 81, 278, 291 f. – Bundesflagge; BVerfG, Beschl. v. 19.12.2007, Az. 1 BvR 1533/07, ZUM 2008, 323 Rn. 11 f. – Hagener Mädchenmord.

[810] Vgl. BVerfG, Beschl. v. 17.07.1984, Az. 1 BvR 816/82, BVerfGE 67, 213, 227 – Anachronistischer Zug; BVerfG, Beschl. v. 03.06.1987, Az. 1 BvR 313/85, BVerfGE 75, 369, 377 – Strauß-Karikatur; BGH, Urt. v. 26.05.2009, Az. VI ZR 191/08, NJW 2009, 3576 Rn. 20 – „Kannibale von Rotenburg".

chenbehauptungen und Werturteilen und damit an Persönlichkeitsrechten.[811] Je stärker somit der Künstler eine Figur „von ihrem Urbild löst und zu einer Kunstfigur verselbständigt, umso mehr wird ihm eine kunstspezifische Betrachtung zugutekommen."[812] Entscheidend ist hierfür allerdings nicht, inwieweit das Urbild selbst erkennbar ist, sondern ob der Künstler dem Leser oder Betrachter deutlich macht, dass er nicht von der Faktizität des Kunstwerks ausgehen soll.[813]

Die Theorie von der Taxonomie der Information vermag daher künstlerische Ausdrucksformen wie folgt zu erfassen: Je mehr ein Kunstwerk einen geschichtlichen Vorgang oder eine reale Person entfremdet, desto weniger lässt sich dieses Kunstwerk mithilfe der Dichotomie Tatsachenbehauptung/Meinungsäußerung erfassen und desto mehr sind an ein solches Werk „kunstgerechte Maßstäbe" anzulegen. Umgekehrt gilt: Je mehr ein geschichtlicher Vorgang oder eine reale Person in einem Kunstwerk erkennbar sind und nicht entfremdet werden, desto mehr ist dieses Kunstwerk an den Maßstäben von Tatsachenbehauptungen und Werturteilen zu messen, und desto weniger können an ein solches Werk „kunstgerechte Maßstäbe" angelegt werden. Hierauf wird im folgenden Unterabschnitt näher eingegangen.

3. Persönlichkeitsrechte als Grenze der Kunstfreiheit

Die Kunstfreiheit nach Art. 5 Abs. 3 GG ist vorbehaltlos gewährleistet, die „Kunstfreiheit" als geschützte Ausdrucksform in Art. 19 Abs. 2 IPbpR sowie in der Rechtsprechung des EGMR zu Art. 10 EMRK hingegen unterliegt den Schranken der Art. 19 Abs. 3 IPbpR bzw. Art. 10 Abs. 2 EMRK. Für die vorliegende Untersuchung zeitigt dies jedoch keine Konsequenzen. Denn auch nach der Rechtsprechung des BVerfG ist die Kunstfreiheit zwar vorbehaltlos, jedoch nicht schrankenlos gewährt. Sie unterliegt vielmehr verfassungsimmanenten Schranken.[814] Dies sind insbesondere die Grundrechte anderer, allen voran die Menschenwürde und die Persönlichkeitsrechte, zu denen auch der Schutz der persönlichen Ehre zählt. Wenngleich ein Kunstwerk auf schöpferischer Gestaltung beruht, kann es auch auf der sozialen Ebene Wirkungen entfalten und den sozialen Wert- und Achtungsanspruch anderer betreffen. Soweit dies der Fall

---

[811] Vgl. EGMR, Lindon, Otchakovsky-Laurens und July/Frankreich [2007] Beschwerde-Nr. 21279/02 und 36448/02 [55]; BVerfG, Beschl. v. 13.06.2007, Az. 1 BvR 1783/05, BVerfGE 119, 1, 30 – Esra; BVerfG, Beschl. v. 19.12.2007, Az. 1 BvR 1533/07, ZUM 2008, 323 Rn. 11 – Hagener Mädchenmord.

[812] BVerfG, Beschl. v. 13.06.2007, Az. 1 BvR 1783/05, BVerfGE 119, 1, 29 – Esra.

[813] BVerfG, Beschl. v. 13.06.2007, Az. 1 BvR 1783/05, BVerfGE 119, 1, 29 – Esra.

[814] BVerfG, Beschl. v. 24.02.1971, Az. 1 BvR 435/68, BVerfGE 30, 173, 192 – Mephisto; BVerfG, Beschl. v. 17.07.1984, Az. 1 BvR 816/82, BVerfGE 67, 213, 228 – Anachronistischer Zug.

ist, müssen „Personen, die durch Künstler in ihren Rechten beeinträchtigt werden, ihre Rechte auch verteidigen können und in diesen Rechten auch unter Berücksichtigung der Kunstfreiheit einen wirksamen Schutz erfahren".[815] Eine strenge Unterscheidung zwischen „Kunst" und „Nicht-Kunst", wie es das Grundgesetz historisch bedingt erfordert, bedarf es hinsichtlich des *Inhalts* des Kunstwerks nicht. Dies gilt für die vorliegende Untersuchung umso mehr, als das mit der Kunst- bzw. Meinungsfreiheit kollidierende Rechtsgut – die persönliche Ehre – selbst verfassungsrechtlich geschützt und damit „verfassungsimmanente Schranke" ist. Von einem transnationalen Standpunkt ist daher die entscheidende Frage nicht die, *ob* es sich bei einem Werk um Kunst handelt oder nicht, sondern *inwieweit* ein Werk einen tatsächlichen Vorgang künstlerisch verfremdet hat. Dies ist der theoretische Rahmen, um die Dogmatik der Abwägung zwischen Kunstfreiheit und Ehrschutz (dazu Kapitel 4) sachgerecht zu erfassen.

Lehnt sich die künstlerische Darstellung an ein reales Geschehen und/oder eine reale Persönlichkeit an, so sind drei Fragen zu beantworten:

1. In welchem Ausmaß sind das reale Geschehen und die betroffene Person erkennbar,

2. in welchem Ausmaß sind das reale Geschehen und die betroffene Person verfremdet worden, und

3. wie wirkt sich die Verfremdung auf den Ruf des Betroffenen oder sein Andenken aus?

Zwischen diesen drei Faktoren besteht eine Wechselbeziehung. Je stärker sich die künstlerische Darstellung an die Realität anlehnt, desto schwerer wiegt eine Beeinträchtigung des Persönlichkeitsrechts. Umgekehrt gilt: Je stärker die künstlerische Darstellung ein Persönlichkeitsrecht berührt, desto stärker ausgeprägt muss die Fiktionalisierung sein, um eine Persönlichkeitsrechtsverletzung auszuschließen.[816] Bedeutend für das Kriterium der Erkennbarkeit ist etwa, ob es sich bei der abgebildeten Person um eine Person der Zeitgeschichte handelt oder ob sie „durch einen mehr oder minder großen Bekanntenkreis" identifiziert werden kann.[817] Allein die Tatsache, dass eine reale Person für eine Kunstfigur Vorbild ist, genügt hingegen nicht für das Kriterium der „Erkennbarkeit", wenn dies nur nach Hinzutreten sorgfältig recherchierter Indizien festgestellt werden kann.[818]

---

[815] Vgl. BVerfG, Beschl. v. 13.06.2007, Az. 1 BvR 1783/05, BVerfGE 119, 1, 23 – Esra; BGH, Urt. v. 03.06.1975, Az. VI ZR 123/74, NJW 1975, 1882, 1884 – „Der Geist von Oberzell".

[816] Vgl. EGMR, Lindon, Otchakovsky-Laurens und July/Frankreich [2007] Beschwerde-Nr. 21279/02 und 36448/02 [54 f.]; BVerfG, Beschl. v. 13.06.2007, Az. 1 BvR 1783/05, BVerfGE 119, 1, 30 – Esra.

[817] BVerfG, Beschl. v. 24.02.1971, Az. 1 BvR 435/68, BVerfGE 30, 173, 196 – Mephisto; BVerfG, Beschl. v. 13.06.2007, Az. 1 BvR 1783/05, BVerfGE 119, 1, 25 – Esra.

[818] BVerfG, Beschl. v. 13.06.2007, Az. 1 BvR 1783/05, BVerfGE 119, 1, 25 f. – Esra.

Ist die betroffene Person erkennbar, so ist nach dem Ausmaß der künstlerischen Verfremdung der Person und beschriebener Vorgänge zu fragen.[819] In den Worten des BVerfG ist zu prüfen, „ob und inwieweit das ‚Abbild' gegenüber dem ‚Urbild' durch die künstlerische Gestaltung des Stoffs und seine Ein- und Unterordnung in den Gesamtorganismus des Kunstwerks so verselbständigt erscheint, daß das Individuelle, Persönlich-Intime zugunsten des Allgemeinen, Zeichenhaften der ‚Figur' objektiviert ist".[820] Ist die reale Existenz eines Betroffenen nicht lediglich in ein künstlerisches Modell „eingeflossen", sondern wird der Betroffene „in seinem realen Bezug zum Mittelpunkt des Kunstwerks gemacht", dann „treten die Erwägungen, aus denen heraus Zurückhaltung bei der Grenzziehung zwischen künstlerischem Anspruch und Persönlichkeitsverletzung verlangt wird, in den Hintergrund." Wo „der Künstler auf der sozialen Wirklichkeitsebene verharrt und den ‚Realitätsbezug' selbst als Gestaltungsmittel einsetzt, ist die dadurch herbeigeführte Konfliktsituation nicht unvermeidbar mit dem Wesen künstlerischer Gestaltung verknüpft, mag auch das so Geschaffene der Kunst zuzurechnen sein und der Autor sein Anliegen anders nicht verwirklichen können."[821] Bei der Interpretation eines Kunstwerks ist aber stets zu beachten, dass künstlerische Äußerungen in ihrer Gesamtschau zu würdigen sind. Es ist nicht zulässig, Teile eines Kunstwerks aus dessen Zusammenhang zu lösen und gesondert rechtlich zu untersuchen.[822] Wenn sich bei einer Gesamtbetrachtung des Kunstwerks aus Sicht eines Durchschnittsbetrachters (kein umfassend künstlerisch Gebildeter, aber auch kein künstlerisch völlig Unbewanderter) mehrere Interpretationsmöglichkeiten ergeben, so dürfen sich die Gerichte nicht auf diejenige beschränken, aus der sich eine Verletzung von Persönlichkeitsrechten ergibt.[823] Insofern gelten für die Kollision zwischen Persönlichkeitsrechten und Kunstfreiheit andere Maßstäbe als für die zwischen Persönlichkeitsrechten und der Freiheit der Medienberichterstattung.[824] Bei einem Kunstwerk handelt es sich um „eine freie schöpferische Gestaltung, in der Eindrücke, Erfahrungen und Erlebnisse des Künstlers durch das Medium einer bestimmten Formensprache [...] zur Anschauung gebracht werden."[825] Medienberichterstattung ist demgegenüber tatsachenbasiert.

[819] Vgl. EGMR, Jelševar u. a./Slowenien [2014] Beschwerde-Nr. 47318/07 [35] und [37].
[820] BVerfG, Beschl. v. 24.02.1971, Az. 1 BvR 435/68, BVerfGE 30, 173, 195 – Mephisto; BVerfG, Beschl. v. 13.06.2007, Az. 1 BvR 1783/05, BVerfGE 119, 1, 28 – Esra; BVerfG, Beschl. v. 19.12.2007, Az. 1 BvR 1533/07, ZUM 2008, 323 Rn. 11 – Hagener Mädchenmord.
[821] BGH, Urt. v. 03.06.1975, Az. VI ZR 123/74, NJW 1975, 1882, 1884 – „Der Geist von Oberzell".
[822] BVerfG, Beschl. v. 17.07.1984, Az. 1 BvR 816/82, BVerfGE 67, 213, 228f. – Anachronistischer Zug.
[823] Vgl. BVerfG, Beschl. v. 17.07.1984, Az. 1 BvR 816/82, BVerfGE 67, 213, 230 – Anachronistischer Zug.
[824] BGH, Urt. v. 24.11.2009, Az. VI ZR 219/08, BGHZ 183, 227 Rn. 12 – Esra.
[825] BVerfG, Beschl. v. 13.06.2007, Az. 1 BvR 1783/05, BVerfGE 119, 1, 20 – Esra.

Schließlich ist danach zu fragen, wie sich die Verfremdung auf den Ruf des Betroffenen oder sein Andenken auswirkt.[826] Bei einem negativ-verfälschenden Portrait muss der Künstler „durch besondere Vorkehrungen die nachteiligen Wirkungen für den Ruf der dargestellten Person [nehmen], [indem er] etwa die Darstellung als satirische oder sonstige Übertreibung für den Durchschnittsbetrachter erkennbar macht."[827] Wegen der hohen Bedeutung der Kunstfreiheit unter dem Grundgesetz muss sich eine schwerwiegende Beeinträchtigung des Persönlichkeitsrechts zweifelsfrei feststellen lassen.[828] Das Grundgesetz „hat sich dafür entschieden, daß freie Kunst für die Gesellschaft tragbar ist."[829] Die Kunstfreiheit ist auch „eine objektive Entscheidung für die Freiheit der Kunst, die auch im Verhältnis von Privaten zueinander zu berücksichtigen ist, insbesondere wenn unter Berufung auf private Rechte künstlerische Werke durch staatliche Gerichte verboten werden sollen."[830] An den Künstler dürfen daher grundsätzlich keine Anforderungen gestellt werden, die vom Gebrauch des Grundrechts abschrecken, etwa die Drohung einer Geldentschädigung.[831]

4. Insbesondere: Satire und Karikatur

„Satire kann Kunst sein; nicht jede Satire ist jedoch Kunst."[832] Sie kann auch lediglich ein „Mittel der einfachen Meinungsäußerung" sein.[833] Für die rechtliche Einordnung von Satire als „Kunst" kommt es darauf an, „ob die Darstellung das geformte Ergebnis einer freien schöpferischen Gestaltung ist. Dies ist nicht schon bei jeder bloßen Übertreibung, Verzerrung und Verfremdung der Fall."[834] Deutsche Gerichte stehen daher vor der Aufgabe, satirische Äußerungen unter die Kunstfreiheit nach Art. 5 Abs. 3 GG einerseits oder die Meinungsfreiheit nach Art. 5 Abs. 1 Satz 1 GG bzw. die Presse- und Rundfunkfreiheit nach Art. 5 Abs. 1 Satz 2 GG andererseits zu subsumieren. Gleiches gilt bei Anwendung der EUGRCh im Hinblick auf Art. 11 einerseits und Art. 13 anderer-

---

[826] Vgl. Jelševar u.a./Slowenien [2014] Beschwerde-Nr. 47318/07 [37]; BVerfG, Beschl. v. 24.02.1971, Az. 1 BvR 435/68, BVerfGE 30, 173, 194 – Mephisto.

[827] BGH, Urt. v. 03.06.1975, Az. VI ZR 123/74, NJW 1975, 1882, 1884 – „Der Geist von Oberzell".

[828] BVerfG, Beschl. v. 17.07.1984, Az. 1 BvR 816/82, BVerfGE 67, 213, 228 – Anachronistischer Zug; BVerfG, Beschl. v. 13.06.2007, Az. 1 BvR 1783/05, BVerfGE 119, 1, 27 – Esra.

[829] BGH, Urt. v. 03.06.1975, Az. VI ZR 123/74, NJW 1975, 1882, 1884 – „Der Geist von Oberzell".

[830] BVerfG, Beschl. v. 13.06.2007, Az. 1 BvR 1783/05, BVerfGE 119, 1, 21 – Esra.

[831] BGH, Urt. v. 24.11.2009, Az. VI ZR 219/08, BGHZ 183, 227 Rn. 13 – Esra.

[832] BVerfG, Beschl. v. 25.03.1992, Az. 1 BvR 514/90, BVerfGE 86, 1, 9 – „geb. Mörder, Krüppel"; BVerfG, Beschl. v. 10.07.2002, Az. 1 BvR 354/98, NJW 2002, 3767 – „Bonnbons".

[833] BVerfG, Beschl. v. 25.03.1992, Az. 1 BvR 514/90, BVerfGE 86, 1, 9 – „geb. Mörder, Krüppel".

[834] BVerfG, Beschl. v. 10.07.2002, Az. 1 BvR 354/98, NJW 2002, 3767 – „Bonnbons".

seits. Vor dieser Herausforderung stehen EGMR und UN-Menschenrechtsausschuss mangels einer ausdrücklichen Kodifizierung der Kunstfreiheit gerade nicht. Für die vorliegende Untersuchung genügt jedoch die Feststellung, dass die deutsche Rechtsprechung hier einen vermittelnden Weg einschlägt, welcher dem des EGMR angenähert ist: Selbst wenn es sich bei der Satire um eine „bloße" Meinungsäußerung und nicht um Kunst handelt, muss auch bei der Anwendung der Grundrechte des Art. 5 Abs. 1 GG „stets der satirische Charakter der einzelnen Meinungskundgabe berücksichtigt werden."[835] Satire ist somit in erster Linie eine Form des Ausdrucks, ein „Stilmittel" der Kommunikation.[836] Dies liegt auch der Konzeption des Art. 19 Abs. 2 IPbpR und der Rechtsprechung des EGMR zugrunde.[837]

Satire und Karikatur ist es „wesenseigen", mit Übertreibungen, Verzerrungen und Verfremdungen zu arbeiten.[838] Bei der Interpretation einer satirischen Äußerung sind „werkgerechte" Maßstäbe anzulegen. In den Worten des Reichsgerichts ist zu einer rechtlichen Beurteilung von Satire erforderlich, diese ihres in „Wort und Bild gewählten satirischen Gewandes" zu entkleiden, um so ihre tatsächlichen Aussage zu ermitteln.[839] „Aussagekern" und seine „Einkleidung" sind gesondert danach zu prüfen, ob sie eine Kundgabe der Missachtung gegenüber der betroffenen Person enthalten.[840] Die Maßstäbe für die Beurteilung der

---

[835] BVerfG, Beschl. v. 25.03.1992, Az. 1 BvR 514/90, BVerfGE 86, 1, 9 – „geb. Mörder, Krüppel"; siehe auch BVerfG, Beschl. v. 31.10.1984, Az. 1 BvR 753/83, BVerfGE 68, 226, 233 – „Schwarze Sheriffs"; vgl. dazu EGMR, Vereinigung Bildender Künstler/Österreich [2007] Beschwerde-Nr. 68354/01 [26]: „freedom of expression, as secured in [Art. 10 Abs. 1 EMRK], constitutes one of the essential foundations of a democratic society [...] Those who create, perform, distribute or exhibit works of art contribute to the exchange of ideas and opinions which is essential for a democratic society. Hence the obligation on the State not to encroach unduly on their freedom of expression."

[836] BGH, Urt. v. 07.12.1999, Az. VI ZR 51/99, BGHZ 143, 199, 210 – „Schleimerschmarotzerpack"; BVerfG, Beschl. v. 10.07.2002, Az. 1 BvR 354/98, NJW 2002, 3767 – „Bonnbons"; *Clooney/Webb*, Columbia Human Rights Law Review 48 (2017), 1, 26.

[837] Siehe z. B. EGMR, Sousa Goucha/Portugal [2016] Beschwerde-Nr. 7043412 [50]; Ziembiński/Polen (Nr. 2) [2016] Beschwerde-Nr. 1799/07 [45].

[838] BVerfG, Beschl. v. 03.06.1987, Az. 1 BvR 313/85, BVerfGE 75, 369, 377 – Strauß-Karikatur; BVerfG, Beschl. v. 07.03.1990, Az. 1 BvR 266/86 und 913/87, BVerfGE 81, 278, 294 – Bundesflagge; BVerfG, Beschl. v. 25.03.1992, Az. 1 BvR 514/90, BVerfGE 86, 1, 12 – „geb. Mörder, Krüppel"; BGH, Urt. v. 07.12.1999, Az. VI ZR 51/99, BGHZ 143, 199, 210 f. – „Schleimerschmarotzerpack". Für eine detaillierte rechtsvergleichende Analyse *Rösler*, European Human Rights Law Review 2008, 463.

[839] RG, Urt. v. 05.06.1928, Az. I 288/28, RGSt 62, 183, 184 – Polizeiwachtmeister; wiederholt z. B. in BVerfG, Beschl. v. 03.06.1987, Az. 1 BvR 313/85, BVerfGE 75, 369, 377 f. – Strauß-Karikatur; BVerfG, Beschl. v. 12.11.1997, Az. 1 BvR 2000/96, NJW 1998, 1386, 1387 – „Münzen-Erna"; BGH, Urt. v. 07.12.1999, Az. VI ZR 51/99, BGHZ 143, 199, 209 – „Schleimerschmarotzerpack"; BGH, Urt. v. 10.01.2017, Az. VI ZR 561/15, Rn. 12 – Die Anstalt.

[840] BGH, Urt. v. 07.12.1999, Az. VI ZR 51/99, BGHZ 143, 199, 209 – „Schleimerschmarotzerpack"; BVerfG, Beschl. v. 10.07.2002, Az. 1 BvR 354/98, NJW 2002, 3767 – „Bonnbons"; ähnlich in der Sache, aber schlichter in der Formulierung EGMR, Nikowitz und Verlagsgruppe News GmbH/Österreich [2007] Beschwerde-Nr. 5266/03 [26].

satirischen „Einkleidung" sind weniger streng als die für die Bewertung des „Aussagekerns".[841] Eine satirische Übersteigerung darf nicht für sich gesehen als Kundgabe der Missachtung verstanden werden.[842] Im Bereich der Satire werden die „Grenzen des guten Geschmacks" oft überschritten; eine „Niveaukontrolle" darf hier jedoch gerade nicht stattfinden.[843] Entscheidend für die Abwägung mit konfligierenden (Persönlichkeits-)Rechten ist der um die satirische Form entkleidete „Aussagekern": Je mehr dieser zu einer Angelegenheit von öffentlichem Interesse beiträgt statt die betroffene Person persönlich zu beleidigen, desto schwerer fällt die Rechtfertigung des Eingriffs in die Kunst- bzw. Kommunikationsfreiheit. Der humoristische Charakter muss für den Durchschnittsbetrachter aber erkennbar sein.[844] Soweit Satire Tatsachenbehauptungen enthält, müssen diese grundsätzlich zutreffen (dazu Kapitel 4 Abschnitte III.4. und 5.). Die bewusste Verbreitung unwahrer Tatsachenbehauptung ist auch in satirischer Form nicht gestattet.[845]

IX. Zusammenfassung von Kapitel 2

Ausgangspunkt des Kommunikationsdeliktsrechts ist der tatsächliche Kommunikationsvorgang, der zu einem sozialen Konflikt führt. Einen geeigneten kommunikationstheoretischen Rahmen für das Kommunikationsdeliktsrecht bildet die mathematische Theorie der Kommunikation von Claude E. Shannon. Diese unterscheidet zwischen der Botschaft, der Informationsquelle, dem Informationsempfänger und dem Kommunikationsmedium. Wenngleich die Unterscheidung der einzelnen Komponenten eines Kommunikationsvorgangs zunehmend schwierig wird, etwa die zwischen Informationsquelle und Intermediär, so ist das geltende Recht nach wie vor mit dem Shannon'schen Kommunikationsmodell am besten zu erklären.

---

[841] BVerfG, Beschl. v. 03.06.1987, Az. 1 BvR 313/85, BVerfGE 75, 369, 378 – Strauß-Karikatur; BVerfG, Beschl. v. 07.03.1990, Az. 1 BvR 266/86 und 913/87, BVerfGE 81, 278, 291 – Bundesflagge; BVerfG, Beschl. v. 25.03.1992, Az. 1 BvR 514/90, BVerfGE 86, 1, 12 – „geb. Mörder, Krüppel"; BGH, Urt. v. 07.12.1999, Az. VI ZR 51/99, BGHZ 143, 199, 210 – „Schleimerschmarotzerpack".

[842] Siehe z.B. BVerfG, Beschl. v. 25.03.1992, Az. 1 BvR 514/90, BVerfGE 86, 1, 12 – „geb. Mörder, Krüppel"; EGMR, Instytut Ekonomichnykh Reform, TOV/Ukraine [2016] Beschwerde-Nr. 61561/08 [54 ff.].

[843] BVerfG, Beschl. v. 03.06.1987, Az. 1 BvR 313/85, BVerfGE 75, 369, 377 – Strauß-Karikatur; BVerfG, Beschl. v. 07.03.1990, Az. 1 BvR 266/86 und 913/87, BVerfGE 81, 278, 291 – Bundesflagge; BGH, Urt. v. 07.12.1999, Az. VI ZR 51/99, BGHZ 143, 199, 211 – „Schleimerschmarotzerpack".

[844] Siehe EGMR, Nikowitz und Verlagsgruppe News GmbH/Österreich [2007] Beschwerde-Nr. 5266/03 [24 f.].

[845] EGMR, Ivanciuc/Rumänien [2005] Beschwerde-Nr. 18624/03.

Kommunikationsdelikte sind Sprechakte. In Anlehnung an die Austin'sche Sprechakttheorie sind Lokution, Illokution und Perlokution von Worten rechtlich zu bestimmen. Juristische Lokution, Illokution und Perlokution gemeinsam entscheiden darüber, ob eine bestimmte Äußerung (kommunikations-)deliktischen Charakter hat. Auf der Ebene der Lokution ist die Bedeutung der Worte zu ermitteln. Maßstäblich für die Interpretation einer Aussage ist grundsätzlich das Verständnis eines unbefangenen, objektiven und unvoreingenommenen Durchschnittsempfängers (Lesers, Zuschauers oder Hörers) im Zeitpunkt der Äußerung bei einer Bewertung der Aussage in ihrem Gesamtzusammenhang unter Berücksichtigung des allgemeinen Sprachgebrauchs (in England: *natural and ordinary meaning*). Auf illokutionärer Ebene ist darüber zu entscheiden, ob ein Sprechakt einen juristischen Tatbestand erfüllt oder nicht. Zentral für das Kommunikationsdeliktsrecht ist in diesem Zusammenhang die perlokutionäre Dimension von Aussagen. Hier entscheidet sich etwa, ob eine Aussage beispielsweise zu Hass oder Gewalt „aufstachelt", ob der Empfänger einer falschen Vorstellung von Tatsachen unterliegt, ob er sich bedroht fühlt, in seinem Selbstbild herabgesetzt wird oder ein schlechtes Bild von einem Dritten hat. Für das Kommunikationsdeliktsrecht hat die juristische Sprechakttheorie zwei Rahmenbedingungen zu beachten: Zum einen regelt das Kommunikationsdeliktsrecht die Rechtsbeziehungen zwischen rechtlich gleichgestellten Rechtssubjekten und nicht Allgemeinwohlinteressen. Zum anderen ist das Kommunikationsdeliktsrecht besonders grundrechtssensibel.

Einen geeigneten theoretischen Rahmen für die Festlegung freiheitsbeschränkender Regeln und Prinzipien eines transnationalen Kommunikationsdeliktsrechts bildet die Freiheitsphilosophie John Stuart Mills. Die einzige Grenze der Freiheit, die Mill zuließ, war das sog. „*harm principle*". Das Kommunikationsdeliktsrecht muss folglich danach fragen, wann jemand durch eine Äußerung objektiv einen Nachteil erlitten hat und nicht danach, wann sich jemand subjektiv durch eine Äußerung benachteiligt fühlt. Maßgeblich für die Frage, ob ein Kommunikationsdelikt vorliegt, ist daher weder das subjektive Empfinden des Betroffenen noch die Absicht des Äußernden allein, sondern das objektiv legitime Interesse an einem Schutz der eigenen Rechte, wie etwa der persönlichen Ehre. Rein subjektive Empfindungen ohne Bezug zur individuellen Persönlichkeit, wie beispielsweise die „nationale Ehre", religiöse Empfindungen oder die Ablehnung von als sexistisch, unmoralisch oder diskriminierend empfundener Darstellungen sind daher jedenfalls für das Privatrecht bedeutungslos. Eine „Schädigung" (*harm*) im Sinne Mills ist erst dann gegeben, wenn der Mitteilende ein rechtlich geschütztes Interesse des Betroffenen beeinträchtigt, ohne dass dies gerechtfertigt ist.

Nach der Theorie von der Taxonomie der Information sind Kommunikationsdelikte nach dem Inhalt der deliktsbegründenden Kommunikation zu bestimmen. Persönlichkeitsrechte sind danach nicht induktiv nach einzelnen Fall-

gruppen, wie etwa Recht auf Privatheit, Recht am eigenen Wort, Recht am eigenen Bild, etc., sondern deduktiv nach der betreffenden Information zu
typisieren. Informationen lassen sich u. a. in Tatsachenbehauptungen und Werturteile unterscheiden. Tatsachenbehauptungen lassen sich wiederum in wahre
und unwahre Tatsachenbehauptungen untergliedern; dies gilt nicht für Meinungsäußerungen. Tatsachenbehauptungen unterscheiden sich dadurch von
Werturteilen, dass eine Tatsachenbehauptung dem Beweis zugänglich ist, ein
Werturteil hingegen nicht. Ob eine Tatsachenbehauptung wahr ist, ist nach der
Korrespondenztheorie zu bestimmen.

Die Ehre ist ein transnational anerkanntes Rechtsgut im Range eines Menschenrechts. Als Ausprägung des Rechts auf Achtung des Privatlebens bzw. des
allgemeinen Persönlichkeitsrechts ist es von Art. 12 AEMR, Art. 17 Abs. 1
IPbpR, Art. 8 Abs. 1 EMRK und Art. 7 EUGRCh sowie Art. 2 Abs. 1 i. V. m.
Art. 1 Abs. 1 GG geschützt. Ebenso wie die Kommunikationsfreiheit beeinflusst sie durch ihre „mittelbare Drittwirkung" die Interpretation privatrechtlicher Vorschriften. Die Ehre ist darüber hinaus im einfachen Gesetzesrecht geschützt. Wenngleich der Begriff der Ehre bzw. der Reputation erheblich von
nationalen Kulturvorstellungen geprägt ist und sich daraus unterschiedliche
Auffassungen ergeben, wann jeweils eine Ehrbeeinträchtigung vorliegt, lassen
sich gleichwohl erhebliche transnationale Übereinstimmungen identifizieren.
So wird etwa der Vorwurf, eine Straftat begangen zu haben, in jeder untersuchten Jurisdiktion als ehrenrührig angesehen.

Auf einer mittleren Abstraktionsebene lassen sich zwei Linien deskriptiv-
theoretischer Erklärungen des Ehrschutzes identifizieren: Ehrschutztheorien,
welche die Ehre als einen dem Menschen intrinsischen Wert betrachten („Würdetheorien") und solche, welche die Ehre allein anhand des Urteils Dritter bestimmen („Eigentumstheorien"). Diese Linien sind idealtypisch zu verstehen.
Sie vermögen verschiedene Phänomene des (Kommunikations-)Deliktsrechts
auf ihre Weise zu erklären. Der in der deutschen Rechtsprechung und Literatur
entwickelte gemischt normativ-faktische Dualismus von „innerer Ehre" und
„äußerer Ehre" vermag beide Erklärungsansätze zu vereinen.

Die transnational nicht anschlussfähige „Worthülse" des allgemeinen Persönlichkeitsrechts deutscher Prägung ist aufzugeben und durch eine sorgfältige
Dogmatik von Persönlichkeitsrechten auf der Grundlage der Taxonomie der
Information zu ersetzen. Aus der Taxonomie folgen zwei übergeordnete Persönlichkeitsrechte: Das Recht auf informationelle Privatheit und die Ehre. Unwahre und nicht erwiesen wahre Tatsachenbehauptungen sowie Werturteile
können eine Ehrverletzung begründen. Erwiesen wahre Tatsachenbehauptungen können hingegen grundsätzlich nicht die Ehre verletzen, wohl aber das
Recht auf informationelle Privatheit. Ehre und informationelle Privatheit überschneiden sich somit insoweit, als sie in gewissem Ausmaß ein Recht auf Kontrolle von Informationen über einen selbst geben. Zudem können wahre, aber

stigmatisierende Tatsachenbehauptungen sowie unwahre, aber nicht ehrenrührige Tatsachenbehauptungen die informationelle Privatheit verletzen, nicht aber die Ehre. Hiervon macht § 192 StGB eine Ausnahme: Danach schließt der Beweis der Wahrheit der behaupteten oder verbreiteten Tatsache die Anwendung der § 823 Abs. 2 BGB i. V. m. §§ 185 ff. StGB dann nicht aus, wenn das Vorhandensein einer Beleidigung aus der Form der Behauptung oder Verbreitung oder aus den Umständen, unter welchen sie geschah, hervorgeht.

Da Art. 19 Abs. 2 IPbpR und Art. 10 Abs. 1 EMRK Tatsachenbehauptungen und Meinungsäußerungen gleichermaßen schützen, besteht kein rechtliches Bedürfnis, die eine über die andere Auslegung zu favorisieren. Anders verhält es sich unter Art. 5 Abs. 1 GG, da diese Vorschrift ihrem Wortlaut nach nur Meinungsäußerungen schützt. Das BVerfG billigt Tatsachenbehauptungen geringeren Schutz zu als Meinungsäußerungen. Deutsche Gerichte kommen daher häufig unter erheblichen linguistischen Anstrengungen zu dem Ergebnis, dass es sich bei einer Äußerung, in der sich Tatsachen und Werturteile vermengen, um die einer „Meinung" handelt. Wünschenswert wäre daher, das BVerfG gäbe die Bindung an den engen Wortlaut des Art. 5 Abs. 1 Satz 1 GG auf und würde – ebenso wie der EGMR – Tatsachenbehauptungen und Werturteilen auf Schutzbereichsebene als gleichwertig behandeln. Aus transnationaler Perspektive wird daher vorgeschlagen, Art. 5 Abs. 1 Satz 1 GG als einheitliches Grundrecht der „Kommunikationsfreiheit" zu konzipieren.

Die theoretischen Erklärungsversuche für die Existenz der Kommunikationsfreiheit lassen sich danach kategorisieren, ob man diese Freiheit intrinsisch oder mittels konsequentialistischer, kommunitaristischer oder utilitaristischer Theorien begründet. Letztere betonen das soziale Interesse an der freien Rede vor dem Interesse des Individuums; sie betrachten die Redefreiheit als Mittel zum Zweck und nicht als Selbstzweck. Wichtigste konsequentialistische und utilitaristische Theorien sind das „Argument von der Demokratie" bzw. das „Argument vom öffentlichen Diskurs" sowie das „Argument von der Wahrheit" bzw. vom „Marktplatz der Ideen". Intrinsische Ansätze wie das Argument von der Selbstverwirklichung und das Argument von der persönlichen Autonomie begründen hingegen die Kommunikationsfreiheit mit der Bedeutung der Freiheit für das Individuum. Weder in der Theorie noch in der Praxis vermögen diese Ansätze indessen absoluten Vorrang zu beanspruchen. Stattdessen sind sie überlappend und ergänzen einander, indem sie verschiedene Aspekte der Redefreiheit betonen. Gleichwohl unterscheiden sich die Theorien in ihren Erklärungen einzelner dogmatischer Fragen.

Das Grundrecht der Medienfreiheit schützt nicht nur die „institutionelle Eigenständigkeit" journalistischer Medien. Darüber hinaus unterliegen journalistische Publikationen anderen rechtlichen Rahmenbedingungen, etwa hinsichtlich der Intensität des Schutzes und der Abwägung mit widerstreitenden Interessen, als nicht-journalistische Beiträge. Insbesondere unterliegen journalistische

Medien anderen Sorgfaltspflichten als Privatpersonen. Medienfreiheit ist somit *lex specialis* zur Kommunikationsfreiheit. Der persönliche Schutzbereich der Medienfreiheit – die Unterscheidung zwischen Journalisten und Nicht-Journalisten – ist auf einer gemischt formal-funktionalen Grundlage zu treffen. Journalist ist danach nicht nur, wer im Journalismus ausgebildet wurde, für eine journalistischen Institution arbeitet und/oder der bei einer Organisation journalistischer Selbstkontrolle registriert ist, sondern auch derjenige, der journalistisch arbeitet, d. h. der regelmäßig gegenüber einem unbestimmten Adressatenkreis zu Angelegenheiten des öffentlichen Interesses beiträgt und dabei bestimmte Sorgfaltsmaßstäbe beachtet.

Von den hier zu untersuchenden Menschenrechtskodifikationen schützen nur Art. 13 EUGRCh und Art. 5 Abs. 3 Satz 1 GG ausdrücklich die Freiheit der Kunst als Institution. Diese Grundrechte zwingen Gerichte zu der schwierigen bis unmöglichen Aufgabe, in jedem Einzelfall trennscharf zwischen „Kunst" und „Nicht-Kunst" zu unterscheiden. Diese Herausforderung stellt sich nicht unter Art. 19 IPbpR, Art. 10 EMRK oder dem Ersten Zusatzartikel zur US-Verfassung. Alle hier untersuchten Rechtsordnungen schützen jedoch Kunst als Form des Ausdrucks. Ein Kunstwerk ist zunächst als Fiktion anzusehen, nicht als Tatsachenbehauptung oder Meinungsäußerung. Ein Kunstwerk kann jedoch auch Informationen – insbesondere Tatsachenbehauptungen oder Meinungsäußerungen – vermitteln. Je mehr ein Kunstwerk einen geschichtlichen Vorgang oder eine reale Person entfremdet, desto weniger lässt sich dieses Kunstwerk mithilfe der Dichotomie Tatsachenbehauptung/Meinungsäußerung erfassen und desto mehr sind an ein solches Werk „kunstgerechte Maßstäbe" anzulegen. Umgekehrt gilt: Je mehr ein geschichtlicher Vorgang oder eine reale Person in einem Kunstwerk erkennbar sind und nicht entfremdet werden, desto mehr ist dieses Kunstwerk an den Maßstäben von Tatsachenbehauptungen und Werturteilen zu messen, und desto weniger können an ein solches Werk „kunstgerechte Maßstäbe" angelegt werden.

Satire und Karikatur sind „Stilmittel" der Kommunikation. Es ist ihnen „wesenseigen", mit Übertreibungen, Verzerrungen und Verfremdungen zu arbeiten. Zu einer rechtlichen Beurteilung von Satire ist erforderlich, diese ihres in „Wort und Bild gewählten satirischen Gewandes" zu entkleiden, um so ihre tatsächlichen Aussage zu ermitteln. „Aussagekern" und seine „Einkleidung" sind gesondert danach zu befragen, ob sie eine Kundgabe der Missachtung gegenüber der betroffenen Person enthalten. Je mehr der „Aussagekern" zu einer Angelegenheit von öffentlichem Interesse beiträgt statt die betroffene Person persönlich zu beleidigen, desto schwerer fällt die Rechtfertigung des Eingriffs in die Kunst- bzw. Kommunikationsfreiheit.

3. Kapitel

Ehrträger

Allen hier zu untersuchenden Rechtsordnungen ist gemein, dass sie die Ehre lebender natürlicher Personen schützen. Darüber hinaus besteht jedoch erhebliche Dissonanz, die ihrerseits mit den unterschiedlichen theoretischen Grundlagen des Ehrschutzes, nämlich als Ausprägung der Menschenwürde einerseits oder in Analogie zum Eigentum andererseits, erklärt werden kann.

Trotz vereinzelter Reformbestrebungen sind Ungeborene und Verstorbene keine tauglichen Ehrträger im englischen und amerikanischen *tort of defamation*. In Deutschland hingegen ist ein postmortaler Ehrschutz in einem beschränkten Umfang anerkannt (dazu I.). Ob juristische Personen und Personengesamtheiten in England und Wales Ehrschutz genießen, ist noch nicht abschließend geklärt. Hier sprechen jedoch die besseren Argumente dafür, ähnlich wie in Deutschland einen solchen Ehrschutz anzuerkennen (dazu II.). Ein Ehrschutz juristischer Personen des öffentlichen Rechts ist hingegen abzulehnen (dazu III.). Problematisch ist schließlich auch die Beleidigungsfähigkeit gesellschaftlicher Gruppen und Kollektive, wie etwa Religionsgemeinschaften (dazu IV.).

I. Verstorbene

In allen hier zu untersuchenden Rechtsordnungen sind grundsätzlich nur lebende Personen mögliche Ehrträger.[1] Allerdings endet die Pflicht des Staates zum Schutz der *Menschenwürde* nicht mit dem Tod.[2] Ein Angriff auf die Ehre eines Verstorbenen, der zugleich als Angriff auf dessen Menschenwürde zu bewerten ist, ist auch nach dem Tod der betroffenen Person unzulässig. Ein postmortaler Ehrschutz setzt daher zweierlei voraus: Zum einen muss die jeweilige

---

[1] Rose v. Daily Mirror Inc., 284 N.Y. 335 (N.Y. 1940); *Sutter*, Defamation, in: Goldberg/Sutter/Walden (Hrsg.), Media Law and Practice, 2009, 373, 399; *Rösler*, Berkeley Journal of International Law 26 (2008), 153, 156.

[2] BVerfG, Beschl. v. 24.02.1971, Az. 1 BvR 435/68, BVerfGE 30, 173, 194 – Mephisto; BVerfG, Beschl. v. 25.08.2000, Az. 1 BvR 2707/95, NJW 2001, 594 – Willy-Brandt-Gedächtnismünze.

Rechtsordnung den Schutz der Ehre überhaupt als Ausprägung der Menschenwürde verstehen. Zum anderen muss der Angriff auf die Ehre im konkreten Einzelfall einen Eingriff in die postmortale Menschenwürde darstellen.

In England und Wales gilt der Grundsatz *actio personalis moritur cum persona*. Danach ist nur der Schutz der Reputation lebender Personen einklagbar.[3] Dies ist nur mit dem Schutz der Ehre als Analogie zum Eigentum erklärbar.[4] Denn ebenso wenig wie ein Verstorbener Eigentum haben kann, kann ihm ein justiziabler Ehrschutzanspruch zustehen. Das *Faulks Committee on Defamation* schlug 1976 vor, einen gesetzlichen Anspruch auf eine Feststellung der Verletzung der postmortalen Ehre innerhalb der ersten fünf Jahre nach dem Tod des Ehrträgers vorzusehen.[5] Das Argument hierfür ist bedenkenswert: Es erscheine „anomal", dass einer Person zu Lebzeiten ein Anspruch wegen *defamation* zustehen soll, einem Verstorbenen, der sich gegen einen Angriff auf seine Ehre nicht mehr wehren könne, hingegen nicht. Allerdings lässt das Argument auch einen anderen Schluss zu als den, einem Verstorbenen sei Ehrschutz zu gewähren. Die alternative Schlussfolgerung lautet, dass auch einem Lebenden ein Anspruch wegen *defamation* dann nicht zustehen sollte, wenn er sich effektiv wehren kann. Dies wird nunmehr in der Abwägung zwischen der Kommunikationsfreiheit einerseits und dem Ehrschutz andererseits zu berücksichtigen sein (siehe Kapitel 4). Der Vorschlag des *Faulks Committee* wurde jedenfalls nie Gesetz.

Das deutsche Recht des Ehrschutzes ist hingegen vorwiegend mit einer Theorie der Ehre als Ausprägung der Menschenwürde erklärbar. „Ehre" und „Würde" sind jedoch nicht deckungsgleich. In der Dogmatik des allgemeinen Persönlichkeitsrechts des BVerfG überlebt nur der persönlichkeitsrechtliche Würdekern des Art. 1 Abs. 1 GG, nicht jedoch das Grundrecht aus Art. 2 Abs. 1 GG, welches nur „wenigstens potentiell oder zukünftig handlungsfähig[e]", d.h. lebende Personen schützt.[6] Der Schutz des Art. 1 Abs. 1 GG bewahrt den Verstorbenen vor Erniedrigung, Brandmarkung, Verfolgung, Ächtung oder Herabwürdigung.[7] Der BGH fasste den Persönlichkeitsschutz Verstorbener indes weiter, indem er das fortwirkende Lebensbild der Persönlichkeit nach dem Tode auch gegen „grobe" bzw. „schwerwiegende Entstellungen" schützte.[8] Faktisch

---

[3] Restatement (Second) of Torts (1977), Section 560; *Rösler*, Berkeley Journal of International Law 26 (2008), 153, 185; *Sutter*, Defamation, in: Goldberg/Sutter/Walden (Hrsg.), Media Law and Practice, 2009, 373, 399.

[4] Vgl. *Rösler*, Berkeley Journal of International Law 26 (2008), 153, 194.

[5] Modern Law Review 1976, S. 195.

[6] BVerfG, Beschl. v. 24.02.1971, Az. 1 BvR 435/68, BVerfGE 30, 173, 194 – Mephisto; vgl. BVerfG, Beschl. v. 05.04.2001, Az. 1 BvR 932/94, NJW 2001, 2957, 2958 f. – Kaisen; BVerfG, Beschl. v. 22.08.2006, Az. 1 BvR 1168/04, NJW 2006, 3409 – Blauer Engel.

[7] BVerfG, Beschl. v. 24.02.1971, Az. 1 BvR 435/68, BVerfGE 30, 173, 194 – Mephisto; BVerfG, Beschl. v. 05.04.2001, Az. 1 BvR 932/94, NJW 2001, 2957, 2958 – Kaisen.

[8] BGH, Urt. v. 04.06.1974, Az. VI ZR 68/73, GRUR 1974, 797, 798 – Fiete Schulze; BGH,

prüfte der BGH damit eine Verletzung des allgemeinen Persönlichkeitsrechts, nicht jedoch der Menschenwürde.[9] In seiner jüngeren Rechtsprechung hat der BGH diesen Ansatz korrigiert, indem er – wie das BVerfG – auf den „allgemeine[n] Achtungsanspruch, der dem Menschen als solchem zusteht" sowie den „sittliche[n], personale[n] und soziale[n] Geltungswert, den die Person durch ihre eigene Lebensleistung erworben hat", abstellt und ausdrücklich darauf hinweist, dass ein allein in der Menschenwürde verankertes postmortales Persönlichkeitsrecht einer Güterabwägung nicht zugänglich ist.[10] Das Schutzbedürfnis des postmortalen Persönlichkeitsrechts des Betroffenen schwindet dann „in dem Maße, in dem die Erinnerung an [ihn] verblaßt und im Laufe der Zeit auch das Interesse an der Nichtverfälschung des Lebensbildes abnimmt."[11]

Angehörige und berufene Wahrnehmungsberechtigte können grundsätzlich nur Widerruf und Unterlassen von ehrverletzenden Behauptungen verlangen, jedoch keine Geldentschädigung.[12] Bei der Geldentschädigung für Persönlichkeitsrechtsverletzungen steht regelmäßig der Genugtuungsgedanke im Vordergrund (siehe Kapitel 5 Abschnitt IV.); diese Funktion kann bei Verstorbenen nicht mehr erfüllt werden. Gleiches gilt, wenn die Verletzung des Persönlichkeitsrechts zwar noch zu Lebzeiten des Betroffenen erfolgt, dieser aber vor Erfüllung des Entschädigungsanspruchs stirbt.[13] Ein Geldentschädigungsanspruch ist selbst dann unvererblich ist, wenn der Erblasser erst nach dessen Rechtshängigkeit stirbt.[14] Eine Ausnahme gilt für Eingriffe in die vermögenswerten Bestandteile des Persönlichkeitsrechts, etwa das Bild oder der Namenszug einer verstorbenen Prominenten.[15] Dies sind nach hiesiger Lesart allerdings Rechte der informationellen Privatheit, nicht aber die Ehre.[16]

Urt. v. 01.12.1999, Az. I ZR 49/97, BGHZ 143, 214, 223 – Marlene Dietrich; BGH, Urt. v. 08.06.1989, Az. I ZR 135/87, BGHZ 107, 384, 391 – Emil Nolde.

[9] So auch *Luther*, AfP 2009, 215.

[10] BGH, Urt. v. 16.09.2008, Az. VI ZR 244/07, NJW 2009, 751 Rn. 16 – „Ehrensache"; vgl. BVerfG, Beschl. v. 25.08.2000, Az. 1 BvR 2707/95, NJW 2001, 594 f. – Willy-Brandt-Gedächtnismünze; BVerfG, Beschl. v. 05.04.2001, Az. 1 BvR 932/94, NJW 2001, 2957, 2959 – Kaisen; BVerfG, Beschl. v. 22.08.2006, Az. 1 BvR 1168/04, NJW 2006, 3409 – Blauer Engel; BVerfG, Beschl. v. 19.12.2007, Az. 1 BvR 1533/07, ZUM 2008, 323 Rn. 8 – Hagener Mädchenmord.

[11] BVerfG, Beschl. v. 24.02.1971, Az. 1 BvR 435/68, BVerfGE 30, 173, 195 – Mephisto.

[12] BGH, Urt. v. 26.11.1954, Az. I ZR 266/52, BGHZ 15, 249, 259 f. – Eva Chamberlain; BGH, Urt. v. 04.06.1974, Az. VI ZR 68/73, GRUR 1974, 797, 800 – Fiete Schulze; BGH, Urt. v. 29.04.2014, Az. VI ZR 246/12, NJW 2014, 2871 – Peter Alexander; *Rösler*, Berkeley Journal of International Law 26 (2008), 153, 184.

[13] BGH, Urt. v. 29.04.2014, Az. VI ZR 246/12, NJW 2014, 2871 Rn. 18 und 24 – Peter Alexander; .

[14] BGH, Urt. v. 23.05.2017, Az. VI ZR 261/16, MMR 2017, 685 Rn. 13 – Demjanjuk.

[15] BGH, Urt. v. 01.12.1999, Az. I ZR 49/97, BGHZ 143, 214, 220 ff. – Marlene Dietrich. Zum Verhältnis von Persönlichkeits- und Vermögensrechten *Götting*, Persönlichkeitsrechte als Vermögensrechte, 1995.

[16] Vgl. BGH, Urt. v. 01.12.1999, Az. I ZR 49/97, BGHZ 143, 214 – Marlene Dietrich.

Ohne sich mit der Frage intensiver auseinanderzusetzen, nahm der EGMR an, dass Art. 8 EMRK ein postmortales Recht auf Achtung des Privatlebens und Hinterbliebenen ein Recht auf Respektierung ihres Pietätsgefühls gewährt.[17] Ebenso wie das BVerfG geht allerdings auch der EGMR davon aus, dass das öffentliche Interesse an einer Veröffentlichung zu- und das Recht auf Achtung des Privatlebens abnimmt, je mehr Zeit seit dem Tod des Betroffenen verstrichen ist.[18] Umgekehrt gilt, dass Hinterbliebene ein umso stärker ausgeprägtes Recht auf Achtung ihres Pietätsgefühls haben, je kürzer der Tod ihres Angehörigen zurückliegt.[19] Hinterbliebenen steht es indessen nicht zu, in Prozessstandschaft die Ehre ihrer verstorbenen Vorfahren zu vindizieren.[20] Zu beachten ist schließlich auch, inwieweit es sich bei dem Verstorbenen um eine Person des öffentlichen Lebens handelte (dazu Kapitel 4 Abschnitt III.1.).[21]

Aus eigenem Recht steht Nachkommen ein Anspruch wegen einer Verletzung ihrer Persönlichkeitsrechte nur dann zu, wenn ihre eigene Persönlichkeitssphäre durch die Äußerung unmittelbar betroffen ist.[22] So schützt in Deutschland § 189 StGB, der über § 823 Abs. 2 BGB in das Privatrecht inkorporiert wird,[23] auch – und vor allem – das Pietätsgefühl der Hinterbliebenen.[24] In den USA ist dies etwa der *tort* des *intentional infliction of emotional distress*.[25] Ein Recht auf Schutz der „Familienehre" ist hingegen abzulehnen.[26]

---

[17] Siehe EGMR, Éditions Plon/Frankreich [2004] Beschwerde-Nr. 58148/00 [34] und Armonienė/Litauen [2008] Beschwerde-Nr. 36919/02 [43] (jeweils informationelle Privatheit); Genner/Österreich [2016] Beschwerde-Nr. 55495/08 [35] (Reputation); Sinkova/Ukraine [2018] Beschwerde-Nr. 39496/11 [103] und [110] (Ehre).

[18] Siehe EGMR, Éditions Plon/Frankreich [2004] Beschwerde-Nr. 58148/00 [47] und [53].

[19] Siehe EGMR, Éditions Plon/Frankreich [2004] Beschwerde-Nr. 58148/00 [53]; Genner/Österreich [2016] Beschwerde-Nr. 55495/08 [44]; *mutatis mutandis* MAC TV s.r.o./Slowakei [2017] Beschwerde-Nr. 13466/12 [56].

[20] EGMR, Dzhugashvili/Russland [2014] Beschwerde-Nr. 41123/10 [24 f.].

[21] Vgl. EGMR, Éditions Plon/Frankreich [2004] Beschwerde-Nr. 58148/00 [44]: François Mitterand; Dzhugashvili/Russland [2014] Beschwerde-Nr. 41123/10 [29]: Josef Stalin; Genner/Österreich [2016] Beschwerde-Nr. 55495/08 [44]: österreichische Innenministerin Liese Prokop; MAC TV s.r.o./Slowakei [2017] Beschwerde-Nr. 13466/12 [46]: Lech Kaczynski.

[22] Vgl. EGMR, Putistin/Ukraine [2013] Beschwerde-Nr. 16882/03 [38] und [40]; BGH, Urt. v. 04.06.1974, Az. VI ZR 68/73, GRUR 1974, 797, 800 – Fiete Schulze.

[23] *Sprau*, in: Palandt, BGB, 78. Aufl. 2018, § 823 Rn. 70.

[24] So die h. M.; siehe *Fischer*, StGB, 64. Aufl. 2017, § 189 Rn. 2; *Gounalakis/Rhode*, Persönlichkeitsschutz im Internet, 2002, Rn. 102; BGH, Urt. v. 20.03.1968, Az. I ZR 44/66, BGHZ 50, 133, 137 – Mephisto.

[25] Vgl. US Supreme Court, Snyder v. Phelps, 562 U.S. 443 (2011) (die Klage wurde im Ergebnis abgewiesen).

[26] Vgl. EGMR, Putistin/Ukraine [2013] Beschwerde-Nr. 16882/03 [37]; BGH, Urt. v. 04.06.1974, Az. VI ZR 68/73, GRUR 1974, 797 – Fiete Schulze; LK-*Hilgendorf*, Vor § 185 Rn. 33; missverständlich EGMR, Dzhugashvili/Russland [2014] Beschwerde-Nr. 41123/10 [30].

II. Unternehmen

Dieser Abschnitt behandelt den Ehrschutz gewinnorientierter Wirtschaftsunternehmen unabhängig von ihrer Rechtsform. Wenn und soweit ihr sozialer Geltungsanspruch in ihrem Aufgabenbereich betroffen ist, besteht für eine unterschiedliche Behandlung von juristischen Personen des Privatrechts einerseits und Personengesellschaften des Handelsrechts andererseits kein sachlicher Grund.[27]

1. Deutschland

Praktisch große Bedeutung nicht nur, aber insbesondere für Unternehmen hat § 824 BGB. Diese Vorschrift gewährt Schadensersatzansprüche für wahrheitswidrige Tatsachenbehauptungen, die geeignet sind, den Kredit eines anderen zu gefährden oder sonstige Nachteile für dessen Erwerb oder Fortkommen herbeizuführen. Im Wettbewerbsverhältnis kann die Herabsetzung eines Mitbewerbers eine unlautere geschäftliche Handlung i.S.d. § 4 Nr. 1 UWG darstellen. Wenn und soweit ihr sozialer Geltungsanspruch in ihrem Aufgabenbereich betroffen ist, können juristische Personen des Privatrecht darüber hinaus den strafrechtlichen Ehrschutz nach § 823 Abs. 2 BGB i.V.m. §§ 185 ff. StGB, ggf. i.V.m. § 1004 BGB analog, in Anspruch nehmen.[28] Schließlich kommt unternehmensbezogenen Interessen als „Recht am eingerichteten und ausgeübten Gewerbebetrieb" sowie als „Unternehmenspersönlichkeitsrecht" über § 823 Abs. 1 BGB privatrechtlicher Schutz zu.[29]

a) § 824 BGB

Wer wahrheitswidrig eine Tatsache behauptet oder verbreitet, die geeignet ist, den Kredit eines anderen zu gefährden oder sonstige Nachteile für dessen Erwerb oder Fortkommen herbeizuführen, ist nach § 824 Abs. 1 BGB zum Schadensersatz verpflichtet, wenn er die Unwahrheit zwar nicht kennt, aber kennen muss. Ist dem Mitteilenden die Unwahrheit unbekannt, wird er gemäß § 824

---

[27] BGH, Urt. v. 08.07.1969, Az. VI ZR 275/67 – „Kavaliersdelikt"; BGH, Urt. v. 18.06.1974, Az. VI ZR 16/73, NJW 1974, 1762, 1762 – Deutschland-Stiftung; BGH, Urt. v. 03.06.1975, Az. VI ZR 123/74, NJW 1975, 1882, 1884 – „Der Geist von Oberzell"; BGH, Urt. v. 08.07.1980, Az. VI ZR 177/78, BGHZ 78, 24, 25 – „Medizin-Syndikat" I; BGH, Urt. v. 05.05.1981, Az. VI ZR 184/79, NJW 1981, 2117, 2118 – Sachverständiger; *Helle*, Der Schutz der Persönlichkeit, der Ehre und des wirtschaftlichen Rufs im Privatrecht, 2. Aufl. 1969, S. 95 f.
[28] BGH, Urt. v. 18.05.1971, Az. VI ZR 220/69, NJW 1971, 1655 – Sabotage; BGH, Urt. v. 22.04.2008, Az. VI ZR 83/07, BGHZ 176, 175 Rn. 27 – BKA/Focus.
[29] BVerfG, Beschl. v. 28.07.2004, Az. 1 BvR 2566/95, NJW-RR 2004, 1710, 1712 – gerlach-report; BGH, Urt. v. 11.03.2008, Az. VI ZR 7/07, NJW 2008, 2110 Rn. 11 – „Gen-Milch".

Abs. 2 BGB nicht zum Schadensersatz verpflichtet, wenn er oder der Empfänger der Mitteilung an ihr ein berechtigtes Interesse hat.

§ 824 BGB schützt die „wirtschaftliche[n] Grundlagen für die berufliche und unternehmerische Betätigung und Entfaltung im Wirtschaftsleben", das Bild und den „good will"' des Unternehmens in ihrer Bedeutung für die geschäftlichen Verbindungen.[30] Die Vorschrift schützt „nicht umfassend gegen *jede* Bedrohung, die auf eine falsche Information zurückgeführt werden kann", sondern nur gegen solche, die den „Kredit", den „Erwerb" oder das „Fortkommen" zu gefährden geeignet sind. Dies sind nur „diejenigen Interessen, die der Betroffene an durch Falschinformationen nicht belasteten wirtschaftlichen Beziehungen zu *dem* Personenkreis hat, der ihm als Kreditgeber, als Abnehmer und Lieferant, als Auftrag- und Arbeitgeber, d. h. im weiten Sinn als ,*Geschäftspartner*' Existenz und Fortkommen im Wirtschaftsleben ermöglicht."[31] Daraus folgt, dass § 824 BGB eine Herabsetzung des Unternehmens in der Meinung Dritter weder voraussetzt noch als solche verbietet. Erforderlich und zugleich ausreichend ist jede unwahre Behauptung, die eine der in § 824 BGB beschriebenen Gefahren auslöst. § 824 BGB schützt daher nicht die „Ehre" eines Unternehmens als solche, sondern allein das Geschäftsinteresse. Die Vorschrift bestätigt die ehrschutztheoretische Verankerung der „Unternehmensehre" im Eigentum, nicht in der Würde (dazu unter 4.).

b) § 4 Nr. 1 UWG

§ 3 Abs. 1 UWG verbietet beseitigungs-, unterlassungs- und schadensersatzbewehrt (§§ 8, 9 UWG) „[u]nlautere geschäftliche Handlungen". Nach § 4 Nr. 1 UWG handelt u. a. derjenige unlauter, der „die Kennzeichen, Waren, Dienstleistungen, Tätigkeiten oder persönlichen oder geschäftlichen Verhältnisse eines Mitbewerbers herabsetzt oder verunglimpft". Die Vorschrift dient in erster Linie dem Schutz des betroffenen Mitbewerbers, allerdings nicht in seiner „Geschäftsehre", sondern in seinen wettbewerblichen Interessen.[32]

Eine „geschäftliche Handlung" ist nach § 2 Abs. 1 Nr. 1 UWG jedes Verhalten einer Person zugunsten des eigenen oder eines fremden Unternehmens vor, bei oder nach einem Geschäftsabschluss, das mit der Förderung des Absatzes oder des Bezugs von Waren oder Dienstleistungen oder mit dem Abschluss oder der Durchführung eines Vertrags über Waren und Dienstleistungen objektiv zusammenhängt. „Mitbewerber" ist nach § 2 Abs. 1 Nr. 3 UWG jeder Unternehmer, der mit einem oder mehreren Unternehmern als Anbieter oder Nachfrager

---

[30] BGH, Urt. v. 07.02.1984, Az. VI ZR 193/82, BGHZ 90, 113, 117 f. – Bundesbahnplanungsvorhaben.
[31] BGH, Urt. v. 07.02.1984, Az. VI ZR 193/82, BGHZ 90, 113, 119 – Bundesbahnplanungsvorhaben (Hervorhebungen im Original).
[32] BGH, Urt. v. 12.12.2013, Az. I ZR 131/12, MMR 2014, 605 Rn. 24 – Flugvermittlungsportal.

von Waren oder Dienstleistungen in einem konkreten Wettbewerbsverhältnis
steht. Ein konkretes Wettbewerbsverhältnis liegt dann vor, „wenn beide Parteien
en gleichartige Waren oder Dienstleistungen innerhalb desselben Endverbrau-
cherkreises abzusetzen versuchen und daher das Wettbewerbsverhalten des einen den anderen beeinträchtigen, das heißt im Absatz behindern oder stören
kann."[33] Hierfür reicht aus, „dass sich der Verletzer durch seine Verletzungshandlung im konkreten Fall in irgendeiner Weise in Wettbewerb zu dem Betroffenen stellt."[34] Ein konkretes Wettbewerbsverhältnis ist etwa dann gegeben,
„wenn zwischen den Vorteilen, die die eine Partei durch eine Maßnahme für ihr
Unternehmen oder das eines Dritten zu erreichen sucht, und den Nachteilen,
die die andere Partei dadurch erleidet, eine Wechselwirkung in dem Sinne besteht, dass der eigene Wettbewerb gefördert und der fremde Wettbewerb beeinträchtigt werden kann."[35] Nach der Rechtsprechung des BGH besteht somit
etwa zwischen einem Hotelbetreiber und dem Anbieter eines Online-Reisebü-
ros, das mit einem Hotelbewertungsportal verbunden ist, im Hinblick auf den
Betrieb dieses Portals ein konkretes Wettbewerbsverhältnis.[36]

„Herabsetzung" i.S.d. §4 Nr.1 UWG ist „die sachlich nicht gerechtfertigte
Verringerung der Wertschätzung des Mitbewerbers durch ein abträgliches
Werturteil oder eine abträgliche wahre oder unwahre Tatsachenbehauptung;
„Verunglimpfung" ist eine gesteigerte Form der Herabsetzung, die darin be-
steht, den Mitbewerber ohne sachliche Grundlage verächtlich zu machen".[37] Die
Beurteilung der Frage, ob eine Aussage eines Wettbewerbers einen Mitbewer-
ber herabsetzt oder verunglimpft, erfordert eine Gesamtwürdigung unter Be-
rücksichtigung von Anlass, Zusammenhang, Inhalt und Form der Äußerung.
Maßgeblich ist die „Sicht des durchschnittlich informierten und verständigen
Adressaten der Äußerung".[38]

Die Auslegung und Anwendung des §4 Nr.1 UWG muss mit den Grundrechten vereinbar sein.[39] Auf der einen Seite ist Art.5 Abs.1 GG zu beachten;

---

[33] BGH, Urt. v. 13.07.2006, Az. I ZR 241/03, BGHZ 168, 314 Rn. 14 – Kontaktanzeigen;
BGH, Urt. v. 28.09.2011, Az. I ZR 92/09, GRUR 2012, 193 Rn. 17 – Sportwetten im Internet
II.

[34] BGH, Urt. v. 29.11.1984, Az. I ZR 158/82, BGHZ 93, 96, 97 – DIMPLE m.w.N.; BGH,
Urt. v. 10.04.2014, Az. I ZR 43/13, GRUR 2014, 1114 Rn. 32 – nickelfrei.

[35] BGH, Urt. v. 10.04.2014, Az. I ZR 43/13, GRUR 2014, 1114 Rn. 32 – nickelfrei; BGH,
Urt. v. 19.03.2015, Az. I ZR 94/13, NJW 2015, 3443 Rn. 19 – Hotelbewertungsportal.

[36] BGH, Urt. v. 19.03.2015, Az. I ZR 94/13, NJW 2015, 3443 Rn. 20 – Hotelbewertungsportal.

[37] BGH, Urt. v. 31.03.2016, Az. I ZR 160/14, NJW 2016, 3373 Rn. 38 – „Berliner Sumpf"
m.w.N.

[38] BGH, Urt. v. 19.05.2011, Az. I ZR 147/09, GRUR 2012, 74 Rn. 22 – Coaching-Newslet-
ter m.w.N.; BGH, Urt. v. 31.03.2016, Az. I ZR 160/14, NJW 2016, 3373 Rn. 38 – „Berliner
Sumpf" m.w.N.

[39] Siehe z.B. BGH, Urt. v. 19.06.1997, Az. I ZR 16/95, BGHZ 136, 111, 121f. – Kaffeeboh-
ne; BGH, Urt. v. 19.05.2011, Az. I ZR 147/09, GRUR 2012, 74 Rn. 26ff. – Coaching-Newslet-
ter; BGH, Urt. v. 31.03.2016, Az. I ZR 160/14, NJW 2016, 3373 Rn. 43ff. – „Berliner Sumpf";

auf der anderen Seite ist der geschäftliche Ruf des durch die beanstandete Äußerung betroffenen Wettbewerbers durch Art. 12 und Art. 2 Abs. 1 GG geschützt.[40] Für die Abwägung der widerstreitenden Interessen gelten die allgemeinen Grundsätze, auf die in Kapitel 4 noch näher einzugehen sein wird; insbesondere muss eine angemessene Zweck-Mittel-Relation bestehen. Spezifische Faktoren sind die Nützlichkeit der Information für die Adressaten, der Anlass für die Kritik, die Sachlichkeit der Kritik, das Maß an Herabsetzung, das mit der Äußerung einhergeht, der Grad der Verfolgung von Eigeninteressen einerseits oder des Beitrags zu einer die Öffentlichkeit wesentlich berührenden Frage andererseits.[41] Zu beachten ist dabei, dass § 4 Nr. 1 UWG nicht nur die wirtschaftlichen Interessen des Mitbewerbers, sondern auch das Interesse der Allgemeinheit an einem unverfälschten Wettbewerb schützt.[42] Ist das Interesse der Allgemeinheit betroffen, dann sind geschäftlichen Zwecken dienende Äußerungen strenger zu bewerten als solche, die dem allgemeinen Deliktsrecht unterliegen.[43] Andererseits ist die Zweck-Mittel-Relation dann zugunsten der Kommunikationsfreiheit gewahrt, wenn der Mitteilende zwar erwerbswirtschaftliche Zwecke verfolgt, zugleich jedoch die Öffentlichkeit zutreffend über Geschäftsgebaren des Mitbewerbers zum Nachteil von Verbrauchern informiert.[44]

c) § 823 Abs. 2 BGB i. V. m. §§ 185 ff. StGB

§ 823 Abs. 2 BGB i. V. m. §§ 185 ff. StGB werden von § 824 BGB und § 4 Nr. 1 UWG nicht verdrängt.[45] Für sie bleibt ein eigener Anwendungsbereich für solche Aussagen, die nicht in einem Wettbewerbsverhältnis erfolgen und in denen weder die Wahrheit noch die Unwahrheit der geschäftsschädigenden Tatsachenbehauptung erwiesen ist (§ 186 StGB) sowie in den Fällen einer abträglichen Meinungsäußerung (§ 185 StGB). Jenseits der Kreditgefährdung gilt weiterhin § 187 StGB.

d) Das Recht am eingerichteten und ausgeübten Gewerbebetrieb

Das zivilrechtliche „Recht am eingerichteten und ausgeübten Gewerbebetrieb" ist als ein durch Rechtsfortbildung gewonnenes „sonstiges Recht" von § 823

EGMR, Markt intern Verlag GmbH und Klaus Beermann/Deutschland [1989] Beschwerde-Nr. 10572/83.
[40] BGH, Urt. v. 31.03.2016, Az. I ZR 160/14, NJW 2016, 3373 Rn. 46 – „Berliner Sumpf".
[41] BGH, Urt. v. 31.03.2016, Az. I ZR 160/14, NJW 2016, 3373 Rn. 51 – „Berliner Sumpf".
[42] BGH, Urt. v. 31.03.2016, Az. I ZR 160/14, NJW 2016, 3373 Rn. 56 – „Berliner Sumpf" m. w. N.
[43] BGH, Urt. v. 31.03.2016, Az. I ZR 160/14, NJW 2016, 3373 Rn. 56 – „Berliner Sumpf".
[44] BGH, Urt. v. 31.03.2016, Az. I ZR 160/14, NJW 2016, 3373 Rn. 49 – „Berliner Sumpf".
[45] Vgl. BGH, Urt. v. 16.11.1982, Az. VI ZR 122/80, NJW 1983, 1183 – Arbeitsamt; BGH, Urt. v. 12.02.1985, Az. VI ZR 225/83, NJW 1985, 1621, 1623 – Türkeiflug I.

Abs. 1 BGB und von Art. 12, 14 GG i. V. m. Art. 19 Abs. 3 GG geschützt.[46] Es ist „als Schutzgut von der Rechtsprechung nur entwickelt worden, um dem spezifischen Schutzbedürfnis des Unternehmens als einem organischen Funktionsbereich zu entsprechen, dem das geschriebene Recht nicht ausreichend Rechnung getragen hat."[47] Sein Schutzbereich „umfasst den gesamten gewerblichen Tätigkeitskreis in seinen einzelnen Erscheinungsformen, also auch Ansehen und Ruf, Kundenkreis und Geschäftsverbindungen."[48] Eine Verletzung des Rechts am eingerichteten und ausgeübten Gewerbebetrieb kommt nur bei sog. betriebsbezogenen Eingriffen in Betracht. Der Eingriff muss somit in den Betrieb selbst erfolgen und darf nicht lediglich ein bestimmtes selbständiges Recht oder Rechtsgut des Betriebs betreffen.[49] Dies ist etwa der Fall, wenn er den betrieblichen Organismus, die unternehmerische Entscheidungsfreiheit, die Kreditwürdigkeit, die Geschäftsbeziehungen, den Absatz oder den wirtschaftlichen Ruf und damit die ungestörte Fortführung und Entfaltung eines Unternehmens gefährdet.[50]

Das Recht am eingerichteten und ausgeübten Gewerbebetrieb ist ein subsidiärer Auffangtatbestand, der dann nicht in Betracht kommt, wenn andere Vorschriften für den Eingriff spezielle Haftungsmaßstäbe aufstellen.[51] § 824 BGB, § 823 Abs. 2 BGB i. V. m. § 186 StGB, § 4 Abs. 1 Nr. 1 UWG und § 826 BGB gehen daher als *leges speciales* vor. § 823 Abs. 1 BGB scheidet somit aus, soweit § 824 BGB sowie gegebenenfalls § 823 Abs. 2 BGB i. V. mit § 186 StGB Unternehmen vor der Verbreitung unwahrer Behauptungen schützen.[52] Im Lichte der Taxonomie der Information verbleibt für § 823 Abs. 1 BGB somit nur noch Raum für Werturteile, die zwar auf sachfremden Erwägungen beruhen oder herabsetzend formuliert sind, die aber noch keine Beleidigung nach § 185 StGB

---

[46] BGH, Urt. v. 21.06.1966, Az. VI ZR 261/64, BGHZ 45, 296, 307 – Höllenfeuer; BGH, Urt. v. 09.12.1975, Az. VI ZR 157/73, BGHZ 65, 325, 328 – Warentest II; BGH, Urt. v. 11.03.2008, Az. VI ZR 7/07, NJW 2008, 2110 Rn. 12 – „Gen-Milch"; BGH, Urt. v. 16.12.2014, Az. VI ZR 39/14, NJW 2015, 773 Rn. 13 – „Scharlatanerieprodukt".

[47] BGH, Urt. v. 07.02.1984, Az. VI ZR 193/82, BGHZ 90, 113, 122 – Bundesbahnplanungsvorhaben.

[48] BGH, Urt. v. 24.01.2006, Az. XI ZR 384/03, NJW 2006, 830 Rn. 123 – Kirch/Breuer.

[49] Grundlegend BGH, Urt. v. 09.12.1958, Az. VI ZR 199/57, BGHZ 29, 65 – Stromkabel.

[50] Vgl. BGH, Urt. v. 21.06.1966, Az. VI ZR 266/64, NJW 1966, 2010, 2011 – Teppichkehrmaschine; BGH, Urt. v. 08.07.1969, Az. VI ZR 275/67 – „Kavaliersdelikt"; BGH, Urt. v. 13.10.1998, Az. VI ZR 357/97, NJW 1999, 279, 281 – Autovermietung; BGH, Urt. v. 24.01.2006, Az. XI ZR 384/03, NJW 2006, 830 Rn. 123 – Kirch/Breuer.

[51] BGH, Urt. v. 21.06.1966, Az. VI ZR 261/64, BGHZ 45, 296, 307 – Höllenfeuer; BGH, Urt. v. 30.05.1974, Az. VI ZR 174/72, MDR 1974, 921 – Brüning-Memoiren I; BGH, Urt. v. 10.12.1991, Az. VI ZR 53/91, NJW 1992, 1312 – Bezirksleiter Straßenbauamt; BGH, Urt. v. 13.10.1998, Az. VI ZR 357/97, NJW 1999, 279, 281 – Autovermietung.

[52] BGH, Urt. v. 09.12.1975, Az. VI ZR 157/73, BGHZ 65, 325, 328 – Warentest II; BGH, Urt. v. 23.10.1979, Az. VI ZR 230/77, NJW 1980, 881, 882 – Oberflächen- und Formgestaltmessung; BGH, Urt. v. 10.12.1991, Az. VI ZR 53/91, NJW 1992, 1312 – Bezirksleiter Straßenbauamt; BGH, Urt. v. 24.01.2006, Az. XI ZR 384/03, NJW 2006, 830 Rn. 93 – Kirch/Breuer.

darstellen, für nicht erwiesen wahre Tatsachenbehauptungen, die nicht von § 186 StGB erfasst sind, sowie für wahre, aber geschäftsschädigende Tatsachenbehauptungen.[53] Auch darf bei der Auslegung des Rechts am eingerichteten und ausgeübten Gewerbebetrieb die Wertung des § 824 BGB, Unternehmen gerade keinen umfassenden Schutz vor „außergeschäftlichen" Falschaussagen zu gewähren, nicht unterlaufen werden.[54]

Eine Äußerung, durch die in das Recht am eingerichteten und ausgeübten Gewerbebetrieb eingegriffen wird, ist etwa eine solche, durch den Druck auf die unternehmerische Tätigkeit ausgeübt werden soll, wie beispielsweise Aufforderungen zu Streiks, Boykotts oder Blockaden.[55] Eine unzulässige unwahre Tatsachenbehauptung lag der „Bundesbahnplanungsvorhaben"-Entscheidung des BGH zugrunde, bei der Bürger durch Falschinformationen zur Einlegung von Rechtsbehelfen gegen ein Bauprojekt eines Unternehmens veranlasst werden sollten.[56] Das Recht am eingerichteten und ausgeübten Gewerbebetrieb schützt zudem vor geschäftsschädigenden Meinungsäußerungen wie etwa dem Vorwurf des „brutalen Machtmißbrauchs" und einer „brutalen Grundstimmung" einer Unternehmensgruppe[57] sowie negativen Benotungen von Produkten.[58] Zudem schützt § 823 Abs. 1 BGB ausnahmsweise auch vor wahren, geschäftsschädigenden Informationen.[59] Dies ist etwa dann der Fall, wenn vertragliche Interessenwahrungs-, Schutz- und Loyalitätspflichten bestehen.[60] Ein Beispiel ist die nach Nr. 2 Abs. 1 AGBBanken vertraglich vereinbarte Verpflichtung zur Verschwiegenheit.

Das Recht am eingerichteten und ausgeübten Gewerbebetrieb stellt einen „offenen Tatbestand" dar. Die Rechtswidrigkeit eines Eingriffs in das Recht am eingerichteten und ausgeübten Gewerbebetrieb ist nicht indiziert, sondern er-

---

[53] Vgl. BGH, Urt. v. 28.11.1952, Az. I ZR 21/52, BGHZ 8, 142, 144 – Verband der Deutschen Rauchwaren- und Pelzwirtschaft; BGH, Urt. v. 24.01.2006, Az. XI ZR 384/03, NJW 2006, 830 Rn. 95 – Kirch/Breuer; BGH, Urt. v. 16.12.2014, Az. VI ZR 39/14, NJW 2015, 773 Rn. 13 – „Scharlanterieprodukt"; vgl. auch BVerfG, Beschl. v. 26.06.2002, Az. 1 BvR 558, 1428/91, BVerfGE 105, 252, 272 f. – Glykol; BVerfG, Beschl. v. 28.07.2004, Az. 1 BvR 2566/95, NJW-RR 2004, 1710, 1712 – gerlach-report.

[54] Vgl. BGH, Urt. v. 07.02.1984, Az. VI ZR 193/82, BGHZ 90, 113, 122 – Bundesbahnplanungsvorhaben.

[55] BGH, Urt. v. 10.05.1957, Az. I ZR 234/55, BGHZ 24, 200, 205 f. – Geschäftsboykott; BGH, Urt. v. 31.01.1978, Az. VI ZR 32/77, NJW 1978, 816, 817 – Fluglotsenverband; BGH, Urt. v. 07.02.1984, Az. VI ZR 193/82, BGHZ 90, 113, 123 – Bundesbahnplanungsvorhaben.

[56] BGH, Urt. v. 07.02.1984, Az. VI ZR 193/82, BGHZ 90, 113 – Bundesbahnplanungsvorhaben.

[57] BGH, Urt. v. 05.05.1981, Az. VI ZR 184/79, NJW 1981, 2117, 2118 – Sachverständiger.

[58] BGH, Urt. v. 09.12.1975, Az. VI ZR 157/73, BGHZ 65, 325 – Warentest II; ausf. *Wilkat*, Bewertungsportale im Internet, 2013, S. 59 ff.

[59] Vgl. BGH, Urt. v. 24.01.2006, Az. XI ZR 384/03, NJW 2006, 830 Rn. 104 – Kirch/Breuer.

[60] BGH, Urt. v. 24.01.2006, Az. XI ZR 384/03, NJW 2006, 830 Rn. 124 – Kirch/Breuer.

gibt sich erst aus einer Interessen- und Güterabwägung im Einzelfall.[61] Insofern ist auf Kapitel 4 zu verweisen.

e) Das Unternehmenspersönlichkeitsrecht

Darüber hinaus erkennt der BGH schließlich ein Persönlichkeitsrecht von Unternehmen an.[62] Das „Unternehmenspersönlichkeitsrecht" ist nicht deckungsgleich mit dem Recht am eingerichteten und ausgeübten Gewerbebetrieb.[63] Der BGH betrachtet das „Unternehmenspersönlichkeitsrecht" stattdessen als einen Unterfall des allgemeinen Persönlichkeitsrechts.[64] Grundlage des Unternehmenspersönlichkeitsrechts ist der durch Art. 2 Abs. 1 i. V. m. Art. 19 Abs. 3 GG, Art. 8 Abs. 1 EMRK gewährleistete soziale Geltungsanspruch als Wirtschaftsunternehmen und seine wirtschaftliche Selbstbestimmung.[65] Nach dem BGH hat eine juristische Person am verfassungsrechtlich geschützten Persönlichkeitsbereich „in dem durch ihr Wesen als Zweckschöpfung des Rechts und die ihr zugewiesenen Funktionen beschränkten Umfang" teil.[66] Ein Unternehmen kann das Unternehmenspersönlichkeitsrecht jedoch „nicht gegen jedes [das Unternehmen] tangierende Marktverhalten Dritter, sondern nur dann in Anspruch nehmen, wenn [dem Unternehmen] der geschützte Bereich wirtschaftlicher Entfaltung wirklich streitig gemacht wird."[67] Dies setzt voraus, dass das Unternehmen in seinem Tätigkeitsbereich einschließlich seiner sozialen Geltung als Wirtschaftsunternehmen betroffen wird.[68] In das Unternehmenspersönlich-

---

[61] BGH, Urt. v. 21.06.1966, Az. VI ZR 261/64, BGHZ 45, 296, 307 – Höllenfeuer; BGH, Urt. v. 07.02.1984, Az. VI ZR 193/82, BGHZ 90, 113, 123 ff. – Bundesbahnplanungsvorhaben; BGH, Urt. v. 24.01.2006, Az. XI ZR 384/03, NJW 2006, 830 Rn. 97 – Kirch/Breuer.

[62] BGH, Urt. v. 08.02.1994, Az. VI ZR 286/93, VersR 1994, 570, 571 – Bilanzanalyse; BGH, Urt. v. 22.09.2009, Az. VI ZR 19/08, NJW 2009, 3580 – „Unsaubere Geschäfte"; BGH, Urt. v. 11.03.2008, Az. VI ZR 7/07, NJW 2008, 2110 Rn. 6 – „Gen-Milch"; BGH, Urt. v. 16.12.2014, Az. VI ZR 39/14, NJW 2015, 773 Rn. 12 – „Scharlatanerieprodukt"; vgl. BGH, Urt. v. 24.01.2006, Az. XI ZR 384/03 NJW 2006, 830 Rn. 106 – Kirch/Breuer. Siehe aus der Literatur z. B. *Koreng*, GRUR 2010, 1065; *Wilkat*, Bewertungsportale im Internet, 2013, S. 123 ff.

[63] Vgl. BGH, Urt. v. 16.12.2014, Az. VI ZR 39/14, NJW 2015, 773 Rn. 13 – „Scharlatanerieprodukt".

[64] Siehe BGH, Urt. v. 03.06.1986, Az. VI ZR 102/85, BGHZ 98, 94, 97 – BMW; ausdrücklich BGH, Urt. v. 28.07.2015, Az. VI ZR 340/14, NJW 2016, 56 Rn. 29 – recht§billig.

[65] Vgl. BGH, Urt. v. 08.02.1994, Az. VI ZR 286/93, VersR 1994, 570, 571 – Bilanzanalyse; BGH, Urt. v. 03.06.1986, Az. VI ZR 102/85, BGHZ 98, 94, 98 – BMW; BGH, Urt. v. 16.12.2014, Az. VI ZR 39/14, NJW 2015, 773 Rn. 12 – „Scharlatanerieprodukt"; BGH, Urt. v. 28.07.2015, Az. VI ZR 340/14, NJW 2016, 56 Rn. 27 – recht§billig.

[66] BGH, Urt. v. 03.06.1975, Az. VI ZR 123/74, NJW 1975, 1882, 1884 – „Der Geist von Oberzell"; BGH, Urt. v. 08.07.1980, Az. VI ZR 177/78, BGHZ 78, 24, 26 – „Medizin-Syndikat" I; BGH, Urt. v. 03.06.1986, Az. VI ZR 102/85, BGHZ 98, 94, 97 – BMW; BGH, Urt. v. 16.12.2014, Az. VI ZR 39/14, NJW 2015, 773 Rn. 12 – „Scharlatanerieprodukt".

[67] BGH, Urt. v. 03.06.1986, Az. VI ZR 102/85, BGHZ 98, 94, 98 – BMW.

[68] BGH, Urt. v. 03.06.1986, Az. VI ZR 102/85, BGHZ 98, 94, 98 – BMW.

keitsrecht wird etwa dann eingegriffen, wenn eine Äußerung geeignet ist, das unternehmerische Ansehen in der Öffentlichkeit zu beeinträchtigen.[69]

Das BVerfG hat die Existenz eines Unternehmenspersönlichkeitsrechts bislang offengelassen.[70] Es hat allerdings geklärt, dass auch juristische Personen eine Verletzung von Art. 2 Abs. 1 GG insoweit geltend machen können, „als ihr Recht auf freie Entfaltung im Sinne der wirtschaftlichen Betätigung betroffen ist".[71] „Der Sache nach" sei das „sogenannte allgemeine Persönlichkeitsrecht", welches der BGH auf juristische Personen anwendet, nichts anderes als die wirtschaftliche Betätigungsfreiheit, die Art. 2 Abs. 1 GG als Teil der allgemeinen Handlungsfreiheit schützt.[72]

2. England und Wales

Die wegweisende Entscheidung zum Ehrschutz von Unternehmen im englischen Recht ist *South Hetton Coal v. North-Eastern News Association* aus dem Jahre 1894.[73] Zwar war *South Hetton* nicht die erste Entscheidung, in der ein englisches Gericht die Klage eines Unternehmens wegen *defamation* für zulässig erachtete.[74] *South Hetton* lieferte jedoch erstmals eine detaillierte Begründung für ein solches Klagerecht. Der Court of Appeal entschied, dass ein Unternehmen wegen *libel* klagen könne, wenn eine Behauptung darauf abzielt, seine geschäftliche Tätigkeit zu beeinträchtigen. Hierfür sei der Nachweis eines Schadens nicht notwendig.[75] Das Gericht wies das Argument des Beklagten zurück, ein Unternehmen habe keinen „persönlichen Charakter" und könne sich daher nicht mit Erfolg auf *defamation* berufen. Lord Esher MR urteilte stattdessen, das Recht des *libel* sei ein und dasselbe für alle Kläger.[76]

Wenngleich Lord Reid in *Lewis v. Daily Telegraph* darauf hinwies, dass ein Unternehmen „nicht in seinen Gefühlen, sondern allein in seinem Geldbeutel" verletzt werden könne,[77] änderte diese Entscheidung nichts an der Präzedenz

---

[69] BGH, Urt. v. 16.12.2014, Az. VI ZR 39/14, NJW 2015, 773 Rn. 12 – „Scharlateneprodukt".

[70] BVerfG, Beschl. v. 03.05.1994, Az. 1 BvR 737/94, NJW 1994, 1784 – Jahresabschluss; BVerfG, Beschl. v. 08.09.2010, Az. 1 BvR 1890/08, NJW 2010, 3501 Rn. 25 – „Gen-Milch".

[71] BVerfG, Beschl. v. 25.01.1984, Az. 1 BvR 272/81, NJW 1984, 1741 – „Der Aufmacher"; BVerfG, Beschl. v. 03.05.1994, Az. 1 BvR 737/94, NJW 1994, 1784 – Jahresabschluss.

[72] BVerfG, Beschl. v. 03.05.1994, Az. 1 BvR 737/94, NJW 1994, 1784 – Jahresabschluss.

[73] South Hetton Coal Co. Ltd. v. North-Eastern News Association Ltd. [1894] 1 QB 133.

[74] Siehe Metropolitan Saloon Omnibus Co. v. Hawkins [1859] 4 H & N 87, 90: „That a corporation at Common Law can sue in respect of a libel there is no doubt." (Pollock CB).

[75] South Hetton Coal Co. Ltd. v. North-Eastern News Association Ltd. [1894] 1 QB 133, 141 (Lopez LJ), 148 (Kay LJ).

[76] South Hetton Coal Co. Ltd. v. North-Eastern News Association Ltd. [1894] 1 QB 133, 138.

[77] Lewis v. Daily Telegraph Ltd. [1964] AC 234, 262.

aus *South Hetton*. In *Derbyshire County Council v. Times Newspapers* bestätigte das House of Lords schließlich die Regel aus *South Hetton*.[78] Lord Keith of
Kinkel betrachtete es als „eindeutig bestätigt, dass ein Wirtschaftsunternehmen
gegen diffamierende Äußerungen vorgehen könne, die dazu tendieren, seine
Geschäfte zu beeinträchtigen.“[79] In *Jameel v. Wall Street Journal Europe* bestätigte das House of Lords dann, dass die Vermutung des Schadens für *libel* auch
auf klagende Unternehmen Anwendung findet.[80] Bis zum Defamation Act 2013
galt somit für das Recht von England und Wales, dass ein Unternehmen wegen
defamation gegen eine Äußerung klagen kann, die dazu neigte, den Gang seiner
Geschäfte zu beeinträchtigen. Der Nachweis eines Schadens war hierfür nicht
erforderlich. Dies hat sich mit Section 1 Abs. 2 Defamation Act 2013 geändert
(dazu Kapitel 5 Abschnitt IV.).

3. Recht der USA

Wie bereits dargestellt, genießen Ehre und Reputation keinen verfassungsrechtlichen Schutz auf US-Bundesebene. Aus diesem Grunde ist es schwierig, allge-
meingültige Aussagen zum Ehrschutz im Bundesrecht der USA zu treffen. Dies
gilt für Unternehmen ebenso wie für Privatpersonen. Allerdings lassen sich aus
der Rechtsprechung *zum tort of defamation* im Lichte des Ersten Zusatzartikels
Rückschlüsse auf den Ehrschutz ziehen.

Höchstrichterlich geklärt ist, dass sich Unternehmen auch im Lichte des Ersten Zusatzartikels in seiner Auslegung durch *New York Times v. Sullivan* auf
den *tort of defamation* berufen können, wenn sie durch eine Behauptung in ihrer Reputation geschädigt werden, etwa durch eine fehlerhafte Einschätzung
ihrer Kreditwürdigkeit.[81] Trotz einiger Fürsprache in der Literatur konnte sich
die (vorsichtige) Anregung des US District Court for the District of Columbia,
Unternehmen *per se* als „Personen des öffentlichen Lebens“ (*public figures*) zu
kategorisieren, allerdings nicht durchsetzen.[82] Stattdessen entscheiden die Ge-

---

[78] Derbyshire County Council v. Times Newspapers Ltd. [1993] AC 534.

[79] Derbyshire County Council v. Times Newspapers Ltd. [1993] AC 534, 546: „clearly establish[ed] that a trading corporation is entitled to sue in respect of defamatory matters which
can be seen as having a tendency to damage it in the way of its business.“

[80] Jameel v. Wall Street Journal Europe Sprl [2006] UKHL 44 [12].

[81] US Supreme Court, Dun & Bradstreet Inc. v. Greenmoss Builders Inc., 472 U.S. 749, 762
(1985).

[82] Martin Marietta Corp. v. Evening Star Newspaper Co., 417 F. Supp. 947, 956 (D.D.C.
1976): „It would be possible to hold […] that the malice standard applies to any libel action
brought by a corporate plaintiff.“ So auch *Jackson*, William & Mary Bill of Rights Journal 9
(2001) 491, 508; *Lee*, Northwestern University Law Review 81 (1986–1987) 318, 347f. Siehe
auch Curtis Publishing Co. v. Butts, 388 U.S. 130, 164f. (1967) (zust. Meinung Vorsitzender
Richter Warren): „the distinctions between governmental and private sectors are blurred. […]
In many situations, policy determinations which traditionally were channeled through for-

richte in jedem Einzelfall, ob Unternehmen als Personen des öffentlichen Lebens qualifizieren oder nicht.[83]

Abzuwarten bleibt, welche Auswirkungen die jüngere Rechtsprechung des US Supreme Court zu Bürgerrechten juristischer Personen auf *defamation lawsuits* von Unternehmen zeitigen wird. Zwar betrafen die wegweisenden Entscheidungen *Citizens United v. Federal Election Commission*[84] und *Burwell v. Hobby Lobby Stores*[85] die Redefreiheit (*Citizens United*) bzw. die Religionsfreiheit (*Hobby Lobby*). Sie dürften aber für die Persönlichkeitsrechte von Unternehmen insgesamt Bedeutung haben. Insbesondere die Entscheidung *Hobby Lobby* ist geprägt von der Tendenz des Obersten Gerichtshofs, die Persönlichkeitsrechte der hinter dem Unternehmen stehenden Personen – Eigentümer der Bastelbedarfskette Hobby Lobby ist eine evangelikale Familie – auf das Unternehmen selbst zu übertragen.[86]

4. Transnationale Analyse

Der BGH nimmt an, dass es ein Unternehmenspersönlichkeitsrecht als Unterfall des allgemeinen Persönlichkeitsrechts gibt. Dem ähnlich geht die englische Rechtsprechung davon aus, dass sich ein Unternehmen hinsichtlich des *tort of defamation* in der gleichen Position befindet wie ein privates Individuum. Diese Ansätze sind zu überdenken. Das Axiom, wonach ein Unternehmen sich in der gleichen (House of Lords) oder zumindest in einer vergleichbaren (BGH) Situation befindet wie ein privates Individuum, bedarf aus ehrschutztheoretischen und menschenrechtsdogmatischen Gründen der Revision.[87]

Ehrschutzansprüche von Unternehmen setzen voraus, dass Unternehmen eine Ehre bzw. eine Reputation haben, die verletzt werden kann. Ob dies der

---

mal political institutions are now originated and implemented through a complex array of boards, committees, commissions, corporations, and associations, some only loosely connected with the Government". Einschränkend allerdings der US District Court for the District of Columbia selbst: „However, such a holding would not be entirely just, since implicit in the public figure concept is the conclusion that society is somehow interested in the plaintiff and his activities."

[83] Siehe Trans World Accounts v. Associated Press, 425 F. Supp. 814 (N.D. Cal. 1977); Vegod Corp. v. ABC, 25 Cal. 3d 763 (1979); Steaks Unlimited Inc. v. Deaner, 468 F. Supp. 779 (W.D. Pa. 1979); Bruno & Stillman Inc. v. Globe Newspaper Co., 633 F. 2d 583 (1st Cir. 1980); Bose Corp. v. Consumers Union of US Inc., 508 F. Supp. 1249 (D. Mass. 1981); Ithaca College v. Yale Daily News Publishing Co., 433 N.Y.S. 2d 530 (N.Y. App. Div. 1980); Jadwin v. Minneapolis Star & Tribune, 367 N.W. 2d 476 (Minn. 1985).

[84] Citizens United v. Federal Election Commission, 130 S. Ct. 876 (2010).

[85] Burwell v. Hobby Lobby Stores Inc., 573 U.S. ___ (2014).

[86] US Supreme Court, Burwell v. Hobby Lobby Stores Inc., 573 U.S. ___ (2014) 1, 18f., 29ff. Dazu *Winkler*, We the corporations, 2018, S. 387.

[87] Die nachfolgenden Ausführungen basieren auf *Oster*, Journal of European Tort Law 2 (2011), 255 und entwickeln darin enthaltene Überlegungen weiter.

Fall ist, hängt von dem zugrundeliegenden theoretischen Verständnis von „Ehre" bzw. „Reputation" ab. Geht man davon aus, dass die Ehre als Rechtsbegriff ihre theoretische Grundlage in der Menschenwürde findet, so kommt die Annahme, dass Unternehmen rechtlich schützenswerte Ehre bzw. Reputation zukommt, nicht in Betracht. Einem Unternehmen kommt weder Menschenwürde noch rechtlich schützenswerte Persönlichkeit zu. John Locke stellte fest:

> „[Person] kommt […] nur vernünftigen Wesen zu, welche für Gesetze und für Glück und Elend empfänglich sind. Diese Persönlichkeit erstreckt sich von der Gegenwart zurück in die Vergangenheit lediglich durch das Bewusstsein, wodurch es allein für vergangene Handlungen zurechnungsfähig wird und sie als seine eigenen aus demselben Grunde anerkennt, wie es dies für die gegenwärtigen thut."[88]

Nach Kant ist die „Persönlichkeit" von der „Person" zu unterscheiden: Persönlichkeit ist

> „die Freiheit und Unabhängigkeit von dem Mechanism der ganzen Natur, doch zugleich als ein Vermögen eines Wesens betrachtet, welches eigentümlichen, nämlich von seiner eigenen Vernunft gegebenen reinen praktischen Gesetzen, die Person also, als zur Sinnenwelt gehörig, ihrer eigenen Persönlichkeit unterworfen ist, so fern sie zugleich zur intelligibelen Welt gehört; da es denn nicht zu verwundern ist, wenn der Mensch, als zu beiden Welten gehörig, sein eigenes Wesen, in Beziehung auf seine zweite und höchste Bestimmung, nicht anders, als mit Verehrung und die Gesetze derselben mit der höchsten Achtung betrachten muß."[89]

Erst auf der Persönlichkeit eines Menschen beruht seine Würde.[90]

Ein Unternehmen hat jedoch keine Persönlichkeit und keine Würde, die der eines Menschen vergleichbar ist.[91] Es hat auch keine Gefühle, die verletzt werden können. Vielmehr sind Unternehmen, wie der BGH betont, „Zweckschöpfungen des Rechts", die eine Funktion erfüllen. Folgerichtig können sie rechtlichen Schutz nur in dem Ausmaß beanspruchen, in dem die Erfüllung dieser Funktion beeinträchtigt wird. Die Funktion eines Wirtschaftsunternehmens besteht im Kern darin, zur Wertschöpfung beizutragen und Gewinne zu erzie-

---

[88] *Locke*, Versuch über den menschlichen Verstand, 1690, 2. Buch, Kap. 27 § 26: „[Person] belongs only to intelligent agents, capable of a law, and happiness and misery. This personality extends itself beyond present existence to what is past, only by consciousness, whereby it becomes concerned and accountable, owns and imputes to itself past actions."

[89] *Kant*, Kritik der praktischen Vernunft, 1788, S. 210.

[90] *Kant*, Kritik der praktischen Vernunft, 1788, S. 210; *Kant*, Die Metaphysik der Sitten, 2. Aufl. 1798, S. 600.

[91] Vgl. EGMR, Uj/Ungarn [2011] Beschwerde-Nr. 23954/10 [22]; Kharlamov/Russland [2015] Beschwerde-Nr. 27447/07 [29]; Magyar Tartalomszolgáltatók Egyesülete und Index.hu Zrt/Ungarn [2016] Beschwerde-Nr. 22947/13 [66]; Lewis v. Daily Telegraph Ltd. [1964] AC 234, 262; Jameel v. Wall Street Journal Europe Sprl [2006] UKHL 44 [91] (Lord Hoffmann), [154] (Baronin Hale); *Weir*, Cambridge Law Journal 1972A, 238, 239 f.; *Milo*, Defamation and Freedom of Speech, 2008, S. 229; *Leßmann*, AcP 170 (1970), 266, 269. Siehe auch aus den Vereinigten Staaten Martin Marietta Corp. v. Evening Star Newspaper Co., 417 F. Supp. 947, 955 (D.D.C. 1976); *Fetzer*, Iowa Law Review 68 (1982), 35, 52.

len. Die Reputation eines Wirtschaftsunternehmens ist daher rein kommerziell; sein „guter Name" ist ein geldwerter Vorteil.[92] Unternehmen haben demgegenüber keine Würde, und sie partizipieren auch nicht an der Würde ihrer Angestellten. Dies erfodert es auch, zwischen der Ehre eines Unternehmens und der Ehre seiner Angestellten rechtlich strikt zu trennen.[93]

Da ein Unternehmen keine Würde und keine Persönlichkeit hat, kann ein Ehrschutzanspruch eines Unternehmens nur mit einem Verständnis von Ehre als Ausprägung des Eigentums erklärt werden. Bereits 1859 entschied Pollock CB vom englischen Court of Exchequer:

„Es wäre sehr seltsam, wenn eine Körperschaft keine Mittel zur Verfügung hätte, sich gegen rechtswidrige Handlungen zu schützen; und, wenn ihr Eigentum durch *slander* verletzt wird, es keine Möglichkeit hätte sich zu wehren, außer durch Handlungen. Daher scheint mir eindeutig, dass eine Körperschaft im Common Law eine Klage wegen eines *libel* einreichen darf, durch den ihr Eigentum verletzt wird."[94]

Der Gedanke von der Unternehmensehre bzw. -reputation als Ausprägung des Eigentums findet sich auch in einer Entscheidungen aus den USA, einer Entscheidung aus Südafrika und im akademischen Schrifttum wieder.[95]

Das Verständnis von Unternehmensehre als Eigentum spiegelt das Verständnis der Marktwirtschaft wieder.[96] Der Wert der Unternehmensehre wird durch den Markt in gleicher Weise bestimmt wie der Wert des Unternehmenseigentums. Wenn die Reputation eines Unternehmens verletzt wird, so ist diese Verletzung in gleicher Weise zu bemessen und zu entschädigen wie eine Verletzung ihres Eigentums.[97]

Schließlich sprechen für eine Verankerung der „Unternehmensehre" im Verständnis der Ehre als Eigentum die Formulierungen des § 824 Abs. 1 BGB und Section 1 Abs. 2 Defamation Act 2013, die auf das gewerbliche Fortkommen bzw. einen (zu befürchtenden) finanziellen Verlust abstellen. „Eigentum" ist in

---

[92] Vgl. Derbyshire County Council v. Times Newspapers Ltd. [1993] AC 534, 547; Jameel v. Wall Street Journal Europe Sprl [2006] UKHL 44 [24].

[93] Siehe Jameel v. Wall Street Journal Europe Sprl [2006] UKHL 44 [18].

[94] Metropolitan Saloon Omnibus Co. v. Hawkins [1859] 4 H & N 87, 90 (Pollock CB): „it would be very odd if a corporation had no means of protecting itself against wrong; and, if its property is injured by slander, it has no means of redress except by action. Therefore it appears to me clear that a corporation at Common Law may maintain an action for a libel by which its property is injured."

[95] Martin Marietta Corp. v. Evening Star Newspaper Co., 417 F. Supp. 947, 955 (D.D.C. 1976); Constitutional Court of South Africa, Dikoko v. Mokhatla 2006 (6) South African Law Reports (SA) 235 (CC) [109]: „Unlike businesses, honour is not quoted on the Stock Exchange". Vgl. *Milo*, Defamation and Freedom of Speech, 2008, S. 28; *O'Neill*, Company Lawyer 28 (2007) 75, 76f.; *Post*, California Law Review 74 (1986), 691, 696; *Barendt*, Current Legal Problems 52 (1999), 111, 115. Siehe aber auch National Union of General and Municipal Workers v. Gillian [1946] KB 81, 88: „The claim in the action is not a claim to property."

[96] *Milo*, Defamation and Freedom of Speech, 2008, S. 27.

[97] *Milo*, Defamation and Freedom of Speech, 2008, S. 27.

diesem Zusammenhang nicht gleichzusetzen mit dem Eigentumsbegriff des BVerfG zu Art. 14 GG, der nur auf das Erworbene abstellt. Der ehrschutztheoretische Eigentumsbegriff umfasst auch die Erwerbsaussichten, die mit der untadeligen Reputation erworben wurden.

Menschenrechtsdogmatisch ist der Schutz der Ehre eines Unternehmens daher auch nicht in den Vorschriften über Persönlichkeitsrechte zu finden, etwa Art. 17 IPbpR, Art. 8 EMRK, Art. 7 EUGRCh oder Art. 2 GG.[98] Stattdessen ist der Ehrschutz eines Unternehmens in Art. 1 des Ersten Zusatzprotokolls zur EMRK, Art. 14 AEMR, Art. 16 und 17 Abs. 1 EUGRCh sowie Art. 12 und 14 GG zu verankern.[99] Zwar hat der EGMR dies bislang weder bestätigt noch zurückgewiesen. Dem Wortlaut des Art. 8 Abs. 1 EMRK wie auch den Entscheidungen des EGMR lässt sich aber entnehmen, dass das Konzept der Ehre, welches der EGMR als Unterfall des Rechts auf Achtung des Privatlebens nach Art. 8 Abs. 1 EMRK ansieht, nur auf natürliche Personen Anwendung findet.

Art. 8 Abs. 1 EMRK schützt das Recht auf Achtung des Privatlebens, des Familienlebens, der Wohnung und der Korrespondenz. Wenngleich sich diese Konzepte in einem gewissen Ausmaß überschneiden, so sind sie doch verschieden.[100] Nach der Rechtsprechung des EGMR sind Ehre und Reputation ein Unterfall des Rechts auf Achtung des Privatlebens nach Art. 8 Abs. 1 EMRK. Diese Interpretation steht im Zusammenhang mit dem Verständnis des EGMR von Reputation als Teil der Menschenwürde (siehe Kapitel 2). Ebenso wenig wie ein Unternehmen ein Familienleben haben kann, kann es ein Privatleben haben. Das Konzept des Privatlebens in seiner Interpretation durch den EGMR ist anthropozentrisch.[101] In seiner Rechtsprechung hat der EGMR – soweit ersichtlich – bislang nur solche Aspekte in den Schutzbereich des Rechts auf Achtung des Privatlebens einbezogen, die mit persönlicher Identität im Zusammenhang stehen, etwa den Namen[102] oder das Bildnis[103] einer Person, ihre körperliche und geistige Integrität,[104] sexuelle Orientierung[105] und die Persönlichkeit eines jeden Individuums in seinen Beziehungen mit anderen Menschen.[106] Diese Eigenschaften finden auf Unternehmen allesamt keine Anwendung. In *Pfeifer gegen Österreich* sowie in *Petrina gegen Rumänien* wies der EGMR darauf hin,

---

[98] Offen gelassen von EGMR, Firma EDV für Sie, EFS Elektronische Datenverarbeitung Dienstleistungs GmbH/Deutschland [2014] Beschwerde-Nr. 32783/08 [23].

[99] Der IPbpR enthält keinen Schutz des Eigentums.

[100] *Rainey/Wicks/Ovey*, The European Convention on Human Rights, 6. Aufl. 2014, S. 334; *Hoffman/Rowe*, Human Rights in the UK, 3. Aufl. 2010, S. 251.

[101] Vgl. *Hoffman/Rowe*, Human Rights in the UK, 3. Aufl. 2010, S. 256 f.; *Emberland*, The Human Rights of Companies, 2006, S. 114 ff.

[102] EGMR, Burghartz/Schweiz [1994] Beschwerde-Nr. 16213/90 [24].

[103] EGMR, Schüssel/Österreich [2002] Beschwerde-Nr. 42409/98 [2].

[104] EGMR, X und Y/Niederlande [1985] Beschwerde-Nr. 8978/80 [22].

[105] EGMR, Peck/Vereinigtes Königreich [2003] Beschwerde-Nr. 44647/98 [57].

[106] EGMR, Botta/Italien [1998] Beschwerde-Nr. 153/1996/722/973 [32]; von Hannover/Deutschland [2004] Beschwerde-Nr. 59320/00 [50].

dass die Reputation einer Person Teil ihrer persönlichen Identität und psychischen Integrität sei und daher ebenfalls dem Begriff des „Privatlebens" nach Art. 8 Abs. 1 EMRK unterfalle.[107] Der Oberste Gerichtshof des Vereinigten Königreichs übernahm diese Interpretation.[108] Dass ein Unternehmen weder eine persönliche Identität noch eine psychische Integrität besitzt, lässt den Schluss zu, dass Ehre und Reputation als Unterfall des Rechts auf Achtung des Privatlebens nur auf natürliche Personen Anwendung finden können.

Dies bedeutet indessen nicht, dass sich Unternehmen gar nicht auf Art. 8 Abs. 1 EGMR berufen können. Der EGMR hat Art. 8 Abs. 1 EGMR bereits auf den Schutz von Geschäftsräumen und geschäftlicher Korrespondenz angewandt.[109] Hierbei handelt es sich jedoch um Gegenstände der „Wohnung" und der „Korrespondenz" im Sinne des Art. 8 Abs. 1 EMRK, nicht jedoch solche des „Privatlebens".

Aus alledem ist zu schließen, dass die Ehre eines Wirtschaftsunternehmens nicht von Art. 8 Abs. 1 EMRK, sondern von Art. 1 des Ersten Zusatzprotokolls zur EMRK geschützt wird. Zwar hat der EGMR diese Auffassung bislang noch nicht ausdrücklich bestätigt. Sie wird aber gestützt durch den Wortlaut des Art. 1 des Ersten Zusatzprotokolls zur EMRK und die Rechtsprechung des EGMR. Art. 1 des Ersten Zusatzprotokolls zur EMRK findet bereits seinem Wortlaut nach auf juristische Personen Anwendung. Zudem entschied der EGMR, dass Art. 1 des Ersten Zusatzprotokolls auch das Recht zum Betrieb eines Unternehmens, dessen „good will" und Kundschaft umfasst.[110] Aufgrund seines kommerziellen Wertes fügt sich das Ansehen eines Wirtschaftsunternehmens nahtlos in diese Rechtsprechung ein. Hier lässt sich wiederum eine Parallele zur Rechtsprechung des BGH ziehen, der das Ansehen eines Unternehmens auch als Unterfall des „Rechts am eingerichteten und ausgeübten Gewerbebetrieb" als Ausprägung von Art. 12 i. V. m. Art. 14 GG betrachtet. Nur dort gehört auch die Unternehmensehre hin.

Vor diesem Hintergrund sollte der BGH sein Konzept des „Unternehmenspersönlichkeitsrechts" als Ausprägung des allgemeinen Persönlichkeitsrechts ebenso aufgeben wie die englische Rechtsprechung ihre Annahme, ein Unternehmen befände sich als Klägerin in einem Rechtsstreit wegen *defamation* in

---

[107] EGMR, Pfeifer/Österreich [2007] Beschwerde-Nr. 12556/03 [35]; Petrina/Rumänien [2008] Beschwerde-Nr. 78060/01 [29].

[108] Application by Guardian News and Media Ltd. u. a. in Her Majesty's Treasury (Respondent) v. Mohammed Jabar Ahmed u. a. (FC), Her Majesty's Treasury (Respondent) v. Mohammed al-Ghabra (FC) (Appellant), R (on the application of Hani El Sayed Sabaei Youssef) (Respondent) v. Her Majesty's Treasury (Appellant) [2010] UKSC 1 [39].

[109] EGMR, Niemietz/Deutschland [1992] Beschwerde-Nr. 13710/88 [30]; Societe Colas Est u. a./Frankreich [2002] Beschwerde-Nr. 37971/97 [40]; EKomMR, Noviflora Sweden AB/ Schweden [1993] Beschwerde-Nr. 14369/88.

[110] EGMR, Van Marle/Niederlande [1986] Beschwerde-Nr. 8543/79, 8674/79, 8675/79 und 8685/79 [41].

der gleichen Situation wie eine natürliche Person.[111] Dass das Ansehen eines Unternehmens als Teil seines Eigentums und nicht als Teil seiner Persönlichkeitsrechte oder seines Privatlebens geschützt ist, bedeutet indes nicht zwingend, dass ihm deswegen geringerer Schutz zukäme als der Reputation von Privatpersonen.[112] Diese Behauptung verkennt die Bedeutung der Berufsfreiheit bzw. des Eigentums als eigenständiges Grundrecht. Ferner steht der Schutz des Ansehens eines Unternehmens durch das Grundrecht auf Eigentum Forderungen entgegen, Ehrverletzungsklagen von Unternehmen zu erschweren oder gar unmöglich zu machen. Solche Aufforderungen werden bisweilen mit dem Verweis auf die „Waffenungleichheit" zwischen finanzstarken Unternehmen und kleinen Publikationsorganen oder privaten Individuen – Stichwort Bewertungsportale im Internet – an den Gesetzgeber gerichtet.[113] Zwar hat das Risiko eines kostspieligen Verfahrens gegen einen Konzern zweifellos eine abschreckende Wirkung auf Individuen, Nichtregierungsorganisationen oder Zeitungen. Diesem Problem sollte allerdings durch Reformen des Prozessrechts, etwa im Hinblick auf die Kosten des Verfahrens oder Prozesskostenhilfe, abgeholfen werden,[114] nicht jedoch durch mit Grundrechten nicht zu vereinbarende Einschränkungen des materiellen Ehrschutzrechts. Es ist anzuerkennen, dass das Ansehen eines Unternehmens eine vermögensrechtliche Position ist, die gegen diffamierende Behauptungen zu schützen ist. Eine Regelung wie etwa der australische Defamation Act 2005, wonach Unternehmen mit mehr als 10 Mitarbeitern eine Klage wegen *defamation* nicht erheben dürfen, wäre mit der Eigentumsgarantie nicht vereinbar.[115]

Dass das Ansehen eines Unternehmens ehrschutztheoretisch und menschenrechtsdogmatisch als eigentumsrechtliche Position und nicht als Aspekt des „Privatlebens" oder der „Persönlichkeitsrechte" zu klassifizieren ist, ändert somit nichts daran, dass das Ansehen von Unternehmen grundsätzlich schützenswert ist. Hiervon zu unterscheiden ist die zivilrechtsdogmatische Auswirkung dieser Klassifizierung. Zwei Aspekte sind hierbei von Bedeutung: Wann besitzt eine Äußerung eine das Unternehmen diffamierende Wirkung, und welchen

---

[111] Vgl. *Peifer*, Individualität im Zivilrecht, 2001, S. 504 ff.

[112] So aber *O'Neill*, Company Lawyer 28 (2007) 75, 77.

[113] Siehe Justizministerium des Vereinigten Königreichs, Draft Defamation Bill, Consultation Paper CP3/11, März 2011, Rn. 177; House of Commons Culture, Media and Sport Committee, Press Standards, Privacy and Libel, Second Report of Session 2009–10, Volume I, HC 362-I, Rn. 138.

[114] Siehe Justizministerium des Vereinigten Königreichs, Draft Defamation Bill, Consultation Paper CP3/11, März 2011, Rn. 140 f.; Justizministerium des Vereinigten Königreichs, Proposals for Reform of Civil Litigation Funding and Costs in England and Wales, Implementation of Lord Justice Jackson's Recommendations, Consultation Paper CP 13/10, November 2010.

[115] Die Zahl erscheint ohnehin recht willkürlich; siehe Justizministerium des Vereinigten Königreichs, Draft Defamation Bill, Consultation Paper CP3/11, March 2011, Rn. 143.

Parametern unterliegt die Abwägung zwischen der Kommunikationsfreiheit und dem Ansehen des Unternehmens?

Da das Ansehen eines Unternehmens Ausprägung seines Eigentums und nicht seiner Persönlichkeitsrechte ist, bedarf es einer gesonderten Untersuchung der Frage, wann eine Äußerung über ein Unternehmen diffamierende, das Ansehen beeinträchtigende Wirkung besitzt. In der Entscheidung *South Hetton* wandte Lord Esher die Formel aus *Parmiter v. Coupland* an, wonach eine Äußerung diffamierend ist, die einen anderen dem Hass, der Geringschätzung oder der Lächerlichkeit preisgibt. Der *Parmiter v. Coupland*-Test zielt indessen auf natürliche Personen ab, nicht auf Unternehmen.[116] Das Gleiche gilt für die Definitionen, die in späteren Entscheidungen entwickelt wurden: der „shunned and avoided"-Test aus *Youssoupoff v. MGM* und der Test aus *Sim v. Stretch*, wonach es auf eine Herabsetzung in der „Einschätzung gerecht denkender Mitglieder der Gesellschaft insgesamt" ankommt. Diese Einschätzungen von Mitmenschen können sich negativ auf die Gefühle von Individuen auswirken. Ein Unternehmen hat jedoch keine Gefühle, die durch die negative Einschätzung der Gesellschaft verletzt werden könnten. Für die Diffamierung eines Unternehmens ist vielmehr darauf abzustellen, ob die Äußerung dazu geeignet ist, die Erwerbstätigkeit des Unternehmens zu beeinträchtigen, etwa indem andere Marktteilnehmer oder potentielle Arbeitnehmer abgeschreckt werden.[117] Beispiele für potentiell rufbeeinträchtigende Äußerungen über Unternehmen sind etwa Kritik von Produkten oder Dienstleistungen des Unternehmens,[118] die Infragestellung der Kreditwürdigkeit etwa durch Ratingagenturen,[119] Behauptungen über Inkompetenz der Unternehmensführung,[120] Anschuldigungen von Korruption, Betrug oder Umweltverschmutzung.[121]

Hinsichtlich der Abwägung der widerstreitenden Interessen – Kommunikationsfreiheit einerseits, Schutz des unternehmerischen Ansehens andererseits – gelten grundsätzlich die allgemeinen Prinzipien, auf die noch in Kapitel 4 näher einzugehen ist. Nur geht es in diesem Fall nicht um eine Abwägung zwischen Kommunikationsfreiheit und der Ehre als Persönlichkeitsrecht, sondern um

---

[116] Siehe *McNamara*, Reputation and Defamation, 2007, S. 6 f.
[117] South Hetton Coal Co. Ltd. v. North-Eastern News Association Ltd. [1894] 1 QB 133; Derbyshire County Council v. Times Newspapers Ltd. [1993] AC 534, 547.
[118] Linotype v. British Empire Typesetting Machine Co. [1899] 81 Law Times Reports (LT) 331; BVerfG, Beschl. v. 08.09.2010, Az. 1 BvR 1890/08, NJW 2010, 3501 – „Gen-Milch"; siehe auch *Kidner*, Journal of Business Law 1992, 570.
[119] US Supreme Court, Dun & Bradstreet Inc. v. Greenmoss Builders Inc., 472 U.S. 749, 762 (1985); *Dillon/Ebenroth*, Journal of International Banking Law 1993, 174, 178.
[120] Privy Council, Bonnick v. Morris [2003] 1 AC 300.
[121] Solomon v. Lawson [1846] 115 ER 1084; Lewis v. Daily Telegraph Ltd. [1964] AC 234; Metropolitan Saloon Omnibus Co. v. Hawkins [1859] 4 H & N 87, 90; Bendle v. United Kingdom Alliance [1915] 31 TLR 403.

das Ansehen eines Unternehmens als Teil seines Eigentums. Auch das Eigentum ist indessen nicht schrankenlos gewährleistet.

Auf eine Besonderheit ist allerdings hinzuweisen. Zwar ist der „gute Name" eines Unternehmens von wirtschaftlichem Wert; anderenfalls bestünde auch kein Bedürfnis danach, das Ansehen eines Unternehmens auf dem Klagewege wiederherzustellen.[122] Eigentümer, Anteilseigner und Angestellte haben ein berechtigtes Interesse daran, das gute Ansehen ihres Unternehmens zu wahren. Zu beachten ist aber auch das berechtigte Interesse des Äußernden an einer kritischen Auseinandersetzung mit diesem Unternehmen. Von den Theorien der Kommunikationsfreiheit vermag der „Marktplatz der Meinungen", ein Unterfall des Arguments von der Wahrheit, Äußerungen über Unternehmen am besten zu erfassen. Demgegenüber ist die Erklärungskraft intrinsischer Ansätze – das Argument von der persönlichen Autonomie und von der Selbstverwirklichung – vergleichsweise gering.[123] Ein Wirtschaftsunternehmen hat nicht nur tatsächlich auf dem Markt der Güter und Dienstleistungen zu bestehen, sondern auch metaphorisch auf dem Marktplatz der öffentlichen Meinung. Das Ansehen eines Unternehmens beruht auf verschiedenen Faktoren, etwa der Qualität seiner Produkte, der Zufriedenheit seiner Mitarbeiter oder seiner Haltung gegenüber verantwortungsvoller und nachhaltiger Produktion. Ehrenrührige Tatsachenbehauptungen oder Meinungsäußerungen stellen diese Reputation in Frage. Dadurch tragen solche Bemerkungen zur öffentlichen Einschätzung eines Unternehmens bei oder, in den Worten von Richter Holmes, zum „Marktplatz der Ideen". Ist die Kritik begründet, so kann sie sogar zu Effizienzgewinnen beitragen, da sie Kunden und Geschäftspartner informiert.

Eine weitere Theorie, welche Kritik von Unternehmen zu erfassen vermag, ist das Argument von der Demokratie in seiner Ausprägung als Argument des Beitrags zu Angelegenheiten von öffentlichem Interesse. Zweck eines jeden Wirtschaftsunternehmens ist es, auf dem Markt aufzutreten, indem es Produkte und Dienstleistungen herstellt und verkauft. Aufgrund ihres wirtschaftlichen, gegebenenfalls auch sozio-kulturellen und politischen Einflusses sind Unternehmen als solche Gegenstand des öffentlichen Interesses,[124] selbst wenn sie nicht gezielt

---

[122] Hierauf weist Lord Bingham hin: Jameel v. Wall Street Journal Europe Sprl [2006] UKHL 44 [26].

[123] *Milo*, Defamation and Freedom of Speech, 2008, S. 55.

[124] Vgl. EGMR, Fayed/Vereinigtes Königreich [1994] Beschwerde-Nr. 17101/90 [75]; Steel und Morris/Vereinigtes Königreich [2005] Beschwerde-Nr. 68416/01 [94]; BGH, Urt. v. 21.06.1966, Az. VI ZR 261/64, BGHZ 45, 296, 306 f. – Höllenfeuer; BGH, Urt. v. 20.06.1969, Az. VI ZR 234/67, NJW 1970, 187, 190 – „Hormoncreme"; BGH, Urt. v. 09.12.1975, Az. VI ZR 157/73, BGHZ 65, 325, 332 – Warentest II; BVerfG, Beschl. v. 08.09.2010, Az. 1 BvR 1890/08, NJW 2010, 3501 Rn. 27 – „Gen-Milch"; BGH, Urt. v. 03.06.1986, Az. VI ZR 102/85, BGHZ 98, 94, 99 – BMW. Aus den USA: Martin Marietta Corp. v. Evening Star Newspaper Co., 417 F. Supp. 947, 956 (D.D.C. 1976): „It would be possible to hold [...] that the malice standard applies to any libel action brought by a corporate plaintiff."; *Jackson*, William &

den öffentlichen Auftritt suchen.[125] Dass sie Gegenstand öffentlicher Beobachtung sind, ist unvermeidlich. Daher sind die Grenzen akzeptabler Kritik an Unternehmen weit zu ziehen.[126] Wirtschaftsunternehmen sind daher als Personen des öffentlichen Lebens *per se* zu betrachten.[127] Zwar ist – sieht man einmal vom Standpunkt des US Supreme Court in *Sullivan* ab – nicht jede Äußerung über eine Person des öffentlichen Lebens ein Beitrag zu einer Angelegenheit von öffentlichem Interesse. Dies gilt jedoch nur deswegen, weil auch Personen des öffentlichen Lebens ein Privatleben haben, über das Äußerungen möglich sind, die nicht zu Angelegenheiten von öffentlichem Interesse beitragen.[128] Unternehmen haben jedoch kein Privatleben, über das man sich äußern könnte. Daraus folgt, dass Äußerungen über Unternehmen *per se* zu Angelegenheiten von öffentlichem Interesse beitragen. In welchem Ausmaß sie zu einer Angelegenheit von öffentlichem Interesse beitragen, ist wiederum eine Frage des Einzelfalls. Das Argument vom öffentlichen Diskurs verleiht etwa solchen Mitteilungen besonderes Gewicht, die sich auf Unternehmen beziehen, die mit der Wahrnehmung öffentlicher Aufgaben betraut sind, die sich zumindest teilweise in staatlicher Hand befinden oder die grenzüberschreitend aktiv sind. Baronin Hale wies darauf hin, dass es zunehmend schwierig ist, staatliche von nicht-staatlichen Organisationen abzugrenzen. Auch sei der Einfluss vieler nicht-staatlicher Organisationen mit denen staatlicher Stellen vergleichbar, weshalb die Freiheit, solche Unternehmen zu kritisieren, genauso notwendig sei wie die Freiheit, staatliche Stellen zu kritisieren.[129] Dem ist zuzustimmen, führt man sich einmal die Macht und den Einfluss multinationaler Internetkonzerne vor Augen. Auch dies bestätigt den dieser Arbeit zugrundeliegenden Ansatz, den Übergang von „staatlich" zu „nicht-staatlich" als Kontinuum und nicht als scharfe binäre Abgrenzung zu verstehen. Kritik an den Geschäftspraktiken etwa von Facebook oder Google ist daher nicht als bloßer *commercial speech* zu etikettieren. Viel-

---

Mary Bill of Rights Journal 9 (2001) 491, 508; *Lee*, Northwestern University Law Review 81 (1987) 318, 347 f.

[125] EGMR, Verlagsgruppe News GmbH/Österreich (Nr. 2) [2006] Beschwerde-Nr. 10520/02 [36].

[126] EGMR, Fayed/Vereinigtes Königreich [1994] Beschwerde-Nr. 17101/90 [75]; Steel und Morris/Vereinigtes Königreich [2005] Beschwerde-Nr. 68416/01 [94].

[127] *Oster*, Journal of European Tort Law 2 (2011), 255, 269; ähnlich bereits *Fetzer*, Iowa Law Review 68 (1982), 35, 49 ff.; vgl. EGMR, Markt intern Verlag GmbH und Klaus Beermann/Deutschland [1989] Beschwerde-Nr. 10572/83 [35].

[128] *Mutatis mutandis* EGMR, Oberschlick/Österreich (Nr. 1) [1991] Beschwerde-Nr. 11662/85 [59].

[129] Jameel v. Wall Street Journal Europe Sprl [2006] UKHL 44 [158]; siehe auch US Supreme Court, Curtis Publishing Co. v. Butts, 388 U.S. 130, 164 f. (1967) (zust. Meinung Vorsitzender Richter Warren): „the distinctions between governmental and private sectors are blurred. [...] In many situations, policy determinations which traditionally were channeled through formal political institutions are now originated and implemented through a complex array of boards, committees, commissions, corporations, and associations, some only loosely connected with the Government".

mehr kommt der Auseinandersetzung mit solchen Unternehmen die gleiche Bedeutung zu wie Beiträgen zu staatspolitischen Angelegenheiten.

Dies allein sagt indessen nichts darüber aus, ob eine Äußerung über ein Unternehmen gerechtfertigt ist oder nicht; wie noch zu zeigen sein wird, ist das Ausmaß, in dem eine Äußerung zu einer Angelegenheit von öffentlichem Interesse beiträgt, lediglich ein – wenn auch bedeutsamer – Abwägungsfaktor, und er ist von besonderer Bedeutung im Hinblick auf Meinungsäußerungen.

III. Juristische Personen des öffentlichen Rechts und Behörden

Nach der Rechtsprechung des BGH können auch juristische Personen des öffentlichen Rechts, staatliche Institutionen und Behörden grundsätzlich zivilrechtlichen Ehrschutz in Anspruch nehmen. Der BGH folgert dies aus § 194 Abs. 3 und 4 StGB. § 194 Abs. 3 Satz 2 StGB besagt, dass die Beleidigung einer Behörde oder einer sonstige Stelle, die Aufgaben der öffentlichen Verwaltung wahrnimmt, auf Antrag des Behördenleiters oder des Leiters der aufsichtführenden Behörde verfolgt wird. Richtet sich die Tat gegen ein Gesetzgebungsorgan des Bundes oder eines Landes oder eine andere politische Körperschaft, so wird sie nach § 194 Abs. 4 StGB nur mit Ermächtigung der betroffenen Körperschaft verfolgt. Daraus schließt der BGH, dass die in den beiden Absätzen genannten Stellen strafrechtlichen Ehrschutz genießen, der über 823 Abs. 2 BGB i. V. m. §§ 185 ff. StGB zivilrechtliche Ansprüche begründen kann.[130] Zudem findet § 824 BGB auf staatliche Stellen Anwendung, „wenn und soweit der Staat ähnlich einem Privatmann am Wirtschaftsleben teilnimmt, auch wenn er dadurch öffentliche Aufgaben erfüllt."[131] Grundrechtsschutz genießen Behörden und Körperschaften des öffentlichen Rechts, soweit sie öffentliche Aufgaben wahrnehmen, hingegen nicht.

Die Rechtsprechung des EGMR ist noch unentschieden: Einerseits nimmt der Gerichtshof an, dass es „gute Gründe" dafür gibt, Körperschaften des öffentlichen Rechts die Berufung auf Schutz ihrer Reputation i. S. d. Art. 10 Abs. 2 EMRK zu verweigern[132] und dass ihnen dieser Schutz nur „unter außergewöhnlichen Umständen" zustehe.[133] Andererseits sei es nicht die Aufgabe des Gerichts, nationale Gesetzgebung abstrakt zu überprüfen, sondern nur in ihrer

---

[130] Siehe z. B. BGH, Urt. v. 16.11.1982, Az. VI ZR 122/80, NJW 1983, 1183 – Arbeitsamt; siehe auch BVerfG, Beschl. v. 10.10.1995, Az. 1 BvR 1476/91, 1 BvR 1980/91, 1 BvR 102/92, 1 BvR 221/92, NJW 1995, 3303, 3304 – „Soldaten sind Mörder".
[131] BGH, Urt. v. 07.02.1984, Az. VI ZR 193/82, BGHZ 90, 113, 123 – Bundesbahnplanungsvorhaben.
[132] EGMR, Romanenko u. a./Russland [2009] Beschwerde-Nr. 11751/03 [39].
[133] EGMR, Kharlamov/Russland [2015] Beschwerde-Nr. 27447/07 [25]. Noch weiter geht die Parlamentarische Versammlung des Europarates, die eine Klagbefugnis öffentlicher Stel-

Anwendung auf den Einzelfall.[134] In dieser Überprüfung von Einzelfällen gewährt der EGMR der Reputation von Körperschaften des öffentlichen Rechts
als „Personen des öffentlichen Lebens" vergleichsweise schwachen Schutz.[135]
Allerdings trennt der EGMR nicht immer konsequent zwischen der Reputation
der Körperschaft einerseits der Ehre ihrer Angestellten andererseits.[136]

Demgegenüber sind nach englischer Rechtsprechung Regierungsstellen und
Behörden vom Kreis der möglichen Anspruchssteller wegen *defamation* ausdrücklich ausgenommen, da staatliche Stellen sich uneingeschränkter öffentlicher Kritik stellen müssen. Die Gefahr einer Klage wegen *defamation* hemme
die Wahrnehmung der Redefreiheit.[137] Gleiches gilt für politische Parteien.[138] In
Deutschland wiederum ist der Ehrschutz politischer Parteien bislang weder
ausdrücklich an- noch aberkannt.[139]

Die deutsche Rechtsprechung zum Ehrschutz von Körperschaften des öffentlichen Rechts und von staatlichen Institutionen ist aus zwei Gründen kritisch zu hinterfragen. Zum einen ist fraglich, wie sich ein solcher Ehrschutz
theoretisch begründen lässt. Staatliche Stellen besitzen weder eine Würde noch
lässt sich ihr Ansehen nach der liberalen Theorie vom Eigentum begründen.
Selbst der BGH konzediert, dass staatliche Stellen weder eine persönliche Ehre
haben noch wie eine natürliche Person Träger des allgemeinen Persönlichkeitsrechts sein können.[140] Auch weist der BGH darauf hin, der zivilrechtliche Ehrschutz dürfe

„[s]elbstverständlich [...] weder den Bürger daran hindern, seine schutzwürdigen Inter-
essen vor den zuständigen Behörden nachdrücklich zu verfolgen, noch der öffentlichen
Verwaltung dazu dienen, sachliche Kritik an ihrer Amtstätigkeit abzublocken, an deren
Ausübung im Einklang mit der Rechtsordnung der Bürger auch dort ein berechtigtes
Interesse haben muß, wo Pflichtverletzungen nicht ihn selbst unmittelbar betreffen."[141]

---

len gänzlich abgeschafft sehen will (Honouring of obligations and commitments by the Rus-
sian Federation, Working Papers 20.–24.06.2005, Doc. 10568, S. 80).

[134] EGMR, Romanenko u. a./Russland [2009] Beschwerde-Nr. 11751/03 [39]; ähnlich bereits Lombardo u. a./Malta [2007] Beschwerde-Nr. 7333/06 [50].

[135] Siehe z. B. EGMR, Lombardo u. a./Malta [2007] Beschwerde-Nr. 7333/06 [54]; Kharla-
mov/Russland [2015] Beschwerde-Nr. 27447/07 [29].

[136] Siehe etwa EGMR, Frisk und Jensen/Dänemark [2017] Beschwerde-Nr. 19657/12 [49]:
„The allegations were also found to be defamatory for Copenhagen University Hospital
which, in the Court's view, rather acted as the representative for its unnamed management and
staff, who were also concerned by the accusations in the programme, than being a mere institution representing its interests in the form of prestige or commercial success."

[137] Derbyshire County Council v. Times Newspapers Ltd. [1993] AC 534.

[138] Goldsmith v. Bhoyrul [1998] QB 459.

[139] Vgl. BVerfG, Beschl. v. 22.06.1982, Az. 1 BvR 1376/79, BVerfGE 61, 1 – „CSU: NPD
Europas".

[140] BGH, Urt. v. 22.11.2005, Az. VI ZR 204/04, NJW 2006, 601 Rn. 9 – Erzbistum; vgl.
BVerfG, Beschl. v. 10.10.1995, Az. 1 BvR 1476/91, 1 BvR 1980/91, 1 BvR 102/92, 1 BvR 221/92,
NJW 1995, 3303, 3304 – „Soldaten sind Mörder"

[141] BGH, Urt. v. 16.11.1982, Az. VI ZR 122/80, NJW 1983, 1183 – Arbeitsamt.

Dem könne jedoch bei der Interessen- und Güterabwägung Rechnung getragen werden.[142]

Sinn und Zweck von Regelungen, die vermeintlich dem Schutz des „Ansehens" von Institutionen und Amtsträgern dienen (wie etwa §§ 185 ff. i. V. m. § 194 Abs. 3 StGB i. V. m. § 823 Abs. 2 BGB in der Lesart des BGH), ist indessen nicht der Schutz ihrer Ehre oder ihrer „sozialen Achtung".[143] Tatsächlich geht es um den Schutz ihrer Funktionsfähigkeit bei der Erfüllung ihrer öffentlichen Aufgaben,[144] etwa in ihrer Zusammenarbeit mit ausländischen Behörden.[145] Anders als der Ehrschutz natürlicher Personen ist der Ansehensschutz staatlicher Stellen somit nicht intrinsisch, sondern funktional. Es liegt nahe, dass der BGH diese Unterscheidung verkennt. Der BGH verweist auf eine Auffassung im Schrifttum, wonach die Bundesrepublik auf den strafrechtlichen Schutz des § 90a StGB beschränkt sei und daher zivilrechtliche Ansprüche als Folge von Medienberichterstattungen nicht geltend machen könne.[146] Dies, so der BGH, träfe „jedenfalls dann nicht zu, wenn die konkrete Äußerung geeignet ist, die Behörde schwerwiegend in ihrer Funktion zu beeinträchtigen."[147] Das Argument des BGH erinnert an Christian Morgensterns Gedicht „Die unmögliche Tatsache", wonach „nicht sein kann, was nicht sein darf". Zwar ist dem BGH zuzugestehen, dass die Funktionsfähigkeit staatlicher Stellen Schutz verdient. Das Zivilrecht ist jedoch das falsche Instrument, diesen Schutz zu gewährleisten. Bestand und Funktionieren des Staates und seiner Einrichtungen ist Kernbestandteil der *öffentlichen* Ordnung, ihr Schutz daher die Aufgabe des öffentlichen Rechts und nötigenfalls des Strafrechts, nicht aber die des Zivilrechts. Der Ehrschutz der Mitarbeiter staatlicher Einrichtungen, die sich durch einen Angriff auf ihren Arbeitgeber in ihrer eigenen, persönlichen Ehre verletzt fühlen, kann indes nicht prozessstandschaftlich durch die Institution selbst geltend gemacht werden.

Zum anderen ist ein „staatlicher Ehrschutz" von der Kommunikations- und der Medienfreiheit her gedacht problematisch. Die Kontrolle der Institutionen öffentlicher Gewalt ist die Kernaufgabe der journalistischen Medien. Bei der Erfüllung dieser Aufgabe bedürfen die Medien des besonderen Schutzes vor

---

[142] BGH, Urt. v. 16.11.1982, Az. VI ZR 122/80, NJW 1983, 1183 – Arbeitsamt.
[143] So aber BGH, Urt. v. 22.04.2008, Az. VI ZR 83/07, BGHZ 176, 175 Rn. 29 – BKA/Focus.
[144]   BGH, Urt. v. 22.11.2005, Az. VI ZR 204/04, NJW 2006, 601 Rn. 9 – Erzbistum; BVerfG, Beschl. v. 10.10.1995, Az. 1 BvR 1476/91, 1 BvR 1980/91, 1 BvR 102/92, 1 BvR 221/92, NJW 1995, 3303, 3304 – „Soldaten sind Mörder"; BGH, Urt. v. 22.04.2008, Az. VI ZR 83/07, BGHZ 176, 175 Rn. 13 – BKA/Focus.
[145] BGH, Urt. v. 22.04.2008, Az. VI ZR 83/07, BGHZ 176, 175 Rn. 34 – BKA/Focus.
[146] Vgl. *Prinz/Peters*, Medienrecht: Die zivilrechtlichen Ansprüche, 1999, Rn. 141; *Soehring/Hoene*, Presserecht, 5. Aufl. 2013, § 13 Rn. 19; *Burkhardt*, in: Wenzel, Das Recht der Wort- und Bildberichterstattung, 5. Aufl. 2003, Kap. 5 Rn. 126.
[147] BGH, Urt. v. 22.04.2008, Az. VI ZR 83/07, BGHZ 176, 175 Rn. 29 – BKA/Focus.

staatlichen Eingriffen.[148] Ein besonderer rechtlicher Status für Amtsträger oder Institutionen, der diesen allein aufgrund ihres Amtes und ihrer Funktion zukommt, kann eine abschreckende Wirkung auf Kritik an diesen Personen oder Institutionen ausüben und zum Missbrauch einladen.[149] Regelungen zum Schutz des Ansehens staatlicher Institutionen, wie etwa Majestätsbeleidigung,[150] Verunglimpfung eines in-[151] oder ausländischen[152] Staatsoberhaupts sowie Verunglimpfung staatlicher Symbole und Institutionen,[153] sind daher äußerst restriktiv auszulegen und anzuwenden. Der Schutz darf nicht dazu führen, staatliche Einrichtungen gegenüber Kritik zu immunisieren.[154] Dies steht dem Ansatz entgegen, Vorschriften zum Schutz des Ansehens staatlicher Institutionen durch die Inkorporierung in das Zivilrecht einen noch weiteren Anwendungsbereich zu verleihen, als sie durch ihre strafrechtliche Natur bereits haben.

IV. Gesellschaftliche Gruppen und Kollektive und ihre Angehörigen

Zu unterscheiden ist zwischen dem Ehrschutz eines Kollektivs einerseits, etwa eines Wirtschaftsunternehmens oder einer Religionsgemeinschaft, und Angriffen auf die persönliche Ehre von Mitgliedern eines Kollektivs andererseits. So entschied das BVerfG, dass Äußerungen, die nicht erkennbar auf bestimmte Personen bezogen sind, einen Angriff auf die persönliche Ehre der Mitglieder

---

[148] BGH, Urt. v. 22.04.2008, Az. VI ZR 83/07, BGHZ 176, 175 Rn. 33 – BKA/Focus.

[149] *Oster*, Media Freedom as a Fundamental Right, 2015, S. 156; vgl. EGMR, Lepojić/Serbien [2007] Beschwerde-Nr. 13909/05 [78].

[150] UN-Menschenrechtsausschuss, Aduayom u. a./Togo [1996] Mitteilung Nr. 422–424/1990 [7.4]; EGMR, Otegi Mondragon/Spanien [2011] Beschwerde-Nr. 2034/07 [55].

[151] Z. B. § 90 StGB. Zur Verunglimpfung inländischer Staatsoberhäupter UN-Menschenrechtsausschuss, Abschließende Bemerkungen zu Zambia (CCPR/ZMB/CO/3), Rn. 25; EGMR, Eon/Frankreich [2013] Beschwerde-Nr. 26118/10 [55].

[152] Z. B. § 103 StGB (die Aufhebung der Vorschrift ist beschlossen; siehe BR-Drucks. 214/16 (Beschluss)). Zur Verunglimpfung ausländischer Staatsoberhäupter z. B. EGMR, Colombani u. a./Frankreich [2002] Beschwerde-Nr. 51279/99 [68].

[153] Z. B. §§ 90, 90a StGB. Zur Verunglimpfung staatlicher Symbole und Institutionen UN-Menschenrechtsausschuss, Abschließende Bemerkungen zu Costa Rica (CCPR/C/CRI/CO/5), Rn. 11; Abschließende Bemerkungen zu Honduras (CCPR/C/HND/CO/1), Rn. 18; Abschließende Bemerkungen zu Tunesien (CCPR/C/TUN/CO/5), Rn. 18; Wirtschafts- und Sozialrat der Vereinten Nationen, Siracusa Principles on the Limitation and Derogation Provisions in the International Covenant on Civil and Political Rights, U.N. Doc. E/CN.4/1985/4, Annex (1985), Rn. 37.

[154] Vgl. BVerfG, Beschl. v. 10.10.1995, Az. 1 BvR 1476/91, 1 BvR 1980/91, 1 BvR 102/92, 1 BvR 221/92, NJW 1995, 3303, 3304 – „Soldaten sind Mörder"; BR-Drucks. 214/16 (Beschluss), S. 1.

des Kollektivs darstellen können.[155] Die persönliche Ehre eines Menschen lasse „sich nicht rein individuell und losgelöst von den kollektiven Bezügen, in denen er steht, betrachten." Der Einzelne werde von seiner Umwelt „mit den Kollektiven, denen er angehört, und den sozialen Rollen, die er ausfüllt, mehr oder weniger identifiziert." Daraus folgt, dass das Ansehen einer Person „nicht allein von seinen individuellen Eigenschaften und Verhaltensweisen, sondern auch von den Merkmalen und Tätigkeiten der Gruppen, denen er angehört, oder der Institutionen, in denen er tätig ist", abhängt. Herabsetzende Äußerungen über Kollektive können daher auch einen Angriff auf die persönliche Ehre der Mitglieder des Kollektivs begründen.[156]

Allerdings ist die individuelle Ehrverletzung über ein Kollektiv nicht binär, sondern im Sinne der Fuzzylogik bzw. – in den Worten des BVerfG – einer „imaginären Skala" zu begreifen.[157] Die Betroffenheit des Einzelnen ist umso größer, je überschaubarer das Kollektiv ist, auf das sich die herabsetzende Äußerung bezieht. Umgekehrt gilt: Je größer das Kollektiv ist, desto schwächer ist die persönliche Betroffenheit des einzelnen Mitglieds. Dies ist damit begründet, dass mit zunehmender Größe des Kollektivs aus der Sicht des Sprechers zumeist der behauptete „Unwert des Kollektivs und seiner sozialen Funktion" in den Vordergrund rückt und der vermeintliche individuelle „Unwert" des einzelnen Mitglieds dahinter verblasst.[158] Das BVerfG entschied etwa, dass „alle Katholiken oder Protestanten", „alle Gewerkschaftsmitglieder", „alle Frauen" oder „die Polizei" keine hinreichend überschaubare und abgegrenzte Personengruppe mehr bilden, die eine „personalisierte[] Zuordnung" ermöglicht.[159] Soldaten im Allgemeinen seien ebenfalls keine hinreichend überschaubare Gruppe, wohl aber aktive Soldaten der Bundeswehr.[160]

Ein noch strengerer Ansatz gilt im Vereinigten Königreich. Hier ist es das Erfordernis der „Kundgabe unter Bezugnahme auf den Kläger" (*publication referring to the claimant*), welches die Annahme einer Individualbeleidigung

---

[155] BVerfG, Beschl. v. 10.10.1995, Az. 1 BvR 1476/91, 1 BvR 1980/91, 1 BvR 102/92, 1 BvR 221/92, NJW 1995, 3303, 3304 – „Soldaten sind Mörder".

[156] BVerfG, Beschl. v. 10.10.1995, Az. 1 BvR 1476/91, 1 BvR 1980/91, 1 BvR 102/92, 1 BvR 221/92, NJW 1995, 3303, 3306 – „Soldaten sind Mörder".

[157] BVerfG, Beschl. v. 10.10.1995, Az. 1 BvR 1476/91, 1 BvR 1980/91, 1 BvR 102/92, 1 BvR 221/92, NJW 1995, 3303, 3306 – „Soldaten sind Mörder"; BVerfG, Beschl. v. 17.05.2016, Az. 1 BvR 257/14, K&R 2016, 494 Rn. 16 – „ACAB"; *Robertson/Nicol*, Media Law, 5. Aufl. 2007, Rn. 3-027.

[158] BVerfG, Beschl. v. 10.10.1995, Az. 1 BvR 1476/91, 1 BvR 1980/91, 1 BvR 102/92, 1 BvR 221/92, NJW 1995, 3303, 3306 – „Soldaten sind Mörder"; BVerfG, Beschl. v. 17.05.2016, Az. 1 BvR 257/14, K&R 2016, 494 Rn. 16 – „ACAB".

[159] BVerfG, Beschl. v. 10.10.1995, Az. 1 BvR 1476/91, 1 BvR 1980/91, 1 BvR 102/92, 1 BvR 221/92, NJW 1995, 3303, 3306 – „Soldaten sind Mörder"; Beschl. v. 17.05.2016, Az. 1 BvR 257/14, K&R 2016, 494 Rn. 17 – „ACAB".

[160] BVerfG, Beschl. v. 10.10.1995, Az. 1 BvR 1476/91, 1 BvR 1980/91, 1 BvR 102/92, 1 BvR 221/92, NJW 1995, 3303, 3306 – „Soldaten sind Mörder".

infolge der Beleidigung eines Kollektivs erschwert. In den Fällen, in denen der Kläger nicht namentlich genannt wird, ist eine Bezugnahme auf den Kläger nur dann anzunehmen, wenn Bekannte des Klägers diesen vernünftigerweise als die betroffene Person identifizierten. Die Bezugnahme auf einen begrenzten Personenkreis (*limited class*) kann im Einzelfall als Bezugnahme auf jedes Mitglied dieses Personenkreises verstanden werden.[161] So entschied der High Court etwa, dass die Behauptung, nicht namentlich genannte Mitarbeiter des Kriminalkommissariats von Banbury hätten eine Vergewaltigung begangen, eine Diffamierung aller 12 Mitarbeiter dieses Kommissariats darstelle.[162] Demgegenüber entschied das House of Lords in der Grundsatzentscheidung *Knupffer v. London Express Newspaper*, dass die Behauptung, eine ca. 2.000 Mitglieder zählende internationale russische Exilantenbewegung kooperiere mit Hitler, nicht in Bezug auf ein einzelnes Mitglied diffamierend sei.[163]

Ausnahmsweise kann auch bei herabsetzenden Äußerungen über große Kollektive auf der Grundlage ethnischer, rassischer, körperlicher oder geistiger Merkmale eine Diffamierung der ihnen angehörenden Personen vorliegen. Dies ist etwa der Fall bei der Leugnung des Holocaust. Nach der Rechtsprechung bilden in Deutschland lebende Juden „aufgrund des Schicksals, dem die jüdische Bevölkerung unter der Herrschaft des Nationalsozialismus ausgesetzt war, eine beleidigungsfähige Gruppe; die Leugnung der Judenverfolgung wird als eine dieser Gruppe zugefügte Beleidigung beurteilt."[164] Die Gerichte erkennen einen „Begründungszusammenhang zwischen der Leugnung der rassisch motivierten Vernichtung der jüdischen Bevölkerung im Dritten Reich und dem Angriff auf den Achtungsanspruch und die Menschenwürde der heute lebenden Juden".[165] Für solche Beleidigungen hat der Gesetzgeber in § 194 Abs. 1 Satz 2 StGB eine Ausnahme vom Antragserfordernis eingefügt.

Einen ähnlichen Ansatz verfolgt der EGMR. In *Aksu gegen Türkei* weigerte sich der türkische Staat, die Veröffentlichung bestimmter Bücher zu untersagen, welche die Volksgruppe der Roma herabsetzten. Der EGMR entschied, dass der Beschwerdeführer, ein Rom, gegenüber dieser Weigerung im Sinne des Art. 34 EMRK beschwerdefähig sei. Zwar setze der Begriff des „Opfers" (*victim* bzw. *victime*) in Art. 34 EMRK – die nichtamtliche deutsche Übersetzung spricht von „verletzt" – voraus, dass eine Person durch die Maßnahme „direkt und persönlich betroffen" ist. Allerdings sei das Kriterium der „per-

---

[161] Knupffer v. London Express Newspaper Ltd. [1944] UKHL 1.
[162] Riches v. News Group Newspapers Ltd. [1986] 1 QB 255.
[163] Knupffer v. London Express Newspaper Ltd. [1944] UKHL 1.
[164] BGH, Urt. v. 18.09.1979, Az. VI ZR 140/78, BGHZ 75, 160, 162f. – „Zionistischer Schwindel"; BVerfG, Beschl. v. 13.04.1994, Az. 1 BvR 23/94, BVerfGE 90, 241, 252f. – „Auschwitzlüge"; BVerfG, Beschl. v. 20.02.2009, Az. 1 BvR 2266/04 und 1 BvR 2620/05 – „Tier-Holocaust".
[165] BVerfG, Beschl. v. 13.04.1994, Az. 1 BvR 23/94, BVerfGE 90, 241, 252 – „Auschwitzlüge".

sönlichen Betroffenheit" nicht „starr und unnachgiebig" (*„in a rigid and inflexible way"*) anzuwenden.[166] Im vorliegenden Fall, so der EGMR, „konnte" sich der Beschwerdeführer durch die Äußerungen betreffend die ethnische Gruppe, zu der er gehörte, „angegriffen fühlen" (*„he could [...] have felt offended"*).[167] Da die Klagebefugnis des Beschwerdeführers auch im innerstaatlichen Verfahren nicht in Frage gestellt worden sei und weil die Kriterien bezüglich der Beschwerdebefugnis „flexibel" anzuwenden seien, hielt der EGMR den Beschwerdeführer hinsichtlich seiner Rechte aus Art. 8 EMRK für beschwerdebefugt. In der Begründetheit führt der EGMR weiter aus, dass die ethnische Identität eines Individuums als ein Element seiner „persönlichen Autonomie" anzusehen sei, die wiederum Bestandteil seines „Privatlebens" nach Art. 8 EMRK ist.[168] Insbesondere sei „jede negative Stereotypisierung einer Gruppe, die ein bestimmtes Niveau erreicht, imstande, sich auf das Identitätsgefühl der Gruppe sowie ihre Gefühle von Selbstwert und Selbstbewusstsein auszuwirken." In diesem Sinn könne das Privatleben von Mitgliedern der Gruppe beeinträchtigt werden.[169] Im Ergebnis war die Beschwerde nach Auffassung des EGMR jedoch unbegründet.

Die Anerkennung der Beschwerdefähigkeit des Beschwerdeführers mag zwar rechtspolitisch verständlich sein, rechtsdogmatisch ist sie allerdings problematisch. Der Gerichtshof selbst weist darauf hin, dass es Sinn und Zweck des Art. 34 EMRK sei, Popularklagen auszuschließen.[170] *Aksu gegen Türkei* ist jedoch nichts anderes als eine Popularklage. Der Ansatz des EGMR in *Aksu* widerspricht auch der Rechtsprechung des Gerichts zur Aktivlegitimation bei Diffamierungsklagen. Nach dem EGMR ist es eine „fundamentale Voraussetzung des Diffamierungsrechts", dass die diffamierende Stellungnahme sich auf ein einzelnes Individuum beziehen muss.[171] In *Dyuldin und Kislov gegen Russland* wies der EGMR ausdrücklich darauf hin, dass ein Eingriff in die Kommunikationsfreiheit zum Schutz der Reputation anderer nur dann verhältnismäßig ist, wenn eine „objektive Verbindung zwischen der streitgegenständlichen Äußerung und dem Kläger" besteht. „Bloße persönliche Mutmaßungen oder die subjektive Wahrnehmung einer Veröffentlichung als diffamierend genügen nicht, um festzustellen, dass die Person von der Äußerung betroffen ist."[172] Ge-

---

[166] EGMR, Aksu/Türkei [2012] Beschwerde-Nr. 4149/04 und 41029/04 [51] m. w. N.

[167] EGMR, Aksu/Türkei [2012] Beschwerde-Nr. 4149/04 und 41029/04 [52].

[168] EGMR, Aksu/Türkei [2012] Beschwerde-Nr. 4149/04 und 41029/04 [58].

[169] EGMR, Aksu/Türkei [2012] Beschwerde-Nr. 4149/04 und 41029/04 [58].

[170] EGMR, Aksu/Türkei [2012] Beschwerde-Nr. 4149/04 und 41029/04 [50].

[171] EGMR, Dyuldin und Kislov/Russland [2007] Beschwerde-Nr. 25968/02 [43]: „a fundamental requirement of the law of defamation is that in order to give rise to a cause of action the defamatory statement must refer to a particular person." Vgl. Putistin/Ukraine [2013] Beschwerde-Nr. 16882/03 [37].

[172] EGMR, Dyuldin und Kislov/Russland [2007] Beschwerde-Nr. 25968/02 [44]: „for an interference with the right to freedom of expression to be proportionate to the legitimate aim

nau dies war jedoch der Fall in *Aksu*: Allein die Tatsache, dass sich der der Beschwerdeführer durch die Äußerungen „angegriffen fühlen konnte", genügte als – schwache – Grundlage dafür, ihn als „Opfer" einer behaupteten „Rechtsverletzung" im Sinne des Art. 34 EMRK durch die Äußerung eines Dritten zu betrachten. Hierdurch verschwimmen die Grenzen von subjektiven Rechten und objektiven Prinzipien. Dies wird besonders deutlich in der abweichenden Meinung der Richterin Gyulumyan, die die Beschwerde sogar als begründet ansah. Sie verwies auf die UNESCO-„Erklärung über Rassen und rassistische Vorurteile", einen Länderbericht und eine Empfehlung der Europäischen Kommission gegen Rassismus und Intoleranz sowie weitere Erklärungen und Empfehlungen des Europarates und des UN-Ausschusses für die Beseitigung der Rassendiskriminierung. Hieraus folgerte sie zutreffend das rechtspolitische Desiderat, dass die „fortdauernde Stereotypisierung der Roma aufhören muss".[173] Worauf sie allerdings nicht einging war die Frage, ob und mit welcher Begründung dem Beschwerdeführer hieraus *subjektive Rechte* erwuchsen. Ein derart weites Verständnis einer individuellen Opfereigenschaft bei herabsetzenden Äußerungen unter einer Sammelbezeichnung ist auch deswegen bedenklich, da sie eine abschreckende Wirkung für kritische Äußerungen über politische und soziale Erscheinungen oder Einrichtungen zeitigen kann.[174]

Die Entscheidung des EGMR zur Zulässigkeit der Beschwerde in *Aksu* ähnelt der Spruchpraxis des UN-Ausschusses für die Beseitigung der Rassendiskriminierung. Eine Petition („Mitteilung") zum Antidiskriminierungsausschuss ist nach Art. 14 des Internationalen Übereinkommens zur Beseitigung jeder Form von Rassendiskriminierung zulässig für Personen oder Personengruppen, die vorgeben, Opfer einer Verletzung eines in dem Übereinkommen vorgesehenen Rechts zu sein. Der Ausschuss legt den Begriff des „Opfers" weit aus und lässt es genügen, dass der Petent Mitglied eines Kollektivs ist, das möglicherweise Opfer der Verletzung eines in dem Übereinkommen vorgesehenen Rechts ist.[175]

Von der Beleidigung von Individuen unter einer Kollektivbezeichnung zu unterscheiden sind Beleidigungen von Kollektiven als solchen. Besondere Aufmerksamkeit erfuhr in der jüngeren Vergangenheit das Konzept der „Diffamierung von Religionen". Im April 1999 verabschiedete die UN-Menschenrechts-

---

of the protection of the reputation of others, the existence of an objective link between the impugned statement and the person suing in defamation is a requisite element. Mere personal conjecture or subjective perception of a publication as defamatory does not suffice to establish that the person was directly affected by the publication." Bestätigt z.B. in OOO 'Vesti' und Ukhov/Russland [2013] Beschwerde-Nr. 21724/03 [62].

[173] EGMR, Aksu/Türkei [2012] Beschwerde-Nr. 4149/04 und 41029/04 [10], abweichende Meinung der Richterin Gyulumyan.

[174] Vgl. BVerfG, Beschl. v. 10.10.1995, Az. 1 BvR 1476/91, 1 BvR 1980/91, 1 BvR 102/92, 1 BvR 221/92, NJW 1995, 3303, 3306 – „Soldaten sind Mörder".

[175] Siehe z.B. UN-Ausschuss für die Beseitigung der Rassendiskriminierung, Kamal Quereshi/Dänemark [2003] CERD/C/63/D/27/2002.

kommission die Resolution „Defamation of Religions", die Pakistan unter dem Arbeitstitel „Defamation of Islam" vorgeschlagen hatte.[176] Insbesondere auf Initiative von Staaten mit einer mehrheitlich muslimischen Bevölkerung verabschiedeten die UN-Menschenrechtskommission und später der UN-Menschenrechtsrat weitere Resolutionen, die sich gegen die „Diffamierung von Religionen" wendeten.[177] Zwischen 2005 und 2010 beschloss die Generalversammlung der Vereinten Nationen ähnliche Resolutionen.[178]

Analog der Argumentation des BGH zu § 194 Abs. 3 Satz 2 StGB ließe sich auch aus dessen Satz 3 der Schluss ziehen, dass Religionsgemeinschaften straf- und zivilrechtlicher Ehrschutz nach §§ 185 ff. StGB i. V. m. § 823 Abs. 2 BGB zusteht. Nach § 194 Abs. 3 Satz 3 StGB gilt für das Antragsrecht von Trägern von Ämtern und für Behörden der Kirchen und anderen Religionsgesellschaften des öffentlichen Rechts „dasselbe" wie bei Behörden oder sonstigen Stellen, die Aufgaben der öffentlichen Verwaltung wahrnehmen. Schließlich deutete auch der EGMR in *Otto-Preminger-Institut gegen Österreich* an, dass religiöse Empfindungen unter die „Rechte anderer" im Sinne des Art. 10 Abs. 2 EGMR subsumiert werden können.[179]

Aus drei Gründen ist das Konzept der „Diffamierung von Religionen" oder Religionsgemeinschaften jedoch problematisch.[180] Erstens ist es nicht zu rechtfertigen, die „Diffamierung von Religionen" für rechtlich satisfaktionsfähig zu erklären, die „Beleidigung" beispielsweise ethnischer oder nationaler Zugehörigkeit hingegen nicht. Zweitens ist das Konzept der „Diffamierung von Religionen" deswegen fragwürdig, weil die „Ehre von Religionen" weder ehrschutztheoretisch noch menschenrechtlich fundiert ist. Religionen genießen weder

---

[176] UN-Menschenrechtskommission, Resolution 1999/82: Defamation of religions, 30. April 1999.

[177] UN-Menschenrechtskommission, Resolution 2000/84: Defamation of religions, 26. April 2000; Resolution 2001/4: Combating defamation of religions as a means to promote human rights, social harmony and religious and cultural diversity, 18. April 2001; Resolution 2002/9: Combating defamation of religions, 15. April 2002; Resolution 2003/4: Combating defamation of religions, 14. April 2003; Resolution 2004/6: Combating defamation of religions, 13. April 2004; Resolution 2005/3: Combating defamation of religions, 12. April 2005; UN-Menschenrechtsrat, Decision 1/107: Incitement to racial and religious hatred and the promotion of tolerance, 30. Juni 2006; Resolution 4/9: Combating defamation of religions, 30. März 2007; Resolution 7/19: Combating defamation of religions, 27. März 2008; Resolution 10/22: Combating defamation of religions, 26. März 2009.

[178] UN-Vollversammlung, Resolution 60/150 vom 16. Dezember 2005, Resolution 61/164 vom 19. Dezember 2006, Resolution 62/154 vom 18. Dezember 2007, Resolution 63/171 vom 18. Dezember 2008, Resolution 64/156 vom 18. Dezember 2009 und Resolution 65/224 vom 21. Dezember 2010, alle mit dem Titel: „Combating defamation of religions".

[179] EGMR, Otto-Preminger-Institut/Österreich [1994] Beschwerde-Nr. 13470/87 [48]; vgl. Wingrove/Vereinigtes Königreich [1996] Beschwerde-Nr. 17419/90 [48]; EKomMR, X. Ltd. und Y/Vereinigtes Königreich [1982] Beschwerde-Nr. 8710/79 [11]; dazu *Keller*, European and International Media Law, 2011, S. 204.

[180] Zu Einzelheiten *Oster*, Review of International Law & Politics 12 (2016), 139.

den Schutz der persönlichen Ehre noch den eines (sonstigen) Grundrechts.[181]
Zwar schützen Art. 18 IPbpR, Art. 9 EMRK, Art. 10 EUGRCh und Art. 4 GG
die Religionsfreiheit. Diese findet jedoch nur auf Gläubige Anwendung,[182] nicht
auf den Glauben. Drittens würde die Kodifikation einer „Diffamierung von
Religionen" erhebliche Rechtsunsicherheit erzeugen. Was wäre als Religion zu
qualifizieren, welche Aspekte der Religion – Götter, Symbole, geheiligte Figuren oder Bräuche – wären zu schützen, und worin bestünde eine „Diffamierung" von Religionen?[183] Zwar stellen sich diese Fragen auch regelmäßig im
Anwendungsbereich der Religionsfreiheit.[184] Sie sind jedoch dem Missbrauch
besonders leicht zugänglich. Dies wäre im Hinblick auf einen zivilrechtlichen
Haftungstatbestand (oder gar einen Straftatbestand) noch problematischer, als
es im Hinblick auf die Anwendung der Religionsfreiheit im öffentlichen Recht
bereits ist. In ihrer gemeinsamen abweichenden Entscheidung zu *Otto-Preminger-Institut gegen Österreich* wiesen die Richter Palm, Pekkanen und Makarczyk zutreffend darauf hin, dass die EMRK kein allgemeines Recht auf den
Schutz religiöser Gefühle gewährleiste. Insbesondere könne ein solches Recht
nicht aus Art. 9 EMRK hergeleitet werden. Vielmehr schütze Art. 9 EMRK gerade das Recht, sich kritisch über die religiösen Auffassungen anderer zu äußern.[185] In der Literatur trifft diese Auffassung auf Zustimmung.[186] Zwischen
der „Diffamierung von Religionen" und dem Sich-beleidigt-Fühlen einzelner
Gläubiger einerseits und dem Angriff auf die Ehre eines Individuums andererseits ist sorgfältig zu differenzieren.[187] Die erstgenannte Fallgruppe betrifft die
Kritik von Religionen als solcher („Christentum ist schlecht, weil …"). Die
zweite Fallgruppe betrifft die Kritik einer Person aufgrund ihrer religiösen
Überzeugungen („Weil Du ein Christ bist, bist Du …"). Sachverhalte der erstgenannten Kategorie vermögen im Einzelfall (Straf-)Vorschriften verletzen,

---

[181] *Temperman*, Netherlands Quarterly of Human Rights 26 (2008), 517, 526.

[182] Bzw. in ihrer negative Dimension auf die Freiheit, keinen Glauben haben zu müssen.

[183] *Temperman*, Netherlands Quarterly of Human Rights 26 (2008), 517, 527; *van Noorloos*, European Journal of Crime, Criminal Law and Criminal Justice 22 (2014), 351, 356.

[184] Siehe z. B. US Supreme Court, Sherbert v. Verner, 374 U.S. 398 (1963); Thomas v. Review Board of the Indiana Employment Security Division, 450 U.S. 707 (1981); Church of the
Lukumi Babalu Aye Inc. v. City of Hialeah, 508 U.S. 520 (1993); EKomMR, Swami Omkarananda und Divine Light Zentrum/Schweiz [1981] Beschwerde-Nr. 8118/77; EGMR, Buscarini
u. a./San Marino [1999] Beschwerde-Nr. 24645/94; Pretty/Vereinigtes Königreich [2002] Beschwerde-Nr. 2346/02; BVerfG, Beschl. v. 05.02.1991, Az. 2 BvR 263/86, BVerfGE 83, 341 –
Bahá'í.

[185] EGMR, Otto-Preminger-Institut/Österreich [1994] Beschwerde-Nr. 13470/87, gemeinsame abw. Meinung der Richter Palm, Pekkanen und Makarczyk [6].

[186] Siehe z. B. *Ahdar/Leigh*, Religious Freedom in the Liberal State, 2005, S. 395 f.; *Temperman*, Netherlands Quarterly of Human Rights 26 (2008), 517, 535; *Letsas*, in: Zucca/Ungure-
anu (Hrsg.), Law, State and Religion in the New Europe, 2012, 239; *Khan*, European Human
Rights Law Review 2012, 191; *Trispiotis*, Columbia Journal of European Law 19 (2013), 499,
549 f.; *Oster*, Review of International Law & Politics 12 (2016), 139, 151.

[187] *Oster*, Review of International Law & Politics 12 (2016), 139, 151 ff.

welche dem Schutz der öffentlichen Ordnung dienen, wie etwa § 166 StGB. Nur die zweite Fallgruppe vermag jedoch im Einzelfall einen justiziablen Angriff auf die Ehre eines Einzelnen zu begründen.

Vor diesem Hintergrund ist zu begrüßen, dass der Rahmenbeschluss des Rates zur strafrechtlichen Bekämpfung bestimmter Formen und Ausdrucksweisen von Rassismus und Fremdenfeindlichkeit das Konzept der „Diffamierung von Religionen" implizit ablehnte.[188] Art. 1 des Rahmenbeschlusses verpflichtet die Mitgliedstaaten dazu, die erforderlichen Maßnahmen zu treffen, um sicherzustellen, dass bestimmte vorsätzliche Handlungen unter Strafe gestellt werden. Diese Handlungen umfassen die öffentliche Aufstachelung zu Gewalt oder Hass gegen eine nach Rasse, Hautfarbe, Religion, Abstammung oder durch nationale oder ethnische Herkunft definierte Gruppe von Personen oder gegen ein Mitglied einer solchen Gruppe. Art. 1 Abs. 3 stellt jedoch klar, dass der Verweis auf Religion mindestens Handlungsweisen erfassen soll, die als Vorwand für die Begehung von Handlungen gegen eine nach Rasse, Hautfarbe, Abstammung oder durch nationale oder ethnische Herkunft definierte Gruppe oder ein Mitglied einer solchen Gruppe dienen. Der Rahmenbeschluss umfasst somit öffentliche Aufstachelung zu Gewalt oder Hass gegen eine nach Religion definierte Gruppe nur dann, wenn diese Aufstachelung rassistischer oder fremdenfeindlicher Natur ist, nicht jedoch zum Schutz einer bestimmten Religion als solcher.[189]

Max Weber schrieb, „Intellektualisierung und Rationalisierung" hätten zu einer „Entzauberung der Welt" geführt.[190] Kommunikationsfreiheit ist daher so zu konzipieren, dass es einen Ausgleich zwischen liberalen Grundwerten und der angemessenen Achtung religiöser Empfindungen auch in „postsäkularen Gesellschaften"[191] gewährleistet. Hierzu gehören ein dritter Weg zwischen religiösem Traditionalismus und säkularem Totalitarismus ebenso wie eine sorgfältige Trennung zwischen justiziablen Verletzungen der öffentlichen Ordnung und der Rechte einzelner einerseits und nicht-justiziablen „Diffamierung von Religionen" andererseits.[192] Das Konzept der „Diffamierung von Religionen" sollte für ein gesellschaftlich verträgliches Austarieren des Grundrechts auf Kommunikationsfreiheit einerseits und der Bedeutung religiöser Gefühle andererseits keine Rolle spielen.

---

[188] Rahmenbeschluss 2008/913/JI des Rates vom 28. November 2008 zur strafrechtlichen Bekämpfung bestimmter Formen und Ausdrucksweisen von Rassismus und Fremdenfeindlichkeit, ABl. L 328/55.

[189] Siehe Rat der Europäischen Union, Mapping of complementary standards on racism, racial discrimination, xenophobia and related intolerance, 12243/1/10, 5. November 2010, S. 7.

[190] *Weber*, Wissenschaft als Beruf, 1919, S. 9; vgl. *Habermas*, Theorie des kommunikativen Handelns, Band 1: Handlungsrationalität und gesellschaftliche Rationalisierung, 1981, S. 457; *Habermas*, New Perspectives Quarterly 2008 (Fall), 17.

[191] *Habermas*, New Perspectives Quarterly 2008 (Fall), 17.

[192] Dazu *Oster*, Review of International Law & Politics 12 (2016), 139, 146 ff.

V. Zusammenfassung von Kapitel 3

Allen hier untersuchten Rechtsordnungen ist gemein, dass sie die Ehre lebender natürlicher Personen schützen. Darüber hinaus besteht jedoch erhebliche Dissonanz, die ihrerseits mit den unterschiedlichen theoretischen Grundlagen des Ehrschutzes, nämlich als Ausprägung der Menschenwürde einerseits oder in Analogie zum Eigentum andererseits, erklärt werden kann. Anders als in England ist in Deutschland ein postmortaler Ehrschutz in einem beschränkten Umfang anerkannt. Ob juristische Personen und Personengesamtheiten in England und Wales Ehrschutz genießen, ist noch nicht abschließend geklärt. Hier sprechen jedoch die besseren Argumente dafür, ähnlich wie in Deutschland einen solchen Ehrschutz anzuerkennen. Da ein Unternehmen keine Würde und keine Persönlichkeit hat, kann ein Ehrschutzanspruch eines Unternehmens nur mit einem Verständnis von Ehre als Ausprägung des Eigentums erklärt werden. Dabei sind die Grenzen akzeptabler Kritik an Unternehmen weit zu ziehen: Sie sind als Personen des öffentlichen Lebens *per se* zu betrachten.

Ein Ehrschutz juristischer Personen des öffentlichen Rechts ist hingegen abzulehnen. Staatliche Stellen besitzen weder eine Würde noch lässt sich ihr Ansehen nach der Theorie vom Eigentum begründen. Zudem sollten öffentlich-rechtliche, insbesondere strafrechtliche Regelungen zum Schutz des Ansehens und der Funktionsfähigkeit staatlicher Institutionen nicht durch die Inkorporierung in das Zivilrecht einen noch weiteren Anwendungsbereich erhalten und damit von kritischer Auseinandersetzung abschrecken.

Problematisch ist schließlich auch die Beleidigungsfähigkeit gesellschaftlicher Gruppen und Kollektive. Je größer das Kollektiv ist, desto schwächer ist die persönliche Betroffenheit des einzelnen Mitglieds. Nur ausnahmsweise kann auch bei herabsetzenden Äußerungen über große Kollektive auf der Grundlage ethnischer, rassischer, körperlicher oder geistiger Merkmale eine Diffamierung der ihnen angehörenden Personen vorliegen. Von der Beleidigung von Individuen unter einer Kollektivbezeichnung zu unterscheiden sind Beleidigungen von Kollektiven als solchen. Diese sind nur mit äußerster Zurückhaltung anzuerkennen. Insbesondere ist das Konzept der „Diffamierung von Religionen" abzulehnen.

4. Kapitel

Abwägung der konfligierenden Rechte

Grund- und Menschenrechte sind Prinzipien, keine Regeln.[1] Im Gegensatz zu Prinzipien sind Regeln solche Normen, deren Voraussetzungen entweder erfüllt sind oder nicht. Prinzipien sind „Optimierungsgebote", die verlangen, dass „etwas in einem relativ auf die rechtlichen und tatsächlichen Möglichkeiten möglichst hohen Maße realisiert wird."[2] Die Unterscheidung zwischen Regeln und Prinzipien ist in den Fällen bedeutsam, in denen Normen im Widerspruch zueinander stehen. Wenn zwei Regeln zueinander im Widerspruch stehen, dann kann nur eine von ihnen Anwendung finden. Welche Regel Anwendung findet, entscheidet sich zunächst aufgrund einer ausdrücklichen Anwendbarkeitsvorschrift. Mangelt es an einer solchen Vorschrift, bestimmt sich die anzuwendende Regel nach den Instrumenten der Gesetzesauslegung, wie etwa die *lex specialis*- oder die *lex posterior*-Regel. Im Gegensatz dazu entscheidet sich ein Konflikt zwischen widerstreitenden Prinzipien, etwa des Ehrschutzes einerseits und der Kommunikationsfreiheit andererseits, regelmäßig dadurch, dass das relative Gewicht der beiden konfligierenden Prinzipien bestimmt und in ein Verhältnis zueinander gesetzt wird, auch „Abwägungsentscheidung" genannt.[3] So findet eine Abwägung zwischen Kommunikationsfreiheit und Ehrschutz beispielsweise nicht oder nur begrenzt statt im Rahmen der Indemnität von Parlamentsabgeordneten[4] und dem Privileg der Parlamentsberichterstattung, da hierfür Regeln bestehen.[5]

---

[1] *Dworkin*, Taking Rights Seriously, 1977, S. 22 ff. Dieses Kapitel basiert auf *Oster*, Media Freedom as a Fundamental Right, 2015, S. 123 ff., 145 ff. und entwickelt darin enthaltene Überlegungen weiter.

[2] *Alexy*, Theorie der Grundrechte, 1994, S. 75.

[3] *Dworkin*, Taking Rights Seriously, 1977, S. 26; *Alexy*, Theorie der Grundrechte, 1994, S. 78 ff. Siehe z. B. BVerfG, Beschl. v. 10.11.1998, Az. 1 BvR 1531/96, BVerfGE 99, 185, 196 – Scientology.

[4] Art. 9 Bill of Rights 1689: „That the Freedome of Speech and Debates or Proceedings in Parlyament ought not to be impeached or questioned in any Court or Place out of Parlyament"; Art. I Abs. 6 der US-Verfassung: „for any Speech or Debate in either House, [the Senators and Representatives] shall not be questioned in any other Place"; Art. 46 Abs. 1 GG, § 36 StGB; Art. 40 Abs. (a) der Satzung des Europarates, Art. 10 ff. des Allgemeinen Abkommens über die Vorrechte und Befreiungen des Europarates; Art. 8 des Protokolls (Nr. 7) zum Vertrag von Lissabon über die Vorrechte und Befreiungen der Europäischen Union (ABl. C

I. Das Gebot der Güterabwägung

Persönlichkeitsrechte und die Kommunikationsfreiheit sind gleichwertige Grundrechte.[6] Weder die Kommunikationsfreiheit noch Persönlichkeitsrechte können daher einen absoluten Vorrang beanspruchen. Vielmehr bedarf es bei einem Konflikt zwischen Kommunikationsfreiheit und einem Persönlichkeitsrecht einer Abwägung.[7] Das BVerfG präzisiert das Abwägungsgebot mit der sog. „Wechselwirkungslehre". Die „allgemeinen Gesetze" i.S.d. Art. 5 Abs. 2 GG

„müssen in ihrer das Grundrecht beschränkenden Wirkung ihrerseits im Lichte der Bedeutung dieses Grundrechts gesehen [...] werden [...]. Die gegenseitige Beziehung zwischen Grundrecht und ‚allgemeinem Gesetz' ist also nicht als einseitige Beschränkung der Geltungskraft des Grundrechts durch die ‚allgemeinen Gesetze' aufzufassen; es findet vielmehr eine Wechselwirkung in dem Sinne statt, daß die ‚allgemeinen Gesetze' zwar dem Wortlaut nach dem Grundrecht Schranken setzen, ihrerseits aber aus der Erkenntnis der wertsetzenden Bedeutung dieses Grundrechts im freiheitlichen demokratischen Staat ausgelegt und so in ihrer das Grundrecht begrenzenden Wirkung selbst wieder eingeschränkt werden müssen."[8]

Das BVerfG weiter:

„Die – so verstandene – Meinungsäußerung ist als solche, d.h. in ihrer rein geistigen Wirkung, frei; wenn aber durch sie ein gesetzlich geschütztes Rechtsgut eines anderen beeinträchtigt wird, dessen Schutz gegenüber der Meinungsfreiheit den Vorrang verdient, so wird dieser Eingriff nicht dadurch erlaubt, daß er mittels einer Meinungsäuße-

---

83/266); § 5 des Gesetzes über die Rechtsverhältnisse der Mitglieder des Europäischen Parlaments aus der Bundesrepublik Deutschland (Europaabgeordnetengesetz – EuAbgG) vom 6. April 1979 (BGBl. I S. 413). Zur Vereinbarkeit der Indemnität mit dem Recht Betroffener aus Art. 6 Abs. 1 EMRK EGMR, A./Vereinigtes Königreich [2002] Beschwerde-Nr. 35373/97, bestätigt in Cordova/Italien (Nr. 1) [2003] Beschwerde-Nr. 40877/98 [60]; Cordova/Italien (Nr. 2) [2003] Beschwerde-Nr. 45649/99 [61]; zur Vereinbarkeit mit Art. 8 EMRK EGMR, Hoon/Vereinigtes Königreich [2014] Beschwerde-Nr. 14832/11 [38]. Zur Unvereinbarkeit der Immunität eines Staatspräsidenten mit Art. 6 EMRK EGMR, Urechean und Pavlicenco/Moldawien [2015] Beschwerde-Nr. 27756/05 und 41219/07.

  [5] Section 15 Defamation Act 1996 i.d. F. des Defamation Act 2013; 37 StGB (zur Anwendbarkeit dieser Vorschrift im Zivilrecht BGH, Urt. v. 05.05.1981, Az. VI ZR 184/79, NJW 1981, 2117, 2118 – Sachverständiger), § 56 Abs. 4 RStV, § 9 Abs. 7 ZDF-StV, § 9 Abs. 7 DLR-StV, § 18 Abs. 7 DWG, § 10 Abs. 5 HPresseG.

  [6] Siehe EGMR, Hachette Filipacchi Associés ("Ici Paris")/Frankreich [2009] Beschwerde-Nr. 12268/03 [41]; Mosley/Vereinigtes Königreich [2011] Beschwerde-Nr. 48009/08 [111]; von Hannover/Deutschland (Nr. 2) [2012] Beschwerde-Nr. 40660/08 und 60641/08 [106]; *Fenwick/Phillipson*, Media Freedom under the Human Rights Act, 2006, S. 1070; *Nicol/Millar/Sharland*, Media Law & Human Rights, 2. Aufl. 2009, Rn. 5.21.

  [7] BVerfG, Urt. v. 05.06.1973, Az. 1 BvR 536/72, BVerfGE 35, 202, 225 – Lebach.

  [8] St. Rspr. seit BVerfG, Urt. v. 15.01.1958, Az. 1 BvR 400/51, BVerfGE 7, 198, 208 – Lüth. Siehe z.B. BVerfG, Beschl. v. 25.01.1961, Az. 1 BvR 9/57, BVerfGE 12, 113, 123f. – Schmid-Spiegel; hinsichtlich der Rundfunkfreiheit BVerfG, Urt. v. 05.06.1973, Az. 1 BvR 536/72, BVerfGE 35, 202, 223f. – Lebach.

rung begangen wird. Es wird deshalb eine ‚Güterabwägung' erforderlich: Das Recht zur Meinungsäußerung muß zurücktreten, wenn schutzwürdige Interessen eines anderen von höherem Rang durch die Betätigung der Meinungsfreiheit verletzt würden. Ob solche überwiegenden Interessen anderer vorliegen, ist auf Grund aller Umstände des Falles zu ermitteln."[9]

Das Gebot, kollidierende Interessen gegeneinander „abzuwägen", ist allerdings nicht unumstritten.[10] Die Frage, ob Rechte überhaupt konfligieren können und ob und wie Konflikte zwischen Rechten rational lösbar sind, gehört zu den umstrittensten Fragen der Rechtstheorie. Im Folgenden soll auf drei Kritikpunkte näher eingegangen werden. Eine „Abwägung" widerstreitender Rechte und Interessen sei nicht möglich, da die widerstreitenden Prinzipien inkommensurabel seien. Eine Abwägung führe zudem zu „irrationalen Entscheidungen" und zu Rechtsunsicherheit.

Den ersten Kritikpunkt, die vermeintliche Inkommensurabilität widerstreitender Interessen, brachte Supreme Court-Richter Scalia auf den Punkt: Das „Abwägen" konfligierender Rechte und/oder Interessen bedeute zu entscheiden, ob eine bestimmte Linie länger sei als ein bestimmter Stein schwer.[11] Diese Aussage entlarvt den Begriff der „Abwägung" verschiedener Rechte als eine tatsächlich unglückliche Metapher. Der Begriff der Abwägung suggeriert, dass widerstreitenden Rechten und Interessen ein quantifizierbares Gewicht beigemessen werden könne, sodass eines das andere „überwiege". Zutreffender als die Metapher der „Abwägung" ist demgegenüber das analytische Instrument der „praktischen Konkordanz" von Konrad Hesse.[12] Das Gebot der praktischen Konkordanz sucht danach, die Opferung eines Prinzips für ein anderes möglichst zu vermeiden und beide Interessen zu möglichst optimaler Entfaltung kommen zu lassen.

Mit dem Einwand der Inkommensurabilität verwandt ist das Argument von Habermas, wonach die „Abwägung" widerstreitender Interessen die Gefahr irrationaler Entscheidungen berge. Es gäbe keine Standards für eine rationale Kontrolle einer Abwägungsentscheidung.[13] Daher würden Grundrechte ihrer Natur als „Trümpfe im Argumentationsspiel" beraubt, so Habermas in der

---

[9] BVerfG, Urt. v. 15.01.1958, Az. 1 BvR 400/51, BVerfGE 7, 198, 209 f. – Lüth.

[10] Siehe insb. *Habermas*, Faktizität und Geltung, 1998, S. 316 ff.; *Post*, Stanford Law Review 47 (1995), 1249, 1279; *Greer*, Cambridge Law Journal 62 (2004), 412; *Schauer*, in: Nolte (Hrsg.), European and US Constitutionalism, 2005, 49; *Alder*, Public Law 2006, 697; *Beck*, European Human Rights Law Review 2008, 214; *Weinstein*, Virginia Law Review 97 (2011), 491, 510 f.; *Barak*, Proportionality – Constitutional Rights and their Limitations, 2012, S. 340 ff.; *Webber*, Law Quarterly Review 129 (2013), 399.

[11] US Supreme Court, Bendix Autolite Corp. v. Midwesco Enterprises Inc., 486 U.S. 888, 897 (1988) (zust. Meinung Richter Scalia).

[12] *Hesse*, Grundzüge des Verfassungsrechts der Bundesrepublik Deutschland, 20. Aufl. 1999, Rn. 72.

[13] *Habermas*, Faktizität und Geltung, 1998, S. 316 f.; so auch *Beck*, European Human Rights Law Review 2008, 214, 218.

Diktion Dworkins.[14] Dieses Argument findet Unterstützung in Rechtsprechung und Literatur aus den Vereinigten Staaten. Besonders einflussreich waren
in diesem Zusammenhang Hugo Black, selbst Richter am US Supreme Court,
und Alexander Meiklejohn. Black und Meiklejohn nahmen die Worte des Ersten Zusatzartikels zur US-Verfassung, *„Congress shall make no law"*, wörtlich
und argumentierten, dass der Erste Zusatzartikel tatsächlich jede Einschränkung der freien Rede verbiete.[15] Sie konzedierten allerdings, dass daher der Begriff der „Rede" eng gefasst werden müsse, um nicht einer unbegrenzten „Freiheit zu sprechen" Vorschub zu leisten.[16] Nach Blacks und Meiklejohns Lesart
müssten daher bestimmte Formen der Kommunikation, welche semantisch unter den Begriff der „Rede" fallen, aus dem Schutzbereich des Ersten Zusatzartikels herausgenommen werden. Das bekannteste Beispiel hierfür entstammt einem Sondervotum des Richters Oliver Wendell Holmes Jr. aus dem Jahre 1919.
Richter Holmes stellte fest, dass selbst der stärkste Schutz der Redefreiheit es
nicht rechtfertigen könne, dass jemand fälschlich „Feuer" in einem gefüllten
Kinosaal rufe und damit eine Panik verursache.[17] Nach Meiklejohns Argument
von der Demokratie sollten nur Aussagen, welche sich mit der Herrschaft über
die Nation befassten, *„speech"* im Sinne des Ersten Zusatzartikels sein.[18]

Der Supreme Court folgt zwar nicht dem absoluten Verständnis von Meikle-
john und Black, wonach der Staat die Redefreiheit gar nicht einschränken dürfe.
Anders als etwa das BVerfG oder der EGMR erkennt der US Supreme Court in
seiner Rechtsprechung zur Redefreiheit allerdings nicht drei Kategorien der
Freiheitsdogmatik – Schutzbereich eines Grundrechts, Eingriff in diesen
Schutzbereich und Rechtfertigung des Eingriffs –, sondern lediglich eine Kategorie, nämlich ein Recht mit einem bestimmten Inhalt. Die Rechtsprechung des
Supreme Court basiert auf der Annahme, dass eine Aktivität dann besonders
starken Schutz genießt, wenn sie als *„speech"* im Sinne des Ersten Zusatzartikels
zu qualifizieren ist. Allerdings erfordert dies auch, bestimmte „eng definierte
Klassen von Äußerungen"[19] *a priori* vom Schutz des Ersten Zusatzartikels auszuschließen. Dies umfasst etwa Äußerungen, die darauf abzielen und geeignet
sind, unmittelbar zu rechtswidrigem Handeln anzustiften, obszöne Ausdrücke
und Kinderpornographie.[20] Die First Amendment-Dogmatik des Obersten Gerichtshofs ersetzt somit die Konzepte des Eingriffs und der Rechtfertigung

---

[14] *Habermas*, Faktizität und Geltung, 1998, S. 315 f.
[15] Siehe *Black*, New York University Law Review 35 (1960), 882; *Meiklejohn*, Supreme
Court Review 1961, 245; *Jeffery*, Human Rights Quarterly 8 (1986), 197, 224–226.
[16] *Meiklejohn*, Supreme Court Review 1961, 245, 249.
[17] Abrams v. United States, 250 U.S. 616, 627 (1919).
[18] *Meiklejohn*, Supreme Court Review 1961, 245, 256 f.
[19] Chaplinsky v. New Hampshire, 315 U.S. 568, 571 (1942).
[20] Zu *imminent lawless action* Brandenburg v. Ohio, 395 U.S. 444 (1969); zu *obscenity* Miller v. California, 413 U.S. 15 (1973); zu Kinderpornographie New York v. Ferber, 458 U.S. 747
(1982).

durch Inhalt und Grenzen eines Rechts.[21] Aus diesem Grunde gewährt der US Supreme Court der Redefreiheit starken Schutz, erlaubt aber die Beschränkung solcher Kommunikation, die er konzeptionell nicht unter *„speech"* im Sinne des Ersten Zusatzartikels fasst. Bestimmte Formen der Rede vom Schutz des Ersten Zusatzartikels a *priori* auszuschließen, birgt vermeintlich den Vorteil der Vorhersehbarkeit und Rechtssicherheit für den Äußernden. Dieser müsse sich nicht auf eine vermeintlich „irrationale" (Habermas) Abwägungsentscheidung einlassen, sondern könne anhand der vom Supreme Court entwickelten Kategorien vorhersehen, ob seine Aktivität geschützt sei oder nicht.

Es trifft sicher zu, dass die „Abwägungsentscheidung" nicht notwendig in jedem Fall zu einem eindeutig vorhersehbaren Ergebnis kommt. Abweichende Meinungen, selbst zwischen Kammern desselben Gerichts, sind keine Seltenheit. Allerdings gewähren internationale Konventionen und auch nationale Verfassungen außerhalb der USA nicht (beinahe) automatisch der Redefreiheit den Vorzug, sondern sie verbinden die Redefreiheit mit „Pflichten und Verantwortung" (Art. 10 Abs. 2 EMRK, Art. 19 Abs. 3 IPbpR), weshalb Einschränkungen zum Schutz der Rechte anderer oder Allgemeininteressen zulässig sein können. Dies nimmt Gerichten die Last, a *priori* bestimmte Kategorien der Kommunikation vom Schutz der Redefreiheit auszuschließen, und ermöglicht die Abwägung der widerstreitenden Interessen im konkreten Einzelfall. Das Gebot des Ausgleichs widerstreitender Interessen ist somit bereits im Wortlaut der grund- und menschenrechtlichen Verbriefungen außerhalb der USA angelegt. Habermas' Sorge, dass die Abwägung zwischen widerstreitenden Interessen notwendig zu „irrationalen Entscheidungen" führe, kann dadurch ausgeräumt werden, dass die Grundrechtsdogmatik – und hier das Kommunikationsdeliktsrecht – rational überprüfbare Bedingungen für Regeln festhält, die in einem Konflikt zwischen widerstreitenden Interessen operabel sind. Solche rational überprüfbaren Bedingungen für Regeln sollen dazu beitragen, das Ergebnis der „Abwägungsentscheidung" so vorhersehbar wie möglich zu machen. Diese Abwägung *ad hoc* ist dem amerikanischen Ansatz, bestimmte Kategorien von Aussagen von vornherein aus dem Schutz der Redefreiheit auszuklammern, vorzuziehen. Bei Lichte besehen liegt auch diesem Ansatz eine „Abwägungsentscheidung" zugrunde, die bereits auf begrifflicher Ebene und auf höherem Abstraktionsniveau operiert.[22]

Diese Vorschriften selbst beseitigen auch Habermas' Besorgnis, dass eine „Abwägungsentscheidung" die strikte Priorität von Grundrechten gegenüber anderen Interessen unterwandert, denn sie selbst – beispielsweise Art. 19 Abs. 3 IPbpR, Art. 10 Abs. 2 EMRK und Art. 5 Abs. 2 GG – geben die Gründe vor, die

---

[21] Vgl. *Alexy*, Theorie der Grundrechte, 1994, S. 250.
[22] *Nimmer*, California Law Review 56 (1968), 935, 942 Fn. 24; *Weinstein*, Virginia Law Review 97 (2011), 633, 638 f.

einen Eingriff in die Kommunikationsfreiheit rechtfertigen können. Hier besteht umgekehrt eine der größten dogmatischen Herausforderungen für den Ersten Zusatzartikel in den USA, der selbst keine Ausnahmen zur Redefreiheit vorsieht und auch nur wenige verfassungsrechtlich geschützte Interessen (wie z.B. Ehre oder Privatheit) kennt, die der Redefreiheit entgegengehalten werden können.

II. Der Grundsatz der Verhältnismäßigkeit als Abwägungsrahmen

Das analytische Instrument, welches diese Abwägungsentscheidung zwischen einem Persönlichkeitsrecht einerseits und der Kommunikationsfreiheit andererseits rationalisiert, ist der Grundsatz der Verhältnismäßigkeit in seiner zivilrechtlichen Prägung.

Zwar wies das BVerfG in seiner Mephisto-Entscheidung noch darauf hin, dass der *verfassungsrechtliche* Grundsatz der Verhältnismäßigkeit, welcher bei Eingriffen der öffentlichen Gewalt in den Freiheitsbereich des Bürgers beachtet werden muss, zur Beurteilung von Grund und Höhe eines zivilrechtlichen Anspruchs nicht, auch nicht entsprechend, herangezogen werden kann.[23] Dies lässt jedoch nicht den Umkehrschluss zu, dass es nicht auch einen *zivilrechtlichen* Grundsatz der Verhältnismäßigkeit gibt. Das BVerfG äußerte sich in seiner *Lebach*-Entscheidung wie folgt:

„Die zentrale verfassungsrechtliche Bedeutung des Persönlichkeitsrechts verlangt neben der Rücksicht auf den unantastbaren innersten Lebensbereich [...] die strikte Beachtung des Grundsatzes der Verhältnismäßigkeit: Der Einbruch in die persönliche Sphäre darf nicht weiter gehen, als eine angemessene Befriedigung des Informationsinteresses dies erfordert, und die für den Täter entstehenden Nachteile müssen im rechten Verhältnis zur Bedeutung der Angelegenheit für die Öffentlichkeit stehen."[24]

Von der Kommunikationsfreiheit können „zwar restriktive Wirkungen auf die aus dem Persönlichkeitsrecht abgeleiteten Ansprüche ausgehen; jedoch darf die durch eine öffentliche Darstellung bewirkte Einbuße an ‚Personalität' *nicht außer Verhältnis* zur Bedeutung der Veröffentlichung für die freie Kommunikation stehen".[25] In späteren Entscheidungen wies das BVerfG darauf hin, dass der Grundsatz der Verhältnismäßigkeit auch im Privatrecht den „Maßstab [...] ent-

---

[23] BVerfG, Beschl. v. 24.02.1971, Az. 1 BvR 435/68, BVerfGE 30, 173, 198 – Mephisto.
[24] BVerfG, Urt. v. 05.06.1973, Az. 1 BvR 536/72, BVerfGE 35, 202, 232 – Lebach.
[25] BVerfG, Urt. v. 05.06.1973, Az. 1 BvR 536/72, BVerfGE 35, 202, 225f. m.w.N. – Lebach (Hervorhebung durch Verfasser).

hält", nach dem „die zu wahrenden Belange einander sachgemäß zuzuordnen sind".[26]

Nach dem zivilrechtlichen Grundsatz der Verhältnismäßigkeit müssen Beeinträchtigungen der Kommunikationsfreiheit und des Persönlichkeitsrechts geeignet und erforderlich zum Schutz des jeweils anderen Rechtsguts sein, und die Beschränkung des einen Rechtsguts muss in einem angemessenen Verhältnis zum Schutz des anderen Rechtsguts stehen.[27] Das Konzept der Verhältnismäßigkeit im engeren Sinne (Angemessenheit) spiegelt das konsequentialistische Verständnis der Menschenrechte wieder. Das Gebot der Angemessenheit bestimmt, dass das Opfer der Freiheit in einem angemessenen Verhältnis zur Förderung eines legitimen Zwecks stehen muss. Für die vorliegende Untersuchung bedeutet dies, dass zwischen dem mit einer Äußerung erstrebten Zweck und der für den Betroffenen eingetretenen Beeinträchtigung seines Persönlichkeitsrechts ein vertretbares Verhältnis bestehen muss.[28] Dies bedeutet:

1. Beide Rechte oder Interessen müssen möglichst zu einem *Ausgleich* gebracht werden.
2. Lässt sich ein Ausgleich nicht erzielen, so ist „unter Berücksichtigung der falltypischen Gestaltung und der besonderen Umstände des Einzelfalles zu entscheiden, welches Interesse *zurückzutreten* hat".[29]

Menschenrechte sind Prinzipien, welche die größtmögliche Verwirklichung verlangen. Das bedeutet, dass sowohl die Kommunikationsfreiheit als auch der Schutz der Ehre nach dem Gebot der praktischen Konkordanz zu ihrer größtmöglichen Entfaltung kommen sollten. Dies erfordert die Berücksichtigung der Bedeutung der Ausübung der Kommunikationsfreiheit einerseits und der Schwere des Eingriffs in das Persönlichkeitsrecht andererseits. Daraus folgt, dass die Abwägung gerade kein binäres Verfahren ist. Abwägung nach dem Gebote der praktischen Konkordanz verlangt, dass Alternativen bedacht werden sollen, die das angestrebte Ziel nur teilweise realisieren, aber auch nur vermindert in das widerstreitende Recht eingreifen. Der Grenznutzen der Wahrnehmung des geschützten Interesses ist mit den Grenzkosten für das Recht zu ver-

---

[26] BVerfG, Beschl. v. 08.02.1983, Az. 1 BvL 20/81, BVerfGE 63, 131, 144 – Gegendarstellung.

[27] Siehe z.B. EGMR, Novaya Gazeta und Borodyanskiy/Russland [2013] Beschwerde-Nr. 14087/08 [32]; BGH, Urt. v. 22.05.1984, Az. VI ZR 105/82, BGHZ 91, 233, 240 – Wirtschaftsauskunftei; BGH, Urt. v. 07.12.2004, Az. VI ZR 308/03, BGHZ 161, 266, 269 – Abtreibungsgegner; BGH, Urt. v. 23.06.2009, Az. VI ZR 196/08, BGHZ 181, 328 Rn. 36 – spickmich.de; BGH, Urt. v. 16.02.2016, Az. VI ZR 367/15, MDR 2016, 520 Rn. 38 – Missbrauchsvorwürfe im Online-Archiv.

[28] Vgl. RG, Urt. v. 21.03.1929, Az. II 86/29, RGSt 63, 92, 94 – „Sauwirtschaft"; RG, Urt. v. 11.06.1929, Az. I 532/29, RGSt 63, 202, 204 – Städtisches Krankenhaus; RG, Urt. v. 20.06.1935, Az. VI 591/34, RGZ 148, 154, 161 f. – „Zahlungsschwierigkeiten"; BGH, Urt. v. 22.12.1959, Az. VI ZR 175/58, BGHZ 31, 308, 312 f. – Alte Herren.

[29] BVerfG, Urt. v. 05.06.1973, Az. 1 BvR 536/72, BVerfGE 35, 202, 225 – Lebach (Kursivdruck durch Verf.).

gleichen, in das eingegriffen wird.[30] Im Unterschied zur Erforderlichkeit fragt
die Angemessenheit daher nicht nach rechtlicher Pareto-Effizienz. Stattdessen
beruht das Gebot der praktischen Konkordanz darauf, dass der Schutz eines
Interesses bessergestellt wird *und deswegen* der Schutz des anderen Interesses
schlechter gestellt wird. „Je höher der Grad der [...] Beeinträchtigung des einen
Prinzips ist, um so größer muss die Wichtigkeit der Erfüllung des anderen
sein".[31] Weder die Kommunikationsfreiheit noch die Persönlichkeitsrechte genießen *per se* Vorrang vor dem jeweils anderen Prinzip.

Im Hinblick auf die Kommunikationsfreiheit und die Persönlichkeitsrechte
fragt die Angemessenheitsprüfung danach, in welchem Ausmaß eine Persönlichkeitsbeeinträchtigung hinzunehmen ist, um die Ausübung der Kommunikationsfreiheit zu realisieren, und in welchem Ausmaß Beeinträchtigungen der
Kommunikationsfreiheit in Kauf zu nehmen sind, um die Persönlichkeitsrechte
zu schützen. Maßgebend sind dabei „eine Reihe von Prüfungsgesichtspunkten
und Vorzugsregeln, die in der Rechtsprechung entwickelt worden sind, um eine
größtmögliche Wahrung der beiderseitigen grundrechtlichen Positionen und
Interessen bei der Beurteilung und Entscheidung über Fälle von Meinungsäußerungen zu ermöglichen."[32] Für das Kommunikationsdeliktsrecht sind dies
die nachfolgend dargestellten Abwägungsfaktoren.

III. Abwägungsfaktoren

Aus der Synthese der deutschen und englischen Rechtsprechung sowie der Judikatur des EGMR ergeben sich folgende transnationalen Topoi, die bei der Abwägung zwischen Persönlichkeitsrechten und Kommunikationsfreiheit zu berücksichtigen sind:

1. Die Position der von der Äußerung betroffenen Person und ihr Bekanntheitsgrad;
2. der Grad des öffentlichen Interesses an der Angelegenheit, auf die sich eine
   Äußerung bezieht;
3. das Verhalten der betroffenen Person vor der Äußerung;
4. die Taxonomie der Information:
   a) bei Tatsachenbehauptungen: der Wahrheitsgehalt der Äußerung und die
      Wahrung von Sorgfaltspflichten bei nicht erwiesen wahren Tatsachenbe-
      hauptungen und
   b) bei Werturteilen: das Verhältnis von Beitrag in der Sache und Angriff gegen
      die Person.

---

[30] *Barak*, Proportionality – Constitutional Rights and their Limitations, 2012, S. 129 ff.
[31] *Alexy*, Theorie der Grundrechte, 1994, S. 146.
[32] BVerfG, Beschl. v. 25.10.2005, Az. 1 BvR 1696/98, BVerfGE 114, 339, 348 – Stolpe.

1. Die Position des Betroffenen und sein Bekanntheitsgrad

Hinsichtlich der Person, die von einer bestimmten Äußerung betroffen ist, ist zwischen Privatpersonen und Personen des öffentlichen Lebens zu unterscheiden. Menschen, die an öffentlichen Debatten teilnehmen oder sich anderweitig einer breiteren Öffentlichkeit präsentieren, besitzen eine schwächer ausgeprägte legitime Erwartung des Schutzes ihrer Persönlichkeitsrechte als Privatpersonen. Allerdings sollten die Begriffe der „Person des öffentlichen Lebens" einerseits und der „Privatperson" andererseits nicht binär verstanden werden. Stattdessen besteht auch hier eine „imaginäre Skala" bzw. eine graduelle Abstufung im Sinne der Fuzzylogik. Zum einen gibt es auch bei „Personen des öffentlichen Lebens" solche, die stärker in der Öffentlichkeit stehen als andere, etwa gewählte Politiker gegenüber Beamten oder Richtern. Zum anderen ist zu beachten, dass auch Privatpersonen nicht immer in der privaten Sphäre agieren. Gehen sie etwa ihrer beruflichen Tätigkeit nach, so bewegen sie sich in einem „Bereich, in dem sich die persönliche Entfaltung von vornherein im Kontakt mit der Umwelt vollzieht".[33] Herabsetzungen allein in der „beruflichen Ehre", die lediglich die Sozialsphäre betrifft, sind daher von geringerem Gewicht.[34] Umgekehrt gilt, dass Journalisten die Auswirkungen ihrer Berichterstattung auf das soziale Leben von Privatpersonen zu berücksichtigen haben, etwa die damit verbundene Demütigung im sozialen Leben vor Ort.[35]

a) „Personen des öffentlichen Lebens"

Wenngleich Begriff und Inhalt des Konzepts der „Person des öffentlichen Lebens" (public figure) zwischen den Jurisdiktionen variieren, so sind doch transnationale Übereinstimmungen im Bedeutungskern erkennbar. Einigkeit besteht darin, dass derjenige, der sich bewusst öffentlicher Beobachtung und Beurteilung aussetzt, ein größeres Maß an Beobachtung und Kritik zu tolerieren hat als eine Privatperson.[36] Solche „Personen des öffentlichen Lebens" sind die-

---

[33] BVerfG, Beschl. v. 17.12.2002, Az. 1 BvR 755/99 u.a., NJW 2003, 1109, 1110 f. – Flensborg Avis; vgl. BGH, Urt. v. 07.12.2004, Az. VI ZR 308/03, BGHZ 161, 266, 268 – Abtreibungsgegner; BGH, Urt. v. 23.06.2009, Az. VI ZR 196/08, BGHZ 181, 328 Rn. 31 – spickmich.de.

[34] Siehe z.B. BGH, Urt. v. 24.10.1961, Az. VI ZR 204/60, BGHZ 36, 77, 80 – Waffenhändler; BGH, Urt. v. 23.06.2009, Az. VI ZR 196/08, BGHZ 181, 328 Rn. 31 – spickmich.de.

[35] EGMR, Biriuk/Litauen [2008] Beschwerde-Nr. 23373/03 [41]; Armonienė/Litauen [2008] Beschwerde-Nr. 36919/02 [47]; Ageyevy/Russland [2013] Beschwerde-Nr. 7075/10 [216].

[36] Siehe z.B. UN-Menschenrechtsausschuss, Bodrožić/Serbien und Montenegro [2005] Mitteilung Nr. 1180/2003 [7.2]; Marques de Morais/Angola [2005] Mitteilung Nr. 1128/2002 [6.8]; EGMR, Lingens/Österreich [1986] Beschwerde-Nr. 9815/82 [42]; Oberschlick/Österreich (Nr. 1) [1991] Beschwerde-Nr. 11662/85 [59]; Lombardo u.a./Malta [2007] Beschwerde-Nr. 7333/06 [54]; Parmiter v. Coupland and another [1840] 6 M & W 105, 108.

jenigen, die eine Rolle im öffentlichen Bereich spielen, etwa in Politik, Kultur, Wirtschaft, Gesellschaft oder Sport.[37]

Die besondere Bedeutung der Eigenschaft als „Personen des öffentlichen Lebens" als Faktor in der Abwägungsentscheidung lässt sich sowohl mit dem Argument von der Demokratie bzw. dem Argument von Angelegenheiten von öffentlichem Interesse als auch mit dem Argument vom „Marktplatz der Meinungen" begründen. Zum einen genießen Äußerungen über Personen des öffentlichen Lebens deswegen besonderen Schutz, weil und soweit diese Personen mit Angelegenheiten von öffentlichem Interesse eher befasst sind als Privatpersonen. Zum anderen haben Personen des öffentlichen Lebens oftmals besseren Zugang zu einer breiteren Öffentlichkeit, so dass es ihnen leichter ist, im öffentlichen „Marktplatz der Meinungen" auf Angriffe persönlich zu reagieren anstatt Schutz durch Gerichte suchen zu müssen.[38] Dies ist die Grundlage der Rechtsprechung des Obersten Gerichtshofs der Vereinigten Staaten, wonach Personen des öffentlichen Lebens mit einer *defamation*-Klage nur dann Erfolg haben, wenn eine unwahre ehrenrührige Tatsachenbehauptung vorsätzlich oder grob fahrlässig aufgestellt wurde.

Personen des öffentlichen Lebens *par excellence* sind Politiker, die in ihrer öffentlichen Funktion handeln. Sie müssen daher die intensivste Beobachtung und die schärfste Kritik dulden.[39] Das Recht, gewählte Träger hoheitlicher Gewalt zu beobachten und zu kritisieren, ist ein elementarer Bestandteil der Demokratie. Angelegenheiten, die im Hinblick auf Privatpersonen nicht von öffentlichem Interesse wären, können daher von öffentlichem Interesse sein, wenn sie Politiker betreffen.[40] Je höher das Staatsamt, das sie innehatten, desto mehr bleiben Individuen auch nach ihrem Rückzug aus der Politik Personen des öffentlichen Lebens.[41] Hinsichtlich der zulässigen Kritik und Kontrolle von Politikern besteht die größte transnationale Übereinstimmung.

b) Beschäftigte des öffentlichen Dienstes

Beschäftigte des öffentlichen Dienstes sind mit der Ausübung hoheitlicher Gewalt betraut und unterliegen daher der legitimen Kontrolle durch die Öffent-

---

[37] Europarat, Parlamentarische Versammlung, Resolution 1165 (1998) on the right to privacy, Rn. 7.

[38] Siehe z.B. EGMR, Axel Springer AG/Deutschland (Nr. 2) [2014] Beschwerde-Nr. 48311/10 [66]; *mutatis mutandis* BGH, Urt. v. 08.03.1966, Az. VI ZR 176/64, NJW 1966, 1213, 1215 – Luxemburger Wort.

[39] Siehe z.B. EGMR, Lingens/Österreich [1986] Beschwerde-Nr. 9815/82; Oberschlick/Österreich (Nr. 1) [1991] Beschwerde-Nr. 11662/85 [59].

[40] Siehe z.B. EGMR, Rumyana Ivanova/Bulgarien [2008] Beschwerde-Nr. 36207/03 [60]: die finanzielle Integrität einer Person.

[41] EGMR, Ungváry und Irodalom Kft/Ungarn [2013] Beschwerde-Nr. 64520/10 [64]; Axel Springer AG/Deutschland (Nr. 2) [2014] Beschwerde-Nr. 48311/10 [56].

lichkeit.[42] Dabei ist jedoch zu beachten, dass Beschäftigte im öffentlichen Dienst sich nicht in demselben Ausmaß öffentlicher Beobachtung aussetzen wie Politiker, insbesondere nicht hinsichtlich ihres Privatlebens. Daher sind sie auch der kritischen Beobachtung nicht in gleichem Maße ausgesetzt wie Politiker.[43] Die USA machen hier wiederum eine Ausnahme: Die Grundsatzentscheidung *New York Times v. Sullivan* betraf den Polizeipräsidenten von Montgomery/Alabama, mithin keinen Politiker, sondern „nur" einen *public official*. Der EGMR wies demgegenüber darauf hin, dass Beschäftigte des öffentlichen Dienstes öffentliches Vertrauen ohne unangemessene Störungen genießen müssen, damit sie ihre Aufgaben erfüllen können. Daher kann es notwendig sein, sie vor missbräuchlichen Verbalangriffen zu schützen, wenn sie im Dienst sind.[44] Diese Erfordernisse sind gegen das Interesse an einem offenen Diskurs über Angelegenheiten von öffentlicher Bedeutung abzuwägen, zu der die Ausübung öffentlicher Gewalt *per se* zählt. Je niedriger das Amt ist, das ein Amtsträger ausübt, desto weniger öffentliche Beobachtung und Kritik muss er tolerieren.[45]

c) Sonderfall Richter

Besonderheiten gelten für öffentliche Kritik an Richtern und an der Berichterstattung über Gerichtsverfahren allgemein.[46] Richter üben öffentliche Gewalt aus und sind daher legitimerweise Gegenstand öffentlicher Beobachtung und Kritik. Insbesondere müssen sie sich im Rahmen laufender Verfahren der Kritik durch Verfahrensbeteiligte und ihre Vertreter stellen.[47] Beim „Kampf ums Recht" ist es auch gestattet, „starke und eindringliche Ausdrücke zu benutzen, um seine Rechtsposition zu unterstreichen, ohne jedes Wort auf die Waagschale legen zu müssen".[48]

Gleichzeitig kann Kritik an Richtern nicht nur deren persönliche Ehre betreffen, sondern das Funktionieren der rechtsprechenden Gewalt schlechthin. Aus diesem Grunde ist eine Tendenz internationaler Gerichte erkennbar, Kritik an Richtern in engeren Grenzen zu erlauben als Kritik an Politikern und Beam-

---

[42] Vgl. EGMR, Mamère/Frankreich [2006] Beschwerde-Nr. 12697/03 [27 f.].

[43] Siehe EGMR, Nikula/Finnland [2002] Beschwerde-Nr. 31611/96 [48]; Steur/Niederlande [2003] Beschwerde-Nr. 39657/98 [40 f.]; Pedersen und Baadsgaard/Dänemark [2004] Beschwerde-Nr. 49017/99 [80]; Saaristo u. a./Finnland [2010] Beschwerde-Nr. 184/06 [60]; *mutatis mutandis* July und SARL Liberation/Frankreich [2008] Beschwerde-Nr. 20893/03 [74]; Haguenauer/Frankreich [2010] Beschwerde-Nr. 34050/05 [48].

[44] EGMR, Janowski/Polen (Nr. 1) [1999] Beschwerde-Nr. 25716/94 [33]; Nikula/Finnland [2002] Beschwerde-Nr. 31611/96 [48]; Medžlis Islamske Zajednice Brčko u. a./Bosnien und Herzegowina [2015] Beschwerde-Nr. 17224/11 [30].

[45] Siehe EGMR, Busuioc/Moldawien [2004] Beschwerde-Nr. 61513/00 [64].

[46] Dazu *Addo*, Freedom of Expression and the Criticism of Judges: A Comparative Study of European Legal Standards, 2000; *Addo*, International & Comparative Law Quarterly 47 (1998), 425.

[47] Dazu ausführlich EGMR, Morice/Frankreich [2015] Beschwerde-Nr. 29369/10.

[48] BVerfG, Beschl. v. 28.07.2014, Az. 1 BvR 482/13, ZUM 2014, 965 Rn. 13 – Richterschelte.

ten. Als „Garantin der Gerechtigkeit" muss die Justiz öffentliches Vertrauen genießen, wenn sie ihren Verpflichtungen erfolgreich nachkommen soll.[49] Dieser Ansatz findet seinen dogmatischen Anknüpfungspunkt in Art. 10 Abs. 2 EMRK, wonach eine Beschränkung der Kommunikationsfreiheit u. a. „zur Wahrung der Autorität [...] der Rechtsprechung" zulässig ist.

Hinzu tritt ein weiteres Argument. Rechtsprechung beruht auf einem streng formalisierten Verfahren, in dem der Gerichtsbarkeit selbst Mechanismen zur Überprüfung ihrer Entscheidungen auferlegt werden, namentlich die Möglichkeit, gerichtliche Entscheidungen mit Rechtsmitteln anzufechten. Aufgrund dieser Formalisierung sind Richter selbst zur Zurückhaltung in öffentlichen Debatten verpflichtet. Anders als Politiker sind sie daher nicht in der Lage, in der öffentlichen Debatte Kritik an ihren Entscheidungen entgegenzutreten.[50] Wenngleich gerichtliche Verfahren somit Gegenstand des öffentlichen Diskurses sind, können Richter an diesem Diskurs nur in dem Rahmen teilnehmen, den das Verfahrensrecht ihnen erlaubt, in der Regel also durch ihre Entscheidung. Im Übrigen sind Richter von diesem Diskurs jedoch weitgehend ausgeschlossen und setzen sich sogar dem Verdacht der Befangenheit aus, wenn sie sich zu laufenden Verfahren öffentlich äußern. Dieses Ungleichgewicht im öffentlichen Diskurs ist durch einen verstärkten Schutz richterlicher Reputation auszugleichen. Insbesondere die journalistischen Medien sind daher gehalten, sich bei ihrer Kritik an der Rechtsprechung auf Sachargumente zu konzentrieren und von persönlichen Angriffen gegen Richter abzusehen.[51]

Vor diesem Hintergrund ist auch die Entwicklung zu bedauern, dass medien-affine Richter zunehmend dazu neigen, ihre persönliche Meinung öffentlich, etwa in Interviews, auszudrücken. Abgesehen von der allgemeinen Befürchtung, dass eine öffentliche Stellungnahme eines Richters Besorgnis seiner Befangenheit zu rechtfertigen vermag, stellt sie auch die Begründung für einen besonderen Schutz richterlicher Reputation in Frage. Wie eben dargestellt, ist der besondere Schutz richterlicher Reputation dadurch gerechtfertigt, dass es Richtern aufgrund ihrer Pflicht zur Zurückhaltung nicht möglich ist, sich gegen öffentliche Angriffe im Diskurs selbst zur Wehr zu setzen. Wenn jedoch Richter öffentlich ihre persönliche Meinung darstellen, nehmen sie doch auf diesen Diskurs Einfluss und müssen sich daher auch der öffentlichen Beobachtung und Kritik stellen. Richter sind daher zu ermutigen, ausschließlich durch ihre Urtei-

---

[49] Siehe z. B. EGMR, Prager und Oberschlick/Österreich [1995] Beschwerde-Nr. 15974/90 [34]; De Haes und Gijsels/Belgien [1997] Beschwerde-Nr. 19983/92 [37]; Skałka/Polen [2003] Beschwerde-Nr. 43425/98 [34].

[50] Siehe z. B. EGMR, Prager und Oberschlick/Österreich [1995] Beschwerde-Nr. 15974/90 [34]; De Haes und Gijsels/Belgien [1997] Beschwerde-Nr. 19983/92 [37]; Skałka/Polen [2003] Beschwerde-Nr. 43425/98 [34]; Kobenter und Standard Verlags GmbH/Österreich [2006] Beschwerde-Nr. 60899/00 [31].

[51] Vgl. EGMR, Barfod/Dänemark [1989] Beschwerde-Nr. 11508/85 [35]; kritisch *Addo*, International & Comparative Law Quarterly 47 (1998), 425, 438.

le zur Öffentlichkeit zu sprechen und das Rampenlicht der Medien den Pressesprechern ihres Gerichts zu überlassen.[52]

d) Sonstige Beispiele für Personen des öffentlichen Lebens

In abgestuftem Maße ebenfalls Personen des öffentlichen Lebens sind etwa professionelle Sportler,[53] Sportfunktionäre,[54] Künstler,[55] Schauspieler,[56] Pressesprecher für einen Kandidaten für das Amt des Staatspräsidenten,[57] Journalisten,[58] Rechtsanwälte,[59] Geschäftsleute,[60] Unternehmen[61] und die Kinder eines regierenden Fürsten, die selbst Funktionen in humanitären und kulturellen Stiftungen wahrnehmen und die die Fürstenfamilie bei offiziellen Anlässen vertreten.[62]

e) Privatpersonen

Es ist ein transnationaler Rechtsgrundsatz, dass Privatpersonen grundsätzlich einen stärkeren Schutz ihrer Persönlichkeitsrechte beanspruchen können als Personen des öffentlichen Lebens.[63] Der Oberste Gerichtshof der Vereinigten Staaten entwickelte die Begründung für die unterschiedliche Behandlung von Personen des öffentlichen Lebens einerseits und Privatpersonen andererseits am

---

[52] So bereits *Oster*, Media Freedom as a Fundamental Right, 2015, S. 162.

[53] Siehe z.B. EGMR, Nikowitz und Verlagsgruppe News GmbH/Österreich [2007] Beschwerde-Nr. 5266/03 [25].

[54] Siehe z.B. EGMR, Colaço Mestre und SIC – Sociedade Independente de Comunicação, S.A./Portugal [2007] Beschwerde-Nr. 11182/03 und 11319/03 [28].

[55] Siehe z.B. EGMR, Sapan/Türkei [2010] Beschwerde-Nr. 44102/04 [34]; BGH, Urt. v. 09.11.1965, Az. VI ZR 276/64, NJW 1966, 245 – Literaturlexikon; BGH, Urt. v. 02.05.2017, Az. VI ZR 262/16, Rn. 30 – Tim Bendzko.

[56] Siehe z.B. EGMR, Axel Springer AG/Deutschland (Nr. 1) [2012] Beschwerde-Nr. 39954/08 [99].

[57] Siehe z.B. EGMR, Saaristo u.a./Finnland [2010] Beschwerde-Nr. 184/06 [66].

[58] Siehe z.B. EGMR, Niskasaari and Otavamedia Oy/Finnland [2015] Beschwerde-Nr. 32297/10 [58]; Kurski/Polen [2016] Beschwerde-Nr. 26115/10 [50]; BGH, Urt. v. 27.09.2016, Az. VI ZR 250/13, AfP 2017, 48 Rn. 21 – Frontal 21.

[59] Siehe z.B. EGMR, Kucharczyk/Polen [2015] Beschwerde-Nr. 72966/13 [33].

[60] Siehe z.B. Branson v. Bower [2002] QB 737 [25]; EGMR, Fayed/Vereinigtes Königreich [1994] Beschwerde-Nr. 17101/90 [75]; Steel und Morris/Vereinigtes Königreich [2005] Beschwerde-Nr. 68416/01 [94].

[61] Siehe z.B. EGMR, Steel und Morris/Vereinigtes Königreich [2005] Beschwerde-Nr. 68416/01 [94]; Ärztekammer für Wien und Dorner/Österreich [2016] Beschwerde-Nr. 8895/10 [65].

[62] Siehe z.B. EGMR, von Hannover/Deutschland (Nr. 2) [2012] Beschwerde-Nr. 40660/08 und 60641/08 [120]; von Hannover/Deutschland (Nr. 3) [2013] Beschwerde-Nr. 8772/10 [53]; siehe aber auch von Hannover/Deutschland (Nr. 1) [2004] Beschwerde-Nr. 59320/00 [62].

[63] Siehe z.B. Gathercole v. Miall [1846] 15 M & W 319; US Supreme Court, Gertz v. Robert Welch Inc., 418 U.S. 323 (1974); EGMR, Armonienė/Litauen [2008] Beschwerde-Nr. 36919/02 [47]; Ageyevy/Russland [2013] Beschwerde-Nr. 7075/10 [217]; Verlagsgruppe Droemer Knaur GmbH & Co. KG/Deutschland [2017] Beschwerde-Nr. 35030/13 [43].

deutlichsten.[64] Zum einen stellen sich Privatpersonen – anders als Personen des öffentlichen Lebens – nicht ins öffentliche Rampenlicht, weshalb es ungerecht erscheint, die gleichen Maßstäbe ihnen gegenüber gelten zu lassen. Zum anderen verfügen Privatpersonen (trotz des Internets) nicht über die notwendigen Instrumente, sich im öffentlichen Diskurs gegen Angriffe der Medien zu wehren. Zwar erkennt auch der Supreme Court an, dass eine Äußerung über eine Privatperson ein Beitrag zu einer Angelegenheit von öffentlichem Interesse sein kann. Dies allein lässt das Gericht jedoch nicht genügen, um etwa die *actual malice*-Formel aus *New York Times v. Sullivan* auf *defamation*-Klagen von Privatpersonen zu übertragen. Selbst unter dem Ersten Zusatzartikel der US-Verfassung gilt daher, dass die Gliedstaaten grundsätzlich selbst darüber entscheiden, wie sie den *tort of defamation* bei privaten Individuen als Verletzten ausgestalten, solange sie keine verschuldensunabhängige Haftung aufstellen.[65]

2. Der Grad des öffentlichen Interesses

Allen hier zu untersuchenden Rechtsordnungen ist gemein, dass sie Äußerungen besonders schützen, die zu Angelegenheiten von öffentlichem Interesse beitragen oder die zumindest *auch* zu solchen Angelegenheiten beitragen, so dass die Wirkung der Äußerung auf die Rechte eines anderen zwar Folge, aber nicht Zweck der Äußerung ist.[66]

Die Etablierung eines transnationalen Konzepts des „öffentlichen Interesses" stößt insbesondere in amerikanischem Schrifttum auf Widerspruch. Dort gilt es als Grundgedanke des Ersten Zusatzartikels, dass es nicht die Aufgabe des Staa-

---

[64] Siehe US Supreme Court, Gertz v. Robert Welch Inc., 418 U.S. 323, 344 ff. (1974).

[65] Vgl. US Supreme Court, Gertz v. Robert Welch Inc., 418 U.S. 323, 347 (1974).

[66] Siehe z. B. vom UN-Menschenrechtsausschuss Toktakunov/Kirgistan [2011] Mitteilung Nr. 1470/2006 [6.3]; aus den Vereinigten Staaten: US Supreme Court, Roth v. United States, 354 U.S. 476, 484 (1957); New York Times Co. v. Sullivan, 376 U.S. 254, 269 (1964); Gertz v. Robert Welch Inc., 418 U.S. 323, 346 (1974); Dun & Bradstreet Inc. v. Greenmoss Builders Inc., 472 U.S. 749, 761 (1985); Hustler Magazine v. Falwell, 485 U.S. 46, 50 (1988); Bartnicki v. Vopper, 532 U.S. 514, 528, 533 f. (2001); Snyder v. Phelps, 562 U.S. 443, 451 (2011); aus dem Vereinigten Königreich: London Artists Ltd. v. Littler [1969] 2 QB 375, 391; Reynolds v. Times Newspapers Ltd. [2001] 2 AC 127, 205; Flood v. Times Newspapers Ltd. [2012] UKSC 11 [24]; Lion Laboratories Ltd. v. Evans [1984] 1 WLR 526, 530; Francome v. Mirror Group Newspapers Ltd. [1984] 1 WLR 892, 897; aus Deutschland: BVerfG, Urt. v. 15.01.1958, Az. 1 BvR 400/51, BVerfGE 7, 198, 212 – Lüth; BVerfG, Beschl. v. 25.01.1961, Az. 1 BvR 9/57, BVerfGE 12, 113, 126 f. – Schmid/Spiegel; BVerfG, Beschl. v. 06.11.1968, Az. 1 BvR 501/62, NJW 1969, 227, 228 f. – Tonjäger; BVerfG, Beschl. v. 11.05.1976, Az. 1 BvR 163/72, NJW 1976, 1680, 1681 – Echternach; BVerfG, Beschl. v. 20.04.1982, Az. 1 BvR 426/80, BVerfGE 60, 234, 242 – „Kredithaie"; BGH, Urt. v. 22.12.1959, Az. VI ZR 175/58, BGHZ 31, 308, 312 – Alte Herren; vom EGMR: von Hannover/Deutschland (Nr. 1) [2004] Beschwerde-Nr. 59320/00 [65]; Karhuvaara und Iltalehti/Finnland [2004] Beschwerde-Nr. 53678/00 [34]; von Hannover/Deutschland (Nr. 2) [2012] Beschwerde-Nr. 40660/08 und 60641/08 [117 f.].

tes ist, darüber zu entscheiden, womit sich Sprecher und Zuhörer befassen sollen.[67] Dem Staat stehe es nicht zu, über den Wert von Aussageinhalten zu bestimmen.[68] Grundlage dieser Auffassung ist die Theorie vom „Misstrauen in den Staat" (*suspicion of government*) Frederick Schauers (siehe Kapitel 2 Abschnitt VI.). Die *suspicion of government*-Theorie überlässt es der Öffentlichkeit, selbst darüber zu entscheiden, was veröffentlicht werden darf. Maßgeblich würde somit, was im Interesse der Öffentlichkeit ist. Dies führt allerdings unvermeidlich zu einer „Tyrannei der Mehrheit" und einer „Tyrannei der überwiegenden Meinung und des überwiegenden Gefühls", vor der bereits John Adams und John Stuart Mill warnten.[69] Nachfrage nach bestimmten Informationen, beispielsweise über das Privat- oder Intimleben bestimmter Personen, würde ein entsprechendes Angebot rechtfertigen. Selbst professionelle Journalisten stellten in diesem Zusammenhang keinen geeigneten Filter dar. Wie gerade dargestellt, haben nach der Rechtsprechung des Obersten Gerichtshofs der Vereinigten Staaten Personen des öffentlichen Lebens mit einer *defamation*-Klage *nur dann* Erfolg, wenn eine unwahre ehrenrührige Tatsachenbehauptung vorsätzlich oder grob fahrlässig aufgestellt wurde. Die Rechtsprechung des US Supreme Court etabliert damit die unwiderlegliche Vermutung, dass Äußerungen über eine Person des öffentlichen Lebens *per se* einen Beitrag zu einer Angelegenheit von öffentlichem Interesse leisten.

In dieser Dogmatik des Ersten Zusatzartikels ihrer Verfassung nehmen die Vereinigten Staaten indessen transnational eine Sonderrolle ein. Ihr steht die Rechtsprechung des EGMR entgegen, wonach das Recht auf Achtung des Privatlebens nach Art. 8 Abs. 1 EMRK und die Kommunikationsfreiheit zwei Menschenrechte mit gleichem Wert sind.[70] Auch bringt der EGMR regelmäßig zum Ausdruck, dass selbst umstrittene Personen des öffentlichen Lebens menschenrechtlichen Persönlichkeitsschutz genießen.[71] Schließlich haben selbst Personen des öffentlichen Lebens nicht immer die Möglichkeit, mit gleicher Effektivität auf Angriffe persönlich zu reagieren. Dem Bestreiten von Vorwürfen

---

[67] *Volokh*, Stanford Law Review 52 (2000), 1049, 1089.

[68] Siehe *Rubenfeld*, Stanford Law Review 53 (2001), 767, 787 f.; *Berger*, Houston Law Review 39 (2003), 1371, 1411; *Baker*, Hofstra Law Review 35 (2007), 955, 1015; *Volokh*, Virginia Law Review 97 (2011), 567, 594.

[69] *Adams*, in: C.F. Adams (Hrsg.), The Works of John Adams, Second President of the United States: with a Life of the Author, Notes and Illustrations, by his Grandson Charles Francis Adams, vol. 6, 1856, 3, 63; *Mill*, Über die Freiheit, 1859, S. 11.

[70] Siehe EGMR, Hachette Filipacchi Associés ("Ici Paris")/Frankreich [2009] Beschwerde-Nr. 12268/03 [41]; Mosley/Vereinigtes Königreich [2011] Beschwerde-Nr. 48009/08 [111]; von Hannover/Deutschland (Nr. 2) [2012] Beschwerde-Nr. 40660/08 und 60641/08 [106].

[71] Siehe z.B. EGMR, Lindon, Otchakovsky-Laurens und July/Frankreich [2007] Beschwerde-Nr. 21279/02 und 36448/02 [57]; Flux/Moldawien (Nr. 6) [2008] Beschwerde-Nr. 22824/04 [30]; Kuliś/Polen [2008] Beschwerde-Nr. 15601/02 [50]; Standard Verlags GmbH/Österreich (Nr. 2) [2009] Beschwerde-Nr. 21277/05 [48]; Tuşalp/Türkei [2012] Beschwerde-Nr. 32131/08 und 41617/08 [45].

durch einen Einzelnen wird im öffentlichen Diskurs häufig weniger Glaubwürdigkeit zugebilligt als Behauptungen in den Medien.[72] Trotz seines Einflusses
auf die Rechtsprechung ist zu beachten, dass der „Marktplatz der Meinungen"
eine Hypothese und kein empirisches Phänomen ist. Auch auf diesem Marktplatz ist gelegentlich Marktversagen zu beobachten.

Allerdings macht selbst der US Supreme Court von der Neutralitätspflicht
des Staates auch Ausnahmen. Ebenso wie deutsche, englische und europäische
Gerichte differenziert der US Supreme Court danach, ob Äußerungen von „öffentlichem Interesse" oder „öffentlicher Bedeutung" sind,[73] ob sie von „politischer, sozialer oder sonstiger Bedeutung für die Gemeinschaft" sind,[74] ob sie „in
großem Ausmaß soziale Beziehungen und Politik beeinflussen", „Teil einer Debatte über eine öffentliche Angelegenheit" sind, einen „Beitrag zu einer öffentlichen Debatte leisten" oder Ideen betreffen, die „politischen oder sozialen
Wandel" herbeiführen könnten.[75] Cass Sunstein stellte zutreffend fest, dass ein
sinnvolles System der Redefreiheit, welches nicht zwischen Kategorien von Äußerungen im Hinblick auf ihre Bedeutung für die Zwecke des Schutzes der Redefreiheit unterscheidet, nur schwer vorstellbar sei.[76]

Als transnationales Rechtskonzept bedarf das „öffentliche Interesse" der Begriffsbestimmung. Eine exakte, allumfassende Definition für „öffentliches Interesse" wird sich indes nicht finden lassen. Wichtiger als eine erschöpfende
Begriffsjurisprudenz ist es jedoch, die Faktoren festzulegen, nach denen sich
das „öffentliche Interesse" bestimmt. Zunächst ist der Begriff des „öffentlichen
Interesses" kein klassifikatorischer Begriff, der durch *genus proximum* und *dif-
ferentia specifica* definiert wird, sondern ein Typusbegriff, der erst durch die
Bestimmung eines Gegenbegriffs Konturen erhält. Die Festlegung des „öffentlichen Interesses" an einer Äußerung ist somit kein binärer Vorgang, sondern
eine Frage des Ausmaßes. Es ist nicht danach zu fragen, *ob* eine Angelegenheit
von öffentlichem Interesse ist oder nicht, sondern *inwieweit* sie von öffentlichem Interesse ist. Diese Fuzzylogik bedingt eine Stufenontologie oder „imaginäre Skala". An einem Ende dieser Skala sind Vorgänge, die das demokratische
Gemeinwesen unmittelbar betreffen und somit von herausragendem öffentli-

---

[72] Vgl. Jameel v. Wall Street Journal Europe Sprl [2006] UKHL 44 [26].

[73] Siehe z.B. US Supreme Court, Gertz v. Robert Welch Inc., 418 U.S. 323, 346 (1974); Dun
& Bradstreet Inc. v. Greenmoss Builders Inc., 472 U.S. 749, 761 (1985); Hustler Magazine v.
Falwell, 485 U.S. 46, 50 (1988); Bartnicki v. Vopper, 532 U.S. 514, 528, 533 f. (2001); Snyder v.
Phelps, 562 U.S. 443, 451 (2011).

[74] US Supreme Court, Connick v. Myers, 461 U.S. 138, 146 (1983).

[75] Siehe z.B. US Supreme Court, Roth v. United States, 354 U.S. 476, 484 (1957); New York
Times Co. v. Sullivan, 376 U.S. 254, 269 (1964); Hustler Magazine v. Falwell, 485 U.S. 46, 53
(1988).

[76] *Sunstein*, Duke Law Journal 35 (1986), 589, 605; *Sunstein*, University of Chicago Law
Review 59 (1992), 255, 302; siehe auch *Post*, William & Mary Law Review 32 (1991), 267, 288;
Dworkin, Freedom's Law: The Moral Reading of the American Constitution, 1996, S. 204;
Post, Virginia Law Review 97 (2011), 477, 486.

chem Interesse sind.[77] Am anderen Ende befinden sich Äußerungen „ohne Bezug zu einem zeitgeschichtlichen Ereignis", die „lediglich die Neugier der Leser befriedigen".[78] Dazwischen liegen Äußerungen, die, in den Worten des BVerfG, „nicht ein Thema mit großer politischer, sozialer oder wirtschaftlicher Tragweite [behandeln], [...] aber auch für die Öffentlichkeit sowie für den betroffenen Kläger nicht unbedeutend" sind.[79] Das Zitat bezog sich auf die Behauptung, der Bundeskanzler töne seine Haare. Ein weiteres Beispiel sind angebliche Eheprobleme eines Staatsoberhaupts, wie sie Gegenstand der EGMR-Entscheidung *Standard Verlags GmbH gegen Österreich (Nr. 2)* waren. Die Mehrheitsentscheidung stellte darauf ab, dass das Innenleben seiner Ehe die intimsten Aspekte des Privatlebens des Präsidenten betreffe.[80] Andererseits können Eheprobleme das Wohlbefinden des Präsidenten beeinflussen und damit von öffentlichem Interesse sein, worauf Richter Jebens in seiner abweichenden Meinung hinweist.[81] Die entscheidende Frage ist somit, *in welchem Ausmaß* die Eheprobleme des Präsidenten eine Angelegenheit von öffentlichem Interesse sind und in welchem Ausmaß Berichterstattung hierüber zulässig ist, und in welchem Ausmaß der Präsident einen Anspruch auf Schutz seiner Privatsphäre hat. Hier spiegelt sich der Gedanke wider, dass Grundrechte Prinzipien sind, die keine maximale, sondern eine optimale Verwirklichung verlangen.[82]

Die Bewertung des öffentlichen Interesses einer Angelegenheit in Skalen statt in einem binären System berücksichtigt, dass es Angelegenheiten gibt, die von stärkerem öffentlichem Interesse sind als andere, und dass es Angelegenheiten gibt, die jeweils in einem bestimmten Ausmaß, von öffentlichem und von privatem Interesse sein können. Daher gilt für das Kommunikationsdeliktsrecht: Je größer das öffentliche Interesse an dem Beitrag ist, desto eher muss der Schutz

---

[77] Siehe z. B. EGMR, Lykin/Ukraine [2017] Beschwerde-Nr. 19382/08 [27]: „the applicant's discourse represented political speech in the strict sense, the restriction of which calls for the closest scrutiny on the part of the Court".

[78] EGMR, Mosley/Vereinigtes Königreich [2011] Beschwerde-Nr. 48009/08 [114] und [131]; siehe z. B. von Hannover/Deutschland (Nr. 1) [2004] Beschwerde-Nr. 59320/00 [65]; Hachette Filipacchi Associés ("Ici Paris")/Frankreich [2009] Beschwerde-Nr. 12268/03 [40]; MGN Ltd./Vereinigtes Königreich [2011] Beschwerde-Nr. 39401/04 [143]; Alkaya/Türkei [2012] Beschwerde-Nr. 42811/06 [35]; Cârstea/Rumänien [2014] Beschwerde-Nr. 20531/06 [36]; BGH, Urt. v. 05.03.1963, Az. VI ZR 55/62, BGHZ 39, 124, 128 – Fernsehansagerin; BGH, Urt. v. 05.10.2004, Az. VI ZR 255/03, BGHZ 160, 298, 305 – Alexandra von Hannover; BGH, Urt. v. 16.02.2016, Az. VI ZR 367/15, MDR 2016, 520 Rn. 38 – Missbrauchsvorwürfe im Online-Archiv.

[79] BVerfG, Beschl. v. 26.08.2003, Az. 1 BvR 2243/02, NJW 2004, 589, 590 – Haarfarbe des Bundeskanzlers.

[80] EGMR, Standard Verlags GmbH/Österreich (Nr. 2) [2009] Beschwerde-Nr. 21277/05 [53]; bestätigt in Someşan und Butiuc/Rumänien [2013] Beschwerde-Nr. 45543/04 [25].

[81] EGMR, Standard Verlags GmbH/Österreich (Nr. 2) [2009] Beschwerde-Nr. 21277/05, abweichende Meinung von Richter Jebens, der sich Richter Spielmann anschloss [4].

[82] Siehe *Oster*, Media Freedom as a Fundamental Right, 2015, S. 39.

konfligierender Rechte, etwa die persönliche Ehre, zurücktreten.[83] Umgekehrt gilt, dass eine ehrenrührige Äußerung umso weniger schützenswert ist, je geringer das öffentliche Interesse an der Angelegenheit ist, zu der sie beiträgt.[84] Der bisweilen apodiktisch und axiomatisch wirkende Hinweis des BVerfG, bei Beiträgen zu Angelegenheiten von öffentlichem Interesse spreche eine „Vermutung für die Freiheit der Rede",[85] ist mit einer solchen Stufenontologie keineswegs unvereinbar, sondern vielmehr ihre zwingende Folge. Die pointierte Formulierung des BVerfG bedarf lediglich der Verfeinerung: „Je größer das öffentliche Interesse an der Angelegenheit ist, auf die sich eine Äußerung bezieht, desto mehr spricht eine Vermutung für die Freiheit der Rede." Daraus folgt allerdings der Umkehrschluss: Je geringer das öffentliche Interesse an der Angelegenheit ist, auf die sich eine Äußerung bezieht, desto weniger spricht eine Vermutung für die Freiheit der Rede – und desto mehr spricht eine Vermutung für den Schutz entgegenstehender Rechte. In diesem Koordinatensystem, wenn auch unter diametral entgegengesetzten Vorzeichen, ist auch die Entscheidung des EuGH in *Google Spain* zu verstehen. Danach hat eine Person grundsätzlich ein Recht darauf, personenbezogene Links von der Ergebnisliste einer Suchmaschine zu entfernen, es sei denn, dass „aus besonderen Gründen" ausnahmsweise das öffentliche Interesse an der Einbeziehung in die Ergebnisliste überwiegt.[86] Diese Umkehr der Vermutung gegenüber der Rechtsprechung des BVerfG verkannte der BGH in seiner *Google II*-Entscheidung. Darin entschied der BGH mit folgender Begründung gegen einen Unterlassungsanspruch und analog gegen ein „Recht auf Vergessenwerden":

„Eine sichere und eindeutige Beurteilung, ob unter Berücksichtigung aller widerstreitenden grundrechtlich geschützten Belange und der Umstände des Einzelfalls das Schutzinteresse der Betroffenen die schutzwürdigen Belange der Internetseitenbetreiber, [des Suchmaschinenbetreibers] sowie der Internetnutzer überwiegt [...], ist dem Suchmaschinenbetreiber im Regelfall nicht ohne weiteres möglich."[87]

---

[83] BVerfG, Urt. v. 15.01.1958, Az. 1 BvR 400/51, BVerfGE 7, 198, 212 – Lüth; siehe z.B. BVerfG, Beschl. v. 11.05.1976, Az. 1 BvR 163/72, NJW 1976, 1680, 1681 – Echternach; BVerfG, Beschl. v. 20.04.1982, Az. 1 BvR 426/80, BVerfGE 60, 234, 239f. – „Kredithaie"; BVerfG, Beschl. v. 22.06.1982, Az. 1 BvR 1376/79, BVerfGE 61, 1, 11 – „CSU: NPD Europas"; BGH, Urt. v. 22.12.1959, Az. VI ZR 175/58, BGHZ 31, 308, 312f. – Alte Herren; BGH, Urt. v. 09.12.1975, Az. VI ZR 157/73, BGHZ 65, 325, 331 – Warentest II; US Supreme Court, New York Times Co. v. Sullivan, 376 U.S. 254, 270 (1964).

[84] BGH, Urt. v. 09.12.2003, Az. VI ZR 373/02, NJW 2004, 762, 764 – Sabine Christiansen.

[85] BVerfG, Urt. v. 15.01.1958, Az. 1 BvR 400/51, BVerfGE 7, 198, 212 – Lüth; siehe z.B. BVerfG, Beschl. v. 11.05.1976, Az. 1 BvR 163/72, NJW 1976, 1680, 1681 – Echternach; BVerfG, Beschl. v. 20.04.1982, Az. 1 BvR 426/80, BVerfGE 60, 234, 239f. – „Kredithaie"; BVerfG, Beschl. v. 22.06.1982, Az. 1 BvR 1376/79, BVerfGE 61, 1, 11 – „CSU: NPD Europas"; BGH, Urt. v. 22.12.1959, Az. VI ZR 175/58, BGHZ 31, 308, 312f. – Alte Herren; BGH, Urt. v. 09.12.1975, Az. VI ZR 157/73, BGHZ 65, 325, 331 – Warentest II.

[86] EuGH, Rs. C-131/12 [2014] Google Spain SL und Google Inc./AEPD u.a.; dazu Kapitel 5 Abschnitt V.

[87] BGH, Urt. v. 27.02.2018, Az. VI ZR 489/16, NJW 2018, 2324 Rn. 37, 52 – Google II.

Mit dieser Begründung – der Suchmaschinenbetreiber kann ein überwiegendes öffentliches Interesse an der Einbeziehung in die Ergebnisliste nicht nachweisen – hätte der BGH indes ein Recht auf Entfernung der Suchergebnisse gegen den Suchmaschinenanbieter anerkennen müssen.

Für die Bestimmung, in welchem Ausmaß eine Angelegenheit von öffentlichem Interesse ist, bietet die nationale und internationale Rechtsprechung Präzedenzen, die als Orientierung dienen. Diese Präzedenzen betreffen zunächst Themen, die *per se* von öffentlichem Interesse sind: politische Themen auf lokaler, nationaler und internationaler Ebene, einschließlich über politische Amtsträger in ihrer Funktion,[88] die Arbeit der öffentlichen Verwaltung einschließlich der Polizei[89] und der Justiz,[90] Umweltschutz,[91] Tierschutz,[92] Verbraucherschutz und -aufklärung,[93] wirtschaftliche Themen einschließlich des

---

[88] Z.B. UN-Menschenrechtsausschuss, Toktakunov/Kirgistan [2011] Mitteilung Nr. 1470/2006 [6.3]; EGMR, Lingens/Österreich [1986] Beschwerde-Nr. 9815/82 [42]; Dalban/Rumänien [1999] Beschwerde-Nr. 28114/95 [48]; Feldek/Slowakei [2001] Beschwerde-Nr. 29032/95 [74]; Jerusalem/Österreich [2001] Beschwerde-Nr. 26958/95 [41]; Éditions Plon/Frankreich [2004] Beschwerde-Nr. 58148/00 [44]; Brasilier/Frankreich [2006] Beschwerde-Nr. 71343/01 [41]; Lindon, Otchakovsky-Laurens und July/Frankreich [2007] Beschwerde-Nr. 21279/02 und 36448/02 [48]; Kuliś/Polen [2008] Beschwerde-Nr. 15601/02 [46]; Társaság a Szabadságjogokért/Ungarn [2009] Beschwerde-Nr. 37374/05 [28]; Cumpănă und Mazăre/Rumänien [2004] Beschwerde-Nr. 33348/96 [101]; Flux/Moldawien (Nr. 1) [2006] Beschwerde-Nr. 28702/03 [33]; Gutiérrez Suárez/Spanien [2010] Beschwerde-Nr. 16023/07 [26]; von Hannover/Deutschland (Nr. 2) [2012] Beschwerde-Nr. 40660/08 und 60641/08 [118]; Kaperzyński/Polen [2012] Beschwerde-Nr. 43206/07 [64]; Österreichische Vereinigung zur Erhaltung, Stärkung und Schaffung eines wirtschaftlich gesunden land- und forstwirtschaftlichen Grundbesitzes/Österreich [2013] Beschwerde-Nr. 39534/07 [35]; Brosa/Deutschland [2014] Beschwerde-Nr. 5709/09 [42]; Axel Springer AG/Deutschland (Nr. 2) [2014] Beschwerde-Nr. 48311/10 [58]; BVerfG, Beschl. v. 22.06.1982, Az. 1 BvR 1376/79, BVerfGE 61, 1, 11 – „CSU: NPD Europas"; BGH, Urt. v. 20.01.1959, Az. 1 StR 518/58, BGHSt 12, 287, 293 f. – Badenerland; House of Lords, Reynolds v. Times Newspapers [2001] 2 AC 127, 190.
[89] Z.B. EGMR, Thorgeir Thorgeirson/Island [1992] Beschwerde-Nr. 13778/88; Prager und Oberschlick/Österreich [1995] Beschwerde-Nr. 15974/90 [34]; De Haes und Gijsels/Belgien [1997] Beschwerde-Nr. 19983/92 [37]; Sürek/Türkei (Nr. 2) [1999] Beschwerde-Nr. 24122/94 [37]; Nilsen und Johnsen/Norwegen [1999] Beschwerde-Nr. 23118/93 [44]; Dupuis u. a./Frankreich [2007] Beschwerde-Nr. 1914/02 [41]; Kasabova/Bulgarien [2011] Beschwerde-Nr. 22385/03 [56]; Mustafa Erdoğan u. a./Türkei [2014] Beschwerde-Nr. 346/04 und 39779/04 [40]; Economou v. de Freitas [2016] EWHC 1853 (QB) [143].
[90] Z.B. BVerfG, Beschl. v. 25.01.1961, Az. 1 BvR 9/57, BVerfGE 12, 113, 129 – Schmid/Spiegel
[91] Z.B. EGMR, Mamère/Frankreich [2006] Beschwerde-Nr. 12697/03 [20]; Tănăsoaica/Rumänien [2012] Beschwerde-Nr. 3490/03 [44]; BGH, Urt. v. 12.05.1987, Az. VI ZR 195/86, NJW 1987, 2225, 2226 – Chemiegift.
[92] Z.B. EGMR, Bladet Tromsø und Stensaas/Norwegen [1999] Beschwerde-Nr. 21980/93; VgT Verein gegen Tierfabriken/Schweiz (Nr. 1) [2001] Beschwerde-Nr. 24699/94 [70]; PETA Deutschland/Deutschland [2012] Beschwerde-Nr. 43481/09 [47]; Animal Defenders International/Vereinigtes Königreich [2013] Beschwerde-Nr. 48876/08 [102]
[93] Z.B. EGMR, Hertel/Schweiz [1998] Beschwerde-Nr. 59/1997/843/1049 [47]; BGH, Urt. v. 09.12.1975, Az. VI ZR 157/73, BGHZ 65, 325, 332 – Warentest II; BGH, Urt. v. 16.12.2014,

Verhaltens und der gewerblichen Leistung eines Unternehmens,[94] Auseinandersetzungen über Kunst[95] und Religion,[96] die Prävention, Verfolgung und Ahndung von Rechtsverletzungen[97] sowie die Suche nach historischer Wahrheit und die Interpretation historischer Ereignisse.[98] Darüber hinaus betreffen die Entscheidungen singuläre Ereignisse, die als Angelegenheiten von öffentlichem Interesse eingestuft wurden, etwa der Contergan-Skandal und die Debatte über die Entschädigung Betroffener,[99] behauptete Fehlbehandlungen durch einen Schönheitschirurgen,[100] das Problem des Alkoholkonsums bei der Arbeit,[101] die Programmgestaltung des öffentlich-rechtlichen Rundfunks[102] und Sportereignisse.[103]

Der Begriff des „öffentlichen Interesses" ist daher nicht zu verwechseln mit „Interesse für die Öffentlichkeit". „Interesse für die Öffentlichkeit" – oder für einen Teil der Öffentlichkeit – ist ein subjektives und quantitatives Konzept, wohingegen der Begriff des „öffentlichen Interesses" objektiv und qualitativ zu bestimmen ist. Zwar gehört es nach der Rechtsprechung des BVerfG „[z]um Kern der Pressefreiheit [...], dass die Medien im Grundsatz nach ihren eigenen

---

Az. VI ZR 39/14, NJW 2015, 773 Rn. 23 – „Scharlatanerieprodukt"; BGH, Urt. v. 11.03.2008, Az. VI ZR 7/07, NJW 2008, 2110 Rn. 31 – „Gen-Milch".

[94] Z.B. EGMR, Fressoz und Roire/Frankreich [1999] Beschwerde-Nr. 29183/95 [50]; Steel und Morris/Vereinigtes Königreich [2005] Beschwerde-Nr. 68416/01; BVerfG, Beschl. v. 20.04.1982, Az. 1 BvR 426/80, BVerfGE 60, 234, 241 – „Kredithaie"; BGH, Urt. v. 16.11.2004, Az. VI ZR 298/03 – „Bauernfängerei"-Zitat; BGH, Urt. v. 16.12.2014, Az. VI ZR 39/14, NJW 2015, 773 Rn. 19 – „Scharlatanerieprodukt"; South Hetton Coal Co. Ltd. v. North-Eastern News Association Ltd. [1894] 1 QB 133.

[95] Z.B. BVerfG, Beschl. v. 13.05.1980, Az. 1 BvR 103/77, BVerfGE 54, 129, 137 – Kunstkritik.

[96] Siehe z.B. EGMR, Albert-Engelmann-Gesellschaft mbH/Österreich [2006] Beschwerde-Nr. 46389/99 [30].

[97] Z.B. EGMR, White/Schweden [2006] Beschwerde-Nr. 42435/02 [29]; Egeland und Hanseid/Norwegen [2009] Beschwerde-Nr. 34438/04 [58]; Leroy/Frankreich [2009] Beschwerde-Nr. 36109/03 [41]; Brunet Lecomte et Lyon Mag/Frankreich [2010] Beschwerde-Nr. 17265/05 [41]; Salumäki/Finnland [2014] Beschwerde-Nr. 23605/09 [54]; BVerfG, Urt. v. 05.06.1973, Az. 1 BvR 536/72, BVerfGE 35, 202, 230f. – Lebach; BGH, Urt. v. 30.01.1996, Az. VI ZR 386/94, BGHZ 132, 13, 25 – „Lohnkiller"; BGH, Urt. v. 15.11.2005, Az. VI ZR 286/04, NJW 2006, 599 – Ernst August von Hannover; BGH, Urt. v. 15.12.2009, Az. VI ZR 227/08, BGHZ 183, 353 Rn. 15 – dradio.de.

[98] Z.B. EGMR, Feldek/Slowakei [2001] Beschwerde-Nr. 29032/95 [80]; Monnat/Schweiz [2006] Beschwerde-Nr. 73604/01 [59]; Radio France u.a./Frankreich [2004] Beschwerde-Nr. 53984/00 [34]; Chauvy u.a./Frankreich [2004] Beschwerde-Nr. 64915/01 [69]; Karsai/Ungarn [2009] Beschwerde-Nr. 5380/07 [35]; Perinçek/Schweiz [2013] Beschwerde-Nr. 27510/08 [103]; BGH, Urt. v. 04.06.1974, Az. VI ZR 68/73, GRUR 1974, 797 – Fiete Schulze; BGH, Urt. v. 09.07.1985, Az. VI ZR 214/83, BGHZ 95, 212, 219f. – Nachtigall II.

[99] EGMR, Sunday Times/Vereinigtes Königreich (Nr. 1) [1979] Beschwerde-Nr. 6538/74.

[100] EGMR, Bergens Tidende u.a./Norwegen [2000] Beschwerde-Nr. 26132/95 [51].

[101] EGMR, Selistö/Finnland [2004] Beschwerde-Nr. 56767/00 [52].

[102] EGMR, Wojtas-Kaleta/Polen [2009] Beschwerde-Nr. 20436/02 [46].

[103] EGMR, Société de Conception de Presse et d'Edition et Ponson/Frankreich [2009] Beschwerde-Nr. 26935/05 [55].

publizistischen Kriterien entscheiden können, was sie des öffentlichen Interesses für wert halten."[104] Die mediale Erörterung eines Themas ist bereits ein Indiz für ein öffentliches Informationsinteresse.[105] Allerdings ist es den Medien nicht möglich, selbst darüber zu bestimmen, was im Rechtssinne im öffentlichen Interesse liegt. Diese Entscheidung bleibt den Gerichten vorbehalten.

Aus der Stufenontologie folgt, dass sich der Grad des öffentlichen Interesses nicht nur positiv, sondern auch negativ dadurch bestimmen lässt, in welchem Ausmaß die betreffende Angelegenheit eine Privatangelegenheit ist. Der Übergang vom „öffentlichen Interesse" zu einer „Privatangelegenheit" ist nach der Fuzzylogik nämlich nicht scharf, sondern fließend. Ebenso wie der Begriff des „öffentlichen Interesses" ist der der „Privatsache" einer abschließenden Definition indessen nicht zugänglich. Hinsichtlich der Bestimmung dessen, was als „privat" einzustufen ist, bietet zunächst der Wortlaut internationaler Menschenrechtskonventionen und die Judikatur nationaler und internationaler Gerichte hilfreiche Präzedenzen. Privatheit erfasst zunächst die in Art. 17 IPbpR und Art. 8 EMRK aufgeführten Bereiche Familie, Wohnung und Korrespondenz. Darüber hinaus kann zur Bestimmung des Privaten auf eine umfangreiche transnationale Rechtsprechung zurückgegriffen werden. In diesem Zusammenhang erweist sich die Sphärentheorie als nützliches analytisches Instrument. BVerfG und BGH entwickelten Abwägungskriterien „nach Maßgabe einer abgestuften Schutzwürdigkeit bestimmter Sphären, in denen sich die Persönlichkeit verwirklicht".[106] Besonders großen Schutz genießen die Informationen, die der Intim- und Geheimsphäre zuzuordnen sind. In abgestuftem Maße weniger geschützt sind demgegenüber Informationen, die lediglich zur Privatsphäre und schließlich zur Sozialsphäre rechnen.[107]

---

[104] BVerfG, Urt. v. 15.12.1999, Az. 1 BvR 653/96, BVerfGE 101, 361, 389 – Caroline von Monaco II; BGH, Urt. v. 26.10.2010, Az. VI ZR 230/08, BGHZ 187, 200 Rn. 20 – Charlotte Casiraghi; BVerfG, Beschl. v. 09.03.2010, Az. 1 BvR 1891/05, NJW-RR 2010, 1195 Rn. 29 – Cornelia Pieper.

[105] BVerfG, Beschl. v. 09.03.2010, Az. 1 BvR 1891/05, NJW-RR 2010, 1195 Rn. 30 – Cornelia Pieper; siehe z. B. BVerfG, Beschl. v. 06.11.1968, Az. 1 BvR 501/62, NJW 1969, 227 – Tonjäger.

[106] Grundlegend BVerfG, Beschl. v. 31.01.1973, Az. 2 BvR 454/71, BVerfGE 34, 238, 245 – Heimliche Tonbandaufnahmen; siehe z. B. BGH, Urt. v. 02.04.1957, Az. VI ZR 9/56, BGHZ 24, 72, 79f. – „Idiot"; BGH, Urt. v. 20.05.1958, Az. VI ZR 104/57, BGHZ 27, 284, 289f. – Heimliche Tonaufnahme; BGH, Urt. v. 19.12.1978, Az. VI RZ 137/77, BGHZ 73, 120, 124f. – Abhöraffäre; BGH, Urt. v. 23.06.2009, Az. VI ZR 196/08, BGHZ 181, 328 Rn. 30 – spickmich.de.

[107] Siehe BVerfG, Urt. v. 15.12.1983, Az. 1 BvR 209/83 u.a., BVerfGE 65, 1, 41 ff. – Volkszählungsurteil; BGH, Urt. v. 23.06.2009, Az. VI ZR 196/08, BGHZ 181, 328 Rn. 30 f. – spickmich.de.

3. Das Verhalten der betroffenen Person vor der Äußerung

Das Verhalten des Betroffenen vor der streitgegenständlichen Äußerung ist ein weiteres Kriterium, das europäische Gerichte – anders als amerikanische – in ihrer Abwägungsentscheidung zu berücksichtigen haben. Auch dieses Kriterium operiert nicht binär, sondern graduell. Personen des öffentlichen Lebens können daher stärkeren Schutz ihrer Persönlichkeitsrechte erwarten, soweit sie ihr Privatleben der öffentlichen Aufmerksamkeit entziehen.[108] Umgekehrt kann das Leben auch von bislang unbekannten Personen von öffentlichem Interesse sein, soweit sie öffentliche Aufmerksamkeit suchen oder in Ereignisse von öffentlichem Interesse verwickelt sind. Dies gilt selbst dann, wenn sie vorher einer breiteren Öffentlichkeit nicht bekannt waren.

a) Abschirmen des Privatlebens von öffentlicher Beobachtung

Persönlichkeitsrechte schützen in einem bestimmten Ausmaß davor, *ob* jemand öffentlich wahrgenommen werden will oder nicht. Selbst wenn Personen der Öffentlichkeit bekannt und aufgrund ihrer Tätigkeit in den Medien präsent sind, können sie daher gleichwohl einen starken Schutz ihrer Persönlichkeitsrechte beanspruchen, soweit sie sich öffentlicher Aufmerksamkeit entziehen. Dies gilt insbesondere dann, wenn Personen des öffentlichen Lebens ausdrücklich die Achtung ihres Privatlebens einfordern.[109] Allerdings sind Personen des öffentlichen Lebens auch unter solchen Umständen unter legitimer öffentlicher Beobachtung und Kritik, wenn sie durch ihr vorhergehendes Verhalten hierzu Anlass gegeben haben, etwa indem sie freiwillig Einzelheiten ihres Privatlebens offenlegten oder an öffentlichen Debatten teilnehmen.[110]

b) Die Öffentlichkeit suchen

Persönlichkeitsrechte schützen jedoch nicht die Erwartung, *wie* jemand in der Öffentlichkeit wahrgenommen werden möchte. In der sozialen Gemeinschaft, in der sich eine Person entfaltet, stellen Informationen über diese Person „einen Teil der sozialen Realität dar, der nicht ausschließlich dem Betroffenen allein zugeordnet werden kann".[111] Soweit der Einzelne „als ein in der Gemeinschaft lebender Bürger in Kommunikation mit anderen tritt, durch sein Sein oder Verhalten auf andere einwirkt und dadurch die persönliche Sphäre von Mitmen-

---

[108] Vgl. EGMR, Print Zeitungsverlag GmbH/Österreich [2013] Beschwerde-Nr. 26547/07 [37].

[109] Siehe EGMR, von Hannover/Deutschland (Nr. 3) [2013] Beschwerde-Nr. 8772/10 [55]; BGH, Urt. v. 02.05.2017, Az. VI ZR 262/16, Rn. 31 – Tim Bendzko.

[110] Siehe z. B. EGMR, MGN Ltd./Vereinigtes Königreich [2011] Beschwerde-Nr. 39401/04 [147].

[111] BGH, Urt. v. 05.11.2013, Az. VI ZR 304/12, BGHZ 198, 346 Rn. 11 – Jauch.

schen oder Belange des Gemeinschaftslebens berührt", muss er Einschränkungen seiner Persönlichkeitsrechte hinnehmen, soweit diese nicht zum unantastbaren innersten Lebensbereich gehören.[112] Daraus folgt, dass derjenige, der die Öffentlichkeit sucht, sich freiwillig selbst in die Öffentlichkeit stellt, an einer öffentlichen Auseinandersetzung teilnimmt oder sich auf öffentlichen Veranstaltungen präsentiert, mit Beobachtung und Kritik durch die Öffentlichkeit rechnen muss.[113] Wer selbst zu einer abwertenden Einschätzung Anlass gibt, muss „eine scharfe Reaktion auch dann hinnehmen, wenn sie das persönliche Ansehen mindert".[114] Insbesondere derjenige, der selbst die Ehre eines anderen angreift, muss eine diesem Angriff entsprechende Erwiderung hinnehmen; es gilt das sog. „Recht des Gegenschlags".[115] Dies gilt auch dann, wenn sich der Betroffene gleichsam vorbeugend gegen eine ihn betreffende Berichterstattung wehrt.[116] Ausprägung dieses Grundsatzes ist § 199 StGB, wonach der Richter bei wechselseitig begangenen Beleidigungen einen oder beide Beleidiger straffrei stellen kann.[117]

Privatpersonen betreten auch dann die öffentliche Sphäre, wenn ihr Verhalten eine Angelegenheit von öffentlichem Interesse betrifft. Dies gilt beispielsweise für Personen, die mit verheirateten Personen des öffentlichen Lebens eine Liebesbeziehung pflegen.[118] Schließlich werden Privatpersonen auch dann legitimer Gegenstand öffentlichen Interesses, wenn sie Beschuldigte in strafrechtlichen Ermittlungen sind, denn Straftaten und strafrechtliche Ermittlungen sind *per se* von öffentlichem Interesse.[119] Die Tatsache, dass eine Person Beschuldig-

---

[112] Vgl. BVerfG, Urt. v. 05.06.1973, Az. 1 BvR 536/72, BVerfGE 35, 202, 232 – Lebach.

[113] Siehe z.B. EGMR, Nilsen und Johnsen/Norwegen [1999] Beschwerde-Nr. 23118/93 [52]; Jerusalem/Österreich [2001] Beschwerde-Nr. 26958/95 [38]; Karsai/Ungarn [2009] Beschwerde-Nr. 5380/07 [35]; BVerfG, Beschl. v. 13.05.1980, Az. 1 BvR 103/77, BVerfGE 54, 129, 137 – Kunstkritik; BVerfG, Beschl. v. 09.03.2010, Az. 1 BvR 1891/05, NJW-RR 2010, 1195 Rn. 31 – Cornelia Pieper; BGH, Urt. v. 22.12.1959, Az. VI ZR 175/58, BGHZ 31, 308, 313f. – Alte Herren; BGH, Urt. v. 05.12.2006, Az. VI ZR 45/05 – „Terroristentochter"; BGH, Urt. v. 26.10.2010, Az. VI ZR 230/08, BGHZ 187, 200 Rn. 21 – Charlotte Casiraghi; Monroe v. Hopkins [2017] EWHC 433 (QB) [71].

[114] Vgl. BVerfG, Beschl. v. 06.11.1968, Az. 1 BvR 501/62, NJW 1969, 227, 228 – Tonjäger; BVerfG, Beschl. v. 25.01.1961, Az. 1 BvR 9/57, BVerfGE 12, 113, 131 – Schmid/Spiegel; BVerfG, Beschl. v. 13.05.1980, Az. 1 BvR 103/77, BVerfGE 54, 129, 138 – Kunstkritik; BVerfG, Beschl. v. 10.03.2016, Az. 1 BvR 2844/13, NJW 2016, 2173 Rn. 25 – Kachelmann-Geliebte; BGH, Urt. v. 20.01.1959, Az. 1 StR 518/58, BGHSt 12, 287, 294 – Badenerland.

[115] Vgl. dazu BGH, Urt. v. 20.01.1959, Az. 1 StR 518/58, BGHSt 12, 287, 294 – Badenerland; BVerfG, Beschl. v. 06.11.1968, Az. 1 BvR 501/62, NJW 1969, 227, 228 – Tonjäger; BVerfG, Beschl. v. 10.03.2016, Az. 1 BvR 2844/13, NJW 2016, 2173 Rn. 25 – Kachelmann-Geliebte; BGH, Urt. v. 25.05.1971, Az. VI ZR 26/70, VersR 1971, 845, 846 – „Dreckschleuder".

[116] BGH, Urt. v. 11.12.2012, Az. VI ZR 314/10, NJW 2013, 790 Rn. 24 – Stasi.

[117] Vgl. BGH, Urt. v. 14.11.2017, Az. VI ZR 534/15, ZUM 2018, 440 Rn. 20 – „Arschloch".

[118] EGMR, Flinkkilä u.a./Finnland [2010] Beschwerde-Nr. 25576/04 [85].

[119] Vgl. Richtlinie 8.1 Pressekodex des Deutschen Presserates; EGMR, News Verlags GmbH & Co. KG/Österreich [2000] Beschwerde-Nr. 31457/96 [54]; Krone Verlag GmbH & Co. KG/Österreich (Nr. 1) [2002] Beschwerde-Nr. 34315/96 [37]; Verlagsgruppe News

ter ist, nimmt ihr jedoch nicht jedes Recht auf Achtung ihrer Persönlichkeit (dazu unter 5.).

4. Der Wahrheitsgehalt der Äußerung

Welche weiteren Abwägungsfaktoren eingreifen, hängt von der Einordnung der Äußerung in die in Kapitel 2 dargestellte Taxonomie der Information ab. Hier kommt der Unterscheidung zwischen Tatsachenbehauptungen einerseits und Werturteilen andererseits besondere Bedeutung zu. Allein Tatsachenbehauptungen sind dem Wahrheitsbeweis zugänglich, Werturteile bzw. Meinungsäußerungen hingegen nicht. Folgende Kategorisierung von Äußerungen wird hier vorgeschlagen:[120]

Kategorie I: bewiesen wahre Tatsachenbehauptungen;
Kategorie II: erwiesen unwahre Tatsachenbehauptungen, deren Unwahrheit der Äußernde kannte;
Kategorie III: Tatsachenbehauptungen, die der Äußernde zum Zeitpunkt der Äußerung für wahr hielt, die sich jedoch als unwahr herausstellten;
Kategorie IV: Tatsachenbehauptungen, bezüglich derer weder die Wahrheit noch die Unwahrheit festgestellt werden konnte;
Kategorie V: Meinungsäußerungen.

a) Kategorie I: Bewiesen wahre Tatsachenbehauptungen

Sind Tatsachenbehauptungen bewiesen wahr, so bleibt nur wenig Raum für die Feststellung einer Ehrverletzung (siehe Kapitel 2 Abschnitt III.). Wahre Tatsachenbehauptungen muss der Betroffene in der Regel hinnehmen, auch wenn sie für ihn nachteilig sind.[121] Allerdings kann auch eine wahre Aussage Persönlichkeitsrechte verletzen, wenn sie einen Schaden anzurichten droht, der außer Verhältnis zu dem öffentlichen Interesse daran besteht, die Informationen zu ver-

GmbH/Österreich (Nr. 2) [2006] Beschwerde-Nr. 10520/02 [40]; Thomas v. News Group Newspapers Ltd. [2001] EWCA Civ 1233 [32]; Hourani v. Thomson u. a. [2017] EWHC 432 (QB) [166].
[120] Vgl. *Oster*, Media Freedom as a Fundamental Right, 2015, S. 167 ff.
[121] Vgl. BVerfG, Beschl. v. 25.01.2012, Az. 1 BvR 2499/09 und 1 BvR 2503/09, NJW 2012, 1500 Rn. 37 – Ochsenknecht; BVerfG, Beschl. v. 29.06.2016, Az. 1 BvR 3487/14, NJW 2016, 3362 Rn. 14 – Schleppende Zahlungsmoral; BGH, Urt. v. 09.02.2010, Az. VI ZR 243/08, NJW 2010, 2432 Rn. 16 – Spiegel-Dossier.

breiten.[122] Insbesondere kann die Verbreitung wahrer Informationen das Recht auf informationelle Privatheit verletzen.[123]

b) Kategorie II: Bewusst unwahre Tatsachenbehauptungen

Öffentlicher Diskurs ist auf Verständigung angelegt. Wer an Verständigung orientiert ist, muss mit seiner Äußerung drei Geltungsansprüche erheben: dass eine gemachte deskriptive Äußerung wahr ist, dass eine normative Äußerung richtig ist und dass die Sprecherintention so gemeint ist, wie sie geäußert wird.[124] Umgekehrt gilt folglich, dass eine Äußerung dann nicht auf Verständigung angelegt ist, wenn sie bewusst unwahr oder unaufrichtig ist. Wenn der Mitteilende wusste, dass die von ihm behauptete oder verbreitete Tatsachenbehauptung unwahr ist, so verbleibt auf den ersten Blick nur wenig Raum für Kommunikationsfreiheiten. Das BVerfG schließt bewusst unwahre Tatsachenbehauptungen sogar generell vom Schutzbereich des Art. 5 Abs. 1 GG aus. Unrichtige Information sei „unter dem Blickwinkel der Meinungsfreiheit kein schützenswertes Gut, weil sie der verfassungsrechtlich vorausgesetzten Aufgabe zutreffender Meinungsbildung nicht dienen" könne.[125] Im Hinblick auf die Rundfunkfreiheit wies das BVerfG darauf hin, dass „[f]reie Meinungsbildung […] nur in dem Maß gelingen [wird], wie der Rundfunk seinerseits frei, umfassend und wahrheitsgemäß informiert."[126] Der Satz, wonach eine Vermutung für die Freiheit der Rede spricht, je größer das öffentliche Interesse an einer Angelegenheit ist, gilt infolgedessen nicht für bewusst unwahre Tatsachenbehauptungen.

Bevor jedoch vor dem Hintergrund dieser Rechtsprechung der geringe Schutz bewusst unwahrer Tatsachenbehauptungen als transnationales Prinzip anzuer-

---

[122] Vgl. BVerfG, Beschl. v. 24.03.1998, Az. 1 BvR 131/96, BVerfGE 97, 391, 403 f. – Missbrauchsbezichtigung; BVerfG, Beschl. v. 10.11.1998, Az. 1 BvR 1531/96, BVerfGE 99, 185, 197 – Scientology; BVerfG, Beschl. v. 29.06.2016, Az. 1 BvR 3487/14, NJW 2016, 3362 Rn. 14 – Schleppende Zahlungsmoral; BGH, Urt. v. 15.11.2005, Az. VI ZR 286/04, NJW 2006, 599, 600 – Ernst August von Hannover; BGH, Urt. v. 24.01.2006, Az. XI ZR 384/03, NJW 2006, 830 Rn. 103 – Kirch/Breuer; BGH, Urt. v. 09.02.2010, Az. VI ZR 243/08, NJW 2010, 2432 Rn. 16 – Spiegel-Dossier; BGH, Urt. v. 16.12.2014, Az. VI ZR 39/14, NJW 2015, 773 Rn. 21 – „Scharlatanerieprodukt"; BGH, Urt. v. 08.05.2012, Az. VI ZR 217/08, NJW 2012, 2197 Rn. 37 – rainbow.at II.

[123] Vgl. BGH, Urt. v. 25.05.1965, Az. VI ZR 19/64, MDR 1965, 735 – „Wo ist mein Kind?"; BVerfG, Urt. v. 15.12.1999, Az. 1 BvR 653/96, BVerfGE 101, 361, 394 – Caroline von Monaco II.

[124] Vgl. *Habermas*, Theorie des kommunikativen Handelns, Band 1: Handlungsrationalität und gesellschaftliche Rationalisierung, 1981, S. 19 f., 149.

[125] BVerfG, Beschl. v. 14.02.1973, Az. 1 BvR 112/65, BVerfGE 34, 269, 283 – Soraya; BVerfG, Beschl. v. 03.06.1980, Az. 1 BvR 797/78, BVerfGE 54, 208, 219 – Böll; BVerfG, Beschl. v. 13.04.1994, Az. 1 BvR 23/94, BVerfGE 90, 241, 247 – „Auschwitzlüge"; vgl. bereits BVerfG, Beschl. v. 25.01.1961, Az. 1 BvR 9/57, BVerfGE 12, 113, 130 – Schmid/Spiegel; BGH, Urt. v. 12.02.1985, Az. VI ZR 225/83, NJW 1985, 1621, 1622 – Türkeiflug I.

[126] BVerfG, Urt. v. 22.02.1994, Az. 1 BvL 30/88, BVerfGE 90, 60, 87 – 8. Rundfunkentscheidung (Rundfunkgebühren).

kennen ist, ist ein solches Prinzip nach seinen theoretischen Grundlagen zu befragen. Allein intrinsische Theorien wie die Argumente von der persönlichen Autonomie oder von der Selbstverwirklichung scheinen für den Schutz auch von Lügen zu sprechen, wenn man davon ausgeht, dass auch die Verbreitung von Lügen zur persönlichen Autonomie gehört oder zur Selbstverwirklichung beitragen kann. Davon abgesehen scheint jedoch keine Theorie der Kommunikationsfreiheit die Verbreitung von bewusst unwahren Tatsachenbehauptungen zu stützen. Das Argument von der Demokratie widerspricht der Verbreitung von Lügen, da Unwahrheiten die Öffentlichkeit in die Irre führen, und das Argument von der Wahrheit scheint der Verbreitung von Unwahrheiten *eo ipso* zu widersprechen.

Eine genauere Betrachtung stellt diese Feststellungen jedoch in Frage. Das Argument von der Wahrheit steht dem Schutz von Lügen nur dann entgegen, wenn man dieses Argument vom platonischen Standpunkt der Möglichkeit einer objektiven Wahrheit konzipiert. Betrachtet man das Argument von der Wahrheit hingegen von der skeptischen Perspektive, dass absolute Sicherheit nicht erreicht werden kann, dann verdienen sogar von einem Gericht als solche festgestellte Lügen menschenrechtlichen Schutz, denn sie vermögen allgemeine Überzeugungen in Frage zu stellen, die sich ihrerseits behaupten müssen. John Milton stellte bereits fest, dass es notwendig sei, den Irrtum zu überprüfen, um die Wahrheit zu bestätigen.[127] Und John Stuart Mill warnte davor, dass sich die Wahrheit in ein „totes Dogma" verwandelt, wenn sie nicht durch Irrtümer herausgefordert wird.[128] Milton und Mill würden daher wohl der Aussage des BVerfG widersprechen, unrichtige Information könnten zutreffender Meinungsbildung nicht dienen.

Im Hinblick auf bewusst unwahre Tatsachenbehauptungen, etwa der Leugnung des Holocaust, bestehen daher erhebliche Divergenzen zwischen amerikanischen Gerichten einerseits und europäischen und internationalen Spruchkörpern andererseits.[129] Richter Brandeis schrieb in seiner einflussreichen zustimmenden Meinung zu *Whitney v. California*: „Wenn ausreichend Zeit besteht, im Wege der Diskussion Unwahrheiten und Irrtümer aufzudecken, das Böse durch den Prozess der Bildung abzuwenden, dann ist mehr Rede das anzuwendende Mittel, nicht erzwungenes Schweigen."[130] Beispielhaft für diesen

---

[127] *Milton*, Areopagitica, 1644, S. 13.

[128] *Mill*, Über die Freiheit, 1859, S. 53.

[129] UN-Menschenrechtsausschuss, Faurisson/Frankreich [1996] Mitteilung Nr. 550/93 [9.6]; EGMR, Lehideux und Isorni/Frankreich [1998] Beschwerde-Nr. 55/1997/839/1045 [47]; Garaudy/Frankreich [2003] Beschwerde-Nr. 65831/01; BVerfG, Urt. v. 13.04.1994, Az. 1 BvR 23/94, BVerfGE 90, 241 – „Auschwitzlüge"; Supreme Court of Canada, R v. Keegstra [1996] 3 S.C.R. 667. Siehe jedoch aus US-Perspektive *Gey*, Florida State University Law Review 36 (2008), 1; *Lidsky*, Washington & Lee Law Review 65 (2008), 1091; rechtsvergleichend *Weaver//Delpierre/Boissier*, Texas Tech University Law Review 41 (2009), 495.

[130] Whitney v. California, 274 U.S. 357 (1927) (zust. Meinung Richter Brandeis).

more speech-Ansatz in den USA steht die Entscheidung des US Supreme Court *United States v. Alvarez*. Der Angeklagte behauptete wahrheitswidrig, Träger der Ehrenmedaille des Kongresses zu ein. Ein Gesetz, vergleichbar etwa mit § 132a StGB, stellte dies unter Strafe.[131] Der US Supreme Court erklärte dieses Gesetz jedoch für verfassungswidrig: Der Verfassungstradition der Vereinigten Staaten stünde die Idee eines „Wahrheitsministeriums" entgegen.[132]

Dieses Verständnis des Arguments von der Wahrheit, welches auch die Lüge vermeintlich einschränkungslos schützt, überschätzt indessen die Vorteile von Unwahrheiten für die öffentliche Debatte.[133] Es überzeugt nur dann, wenn tatsächlich gewährleistet ist, dass eine wahre Gegenrede der Verbreitung von Unwahrheiten entgegentritt und dass hierbei weitgehende „Waffengleichheit" besteht. Dies ist aber nicht zwingend gewährleistet.[134] Zumindest in den Fällen, in denen Lügen Schaden für gesellschaftliche Gruppen oder für andere Individuen verursachen, überwiegen die Nachteile falscher Aussagen ihre vermeintlichen Vorteile. Dem würde selbst John Stuart Mill nicht widersprechen, denn er sah die Grenze der Redefreiheit dort, wo einer anderen Person Schaden zugefügt wird, sog. *harm principle*.[135] Auch der US Supreme Court erkennt dies an, indem er der *defamation*-Klage selbst einer Person des öffentlichen Lebens dann stattgibt, wenn der Beklagte die Unwahrheit der ehrenrührigen Behauptung kannte oder in grob fahrlässiger Unkenntnis nicht kannte (*actual malice*).[136]

Der EGMR schließt vorsätzliche Verleumdungen zwar nicht *per se* vom Schutzbereich des Art. 10 Abs. 1 EMRK aus. Allerdings kommt er regelmäßig zu dem Ergebnis, dass staatliche Maßnahmen gegen bewusst unwahre Tatsachenbehauptungen, die nicht vernünftigerweise als Satire oder Parodie zu ver-

---

[131] Stolen Valor Act, 18 U.S.C. §§ 704 (b), (c).

[132] United States v. Alvarez, 567 U.S. ___ (2012), 1, 11. Nur am Rande sei darauf hingewiesen, dass die *Alvarez*-Entscheidung über den juristischen Befund hinaus, gleichsam auf einer Meta-Ebene, interessante ehrtheoretische Aspekte berührt. Der Bedeutung der Ehrung für die persönliche Ehre ist spätestens seit Aristoteles bis in die Gegenwart große Beachtung in der ehrwissenschaftlichen Forschung zuteil geworden (siehe *Aristoteles*, Die Nikomachische Ethik, Erstes Buch, 1095b22–25 (S. 109); *Vogt*, Zur Logik der Ehre in der Gegenwartsgesellschaft, 1997, S. 235 ff.; *Burkhart*, Eine Geschichte der Ehre, 2005, S. 128 ff.; *Speitkamp*, Ohrfeige, Duell und Ehrenmord, 2010, S. 79, 194 ff., 239 ff.). Danach gilt: Wer sich eine Ehrung anmaßt, die er nie erhalten hat, entehrt sich bereits selbst. Vom ehrtheoretischen Standpunkt aus bestand somit kein Interesse mehr daran, Alvarez' Lüge *gerichtlich* zu entlarven; eine wahrheitsgemäße Gegenäußerung würde genügen, um die soziale „Ent-Ehrung" herbeizuführen. Das schließt es selbstverständlich nicht aus, dass andere Gründe für eine rechtliche Sanktionierung falscher Ehranmaßung bestehen (dazu etwa *Düring*, Amtsanmaßung und Mißbrauch von Titeln, 1990; *Kahle*, Der Mißbrauch von Titeln, Berufsbezeichnungen und Abzeichen, 1995).

[133] Siehe *Schauer*, Free speech: a philosophical enquiry, 1982, S. 169.

[134] Vgl. *Scanlon*, Philosophy and Public Affairs 1 (1972), 204, 218 f.; *Lidsky*, Washington & Lee Law Review 65 (2008), 1091, 1097.

[135] *Mill*, Über die Freiheit, 1859, S. 19; vgl. *Lidsky*, Washington & Lee Law Review 65 (2008), 1091.

[136] New York Times Co. v. Sullivan, 376 U.S. 254, 279 f. (1964).

stehen sind, nach Art. 10 Abs. 2 EMRK gerechtfertigt sind.[137] Auch erkennt der EGMR eine Pflicht der journalistischen Medien, in gutem Glauben zu handeln.[138] Handelt ein Journalist bösgläubig, dann wird die Frage obsolet, ob er von seiner Pflicht zur Verifizierung von Tatsachenbehauptungen befreit werden kann. Zivilrechtliche Haftung für eine falsche, ehrenrührige Behauptung, die in bösem Glauben gemacht wurde, ist nach dem EGMR immer gerechtfertigt.[139]

Nach deutschem Recht finden § 193 StGB und § 824 Abs. 2 BGB auf Verleumdungen keine Anwendung.[140] Sie sind daher einer Abwägung mit widerstreitenden Rechten gar nicht erst zugänglich. Dies wird bestätigt durch Art. 46 Abs. 1 Satz 2 GG, der „verleumderische Beleidigungen" (§§ 187, 188 StGB)[141] vom Indemnitätsschutz der Abgeordneten ausschließt.

Als transnationales Prinzip kann daher festgehalten werden, dass die Behauptung oder Verbreitung bewusst unwahrer *und ehrenrühriger* Tatsachenbehauptungen keinen Schutz verdient. Dies gilt allerdings nur deswegen, weil eine solche Tatsachenbehauptung einer anderen Person Schaden zufügt. Ein transnationales Prinzip, wonach Lügen als solche nicht von der Kommunikationsfreiheit geschützt sind, d.h. unabhängig von einem Schaden, den sie verursachen, lässt sich indessen nicht identifizieren. Dies gilt es etwa bei der aktuellen, recht undifferenziert geführten Debatte um sogenannte *fake news* in sozialen Netzwerken zu berücksichtigen; für die vorliegende Bearbeitung spielt dies indessen keine Rolle, da eine Ehrverletzung voraussetzt, dass die Verbreitung unwahrer Informationen den Betroffenen in seinem Selbstbild oder sozialen Geltungsanspruch beeinträchtigt.[142] Ehrverletzende Falschnachrichten sind nicht deswegen unzulässig, weil sie unwahr sind, sondern weil sie ehrverletzend sind.

---

[137] EGMR, Alithia Publishing Company Ltd. und Constantinides/Zypern [2008] Beschwerde-Nr. 17550/03 [67]; siehe auch Pedersen und Baadsgaard/Dänemark [2004] Beschwerde-Nr. 49017/99 [78].

[138] Siehe z.B. EGMR, Bladet Tromsø und Stensaas/Norwegen [1999] Beschwerde-Nr. 21980/93 [65]; Fressoz und Roire/Frankreich [1999] Beschwerde-Nr. 29183/95 [54]; Bergens Tidende u.a./Norwegen [2000] Beschwerde-Nr. 26132/95 [53]; Novaya Gazeta und Borodyanskiy/Russland [2013] Beschwerde-Nr. 14087/08 [37]; siehe auch Europarat, Parlamentarische Versammlung, Recommendation 1215 (1993) on the ethics of journalism; aus der Literatur *Nowak*, CCPR, Article 19 Rn. 44 f.; *Mitchell*, Journal of Media Law 3 (2011), 1.

[139] EGMR, Alithia Publishing Company Ltd. und Constantinides/Zypern [2008] Beschwerde-Nr. 17550/03 [67]; siehe auch Pedersen und Baadsgaard/Dänemark [2004] Beschwerde-Nr. 49017/99 [78].

[140] BGH, Urt. v. 15.11.1977, Az. VI ZR 101/76, NJW 1978, 210 – Alkoholtest; BGH, Urt. v. 12.02.1985, Az. VI ZR 225/83, NJW 1985, 1621, 1623 – Türkeiflug I.

[141] *Magiera*, in: Sachs (Hrsg), GG, 7. Aufl. 2014, Art. 46 Rn. 3.

[142] BGH, Urt. v. 11.03.2008, Az. VI ZR 189/06, NJW-RR 2008, 913 Rn. 24 – „Namenloser Gutachter".

5. Die Wahrung von Sorgfaltspflichten bei nicht erwiesen wahren Tatsachenbehauptungen (Kategorien III und IV)

Nach der Rechtsprechung des US Supreme Court steht Personen des öffentlichen Lebens nur dann ein Anspruch wegen Diffamierung zu, wenn sie nachweisen können, dass die über sie aufgestellte ehrenrührige Behauptung unwahr ist und der Äußernde in bösem Glauben handelte (*actual malice*).[143] Der Mitteilende handelt bösgläubig, wenn ihm die Unwahrheit der Äußerung bekannt war oder infolge grober Fahrlässigkeit nicht bekannt war.[144] Grob fahrlässige Unkenntnis der Unwahrheit verlangt einen „hohen Grad des Bewusstseins der wahrscheinlichen Unrichtigkeit".[145] Hierfür genügt es nicht, dass eine „vernünftige vorsichtige Person" – eine Rechtsfigur des *tort of negligence* – die Aussage getätigt hätte oder vorher weitere Untersuchungen durchgeführt hätte. Stattdessen ist erforderlich, dass *der Beklagte selbst* ernsthaft am Wahrheitsgehalt der Äußerung gezweifelt hat.[146] Allein dessen Versäumnis, die Behauptung durch vorherige Nachforschungen zu verifizieren, reicht daher nicht aus, um bösen Glauben zu begründen.[147] Dies ist selbst dann der Fall, wenn das Unterlassen von Nachforschungen eine „extreme Abweichung von professionellen Standards" darstellt und die beklagte Zeitung sogar in der Absicht handelte, einem politischen Gegenkandidaten des Klägers bei einer Wahl zum Sieg zu verhelfen.[148] Bösgläubigkeit kann hingegen dann angenommen werden, wenn sich aus den Umständen ergibt, dass sich die Unwahrheit der Äußerung dem Beklagten aufdrängen musste.[149]

Europäische Gerichte und der UN-Menschenrechtsausschuss halten es demgegenüber für mit der Kommunikationsfreiheit vereinbar, dem Beklagten einer Ehrverletzungsklage grundsätzlich die Beweislast für die Wahrheit der von ihm getätigten Tatsachenbehauptung aufzuerlegen.[150] Im englischen Recht kommt

---

[143] US Supreme Court, New York Times Co. v. Sullivan, 376 U.S. 254, 279f. (1964).

[144] US Supreme Court, New York Times Co. v. Sullivan, 376 U.S. 254, 279f. (1964); Harte-Hanks Communications Inc. v. Connaughton, 491 U.S. 657 (1989).

[145] US Supreme Court, Garrison v. Louisiana, 379 U.S. 64, 74 (1964); Curtis Publishing Co. v. Butts, 388 U.S. 130, 153 (1967); Harte-Hanks Communications Inc. v. Connaughton, 491 U.S. 657, 667 (1989) („high degree of awareness of […] probable falsity").

[146] US Supreme Court, St. Amant v. Thompson, 390 U.S. 727, 731 (1968); Harte-Hanks Communications Inc. v. Connaughton, 491 U.S. 657, 667 (1989) („There must be sufficient evidence to permit the conclusion that the defendant, in fact, entertained serious doubts as to the truth of his publication.").

[147] US Supreme Court, St. Amant v. Thompson, 390 U.S. 727, 733 (1968) („Failure to investigate does not, in itself, establish bad faith.").

[148] US Supreme Court, Harte-Hanks Communications Inc. v. Connaughton, 491 U.S. 657, 665 (1989).

[149] US Supreme Court, Harte-Hanks Communications Inc. v. Connaughton, 491 U.S. 657, 668 (1989).

[150] Siehe UN-Menschenrechtsausschuss, Marques de Morais/Angola [2005] Mitteilung Nr. 1128/2002 [6.8]; General Comment Nr. 34, Rn. 47; EGMR, McVicar/Vereinigtes König-

dies durch die Einrede der *justification* zum Ausdruck, wonach der Beklagte dann von der Haftung wegen *defamation* freigestellt ist, wenn er die Wahrheit der von ihm getätigten Äußerung beweisen kann. Die Beweislast im deutschen Recht ergibt sich aus der über § 823 Abs. 2 BGB in das Zivilrecht transformierten Beweisregel des § 186 StGB.[151] Die Nichterweislichkeit der behaupteten oder verbreiteten Tatsache ist darin objektive Bedingung der Strafbarkeit, d. h. sie operiert unabhängig vom Vorsatz des Äußernden. Die mangelnde Kenntnis der Unwahrheit der Äußerung geht somit zu Lasten des Äußernden.

Somit lassen sich für Kategorien III und IV zumindest in Europa gemeinsame Grundlagen einer transnationalen Dogmatik entwickeln. Menschenrechtlicher Ausgangspunkt ist die Gleichwertigkeit von Kommunikationsfreiheit und Ehrschutz. Einerseits schützt die Kommunikationsfreiheit auch Tatsachenbehauptungen, deren Wahrheitsgehalt sich nicht nachweisen lässt und auch solche, deren Unwahrheit sich für den Äußernden im Nachhinein herausstellt.[152] Andererseits ist die Wahrheitspflicht Ausdruck der „Pflichten und Verantwortung" nach Art. 19 Abs. 3 IPbpR und Art. 10 Abs. 2 EMRK und folgt aus den Schutzpflichten des grundrechtlichen Schutzes der Ehre.[153] Daraus folgt, dass ein Äußernder grundsätzlich haftbar ist, wenn er die Wahrheit seiner diffamierenden Tatsachenbehauptung nicht beweisen kann. Allerdings muss ihm die Möglichkeit gegeben werden, sich von der Haftung zu exkulpieren. Dem Mitteilenden die uneingeschränkte Beweislast für Tatsachenbehauptungen aufzuerlegen, stünde nicht nur im Gegensatz zu der allgemeinen Regel, wonach der Kläger die Beweislast für das Vorliegen der deliktischen Tatbestandsvoraussetzungen trägt.[154] Hinzu kommt, dass eine Umkehr der Beweislast ohne Exkulpationsmöglichkeit eine abschreckende Wirkung im öffentlichen Diskurs hätte. Es könnten nur noch unumstößliche Wahrheiten risikofrei geäußert werden. Auch

---

reich [2002] Beschwerde-Nr. 46311/99 [87]; Steel und Morris/Vereinigtes Königreich [2005] Beschwerde-Nr. 68416/01 [93].

[151] Dies ist verfassungsrechtlich nicht zu beanstanden: BVerfG, Beschl. v. 25.10.2005, Az. 1 BvR 1696/98, BVerfGE 114, 339, 353 – Stolpe.

[152] Siehe z. B. BVerfG, Beschl. v. 13.04.1994, Az. 1 BvR 23/94, BVerfGE 90, 241, 254 – „Auschwitzlüge"; BVerfG, Beschl. v. 14.01.1998, Az. 1 BvR 1861/93 u. a., BVerfGE 97, 125, 149 – Caroline von Monaco I.

[153] Vgl. EGMR, Bladet Tromsø und Stensaas/Norwegen [1999] Beschwerde-Nr. 21980/93 [65]; Bergens Tidende u. a./Norwegen [2000] Beschwerde-Nr. 26132/95 [53]; Novaya Gazeta und Borodyanskiy/Russland [2013] Beschwerde-Nr. 14087/08 [40]; BVerfG, Beschl. v. 25.01.1961, Az. 1 BvR 9/57, BVerfGE 12, 113, 129 – Schmid/Spiegel; BVerfG, Beschl. v. 03.06.1980, Az. 1 BvR 797/78, BVerfGE 54, 208, 217 ff. – Böll; BVerfG, Beschl. v. 10.11.1998, Az. 1 BvR 1531/96, BVerfGE 99, 185, 198 – Scientology; BVerfG, Beschl. v. 25.10.2005, Az. 1 BvR 1696/98, BVerfGE 114, 339, 353 – Stolpe; BGH, Urt. v. 17.12.2013, Az. VI ZR 211/12, NJW 2014, 6 Rn. 26 – Sächsische Korruptionsaffäre; BGH, Urt. v. 18.11.2014, Az. VI ZR 76/14, BGHZ 203, 239 Rn. 8 – Chefjustiziar; BGH, Urt. v. 11.12.2012, Az. VI ZR 314/10, NJW 2013, 790 Rn. 29 – Stasi; BGH, Urt. v. 16.02.2016, Az. VI ZR 367/15, MDR 2016, 520 Rn. 22 – Missbrauchsvorwürfe im Online-Archiv.

[154] Siehe *Pasqualucci*, Vanderbilt Journal of Transnational Law 39 (2006), 379, 406.

könnte die Presse ihre Funktion in einer demokratischen Gesellschaft nicht ausreichend erfüllen, wenn sie nur über hinreichend geklärte Sachverhalte berichten dürfte.[155] Folglich kann es für den Anspruchsgegner keine absolute und
ausnahmslose Pflicht geben, die Wahrheit seiner Äußerung zu beweisen.[156]
Vielmehr ist danach zu fragen, ob ein Beklagter, der die Wahrheit seiner Äußerung nicht beweisen kann, seinen „Pflichten und Verantwortung" im Sinne des
Art. 19 Abs. 3 IPbpR sowie Art. 10 Abs. 2 EMRK bzw. seinen Sorgfaltspflichten, die Ausprägung der Schutzpflicht aus dem Ehrschutz des Betroffenen sind,
nachgekommen ist. Die Rechtsprechung gleicht die widerstreitenden Belange
von Ehrschutz einerseits und Kommunikationsfreiheit andererseits dadurch
aus, dass sie demjenigen, der nachteilige Tatsachenbehauptungen über andere
aufstellt, zur sorgfältigen Recherche verpflichtet.[157] Zusammengefasst gilt daher: Bei nicht erwiesen wahren Tatsachenbehauptungen mutiert die Wahrheitspflicht zu Sorgfaltspflichten.

Dogmatisch erfolgt die Mutation von der Wahrheits- zur Sorgfaltspflicht im
englischen Recht über die Einrede der „Veröffentlichung zu einer Angelegenheit von öffentlichem Interesse" in der Gestalt, die diese Einrede seit der Entscheidung *Reynolds* gefunden hat und nunmehr in Section 4 Defamation Act
2013 kodifiziert ist. Legislatives Einfallstor für die exkulpierenden Sorgfaltspflichten des Beklagten im deutschen Recht ist die „Wahrnehmung berechtigter
Interessen" nach § 193 StGB. Ist die Unwahrheit der Äußerung nicht erwiesen,
so ist zugunsten des Mitteilenden „davon auszugehen, daß seine Aussage wahr
ist; von dieser Unterstellung aus ist dann zu fragen, ob er die Äußerung zur
Wahrnehmung berechtigter Interessen für erforderlich halten durfte."[158] Selbst
wenn die Unwahrheit der Äußerung erwiesen ist, kommt § 193 StGB dann in
Betracht, wenn der Mitteilende vor Veröffentlichung hinreichend sorgfältige
Recherchen angestellt hat.[159]

In der rechtlichen Würdigung von Tatsachenbehauptungen, deren Wahrheitsgehalt sich weder bestätigen noch widerlegen lässt (Kategorie IV) und sol-

---

[155] BVerfG, Beschl. 25.06.2009, Az. 1 BvR 134/03, AfP 2009, 480 Rn. 62 – Effecten-Spiegel.

[156] Siehe z.B. EGMR, Thorgeir Thorgeirson/Island [1992] Beschwerde-Nr. 13778/88 [65];
UN-Menschenrechtsausschuss, General Comment Nr. 34, Rn. 47.

[157] Siehe z.B. EGMR, De Haes und Gijsels/Belgien [1997] Beschwerde-Nr. 19983/92 [39];
Pedersen und Baadsgaard/Dänemark [2004] Beschwerde-Nr. 49017/99 [78]; Karsai/Ungarn
[2009] Beschwerde-Nr. 5380/07 [32]; Kaperzyński/Polen [2012] Beschwerde-Nr. 43206/07
[64]; BVerfG, Beschl. v. 25.10.2005, Az. 1 BvR 1696/98, BVerfGE 114, 339, 353 – Stolpe.

[158] BGH, Urt. v. 05.06.1962, Az. VI ZR 236/61, BGHZ 37, 187, 191 – Eheversprechen;
BGH, Urt. v. 12.02.1985, Az. VI ZR 225/83, NJW 1985, 1621, 1622 – Türkeiflug I; BGH, Urt.
v. 12.05.1987, Az. VI ZR 195/86, NJW 1987, 2225, 2226 – Chemiegift.

[159] BGH, Urt. v. 03.05.1977, Az. VI ZR 36/74, NJW 1977, 1288, 1289 – Abgeordnetenbestechung; BGH, Urt. v. 12.02.1985, Az. VI ZR 225/83, NJW 1985, 1621, 1623 – Türkeiflug I;
Steffen, in: Löffler, Presserecht, 6. Aufl. 2015, § 6 LPG Rn. 99; ungenau BGH, Urt. v.
03.10.1978, Az. VI ZR 191/76, NJW 1979, 266 (insoweit nicht abgedruckt) – Untersuchungsausschuss.

chen, die sich als unwahr herausstellen (Kategorie III), bestehen Unterschiede hinsichtlich der Rechtsfolgen: Sobald sich die Unwahrheit der Behauptung herausstellt, besteht ein Unterlassungsanspruch oder ein Berichtigungsanspruch. An der Aufrechterhaltung und Verbreitung herabsetzender Tatsachenbehauptungen, die erwiesen unwahr sind, besteht – nach dem Verständnis deutscher Gerichte wie auch des EGMR – unter dem Gesichtspunkt der Kommunikationsfreiheit kein schützenswertes Interesse.[160] Solche Ansprüche bestehen jedoch nicht notwendig gegen Tatsachenbehauptungen, deren Unwahrheit nicht festgestellt werden kann. Hierauf wird in Kapitel 5 näher einzugehen sein.

Das BVerfG hat zutreffend darauf hingewiesen, dass die Anforderungen an die Sorgfaltspflichten „nicht starr sind, sondern von der jeweiligen konkreten Situation abhängen".[161] Ebenso wie die Abwägungskriterien „Grad des öffentlichen Interesses", „Bekanntheitsgrad der betroffenen Person" oder „Intensität der Ehrbeeinträchtigung" (dazu sogleich) operierten die Sorgfaltspflichten daher nicht binär, sondern auf einer Skala. Zu fragen ist daher nicht danach, *ob* ein Mitteilender – etwa ein Journalist – seine Sorgfaltspflichten gewahrt hat, sondern *in welchem Ausmaß*. Daraus folgt, dass die Wahrung der Sorgfaltspflichten – genauer: das Ausmaß der Wahrung der Sorgfaltspflichten – der Abwägung der widerstreitenden Interessen nicht vorgelagert,[162] sondern selbst Teil der Abwägung ist. So ist beispielsweise ein ehrenrühriger journalistischer Beitrag auch dann zulässig, wenn der Journalist sorgfaltswidrig einer Informationsquelle nicht nachgegangen ist, der Artikel aber zu einer tagesaktuellen Angelegenheit von großem öffentlichem Interesse beiträgt, die Ehrbeeinträchtigung moderat ist und der Journalist verbleibende Zweifel an der Richtigkeit seiner Behauptungen kommunizierte.[163]

Maßgeblich für den Grad der Wahrung der Sorgfaltspflichten ist somit, welche zumutbaren Schritte der Mitteilende unternommen hat, um zu gewährleisten, dass die von ihm behaupteten Tatsachen der Wahrheit entsprechen. Welche Schritte zumutbar sind, bestimmt sich wiederum nach den folgenden drei Faktoren:

---

[160] Siehe z. B. EGMR, Nilsen und Johnsen/Norwegen [1999] Beschwerde-Nr. 23118/93 [49]; Sipoş/Rumänien [2011] Beschwerde-Nr. 26125/04 [36]; Kieser und Tralau-Kleinert/Deutschland [2014] Beschwerde-Nr. 18748/10 [45]; Medžlis Islamske Zajednice Brčko u. a./Bosnien und Herzegowina [2015] Beschwerde-Nr. 17224/11 [34]; BVerfG, Beschl. v. 22.06.1982, Az. 1 BvR 1376/79, BVerfGE 61, 1, 8 f. – „CSU: NPD Europas"; BVerfG, Beschl. v. 13.02.1996, Az. 1 BvR 262/91, BVerfGE 94, 1, 8 – DGHS.

[161] BVerfG, Beschl. v. 23.02.2000, Az. 1 BvR 456/95, NJW-RR 2000, 1209, 1211 – Agenturprivileg m. w. N. aus der Lit.

[162] A. A. *Grimm*, NJW 1995, 1697, 1795.

[163] Vgl. etwa EGMR, Salov/Ukraine [2005] Beschwerde-Nr. 65518/01 [113 f.]; Tønsbergs Blad AS und Haukom/Norwegen [2007] Beschwerde-Nr. 510/04 [92]; Soltész/Slowakei [2013] Beschwerde-Nr. 11867/09 [45 ff.]; Erla Hlynsdottir/Island (Nr. 3) [2015] Beschwerde-Nr. 54145/10 [73 ff.].

– welche Möglichkeiten der Äußernde hatte, die von ihm behauptete Tatsache zu überprüfen,

– welches Vertrauen der oder die Empfänger der Information in die Richtigkeit der Information hatten, und

– mit welcher Intensität die Äußerung in die Ehre des Betroffenen eingreift.

Je mehr Möglichkeiten der Äußernde hatte, die von ihm behauptete Tatsache zu überprüfen, desto stärker sind die Sorgfaltspflichten, denen er unterliegt.[164] Was auf den ersten Blick wie ein naturalistischer Fehlschluss anmutet – aus einem Ist-Zustand (Aufklärungsmöglichkeiten) wird ein Sollens-Gebot (Sorgfaltspflichten) abgeleitet – ist bei genauerer Betrachtung ein Gebot der Gerechtigkeit. Gerechtigkeit besteht darin, gleiche Standards auf im Wesentlichen gleiche Adressaten anzuwenden, aber ungleiche Standards auf wesentlich ungleiche Adressaten.[165] Die Aufklärungspflichten müssen sich daher äquivalent zu den Aufklärungsmöglichkeiten bewegen. Insbesondere darf niemand dazu verpflichtet werden, eine Leistung zu erbringen, die seine Möglichkeiten übersteigt (*ultra posse nemo obligatur*). Im Sinne der deontologischen Ethik ist der Inhalt der Sorgfaltspflichten somit akteur-relativ, nicht akteur-neutral. Akteur-relativ ist eine Pflicht, wenn sie sich auf die handelnde Person bezieht, die Handlung also moralisch richtig oder falsch wird, weil sie die Handlung einer *bestimmten* Person ist. Demgegenüber sind solche Pflichten akteur-neutral, die für alle Menschen gleichermaßen gelten.[166] Der Umfang dieser Sorgfaltspflichten muss jedoch mit der Kommunikationsfreiheit im Einklang stehen. Die Gerichte dürfen deshalb an die Wahrheitspflicht keine Anforderungen stellen, die die Kommunikationsfreiheit unverhältnismäßig beschränken und damit vom Gebrauch der Kommunikationsfreiheit abschrecken (sog. *chilling effect*).[167] Aus den unterschiedlichen Aufklärungsmöglichkeiten journalistischer Medien einerseits und nicht-journalistischer Privatleute andererseits folgt, dass die Sorgfaltspflichten für Medien grundsätzlich strenger sind als für Privatpersonen.[168]

---

[164] Vgl. BGH, Urt. v. 12.05.1987, Az. VI ZR 195/86, NJW 1987, 2225, 2226 – Chemiegift; BVerfG, Beschl. v. 10.11.1998, Az. 1 BvR 1531/96, BVerfGE 99, 185, 198 – Scientology; BVerfG, Beschl. v. 23.02.2000, Az. 1 BvR 456/95, NJW-RR 2000, 1209, 1210f. – Agenturprivileg; BVerfG, Beschl. v. 26.08.2003, Az. 1 BvR 2243/02, NJW 2004, 589, 590 – Haarfarbe des Bundeskanzlers; BVerfG, Beschl. v. 25.08.2005, Az. 1 BvR 2165/00, NJW 2006, 595, 596 – „Lehrerkrieg von Bielefeld".

[165] Vgl. *Mahlmann*, Rechtsphilosophie und Rechtstheorie, 3. Aufl. 2014, § 27 Rn. 17.

[166] *McNaughton/Rawling*, Philosophical Studies 63 (1991), 167; *McNaughton/Rawling*, Utilitas 7 (1995), 31; *Nagel*, Philosophy and Public Affairs 24 (1995), 83, 87f.

[167] Statt vieler BVerfG, Beschl. v. 03.06.1980, Az. 1 BvR 797/78, BVerfGE 54, 208, 219f. – Böll; BVerfG, Beschl. v. 09.10.1991, Az. 1 BvR 1555/88, BVerfGE 85, 1, 17 – Bayer-Aktionäre; BVerfG, Beschl. v. 25.10.2005, Az. 1 BvR 1696/98, BVerfGE 114, 339, 355f. – Stolpe; EGMR, Cumpănă und Mazăre/Rumänien [2004] Beschwerde-Nr. 33348/96 [114]; Fatullayev/Aserbaidschan [2010] Beschwerde-Nr. 40984/07 [102]. Aus der Lit. *Ó Fathaigh*, European Human Rights Law Review 3 (2013), 304.

[168] Siehe z.B. EGMR, Bladet Tromsø und Stensaas/Norwegen [1999] Beschwerde-Nr. 21980/93 [66]; McVicar/Vereinigtes Königreich [2002] Beschwerde-Nr. 46311/99 [84];

Der zweite Faktor für Inhalt und Umfang der Aufklärungspflichten stellt auf den Erwartungshorizont des Empfängers ab. Je mehr der angesprochene und erreichte Empfängerkreis auf die Richtigkeit und Objektivität der Darstellung vertraut, desto größer ist der Einfluss auf die Meinungsbildung und desto strengeren Sorgfaltspflichten unterliegt der Mitteilende.[169] Der Erwartungshorizont des Empfängers richtet sich nach der Position des Mitteilenden im Prozess der öffentlichen Meinungsbildung.[170] Vergleichsweise hohe Erwartungen werden etwa an die Berichterstattung in Rundfunk und Presse gestellt, aber auch an Verbraucherorganisationen wie etwa die Stiftung Warentest[171] und Autoren von Sachbüchern.[172] Auch in die Richtigkeit der Informationen professionell arbeitender Nichtregierungsorganisationen wird im Einzelfall großes Vertrauen gesetzt,[173] allerdings dürften hier Abstriche im Hinblick auf die zu erwartende Objektivität zu machen sein.[174] Die Sorgfaltspflicht ist umso weniger streng, je weniger der angesprochene und erreichte Empfängerkreis auf die Objektivität der Darstellung vertraut. Vergleichsweise geringe Erwartungen bestehen etwa an die Äußerungen von Privatpersonen und Werbetreibenden und an Bewertungsportale von Schülern im Internet.[175]

Das Zwischenergebnis ist somit, dass einen Mitteilenden umso strengere Sorgfaltspflichten treffen, je glaubwürdiger er ist und je mehr Aufklärungsmöglichkeiten er hat. Dies erscheint zunächst paradox: Es setzt den Anreiz, möglichst wenig glaubwürdig zu sein und keine Infrastruktur aufzubauen, die sorgfältige Recherche eines Sachverhalts ermöglicht. Da jedoch Glaubwürdigkeit als

Pedersen und Baadsgaard/Dänemark [2004] Beschwerde-Nr. 49017/99 [78 ff.]; Ringier Axel Springer Slovakia, a. s./Slowakei [2011] Beschwerde-Nr. 41262/05 [97]; BVerfG, Beschl. v. 26.08.2003, Az. 1 BvR 2243/02, NJW 2004, 589 – Haarfarbe des Bundeskanzlers; BGH, Urt. v. 11.12.2012, Az. VI ZR 314/10, NJW 2013, 790 Rn. 28 – Stasi; BGH, Urt. v. 12.04.2016, Az. VI ZR 505/14, MDR 2016, 648 Rn. 38 – Organentnahme; Economou v. de Freitas [2016] EWHC 1853 (QB) [246].
[169] Vgl. BGH, Urt. v. 21.06.1966, Az. VI ZR 266/64, NJW 1966, 2010, 2011 f. – Teppichkehrmaschine; BGH, Urt. v. 09.12.1975, Az. VI ZR 157/73, BGHZ 65, 325, 333 – Warentest II; BVerfG, Beschl. v. 26.08.2003, Az. 1 BvR 2243/02, NJW 2004, 589, 590 – Haarfarbe des Bundeskanzlers.
[170] BVerfG, Beschl. v. 26.08.2003, Az. 1 BvR 2243/02, NJW 2004, 589 – Haarfarbe des Bundeskanzlers.
[171] BGH, Urt. v. 09.12.1975, Az. VI ZR 157/73, BGHZ 65, 325, 333 – Warentest II; BGH, Urt. v. 03.12.1985, Az. VI ZR 160/84, NJW 1986, 981 – Warentest III.
[172] BGH, Urt. v. 30.01.1996, Az. VI ZR 386/94, BGHZ 132, 13, 24 – „Lohnkiller".
[173] Vgl. EGMR, Růžový panter, o.s./Tschechische Republik [2012] Beschwerde-Nr. 20240/08 [33]; UN-Menschenrechtsausschuss, Toktakunov/Kirgistan [2011] Mitteilung Nr. 1470/2006 [6.3]; Sondergerichtshof für Sierra Leone, Prosecutor v. Alex Tamba Brima u. a., Decision on Prosecution appeal against decision on oral application for witness TF1-150 to testify without being compelled to answer questions on grounds of confidentiality, Rs. SCSL-2004-16-AR73 [2006] SCSL 2 [33].
[174] Siehe aber auch BGH, Urt. v. 11.03.2008, Az. VI ZR 7/07, NJW 2008, 2110 Rn. 31 – „Gen-Milch".
[175] BGH, Urt. v. 23.06.2009, Az. VI ZR 196/08, BGHZ 181, 328 Rn. 39 – spickmich.de.

etwas intrinsisch Gutes zu betrachten ist – dies wird für die vorliegende Bearbeitung jedenfalls axiomatisch angenommen –, sollte das Recht Anreize dafür setzen, glaubwürdig zu sein. Aus diesem Grunde bedarf es, wie in Kapitel 2 Abschnitt VII. argumentiert, eines gesonderten Grundrechts der Medienfreiheit, welches Privilegien für solche Personen und Institutionen gewährt, um einen Anreiz zu setzen, sorgfältig und glaubwürdig zu agieren. Glaubwürdigkeit, Sorgfaltspflichten und Privilegien sind untrennbare Bestandteile eines Prinzips der Medienfreiheit. Dies rechtfertigt es nicht nur, sondern es bedingt sogar, von einem gesonderten Grundrecht der Medienfreiheit zu sprechen, wie Art. 11 Abs. 2 EUGRCh dies zum Ausdruck bringt. Es handelt sich hierbei auch nicht um ein „Sonderrecht gegen die Presse",[176] sondern um Rechte und Pflichten der journalistischen Medien, die nur als *lex specialis* zur allgemeinen Kommunikationsfreiheit sachgerecht dogmatisch bewältigt werden können.

Als dritter Faktor ist zu prüfen, mit welcher Intensität eine Äußerung in die Ehre eines Betroffenen eingreift. Die Schwere des Eingriffs in die Ehre kann sich sowohl an inhaltlichen als auch an quantitativen Kriterien bemessen. Je schwerer und nachhaltiger das Ansehen des Betroffenen durch eine Anschuldigung beeinträchtigt wird, desto strengere Anforderungen sind an die Sorgfaltspflicht zu stellen.[177] In quantitativer Hinsicht gilt: Je größer der Personenkreis ist, demgegenüber eine Äußerung verbreitet wird, desto sorgfältiger ist ihr Wahrheitsgehalt sicherzustellen.[178] Eine über ein Medium der Massenkommunikation erhobene ehrverletzende Beschuldigung wirkt sich zumeist besonders nachteilig für den Betroffenen aus, weil sie einem großen Kreis von Empfängern zugänglich gemacht wird (sogenannte Breitenwirkung), „von denen die meisten

---

[176] BVerfG, Beschl. v. 14.02.1973, Az. 1 BvR 112/65, BVerfGE 34, 269, 285 – Soraya.

[177] Vgl. EGMR, Pedersen und Baadsgaard/Dänemark [2004] Beschwerde-Nr. 49017/99 [78]; Dyundin/Russland [2008] Beschwerde-Nr. 37406/03 [35]; Rumyana Ivanova/Bulgarien [2008] Beschwerde-Nr. 36207/03 [64]; Kasabova/Bulgarien [2011] Beschwerde-Nr. 22385/03 [65]; Erla Hlynsdottir/Island (Nr. 2) [2014] Beschwerde-Nr. 54125/10 [64]; Olafsson/Island [2017] Beschwerde-Nr. 58493/13 [53]; BVerfG, Beschl. v. 11.03.2003, Az. 1 BvR 426/02, BVerfGE 107, 275, 284 – Schockwerbung II; BVerfG, Beschl. v. 25.08.2005, Az. 1 BvR 2165/00, NJW 2006, 595, 596 – „Lehrerkrieg von Bielefeld"; BVerfG, Beschl. v. 25.10.2005, Az. 1 BvR 1696/98, BVerfGE 114, 339, 353 f. – Stolpe; BVerfG, Beschl. 25.06.2009, Az. 1 BvR 134/03, AfP 2009, 480 Rn. 62 – Effecten-Spiegel; BGH, Urt. v. 29.10.1968, Az. VI ZR 180/66, GRUR 1969, 147, 151 – Korruptionsvorwurf; BGH, Urt. v. 03.05.1977, Az. VI ZR 36/74, NJW 1977, 1288, 1289 – Abgeordnetenbestechung; BGH, Urt. v. 17.12.2013, Az. VI ZR 211/12, NJW 2014, 6 Rn. 26 – Sächsische Korruptionsaffäre; BGH, Urt. v. 18.11.2014, Az. VI ZR 76/14, BGHZ 203, 239 Rn. 15 – Chefjustiziar; BGH, Urt. v. 11.12.2012, Az. VI ZR 314/10, NJW 2013, 790 Rn. 29 – Stasi; BGH, Urt. v. 16.02.2016, Az. VI ZR 367/15, MDR 2016, 520 Rn. 22 – Missbrauchsvorwürfe im Online-Archiv; Hourani v. Thomson u. a. [2017] EWHC 432 (QB) [174].

[178] Vgl. EGMR, Jelševar u. a./Slowenien [2014] Beschwerde-Nr. 47318/07 [34]; BGH, Urt. v. 21.06.1966, Az. VI ZR 266/64, NJW 1966, 2010, 2011 f. – Teppichkehrmaschine; BVerfG, Beschl. v. 14.02.1973, Az. 1 BvR 112/65, BVerfGE 34, 269, 285 – Soraya; BGH, Urt. v. 03.05.1977, Az. VI ZR 36/74, NJW 1977, 1288, 1289 – Abgeordnetenbestechung; Lachaux v. Independent Print Limited u. a. [2017] EWCA Civ 1334 [87].

zu einer kritischen Nachprüfung oder Würdigung nicht in der Lage sind."[179]
Das Medium „Fernsehen" bewirkt dabei aufgrund der „stärkeren Intensität des
optischen Eindrucks und der Kombination von Bild und Ton" regelmäßig einen
stärkeren Eingriff in Persönlichkeitsrechte als eine Wort- oder Schriftberichterstattung in Hörfunk oder Presse.[180] Die besonderen Gefahren spezifischer Sendeformen sind dabei zu berücksichtigen, etwa des Dokumentarspiels, das eine
wahrheitsgetreue Darstellung suggeriert.[181]

Mit dem Internet hat das quantitative Kriterium, die Größe des adressierten
Personenkreises, eine gesteigerte Bedeutung erfahren. Vormals waren es traditionelle Massenmedien, die das Monopol darauf hatten, eine größere Personenzahl zu erreichen. Dies ist mit dem Internet nunmehr jedem gegeben. Damit
steigt allerdings auch die Verantwortung, Äußerungen vor Publikation zu verifizieren.

Vor diesem Hintergrund lässt sich der Inhalt der Sorgfaltspflichten in drei
Kategorien einteilen: Die Sorgfaltspflichten journalistischer Medien, die anderer Personen oder Institutionen, denen gesteigertes Vertrauen entgegengebracht
wird, und die privater Individuen.

a) Die Sorgfaltspflichten der journalistischen Medien

Hörfunk, Fernsehen und Presse kommt kraft ihrer öffentlichen Aufgabe und
ihrer Bedeutung für eine demokratische Gesellschaft eine Sonderstellung zu.[182]
Wie bereits dargestellt, lässt sich diese mit einem Grundrecht der Medienfreiheit als *lex specialis* zur Kommunikationsfreiheit sachgerecht erfassen.

Da die journalistischen Massenmedien ein weites Publikum erreichen und
ihren Publikationen grundsätzlich eine gewisse Glaubwürdigkeit zugebilligt
wird, haben falsche Tatsachenbehauptungen, die durch Journalisten verbreitet
werden, in der Regel einen nachteiligeren Einfluss als die Verbreitung falscher
Informationen durch private Individuen. Journalistische Medien unterliegen
daher strengeren Sorgfaltsanforderungen als private Individuen. Dogmatischer
Anknüpfungspunkt hierfür sind die „Pflichten und Verantwortung" in Art. 19
Abs. 3 IPbpR und in Art. 10 Abs. 2 EMRK. Die „Pflichten und Verantwortung", die mit der Medienfreiheit einhergehen, verlangen, dass die Medien bestimmte Verhaltensregeln beachten, wenn sie Informationen recherchieren, re-

---

[179] BGH, Urt. v. 22.12.1959, Az. VI ZR 175/58, BGHZ 31, 308, 313 – Alte Herren; vgl.
BGH, Urt. v. 05.03.1963, Az. VI ZR 55/62, BGHZ 39, 124, 130 – Fernsehansagerin; vgl. auch
BVerfG, Urt. v. 05.06.1973, Az. 1 BvR 536/72, BVerfGE 35, 202, 228 f. – Lebach; BVerfG,
Beschl. v. 03.06.1980, Az. 1 BvR 797/78, BVerfGE 54, 208, 216 – Böll.

[180] BVerfG, Urt. v. 05.06.1973, Az. 1 BvR 536/72, BVerfGE 35, 202, 227 – Lebach; BVerfG,
Beschl. v. 03.06.1980, Az. 1 BvR 797/78, BVerfGE 54, 208, 216 – Böll.

[181] EKomMR, C. Ltd./Vereinigtes Königreich [1989] Beschwerde-Nr. 14132/88, S. 8;
BVerfG, Urt. v. 05.06.1973, Az. 1 BvR 536/72, BVerfGE 35, 202, 228 f. – Lebach.

[182] Vgl. BVerfG, Urt. v. 05.06.1973, Az. 1 BvR 536/72, BVerfGE 35, 202, 221 – Lebach.

daktionell bearbeiten und verbreiten, und wenn sie ihre Meinung äußern. Dies
gilt ganz besonders dann, wenn die Veröffentlichung eine andere Person schä-
digen kann. In solchen Fällen ist der privilegierte Schutz der Medien an die
Voraussetzung geknüpft, dass die Medien auf der Grundlage möglichst akkurat
recherchierter Tatsachen operieren.[183] Darüber hinaus sieht der EGMR journalistische Medien in der Pflicht, nach der „Ethik des Journalismus" bzw. den
Grundsätzen des „verantwortungsvollen Journalismus" zu handeln.[184] Solche
Pflichten sind zumeist in Kodizes presserechtlicher Selbstregulierung nor-
miert. Wenngleich diese Kodifizierungen der Selbstregulierung kein „Recht"
im formalen Sinne sind, so legen sie doch die ethischen Standards fest, denen
sich Journalisten selbst verschreiben. Eine Verletzung journalistischer Ethik
kann für den EGMR somit ein Faktor für eine Abwägung zu Lasten der Medi-
en sein.[185]

Ob ein Journalist alle notwendigen Schritte unternommen hat, bestimmt sich
anhand mehrerer Faktoren. Ein zentraler Faktor ist, in welchem Ausmaß er
seine Quellen als zuverlässig einschätzen durfte.[186] Dies hat auf der Grundlage
einer Betrachtung der gegebenen Situation *ex ante* zu erfolgen, nicht auf der
Grundlage späterer Tatsachenfeststellungen.[187] Die Anonymität der Quelle ist
ein Indiz ihrer Unzuverlässigkeit.[188] Journalisten haben auch etwaige Motive

---

[183] Siehe z.B. EGMR, Bladet Tromsø und Stensaas/Norwegen [1999] Beschwerde-
Nr. 21980/93 [65]; Fressoz und Roire/Frankreich [1999] Beschwerde-Nr. 29183/95 [54]; Bergens Tidende u.a./Norwegen [2000] Beschwerde-Nr. 26132/95 [53]; Europapress Holding
d.o.o./Kroatien [2010] Beschwerde-Nr. 25333/06 [68]; Prager und Oberschlick/Österreich
[1995] Beschwerde-Nr. 15974/90 [37]; Europarat, Parlamentarische Versammlung, Recommendation 1215 (1993) on the ethics of journalism; BGH, Urt. v. 08.03.1966, Az. VI ZR
176/64, NJW 1966, 1213, 1215 – Luxemburger Wort; BGH, Urt. v. 29.10.1968, Az. VI ZR
180/66, GRUR 1969, 147, 150 – Korruptionsvorwurf; BGH, Urt. v. 03.05.1977, Az. VI ZR
36/74, NJW 1977, 1288, 1289 – Abgeordnetenbestechung. Aus der Literatur *Mitchell*, Journal
of Media Law 3 (2011), 1; *Nowak*, CCPR, Article 19 Rn. 44f.
[184] Siehe z.B. EGMR, Fressoz und Roire/Frankreich [1999] Beschwerde-Nr. 29183/95 [54];
Pedersen und Baadsgaard/Dänemark [2004] Beschwerde-Nr. 49017/99 [78]; Stoll/Schweiz
[2007] Beschwerde-Nr. 69698/01 [103]; Axel Springer AG/Deutschland (Nr. 1) [2012] Beschwerde-Nr. 39954/08 [93].
[185] Vgl. EGMR, Ricci/Italien [2013] Beschwerde-Nr. 30210/06 [57]; siehe aber auch Pipi/
Türkei [2009] Beschwerde-Nr. 4020/03, S. 8.
[186] Siehe z.B. EGMR, Bladet Tromsø und Stensaas/Norwegen [1999] Beschwerde-Nr. 21980/93 [66]; McVicar/Vereinigtes Königreich [2002] Beschwerde-Nr. 46311/99 [84];
Pedersen und Baadsgaard/Dänemark [2004] Beschwerde-Nr. 49017/99 [78 ff.]; Ringier Axel
Springer Slovakia, a. s./Slowakei [2011] Beschwerde-Nr. 41262/05 [97]; BGH, Urt. v.
20.06.1969, Az. VI ZR 234/67, NJW 1970, 187, 189 – „Hormoncreme"; *Mullis/Scott*, Journal of
Media Law 3 (2011), 1, 6.
[187] EGMR, Bladet Tromsø und Stensaas/Norwegen [1999] Beschwerde-Nr. 21980/93 [66];
Alithia Publishing Company Ltd. und Constantinides/Zypern [2008] Beschwerde-
Nr. 17550/03 [65]; Flux/Moldawien (Nr. 6) [2008] Beschwerde-Nr. 22824/04 [26].
[188] BGH, Urt. v. 03.05.1977, Az. VI ZR 36/74, NJW 1977, 1288, 1289 – Abgeordnetenbestechung.

der Quelle zu berücksichtigen.[189] Bei unsicherer Zuverlässigkeit der Quelle müssen Journalisten darauf hinweisen, dass für einen Informanten Gewähr nicht übernommen werden kann oder ganz von einer Veröffentlichung absehen. Bei dieser Entscheidung ist zu berücksichtigen, dass eine solche Distanzierung von der Quelle regelmäßig nur von einem kleinen Teil der Leserschaft gewürdigt wird.[190]

Indessen kann ein Journalist nicht dazu verpflichtet werden, seinen Informanten zu nennen, um einer Ehrverletzungsklage entgegenzutreten.[191] Das Recht auf Geheimhaltung journalistischer Quellen gehört zu den Kernbestandteilen des transnationalen Grundrechts der Medienfreiheit.[192] Zwar gilt der Quellenschutz nicht absolut. Einen Journalisten vor die Wahl zu stellen, entweder den Schutz seiner Quelle aufzugeben oder eine Ehrverletzungsklage zu verlieren, stellt jedoch einen unverhältnismäßigen Eingriff in die Medienfreiheit dar. Ein Zweck des Rechts auf Geheimhaltung von Informanten der journalistischen Medien ist, dass sich Informanten nicht gegenüber Journalisten offenbaren würden, wenn sie sich nicht grundsätzlich auf die Wahrung des Redaktionsgeheimnisses verlassen könnten. Journalisten wären damit in ihrer gesellschaftlichen Funktion, zu Angelegenheiten von öffentlichem Interesse beizutragen, erheblich beeinträchtigt.[193] Daher ist die Geheimhaltung von Quellen nicht nur ein Recht, sondern sogar eine ethische Pflicht von Journalisten.[194] Allerdings kann ein Journalist „gehalten sein, nähere Umstände vorzutragen, aus denen auf die Richtigkeit der Information geschlossen werden kann".[195]

Journalisten sind zur ausgewogenen Berichterstattung verpflichtet, d.h. sie sind gehalten, entlastende Tatsachen und abweichende Standpunkte darzulegen.[196] Übertreibungen, bewusst einseitige oder verfälschende Darstellungen

---

[189] BGH, Urt. v. 03.05.1977, Az. VI ZR 36/74, NJW 1977, 1288, 1289 – Abgeordnetenbestechung.

[190] BGH, Urt. v. 03.05.1977, Az. VI ZR 36/74, NJW 1977, 1288, 1289 – Abgeordnetenbestechung.

[191] Siehe Europarat, Ministerkomitee, Recommendation No. R(2000) 7 on the right of journalists not to disclose their sources of information, Grundsatz Nr. 4; vgl. EGMR, Kasabova/Bulgarien [2011] Beschwerde-Nr. 22385/03 [65]; BGH, Urt. v. 22.04.2008, Az. VI ZR 83/07, BGHZ 176, 175 Rn. 24 – BKA/Focus.

[192] Dazu *Oster*, Media Freedom as a Fundamental Right, 2015, S. 87 ff. m.w.N.

[193] EGMR, Sanoma Uitgevers B.V./Niederlande [2010] Beschwerde-Nr. 38224/03 [89]; siehe auch Financial Times Ltd. u.a./Vereinigtes Königreich [2009] Beschwerde-Nr. 821/03 [63]; BGH, Urt. v. 22.04.2008, Az. VI ZR 83/07, BGHZ 176, 175 Rn. 24 – BKA/Focus.

[194] Siehe Nr. 14 IPSO Editors' Code of Practice; Richtlinie 5.1 Abs. 1 Pressekodex des Deutschen Presserates.

[195] BGH, Urt. v. 22.04.2008, Az. VI ZR 83/07, BGHZ 176, 175 Rn 25 – BKA/Focus.

[196] EGMR, Bladet Tromsø und Stensaas/Norwegen [1999] Beschwerde-Nr. 21980/93 [63]; Bergens Tidende u.a./Norwegen [2000] Beschwerde-Nr. 26132/95 [58]; Selistö/Finnland [2004] Beschwerde-Nr. 56767/00 [62] und [66]; BVerfG, Beschl. v. 25.01.1961, Az. 1 BvR 9/57, BVerfGE 12, 113, 130 – Schmid/Spiegel.

sind zu vermeiden.[197] Tatsachen sind objektiv und ausgewogen zu präsentieren und ohne Gebrauch von Kraftausdrücken.[198] Journalisten verletzen ihre Sorgfaltspflicht auch dann, wenn sie für die Meinungsbildung relevante wahre Tatsachen weglassen.[199] Ist die Tatsachen- und Recherchengrundlage dürftig, so haben die Medien eine Anonymisierung vorzunehmen oder von einer Berichterstattung ganz abzusehen.[200] Zur journalistischen Sorgfalt gehört es zudem, Meinungsäußerungen von Tatsachenbehauptungen getrennt kenntlich zu machen.[201] Von Journalisten ist auch zu erwarten, dass sie richtig zitieren.[202]

Journalisten müssen betroffenen Personen grundsätzlich die Gelegenheit geben, sich vor der Veröffentlichung zu erklären.[203] Hierauf darf nur unter engen Ausnahmen verzichtet werden, etwa wenn der Betroffene ohnehin weiß, was ihm vorgeworfen wird.[204] Journalisten dürfen es nicht allein darauf anlegen, in sensationalistischer Weise das erste Blatt sein zu wollen, welches über einen bestimmten Vorgang berichtet.[205] Zu berücksichtigen ist allerdings auch, dass

---

197 BVerfG, Urt. v. 05.06.1973, Az. 1 BvR 536/72, BVerfGE 35, 202, 232 – Lebach.
198 EGMR, Bergens Tidende u. a./Norwegen [2000] Beschwerde-Nr. 26132/95 [57]; Lindon, Otchakovsky-Laurens und July/Frankreich [2007] Beschwerde-Nr. 21279/02 und 36448/02 [66]; Saaristo u. a./Finnland [2010] Beschwerde-Nr. 184/06 [65]; Kaperzyński/Polen [2012] Beschwerde-Nr. 43206/07 [64].
199 Vgl. EGMR, Shabanov und Tren/Russland [2006] Beschwerde-Nr. 5433/02 [36]; BVerfG, Beschl. v. 25.01.1961, Az. 1 BvR 9/57, BVerfGE 12, 113, 130 – Schmid/Spiegel; BGH, Urt. v. 20.06.1961, Az. VI ZR 222/60, NJW 1961, 1913, 1914 – Wiedergutmachung; BGH, Urt. v. 12.10.1965, Az. VI ZR 95/64, NJW 1965, 2395, 2396 – „Mörder unter uns"; BGH, Urt. v. 08.07.1969, Az. VI ZR 275/67 – „Kavaliersdelikt"; BGH, Urt. v. 26.10.1999, Az. VI ZR 322/98, NJW 2000, 656, 657 – Vergabepraxis; BGH, Urt. v. 30.01.1979, Az. VI ZR 163/77, NJW 1979, 1041 – Exdirektor; BGH, Urt. v. 22.11.2005, Az. VI ZR 204/04, NJW 2006, 601 Rn. 18 – Erzbistum.
200 BGH, Urt. v. 30.01.1996, Az. VI ZR 386/94, BGHZ 132, 13, 26 – „Lohnkiller"; BGH, Urt. v. 07.12.1999, Az. VI ZR 51/99, BGHZ 143, 199, 207 – „Schleimerschmarotzerpack"; BGH, Urt. v. 17.12.2013, Az. VI ZR 211/12, NJW 2014, 6 Rn. 33 – Sächsische Korruptionsaffäre.
201 BVerfG, Beschl. v. 03.06.1980, Az. 1 BvR 797/78, BVerfGE 54, 208, 222 – Böll; vgl. Art. 1 Abs. IV IPSO Editors' Code of Practice.
202 Vgl. Richtlinie 2.4 Presekodex des Deutschen Presserates; BVerfG, Beschl. v. 03.06.1980, Az. 1 BvR 797/78, BVerfGE 54, 208, 220 – Böll.
203 EGMR, Bergens Tidende u. a./Norwegen [2000] Beschwerde-Nr. 26132/95 [58]; Shabanov und Tren/Russland [2006] Beschwerde-Nr. 5433/02 [41]; *mutatis mutandis* Flux/Moldawien (Nr. 6) [2008] Beschwerde-Nr. 22824/04 [29]; BGH, Urt. v. 30.01.1996, Az. VI ZR 386/94, BGHZ 132, 13, 25 – „Lohnkiller"; BGH, Urt. v. 17.12.2013, Az. VI ZR 211/12, NJW 2014, 6 Rn. 35 – Sächsische Korruptionsaffäre.
204 BGH, Urt. v. 17.12.2013, Az. VI ZR 211/12, NJW 2014, 6 Rn. 35 – Sächsische Korruptionsaffäre.
205 EGMR, Kania und Kittel/Polen [2011] Beschwerde-Nr. 35105/04 [47]; Novaya Gazeta und Borodyanskiy/Russland [2013] Beschwerde-Nr. 14087/08 [37]; Ageyevy/Russland [2013] Beschwerde-Nr. 7075/10 [227]; BGH, Urt. v. 03.05.1977, Az. VI ZR 36/74, NJW 1977, 1288, 1289 – Abgeordnetenbestechung.

Neuigkeiten eine „verderbliche Ware" sind.[206] Die Anforderungen an die Intensität der Recherche richten sich daher auch danach, ob die Nachricht unter „Aktualitätsdruck" stand.[207] Zu unterscheiden ist daher zwischen tagesaktuellen Nachrichten einerseits und Reportagen unabhängig vom Tagesgeschehen andererseits. Ein Beitrag in einer Wochenzeitung hängt weniger von seiner Aktualität ab als ein aktueller Beitrag in einer Tageszeitung, dafür aber umso mehr von seiner Richtigkeit, da hierfür größere zeitliche und sachliche Möglichkeiten der Prüfung zur Verfügung stehen.[208] Aber selbst bei tagesaktuellen Nachrichten müssen Journalisten auf eine Veröffentlichung verzichten, „solange nicht ein Mindestbestand an Beweistatsachen zusammengetragen ist, die für den Wahrheitsgehalt der Information sprechen".[209] Die Einleitung eines Ermittlungsverfahrens allein genügt etwa nicht, um einen solchen Mindestbestand an Beweistatsachen im Rahmen der Verdachtsberichterstattung anzunehmen.[210]

Gerichts- und Verdachtsberichterstattungen über Straftaten sind im Sinne der Taxonomie der Information zu klassifizieren. Akkurate Berichterstattung über rechtstatsächliche Vorgänge, wie etwa das Bestehen eines Anfangsverdachts gegen eine Person, die Eröffnung eines Ermittlungsverfahrens oder die Erhebung der Anklage, sind wahre Tatsachenbehauptungen. Zugleich deutet jede Verdachtsberichterstattung eine Tatsachenbehauptung an, deren Wahrheitsgehalt ungeklärt ist, nämlich, dass der Betroffene eine Straftat begangen haben könnte. Nach der Taxonomie der Information stehen Ehrschutz und Schutz der Privatheit bei Verdachtsberichterstattungen somit nah beieinander: Soweit die Berichterstattung rechtstatsächliche Vorgänge betrifft, haben die Medien das Recht auf Privatheit des Betroffenen zu achten. Hierzu gehört beispielsweise eine Pflicht zur Zurückhaltung bei der Identifizierung eines Beschuldigten. Über beschuldigte Kinder und Jugendliche ist grundsätzlich anonymisiert zu berichten.[211] Aber auch bei erwachsenen Beschuldigten ist eine namentliche Erwähnung nur dann zulässig, wenn das berechtigte Informationsinteresse der Öffentlichkeit im Einzelfall die schutzwürdigen Interessen

---

[206] House of Lords, Reynolds v. Times Newspapers [2001] 2 AC 127, 205; vgl. BGH, Urt. v. 03.05.1977, Az. VI ZR 36/74, NJW 1977, 1288, 1289. – Abgeordnetenbestechung.

[207] BVerfG, Beschl. v. 26.08.2003, Az. 1 BvR 2243/02, NJW 2004, 589, 590 – Haarfarbe des Bundeskanzlers.

[208] BGH, Urt. v. 29.10.1968, Az. VI ZR 180/66, GRUR 1969, 147, 151 – Korruptionsvorwurf.

[209] BGH, Urt. v. 17.12.2013, Az. VI ZR 211/12, NJW 2014, 6 Rn. 26 – Sächsische Korruptionsaffäre; BGH, Urt. v. 18.11.2014, Az. VI ZR 76/14, BGHZ 203, 239 Rn. 16 – Chefjustiziar; BGH, Urt. v. 11.12.2012, Az. VI ZR 314/10, NJW 2013, 790 Rn. 29 – Stasi; BGH, Urt. v. 12.04.2016, Az. VI ZR 505/14, MDR 2016, 648 Rn. 39 – Organentnahme.

[210] BGH, Urt. v. 16.02.2016, Az. VI ZR 367/15, MDR 2016, 520 Rn. 26 – Missbrauchsvorwürfe im Online-Archiv m. w. N.

[211] Art. 40 der Konvention über die Rechte des Kindes; Europarat, Recommendation Rec(2003)13, Grundsatz Nr. 8; Richtlinie 8.3 Pressekodex des Deutschen Presserates.

von Betroffenen überwiegt.[212] Soweit die Berichterstattung aber die mutmaßliche Begehung der Straftat als solche betrifft, kann hingegen die Ehre des Betroffenen berührt sein.[213] Die Unschuldsvermutung (Art. 14 Abs. 2 IPbpR, Art. 6 Abs. 2 EMRK) gilt auch für die journalistischen Medien.[214] Ihre Berichterstattung darf nicht zu einer Vorverurteilung des Betroffenen führt.[215] Dies gebietet etwa, die zu seiner Verteidigung vorgetragenen Tatsachen und Argumente angemessen zu berücksichtigen.[216] Die Medien dürfen nicht den Eindruck einseitiger Parteinahme erwecken.[217] Erst eine rechtskräftige Verurteilung gilt als Beweis dafür, dass die betreffende Person schuldig ist.[218] Ein rechtskräftiger Freispruch bedeutet hingegen, dass der Beweis einer Straftat ausgeschlossen ist.[219]

---

[212] BGH, Urt. v. 17.03.1994, Az. III ZR 15/93, NJW 1994, 1950, 1952 – Presseverlautbarungen der Staatsanwaltschaft; BGH, Urt. v. 07.12.1999, Az. VI ZR 51/99, BGHZ 143, 199, 207 – „Schleimerschmarotzerpack"; BGH, Urt. v. 16.02.2016, Az. VI ZR 367/15, MDR 2016, 520 Rn. 38 – Missbrauchsvorwürfe im Online-Archiv; Richtlinie 8.1 Abs. 2 Pressekodex des Deutschen Presserates.

[213] Vgl. BGH, Urt. v. 30.01.1996, Az. VI ZR 386/94, BGHZ 132, 13, 24 – „Lohnkiller"; BGH, Urt. v. 17.12.2013, Az. VI ZR 211/12, NJW 2014, 6 Rn. 28 – Sächsische Korruptionsaffäre; BGH, Urt. v. 16.02.2016, Az. VI ZR 367/15, MDR 2016, 520 Rn. 23 – Missbrauchsvorwürfe im Online-Archiv. Vgl. *Kutner*, Fordham Intellectual Property Media & Entertainment Law Journal 19 (2008), 1, 66 (zum US-Recht); *Kutner*, Journal of Media Law 3 (2011), 61, 66 (zum englischen Recht).

[214] Siehe z. B. EGMR, Bladet Tromsø und Stensaas/Norwegen [1999] Beschwerde-Nr. 21980/93 [65]; Pedersen und Baadsgaard/Dänemark [2004] Beschwerde-Nr. 49017/99 [78]; White/Schweden [2006] Beschwerde-Nr. 42435/02 [21]; Flux/Moldawien (Nr. 6) [2008] Beschwerde-Nr. 22824/04 [31]; Axel Springer AG/Deutschland (Nr. 1) [2012] Beschwerde-Nr. 39954/08 [96]; Salumäki/Finnland [2014] Beschwerde-Nr. 23605/09 [58]; Europarat, Recommendation Rec(2003)13 on the provision of information through the media in relation to criminal proceedings; BVerfG, Urt. v. 05.06.1973, Az. 1 BvR 536/72, BVerfGE 35, 202, 232 – Lebach; BGH, Urt. v. 30.10.2012, Az. VI ZR 4/12, NJW 2013, 229 Rn. 15 – Gazprom-Manager; vgl. auch BVerfG, Beschl. v. 27.11.2008, Az. 1 BvQ 46/08, NJW 2009, 350 Rn. 15 – Bildberichterstattung im Strafverfahren; offen gelassen von BGH, Urt. v. 07.12.1999, Az. VI ZR 51/99, BGHZ 143, 199, 204 – „Schleimerschmarotzerpack".

[215] BGH, Urt. v. 17.12.2013, Az. VI ZR 211/12, NJW 2014, 6 Rn. 26 – Sächsische Korruptionsaffäre; BGH, Urt. v. 18.11.2014, Az. VI ZR 76/14, BGHZ 203, 239 Rn. 16 – Chefjustiziar; BGH, Urt. v. 11.12.2012, Az. VI ZR 314/10, NJW 2013, 790 Rn. 29 – Stasi; BGH, Urt. v. 07.12.1999, Az. VI ZR 51/99, BGHZ 143, 199, 207 – „Schleimerschmarotzerpack"; BGH, Urt. v. 16.02.2016, Az. VI ZR 367/15, MDR 2016, 520 Rn. 24 – Missbrauchsvorwürfe im Online-Archiv.

[216] BVerfG, Urt. v. 05.06.1973, Az. 1 BvR 536/72, BVerfGE 35, 202, 232 – Lebach; BGH, Urt. v. 07.12.1999, Az. VI ZR 51/99, BGHZ 143, 199, 203 f. – „Schleimerschmarotzerpack"; BGH, Urt. v. 16.02.2016, Az. VI ZR 367/15, MDR 2016, 520 Rn. 24 – Missbrauchsvorwürfe im Online-Archiv.

[217] BGH, Urt. v. 30.01.1979, Az. VI ZR 163/77, NJW 1979, 1041 (insoweit nicht abgedruckt) – Exdirektor.

[218] Vgl. EGMR, Kasabova/Bulgarien [2011] Beschwerde-Nr. 22385/03 [62]; § 190 Satz 1 StGB.

[219] Vgl. § 190 Satz 2 StGB.

Dass eine Person nicht verurteilt oder nicht einmal beschuldigt worden ist, schließt jedoch nicht die Befugnis aus, über die Rolle dieser Person in einem Fall zu berichten.[220] Selbst von journalistischen Medien kann dabei nicht erwartet werden, dass sie für strafrechtlich relevante Beschuldigungen ähnliches Beweismaterial beizubringen hat wie die Staatsanwaltschaft, oder dass sie erst eine gerichtliche Entscheidung abwarten müssen, bevor sie über strafrechtliche Anschuldigungen gegen eine Person berichten.[221]

Schließlich müssen journalistische Medien verbleibende Zweifel an der Richtigkeit ihrer Behauptungen kommunizieren.[222] Sie verletzen ihre Sorgfaltspflichten, wenn sie sich „selektiv und ohne dass dies für die Öffentlichkeit erkennbar wäre, allein auf dem Betroffenen nachteilige Anhaltspunkte stütz[en] und hierbei verschweig[en], was gegen die Richtigkeit seiner Behauptung spricht".[223] Der Mitteilende „muss kenntlich machen, wenn von ihm verbreitete Behauptungen durch das Ergebnis seiner Nachforschungen nicht gedeckt sind. Eine nach seinem Kenntnisstand umstrittene oder zweifelhafte Tatsache darf er nicht als feststehend hinstellen."[224]

Im Lichte der Medienfreiheit dürfen die Sorgfaltsanforderungen an journalistische Medien indessen nicht überspannt werden.[225] Medien dürfen „nicht für jede Ungenauigkeit oder objektiv unrichtige Information" haften müssen. Dürften journalistische Medien nur bewiesen wahre Informationen verbreiten, so könnten sie angesichts des drohenden Haftungsrisikos ihre Aufgaben bei der öffentlichen Meinungsbildung nicht erfüllen.[226] Daher dürfen Medien unter bestimmten Voraussetzungen von ihrer Pflicht, wahre Tatsachenbehauptungen zu verbreiten, abweichen. So dürfen auch journalistische Medien den Verlautbarungen amtlicher Stellen ein gesteigertes Vertrauen entgegenbringen.[227] Zu die-

---

[220] EKomMR, Barril/Frankreich [1997] Beschwerde-Nr. 32218/96, S. 157; Flood v. Times Newspapers Ltd. (Nr. 2) [2013] EWHC 2182 (QB).

[221] EGMR, Dyundin/Russland [2008] Beschwerde-Nr. 37406/03 [36]; Kasabova/Bulgarien [2011] Beschwerde-Nr. 22385/03 [62].

[222] Vgl. EGMR, Pedersen und Baadsgaard/Dänemark [2004] Beschwerde-Nr. 49017/99 [77 ff.]; Salov/Ukraine [2005] Beschwerde-Nr. 65518/01 [113 f.]; Tønsbergs Blad AS und Haukom/Norwegen [2007] Beschwerde-Nr. 510/04 [92]; BGH, Urt. v. 03.05.1977, Az. VI ZR 36/74, NJW 1977, 1288 f. – Abgeordnetenbestechung; BVerfG, Beschl. v. 25.10.2005, Az. 1 BvR 1696/98, BVerfGE 114, 339, 355 – Stolpe.

[223] BVerfG, Beschl. v. 25.01.1961, Az. 1 BvR 9/57, BVerfGE 12, 113, 130 – Schmid/Spiegel; BVerfG, Beschl. v. 25.10.2005, Az. 1 BvR 1696/98, BVerfGE 114, 339, 354 – Stolpe; BGH, Urt. v. 22.12.1959, Az. VI ZR 175/58, BGHZ 31, 308, 318 – Alte Herren.

[224] BVerfG, Beschl. v. 25.01.1961, Az. 1 BvR 9/57, BVerfGE 12, 113, 130 f. – Schmid/Spiegel; BGH, Urt. v. 30.01.1996, Az. VI ZR 386/94, BGHZ 132, 13, 25 – „Lohnkiller"; BVerfG, Beschl. v. 25.10.2005, Az. 1 BvR 1696/98, BVerfGE 114, 339, 355 – Stolpe.

[225] BGH, Urt. v. 30.01.1996, Az. VI ZR 386/94, BGHZ 132, 13, 24 – „Lohnkiller"; BGH, Urt. v. 16.06.1998, Az. VI ZR 205/97, BGHZ 139, 95, 106 – Stolpe.

[226] BVerfG, Beschl. v. 03.06.1980, Az. 1 BvR 797/78, BVerfGE 54, 208, 220 – Böll; BGH, Urt. v. 03.05.1977, Az. VI ZR 36/74, NJW 1977, 1288, 1289 – Abgeordnetenbestechung.

[227] Siehe z.B. EGMR, Bladet Tromsø und Stensaas/Norwegen [1999] Beschwerde-

sen sog. „privilegierten Quellen"[228] zählen etwa die Staatsanwaltschaft[229] oder der Bundesbeauftragte für die Unterlagen des Staatssicherheitsdienstes der DDR.[230] Stellen, die an die Grundrechte gebunden und zur Objektivität verpflichtet sind, haben selbst das Informationsrecht der Medien und der Öffentlichkeit gegen Persönlichkeitsrechte abzuwägen, wenn sie über amtliche Vorgänge informieren.[231] Journalistische Medien dürfen etwa regelmäßig davon ausgehen, dass die Staatsanwaltschaft die Öffentlichkeit erst dann unter Namensnennung des Beschuldigten über ein Ermittlungsverfahren unterrichtet, wenn sich der Tatverdacht erhärtet hat.[232] Ferner dürfen sich journalistische Medien auf den Inhalt von Anklageschriften,[233] Ordnungsverfügungen,[234] den Feststellungen eines rechtskräftigen Strafurteils[235] und Untersuchungen durch Spezialisten[236] verlassen, ohne selbst weitere Nachforschungen anstellen zu müssen. Die Berufung auf privilegierte Quellen greift indessen dann nicht, wenn die Verlautbarung nicht für die Öffentlichkeit bestimmt, sondern intern oder gar als „geheim" gekennzeichnet war.[237]

Im Unterschied zu privaten Individuen (sog. Laienprivileg, dazu unter c)) darf ein Medienorgan die Berichterstattung eines anderen Medienorgans, etwa einer Presseagentur, nicht ohne weiteres kritiklos übernehmen. Bestehen Zweifel an der Richtigkeit der Behauptung eines anderen journalistischen Mediums,

---

Nr. 21980/93 [68]; Colombani u.a./Frankreich [2002] Beschwerde-Nr. 51279/99 [65]; Selistö/Finnland [2004] Beschwerde-Nr. 56767/00 [60]; Romanenko u.a./Russland [2009] Beschwerde-Nr. 11751/03 [45]; Pipi/Türkei [2009] Beschwerde-Nr. 4020/03, S. 7; Tănăsoaica/Rumänien [2012] Beschwerde-Nr. 3490/03 [50]; BGH, Urt. v. 11.12.2012, Az. VI ZR 314/10, NJW 2013, 790 Rn. 29 ff. – Stasi; BVerfG, Beschl. v. 09.03.2010, Az. 1 BvR 1891/05, NJW-RR 2010, 1195 Rn. 35 – Cornelia Pieper.

[228] BGH, Urt. v. 11.12.2012, Az. VI ZR 314/10, NJW 2013, 790 Rn. 29 – Stasi.

[229] EGMR, Fuchsmann/Deutschland [2017] Beschwerde-Nr. 71233/13 [44]; Verlagsgruppe Droemer Knaur GmbH & Co. KG/Deutschland [2017] Beschwerde-Nr. 35030/13 [46]; BVerfG, Beschl. v. 09.03.2010, Az. 1 BvR 1891/05, NJW-RR 2010, 1195 Rn. 35 – Cornelia Pieper.

[230] BGH, Urt. v. 11.12.2012, Az. VI ZR 314/10, NJW 2013, 790 Rn. 29 – Stasi.

[231] BGH, Urt. v. 11.12.2012, Az. VI ZR 314/10, NJW 2013, 790 Rn. 30 – Stasi; Urt. v. 17.03.1994, Az. III ZR 15/93, NJW 1994, 1950, 1951 – Presseverlautbarungen der Staatsanwaltschaft; BVerfG, Beschl. v. 09.03.2010, Az. 1 BvR 1891/05, NJW-RR 2010, 1195 Rn. 35 – Cornelia Pieper.

[232] BVerfG, Beschl. v. 09.03.2010, Az. 1 BvR 1891/05, NJW-RR 2010, 1195 Rn. 35 – Cornelia Pieper; BGH, Urt. v. 16.02.2016, Az. VI ZR 367/15, MDR 2016, 520 Rn. 28 – Missbrauchsvorwürfe im Online-Archiv.

[233] EGMR, Erla Hlynsdottir/Island (Nr. 3) [2015] Beschwerde-Nr. 54145/10 [73].

[234] BGH, Urt. v. 12.05.1987, Az. VI ZR 195/86, NJW 1987, 2225, 2226 – Chemiegift.

[235] BGH, Urt. v. 09.07.1985, Az. VI ZR 214/83, BGHZ 95, 212, 220 – Nachtigall II (in diesem Fall machte der BGH indessen eine Ausnahme hinsichtlich eines Urteils der damaligen DDR).

[236] EGMR, Ungváry und Irodalom Kft/Ungarn [2013] Beschwerde-Nr. 64520/10 [75].

[237] EGMR, Verlagsgruppe Droemer Knaur GmbH & Co. KG/Deutschland [2017] Beschwerde-Nr. 35030/13 [48]; BGH, Urt. v. 17.12.2013, Az. VI ZR 211/12, NJW 2014, 6 Rn. 30 – Sächsische Korruptionsaffäre.

so hat ein Journalist den Wahrheitsgehalt der Behauptung nach den Maßstäben der journalistischen Sorgfalt eigenständig zu überprüfen.[238] Jede erneute Veröffentlichung wirkt sich als eigenständige Persönlichkeitsrechtsverletzung aus, sodass eine Ehrverletzung nicht dadurch gemindert wird, dass andere Medien schon vor dem streitgegenständlichen Beitrag über den Betroffenen berichteten.[239]

Neuigkeiten sind, wie Lord Nicholls in *Reynolds* zutreffend bemerkte, ein „verderbliches Gut".[240] Wie eben dargestellt, ist daher zwischen tagesaktuellen Nachrichten einerseits und Reportagen unabhängig vom Tagesgeschehen andererseits zu unterscheiden. Die zeitliche Grenze zwischen einer grundsätzlich zulässigen aktuellen Berichterstattung und einer unzulässigen späteren Darstellung oder Erörterung ist dabei in jedem Einzelfall zu ziehen.[241] Zu berücksichtigen ist, dass für einen tagesaktuellen Beitrag geringere zeitliche und sachliche Möglichkeiten der Prüfung zur Verfügung stehen als bei einem Beitrag in einer Wochenzeitschrift.[242] Angesichts der begrenzten zeitlichen und sachlichen Kapazitäten kann daher von journalistischen Medien beispielsweise nicht verlangt werden, alle Personen zu befragen, die zu einem bestimmten Verdacht Auskunft geben können.[243]

Besondere Fragen wirft in diesem Zusammenhang das Bereithalten von Beiträgen in Online-Archiven auf. Der BGH ist grundsätzlich der Auffassung, dass Online-Archiven keine große Breitenwirkung zukomme, da nach Beiträgen in solchen Archiven aktiv gesucht werden müsse.[244] Damit unterschätzt der BGH allerdings die Bedeutung von Internet-Suchmaschinen, die solche Beiträge in der Regel bei bloßer Eingabe des Namens der betroffenen Person freilegen. Der BGH selbst weist regelmäßig darauf hin, dass Berichterstattung unter namentlicher Nennung des Betroffenen dessen Recht auf Schutz seiner Persönlichkeit „nicht nur bei aktiver Informationsübermittlung durch die Medien", etwa in Tagespresse, Rundfunk oder Fernsehen beeinträchtigen könne, sondern

---

[238] Vgl. BVerfG, Beschl. v. 23.02.2000, Az. 1 BvR 456/95, NJW-RR 2000, 1209, 1211 – Agenturprivileg; *Steffen*, in: Löffler, Presserecht, 6. Aufl. 2015, § 6 LPG Rn. 169; offen gelassen in BVerfG, Beschl. v. 26.08.2003, Az. 1 BvR 2243/02, NJW 2004, 589, 590 – Haarfarbe des Bundeskanzlers.

[239] Vgl. BGH, Urt. v. 05.10.2004, Az. VI ZR 255/03, BGHZ 160, 298, 307 f. – Alexandra von Hannover; BGH, Urt. v. 17.12.2013, Az. VI ZR 211/12, NJW 2014, 6 Rn. 41 – Sächsische Korruptionsaffäre.

[240] House of Lords, Reynolds v. Times Newspapers [2001] 2 AC 127, 205; siehe auch EGMR, Observer und Guardian/Vereinigtes Königreich [1991] Beschwerde-Nr. 13585/88 [60].

[241] Vgl. BVerfG, Urt. v. 05.06.1973, Az. 1 BvR 536/72, BVerfGE 35, 202, 234 – Lebach.

[242] Vgl. BGH, Urt. v. 29.10.1968, Az. VI ZR 180/66, GRUR 1969, 147, 151 – Korruptionsvorwurf.

[243] BGH, Urt. v. 18.11.2014, Az. VI ZR 76/14, BGHZ 203, 239 Rn. 26 – Chefjustiziar.

[244] BGH, Urt. v. 15.12.2009, Az. VI ZR 227/08, BGHZ 183, 353 Rn. 19 – dradio.de; BGH, Urt. v. 09.02.2010, Az. VI ZR 243/08, NJW 2010, 2432 Rn. 22 – Spiegel-Dossier.

auch durch „passive[] Darstellungsplattform[en] im Internet". Diese Inhalte seien „grundsätzlich jedem interessierten Internetnutzer zugänglich".[245]

Der EGMR entschied bereits, dass auch Internet-Archive von Art. 10 EMRK geschützt sind.[246] Sie leisteten einen „wesentlichen Beitrag" zum Bewahren und Zugänglichmachen von Nachrichten und Informationen. Sie bildeten „eine wichtige Quelle für das Bildungswesen und für historische Recherchen, insbesondere weil sie der Öffentlichkeit schnell und grundsätzlich kostenfrei zugänglich sind. Während es der primären Funktion der Presse in einer demokratischen Gesellschaft entspricht, als „öffentlicher Wachhund" zu handeln, kommt ihr eine beträchtliche sekundäre Rolle beim Betrieb und dem öffentlich zugänglich Machen von Archiven mit Nachrichten zu, über die zuvor berichtet wurde."[247]

Teil dieser „sekundären Rolle" sei das Unterhalten von Internet-Archiven. Nach dem EGMR stellt es daher keinen unverhältnismäßigen Eingriff in Art. 10 EMRK dar, wenn ein Zeitungsverlag dazu verpflichtet wird, einen geeigneten Hinweis zu einem Artikel in einem Internet-Archiv zu veröffentlichen, dass eine Verleumdungsklage wegen der Veröffentlichung desselben Artikels in der Printausgabe erhoben wurde bzw. dieser stattgegeben wurde.[248] Dies sei einer gänzlichen Entfernung des Artikels aus dem Online-Archiv vorzuziehen.[249]

Einer gerichtlich angeordneten Ergänzung oder gar Entfernung von Inhalten in Online-Archiven begegnet der Vorwurf des „Umschreibens von Geschichte".[250] Die Debatte würde indessen davon profitieren, sorgfältig zwischen folgenden Fallkonstellationen zu unterscheiden:

1. Die Berichterstattung war von Anfang an erwiesen unwahr und nicht gerechtfertigt,

2. die Berichterstattung war ursprünglich zulässig, stellt sich jedoch als wahrheitswidrig heraus,

---

[245] BGH, Urt. v. 09.02.2010, Az. VI ZR 243/08, NJW 2010, 2432 Rn. 13 – Spiegel-Dossier; BGH, Urt. v. 08.05.2012, Az. VI ZR 217/08, NJW 2012, 2197 Rn. 34 – rainbow.at II.

[246] EGMR, Times Newspapers Ltd./Vereinigtes Königreich (Nr. 1 und 2) [2009] Beschwerde-Nr. 3002/03 und 23676/03 [27]; Węgrzynowski und Smolczewski/Polen [2013] Beschwerde-Nr. 33846/07 [59].

[247] EGMR, Węgrzynowski und Smolczewski/Polen [2013] Beschwerde-Nr. 33846/07 [59] (übersetzt durch AfP 2014, 517); siehe auch Times Newspapers Ltd./Vereinigtes Königreich (Nr. 1 und 2) [2009] Beschwerde-Nr. 3002/03 und 23676/03 [45]; Fuchsmann/Deutschland [2017] Beschwerde-Nr. 71233/13 [39].

[248] EGMR, Times Newspapers Ltd./Vereinigtes Königreich (Nr. 1 und 2) [2009] Beschwerde-Nr. 3002/03 und 23676/03 [47]; Węgrzynowski und Smolczewski/Polen [2013] Beschwerde-Nr. 33846/07 [66].

[249] EGMR, Times Newspapers Ltd./Vereinigtes Königreich (Nr. 1 und 2) [2009] Beschwerde-Nr. 3002/03 und 23676/03 [47]; bestätigend Węgrzynowski und Smolczewski/Polen [2013] Beschwerde-Nr. 33846/07 [59].

[250] Vgl. EGMR, Węgrzynowski und Smolczewski/Polen [2013] Beschwerde-Nr. 33846/07 [65].

3. die Berichterstattung war ursprünglich zulässig, es ist jedoch weder ihre Wahrheit bewiesen noch ihre Unwahrheit erwiesen,

4. die Berichterstattung ist wahrheitsgemäß, inzwischen sind jedoch weitere relevante Tatsachen hinzugetreten,

5. die Berichterstattung war ursprünglich zulässig, jedoch ist seitdem viel Zeit verstrichen.

Zu 1.   War die Berichterstattung von Anfang an unwahr und nicht gerechtfertigt, so besteht an der Bereithaltung der Information in einem Online-Archiv kein berechtigtes Interesse. Die Information ist zu entfernen[251] oder zumindest mit der Einschränkung zu versehen, dass sie nicht mehr aufrechterhalten werde.[252] Das Problem des „Umschreibens von Geschichte" stellt sich hier nicht: Ist die Information erwiesen unwahr, so beschrieb sie niemals eine historische Tatsache. Folglich wird „die Geschichte" auch nicht umgeschrieben.

Zwar ist auch denkbar, dass die Berichterstattung deswegen unzulässig war, weil sie zwar der Wahrheit entsprach, jedoch die informationelle Privatheit des Betroffenen verletzte. Das Gebot, eine solche Berichterstattung aus dem Online-Archiv zu entfernen, ist jedoch ebenfalls keine Frage des *Umschreibens* von Geschichte, sondern vielmehr des *Schreibens* von Geschichte: Diese Geschichte hätte niemals geschrieben werden dürfen, und folgerichtig darf sie erst recht nicht in einem Online-Archiv aufbewahrt werden.

Zu 2.   Nicht jede unwahre Tatsachenbehauptung ist unzulässig, selbst dann nicht, wenn sie die Ehre einer anderen Person berührt. Denkbar ist, dass eine Tatsachenbehauptung sich erst im Nachhinein als unwahr herausstellt, der Äußernde bei der Veröffentlichung der Behauptung jedoch seine Sorgfaltspflichten wahrte. Dann stellt sich die Frage, ob ein berechtigtes Interesse an der Bereithaltung einer solchen Information in einem Online-Archiv besteht.

Auch in dieser Konstellation stellt sich das Problem des „Umschreibens von Geschichte" nicht. Ebenso wie unter Konstellation Nr. 1 war die unwahre Information niemals Teil der Wirklichkeit. Die Berichterstattung war allein deswegen zulässig, weil der Mitteilende seine Sorgfaltspflichten wahrte. Im Übrigen gilt aber, dass an der Bereithaltung der Information kein berechtigtes Interesse besteht, wenn ihre Unwahrheit erwiesen ist. Auch diese Information ist zu entfernen oder zumindest mit der Einschränkung zu versehen, dass an ihr nicht mehr festgehalten werde.

---

[251] So BGH, Urt. v. 16.02.2016, Az. VI ZR 367/15, MDR 2016, 520 Rn. 31 – Missbrauchsvorwürfe im Online-Archiv.

[252] So EGMR, Węgrzynowski und Smolczewski/Polen [2013] Beschwerde-Nr. 33846/07 [66]; Cooke & Midland Heart Limited v. MGN Limited & Trinity Mirror Midlands Limited [2014] EWHC 2831 (QB) [43].

Zu 3. In dieser Konstellation stellt sich das Problem des „Umschreibens von Geschichte" verdeckt: Nur dann, wenn die Berichterstattung wahrheitsgemäß ist, würde das Gebot, sie zu entfernen, Geschichte tatsächlich „umschreiben". Ist die Berichterstattung hingegen nicht wahrheitsgemäß, so würde ihre Beseitigung Geschichte nicht umschreiben, da es diese „Geschichte" nie gab. Dieses Konundrum lässt sich daher nicht mit dem pauschalen Verweis auf das vermeintliche Verbot des „Umschreibens von Geschichte" beiseiteschieben, sondern allein über eine umfassende Abwägung der betroffenen Grundrechte lösen.[253] Die zugrundeliegende Frage lautet: Welches Interesse besteht einerseits am Bereithalten von Informationen, die möglicherweise unwahr sind, und andererseits am Entfernen von Informationen, die möglicherweise wahr sind? Zu beachten ist, dass es um die Frage des *Bereithaltens* von Informationen geht, nicht um das erstmalige Veröffentlichen von Informationen. Der zentrale Unterschied im Abwägungsprogramm besteht darin, dass ein tagesaktueller Bericht nach einer bestimmten Zeit an Nachrichtenwert verlieren kann. Ein und derselbe Artikel kann daher unterschiedlichen Abwägungsparametern unterliegen, je nachdem, ob seine erstmalige Veröffentlichung in einer Tageszeitung oder seine monatelange Bereithaltung in einem Internet-Archiv zur Prüfung steht. Aufgrund ihrer nachlassenden Aktualität ist es gerechtfertigt, an die Richtigkeit von Artikeln in Internet-Archiven höhere Anforderungen zu stellen als an Eilmeldungen.[254] Zugunsten des Betreibers des Online-Archivs wiederum ist der Grad des öffentlichen Interesses an der Bereithaltung der Information zu berücksichtigen. Zu beachten ist schließlich der Grundsatz der Verhältnismäßigkeit: Eine Verpflichtung des Betreibers eines Online-Archivs, einem Artikel den Hinweis beizufügen, dass gegen den Artikel eine Ehrschutzklage angestrengt wurde, stellt eine geringere Einschränkung der Kommunikationsfreiheit dar als die Aufforderung, derartige Artikel gänzlich aus dem Internet-Archiv zu entfernen.[255] Dies setzt allerdings voraus, dass dem von der Veröffentlichung Betroffenen entsprechende Rechtsmittel überhaupt zur Verfügung stehen.[256]

Zu 4. Wahrheitsgemäße Berichterstattung kann durch später auftretende Tatsachen ein falsches Bild von den Umständen vermitteln. Dies ist etwa dann der Fall, wenn die Presse über die Verurteilung eines Betroffenen in erster Instanz berichtet, der Verurteilte in einer späteren Instanz jedoch freigesprochen wird.

---

[253] BGH, Urt. v. 16.02.2016, Az. VI ZR 367/15, MDR 2016, 520 Rn. 34 – Missbrauchsvorwürfe im Online-Archiv.

[254] Vgl. EGMR, Times Newspapers Ltd./Vereinigtes Königreich (Nr. 1 und 2) [2009] Beschwerde-Nr. 3002/03 und 23676/03 [47].

[255] EGMR, Times Newspapers Ltd./Vereinigtes Königreich (Nr. 1 und 2) [2009] Beschwerde-Nr. 3002/03 und 23676/03 [47]; Węgrzynowski und Smolczewski/Polen [2013] Beschwerde-Nr. 33846/07 [66].

[256] EGMR, Węgrzynowski und Smolczewski/Polen [2013] Beschwerde-Nr. 33846/07 [67].

Gleiches gilt für die Berichterstattung über die Einleitung eines Ermittlungs-verfahrens und die spätere Einstellung des Verfahrens. In diesen Fällen darf die Berichterstattung über die Einleitung des Ermittlungsverfahrens oder die Ver-urteilung in erster Instanz bereitgehalten werden, da sich dieses historische Er-eignis nicht als unwahr herausgestellt hat. Der Betroffene und die Öffentlich-keit haben jedoch ein berechtigtes Interesse daran, dass der Berichterstattung im Online-Archiv ein ergänzender Hinweis über die Einstellung des Verfah-rens bzw. den späteren Freispruch hinzugefügt wird.[257] Denn erst auf der Grundlage dieser vollständigen Information kann sich die Öffentlichkeit ein vollständiges Bild von dem Betroffenen machen. Auch dies ist kein Problem des „Umschreibens von Geschichte", sondern vielmehr eine Vervollständigung des Geschichtsbildes. Kommt der Betreiber des Online-Archivs dieser Pflicht nach, so kann von ihm nicht verlangt werden, die wahrheitsgemäße Berichterstattung zu entfernen.[258]

Zu 5.   Diese Konstellation beschreibt die Situation, dass eine ursprünglich wahre und zulässige Berichterstattung deswegen entfernt werden soll, weil seit der ursprünglichen Veröffentlichung so viel Zeit verstrichen sei, dass das Inte-resse des Betroffenen an der Entfernung der Berichterstattung das Interesse des Mitteilenden und der Öffentlichkeit an der Bereithaltung der Information überwiege. Nach der Taxonomie der Information ist dies eine Frage des Rechts auf informationelle Privatheit, nicht jedoch des Ehrschutzes. Daher muss eine vertiefte Auseinandersetzung an dieser Stelle unterbleiben. Hinzuweisen ist al-lein darauf, dass der Vorwurf des „Umschreibens von Geschichte" in *dieser* Konstellation nicht von der Hand zu weisen ist. Die Öffentlichkeit hat ein be-rechtigtes Interesse daran, nicht nur über aktuelles Geschehen informiert zu werden, sondern auch über vergangene Ereignisse.[259]

b) Andere Personen oder Institutionen mit gesteigertem Erwartungshorizont

Ähnliche Sorgfaltspflichten wie für journalistischen Medien gelten, wenn auch unter gebotener Beachtung aller Eigenheiten und Unterschiede, für andere Per-sonen und Institutionen, die auf gesteigerte Erwartungen an die Richtigkeit ih-rer Veröffentlichungen treffen.

---

[257] So etwa Flood v. Times Newspapers Ltd. (Nr. 2) [2013] EWHC 2182 (QB) [24]; vgl. auch BVerfG, Beschl. v. 02.05.2018, Az. 1 BvR 666/17, Rn. 21 – HSH Nordbank/Spiegel.

[258] Vgl. BGH, Urt. v. 30.10.2012, Az. VI ZR 4/12, NJW 2013, 229 Rn. 23 – Gazprom-Ma-nager.

[259] Dazu BGH, Urt. v. 15.12.2009, Az. VI ZR 227/08, BGHZ 183, 353 – dradio.de; BGH, Urt. v. 08.05.2012, Az. VI ZR 217/08, NJW 2012, 2197 Rn. 43 ff. – rainbow.at II; BGH, Urt. v. 13.11.2012, Az. VI ZR 330/11, AfP 2013, 54 – Apollonia-Prozess; BGH, Urt. v. 09.02.2010, Az. VI ZR 243/08, NJW 2010, 2432 Rn. 19 – Spiegel-Dossier.

Von Äußerungen über die Bewertung von Waren und Leistungen durch Verbraucherorganisationen darf etwa angenommen werden, dass die zugrundeliegenden Untersuchungen neutral, objektiv und sachkundig durchgeführt worden sind.[260] Objektive Richtigkeit des gewonnenen Ergebnisses kann allerdings selbst von professionell arbeitenden Organisationen nicht verlangt werden, sondern nur das Bemühen um diese Richtigkeit.[261] Ihre Grenzen finden die Fehlerspielräume solcher Organisationen bei bewusst unrichtigen Angaben oder Fehlurteilen, bei einseitiger Auswahl verglichener Waren und Dienstleistungen oder „wenn die Art des Vorgehens bei der Prüfung und die aus den durchgeführten Untersuchungen gezogenen Schlüsse nicht mehr vertretbar erscheinen".[262] Eine Verbraucherorganisation hat zudem zu prüfen, ob mehrere von ihnen getestete Geschäfte, die unter einem einheitlichen Namen betrieben werden, auch tatsächlich zu einem Unternehmen oder einer Unternehmensgruppe gehören.[263]

Auch Nichtregierungsorganisationen kann im Einzelfall eine herausgehobene Stellung im öffentlichen Diskurs zukommen. Dies rechtfertigt es einerseits, an sie besondere Sorgfaltsanforderungen zu stellen.[264] So entschied der BGH, eine NGO habe ihren Sorgfaltsanforderungen nicht dadurch genügt, dass sie sich ohne weitere Prüfung auf die Angaben einer Rechtsanwältin stützte.[265] Demgegenüber dürfen sich NGOs, ebenso wie traditionelle Medien, auf amtliche Untersuchungen verlassen.[266] NGOs besondere Sorgfaltsanforderungen aufzuerlegen, bedingt es aber andererseits, diese „sozialen Wachhunde" (so der EGMR) besonders zu schützen.[267] Dogmatisch ist dies etwa durch ein weites Verständnis des Grundrechts der Medienfreiheit umsetzbar.[268]

Für Behauptungen, die in Angelegenheiten kommerzieller Werbung verbreitet werden, gilt folgendes: Ihnen kommt eine vergleichsweise große Breitenwirkung zu, ihre Glaubwürdigkeit ist gering, und die Aufklärungsmöglichkeiten

---

[260] BGH, Urt. v. 09.12.1975, Az. VI ZR 157/73, BGHZ 65, 325, 334 – Warentest II.

[261] BGH, Urt. v. 09.12.1975, Az. VI ZR 157/73, BGHZ 65, 325, 334 – Warentest II.

[262] BGH, Urt. v. 09.12.1975, Az. VI ZR 157/73, BGHZ 65, 325, 335 – Warentest II.

[263] BGH, Urt. v. 03.12.1985, Az. VI ZR 160/84, NJW 1986, 981, 982 – Warentest III.

[264] Vgl. EGMR, Růžový panter, o.s./Tschechische Republik [2012] Beschwerde-Nr. 20240/08 [33]; BGH, Urt. v. 17.11.1992, Az. VI ZR 344/91, MDR 1993, 122, 123 – „Illegaler Fellhandel"

[265] BGH, Urt. v. 17.11.1992, Az. VI ZR 344/91, MDR 1993, 122, 123 – „Illegaler Fellhandel".

[266] BGH, Urt. v. 17.11.1992, Az. VI ZR 344/91, MDR 1993, 122, 123 – „Illegaler Fellhandel".

[267] Vgl. UN-Menschenrechtsausschuss, Toktakunov/Kirgistan [2011] Mitteilung Nr. 1470/2006 [6.3]; EGMR, Vides Aizsardzības Klubs/Lettland [2004] Beschwerde-Nr. 57829/00 [42]; Társaság a Szabadságjogokért/Ungarn [2009] Beschwerde-Nr. 37374/05 [27]; Sondergerichtshof für Sierra Leone, Prosecutor v. Alex Tamba Brima u.a., Decision on Prosecution appeal against decision on oral application for witness TF1-150 to testify without being compelled to answer questions on grounds of confidentiality, Rs. SCSL-2004-16-AR73 [2006] SCSL 2 [33].

[268] So *Oster*, Media Freedom as a Fundamental Right, 2015, S. 65.

sind größer als die von Privatpersonen, aber kleiner als die von Journalisten. In gewissem Rahmen sind Übertreibungen in der Werbung unvermeidlich und angesichts der geringen Glaubwürdigkeit der Anpreisung eigener Produkte auch nicht zu beanstanden. Aufgrund der hohen Breitenwirkung und der durchaus vorhandenen Aufklärungsmöglichkeiten sind jedoch gewisse Anforderungen auch an die Sorgfaltspflichten von Werbetreibenden zulässig. So darf ein Werbetreibender etwa für die Aufstellung von Tatsachenbehauptungen populär-wissenschaftlichen Aufsätzen nicht unbesehen vertrauen.[269]

Besondere Erwartungen bestehen schließlich an Autoren wissenschaftlicher Texte. Ob Kommunikation „wissenschaftlich" ist, bestimmt sich nach folgenden Voraussetzungen:

1. Der Äußernde ist Wissenschaftler,
2. die Äußerung fällt in den Bereich seiner wissenschaftlichen Tätigkeit, und
3. die Äußerung enthält eine Schlussfolgerung oder Meinungsäußerung, die auf der wissenschaftlichen Expertise des Äußernden beruht.[270]

Gegenstand der Wissenschaft sind „vor allem die auf wissenschaftlicher Eigengesetzlichkeit beruhenden Prozesse, Verhaltensweisen und Entscheidungen bei der Suche nach Erkenntnissen, ihrer Deutung und Weitergabe".[271] Die Freiheit der wissenschaftlichen Kommunikation ist von der Freiheit von Äußerungen in den Medien einerseits und in der künstlerischen Betätigung andererseits theoretisch und konzeptionell zu unterscheiden. Anders als künstlerische Äußerungen und ähnlich Medienpublikationen sind akademische Publikationen und Äußerungen in größerem Umfang tatsachenbasiert. Wissenschaftliche Kommunikation hat mit künstlerischen Äußerungen und Medienpublikationen allerdings gemein, dass sie regelmäßig zu Angelegenheiten von öffentlichem Interesse beiträgt.

Das grundsätzliche öffentliche Vertrauen in wissenschaftliche Arbeit, die Tatsachenbasiertheit wissenschaftlicher Forschung und die Bedeutung wissenschaftlicher Publikationen für öffentliche Debatten sprechen dafür, Wissenschaftler mit ähnlichen Privilegien auszustatten wie journalistische Medien.[272] Art. 13 EUGRCh und Art. 5 Abs. 3 GG schützen ausdrücklich die Freiheit der Wissenschaft. Dies gilt für die EMRK und den IPbpR zwar nicht ausdrücklich. Der EGMR hat jedoch festgestellt, dass Art. 10 Abs. 1 EMRK auch die Veröf-

---

[269] BGH, Urt. v. 19.09.1961, Az. VI ZR 259/60, BGHZ 35, 363, 369f. – Ginsengwurzel.

[270] Siehe EGMR, *Mustafa Erdoğan u. a./Türkei* [2014] Beschwerde-Nr. 346/04 und 39779/04, gemeinsame zust. Meinung der Richter Sajó, Vučinič und Kūris [8]; *Oster*, Media Freedom as a Fundamental Right, 2015, S. 154f.

[271] BVerfG, Beschl. v. 11.01.1994, Az. 1 BvR 434/87, NJW 1994, 1781 – „Wahrheit für Deutschland"; BVerfG, Beschl. v. 03.05.1994, Az. 1 BvR 737/94, NJW 1994, 1784 – Jahresabschluss.

[272] So bereits *Oster*, Journal of Media Law 5 (2013), 57, 66; *Dworkin*, Freedom's Law: The Moral Reading of the American Constitution, 1996, S. 247; *Post*, Washington Law Review 87 (2012), 549, 561 ff.; *Blocher*, Washington Law Review 87 (2012), 409, 440.

fentlichung wissenschaftlicher Beiträge, die akademische Lehre und wissenschaftliche Vorträge umfasst.[273] Ähnlich der Medien- und der Kunstfreiheit ist die Freiheit der wissenschaftlichen Äußerung institutionell und instrumentell. Das Ministerkomitee des Europarates betonte die Bedeutung institutioneller und individueller wissenschaftlicher Freiheit bereits in mehreren Empfehlungen.[274] Section 6 Defamation Act 2013 gewährt eine Einrede für wissenschaftliche Veröffentlichungen (siehe Kapitel 2 Abschnitt V.2.c)).

Das Vertrauen in die Richtigkeit wissenschaftlicher Arbeit begründet zugleich gesteigerte Sorgfaltspflichten, etwa im Hinblick auf ehrenrührige Publikationen. So ist von Autoren wissenschaftlicher Texte zu erwarten, dass sie sich an anerkannte wissenschaftliche Methodik halten.[275]

c) Laien

Wie bereits dargestellt, bestimmen sich Inhalt und Intensität der Sorgfaltspflichten danach, welche Möglichkeiten der Äußernde hatte, die von ihm behauptete Tatsache zu überprüfen, welches Vertrauen der oder die Empfänger der Information in die Richtigkeit der Information hatten, und mit welcher Intensität die Äußerung in die Ehre des Betroffenen eingreift. Zumindest in den ersten beiden – vor der Popularisierung des Internets sogar in allen drei – Kriterien waren und sind private Individuen den journalistischen Medien unterlegen. Dies rechtfertigt es, an private Individuen geringere Sorgfaltsanforderungen zu stellen als an die Presse. Einem privaten Individuum ist es bei Äußerungen über Vorgänge von öffentlichem Interesse regelmäßig nicht möglich, mittels eigener Recherchen Beweise für seine Behauptungen beizubringen. Stattdessen sind Privatpersonen auf die Berichterstattung durch journalistische Medien angewiesen.[276] Dies unterstreicht wiederum die besondere Bedeutung dieser Medien für den öffentlichen Diskurs. Laien dürfen Mitteilungen in den journalistischen Medien grundsätzlich vertrauen und müssen keine eigenen Nachforschungen anstellen.[277] Sie dürfen herabsetzende Tatsachen, die sie journalistischen Medi-

---

[273] Siehe z. B. EGMR, Hertel/Schweiz [1998] Beschwerde-Nr. 59/1997/843/1049 [50]; Wille/Liechtenstein [1999] Beschwerde-Nr. 28396/95 [36 ff.]; Lombardi Vallauri/Italien [2009] Beschwerde-Nr. 39128/05 [30]; Sorguç/Türkei [2009] Beschwerde-Nr. 17089/03 [35]; Mustafa Erdoğan u. a./Türkei [2014] Beschwerde-Nr. 346/04 und 39779/04 [40]; Hasan Yazıcı/Türkei [2014] Beschwerde-Nr. 40877/07 [55]. Zur Äußerungsfreiheit in inner-universitären Agelegenheiten Kharlamov/Russland [2015] Beschwerde-Nr. 27447/07 [27 f.].

[274] Europarat, Ministerkomitee, Recommendation Rec(2012)7 on the responsibility of public authorities for academic freedom and institutional autonomy; Recommendation No. R(2000) 12 on the social sciences and the challenge of transition.

[275] EGMR, Chauvy u. a./Frankreich [2004] Beschwerde-Nr. 64915/01 [77].

[276] BVerfG, Beschl. v. 09.10.1991, Az. 1 BvR 1555/88, BVerfGE 85, 1, 22 – Bayer-Aktionäre; Economou v. de Freitas [2016] EWHC 1853 (QB) [246].

[277] BVerfG, Beschl. v. 09.10.1991, Az. 1 BvR 1555/88, BVerfGE 85, 1, 22 – Bayer-Aktionäre; BVerfG, Beschl. v. 10.11.1998, Az. 1 BvR 1531/96, BVerfGE 99, 185, 199 – Scientology; Economou v. de Freitas [2016] EWHC 1853 (QB) [246].

en entnommen haben, verbreiten und hierauf ihre Meinung stützen.[278] Das BVerfG erstreckt dieses sogenannte Laienprivileg auch auf die Übernahme von Ausführungen eines Abgeordneten.[279]

In dem Laienprivileg besteht ein, wenn nicht *der* zentrale Unterschied zwischen den Sorgfaltspflichten von Individuen und denen journalistischer Medien. Journalisten dürfen die Berichterstattung anderer journalistischer Medien bereits dann nicht kritiklos übernehmen, wenn Zweifel an der Richtigkeit der Behauptung bestehen.[280] Laien hingegen dürfen sich grundsätzlich auf journalistische Veröffentlichungen stützen. Dies belegt wiederum, dass es notwendig ist, sorgfältig zwischen Inhalt und Grenzen der Medienfreiheit einerseits und der allgemeinen Kommunikationsfreiheit andererseits zu differenzieren.

Vom sogenannten Laienprivileg ausgenommen sind Berichterstattungen, die „erkennbar überholt oder widerrufen" sind.[281] Zudem müssen die Medienberichte, auf die sich ein Laie beruft, dazu geeignet sein, die aufgestellte Behauptung zu stützen.[282] Auch darf die Berufung auf die Medienpublikation nicht missbräuchlich sein. Dies ist etwa dann der Fall, wenn der Mitteilende Vorwürfe in einem weiteren Ausmaß als das eigentliche Erscheinungsgebiet einer Zeitung selbst verbreitet, selbst die Initiative dazu gegeben hatte, dass die Zeitung den Artikel überhaupt abdruckte oder sich wider besseren Wissens äußert.[283] Selbst von einem journalistischen Laien darf zudem erwartet werden, dass er Äußerungen Dritter wahrheitsgemäß zitiert.[284] Schließlich darf auch ein Laie ehrverletzende Stellungnahmen anderer Laien nicht ohne jede eigene Überprüfung weitergeben.[285] Der Einzelne unterliegt sogar einer den journalistischen Medien vergleichbaren Sorgfaltspflicht, „soweit er Tatsachenbehauptungen aus seinem eigenen Erfahrungs- und Kontrollbereich aufstellt".[286] Schließlich unterliegen auch private Individuen bei nicht bewiesen wahren Tatsachenbehaup-

---

[278] BVerfG, Beschl. v. 09.10.1991, Az. 1 BvR 1555/88, BVerfGE 85, 1, 22 – Bayer-Aktionäre.
[279] BVerfG, Beschl. v. 09.10.1991, Az. 1 BvR 1555/88, BVerfGE 85, 1, 23 – Bayer-Aktionäre.
[280] BVerfG, Beschl. v. 23.02.2000, Az. 1 BvR 456/95, NJW-RR 2000, 1209, 1211 – Agenturprivileg.
[281] BVerfG, Beschl. v. 09.10.1991, Az. 1 BvR 1555/88, BVerfGE 85, 1, 23 – Bayer-Aktionäre; vgl. BVerfG, Beschl. v. 23.02.2000, Az. 1 BvR 456/95, NJW-RR 2000, 1209, 1211 – Agenturprivileg.
[282] BVerfG, Beschl. v. 10.11.1998, Az. 1 BvR 1531/96, BVerfGE 99, 185, 199 – Scientology; vgl. BVerfG, Beschl. v. 25.10.2005, Az. 1 BvR 1696/98, BVerfGE 114, 339, 355 – Stolpe.
[283] BGH, Urt. v. 08.03.1966, Az. VI ZR 176/64, NJW 1966, 1213, 1214f. – Luxemburger Wort.
[284] BVerfG, Beschl. v. 08.05.2007, Az. 1 BvR 193/05, NJW 2008, 358, 360 – „Bauernfängerei"-Zitat.
[285] Vgl. Hourani v. Thomson u. a. [2017] EWHC 432 (QB) [170ff.].
[286] Vgl. *mutatis mutandis* BVerfG, Beschl. v. 09.10.1991, Az. 1 BvR 1555/88, BVerfGE 85, 1, 22 – Bayer-Aktionäre; BVerfG, Beschl. v. 10.11.1998, Az. 1 BvR 1531/96, BVerfGE 99, 185, 199 – Scientology; Economou v. de Freitas [2016] EWHC 1853 (QB) [249].

tungen einer erweiterten Darlegungslast, die sie dazu verpflichtet, Belegtatsachen für ihre ehrenrührigen Behauptungen anzugeben.[287]

Für Ehrschutzklagen gegen Äußerungen, die zur Rechtsverfolgung oder Rechtsverteidigung in einem Gerichtsverfahren oder dessen Vorbereitung fallen, besteht grundsätzlich kein Rechtsschutzbedürfnis.[288] Ein Gerichtsverfahren „soll nicht durch eine Beschneidung der Äußerungsfreiheit der daran Beteiligten beeinträchtigt werden".[289] Die Parteien sollen „alles vortragen dürfen, was sie zur Wahrung ihrer Rechte für erforderlich halten, auch wenn hierdurch die Ehre eines anderen berührt wird".[290]

Internetveröffentlichungen von Laien stellten sich in der Rechtsprechung bislang als zweischneidiges Schwert dar. Einerseits betonen Gerichte die Bedeutung des Internets für Debatten von Angelegenheiten von öffentlichem Interesse.[291] Andererseits ist mit dem Internet jedem Individuum eine Kommunikationstechnologie an die Hand gegeben, mit dem er ein Massenpublikum erreichen und damit die Persönlichkeitsrechte anderer in schwerwiegenderem Ausmaß verletzen kann als in privaten Gesprächen. Daher wiegt es in der Abwägung gegen den Mitteilenden, wenn er sich für ehrenrührige, unbewiesene oder erwiesen falsche Behauptungen des Internets bedient und damit die negativen Auswirkungen der Äußerung verstärkt.[292] Besonders im Internet werden Äußerungen zudem häufig anonym abgegeben, was ihre Zuordnung erschweren oder gänzlich unmöglich machen kann.[293] Soziale Netzwerke, wie etwa Face-

---

[287] Vgl. BVerfG, Beschl. v. 03.06.1980, Az. 1 BvR 185/77, BVerfGE 54, 148, 158 – Eppler; BVerfG, Beschl. v. 10.11.1998, Az. 1 BvR 1531/96, BVerfGE 99, 185, 198f. – Scientology; Economou v. de Freitas [2016] EWHC 1853 (QB) [249].

[288] Art. 19 Abs. 5 Protokoll (Nr. 3) über die Satzung des Gerichtshofs der Europäischen Union i. V. m. Art. 43 Abs. 1 Verfahrensordnung des EuGH; R v. Skinner [1772] Lofft 55; BGH, Urt. v. 17.12.1991, Az. VI ZR 169/91, NJW 1992, 1314, 1315 – Kassenärztliche Vereinigungen; BGH, Urt. v. 16.11.2004, Az. VI ZR 298/03 – „Bauernfängerei"-Zitat; BGH, Urt. v. 11.12.2007, Az. VI ZR 14/07, NJW 2008, 996 Rn. 13 – „Zecke".

[289] BGH, Urt. v. 17.12.1991, Az. VI ZR 169/91, NJW 1992, 1314, 1315 – Kassenärztliche Vereinigungen; BGH, Urt. v. 16.11.2004, Az. VI ZR 298/03 – „Bauernfängerei"-Zitat.

[290] BGH, Urt. v. 28.02.2012, Az. VI ZR 79/11, NJW 2012, 1659 Rn. 7 – Ehrverletzung im Gerichtsverfahren; BGH, Urt. v. 11.12.2007, Az. VI ZR 14/07, NJW 2008, 996 Rn. 13 – „Zecke". Diese Grundsätze gelten auch für Verfahren vor Verwaltungsbehörden (BGH, Urt. v. 17.12.1991, Az. VI ZR 169/91, NJW 1992, 1314, 1315 – Kassenärztliche Vereinigungen) und für Äußerungen gegenüber Strafverfolgungsbehörden (BGH, Urt. v. 28.02.2012, Az. VI ZR 79/11, NJW 2012, 1659 Rn. 8 – Ehrverletzung im Gerichtsverfahren m. w. N.).

[291] Siehe z. B. EGMR, Yıldırım/Türkei [2012] Beschwerde-Nr. 3111/10 [54].

[292] Siehe z. B. EGMR, Willem/Frankreich [2009] Beschwerde-Nr. 10883/05; Delfi AS/Estland [2015] Beschwerde-Nr. 64569/09 [147].

[293] „Anonymität" meint in diesem Zusammenhang die Tatsache, dass ein Mitteilender nicht unmittelbar erkennbar ist. Dass ein Äußernder nach der Durchführung eines aufwendigen Verfahrens identifiziert werden kann, etwa im Wege einer Klage gegen den Internet-Zugangsanbieter auf Herausgabe der IP-Adresse, ändert nichts an der Anonymität der Äußerung im Sinne dieser Untersuchung. Ferner umfasst das Konzept der Anonymität für die Zwecke der vorliegenden Arbeit auch den Gebrauch von Pseudonymen.

book und Google+, schreiben zwar eine Klarnamenpflicht vor. Diese Vorgaben
werden in der Praxis jedoch häufig ignoriert und verstoßen im Übrigen in vielen
Ländern gegen rechtliche Vorgaben, in Deutschland etwa gegen § 13 Abs. 6
TMG. Zwar ist Anonymität kein Phänomen des Internets allein. Die Geschichte ist reich an anonymen Publikationen, die öffentliche Autoritäten kritisierten
und staatliche Zensur unterliefen. Mit dem Internet haben anonyme Äußerungen jedoch eine historisch beispiellose quantitative Dimension erfahren.

Ein „Recht auf Anonymität" ist in Grund- und Menschenrechtskatalogen
nicht ausdrücklich verbrieft. Daher stellt sich die Frage, ob und aus welchen
anderen Rechten sich ein solches Recht ableiten ließe. Unter den vielfältigen
Gründen für Anonymität stechen zwei maßgeblich hervor. Zum einen publizieren Autoren anonym, um durch die Kraft ihrer Argumente oder die Qualität
der Darstellung zu überzeugen und nicht durch die Autorität ihrer Person. Ein
historisches Beispiel hierfür sind die Federalist Papers, eine Serie von Zeitungsartikeln aus den Jahren 1787/88, welche die Bevölkerung des Staates New York
von dem Entwurf der Verfassung der USA zu überzeugen versuchten. Die Autoren der Artikel waren Alexander Hamilton, James Madison und John Jay, drei
der Gründerväter der USA, doch sie schrieben unter dem Pseudonym „Publi-
us". Beispiele aus der Gegenwart sind etwa das Wochenmagazin „The Econo-
mist", welches die Verfasser seiner Beiträge nicht namentlich nennt, oder die
Harry-Potter-Autorin Joanne K. Rowling, die die Romane ihres fiktionalen
Privatdetektivs Cormoran Strike unter dem Pseudonym „Robert Galbraith"
veröffentlichte.

Der zweite – und für das Kommunikationsdeliktsrecht bedeutsamere –
Grund für anonyme Publikationen ist die Furcht vor nachteiligen oder auch nur
als unangenehm empfundenen Konsequenzen rechtlicher oder sozialer Natur.
Ein historisches Beispiel sind die „Briefe des Junius", eine Reihe von Artikeln,
die von 1769 bis 1772 in einer Londoner Zeitschrift erschienen und die Regierung von König George III. auf satirische Weise scharf kritisierte. Die Briefe
betrafen vor allem den Umgang mit der amerikanischen Rebellion und trugen
zum Sturz der Regierung von Lord North bei. Die Identität des Verfassers dieser Briefe ist bis heute nicht geklärt. Die meisten anonymen Publikationen im
Internet dürften unter diese Kategorie der Anonymität fallen.

Die beiden genannten Kategorien lassen sich nicht immer trennscharf voneinander abgrenzen. Eine anonyme Veröffentlichung kann auch unter beide Kategorien fallen. Gleichwohl lassen sich aus diesen beiden Gründen für Anonymität Schlussfolgerungen für ihren grundrechtlichen Schutz herleiten. Zum einen lässt sich ein „Recht auf Anonymität" mit dem Recht auf informationelle
Privatheit begründen. Dies gilt insbesondere für die erstgenannte Kategorie.
Das Privatheitsargument begründet ein Recht auf Anonymität damit, dass jeder
grundsätzlich das Recht hat, private Informationen geheim zu halten, ein-

schließlich der eigenen Identität.[294] Das zweite Grundrecht, welches die anonyme Veröffentlichung von Beiträgen schützt, ist die Kommunikationsfreiheit.
Die Kommunikationsfreiheit schützt die Anonymität von Äußerungen deswegen, weil der Mitteilende sie ohne den Schutz seiner Anonymität aus Angst vor
rechtlichen oder sozialen Konsequenzen nicht tätigen würde. Die Begründung
hierfür lieferte Richter Black in der Entscheidung des US Supreme Court *Talley
v. California*. Der Fall betraf die Verbreitung von Flugzetteln, welche zum Boy-
kott bestimmter Händler in Los Angeles aufriefen, die angeblich diskrimini-
rende Arbeitsbedingungen boten. Richter Black wies darauf hin, dass es „Zeiten
und Umstände" gebe, in denen Staaten Mitgliedern von Gruppen, welche Ideen
verbreiteten, nicht aufgeben dürfe, sich öffentlich zu identifizieren. Zwang zur
Identifikation und Angst vor Nachteilen könnte von friedlicher Diskussion von
Angelegenheiten öffentlicher Bedeutung abschrecken.[295] Richter Black wies darauf hin, dass anonyme Pamphlete, Flugblätter, Broschüren und Bücher im Lauf
der Geschichte eine wichtige Rolle gespielt haben. Manche verfolgte Gruppe
konnte unterdrückende Praktiken nur anonym oder gar nicht kritisieren.

Richter McStevens fand geradezu feierliche Worte für anonyme Veröffentlichungen. In *McIntyre v. Ohio Elections Commission* schrieb er, dass die Verbreitung anonymer Pamphlete unter der Verfassung der Vereinigten Staaten
keine betrügerische oder schädliche Praxis sei, sondern eine „ehrenwerte Tradition der Fürsprache und des Widerspruchs" (*„an honorable tradition of ad-
vocacy and of dissent"*). Anonymität sei „ein Schild gegen die Tyrannei der
Mehrheit". Sie reflektiere daher den Zweck des Ersten Zusatzartikels, nämlich
Individuen vor Vergeltung für ihre unpopuläre Meinung durch eine intolerante
Gesellschaft zu schützen. Zwar erkannte Richter Stevens auch, dass das „Recht
auf Anonymität" dem Missbrauch zugänglich sei, indem es etwa betrügerische
Handlungen schütze. Dies sei allerdings in Kauf zu nehmen, da die amerikanische Gesellschaft dem Wert der freien Rede einen größeren Wert beimesse als
den Gefahren ihres Missbrauchs.[296]

Sowohl Richter Black als auch Richter Stevens deuteten jedoch an, dass anonyme Beiträge auch Grund zur Besorgnis liefern. Der Oberste Gerichtshof er-

[294] Vgl. UN-Menschenrechtsrat, Report of the Special Rapporteur on the promotion and
protection of the right to freedom of opinion and expression, David Kaye, 22. Mai 2015, A/
HRC/29/32, Rn. 16 ff.; *Branscomb*, Yale Law Journal 104 (1995), 1639, 1644; *Hughes*, Journal
of Media Law 2 (2010), 169; *Dreier*, in: Dreier (Hrsg.), GG, Band I, 3. Aufl. 2013, Art. 2 I
Rn. 71; *Williams*, Penn State Law Review 110 (2006), 687, 688 f.
[295] US Supreme Court, Talley v. California 362 U.S. 60 (1960); vgl. *Anonymer Autor*, Yale
Law Journal 70 (1961), 1084, 1105; Buckley, Secretary of State of Colorado v. American Constitutional Law Foundation Inc., 525 U.S. 182 (1999); Watchtower Society v. Village of Strat-
ton, 536 U.S. 150 (2002); Totalise plc v. Motley Fool Ltd. and Interactive Investor Ltd. [2001]
EWCA Civ 1897 [25]; Human Rights Council, Report of the Special Rapporteur on the promotion and protection of the right to freedom of opinion and expression, David Kaye, 22. Mai
2015, A/HRC/29/32, Rn. 22 ff.
[296] McIntyre v. Ohio Elections Commission, 514 U.S. 334, 357 (1995).

kannte daher auch an, dass es ein legitimes Interesse an der Identifikation eines anonymen Sprechers geben könne, etwa in Fällen der Beeinträchtigung der Reputation oder der Privatheit.[297] In ihrem Sondervotum zu *McIntyre* stellte Richterin Ginsburg prägnant fest: „Für ein Kalb zu sein heißt nicht immer, für eine Kuh zu sein."[298] Dass der Supreme Court für die anonyme Verbreitung politischer und religiöser Flugblätter grundsätzlich verfassungsrechtlichen Schutz gewähre, bedeute nicht, dass der Gerichtshof in jedem Fall Anonymität schütze. Vielmehr könne es auch Umstände geben, in denen der Staat berechtigterweise verlangen könne, die Identität offenzulegen.[299] In seiner abweichenden Meinung zu derselben Entscheidung vertrat auch Richter Scalia die Auffassung, dass es Gesetze geben dürfe, die eine Offenlegung der Identität verlangen, ohne das Recht derer zu zerstören, die im Einzelfall Anonymität benötigen.[300] Auch aus Richter Blacks Worten in *McIntyre v. Ohio Elections Commission* geht hervor, dass der Supreme Court die Anonymität von Beiträgen nicht absolut schützt. Es gebe lediglich „Zeiten und Umstände (*„times and circumstances"*), in denen die Redefreiheit solchen Schutz fordere.

Ein absolutes „Recht auf Anonymität" ist daher abzulehnen.[301] Stattdessen wird hier vorgeschlagen, folgende drei Faktoren in einer Gesamtabwägung zu berücksichtigen, wenn anonyme Veröffentlichungen die Ehre anderer beeinträchtigen:

1. Die Tatsache, dass die Äußerung anonym veröffentlicht wurde,
2. in welchem Ausmaß der Mitteilende Nachteile für seine Äußerung zu befürchten hatte, und
3. ob die Nachteile unverhältnismäßig gewesen wären.

In Fällen der Anonymität ist es dem Ehrträger zumeist nur schwerlich oder auch gar nicht möglich, die Identität des Äußernden festzustellen. Wer sich hinter Anonymität verbirgt, der verweigert eine offene Auseinandersetzung. Anonymität ist somit ein Faktor, der zunächst gegen den Äußernden wiegt. Insbesondere ist Anonymität mit den Pflichten und der Verantwortung der journalistischen Medien unvereinbar. Zu den Pflichten der journalistischen Medien gehört Transparenz, die es dem Betroffenen ermöglichen soll, eine Gegendarstellung zu erwirken oder einen Schadensersatzanspruch durchzusetzen. Diese wird durch presserechtliche Impressumspflichten und auch durch allgemeine

---

[297] Talley v. California, 362 U.S. 60, 71 (1960); McIntyre v. Ohio Elections Commission 514 U.S. 334, 372 (1995) (abw. Meinung Richter Scalia).

[298] McIntyre v. Ohio Elections Commission, 514 U.S. 334, 358 (1995) (zust. Meinung Richterin Ginsburg): „in for a calf is not always in for a cow."

[299] McIntyre v. Ohio Elections Commission, 514 U.S. 334, 358 (1995) (zust. Meinung Richterin Ginsburg).

[300] McIntyre v. Ohio Elections Commission, 514 U.S. 334, 380 (1995) (abw. Meinung Richter Scalia).

[301] So bereits *Branscomb*, Yale Law Journal 104 (1995), 1639; *Wilkat*, Bewertungsportale im Internet, 2013, S. 97 ff.

Informationspflichten, auch auf transnationaler Ebene, gewährleistet.[302] Wer hingegen im Internet publiziert ohne sich oder die hinter ihm stehende Medienorganisation publik zu machen, kann sich grundsätzlich nicht auf die Privilegien der journalistischen Medien berufen. Umgekehrt gilt, dass in der Abwägung zugunsten des Äußernden zu berücksichtigen ist, wenn dieser nicht anonym, sondern unter Verwendung seines Klarnamens auftritt. So wertete der EGMR in der Entscheidung *Fatullayev gegen Aserbaidschan* zugunsten des Beschwerdeführers, dass dieser sich bei seiner Äußerung in einem Internetforum nicht hinter einem Pseudonym versteckte, sondern seine Identität zu erkennen gab.[303]

Hat der Äußernde jedoch rechtliche, politische oder sonstige Nachteile zu befürchten, wenn seine Identität bekannt wird, so darf ihm seine Entscheidung, anonym zu bleiben, grundsätzlich nicht zum Nachteil gereichen. Nach der Theorie vom „Marktplatz der Meinungen" soll sich jeder an einer öffentlichen Debatte beteiligen können. Werden bestimmte Äußerungen entweder anonym oder gar nicht getätigt, so ist ein anonymer Beitrag einem unterlassenen Beitrag vorzuziehen. Dies gilt umso mehr, da Nachteile gerade in den Fällen entstehen, in denen jemand zu einer kontroversen Angelegenheit, etwa religiöser oder politischer Natur, Stellung nimmt.

Die Furcht vor Nachteilen ist an sich jedoch nicht ausreichend, um Anonymität zu schützen. Die Kommunikationsfreiheit umfasst zwar das Recht, sich zu äußern, allerdings kein Recht darauf, dass diese Äußerung folgenlos bleibt. Die befürchteten Nachteile müssen vielmehr unverhältnismäßig sein. Unverhältnismäßige Benachteiligungen sind beispielsweise unberechtigte Sanktionen eines Arbeitgebers gegenüber einem Arbeitnehmer dafür, dass dieser Informationen über Missstände im Unternehmen veröffentlicht hat[304] oder willkürliche Strafverfolgung in diktatorischen Regimen. Ein unverhältnismäßiger Nachteil bestünde aber auch darin, wenn die Äußerung sensible Informationen über den Äußernden enthält, die er nur anonym oder gar nicht kundgeben würde. Daher ist die Möglichkeit, bei Ärztebewertungsportalen Bewertungen auch anonym abgeben zu können, grundsätzlich nicht zu beanstanden.[305] Ehrverletzende Äußerungen, die hingegen lediglich aus Angst vor einer berechtigten Diffamierungsklage anonym getätigt worden sind, verdienen hingegen keinen Schutz. Die Kommunikationsfreiheit schützt Mut, nicht Feigheit.

Vor diesem Hintergrund ist die Rechtsprechung des BGH zu Anonymität im Internet nicht zu begrüßen. Der BGH vertritt die Auffassung, dass die Verpflichtung, sich mit seinem Namen zu einer Äußerung zu bekennen, „die Ge-

---

302 Siehe z.B. Art. 5 AVMD-Richtlinie; Art. 6 e-commerce-Richtlinie; § 5 HPresseG.
303 EGMR, Fatullayev/Aserbaidschan [2010] Beschwerde-Nr. 40984/07 [95].
304 Siehe z.B. EGMR, Heinisch/Deutschland [2011] Beschwerde-Nr. 28274/08.
305 BGH, Urt. v. 23.09.2014, Az. VI ZR 358/13, NJW 2015, 489 Rn. 41 – Ärztebewertung II.

fahr begründe[t], dass der Einzelne aus Furcht vor Repressionen oder sonstigen negativen Auswirkungen sich dahingehend entscheidet, seine Meinung nicht zu äußern." Dieser „Gefahr der Selbstzensur" wolle die Meinungsfreiheit entgegenwirken.[306] Hiermit widerspricht der BGH seiner früheren Rechtsprechung, wonach die „anonyme Kampfesweise in aller Regel nicht als rechtlich erlaubtes Mittel zu dem erstrebten Zweck anerkannt werden" könne.[307] Ausgangspunkt der Rechtsprechung des BGH ist jedoch die empirisch fehlerhafte Annahme, die anonyme Nutzung sei dem Internet „immanent".[308] Dies ist keineswegs der Fall. Zwar trifft es zu, dass das TCP/IP keine Identifikation des Urhebers eines Datenpakets erfordert. Es schließt eine solche Identifikation oder eine Lokalisierung der IP-Adresse aber auch nicht aus. Der BGH trennt somit nicht sorgfältig zwischen der Architektur des Internets und dem Recht, das diese Architektur reguliert. Aus der (vermeintlich) faktischen Architektur des Internets einen rechtlichen Sollenssatz zu schließen – die anonyme Nutzung sei dem Internet immanent und *daher* sei Anonymität im Internet auch zu schützen – stellt zudem einen naturalistischen Fehlschluss dar. Nicht zu überzeugen vermag schließlich die Argumentation des BGH, eine Beschränkung der Meinungsfreiheit auf Äußerungen, die einer bestimmten Person zugeordnet werden können, sei mit Art. 5 Abs. 1 Satz 1 GG nicht vereinbar. Dies verkennt, dass die „negativen Auswirkungen" einer Publikation im Internet durchaus berechtigt sein können. Ganz besonders gilt dies für anonyme Verleumdungen und Beleidigungen. Anonymität im Internet läuft dem Gebot der Waffengleichheit zuwider, denn der Angegriffene weiß nicht einmal, gegen wen er sich wehren soll.[309] Zudem liegt nahe, dass der schützende Mantel der Anonymität, gepaart mit der vertrauten (zumeist häuslichen) Umgebung, von der aus Kommentare im Internet versendet werden, die Hemmschwelle für beleidigende Kommentare senkt.[310]

Bedenken bestehen daher auch gegen Vorschriften, welche die Möglichkeit der anonymen Nutzung von Telemedien vorschreiben, wie etwa § 13 Abs. 6 TMG. Danach hat der Diensteanbieter die Nutzung von Telemedien und ihre Bezahlung anonym oder unter Pseudonym zu ermöglichen, soweit dies technisch möglich und zumutbar ist. Hierdurch bringt der Gesetzgeber die Wertentscheidung zum Ausdruck, die sich auch in der Rechtsprechung des BGH

---

[306] BGH, Urt. v. 23.06.2009, Az. VI ZR 196/08, BGHZ 181, 328 Rn. 38 – spickmich.de.

[307] BGH, Urt. v. 08.03.1966, Az. VI ZR 176/64, NJW 1966, 1213, 1215 – Luxemburger Wort.

[308] BGH, Urt. v. 23.06.2009, Az. VI ZR 196/08, BGHZ 181, 328 Rn. 38 – spickmich.de; BGH, Urt. v. 23.09.2014, Az. VI ZR 358/13, NJW 2015, 489 Rn. 41 – Ärztebewertung II.

[309] So bereits BGH, Urt. v. 08.03.1966, Az. VI ZR 176/64, NJW 1966, 1213, 1215 – Luxemburger Wort: „Der Kampf aus dem Hinterhalt machte dem Kläger eine wirksame Gegenwehr unmöglich."

[310] Vgl. *Williams*, Penn State Law Review 110 (2006), 687, 693 ff. m. w. N. aus der Sozialpsychologie.

wiederfindet: Dem Wunsch nach Anonymität ist in jedem Fall, auch gegen die wirtschaftliche Entscheidung des Diensteanbieters, zu entsprechen. Die Entscheidung für oder gegen einen Klarnamenzwang sollte jedoch dem Anbieter selbst und somit den Gesetzmäßigkeiten der Marktwirtschaft überlassen werden. Gerade bei „gefahrgeneigten Diensten" wie etwa Bewertungsportalen im Internet ist die Entscheidung des Gesetzgebers, Anonymität schützen zu wollen, rechtspolitisch fragwürdig. Geradezu widersinnig erscheint dies vor dem Hintergrund, dass bei derartigen „gefahrgeneigten Diensten" eine Prüfungspflicht des Forenbetreibers bestehen kann (dazu Kapitel 6).[311]

6. Meinungsäußerungen

Die Kommunikationsfreiheit umfasst auch das Recht, eine Meinung zu äußern. Selbst ehrenrührige Meinungsäußerungen sind dann von der Kommunikationsfreiheit geschützt, wenn sie die Grenzen zulässiger Kritik nicht überschreiten. Die Grenzen zulässiger Meinungsäußerungen variieren zwischen den Jurisdiktionen. Gleichwohl offenbart ein Rechtsvergleich, wiederum unter besonderer Berücksichtigung der Rechtsprechung des EGMR, transnationale Tendenzen. Neben den allgemeinen Faktoren (dazu oben Abschnitte 1. bis 3.) sind folgende besondere Faktoren zu berücksichtigen, um den Schutz der persönlichen Ehre und das Recht auf freie Meinungsäußerung abzuwägen:
1. Die Tatsachengrundlage der Meinungsäußerung;
2. das Verhältnis des Mittels der Meinungsäußerung zu ihrem Zweck;
3. inwieweit eine Formalbeleidigung vorliegt.

a) Die Tatsachengrundlage

Ehrenrührige Werturteile benötigen zunächst eine hinreichende sachliche Grundlage.[312] Vermengen sich wertende und tatsächliche Elemente, ist bei der Abwägung der widerstreitenden Interessen zu berücksichtigen, ob die tatsächlichen Elemente der Wahrheit entsprechen oder nicht. Für die mit einer Meinungsäußerung verbundenen oder darin implizierten Tatsachenbehauptung gelten zunächst die oben unter 4. und 5. dargestellten Grundsätze: Fehlt es gänzlich an einer Tatsachengrundlage oder ist die behauptete Tatsachengrundlage der Meinungsäußerung bewusst unwahr, so tritt die Kommunikationsfrei-

---

[311] Kritisch auch *Lauber-Rönsberg*, MMR 2014, 10, 13.
[312] EGMR, De Haes und Gijsels/Belgien [1997] Beschwerde-Nr. 19983/92 [47]; Unabhängige Initiative Informationsvielfalt/Österreich [2002] Beschwerde-Nr. 28525/95 [47]; Jerusalem/Österreich [2001] Beschwerde-Nr. 26958/95 [43]; Lindon, Otchakovsky-Laurens und July/Frankreich [2007] Beschwerde-Nr. 21279/02 und 36448/02 [55]; vgl. BGH, Urt. v. 31.03.2016, Az. I ZR 160/14, NJW 2016, 3373 Rn. 38 – „Berliner Sumpf"; BGH, Urt. v. 01.03.2016, Az. VI ZR 34/15, NJW 2016, 2106 Rn. 24 – Ärztebewertung III.

heit hinter den Ehrschutz zurück.[313] Beruht die Meinungsäußerung auf einer
weder bewiesen wahren noch erwiesen unwahren Tatsachengrundlage, so hängt
das Ergebnis der Abwägung wesentlich von der Erfüllung der Sorgfaltspflichten ab. Ist eine ehrenrührige Meinungsäußerung mit einer Tatsachenbehauptung verbunden, die sich als unwahr herausstellt und nicht gerechtfertigt ist, so
überwiegt der Ehrschutz.[314] Ist die zugrundeliegende Tatsachenbehauptung
hingegen wahr, so überwiegt – vorbehaltlich einer angemessenen Zweck-Mittel-Relation (dazu b) und c)) – regelmäßig die Kommunikationsfreiheit.[315] Selbst
wenn die Tatsachengrundlage an sich korrekt ist, so darf die Äußerung allerdings keine versteckten Andeutungen (engl. *innuendo*) enthalten, die von dieser
Tatsachengrundlage nicht mehr gedeckt sind.[316]

Keine transnationalen Harmonisierungstendenzen lassen sich hinsichtlich
der Frage identifizieren, ob die Zulässigkeit einer ehrenrührigen Meinungsäußerung voraussetzt, dass dem Empfänger die Tatsachen *mitgeteilt* werden, die
ihm selbst eine Beurteilung der Meinungsäußerung ermöglichen. Jedenfalls für
den „politischen Meinungskampf" sieht die deutsche Rechtsprechung eine
„überhöhte Anforderung an die Zulässigkeit öffentlicher Kritik" darin, dass die
Zulässigkeit ehrverletzender Meinungsäußerungen „ohne Rücksicht auf die
dargelegten Umstände schlechthin" an die Voraussetzung geknüpft wird, die
der Meinungsäußerung zugrundeliegenden Tatsachen mitzuteilen.[317] Die Gerichte ziehen hierfür das Argument von der persönlichen Autonomie heran: Die
Meinungsfreiheit wolle nicht nur der Ermittlung der Wahrheit dienen, sondern

---

[313] Vgl. EGMR, Novaya Gazeta und Borodyanskiy/Russland [2013] Beschwerde-
Nr. 14087/08 [43]; Ärztekammer für Wien und Dorner/Österreich [2016] Beschwerde-
Nr. 8895/10 [69].

[314] Vgl. EGMR, Barfod/Dänemark [1989] Beschwerde-Nr. 11508/85 [35]; Pedersen und
Baadsgaard/Dänemark [2004] Beschwerde-Nr. 49017/99 [76], st. Rspr.; bestätigt z.B. in Hasan Yazıcı/Türkei [2014] Beschwerde-Nr. 40877/07 [51] und Jalbă/Rumänien [2014] Beschwerde-Nr. 43912/10 [31]. Aus Deutschland BVerfG, Beschl. v. 13.02.1996, Az. 1 BvR
262/91, BVerfGE 94, 1, 8 – DGHS; BVerfG, Beschl. v. 11.11.1992, Az. 1 BvR 693/92, NJW
1993, 1845, 1846 – Kreiskrankenhaus; BVerfG, Beschl. v. 09.10.1991, Az. 1 BvR 1555/88,
BVerfGE 85, 1, 20 – Bayer-Aktionäre; BGH, Urt. v. 16.12.2014, Az. VI ZR 39/14, NJW 2015,
773 Rn. 21 – „Scharlatanerieprodukt"; BGH, Urt. v. 01.03.2016, Az. VI ZR 34/15, NJW 2016,
2106 Rn. 36 – Ärztebewertung III; US Supreme Court, Milkovich v. Lorain Journal Co., 497
U.S. 1, 20 (1990).

[315] Vgl. EGMR, Oberschlick/Österreich (Nr. 1) [1991] Beschwerde-Nr. 11662/85 [63].

[316] Vgl. EGMR, Vides Aizsardzības Klubs/Lettland [2004] Beschwerde-Nr. 57829/00 [45];
Růžový panter, o.s./Tschechische Republik [2012] Beschwerde-Nr. 20240/08 [32]; McEvoy v.
Michael [2014] EWHC 701 (QB) [51]; Begg v. BBC [2016] EWHC 2688 (QB) [53]; BGH, Urt.
v. 08.07.1980, Az. VI ZR 159/78, BGHZ 78, 9, 15 – „Medizin-Syndikat" III; BGH, Urt. v.
26.10.1999, Az. VI ZR 322/98, NJW 2000, 656, 657 – Vergabepraxis; BVerfG, Beschl. v.
19.12.2007, Az. 1 BvR 967/05, NJW 2008, 1654 Rn. 30 – Schiffskoffer.

[317] BVerfG, Beschl. v. 11.05.1976, Az. 1 BvR 163/72, NJW 1976, 1680, 1681 – Echternach;
vgl. BGH, Urt. v. 18.06.1974, Az. VI ZR 16/73, NJW 1974, 1762, 1763 – Deutschland-Stiftung;
BGH, Urt. v. 20.05.1986, Az. VI ZR 242/85, NJW 1987, 1398, 1399 – „Kampfanzug unter der
Robe".

auch gewährleisten, dass „jeder frei sagen kann, was er denkt, auch wenn er keine nachprüfbaren Gründe für sein Urteil angibt oder angeben kann."[318]

Diese Schlussfolgerung ist allerdings nur insoweit überzeugend, wie das Argument von der persönlichen Autonomie überhaupt Anwendung finden kann. Wie in Kapitel 2 Abschnitt VII. dargestellt, trifft dies nicht auf journalistische Medien zu, die neben Politikern die Hauptakteure im „politischen Meinungskampf" sein dürften. Das Recht, auch einmal „Dampf abzulassen", sollte auf private Individuen beschränkt bleiben und nicht auf journalistische Medien angewandt werden. Folgerichtig schreibt Section 3 Abs. 3 Defamation Act 2013 vor, dass eine Meinungsäußerung einen allgemeinen oder spezifischen Hinweis auf ihre faktische Grundlage enthalten muss.[319] Dies kodifiziert eine langjährige, ihrerseits nicht unumstrittene Rechtsprechungsgenese englischer Gerichte. In der letzten grundlegenden Entscheidung zum *„honest comment"* vor dem Defamation Act 2013, *Spiller v. Joseph*, entschied der Oberste Gerichtshof des Vereinigten Königreichs: „Die Ungerechtigkeit, die eine ungerechtfertigte diffamierende Meinungsäußerung gegenüber dem Ansehen des Klägers verursacht, wird abgemildert, wenn der Leser die Grundlage der Meinungsäußerung sehen und somit feststellen kann, dass sie nicht gerechtfertigt ist."[320]

b) Die Mittel-Zweck-Relation

Ein transnationaler, in allen Rechtsordnungen identifizierbarer Topos bei der Abwägung zwischen Meinungsäußerungsfreiheit einerseits und Ehrschutz andererseits ist die Verknüpfung von Mittel und Zweck, Anlass und Reaktion.[321] Hier operiert das BVerfG wiederum mit einem Binärsystem, das für eine sachgerechte Bewältigung des Einzelfalls oftmals mehr hinderlich als nützlich ist. Nach dem BVerfG finden Meinungsäußerungen ihre Grenzen u. a. in der „Schmähkritik". Eine Schmähkritik ist dann gegeben, wenn es dem Mitteilenden nicht um die Sache, sondern um eine vorsätzliche persönliche Kränkung des Betroffenen geht, um diesen herabzusetzen.[322] Schmähkritik ist durch Formu-

---

[318] BVerfG, Beschl. v. 11.05.1976, Az. 1 BvR 163/72, NJW 1976, 1680, 1681 – Echternach; BGH, Urt. v. 20.05.1986, Az. VI ZR 242/85, NJW 1987, 1398, 1399 – „Kampfanzug unter der Robe".
[319] Dazu etwa Butt v. Secretary of State for the Home Department [2017] EWHC 2619 (QB) [39].
[320] Spiller v. Joseph [2010] UKSC 53 [41]: „The injustice that an unjustified defamatory comment can cause to the plaintiff's reputation will be mitigated if the reader can see the basis of the comment and thus be in a position to appreciate that it is not justified."
[321] Z. B. Campbell v. Spottiswoode [1863] 3 B & S 769; BVerfG, Beschl. v. 13.05.1980, Az. 1 BvR 103/77, BVerfGE 54, 129, 138 – Kunstkritik; EGMR, Lingens/Österreich [1986] Beschwerde-Nr. 9815/82 [43].
[322] BVerfG, Beschl. v. 10.10.1995, Az. 1 BvR 1476/91, 1 BvR 1980/91, 1 BvR 102/92, 1 BvR 221/92, NJW 1995, 3303, 3310 – „Soldaten sind Mörder"; BGH, Urt. v. 20.01.1959, Az. 1 StR 518/58, BGHSt 12, 287, 295 – Badenerland (insoweit nicht abgedruckt); BGH, Urt. v. 07.12.1976, Az. VI ZR 272/75, NJW 1977, 626, 627 – Aktion Soziale Marktwirtschaft; BGH,

lierungen geprägt, die der Äußernde nicht deswegen einsetzt, um dem eigenen Standpunkt Nachdruck zu verleihen, sondern um den Gegner in einer Weise zu diffamieren, die auch aus seiner eigenen Sicht keine vertretbare Grundlage mehr hat.[323] In diesem Fall sei der Schutzbereich der Meinungsfreiheit nicht eröffnet und eine Abwägung zwischen der Kommunikationsfreiheit und dem Schutz der persönlichen Ehre wird entbehrlich.[324] Da eine „Schmähkritik" einer Abwägung nicht zugänglich ist, verletzt eine fehlerhafte Einordnung einer Äußerung als Schmähkritik die Kommunikationsfreiheit.[325] Zahlreiche Verfassungsbeschwerden gegen Ehrverletzungsurteile sind deswegen erfolgreich, weil die Instanzgerichte eine Äußerung unzutreffend als Schmähkritik einstufen und deswegen von einer Abwägung mit widerstreitenden Rechten absehen.[326] Funktionell äquivalent zur Schmähkritik ist das EGMR-Konzept des „überflüssigen persönlichen Angriffs" (*gratuitous personal attack*) bzw. der Beleidigung (*insult*.) Diese sind dann gegeben, wenn einziger Zweck der Äußerung ist, den Betroffenen zu beleidigen, zu stigmatisieren oder zum Hass aufzustacheln und nicht mehr, im Rahmen zulässiger Provokation, Übertreibung oder Sarkasmus zu einer Debatte von öffentlichem Interesse beizutragen.[327] In diesem Fall ist

---

Urt. v. 20.05.1986, Az. VI ZR 242/85, NJW 1987, 1398, 1399 – „Kampfanzug unter der Robe"; BVerfG, Beschl. v. 26.06.1990, Az. 1 BvR 1165/89, BVerfGE 82, 272, 284 – „Zwangsdemokrat"; BGH, Urt. v. 05.12.2006, Az. VI ZR 45/05 – „Terroristentochter"; BGH, Urt. v. 11.12.2007, Az. VI ZR 14/07, NJW 2008, 996 Rn. 22 – „Zecke"; BGH, Urt. v. 07.12.1999, Az. VI ZR 51/99, BGHZ 143, 199, 209 – „Schleimerschmarotzerpack"; BGH, Urt. v. 16.11.2004, Az. VI ZR 298/03 – „Bauernfängerei"-Zitat; BGH, Urt. v. 11.03.2008, Az. VI ZR 189/06, NJW-RR 2008, 913 Rn. 15 – „Namenloser Gutachter"; BVerfG, Beschl. v. 29.06.2016, Az. 1 BvR 2646/15, AfP 2016, 431 Rn. 17 – „Durchgeknallte Staatsanwältin".

[323] BGH, Urt. v. 18.06.1974, Az. VI ZR 16/73, NJW 1974, 1762, 1763 – Deutschland-Stiftung; BGH, Urt. v. 07.12.1976, Az. VI ZR 272/75, NJW 1977, 626, 627 – Aktion Soziale Marktwirtschaft; BGH, Urt. v. 05.05.1981, Az. VI ZR 184/79, NJW 1981, 2117, 2119 – Sachverständiger.

[324] Siehe z.B. BVerfG, Beschl. v. 10.10.1995, Az. 1 BvR 1476/91, 1 BvR 1980/91, 1 BvR 102/92, 1 BvR 221/92, NJW 1995, 3303, 3304 – „Soldaten sind Mörder"; BGH, Urt. v. 07.12.1976, Az. VI ZR 272/75, NJW 1977, 626, 627 – Aktion Soziale Marktwirtschaft; BGH, Urt. v. 07.12.1999, Az. VI ZR 51/99, BGHZ 143, 199, 209 – „Schleimerschmarotzerpack"; BGH, Urt. v. 23.06.2009, Az. VI ZR 196/08, BGHZ 181, 328 Rn. 34 – spickmich.de.

[325] Vgl. BVerfG, Beschl. v. 20.04.1982, Az. 1 BvR 426/80, BVerfGE 60, 234, 241 f. – „Kredithaie"; BVerfG, Beschl. v. 22.06.1982, Az. 1 BvR 1376/79, BVerfGE 61, 1, 12 – „CSU: NPD Europas"; BVerfG, Beschl. v. 26.06.1990, Az. 1 BvR 1165/89, BVerfGE 82, 272, 281 – „Zwangsdemokrat"; BVerfG, Beschl. v. 09.10.1991, Az. 1 BvR 1555/88, BVerfGE 85, 1, 14 – Bayer-Aktionäre.

[326] Siehe etwa BVerfG, Beschl. v. 02.07.2013, Az. 1 BvR 1751/12 – „Winkeladvokatur"; BVerfG, Beschl. v. 24.07.2013, Az. 1 BvR 444/13, AfP 2013, 389 Rn. 20 f. – „Denkzettel"; BVerfG, Beschl. v. 28.07.2014, Az. 1 BvR 482/13, ZUM 2014, 965 Rn. 11 – Richterschelte; BVerfG, Beschl. v. 29.06.2016, Az. 1 BvR 2646/15, AfP 2016, 431 Rn. 19 – „Durchgeknallte Staatsanwältin"; BVerfG, Beschl. v. 08.02.2017, Az. 1 BvR 2973/14, K&R 2017, 327 Rn. 17 – „Obergauleiter".

[327] Grundlegend EGMR, Oberschlick/Österreich (Nr. 2) [1997] Beschwerde-Nr. 20834/92 [33]; siehe z.B. Skałka/Polen [2003] Beschwerde-Nr. 43425/98 [34]; Lindon, Otchakovsky-Laurens und July/Frankreich [2007] Beschwerde-Nr. 21279/02 und 36448/02 [57]; Palomo

ein Eingriff in die Kommunikationsfreiheit regelmäßig nach Art. 10 Abs. 2 EMRK gerechtfertigt.[328]

Sachgerechter – und transnational anschlussfähiger – sollte stattdessen wiederum von einer Stufenontologie bzw. „imaginären Skala" ausgegangen werden. Danach gilt: Je mehr eine Äußerung einen Angriff gegen die Person anstelle eines Diskussionsbeitrags in der Sache darstellt, desto näher ist sie den Grenzen, die der Ehrschutz der zulässigen Meinungskundgabe – in englischer Diktion *fair comment* bzw. *honest opinion* – setzt.[329] Umgekehrt gilt: Je mehr eine Äußerung zu einer Diskussion in der Sache beiträgt und je weniger sie gegen die Person gerichtet ist, desto mehr spricht eine Vermutung für die Freiheit der Rede.[330] „Schmähkritik", *insult* und *gratuitous personal attack* können innerhalb dieses Koordinatensystems durchaus als Außenpunkt der Achse „Beitrag in der Sache/Angriff gegen die Person" verstanden werden; die Rechtsfiguren sollten aber ihres starren, holzschnittartigen und in der Praxis kaum handhabbaren Charakters entledigt werden. An ihre Stelle sollte stets eine Abwägung zwischen den betroffenen Rechtsgütern treten, die auch, gleichsam auf der anderen Achse, den Grad des öffentlichen Interesses an der Angelegenheit bemisst, zu der die Meinungsäußerung beiträgt. Die beiden Abwägungsfaktoren sind zueinander komplementär: Trägt die Äußerung zu einer Angelegenheit von großem öffentlichen Interesse bei, so sind Angriffe gegen die Person in weiterem Maße zulässig, als wenn es sich um eine reine Privatfehde handelt.[331] Umgekehrt gilt, dass die Wirkungssteigerung eines *ad hominem* geführten Angriffs nur in dem Ausmaß gerechtfertigt ist, in dem ein vertretbares Verhältnis zwi-

Sánchez u.a./Spanien [2011] Beschwerde-Nr. 28955/06, 28957/06, 28959/06 und 28964/06 [67]; Tuşalp/Türkei [2012] Beschwerde-Nr. 32131/08 und 41617/08 [48]; Mustafa Erdoğan u.a./Türkei [2014] Beschwerde-Nr. 346/04 und 39779/04 [44]; Genner/Österreich [2016] Beschwerde-Nr. 55495/08 [36]; Lykin/Ukraine [2017] Beschwerde-Nr. 19382/08 [29]; OOO Izdatelskiy Tsentr Kvartirnyy Ryad/Russland [2017] Beschwerde-Nr. 39748/05 [43]; Karzhev/Bulgarien [2017] Beschwerde-Nr.60607/08 [35].
[328] EGMR, Mustafa Erdoğan u.a./Türkei [2014] Beschwerde-Nr. 346/04 und 39779/04 [44].
[329] Vgl. EGMR, Janowski/Polen (Nr. 1) [1999] Beschwerde-Nr. 25716/94 [34]; Genner/Österreich [2016] Beschwerde-Nr. 55495/08 [46]; *Schmitt Glaeser*, NJW 1996, 873, 879; *Sendler*, ZRP 1994, 343; *Ossenbühl*, JZ 1995, 633, 639ff.; *Grimm*, in: McCrudden (Hrsg.), Understanding Human Dignity, 2013, 381, 390.
[330] Vgl. EGMR, Chemodurov/Russland [2007] Beschwerde-Nr. 72683/01 [27]; Filipović/Serbien [2007] Beschwerde-Nr. 27935/05 [58]; Lepojić/Serbien [2007] Beschwerde-Nr. 13909/05 [77]; Kubaszewski/Polen [2010] Beschwerde-Nr. 571/04 [44]; Caragea/Rumänien [2015] Beschwerde-Nr. 51/06 [36].
[331] Vgl. BVerfG, Beschl. v. 10.10.1995, Az. 1 BvR 1476/91, 1 BvR 1980/91, 1 BvR 102/92, 1 BvR 221/92, NJW 1995, 3303, 3304 – „Soldaten sind Mörder"; BVerfG, Beschl. v. 02.07.2013, Az. 1 BvR 1751/12, NJW 2013, 3012 Rn. 15 – „Winkeladvokatur"; BGH, Urt. v. 16.12.2014, Az. VI ZR 39/14, NJW 2015, 773 Rn. 18 – „Scharlatanerieprodukt"; BVerfG, Beschl. v. 29.06.2016, Az. 1 BvR 2646/15, AfP 2016, 431 Rn. 17 – „Durchgeknallte Staatsanwältin".

schen dem Anliegen des Mitteilenden und den Auswirkungen auf den Betroffenen besteht.[332]

Für diese Abwägung von besonderer Bedeutung sind Form und Mittel der Äußerung. Es ist grundsätzlich zulässig, durch einprägsame, starke Formulierungen Aufmerksamkeit zu erregen.[333] Dies schließt auch Angriffe „hämisch-ironischer oder schimpfend-polternder Art"[334] ein. Der Äußernde ist nicht verpflichtet, seine Meinungsäußerung in die mildeste Fassung zu gießen.[335] Der Schutzbereich der Kommunikationsfreiheit umfasst auch Übertreibungen, Provokationen, Kraftausdrücke, Polemik, vulgäre Sprache und Satire (siehe Kapitel 2 Abschnitte VI. und VIII.). Die Bewertung der Meinungsäußerung, einschließlich ihrer Form, unterliegt grundsätzlich ihren Empfängern, nicht den Gerichten. Im öffentlichen Diskurs disqualifiziert sich derjenige von selbst, der sich polemischer statt sachlicher Argumente bedient. Es ist nicht die Aufgabe der Gerichte, den „guten Geschmack" oder die Wahrung allgemeiner Höflichkeitsformen zu bewerten.[336] Es ist auch nicht danach zu fragen, ob die Meinungsäußerung aus einer vermeintlich objektiven Sicht dem Kritisierten gerecht wird, notwendig oder nützlich ist, um den Standpunkt des Kritikers zu verdeutlichen.[337] Auch wenn sich mit Äußerungen übersteigerte Polemik verbindet, ist daher zu prüfen, ob es dem Äußernden in erster Linie um die Herabsetzung des Klägers oder um eine öffentliche geistige Auseinandersetzung geht.[338]

Bei der Abwägung zwischen Kommunikationsfreiheit und Ehrschutz sind stets die Umstände des Einzelfalls zu beachten. Im Zusammenhang mit einer „lebhaften politischen Debatte" genießen Äußernde eine größere Freiheit zur Kritik selbst dann, wenn die Behauptung einer eindeutigen Tatsachenbasis entbehrt.[339] Dies gilt beispielsweise für Pressekonferenzen[340] und Live-Talk-

---

[332] Vgl. EGMR, Sipoş/Rumänien [2011] Beschwerde-Nr. 26125/04 [36]; OOO Ivpress u.a./Russland [2013] Beschwerde-Nr. 33501/04, 38608/04, 35258/05 und 35618/05 [77]; BVerfG, Urt. v. 15.01.1958, Az. 1 BvR 400/51, BVerfGE 7, 198, 215 – Lüth; BGH, Urt. v. 17.04.1984, Az. VI ZR 246/82, BGHZ 91, 117, 122 – Nichtraucher-Kalender; BGH, Urt. v. 07.12.2004, Az. VI ZR 308/03, BGHZ 161, 266, 269f. – Abtreibungsgegner; BGH, Urt. v. 11.03.2008, Az. VI ZR 7/07, NJW 2008, 2110 Rn. 33 – „Gen-Milch".
[333] BVerfG, Beschl. v. 06.11.1968, Az. 1 BvR 501/62, NJW 1969, 227, 228f. – Tonjäger; BGH, Urt. v. 11.03.2008, Az. VI ZR 7/07, NJW 2008, 2110 Rn. 31 – „Gen-Milch".
[334] BGH, Urt. v. 21.06.1966, Az. VI ZR 261/64, BGHZ 45, 296, 308 – Höllenfeuer.
[335] BGH, Urt. v. 21.06.1966, Az. VI ZR 261/64, BGHZ 45, 296, 309 – Höllenfeuer; BGH, Urt. v. 18.06.1974, Az. VI ZR 16/73, NJW 1974, 1762 – Deutschland-Stiftung.
[336] BGH, Urt. v. 21.06.1966, Az. VI ZR 261/64, BGHZ 45, 296, 308 – Höllenfeuer; BVerfG, Beschl. v. 02.07.2013, Az. 1 BvR 1751/12, NJW 2013, 3012 Rn. 21 – „Winkeladvokatur".
[337] BGH, Urt. v. 04.06.1974, Az. VI ZR 68/73, GRUR 1974, 797, 798 – Fiete Schulze; BGH, Urt. v. 05.05.1981, Az. VI ZR 184/79, NJW 1981, 2117, 2119 – Sachverständiger.
[338] BVerfG, Beschl. v. 13.05.1980, Az. 1 BvR 103/77, BVerfGE 54, 129, 138f. – Kunstkritik.
[339] Vgl. EGMR, Lingens/Österreich [1986] Beschwerde-Nr. 9815/82 [43]; Lombardo u.a./Malta [2007] Beschwerde-Nr. 7333/06 [60].
[340] EGMR, Otegi Mondragon/Spanien [2011] Beschwerde-Nr. 2034/07 [54].

shows,[341] in denen eine Person nur begrenzte Möglichkeiten hat, eine Aussage umzuformulieren, zu entschärfen oder zurückzunehmen. Auch der Wahlkampf ist eine „Situation, in welcher der politische Meinungskampf auf das höchste intensiviert ist".[342] Die Aufgabe politischer Parteien, an der politischen Willensbildung des Volkes mitzuwirken und diese zum Ausdruck zu bringen,[343] „verträgt als eine wesensgemäß politische prinzipiell keine inhaltlichen Reglementierungen, wenn anders sie nicht um eine ihrer Grundvoraussetzungen gebracht werden soll."[344] Bei Auseinandersetzungen im politischen Wahlkampf darf gegen eine Meinungsäußerung „nur in äußersten Fällen eingeschritten werden".[345] An Anschuldigungen ohne jede Tatsachengrundlage besteht jedoch selbst im Wahlkampf kein anerkennenswertes Interesse.[346]

Im Rahmen einer geistigen Auseinandersetzung ist zudem das „Recht des Gegenschlags" (siehe oben Abschnitt 3.) zu beachten. Danach ist auch der Gebrauch stark polemisierender Begriffe gestattet, wenn der Äußernde auf eine provozierende Stellungnahme des Betroffenen in einer robusten und hitzigen Debatte reagiert.[347] Formulierungen, deren ehrverletzender Charakter bereits gerichtlich festgestellt wurde, dürfen jedoch auch dann nicht verwendet werden, wenn sich der Gegner einer solchen Sprache bedient. Die geistige Auseinandersetzung, die die Kommunikationsfreiheit schützen will, „setzt immer ein Argumentieren, einen Austausch von Gedanken voraus, an dem es fehlt, wenn [...] ausschließlich über die Zulässigkeit bestimmter Formulierungen gestritten wird."[348]

Eine absolute Grenze findet die Kommunikationsfreiheit in Gestalt der Meinungsäußerungsfreiheit bei Verletzungen der Menschenwürde. Soweit ein Angriff auf die Ehre eines anderen zugleich einen Eingriff in die Menschenwürde

---

[341] Vgl. EGMR, Fuentes Bobo/Spanien [2000] Beschwerde-Nr. 39293/98 [46]; Gündüz/ Türkei [2003] Beschwerde-Nr. 35071/97 [49]; Filatenko/Russland [2007] Beschwerde-Nr. 73219/01 [41].

[342] BVerfG, Beschl. v. 22.06.1982, Az. 1 BvR 1376/79, BVerfGE 61, 1, 12 – „CSU: NPD Europas".

[343] Siehe z.B. Art. 10 Abs. 4 EUV, Art. 12 Abs. 2 EUGRCh, Art. 21 Abs. 1 Satz 1 GG; EGMR, Vereinigte Kommunistische Partei u.a./Türkei [1998] Beschwerde-Nr. 133/1996/752/951 [25] und [43]; Refah Partisi (The Welfare Party) u.a./Türkei [2003] Beschwerde-Nr. 41340/98 u.a. [87f.].

[344] BVerfG, Beschl. v. 22.06.1982, Az. 1 BvR 1376/79, BVerfGE 61, 1, 12 – „CSU: NPD Europas".

[345] BVerfG, Beschl. v. 22.06.1982, Az. 1 BvR 1376/79, BVerfGE 61, 1, 12 – „CSU: NPD Europas"; vgl. auch EGMR, Gazeta Ukraina-Tsentr/Ukraine [2010] Beschwerde-Nr. 16695/04 [53]; Orlovskaya Iskra/Russland [2017] Beschwerde-Nr. 42911/08 [110].

[346] Vgl. BAG, Urt. v. 18.12.2014, Az. 2 AZR 265/14, NZA 2015, 797 – Beleidigung des Vorgesetzten im Wahlkampf.

[347] Siehe z.B. EGMR, Oberschlick/Österreich (Nr. 2) [1997] Beschwerde-Nr. 20834/92 [33] und [34]; Nilsen und Johnsen/Norwegen [1999] Beschwerde-Nr. 23118/93 [52]; Unabhängige Initiative Informationsvielfalt/Österreich [2002] Beschwerde-Nr. 28525/95 [43].

[348] BVerfG, Beschl. v. 11.05.1976, Az. 1 BvR 671/70, BVerfGE 42, 143, 153 – DGB.

darstellt, besteht kein Raum für eine Güterabwägung.[349] Dies folgt aus der Un-
antastbarkeit der Menschenwürde nach Art. 1 Abs. 1 GG wie auch nach Art. 1
EUGRCh. Das BVerfG hat indessen mehrfach darauf hingewiesen, dass allen
Grundrechten ein Menschenwürdekern innewohnt und daher besonders sorgfältig zu begründen ist, dass der Gebrauch eines Grundrechts auf die Menschenwürde durchschlage und deshalb eine Abwägung nicht stattfindet.[350] Es
genügt nicht, dass die Menschenwürde bloß „berührt" wird, sondern sie muss
„verletzt" sein.[351]

Das BVerfG hat den Schutzbereich der Menschenwürde zumeist von dem
Verletzungsvorgang her bestimmt.[352] Als Handlungen, die die Menschenwürde
verletzen, nennt das BVerfG Verhaltensweisen, die dem Betroffenen seinen
Achtungsanspruch als Mensch absprechen wie etwa Erniedrigung, Brandmarkung, Verfolgung oder Ächtung.[353] In späteren Entscheidungen hat das Gericht
in Anwendung der sog. Objektformel eine Verletzung der Menschenwürde dort
gesehen, wo der Mensch „einer Behandlung ausgesetzt wird, die seine Subjekt-
qualität prinzipiell in Frage stellt" und den dem Menschen kraft seines Person-
seins zukommenden Wert verachtet.[354] In der Entscheidung betreffend die
Strauß-Karikatur nahm das Gericht beispielsweise an, dass die Darstellung se-
xuellen Verhaltens den Betroffenen als Person entwertet und ihn somit in seiner
Würde verletzt.[355] Das Gericht entschied aber auch, dass die Darstellung eines
Menschen als Tier an sich noch nicht ausreichend sei, eine Verletzung der Menschenwürde anzunehmen. Die Wahl einer Tiergestalt könne auch die Funktion

---

[349] BVerfG, Beschl. v. 03.06.1987, Az. 1 BvR 313/85, BVerfGE 75, 369, 379 f. – Strauß-Karikatur m. w. N. aus der Literatur.

[350] BVerfG, Beschl. v. 10.10.1995, Az. 1 BvR 1476/91, 1 BvR 1980/91, 1 BvR 102/92, 1 BvR
221/92, NJW 1995, 3303, 3304 – „Soldaten sind Mörder"; BVerfG, Beschl. v. 11.03.2003, Az. 1
BvR 426/02, BVerfGE 107, 275, 284 – Schockwerbung II; BVerfG, Beschl. v. 03.06.1987, Az. 1
BvR 313/85, BVerfGE 75, 369, 379 f. – Strauß-Karikatur.

[351] BVerfG, Beschl. v. 05.04.2001, Az. 1 BvR 932/94, NJW 2001, 2957, 2959 – Kaisen;
BVerfG, Beschl. v. 20.02.2009, Az. 1 BvR 2266/04 und 1 BvR 2620/05 – „Tier-Holocaust";
Entscheidung bestätigt durch EGMR, Peta Deutschland/Deutschland [2012] Beschwer-
de-Nr. 43481/09 [48].

[352] Vgl. BVerfG, Urt. v. 15.12.1970, Az. 2 BvF 1/69, 2 BvR 629/68 und 308/69, BVerfGE 30,
1, 25 f. – Abhörurteil; BVerfG, Beschl. v. 20.02.2009, Az. 1 BvR 2266/04 und 1 BvR 2620/05
– „Tier-Holocaust".

[353] BVerfG, Beschl. v. 19.12.1951, Az. 1 BvR 220/51, BVerfGE 1, 97, 104 – Hinterbliebenen-
rente I; BVerfG, Beschl. v. 11.03.2003, Az. 1 BvR 426/02, BVerfGE 107, 275, 284 – Schockwerbung II.

[354] BVerfG, Urt. v. 15.12.1970, Az. 2 BvF 1/69, 2 BvR 629/68 und 308/69, BVerfGE 30, 1, 26
– Abhörurteil; BVerfG, Beschl. v. 20.02.2009, Az. 1 BvR 2266/04 und 1 BvR 2620/05 –
„Tier-Holocaust".

[355] BVerfG, Beschl. v. 03.06.1987, Az. 1 BvR 313/85, BVerfGE 75, 369, 379 f. – Strauß-Karikatur.

haben, allein bestimmte Charakterzüge oder die Physiognomie eines Menschen zu kennzeichnen oder zu überspitzen.[356]

c) Formalbeleidigung

Ein Angriff gegen die Person statt eines Beitrags in der Sache ist dann indiziert, wenn der Mitteilende bereits der Form nach „offenkundig beleidigende Sprache" (*manifestly insulting language*)[357] gebraucht. Eine solche in Deutschland als „Formalbeleidigung" bezeichnete Wortwahl ist dann gegeben, wenn in der Verwendung eines bestimmten tabuisierten Ausdrucks nach den Umständen eine unstatthafte Kränkung liegt.[358] Funktionell äquivalent zur Formalbeleidigung ist das Konzept der sog. *fighting words* nach amerikanischer Rechtsprechung, die *a priori* vom Schutzbereich des Ersten Zusatzartikels ausgeschlossen sind.[359] Beispiele aus der Rechtsprechung für offenkundig beleidigende Sprache sind die Begriffe „Halsabschneider",[360] „Depp,"[361] die Bezeichnung eines Gesundheitspolitikers als „Nazi", „ignorantes Schwein" und „Gesundheitsfaschist",[362] die Bezeichnung eines Rollstuhlfahrers als „Krüppel",[363] die Bezeichnung einer Moderatorin als „Luder vom Lerchenberg"[364] und die Behauptung, eine Fernsehansagerin sehe aus wie eine „ausgemolkene Ziege" und bei ihrem Anblick werde den Zuschauern „die Milch sauer".[365] Allerdings ist zu beachten, dass es stets auf die Umstände des Einzelfalls ankommt. Fallen die Worte etwa in einem hitzigen Live-Interview mit einem Politiker zu einer Angelegenheit von großem öffentlichem Interesse, so ist dies zugunsten des Mitteilenden zu berücksichtigen.[366] Auch ist ein möglicher satirischer Charakter der Wortwahl zu beachten.[367]

---

[356] Vgl. BVerfG, Beschl. v. 03.06.1987, Az. 1 BvR 313/85, BVerfGE 75, 369, 379 – Strauß-Karikatur.

[357] So EGMR, Gaunt/Vereinigtes Königreich [2016] Beschwerde-Nr. 26448/12 [59]; *mutatis mutandis* Mamère/Frankreich [2006] Beschwerde-Nr. 12697/03 [25].

[358] BGH, Urt. v. 01.02.1977, Az. VI ZR 204/74, MDR 1977, 655 f. – „Halsabschneider"; *Grabenwarter*, in: Maunz/Dürig, GG, 68. EL Januar 2013, Art. 5 Abs. 1, 2 Rn. 62.

[359] US Supreme Court, Chaplinsky v. New Hampshire, 315 U.S. 568 (1942); vgl. *Grabenwarter*, in: Maunz/Dürig, GG, 68. EL Januar 2013, Art. 5 Abs. 1, 2 Rn. 62.

[360] BGH, Urt. v. 01.02.1977, Az. VI ZR 204/74, MDR 1977, 655 – „Halsabschneider".

[361] EGMR, Janowski/Polen (Nr. 1) [1999] Beschwerde-Nr. 25716/94 [32]: polnisch „ćwoki" (vom EGMR übersetzt als „oafs").

[362] Angedeutet in EGMR, Gaunt/Vereinigtes Königreich [2016] Beschwerde-Nr. 26448/12 [60], im Ergebnis aber offen gelassen.

[363] BVerfG, Beschl. v. 25.03.1992, Az. 1 BvR 514/90, BVerfGE 86, 1, 13 – „geb. Mörder, Krüppel".

[364] BVerfG, Beschl. v. 02.04.2017, Az. 1 BvR 2194/15, AfP 2017, 228 Rn. 12 – „Luder vom Lerchenberg".

[365] BGH, Urt. v. 05.03.1963, Az. VI ZR 55/62, BGHZ 39, 124, 127 – Fernsehansagerin.

[366] Vgl. EGMR, Gaunt/Vereinigtes Königreich [2016] Beschwerde-Nr. 26448/12 [60].

[367] Dazu Kapitel 2 Abschnitt VIII.4; siehe z.B. EGMR, Ziembiński/Polen (Nr. 2) [2016] Beschwerde-Nr. 1799/07 [44 f.].

Daran zeigt sich, dass das Argument von der persönlichen Autonomie allein die Kommunikationsfreiheit nicht zu erklären vermag. Das „Recht, Dampf abzulassen" rechtfertigt keine persönlichen Angriffe in Gestalt formaler Beleidigungen. In diesem Fall setzt das Recht auf Schutz der persönlichen Ehre der Kommunikationsfreiheit Grenzen. Stattdessen muss zu dem Angriff gegen die Person auch eine Auseinandersetzung mit einer Angelegenheit von öffentlichem Interesse treten, um den Angriff zu rechtfertigen.

IV. Zusammenfassung von Kapitel 4

Im Falle eines Konflikts können weder die Kommunikationsfreiheit noch Persönlichkeitsrechte einen grundsätzlichen Vorrang beanspruchen. Vielmehr bedarf es einer Abwägung. Das analytische Instrument, welches diese Abwägungsentscheidung zwischen dem Schutz eines Persönlichkeitsrechts einerseits und der Kommunikationsfreiheit andererseits rationalisiert, ist der Grundsatz der Verhältnismäßigkeit in seiner zivilrechtlichen Prägung unter Berücksichtigung des Gebotes der praktischen Konkordanz. Danach müssen Beeinträchtigungen der Kommunikationsfreiheit oder des Persönlichkeitsrechts geeignet und erforderlich zum Schutz des jeweils anderen Rechtsguts sein, und die Beschränkung des einen Rechtsguts muss in einem angemessenen Verhältnis zum Schutz des anderen Rechtsguts stehen. Lässt sich ein Ausgleich zwischen den einschlägigen Interessen nicht erzielen, so ist zu entscheiden, welches Interesse zurückzutreten hat. Daraus folgt, dass die Abwägung kein binäres Verfahren ist. Abwägung nach dem Gebot der praktischen Konkordanz verlangt, dass Alternativen bedacht werden, die das angestrebte Ziel nur teilweise realisieren, aber auch nur vermindert in das widerstreitende Recht eingreifen.

Die Angemessenheitsprüfung fragt danach, in welchem Ausmaß eine Persönlichkeitsbeeinträchtigung hinzunehmen ist, um die Ausübung der Kommunikationsfreiheit zu realisieren, und in welchem Ausmaß Beeinträchtigungen der Kommunikationsfreiheit in Kauf zu nehmen sind, um die Persönlichkeitsrechte zu schützen. Maßgebend hierfür sind folgende transnationale Topoi:

1. Der Grad des öffentlichen Interesses an der Angelegenheit, auf die sich eine Äußerung bezieht;
2. die Position der von der Äußerung betroffenen Person und ihr Bekanntheitsgrad;
3. das Verhalten der betroffenen Person vor der Äußerung;
4. die Taxonomie der Information:
a) bei Tatsachenbehauptungen: der Wahrheitsgehalt der Äußerung und die Wahrung von Sorgfaltspflichten bei nicht erwiesen wahren Tatsachenbehauptungen und

b) bei Werturteilen: das Verhältnis von Beitrag in der Sache und Angriff gegen die Person.

Je größer das öffentliche Interesse an der Angelegenheit ist, auf die sich eine Äußerung bezieht, desto mehr spricht eine Vermutung für die Freiheit der Rede. Je geringer das öffentliche Interesse an der Angelegenheit ist, auf die sich die Äußerung bezieht, desto mehr spricht eine Vermutung für den Schutz entgegenstehender Rechte. Je bekannter die Person ist, die von einer bestimmten Äußerung betroffen ist, desto mehr spricht eine Vermutung für die Freiheit der Rede. Wer sich bewusst öffentlicher Beobachtung und Beurteilung aussetzt, insbesondere in der Politik, der hat ein größeres Maß an Beobachtung und Kritik zu tolerieren als eine Privatperson. Besonderheiten gelten für Beschäftigte des öffentlichen Dienstes und für Richter. Privatpersonen können grundsätzlich einen stärkeren Schutz ihrer Persönlichkeitsrechte beanspruchen als Personen des öffentlichen Lebens. Personen des öffentlichen Lebens können stärkeren Schutz ihrer Persönlichkeitsrechte erwarten, soweit sie ihr Privatleben der öffentlichen Aufmerksamkeit entziehen. Umgekehrt kann das Leben auch von bislang unbekannten Personen von öffentlichem Interesse sein, soweit sie öffentliche Aufmerksamkeit suchen oder in Ereignisse von öffentlichem Interesse verwickelt sind.

Wahre Tatsachenbehauptungen muss der Betroffene in der Regel hinnehmen. Allerdings kann auch eine wahre Aussage Persönlichkeitsrechte verletzen, wenn sie einen Schaden anzurichten droht, der außer Verhältnis zu dem öffentlichen Interesse steht, wahre Informationen zu erhalten. Insbesondere kann die Verbreitung wahrer Informationen das Recht auf informationelle Privatheit verletzen. Die Behauptung oder Verbreitung bewusst unwahrer Tatsachenbehauptungen sind insofern nicht schützenswert, als sie Rechte Dritter verletzen. Bei nicht erwiesen wahren Tatsachenbehauptungen hängt die Abwägung davon ab, in welchem Ausmaß der Mitteilende seine Sorgfaltspflichten gewahrt hat. Maßgeblich für den Grad der Wahrung der Sorgfaltspflichten ist somit, welche zumutbaren Schritte der Mitteilende unternommen hat, um zu gewährleisten, dass die von ihm behaupteten Tatsachen der Wahrheit entsprechen. Welche Schritte zumutbar sind, bestimmt sich wiederum danach, welche Möglichkeiten der Äußernde hatte, die von ihm behauptete Tatsache zu überprüfen, welches Vertrauen der oder die Empfänger der Information in die Richtigkeit der Information hatten, und mit welcher Intensität die Äußerung in die Ehre des Betroffenen eingreift. Daraus folgt, dass die Sorgfaltspflichten journalistischer Medien grundsätzlich strenger sind als die anderer Personen oder Institutionen, denen gesteigertes Vertrauen entgegengebracht wird (z.B. NGOs), und deren Sorgfaltspflichten wiederum strenger sind als die von Privatpersonen. Insbesondere dürfen Privatpersonen der Berichterstattung durch journalistische Medien grundsätzlich vertrauen und müssen keine eigenen Nachforschungen anstellen.

Bei der Bewertung anonymer (Internet-)Publikationen sollten folgende Faktoren in Erwägung gezogen werden: Die Tatsache, dass die Äußerung anonym veröffentlicht wurde, in welchem Ausmaß der Mitteilende Nachteile für seine Äußerung zu befürchten hatte, und ob die Nachteile verhältnismäßig gewesen wären.

Bei Meinungsäußerungen sind die Tatsachengrundlage der Meinungsäußerung, das Verhältnis des Mittels der Meinungsäußerung zu ihrem Zweck und das Vorliegen einer Formalbeleidigung zu berücksichtigen.

5. Kapitel

Rechtsfolgen einer Ehrbeeinträchtigung

Ehrbeeinträchtigungen weisen eine solche Vielfalt an Erscheinungsformen auf, dass ein wirksamer Ehrschutz „auf gefächerte und elastische Möglichkeiten der Abwehr und Folgenbeseitigung angewiesen ist".[1] Folgende Komponenten eines Ehrschutzsystems sind in den hier zu untersuchenden Jurisdiktionen vertreten: Unterlassung, Gegendarstellung, Folgenbeseitigung und Schadensersatz. Zudem hat das Datenschutzrecht in der jüngeren Vergangenheit besondere Bedeutung als Instrument des Ehrschutzes gewonnen.

Dieses Kapitel unternimmt es, auf der Grundlage der in den vorherigen Kapiteln entwickelten Prinzipien transnationale Linien eines Systems der Rechtsfolgen einer Ehrverletzung zu zeichnen. Es stellt Überlegungen an, wie transnationale Grundsätze auf der Grundlage der Taxonomie der Information, der Theorie des Ehrschutzes und der Kommunikationsfreiheit entwickelt werden könnten. Da es in weiten Teilen an transnationaler Übereinstimmung fehlt, sind diese Überlegungen zumeist normativ, nicht deskriptiv. Zumindest für Europa sind solche Überlegungen geboten. So hat beispielsweise das Ministerkomitee des Europarates den Mitgliedstaaten mehrfach empfohlen, Regelungen zu einem Recht auf Gegendarstellung zu treffen, woran es etwa im Vereinigten Königreich fehlt. Aber auch der Oberste Gerichtshof der Vereinigten Staaten sollte seine ablehnende Haltung gegenüber einem presserechtlichen Recht auf Gegendarstellung überdenken, da sich dies friktionslos mit der Theorie der Kommunikationsfreiheit, wie sie gerade in den USA vertreten wird, begründen ließe: dem „Marktplatz der Meinungen".[2]

---

[1] BGH, Urt. v. 03.05.1977, Az. VI ZR 36/74, NJW 1977, 1288, 1291 – Abgeordnetenbestechung.

[2] Für ein Gegendarstellungsrecht im amerikanischen Recht plädiert z. B. *Hayes*, Columbia Journal of Law and Social Problems 37 (2004), 551.

I. Unterlassung

Aus transnationaler Perspektive gehört die theoretische und praktische Erfassung von Unterlassungsansprüchen gegen die Erstbegehung oder Wiederholung ehrverletzender Äußerungen zu den umstrittensten Fragen des Kommunikationsdeliktsrechts. Um einem „Gebot der Gerechtigkeit" zu genügen[3], entwickelte das Reichsgericht einen verschuldensunabhängigen negatorischen Anspruch auf Unterlassung von Ehrkränkungen. In Deutschland kann der Betroffene daher gegen ehrverletzende Äußerungen in entsprechender Anwendung von §§ 1004 Abs. 1 Satz 1, 823 Abs. 1, Abs. 2 BGB i. V. m. §§ 185 ff. StGB, 824 BGB – auch vorbeugend – zivilrechtlichen Schutz gegen den Störer beanspruchen. Der quasi-negatorische Unterlassungsanspruch setzt voraus, dass ein (weiterer)[4] rechtswidriger Eingriff mit großer Wahrscheinlichkeit droht.[5] Die Feststellung der Rechtswidrigkeit erfordert eine Abwägung zwischen dem Recht des Betroffenen auf Schutz seiner Ehre und der Kommunikationsfreiheit. Ist die Äußerung des Beklagten gerechtfertigt, so ist der Ehrträger zur Duldung verpflichtet.[6] Es kommt nicht darauf an, ob der Äußernde die Behauptung zu einem vorherigen Zeitpunkt unter dem Schutz berechtigter Interessen bereits aufgestellt hat. Denn mit dem Unterlassungsanspruch wird Rechtsschutz nur für die Zukunft begehrt. Dass bestimmte Äußerungen in der Vergangenheit rechtmäßig waren, bedeutet nicht zwingend, dass ihre Wiederholung rechtmäßig ist. Daher können wiederholte Äußerungen rechtswidrig sein, obwohl gleichlautende Äußerungen in der Vergangenheit rechtmäßig waren.[7] Dies ist beispielsweise dann der Fall, wenn der Rechtfertigungsgrund zum Wiederholungszeitpunkt nicht mehr gegeben ist oder sein Wegfall in nächster Zeit sicher ist.[8] Die selbständige Bedeutung von Wiederholungen ist jedoch nicht zu hoch zu bewerten.[9] So darf der Mitteilende etwa durch eine Wiederholung der Äußerung die Aufmerksamkeit und Beteiligung der Öffentlichkeit an der Diskussion aufrechterhalten.[10]

Das englische Recht unterscheidet zwischen drei Formen der Unterlassungsverfügung (*injunction*): dauerhaft (*permanent*), einstweilig (*interlocutory*) und

---

[3] RG, Urt. v. 05.01.1905, Az. VI 38/04, RGZ 60, 6, 7 – Unterlassung.

[4] Zur Wiederholungsgefahr statt vieler BGH, Urt. v. 14.11.2017, Az. VI ZR 534/15, ZUM 2018, 440 Rn. 17 – „Arschloch".

[5] Statt vieler Beschl. v. 06.11.1968, Az. 1 BvR 501/62, NJW 1969, 227 – Tonjäger.

[6] Vgl. BGH, Urt. v. 01.02.1977, Az. VI ZR 204/74, MDR 1977, 655 – „Halsabschneider"; BGH, Urt. v. 03.10.1978, Az. VI ZR 191/76, NJW 1979, 266, 267 – Untersuchungsausschuss; BGH, Urt. v. 01.03.2016, Az. VI ZR 34/15, NJW 2016, 2106 Rn. 24 – Ärztebewertung III.

[7] BVerfG, Beschl. v. 06.11.1968, Az. 1 BvR 501/62, NJW 1969, 227, 228 – Tonjäger; BGH, Urt. v. 15.10.1968, Az. VI ZR 126/67 – „Der unschuldige Spiegel".

[8] Vgl. BVerfG, Beschl. v. 06.11.1968, Az. 1 BvR 501/62, NJW 1969, 227, 228 – Tonjäger.

[9] BVerfG, Beschl. v. 06.11.1968, Az. 1 BvR 501/62, NJW 1969, 227, 228 – Tonjäger.

[10] BVerfG, Beschl. v. 06.11.1968, Az. 1 BvR 501/62, NJW 1969, 227, 228 – Tonjäger.

vorbeugend (*quia timet*). Während dauerhafte Unterlassungsverfügungen regelmäßig gemeinsam mit einem stattgebenden Schadensersatzanspruch am Ende des Verfahrens erlassen werden, beschließen Gerichte nur selten einstweilige Verfügungen, um die Rechte des Betroffenen während eines Verfahrens zu schützen, und niemals *quia timet injunctions* vor der Erstveröffentlichung.[11] Seit der Entscheidung *Bonnard v. Perryman* gilt die Regel, dass Unterlassungsverfügungen gegen eine *defamation* nicht erlassen werden, wenn der Antragsgegner behauptet, dass er im Hauptsacheverfahren den diffamierenden Charakter der Äußerung bestreiten wird oder eine Einrede erheben wird. Eine Unterlassungsverfügung wird nur dann ergehen, wenn unzweifelhaft ist, dass eine Einrede erfolglos sein wird, und auch dann nur in Gestalt einer *interlocutory injunction*.[12] Grund für diese Regel ist die Redefreiheit; der Verletzte wird stattdessen auf den Schadensersatzanspruch verwiesen.[13] Es gilt gleichsam das Bonmot, mit dem der Herzog von Wellington einem Herausgeber begegnete, der ihn mit den Memoiren einer Kurtisane zu erpressen versuchte: „publish and be damned". Zeitweise war unklar, ob Art. 12 Abs. 3 des Human Rights Act 1998 an dieser Regel etwas geändert hat. Die Vorschrift besagt, dass keine die Kommunikationsfreiheit nach Art. 10 EMRK einschränkende gerichtliche Unterlassungsverfügung ergehen darf, es sei denn, der Antragsteller wird voraussichtlich darlegen können, dass die Veröffentlichung nicht gestattet werden sollte. Der Court of Appeal entschied jedoch, dass der Human Rights Act nichts an der Regel aus *Bonnard v. Perryman* geändert habe.[14]

Nach der Rechtsprechung des EGMR sind Unterlassungsansprüche – auch solche gegen eine drohende Erstbegehung – zumindest nicht generell von Art. 10 EMRK ausgeschlossen. Dies folge aus Art. 10 Abs. 2 EMRK, der unter bestimmten Bedingungen „Formvorschriften, Bedingungen, Einschränkungen oder Strafdrohungen" gestattet.[15] Unterlassungsverfügungen gegenüber Äußerungen sind daher in solchen Fällen gerechtfertigt, in denen kein dringendes Bedürfnis für eine sofortige Veröffentlichung besteht und in denen offensichtlich nicht zu einer Debatte von öffentlichem Interesse beigetragen wird.[16] Der EGMR weist aber auch darauf hin, dass Neuigkeiten eine „verderbliche Ware"

---

[11] Ausführlich *Mitchell*, The Making of the Modern Law of Defamation, 2005, S. 91 ff.

[12] Court of Appeal, Bonnard v. Perryman [1891] 2 Ch 269, 184.

[13] *Mitchell*, The Making of the Modern Law of Defamation, 2005, S. 91; *Rolph*, Media and Arts Law Review 17 (2012), 170.

[14] Greene v. Associated Newspapers Ltd. [2004] EWCA Civ 1462 [66].

[15] Sunday Times/Vereinigtes Königreich (Nr. 2) [1991] Beschwerde-Nr. 13166/87 [51]; siehe auch Association Ekin/Frankreich [2001] Beschwerde-Nr. 39288/98 [56]; Chauvy u.a./Frankreich [2004] Beschwerde-Nr. 64915/01 [47]; Mosley/Vereinigtes Königreich [2011] Beschwerde-Nr. 48009/08 [117]; Wizerkaniuk/Polen [2011] Beschwerde-Nr. 18990/05 [65].

[16] Mosley/Vereinigtes Königreich [2011] Beschwerde-Nr. 48009/08 [117].

sind und selbst eine kurzzeitige Verzögerung ihrer Veröffentlichung sie um ihren Wert berauben könnte.[17]

Demgegenüber sind nach der Rechtsprechung des Obersten Gerichtshofs der Vereinigten Staaten Unterlassungsverfügungen (*injunctions*) mit dem Ersten Zusatzartikel unvereinbar.[18] Nach Auffassung des Supreme Court ist es vorzugswürdig, eine Äußerung zu publizieren, um sie frei zu debattieren. Sollte sich herausstellen, dass die Äußerung diffamierend ist, so kann der Betroffene immer noch auf Schadensersatz klagen. Zwei dogmatische Begründungsansätze lassen sich hierfür identifizieren. Der erste liegt in der Struktur des Common Law, welches zwischen dem *tort* der Diffamierung und dem *equitable remedy* der *injunction* unterscheidet: *„equity will not enjoin a libel."* Verstärkt wird diese rechtshistorische „Binsenweisheit"[19] durch den Wortlaut des Ersten Zusatzartikels, welcher besagt, dass der Kongress „kein Gesetz" erlassen darf, welches die Redefreiheit verkürzt.[20] Eine *injunction* würde jedoch die Redefreiheit „verkürzen" und sogar, so das wiederkehrende Argument, eine Zensur darstellen.[21]

Gibt ein Gericht einer Schadensersatzklage wegen *defamation* statt, so kommt dem Urteil zwar faktisch die Wirkung einer Unterlassungsverfügung wegen Wiederholungsgefahr zu: Mit jeder weiteren Veröffentlichung würde sich der Äußernde der erneuten Gefahr eines Schadensersatzanspruchs aussetzen. Dieser Befund greift jedoch dann nicht, wenn der Äußernde entweder mittellos oder besonders wohlhabend ist. Bislang hatte der US Supreme Court noch keine Gelegenheit, darüber zu entscheiden, ob hierdurch eine unzumutbare Gerechtigkeitslücke entsteht. Das Berufungsgericht für den 7th Circuit entschied jedenfalls, dass auch in einem solchen Fall keine *injunction* zu erlassen sei.[22]

Um aus diesen einander widersprechenden Ansätzen eine transnationale Regel destillieren zu können, ist wiederum nach der Taxonomie der Information zu differenzieren. Ehrverletzungsansprüche, und damit auch Unterlassungsanträge wegen einer Ehrverletzung, beziehen sich grundsätzlich auf erwiesen unwahre oder nicht bewiesen wahre ehrenrührige Tatsachenbehauptungen sowie ehrenrührige Meinungsäußerungen. Die informationelle Privatheit hingegen verleiht das Recht, die Veröffentlichung von Informationen zu unterbinden, obwohl sie wahr sind, weil sie die Privatheit verletzen. Die Quintessenz der informationellen Privatheit ist daher, dass eine bestimmte Information niemals zur

---

[17] Mosley/Vereinigtes Königreich [2011] Beschwerde-Nr. 48009/08 [117].

[18] Near v. Minnesota, 283 U.S. 697, 713 (1931); Bantam Books Inc. v. Sullivan, 372 U.S. 58, 70 (1963); New York Times Co. v. United States, 403 U.S. 713, 714 (1971).

[19] Statt vieler *Ardia*, William & Mary Law Review 55 (2013), 1, 4 m.w.N. („truism").

[20] „Congress shall make no law [...] abridging the freedom of speech".

[21] Statt vieler *Chemerinsky*, Syracuse Law Review 57 (2007), 157, 171; so bereits US Supreme Court, Near v. Minnesota, 283 U.S. 697, 713 (1931).

[22] McCarthy v. Fuller, No. 15-1839 (7th Cir. 2015).

Kenntnis Dritter gelangen darf oder hätte gelangen dürfen, weil sie privat ist. Mit der Veröffentlichung der Information als solcher entsteht dem Betroffenen ein Nachteil.[23] Eine Gegenrede ist zwecklos, Raum für eine geistige Auseinandersetzung bleibt nicht. Anders verhält es sich beim Ehrschutz: Hier liegt die Quintessenz darin, dass eine unwahre, nicht erwiesen wahre oder beleidigende Information in der Welt ist und deswegen einen Nachteil anzurichten geeignet ist, weil Dritte an den Wahrheitsgehalt der Information glauben oder – bei Meinungsäußerungen – sich dem abwertenden Werturteil anschließen könnten. Im Umkehrschluss gilt, dass die Information noch unschädlich gemacht werden kann, etwa wenn ihr der Betroffene zur Überzeugung der Informationsempfänger widerspricht, wenn der Äußernde die ehrenrührige Tatsachenbehauptung widerruft oder wenn ein Gericht feststellt, dass die Tatsachenbehauptung unwahr ist. Der Gedanke des „Marktplatzes der Meinungen", auf dem Rede und Gegenrede aufeinander treffen, ist daher nur im Ehrschutz gegeben, nicht hingegen im Recht der informationellen Privatheit. Aus diesem Grunde ist der Rechtsprechung in den USA und in England zuzustimmen, wonach Unterlassungsanträgen wegen *defamation* mit deutlich größerer Zurückhaltung begegnet werden sollte als solchen wegen Verletzung der *information privacy*.[24]

In Deutschland wiederum ist die undifferenzierte Behandlung von Unterlassungsansprüchen der Dogmatik des allgemeinen Persönlichkeitsrechts geschuldet, die auf eine sorgfältige Unterscheidung zwischen Ehrschutz einerseits und Privatheit andererseits nicht besteht. Zwar hat die Drohung von Schadensersatz auf den ersten Blick eine stärker einschüchternde Wirkung als die Drohung einer Unterlassungsverfügung. Es ließe sich sogar argumentieren, Unterlassungsverfügungen seien zum Vorteil des Mitteilenden, der vor einer kostenträchtigen Schadensersatzklage bewahrt wird. Diese Begründung ist allerdings paternalistisch sowohl gegenüber dem Äußernden als auch gegenüber der Öffentlichkeit. Dem Mitteilenden wird die Möglichkeit genommen, selbst darüber zu entscheiden, ob er das Risiko einer Schadensersatzklage eingeht, und der Öffentlichkeit wird die Diskussion der Äußerung auf dem „Marktplatz der Meinungen" vorenthalten. Hinsichtlich Art. 8 EMRK deutete der EGMR bereits an, dass Schadensersatzansprüche normalerweise ein zureichender Behelf zum Schutz der darin enthaltenen Rechte seien.[25] In zwei abweichenden Meinungen vertrat Richter De Meyer sogar die Auffassung, dass jegliche Form der „Vorzensur" mit der Pressefreiheit unvereinbar sei.[26]

---

[23] So auch *Rolph*, Media and Arts Law Review 17 (2012), 170, 190.

[24] Auf das Phänomen der *super injunctions* zum Schutz der *information privacy* wurde bereits hingewiesen.

[25] Wizerkaniuk/Polen [2011] Beschwerde-Nr. 18990/05 [83].

[26] Observer und Guardian/Vereinigtes Königreich [1991] Beschwerde-Nr. 13585/88, teilweise abw. Meinung von Richter De Meyer betreffend vorbeugende Unterlassungsansprüche, gemeinsam mit den Richtern Pettiti, Russo, Foighel und Bigi; Wingrove/Vereinigtes Königreich [1996] Beschwerde-Nr. 17419/90, abw. Meinung Richter De Meyer [1].

Folgende normative transnationale Prinzipien sind festzuhalten: Bei wahren Tatsachenbehauptungen ist die informationelle Privatheit betroffen. Hier besteht ein größerer Raum für Unterlassungsklagen als bei nicht bewiesen wahren Tatsachenbehauptungen und bei Werturteilen. Bei nicht erwiesen unwahren, aber auch nicht bewiesen wahren ehrenrührigen Tatsachenbehauptungen ist hingegen zu bedenken, dass eine Debatte über eine solche Äußerung möglich und notwendig sein kann. Gegen solche Behauptungen sollte daher zumindest kein vorbeugender Unterlassungsanspruch bestehen. Auch gegen Werturteile sollte ein vorbeugender Unterlassungsanspruch grundsätzlich ausscheiden. Der Betroffene sollte sich Kritik grundsätzlich stellen.[27] Dies gilt insbesondere für das gesprochene Wort. Gedankenäußerungen sind als etwas „Unvertretbares" ohne Verlust ihrer Substanz nicht durch andere zu ersetzen.[28] Daher müssen selbst solche Äußerungen in Kauf genommen werden, die zu sachgemäßer Meinungsbildung vermeintlich nichts beitragen können.[29] „Die Befürchtung, wegen einer wertenden Äußerung einschneidenden gerichtlichen Sanktionen ausgesetzt zu werden, trägt die Gefahr in sich, jene Diskussion zu lähmen oder einzuengen und damit Wirkungen herbeizuführen, die der Funktion der Freiheit der Meinungsäußerung in der durch das Grundgesetz konstituierten Ordnung zuwiderlaufen."[30] Allein gegen erwiesen unwahre ehrenrührige Tatsachenbehauptungen sollte eine – auch vorbeugende – Unterlassungsklage regelmäßig erfolgreich sein, denn an einer ehrverletzenden Behauptung, deren Unwahrheit erwiesen ist, kann niemand ein berechtigtes Interesse haben.[31]

Hinsichtlich des Inhalts der Unterlassungsverfügung ist der Grundsatz der Verhältnismäßigkeit zu beachten. Nach dem Gebot der praktischen Konkordanz ist der Konflikt zwischen der Kommunikationsfreiheit und dem Ehrschutz mit einem die Kommunikationsfreiheit möglichst schonenden Mittel aufzulösen, das zugleich den Ehrschutz berücksichtigt.[32] Der Anspruch auf Unterlassung ist daher grundsätzlich auf diejenigen Äußerungen einer Publikation oder eines Gesamtwerks zu beschränken, durch die die Ehre verletzt zu werden droht.[33] Schließlich darf ein Gericht nur solche Äußerungen verbieten, die der Äußernde zumindest sinngemäß gemacht hat oder machen wird, und es

---

[27] Siehe BGH, Urt. v. 30.05.1974, Az. VI ZR 174/72, MDR 1974, 921, 922 – Brüning-Memoiren I (insoweit nicht abgedruckt).

[28] BVerfG, Beschl. v. 11.05.1976, Az. 1 BvR 671/70, BVerfGE 42, 143, 150 – DGB.

[29] Vgl. BVerfG, Beschl. v. 14.02.1973, Az. 1 BvR 112/65, BVerfGE 34, 269, 283 – Soraya; BVerfG, Beschl. v. 13.05.1980, Az. 1 BvR 103/77, BVerfGE 54, 129, 139 – Kunstkritik.

[30] BVerfG, Beschl. v. 13.05.1980, Az. 1 BvR 103/77, BVerfGE 54, 129, 139 – Kunstkritik.

[31] BGH, Urt. v. 15.10.1968, Az. VI ZR 126/67 – „Der unschuldige Spiegel"; BGH, Urt. v. 30.05.1974, Az. VI ZR 174/72, MDR 1974, 921 – Brüning-Memoiren I; BGH, Urt. v. 03.10.1978, Az. VI ZR 191/76, NJW 1979, 266 (insoweit nicht abgedruckt) – Untersuchungsausschuss.

[32] Vgl. BGH, Urt. v. 03.06.1975, Az. VI ZR 123/74, NJW 1975, 1882, 1884f. – „Der Geist von Oberzell".

[33] BGH, Urt. v. 03.06.1975, Az. VI ZR 123/74, NJW 1975, 1882, 1885 – „Der Geist von Oberzell".

muss Inhalt und Umstände der Äußerung deutlich und unverkennbar umschreiben.[34]

II. Gegendarstellung

Wie in Kapitel 2 dargestellt, umfasst die Kommunikationsfreiheit die Freiheit, sich der Kommunikationsmittel eigener Wahl zu bedienen. Art. 19 Abs. 2 IPbpR bringt dies explizit zum Ausdruck. Der Freiheit, sich eines *bestimmten* Mediums zu bedienen, steht jedoch die negative Kommunikationsfreiheit des Inhabers des Mediums entgegen.[35] Grundsätzlich darf niemand dazu verpflichtet werden, an der Verbreitung von Informationen oder Meinungen Dritter mitzuwirken. Hiervon macht das Recht auf Gegendarstellung eine Ausnahme.[36]

Aufgrund des mit einem Recht auf Gegendarstellung verbundenen Eingriffs in die Kommunikationsfreiheit haben sich in den USA verfassungsrechtliche Bedenken gegen ein Recht auf Gegendarstellung durchgesetzt. Zwar hielt der Oberste Gerichtshof im Jahr 1969 eine gesetzliche Pflicht zur Gegendarstellung für Radio- und Fernsehsendungen noch für verfassungsgemäß; die Vorschrift wurde erst 1987 aufgehoben.[37] In *Miami Herald v. Tornillo* erklärte der US Supreme Court jedoch ein Gesetz, welches Presseorganen eine Pflicht zur Gegendarstellung vorschrieb, für verfassungswidrig.[38] In England und Wales besteht ebenfalls keine gesetzliche oder richterrechtlich begründete presserechtliche Pflicht zur Gegendarstellung. Allein Art. 1 Abs. 3 IPSO Editors' Code of Conduct verpflichtet IPSOs Mitglieder dazu, eine faire Gelegenheit zur Gegendarstellung zu erheblichen Ungenauigkeiten zu geben, wenn dies vernünftigerweise geboten ist.[39]

Eine Vorschrift, die die Einführung eines Rechts auf Gegendarstellung ausdrücklich in das Ermessen der Mitgliedstaaten stellte, wurde im Entwurfsver-

---

[34] BGH, Urt. v. 03.02.1976, Az. VI ZR 23/72, NJW 1976, 799, 800 – VUS; BGH, Urt. v. 08.07.1980, Az. VI ZR 159/78, BGHZ 78, 9 (insoweit nicht abgedruckt) – „Medizin-Syndikat" III.

[35] *Barendt*, Freedom of Speech, 2. Aufl. 2005, S. 425; *Oster*, Media Freedom as a Fundamental Right, 2015, S. 79; vgl. EGMR, Saliyev/Russland [2010] Beschwerde-Nr. 35016/03 [54]; BVerfG, Beschl. v. 19.12.2007, Az. 1 BvR 967/05, NJW 2008, 1654 Rn. 26 – Schiffskoffer.

[36] Eine weitere Ausnahme ist etwa die *must carry*-Regelung nach Art. 31 Universaldienste-Richtlinie.

[37] Red Lion Broadcasting v. FCC, 395 U.S. 367 (1969); ausf. zum Recht der Gegendarstellung in den USA *Ebert*, Die Gegendarstellung in Deutschland und den USA, 1997, S. 123 ff.

[38] Miami Herald v. Tornillo, 418 U.S. 241 (1974).

[39] „A fair opportunity to reply to significant inaccuracies should be given, when reasonably called for."

fahren aus Art. 10 EMRK gestrichen.[40] In der Entscheidung *Winer gegen Vereinigtes Königreich* aus dem Jahre 1986 stellte die EKomMR gleichwohl ein Recht auf Gegendarstellung in den Beurteilungsspielraum der Konventionsstaaten.[41] Demgegenüber legt die Rechtsprechungsgenese des EGMR nahe, dass aus Art. 8 und Art. 10 EMRK eine Pflicht auf Bereithaltung eines solchen Rechts folgt.[42] Ausdrücklich hat sich der EGMR hierzu jedoch noch nicht geäußert.

Art. 8 des Europäischen Übereinkommens über das grenzüberschreitende Fernsehen und Art. 28 der AVMD-Richtlinie sehen ein Recht auf Gegendarstellung gegen Fernsehveranstalter vor.[43] In der EU ist ferner die Empfehlung über den Schutz Minderjähriger und den Schutz der Menschenwürde und über das Recht auf Gegendarstellung zu beachten.[44] Hinzuweisen ist schließlich auf eine interessante Vorschrift der Amerikanischen Menschenrechtskonvention. Deren Art. 14 gewährt jedem, der durch eine unrichtige oder verletzende Tatsachenbehauptung oder Meinungsäußerung in einem regulierten Kommunikationsmedium betroffen wurde, ein Recht auf Gegendarstellung.[45] Hierbei handelt es sich um ein Menschenrecht mit unmittelbarer Drittwirkung.[46]

1. Die Begründung eines Rechts auf Gegendarstellung

Zwei einander ergänzende Erklärungsmodelle vermögen ein Recht auf Gegendarstellung zu begründen und den Eingriff in die negative Kommunikations-

---

[40] Europarat, Preparatory work on Article 10 of the European Convention on Human Rights, DH (56) 15, S. 5.

[41] EKomMR, Winer/Vereinigtes Königreich [1984] Beschwerde-Nr. 10871/84 [3].

[42] Ebenso *Ó Fathaigh*, Journal of Media Law 4 (2012), 322, 327; vgl. EGMR, Melnychuk/Ukraine [2005] Beschwerde-Nr. 28743/03; Vitrenko u.a./Ukraine [2008] Beschwerde-Nr. 23510/02; Kaperzyński/Polen [2012] Beschwerde-Nr. 43206/07; Eker/Türkei [2017] Beschwerde-Nr. 24016/05 [45].

[43] Zur Umsetzung siehe §9 ZDF-Staatsvertrag, §8 ARD-Staatsvertrag, §28 HPRG; Nr. 7.11, Anhang 2 des Ofcom Broadcasting Code.

[44] Empfehlung des Europäischen Parlaments und des Rates vom 20. Dezember 2006 über den Schutz Minderjähriger und den Schutz der Menschenwürde und über das Recht auf Gegendarstellung im Zusammenhang mit der Wettbewerbsfähigkeit des europäischen Industriezweiges der audiovisuellen Dienste und Online-Informationsdienste, ABl. L 378/72.

[45] „1. Anyone injured by inaccurate or offensive statements or ideas disseminated to the public in general by a legally regulated medium of communication has the right to reply or to make a correction using the same communications outlet, under such conditions as the law may establish.
2. The correction or reply shall not in any case remit other legal liabilities that may have been incurred.
3. For the effective protection of honor and reputation, every publisher, and every newspaper, motion picture, radio, and television company, shall have a person responsible who is not protected by immunities or special privileges."

[46] *Oster*, Media Freedom as a Fundamental Right, 2015, S. 105 f.

freiheit zu rechtfertigen: Nach der persönlichkeitsrechtlichen Dimension hat der Einzelne ein Recht darauf, falsche – oder für falsch gehaltene – Informationen über sich selbst korrigieren zu dürfen. Die kommunikationsrechtliche Dimension begründet den Gegendarstellungsanspruch damit, dass jeder ein Recht auf Mitwirkung bei der öffentlichen Meinungsbildung hat und ein berechtigtes Interesse der Allgemeinheit daran besteht, die Sicht des Betroffenen kennenzulernen.

Die persönlichkeitsrechtliche Dimension des Gegendarstellungsrechts als das menschenrechtliche „Korrelat"[47] zur Medienfreiheit findet sich in der Rechtsprechung des BGH[48], des BVerfG[49] und des EGMR. Nach der grundlegenden Entscheidung der EKomMR in *Ediciones Tiempo S.A. gegen Spanien* ist es Zweck des Rechts auf Gegendarstellung, sich gegen Veröffentlichungen in den Massenmedien zu wehren, die möglicherweise das Privatleben, die Ehre oder die Würde eines Einzelnen verletzen.[50] Wie in Kapitel 2 Abschnitt III. dargestellt, gewähren Persönlichkeitsrechte in einem gewissen Umfang ein Recht auf Kontrolle von Informationen über einen selbst. Das Recht auf Schutz der Ehre gewährt grundsätzlich ein Recht darauf, die Verbreitung unwahrer und nicht bewiesen wahrer Informationen sowie Meinungsäußerungen zu unterbinden, wenn diese ehrenrührig sind. Das Recht auf informationelle Privatheit umfasst unter Umständen die Kontrolle von unwahren Informationen nicht weil sie ehrenrührig sind, sondern weil sie die Privatsphäre betreffen.[51] Dem Schutz dieser Persönlichkeitsrechte dient ein Recht auf Gegendarstellung, welches dem Einzelnen erlaubt, Veröffentlichungen entgegenzutreten, die (wenigstens angeblich) unwahre Informationen über die eigene Person enthalten.

Die informationellen Persönlichkeitsrechte allein vermögen jedoch ein Recht auf Gegendarstellung nicht zu begründen, denn es gibt kein absolutes Recht auf Selbstdarstellung nach Wunsch. Das Recht auf Gegendarstellung ist daher erst mit der Verstärkung der persönlichkeitsrechtlichen Dimension durch die kommunikative Dimension vollständig begründet. Die kommunikative Dimension setzt sich wiederum aus zwei Komponenten zusammen: Zum einen ist dies die

---

[47] So BGH, Urt. v. 06.04.1976, Az. VI ZR 246/74, NJW 1976, 1198, 1201 – Panorama.

[48] Z.B. BGH, Urt. v. 09.04.1963, Az. VI ZR 54/62, NJW 1963, 1155 – „Geisterreigen"; BGH, Urt. v. 04.12.1973, Az. VI ZR 213/71, BGHZ 62, 7, 12 – Stern; BGH, Urt. v. 06.04.1976, Az. VI ZR 246/74, NJW 1976, 1198, 1201 – Panorama.

[49] Z.B. BVerfG, Beschl. v. 08.02.1983, Az. 1 BvL 20/81, BVerfGE 63, 131, 144 – Gegendarstellung; BVerfG, Beschl. v. 14.01.1998, Az. 1 BvR 1861/93 u.a., BVerfGE 97, 125, 146 – Caroline von Monaco I; BVerfG, Beschl. v. 25.08.1998, Az. 1 BvR 1435/98, NJW 1999, 483, 484 – Wehrmachtsausstellung; BVerfG, Beschl. v. 19.12.2007, Az. 1 BvR 967/05, NJW 2008, 1654 Rn. 37 – Schiffskoffer; BVerfG, Beschl. v. 09.04.2018, Az. 1 BvR 840/15, Rn. 11 – Gottschalk/Spiegel.

[50] Ediciones Tiempo S.A./Spanien [1989] Beschwerde-Nr. 13010/87, S. 253; siehe auch EGMR, Kaperzyński/Polen [2012] Beschwerde-Nr. 43206/07 [66].

[51] Siehe BVerfG, Beschl. v. 14.01.1998, Az. 1 BvR 1861/93 u.a., BVerfGE 97, 125, 147 – Caroline von Monaco I.

Kommunikationsfreiheit des Betroffenen, einen Beitrag zur öffentlichen Meinungsbildung über sich selbst leisten zu dürfen.[52] Zum anderen hat jeder Teilnehmer des „Markplatzes der Meinungen" ein berechtigtes Interesse daran, sich auf der Grundlage eines möglichst vollständigen Informationsbildes eine Meinung über den Betroffenen bilden zu können.[53] Dieses Informationsbild schließt insbesondere die Darstellung des Betroffenen selbst ein (*audiatur et altera pars*).[54] Nicht zuletzt dient die Gegendarstellung auch dem Interesse der Medien selbst an sachlich richtiger Information.[55]

Die Rechtfertigung des Rechts auf Gegendarstellung aus der aktiven und passiven Kommunikationsfreiheit findet sich ebenfalls in der Rechtsprechung des BGH[56], des BVerfG[57] und des EGMR wieder. In *Ediciones Tiempo S.A. gegen Spanien* wies die EKomMR darauf hin, dass es auch Zweck der Gegendarstellung sei, das Interesse der Öffentlichkeit an Informationen aus einer Vielfalt an Quellen und damit den größtmöglichen Zugang zu Informationen zu erhalten.[58] Der EGMR verankert das Recht des Betroffenen auf Gegendarstellung ausdrücklich in Art. 10 EMRK und betont damit seine äußerungsrechtliche Dimension.[59] Zudem bestehe ein Bedürfnis danach, eine Vielfalt an Meinungen insbesondere zu Angelegenheiten von öffentlichem Interesse sicherzustellen.[60]

Erst die kommunikative Dimension des Rechts auf Gegendarstellung vermag auch das Verhältnis zwischen Gegendarstellung einerseits und Unterlassung, Folgenbeseitigung und Schadensersatz andererseits zu erklären. Dogmatisch unterscheiden sich die Ansprüche dadurch, dass der Gegendarstellungsanspruch nur auf periodische Massenmedien Anwendung findet und – so jedenfalls in Deutschland – keine Aussage über den Wahrheitsgehalt der Erstäußerung trifft. Bedeutsam in theoretischer Hinsicht ist, dass nur das Recht auf Gegendarstellung zu einem Entgegnungsrecht des Betroffenen führt und die Debatte, ganz im Sinne des „Marktplatzes der Meinungen", am Leben hält.

---

[52] BVerfG, Beschl. v. 14.01.1998, Az. 1 BvR 1861/93 u.a., BVerfGE 97, 125, 146 ff. – Caroline von Monaco I; BVerfG, Beschl. v. 25.08.1998, Az. 1 BvR 1435/98, NJW 1999, 483, 484 – Wehrmachtsausstellung; *Sedelmeier*, in: Löffler, Presserecht, 6. Aufl. 2015, § 11 LPG Rn. 39.

[53] BVerfG, Beschl. v. 14.01.1998, Az. 1 BvR 1861/93 u.a., BVerfGE 97, 125, 146 – Caroline von Monaco I; BVerfG, Beschl. v. 25.08.1998, Az. 1 BvR 1435/98, NJW 1999, 483, 484 – Wehrmachtsausstellung; vgl. EGMR, Eker/Türkei [2017] Beschwerde-Nr. 24016/05 [48].

[54] BGH, Urt. v. 09.04.1963, Az. VI ZR 54/62, NJW 1963, 1155 – „Geisterreigen".

[55] BGH, Urt. v. 06.04.1976, Az. VI ZR 246/74, NJW 1976, 1198, 1201 – Panorama.

[56] Z.B. BGH, Urt. v. 04.12.1973, Az. VI ZR 213/71, BGHZ 62, 7, 12 – Stern; BGH, Urt. v. 06.04.1976, Az. VI ZR 246/74, NJW 1976, 1198, 1201 – Panorama.

[57] Z.B. BVerfG, Beschl. v. 14.01.1998, Az. 1 BvR 1861/93 u.a., BVerfGE 97, 125, 146 – Caroline von Monaco I.

[58] Ediciones Tiempo S.A./Spanien [1989] Beschwerde-Nr. 13010/87, S. 254.

[59] Kaperzyński/Polen [2012] Beschwerde-Nr. 43206/07 [66]; Melnychuk/Ukraine [2005] Beschwerde-Nr. 28743/03, S. 6.

[60] EGMR, Melnychuk/Ukraine [2005] Beschwerde-Nr. 28743/03, S. 6.

Widerruf, Unterlassung und Schadensersatz bewirken das Gegenteil: Sie beenden die Debatte. Dieser Aspekt sollte dem Desiderat eines transnational anerkannten Gegendarstellungsrechts Auftrieb geben. Anders als dies in den USA der Fall ist, sollte ein Gegendarstellungsanspruch daher nicht nur als Eingriff in die negative Medienfreiheit, sondern als milderes Mittel zu sonstigen Sanktionen betrachtet werden, der den kommunikativen Prozess nicht erstickt, sondern ihm erst Sauerstoff gibt.

2. Die Dogmatik des Rechts auf Gegendarstellung

Die Gegendarstellung setzt zunächst eine Erstmitteilung in einem periodischen journalistischen Massenmedium voraus.[61] Nicht einheitlich geregelt ist, welche Natur die Erstmitteilung haben muss. Nach deutschem Recht[62] wie auch nach der AVMD-Richtlinie muss es sich bei der Erstmitteilung um eine Tatsachenbehauptung handeln. In Frankreich hingegen ist ein *droit de réponse* sogar gegenüber Meinungsäußerungen anerkannt.[63] Nach deutschem Recht kommt es nicht auf die Richtigkeit der Erstmitteilung an.[64] Das zur Gegendarstellung verpflichtete Medium kann seine Pflicht auch nicht durch Bemühungen um rechtmäßige und wahrheitsgemäße Berichterstattung abwenden.[65] Ferner steht einem Anspruch auf Gegendarstellung nicht entgegen, dass der Betroffene von der ihm eingeräumten Möglichkeit, vor der Berichterstattung Stellung zu nehmen, keinen Gebrauch macht.[66] Ein Anspruch auf Gegendarstellung kommt nur dann nicht in Betracht, wenn die Gegendarstellung offensichtlich unrichtig ist, was insbesondere dann der Fall ist, wenn die Erstmitteilung offensichtlich richtig ist.[67] Im Gegensatz dazu setzt Art. 28 AVMD-Richtlinie eine falsche Tatsachenbehauptung voraus. Dem ähnlich verlangt Art. 1 Abs. 3 IPSO Edi-

---

[61] Vgl. BVerfG, Beschl. v. 14.01.1998, Az. 1 BvR 1861/93 u.a., BVerfGE 97, 125, 147 – Caroline von Monaco I.

[62] Siehe z.B. für das ZDF § 9 ZDF-StV; für ARD-Gemeinschaftssendungen § 8 ARD-StV; für Deutsche Welle und Deutschlandradio § 18 DWG, § 9 DLR-StV; für Telemedien mit journalistisch-redaktionell gestalteten Angeboten § 56 RStV; für die Presse etwa § 10 HPresseG.

[63] Siehe *Rösler*, ZRP 1999, 507; *Elmaleh*, Gegendarstellungsrecht, Droit de Réponse: Eine rechtsvergleichende Studie zum Medienrecht von Deutschland, Frankreich und der Schweiz, 1993. Für eine Einführung eines Rechts auf Gegendarstellung auch gegenüber Meinungsäußerungen insb. *Stürner*, JZ 1994, 865, 871f.

[64] BGH, Urt. v. 09.04.1963, Az. VI ZR 54/62, NJW 1963, 1155 – „Geisterreigen"; BVerfG, Beschl. v. 19.12.2007, Az. 1 BvR 967/05, NJW 2008, 1654 Rn. 39 – Schiffskoffer.

[65] BVerfG, Beschl. v. 14.01.1998, Az. 1 BvR 1861/93 u.a., BVerfGE 97, 125, 150 – Caroline von Monaco I.

[66] BVerfG, Beschl. v. 09.04.2018, Az. 1 BvR 840/15, Rn. 13 – Gottschalk/Spiegel.

[67] Vgl. BVerfG, Beschl. v. 19.12.2007, Az. 1 BvR 967/05, NJW 2008, 1654 Rn. 39 – Schiffskoffer m.w.N. aus der Lit.

tors' Code of Conduct eine „erhebliche Ungenauigkeit".[68] Für das deutsche Modell spricht, dass sich der Anspruch auf Gegendarstellung nur dann zeitnah verwirklichen lässt, wenn auf eine vorherige Feststellung der Unwahrheit der Erstmitteilung verzichtet wird.[69] Interessant ist im Übrigen eine deskriptiv-theoretische Schlussfolgerung: Entgegen dem Bekenntnis des BGH steht bei der Gegendarstellung nach deutschem Recht offenbar nicht die persönlichkeitsrechtliche *ratio* des Anspruchs „im Vordergrund",[70] sondern die kommunikative. Anders lässt es sich nicht erklären, dass für das deutsche Recht die entscheidende persönlichkeitsrechtliche Komponente, nämlich die Unwahrheit der Äußerung, unbeachtlich ist. Aufschlussreich ist insofern der Vergleich mit Art. 28 Abs. 1 Satz 1 AVMD-Richtlinie, der die Unwahrheit der Äußerung gerade voraussetzt. Anspruchsberechtigter ist danach derjenige, dessen „berechtigte Interessen – *insbesondere Ehre und Ansehen* – aufgrund der Behauptung falscher Tatsachen in einem Fernsehprogramm beeinträchtigt worden sind".[71] In *Ediciones Tiempo S.A. gegen Spanien* entschied die EKomMR, dass es mit dem Recht des Medienunternehmens aus Art. 10 Abs. 1 EMRK vereinbar ist, wenn – wie dies auch in Deutschland der Fall ist – ein Recht auf Gegendarstellung nicht die Feststellung der Unwahrheit der Erstmitteilung voraussetzt.[72] Allerdings darf auch das Medienunternehmen nicht dazu verpflichtet werden, selbst den Wahrheitsgehalt der Gegendarstellung zu überprüfen.[73]

Die Gegendarstellung ist mit angemessener publizistischer Wirkung zu veröffentlichen.[74] Ihr Inhalt darf nicht justiziabel sein.[75] Dem Erstmitteilenden ist es gestattet, der Gegendarstellung seine eigene Version der Tatsachen beizufügen.[76] Der Anspruch auf Gegendarstellung ist nach Inhalt und Umfang durch die Erstmitteilung begrenzt. Der Betroffene darf nur den darin enthaltenen Tat-

---

[68] „A fair opportunity to reply to significant inaccuracies should be given, when reasonably called for."

[69] BVerfG, Beschl. v. 14.01.1998, Az. 1 BvR 1861/93 u.a., BVerfGE 97, 125, 147 – Caroline von Monaco I.

[70] So aber BGH, Urt. v. 06.04.1976, Az. VI ZR 246/74, NJW 1976, 1198, 1201 – Panorama; vgl. auch BGH, Urt. v. 09.04.1963, Az. VI ZR 54/62, NJW 1963, 1155 – „Geisterreigen": „Dem im wesentlichen persönlichkeitsrechtlichen Charakter dieses Instituts [...]".

[71] Kursivdruck durch Verf.

[72] EKomMR, Ediciones Tiempo S.A./Spanien [1989] Beschwerde-Nr. 13010/87, S. 254.

[73] EKomMR, Ediciones Tiempo S.A./Spanien [1989] Beschwerde-Nr. 13010/87, S. 254.

[74] Vgl. Art. 28 Abs. 3 Satz 3 AVMD-Richtlinie; § 9 Abs. 2 Nr. 2 ZDF-StV; § 56 Abs. 1 Satz 2 RStV; EGMR, Vitrenko u.a./Ukraine [2008] Beschwerde-Nr. 23510/02 [1]; BVerfG, Beschl. v. 14.01.1998, Az. 1 BvR 1861/93 u.a., BVerfGE 97, 125, 148 – Caroline von Monaco I; BGH, Urt. v. 22.12.1959, Az. VI ZR 175/58, BGHZ 31, 308, 318 – Alte Herren.

[75] EGMR, Melnychuk/Ukraine [2005] Beschwerde-Nr. 28743/03: beleidigender Inhalt; § 9 Abs. 3 Satz 1 ZDF-StV, § 10 Abs. 2 Satz 4 HPresseG, § 9 Abs. 3 Satz 1 DLR-StV; § 18 Abs. 3 DWG, § 56 Abs. 2 Nr. 3 RStV: strafbarer Inhalt; Art. 28 Abs. 4 AVMD-Richtlinie: strafbare Handlung, zivilrechtliche Haftung des Fernsehveranstalters oder Verstoß gegen die guten Sitten.

[76] EKomMR, Ediciones Tiempo S.A./Spanien [1989] Beschwerde-Nr. 13010/87.

sachen widersprechen, aber nicht darüber hinausgehen.[77] Die Frist auf Geltend-
machung des Gegendarstellungsanspruchs muss so bemessen sein, dass einerseits der Betroffene das Recht auf Gegendarstellung in angemessener Weise
wahrnehmen kann,[78] andererseits aber die Gegendarstellung nicht so spät gebracht wird, dass sie nicht mehr aktuell ist.[79]

III. Folgenbeseitigung

Ansprüche auf Folgenbeseitigung sind in den hier zu untersuchenden Rechtsordnungen in verschiedener Weise vertreten. Unter „Folgenbeseitigung" ist hier
die Beseitigung bestehender Folgen eines objektiv rechtswidrigen Eingriffs in
die Ehre durch den Deliktstäter selbst zu verstehen. Anders als bei der Gegendarstellung wird der Mitteilende nicht zur Veröffentlichung einer Stellungnahme des Betroffenen verpflichtet, sondern zur Veröffentlichung einer *eigenen*
Stellungnahme.

In einigen Gliedstaaten der USA existieren sogenannte *Retraction Statutes*,
die dem Schutz der Presse und des Rundfunks dienen. Vor einer Klage auf
Schadensersatz wegen *defamation* muss der Betroffene bei dem Medienunternehmen einen Widerruf der Äußerung beantragen. Kommt das Medienunternehmen diesem Antrag nach, so kann der Betroffene nur auf Ersatz des Vermö-
gensschadens klagen, nicht jedoch auf Nichtvermögensschäden oder Strafschadensersatz.[80]

In England und Wales besteht grundsätzlich kein gesetzlicher oder richter-
rechtlicher Anspruch auf Folgenbeseitigung. Art. 1 Abs. 2 IPSO Editors' Code
of Conduct schreibt allerdings vor, dass eine erhebliche Ungenauigkeit, Irrefüh-
rung oder Verzerrung direkt und hinreichend erkennbar berichtigt werden
und, sofern angemessen, eine Entschuldigung veröffentlicht werden muss. Darüber hinaus sind Widerrufe, Berichtigungen und Entschuldigungen in der Praxis übliche Bestandteile außergerichtlicher Einigungen.[81] Schließlich begründet
das „Angebot auf Wiedergutmachung" (*offer to make amends*) gemäß Sections
2 bis 4 Defamation Act 1996 unter bestimmten Voraussetzungen eine Einrede

---

[77] BVerfG, Beschl. v. 14.01.1998, Az. 1 BvR 1861/93 u.a., BVerfGE 97, 125, 150 – Caroline
von Monaco I.
[78] Vgl. Art. 28 Abs. 3 Satz 2 AVMD-Richtlinie; BVerfG, Beschl. v. 08.02.1983, Az. 1 BvL
20/81, BVerfGE 63, 131, 144 – Gegendarstellung: Ausschlussfrist von zwei Wochen.
[79] BVerfG, Beschl. v. 08.02.1983, Az. 1 BvL 20/81, BVerfGE 63, 131, 144 f. – Gegendarstellung.
[80] Z. B. § 48a Abs. 1 California Civil Code.
[81] Siehe *Sutter*, Defamation, in: Goldberg/Sutter/Walden (Hrsg.), Media Law and Practice,
2009, 373, 424; *Robertson/Nicol*, Media Law, 5. Aufl. 2007, Rn. 3-086.

gegen einen *defamation*-Anspruch. Das Angebot muss mindestens[82] eine angemessene Berichtigung (*suitable correction*) der Äußerung und eine hinreichende Entschuldigung (*sufficient apology*) gegenüber dem Betroffenen enthalten. Nimmt der Betroffene das Angebot an, so ist eine *defamation*-Klage nach Section 3 Abs. 1 Defamation Act 1996 ausgeschlossen bzw. darf nicht weiter verfolgt werden. Lehnt der Betroffene das Angebot auf Wiedergutmachung ab, so gilt das Angebot nunmehr als Einrede gegenüber einer Schadensersatzklage, es sei denn, der Mitteilende wusste oder hatte Grund anzunehmen, dass die Äußerung unwahr und diffamierend gegenüber dem Betroffenen war.[83]

Das ausdifferenzierteste System der Folgenbeseitigung besteht in Deutschland. Analog § 1004 BGB kann der Betroffene den Mitteilenden verschuldensunabhängig auf Beseitigung eines Zustands fortdauernder rechtswidriger[84] Ehrbeeinträchtigung in Anspruch nehmen. Voraussetzungen und Inhalt dieses Anspruchs ergeben sich wiederum aus der Taxonomie der Information. Bei unwahren Tatsachenbehauptungen kommen ein Anspruch auf Berichtigung[85] oder ein Widerruf[86] in Betracht. Steht die Unwahrheit der Tatsachenbehauptung nicht fest, fehlt es aber an ernstlichen Anhaltspunkten für ihre Richtigkeit, so ist möglicherweise ein Anspruch auf einen sog. eingeschränkten Widerruf gegeben.[87] Bei „entstellender Einseitigkeit" einer Berichterstattung – eine beanstandete Textstelle ist nicht schlechthin, sondern nur in einem Teilaspekt unwahr – besteht ein Anspruch auf Richtigstellung.[88] Bei einem Freispruch nach

---

[82] Siehe Section 2 Abs. 4 Satz 2 Defamation Act 1996.

[83] Section 4 Defamation Act 1996. Ein Angebot auf Wiedergutmachung ist jedoch dann keine wirksame Einrede, wenn der Anspruchsgegner eine andere Einrede, etwa die Wahrheit der Äußerung oder Beitrag zu einer Angelegenheit von öffentlichem Interesse, vorgebracht hat (Section 2 Abs. 5, Section 4 Abs. 4 Defamation Act 1996).

[84] D.h. grundsätzlich muss die ursprüngliche Berichterstattung bereits rechtswidrig gewesen sein: BVerfG, Beschl. v. 02.05.2018, Az. 1 BvR 666/17, Rn. 20 – HSH Nordbank/Spiegel.

[85] BVerfG, Beschl. v. 10.11.1998, Az. 1 BvR 1531/96, BVerfGE 99, 185, 198 – Scientology; BGH, Urt. v. 18.11.2014, Az. VI ZR 76/14, BGHZ 203, 239 Rn. 13 – Chefjustiziar; Ziffer 3 Pressekodex des Deutschen Presserates (dort als „Richtigstellung" bezeichnet).

[86] Siehe z. B. BGH, Urt. v. 17.06.1953, Az. VI ZR 51/52, BGHZ 10, 104, 105 – Eiprodukten-Einfuhrverband; BGH, Urt. v. 20.06.1961, Az. VI ZR 222/60, NJW 1961, 1913, 1914 – Wiedergutmachung; BGH, Urt. v. 04.06.1974, Az. VI ZR 68/73, GRUR 1974, 797, 798 – Fiete Schulze; BGH, Urt. v. 09.12.1975, Az. VI ZR 157/73, BGHZ 65, 325, 337 – Warentest II; BGH, Urt. v. 15.11.1994, Az. VI ZR 56/94, BGHZ 128, 1, 6 – Erfundenes Exklusiv-Interview; BGH, Urt. v. 05.06.1962, Az. VI ZR 236/61, BGHZ 37, 187, 191 – Eheversprechen; BGH, Urt. v. 01.02.1977, Az. VI ZR 204/74, MDR 1977, 655 – „Halsabschneider".

[87] Siehe z. B. BGH, Urt. v. 05.06.1962, Az. VI ZR 236/61, BGHZ 37, 187, 190 – Eheversprechen; BGH, Urt. v. 03.03.1970, Az. VI ZR 115/68, MDR 1970, 579, 580 – Stadtdirektor; BGH, Urt. v. 04.06.1974, Az. VI ZR 68/73, GRUR 1974, 797, 799 – Fiete Schulze; BGH, Urt. v. 09.12.1975, Az. VI ZR 157/73, BGHZ 65, 325, 337 – Warentest II.

[88] BGH, Urt. v. 22.12.1959, Az. VI ZR 175/58, BGHZ 31, 308, 318 f. – Alte Herren; BGH, Urt. v. 20.06.1961, Az. VI ZR 222/60, NJW 1961, 1913, 1914 – Wiedergutmachung; BVerfG, Beschl. v. 14.01.1998, Az. 1 BvR 1861/93 u. a., BVerfGE 97, 125, 150 – Caroline von Monaco I; BGH, Urt. v. 22.06.1982, Az. VI ZR 251/80, NJW 1982, 2246, 2248 – Klinikdirektoren.

Einleitung eines Ermittlungsverfahrens oder Aufhebung einer gerichtlichen Verurteilung in zweiter Instanz kommt ein Anspruch auf Ergänzung der Berichterstattung über das Ermittlungsverfahren bzw. das erstinstanzliche Urteil in Betracht.[89] Hingegen darf von journalistischen Medien nicht verlangt werden, ihre Berichterstattung um nachträglich bekanntgewordene Umstände allgemein zu ergänzen.[90]

Nach dem Gebot der praktischen Konkordanz ist unter Abwägung der beiderseitigen Grundrechtspositionen für die Festlegung des genauen Inhalts und der Form der Erklärung die Maßnahme zu wählen, die zur Beseitigung des Störungszustandes geeignet ist aber zugleich die negative Kommunikationsfreiheit am wenigsten beeinträchtigt.[91]

Vor dem Hintergrund dieser Nebeneinanderstellung lassen sich Unterschiede, aber auch transnationale Gemeinsamkeiten erkennen. Unterschiedlich ist zunächst die Ausgestaltung der Folgenbeseitigung. In den USA ist ein Antrag auf Folgenbeseitigung eine Obliegenheit des Klägers, in England und Wales eine mögliche Einrede des Beklagten, und in Deutschland ein eigenständiger Anspruch des Betroffenen mit korrespondierender Pflicht des Mitteilenden. Trotz dieser dogmatischen Unterschiede besteht ein gemeinsamer Bezugspunkt: Alle drei Jurisdiktionen definieren den Folgenbeseitigungsanspruch über sein Verhältnis zum Schadensersatz- bzw. Entschädigungsanspruch. In den USA ist ein Antrag des Verletzten auf Folgenbeseitigung Voraussetzung eines Anspruchs auf Ersatz des Nichtvermögensschadens und Strafschadensersatzes. In England und Wales ist das Angebot der Folgenbeseitigung eine Einrede des Verletzers gegen einen Entschädigungsanspruch. Und in Deutschland entsteht ein Anspruch auf Entschädigung für Persönlichkeitsrechtsverletzungen nur dann, wenn ein Gegendarstellungs-, Unterlassungs- oder eben Widerrufsanspruch nicht ausreichend ist (dazu Abschnitt IV.). In ihrem Verhältnis zum Entschädigungsanspruch ist die Folgenbeseitigung in Deutschland somit funktional dem Recht der Gliedstaaten der USA ähnlicher als dem von England und Wales.

Transnationale Maßgaben für die Ausgestaltung eines Folgenbeseitigungsrechts ergeben sich auch aus Dokumenten des Europarates und der Rechtsprechung des EGMR. Das Ministerkomitee des Europarates empfiehlt, im nationa-

---

[89] Vgl. BVerfG, Beschl. v. 28.04.1997, Az. 1 BvR 765/97, NJW 1997, 2589 – Sexueller Missbrauch; BVerfG, Beschl. v. 02.05.2018, Az. 1 BvR 666/17, Rn. 20 – HSH Nordbank/Spiegel; BGH, Urt. v. 30.11.1971, Az. VI ZR 115/70, NJW 1972, 431 – Freispruch; Richtlinie 13.2. Pressekodex des Deutschen Presserates.

[90] BVerfG, Beschl. v. 02.05.2018, Az. 1 BvR 666/17, Rn. 23 – HSH Nordbank/Spiegel.

[91] Vgl. BGH, Urt. v. 21.01.1960, Az. I ZR 30/58, JZ 1960, 701, 702 f. – „La Chatte"; BGH, Urt. v. 30.11.1971, Az. VI ZR 115/70, NJW 1972, 431 f. – Freispruch; BGH, Urt. v. 25.11.1986, Az. VI ZR 57/86, BGHZ 99, 133, 138 – „Oberfaschist"; BGH, Urt. v. 18.11.2014, Az. VI ZR 76/14, BGHZ 203, 239 Rn. 40 – Chefjustiziar.

len Recht Widerrufsansprüche vorzusehen.[92] Der EGMR überlässt es zwar grundsätzlich dem Entscheidungsspielraum der Mitgliedstaaten, einen eigenständigen Folgenbeseitigungsanspruch vorzusehen oder nicht.[93] Sofern Konventionsstaaten allerdings gesetzliche Verpflichtungen zum Widerruf oder zur Ergänzung unwahrer Tatsachenbehauptungen vorsehen, hat der EGMR diese nicht beanstandet.[94] Auch hielt der EGMR die Verpflichtung für konventionsgemäß, eine Internet-Veröffentlichung mit dem Hinweis zu versehen, gegen die Veröffentlichung sei eine Klage wegen Diffamierung anhängig.[95] Schließlich sieht der EGMR eine Berichtigung falscher Tatsachenbehauptungen, insbesondere in Online-Archiven, als Teil der journalistischen Sorgfaltspflichten an.[96]

Was Inhalt und Form eines Widerrufs angeht,[97] hat der EGMR festgestellt, dass das Ausdrücken des Bedauerns über den Ton eines Artikels noch nicht den Widerruf der darin enthaltenen Tatsachenbehauptungen begründe.[98] Auch erfülle die Veröffentlichung einer Gegendarstellung des Betroffenen nicht die Voraussetzungen eines wirksamen Widerrufs.[99] Der Beklagte darf seiner Erklärung hinzufügen, dass er zu ihr verurteilt worden sei.[100] Nach der deutschen Rechtsprechung darf der Beklagte jedoch nicht seine Erklärung durch noch weitergehende Zusätze oder öffentliche Erklärungen abschwächen, indem er etwa Zweifel an der Richtigkeit der Verurteilung hinzufügt.[101]

Allerdings entschied der EGMR, dass eine gesetzliche Pflicht der Medien, eine Entschuldigung zu veröffentlichen, Art. 10 EMRK verletze: Es sei in einer demokratischen Gesellschaft nicht notwendig, dem Betroffenen aufzugeben,

---

[92] Europarat, Ministerkomitee, Recommendation No. R (97) 20 on "hate speech".

[93] In *Mikolajová gegen Slowakei* hat der EGMR eine Pflicht zur Berichtigung anerkannt: Die Polizei hatte in einem Brief an die Versicherung des Betroffenen wahrheitswidrig Fehlverhalten des Betroffenen als Ursache für eine Verletzung behauptet. Der EGMR entschied, dass der Betroffene einen Anspruch auf Berichtigung dieser Behauptung hatte, da die diffamierende Äußerung gegenüber einem Dritten kommuniziert wurde (EGMR, Mikolajová/Slowakei [2011] Beschwerde-Nr. 4479/03 [62]).

[94] EGMR, Editorial Board of Pravoye Delo und Shtekel/Ukraine [2011] Beschwerde-Nr. 33014/05 [54]; Rusu/Rumänien [2016] Beschwerde-Nr. 25721/04 [25].

[95] EGMR, Węgrzynowski und Smolczewski/Polen [2013] Beschwerde-Nr. 33846/07 [59].

[96] Siehe EGMR, Kania und Kittel/Polen [2011] Beschwerde-Nr. 35105/04 [52]; Times Newspapers Ltd./Vereinigtes Königreich (Nr. 1 und 2) [2009] Beschwerde-Nr. 3002/03 und 23676/03 [47]; Ristämäki und Korvola/Finnland [2013] Beschwerde-Nr. 66456/09 [57].

[97] Dazu ausführlich *Altenhain*, Negatorischer Ehrenschutz, 2003, S. 179 f.

[98] EGMR, Petrenco/Moldawien [2010] Beschwerde-Nr. 20928/05 [67].

[99] EGMR, Rusu/Rumänien [2016] Beschwerde-Nr. 25721/04 [25 f.]; so auch BGH, Urt. v. 25.05.1954, Az. I ZR 211/53, BGHZ 13, 334, 340 – Veröffentlichung von Briefen; siehe etwa BGH, Urt. v. 22.12.1959, Az. VI ZR 175/58, BGHZ 31, 308, 319 – Alte Herren.

[100] Vgl. EKomMR, Ediciones Tiempo S.A./Spanien [1989] Beschwerde-Nr. 13010/87, S. 253; BVerfG, Beschl. v. 28.01.1970, Az. 1 BvR 719/68, BVerfGE 28, 1, 10 – Augstein; BGH, Urt. v. 03.05.1977, Az. VI ZR 36/74, NJW 1977, 1288, 1291 – Abgeordnetenbestechung.

[101] So BGH, Urt. v. 03.05.1977, Az. VI ZR 36/74, NJW 1977, 1288, 1291 – Abgeordnetenbestechung; BVerfG, Beschl. v. 26.08.2003, Az. 1 BvR 2243/02, NJW 2004, 589, 590 – Haarfarbe des Bundeskanzlers.

sein eigenes Fehlverhalten einzugestehen.[102] Dies deckt sich mit der Rechtsprechung in Deutschland. Danach darf die Erklärung nicht über das hinausgehen, was zur Beseitigung der Beeinträchtigung erforderlich ist.[103] Der Beklagte darf durch die Verpflichtung zur Abgabe einer eigenen Erklärung nicht unzumutbar belastet werden, insbesondere darf er nicht vor der Öffentlichkeit gedemütigt werden.[104] Die Verurteilung darf weder zu einer Bestrafung des Beleidigers noch zu einer Genugtuung des Beleidigten benutzt werden, sondern muss sich allein an der Aufgabe der Abwehr und Beseitigung von Störungen und ihren Folgen orientieren.[105] Den schutzwürdigen Interessen des Verletzten ist insoweit genügt, wenn der Beklagte durch „Abrücken" den Störungszustand zu beseitigen sucht. Er muss nicht innerlich von der Unrichtigkeit der Behauptung überzeugt sein und braucht dies auch nicht zu bekennen; er soll nicht „gebrochen" werden.[106] Bedenklich ist daher die Ausgestaltung des englischen Rechts, wonach die Einrede der *offer to make amends* ausscheidet, wenn der Beklagte eine weitere Einrede vorträgt.

Schließlich lassen sich mögliche transnationale Maßstäbe für ein Folgenbeseitigungsrecht aus theoretischen Überlegungen deduzieren. Anders als die Gegendarstellung ist die Folgenbeseitigung ausschließlich mit dem Persönlichkeitsinteresse des Betroffenen zu erklären, nicht jedoch mit dem kommunikativen Interesse des Betroffenen und der Rezipienten. Die Gegendarstellung bietet der Öffentlichkeit die Sicht der Dinge des Betroffenen und hält damit die öffentliche Debatte am Leben, die Folgenbeseitigung beseitigt die Folgen der Erstmitteilung des Äußernden und soll damit die Debatte beenden. Hinzu kommt, dass ein Folgenbeseitigungsanspruch die negative Kommunikationsfreiheit noch stärker beeinträchtigt als ein Gegendarstellungsanspruch, da der Mitteilende zur Abgabe einer eigenen Erklärung verpflichtet wird und nicht lediglich die Erklärung eines Dritten veröffentlichen muss.[107]

---

[102] EGMR, Kazakov/Russland [2008] Beschwerde-Nr. 1758/02 [30]: „to make someone retract his or her own opinion by acknowledging his or her own wrongness is a doubtful form of redress and does not appear to be 'necessary'." So bereits Ovchinnikov/Russland [2010] Beschwerde-Nr. 24061/04, zust. Meinung von Richter Kovler. Anders jedoch Bestry/Polen [2015] Beschwerde-Nr. 57675/10 [70]: Verpflichtung eines Politikers, sich bei von ihm angegriffenen Medien zu entschuldigen, war mit Art. 10 EMRK vereinbar.

[103] Vgl. BGH, Urt. v. 22.12.1959, Az. VI ZR 175/58, BGHZ 31, 308, 320 – Alte Herren; BGH, Urt. v. 21.01.1960, Az. I ZR 30/58, JZ 1960, 701, 703 – „La Chatte"; BGH, Urt. v. 03.06.1969, Az. VI ZR 17/68, DB 1969, 1283 – Ausscheiden eines Mitgesellschafters.

[104] Vgl. BVerfG, Beschl. v. 28.01.1970, Az. 1 BvR 719/68, BVerfGE 28, 1, 10 – Augstein; BGH, Urt. v. 03.05.1977, Az. VI ZR 36/74, NJW 1977, 1288, 1291 – Abgeordnetenbestechung.

[105] BGH, Urt. v. 17.06.1953, Az. VI ZR 51/52, BGHZ 10, 104, 106 – Eiprodukten-Einfuhrverband; BGH, Urt. v. 22.12.1959, Az. VI ZR 175/58, BGHZ 31, 308, 320f. – Alte Herren; BGH, Urt. v. 03.05.1977, Az. VI ZR 36/74, NJW 1977, 1288, 1291 – Abgeordnetenbestechung.

[106] Vgl. BVerfG, Beschl. v. 28.01.1970, Az. 1 BvR 719/68, BVerfGE 28, 1, 10 – Augstein; BGH, Urt. v. 03.05.1977, Az. VI ZR 36/74, NJW 1977, 1288, 1291 – Abgeordnetenbestechung.

[107] Vgl. BVerfG, Beschl. v. 28.04.1997, Az. 1 BvR 765/97, NJW 1997, 2589 – Sexueller Miss-

Aus alldem folgt, dass ein Folgenbeseitigungsanspruch strengen Voraussetzungen unterliegen muss.[108] Vor dem Hintergrund des Grundsatzes der Verhältnismäßigkeit ist zunächst danach zu fragen, ob zur Beseitigung der Ehrbeeinträchtigung eine Erklärung des Beklagten erforderlich ist, weil der Störungszustand nur durch seine Erklärung beendet werden kann, oder ob die Veröffentlichung einer entsprechende Erklärung des Betroffenen selbst – etwa im Wege einer Gegendarstellung – genügt.[109] Zudem muss eine zu widerrufende oder zu berichtigende Behauptung in ihrem streitgegenständlichen Teil nicht nur nicht bewiesen wahr, sondern zum Zeitpunkt der Verpflichtung zur Folgenbeseitigung erwiesen unwahr sein. Niemand darf dazu verpflichtet werden, etwas als unrichtig zu bezeichnen, was möglicherweise wahr ist.[110] Ähnliches gilt bei Meinungsäußerungen: Es wäre widersinnig, jemanden dazu zu verpflichten, äußerlich von einer Meinung abzurücken, die er innerlich noch aufrechterhält.[111]

Im System der Taxonomie der Information kommen Widerruf, Berichtigung und Richtigstellung daher nur bei Tatsachenbehauptungen in Betracht, nicht hingegen bei Meinungsäußerungen. Als Folgenbeseitigungsanspruch für ehrenrührige Meinungsäußerungen kommt etwa die Veröffentlichung einer strafbewehrten Unterlassungsverpflichtung in Betracht.[112]

Der Inhalt eines Folgenbeseitigungsanspruchs muss sich an dem in Kapitel 2 dargestellten Kommunikationsmodell orientieren. Ein Widerrufsanspruch kann nur gegenüber demjenigen in Betracht kommen, der eine Behauptung selbst aufgestellt hat bzw. sie sich zu eigen gemacht hat. Wer selbst eine Behauptung nicht aufgestellt hat, kann diese auch nicht widerrufen.[113] Wer die beanstandete Äußerung nicht selbst getan oder zu eigen gemacht, sondern nur verbreitet hat, kann allenfalls dazu verpflichtet werden, von der Äußerung abzurücken.[114]

Die Veröffentlichung der Erklärung muss nach Inhalt und Form geeignet sein, die Ehrbeeinträchtigung möglichst zu beseitigen. Sie muss daher optisch so gestaltet sein, dass sie möglichst den Leserkreis und den Grad an Aufmerk-

---

brauch; BVerfG, Beschl. v. 02.05.2018, Az. 1 BvR 666/17, Rn. 17 – HSH Nordbank/Spiegel; BGH, Urt. v. 18.11.2014, Az. VI ZR 76/14, BGHZ 203, 239 Rn. 41 – Chefjustiziar.

[108] Vgl. BGH, Urt. v. 30.11.1971, Az. VI ZR 115/70, NJW 1972, 431, 432 – Freispruch.

[109] BGH, Urt. v. 30.11.1971, Az. VI ZR 115/70, NJW 1972, 431, 433 – Freispruch; BGH, Urt. v. 15.11.1994, Az. VI ZR 56/94, BGHZ 128, 1, 8 – Erfundenes Exklusiv-Interview.

[110] BGH, Urt. v. 05.06.1962, Az. VI ZR 236/61, BGHZ 37, 187, 190 f. – Eheversprechen; BGH, Urt. v. 03.03.1970, Az. VI ZR 115/68, MDR 1970, 579, 580 – Stadtdirektor.

[111] BGH, Urt. v. 17.06.1953, Az. VI ZR 51/52, BGHZ 10, 104, 105 f. – Eiprodukten-Einfuhrverband; BGH, Urt. v. 20.06.1961, Az. VI ZR 222/60, NJW 1961, 1913, 1914 – Wiedergutmachung.

[112] BGH, Urt. v. 25.11.1986, Az. VI ZR 57/86, BGHZ 99, 133, 140 – „Oberfaschist".

[113] BGH, Urt. v. 06.04.1976, Az. VI ZR 246/74, NJW 1976, 1998, 1999 – Panorama.

[114] BGH, Urt. v. 06.04.1976, Az. VI ZR 246/74, NJW 1976, 1998, 1999 – Panorama.

samkeit erreicht, den die Erstmitteilung erreicht hat (Grundsatz gleicher publizistischer Wirkung).[115]

IV. Schadensersatz

Worin besteht bei einem Kommunikationsdelikt im Allgemeinen und bei einer Ehrverletzung im Besonderen der erlittene Nachteil, und worin der zu ersetzende Schaden? Die nachfolgenden Ausführungen konzentrieren sich dem Thema dieser Untersuchung gemäß auf die Ehrverletzung; sie zeigen aber Anknüpfungspunkte für sonstige Kommunikationsdelikte auf. Erforderlich ist dafür zunächst eine deliktstheoretische Einordnung der Ehrverletzung. Diese beruht auf der grundsätzlichen Frage, was Inhalt und Voraussetzung deliktischer Ansprüche ist.

Im Folgenden wird dargelegt, dass sich Schadensersatzansprüche für Persönlichkeitsrechtsverletzungen nur mit dem unipolaren, nicht mit dem bipolaren Modell des Deliktsrechts erklären lassen (dazu 1.). Diese Hypothese wird anhand von Erläuterungen der Dogmatik des deutschen und englischen Rechts bestätigt (dazu 2.). Diese Dogmatik fügt sich wiederum nahtlos in die theoretische Einordnung des Ehrschutzrechts, welche in Kapitel 2 entwickelt wurde (dazu 3.). Unterschiede zwischen Deutschland und England hinsichtlich der Höhe der Entschädigung lassen sich mit dem unterschiedlichen Verständnis von der Funktion der Entschädigung erklären (dazu 4.).

1. Der deliktische Schaden

Zwei theoretische Modelle zum Verhältnis von unerlaubter Handlung und Schaden lassen sich unterscheiden: das bipolare und das unipolare.[116] Nach dem bipolaren Modell besteht der Nachteil in dem *Schaden* (*damnum*), den der Geschädigte als *Folge* der unerlaubten Handlung (*iniuria*) erleidet. Für das bipolare Model sind daher die Konsequenzen einer unerlaubten Handlung ausschlaggebend dafür, ob und in welcher Höhe der Betroffene Schadensersatz erhält. Das bipolare Modell liegt weiten Teilen des deutschen Deliktsrechts zugrunde. In

---

[115] Vgl. BVerfG, Beschl. v. 14.01.1998, Az. 1 BvR 1861/93 u. a., BVerfGE 97, 125, 148 – Caroline von Monaco I; BGH, Urt. v. 15.11.1994, Az. VI ZR 56/94, BGHZ 128, 1, 8 – Erfundenes Exklusiv-Interview.

[116] Vgl. *Anderson*, William & Mary Law Review 25 (1984), 747 (allerdings mit abweichender Terminologie); *Descheemaeker*, Law Quarterly Review 2016, 595 ff.; *Weir*, A Casebook on Tort, 10. Aufl. 2004, S. 322; *Stevens*, Torts and Rights, 2007, S. 60; *Deakin/Johnston/Markesinis*, Markesini's and Deakin's Tort Law, 7. Aufl. 2013, S. 792 f.

den Motiven heißt es: „Soll ein in allen Fällen ausreichender Schutz gegen unerlaubte Handlungen gewährt werden, so ist die Schadensersatzpflicht nicht an
einzelne bestimmte, möglicherweise nicht erschöpfend gestaltete Delikte zu
knüpfen, sondern allgemein *als die mögliche Folge* einer jeden unerlaubten
Handlung hinzustellen.“[117] So erhält der Betroffene nach § 823 Abs. 1 BGB
(erst) den aus der deliktischen Handlung entstehenden Schaden ersetzt. § 253
Abs. 2 BGB unterscheidet ebenfalls zwischen der Verletzung eines Rechtsguts
einerseits und dem Schaden andererseits. Nach dem unipolaren Modell hingegen ist es die unerlaubte Handlung selbst, die zum Schadensersatz berechtigt.
Entscheidend ist nicht der als Folge der Verletzungshandlung zugefügte Schaden, sondern die Verkürzung des Rechtsguts durch die Verletzungshandlung.

Mit den Worten John Stuart Mills, dessen Freiheitstheorie diese Arbeit ein-
rahmt (Kapitel 2) geht es also um die Frage, worin genau der *harm* besteht, den
der deliktische Anspruch ausgleichen soll: Die Verkürzung des Rechts oder die
Zufügung eins Schadens? Um dies am Beispiel der Ehrverletzung zu verdeutlichen: Ein bipolares Modell gewährt Schadensersatz für eine Ehrverletzungs-
handlung, soweit dem Betroffenen als Folge der Ehrverletzung ein Schaden
entstanden ist. Dieser Schaden kann beispielsweise in der psychischen Beeinträchtigung (*mental distress*) bestehen. Ein unipolares Modell hingegen gewährt
Schadensersatz bereits wegen der Ehrverletzung selbst. Die Beeinträchtigung
der Ehre *ist* der Schaden, den es auszugleichen gilt. In der Regel kommen bipolare und multipolare Modelle zu demselben Ergebnis, nur eben mit anderer Begründung.[118] Gerade bei Kommunikationsdelikten kann die Wahl des Modells
jedoch entscheidungserheblich sein: Hat der Betroffene abgesehen von der Beeinträchtigung seiner Ehre oder seiner informationellen Privatheit selbst keinen
Nachteil erfahren, so steht ihm allein nach einem unipolaren Modell ein Schadensersatzanspruch zu, nicht jedoch nach einem bipolaren Modell (dazu näher
Abschnitt 3.).

Wie im Folgenden zu zeigen sein wird, lässt sich die deutsche und die englische Dogmatik zum Schadensersatzanspruch wegen Verletzungen des „allgemeinen Persönlichkeitsrechts“ bzw. der Reputation nur mit dem unipolaren
Modell erklären.

2. Die Dogmatik des deutschen und englischen Rechts bei Ehrverletzungen

Nach § 253 Abs. 1 BGB kann wegen eines Schadens, der nicht Vermögensschaden ist, Entschädigung in Geld nur in den gesetzlich bestimmten Fällen gefor-

---

[117] Motive, Bd. II, S. 725 (Kursivdruck durch Verf.). Zur Dogmengeschichte *Katzenmeier*,
AcP 203 (2003), 79.
[118] Vgl. *Descheemaeker*, Law Quarterly Review 2016, 595, 601 f.

dert werden. Eine gesetzliche Regelung, welche Ersatz des immateriellen Schadens für Verletzungen der Ehre gewährt, existiert indessen nicht. Die Verfasser des BGB lehnten einen Anspruch auf Entschädigung in Geld für Verletzungen immaterieller Interessen ab. Es „widerstrebte der herrschenden Volksauffassung, die immateriellen Lebensgüter auf eine Linie mit Vermögensgütern zu stellen und ideellen Schaden mit Geld aufzuwiegen."[119] In seiner *Paul Dahlke*-Entscheidung aus dem Jahr 1956 widersprach der BGH noch einem Schadensersatzanspruch für einen durch eine Verletzung des Persönlichkeitsrechts entstandenen immateriellen Schaden, bejahte jedoch einen Anspruch auf eine angemessene Vergütung nach der entgangenen Lizenzgebühr für die unbefugte Verwendung eines Fotos zu Werbezwecken.[120] Im Jahre 1958, einen Monat nach der *Lüth*-Entscheidung des BVerfG, sprach der BGH im „Herrenreiter"-Urteil jedoch erstmals wegen einer Persönlichkeitsrechtverletzung für den nichtvermögensrechtlichen Schaden eine Entschädigung in Geld zu.[121] Er begründete dies mit einer Schutzpflicht aus Art. 1 und 2 GG.[122] Bei Persönlichkeitsrechtsverletzungen, „durch die in den natürlichen Herrschafts- und Freiheitsraum des Einzelnen" eingegriffen werde und deren Schadensfolgen „auf Grund der Natur des angegriffenen Rechtsguts zwangsläufig in erster Linie auf immateriellem Gebiet liegen", könne „der nach dem Grundgesetz gebotene wirksame Rechtsschutz" nur durch eine Gewährung von Schadensersatz erzielt werden.[123] Art. 1 und Art. 2 Abs. 1 GG messen dem Rechtsschutz der menschlichen Persönlichkeit einen höheren Wert bei als dies die Verfasser des BGB taten. Für diese stand der Schutz von Sachgütern im Vordergrund, wohingegen der Personenwert des Menschen nur auf Teilgebieten, lückenhaft und unzulänglich geschützt sei.[124] Dies widerspreche jedoch dem Wertesystem des Grundgesetzes. Ein Ausschluss des Ersatzes immaterieller Schäden für Persönlichkeitsrechtsverletzungen bedeute, dass die Rechtsordnung dann auf „das wirksamste und oft einzige Mittel" verzichte, das geeignet sei, „die Respektierung des Personenwerts des Einzelnen zu sichern".[125] Ohne einen solchen Anspruch blieben „Verletzungen der Würde und Ehre des Menschen häufig ohne Sanktion […] mit der Folge, dass der Rechtsschutz der Persönlichkeit verkümmern würde."[126]

---

119 BVerfG, Beschl. v. 14.02.1973, Az. 1 BvR 112/65, BVerfGE 34, 269, 270 – Soraya.
120 BGH, Urt. v. 08.05.1956, Az. I ZR 62/54, BGHZ 20, 345, 353 – Paul Dahlke.
121 BGH, Urt. v. 14.02.1958, Az. I ZR 151/56, BGHZ 26, 349 – Herrenreiter.
122 BGH, Urt. v. 14.02.1958, Az. I ZR 151/56, BGHZ 26, 349, 354 – Herrenreiter.
123 BGH, Urt. v. 14.02.1958, Az. I ZR 151/56, BGHZ 26, 349, 356 – Herrenreiter.
124 BGH, Urt. v. 19.09.1961, Az. VI ZR 259/60, BGHZ 35, 363, 367 – Ginsengwurzel.
125 BGH, Urt. v. 19.09.1961, Az. VI ZR 259/60, BGHZ 35, 363, 368 – Ginsengwurzel.
126 Siehe z.B. BVerfG, Beschl. v. 08.03.2000, Az. 1 BvR 1127/96, NJW 2000, 2187 f. – Schockschäden; BGH, Urt. v. 05.12.1995, Az. VI ZR 332/94, NJW 1996, 984, 985 – Caroline von Monaco I; BGH, Urt. v. 01.12.1999, Az. I ZR 49/97, BGHZ 143, 214, 218 f. – Marlene

Da der Entwurf einer Neuordnung des zivilrechtlichen Persönlichkeits- und Ehrschutzes nie Gesetz wurde,[127] blieb die Weiterentwicklung des zivilrechtlichen Persönlichkeitsschutzes Sache der Gerichte. In seiner „Fernsehansagerin"-Entscheidung aus dem Jahr 1963 wies der BGH auf „tiefgreifende technische und soziale Entwicklungen" hin, die sich seit 1900 vollzogen und für die Schöpfer des BGB unvorhersehbare Möglichkeiten einer Verletzung von Persönlichkeitsgütern geschaffen hätten.[128] Dem dadurch entstandenen Bedürfnis nach einem angemessenen Rechtsschutz der Persönlichkeit würde die Regelung des BGB über die Wiedergutmachung immaterieller Schäden nicht mehr gerecht.[129] Vor dem Hintergrund des Art. 1 Abs. 1 GG könnten die Gerichte nicht mehr an eine gesetzgeberische Entscheidung aus dem Jahre 1900 gebunden sein, die den Ersatz immaterieller Schäden auch bei schwerwiegenden Persönlichkeitsverletzungen versagte.[130]

Methodisch stützte der BGH die Verpflichtung zur Schadensersatzleistung zunächst auf eine analoge Anwendung von § 847 BGB a. F. In späteren Entscheidungen bestätigte der BGH die in diesem Urteil aufgestellten Grundsätze und entwickelte sie weiter.[131] Dabei änderte der BGH die dogmatische Herleitung des Anspruchs dahingehend, dass nicht mehr § 847 BGB a. F. analog, sondern § 823 BGB i. V. m. Art. 1 und 2 GG unmittelbar Anspruchsgrundlage ist.[132] Im Rahmen der Schuldrechtsreform 2002 folgte der Gesetzgeber dieser Beurteilung und erstreckte § 253 Abs. 2 BGB nicht auf das Allgemeine Persönlichkeitsrecht.[133] Das BVerfG bestätigte die Verfassungsmäßigkeit der richterlichen Rechtsfortbildung des BGH in der „Soraya"-Entscheidung.[134]

Beachtlich ist bereits die dogmatische Herleitung des Entschädigungsanspruchs aus § 823 BGB i. V. m. Art. 1 und 2 GG und nicht etwa aus einer analogen Anwendung von nunmehr § 253 Abs. 2 BGB. § 253 Abs. 2 BGB setzt explizit einen „Schaden, der nicht Vermögensschaden ist", voraus, und ist somit mit dem bipolaren Modell zu erklären. Die Herleitung aus § 823 BGB i. V. m. Art. 1

Dietrich; BGH, Urt. v. 17.12.2013, Az. VI ZR 211/12, NJW 2014, 6 Rn. 40 – Sächsische Korruptionsaffäre.

[127] Entwurf eines Gesetzes zur Neuordnung des zivilrechtlichen Persönlichkeits- und Ehrenschutzes, BT-Drucks. 3/1237; dazu ausf. *Baston-Vogt*, Der sachliche Schutzbereich des zivilrechtlichen allgemeinen Persönlichkeitsrechts, 1997, S. 166 ff.

[128] BGH, Urt. v. 05.03.1963, Az. VI ZR 55/62, BGHZ 39, 124, 131 – Fernsehansagerin.

[129] BGH, Urt. v. 05.03.1963, Az. VI ZR 55/62, BGHZ 39, 124, 131 f. – Fernsehansagerin.

[130] BGH, Urt. v. 05.03.1963, Az. VI ZR 55/62, BGHZ 39, 124, 131 f. – Fernsehansagerin.

[131] Z.B. BGH, Urt. v. 19.09.1961, Az. VI ZR 259/60, BGHZ 35, 363 – Ginsengwurzel; BGH, Urt. v. 05.03.1963, Az. VI ZR 55/62, BGHZ 39, 124, 130 ff. – Fernsehansagerin; BGH, Urt. v. 12.10.1965, Az. VI ZR 95/64, NJW 1965, 2395, 2396 – „Mörder unter uns"; BGH, Urt. v. 17.03.1970, Az. VI ZR 151/68, NJW 1970, 1077 – Nachtigall I.

[132] BGH, Urt. v. 01.12.1999, Az. I ZR 49/97, BGHZ 143, 214, 218 – Marlene Dietrich; BGH, Urt. v. 05.10.2004, Az. VI ZR 255/03, BGHZ 160, 298, 302 – Alexandra von Hannover.

[133] BT-Drucks. 14/7752, S. 25.

[134] BVerfG, Beschl. v. 14.02.1973, Az. 1 BvR 112/65, BVerfGE 34, 269 – Soraya.

und 2 GG unmittelbar stellt demgegenüber das Ziel in den Vordergrund, „die Achtung elementarer Persönlichkeitswerte durch das Zivilrecht zu sichern"; das Persönlichkeitsrecht bliebe ohne einen Entschädigungsanspruch gegenüber erheblichen Beeinträchtigungen ohne ausreichenden Schutz.[135] Der verletzten Persönlichkeit soll „Genugtuung" verschafft werden, indem „eine mit anderen Rechtsbehelfen nicht überbrückbare Lücke im Schutz der Persönlichkeit" geschlossen wird.[136] Die Betonung der Schutz- und Genugtuungsfunktion des Entschädigungsanspruchs bestätigt die Einordnung in das unipolare Modell des deliktischen Schadensersatzanspruchs.

Auch vermag nur das unipolare Modell zu erklären, unter welchen Voraussetzungen der BGH das Bestehen eines Entschädigungsanspruchs bestimmt. Eine Verletzung des allgemeinen Persönlichkeitsrechts begründet einen Anspruch auf eine Geldentschädigung nur dann, wenn dies „nach der Art der Verletzung des Persönlichkeitsrechts erforderlich" ist, um dem Betroffenen „eine Genugtuung für die erlittene Unbill zuzusprechen".[137] Dies ist dann der Fall, wenn Einbußen auf andere Art nicht auszugleichen sind und es sich um eine schwere Verletzung des Persönlichkeitsrechts handelt.[138] Auf die Subsidiarität des Schmerzensgeldes wird noch später einzugehen sein (dazu unter 4.). Für diesen Moment interessiert allein die Voraussetzung einer „schweren Verletzung des Persönlichkeitsrechts". Diese ist nach Art und Umständen des Einzelfalls zu bestimmen. Indikatoren für die Schwere der Persönlichkeitsverletzung sind allerdings nicht nur die Auswirkungen der Persönlichkeitsverletzung auf den Betroffenen, wie etwa Nachhaltigkeit und Fortdauer einer Interessen- oder Rufschädigung des Verletzten. Wäre dies der Fall, so spräche dies für ein bipolares Modell. Zu berücksichtigen sind indessen auch täterbezogene Faktoren wie Grad des Verschuldens und Anlass und Beweggrund des Handelns.[139] Von

[135] BGH, Urt. v. 25.05.1965, Az. VI ZR 19/64, MDR 1965, 735 – „Wo ist mein Kind?"; BGH, Urt. v. 09.07.1985, Az. VI ZR 214/83, BGHZ 95, 212, 215 – Nachtigall II.

[136] BGH, Urt. v. 08.07.1980, Az. VI ZR 177/78, BGHZ 78, 24, 28 – „Medizin-Syndikat" I; vgl. BGH, Urt. v. 14.02.1958, Az. I ZR 151/56, BGHZ 26, 349, 358 – Herrenreiter; BGH, Urt. v. 25.05.1965, Az. VI ZR 19/64, MDR 1965, 735 – „Wo ist mein Kind?"; BGH, Urt. v. 05.10.2004, Az. VI ZR 255/03, BGHZ 160, 298, 302 – Alexandra von Hannover; BGH, Urt. v. 24.05.2016, Az. VI ZR 496/15, CR 2016, 94 – „Schweinebacke".

[137] BGH, Urt. v. 19.09.1961, Az. VI ZR 259/60, BGHZ 35, 363, 369 – Ginsengwurzel; BGH, Urt. v. 07.01.1969, Az. VI ZR 202/66, MDR 1969, 472 – Spielgefährtin II.

[138] BGH, Urt. v. 19.09.1961, Az. VI ZR 259/60, BGHZ 35, 363, 368f. – Ginsengwurzel; BGH, Urt. v. 05.03.1963, Az. VI ZR 55/62, BGHZ 39, 124, 133 – Fernsehansagerin; BGH, Urt. v. 07.01.1969, Az. VI ZR 202/66, MDR 1969, 472 – Spielgefährtin II; BGH, Urt. v. 17.03.1970, Az. VI ZR 151/68, NJW 1970, 1077f. – Nachtigall I; BGH, Urt. v. 25.05.1971, Az. VI ZR 26/70, VersR 1971, 845 – „Dreckschleuder"; BGH, Urt. v. 03.05.1977, Az. VI ZR 36/74, NJW 1977, 1288, 1290 – Abgeordnetenbestechung.

[139] BGH, Urt. v. 19.09.1961, Az. VI ZR 259/6, BGHZ 35, 363, 369 – Ginsengwurzel; BGH, Urt. v. 05.03.1963, Az. VI ZR 55/62, BGHZ 39, 124, 130 – Fernsehansagerin; BGH, Urt. v. 25.05.1965, Az. VI ZR 19/64, MDR 1965, 735 – „Wo ist mein Kind?"; BGH, Urt. v. 08.03.1966, Az. VI ZR 176/64, NJW 1966, 1213, 1215 – Luxemburger Wort; BGH, Urt. v. 07.01.1969, Az.

Bedeutung ist etwa, ob der Schädiger leichtfertig in das Persönlichkeitsrecht eines anderen eingreift, um die eigene kommerzielle Werbung einprägsamer zu gestalten.[140] Zugunsten des Deliktstäters kann jedoch ins Gewicht fallen, dass Vorwürfe zwar nicht erwiesen sind, aber auch nicht ausgeräumt werden konnten.[141] Gegen eine besondere Schwere der Persönlichkeitsverletzung spricht etwa, wenn der Betroffene den Äußernden zu einer Entgegnung herausgefordert hat.[142] Diese täterbezogenen Kriterien lassen sich allein mit dem unipolaren Modell erklären, denn sie betreffen die Schwere der unerlaubten Handlung an sich, nicht die des erlittenen Nachteils.

Auch im englischen Recht steht die Genugtuungsfunktion einer Entschädigung im Vordergrund.[143] Und ähnlich wie in Deutschland sind bei der Festlegung der Höhe des Entschädigungsanspruchs verschiedene Faktoren zu berücksichtigen einschließlich solcher, die sich auf das Verhalten des Deliktstäters beziehen. Die Höhe der Entschädigung muss den Kläger für die Schädigung seiner Reputation kompensieren, seinen guten Namen rehabilitieren und persönliches Leiden, Verletztheit und Demütigung berücksichtigen. Faktoren hierfür sind: die Schwere der Verunglimpfung, das Ausmaß der Veröffentlichung und der Adressatenkreis, die Rolle des Betroffenen in der Gesellschaft, die Glaubwürdigkeit des Äußernden, sein guter oder böser Glaube, ob der Beklagte auf die Wahrheit seiner Äußerung insistiert, ob der Beklagte eine Entschuldigung anbietet und die Verletzung der Gefühle des Klägers durch das weitere Verhalten des Beklagten.[144] In *Barron and Healey v. Vines* fasste der High Court die Rechtsprechung zur Höhe der Entschädigung so zusammen, dass dem erfolgreichen Kläger einer Klage wegen *defamation* ein Recht auf Entschädigung in einer Höhe zusteht, die ihn für das Unrecht kompensiert, das ihm zugefügt wurde (*„such sum as will compensate him for the wrong he has suffered"*).[145] Die Betonung des Unrechts (*wrong*) das ihm zugefügt wurde anstelle des Schadens, den er erlitten hat, bringt das Bekenntnis zum unipolaren Modell zum Ausdruck.[146]

VI ZR 202/66, MDR 1969, 472 – Spielgefährtin II; BGH, Urt. v. 03.03.1970, Az. VI ZR 115/68, MDR 1970, 579, 580 – Stadtdirektor; BGH, Urt. v. 25.05.1971, Az. VI ZR 26/70, VersR 1971, 845, 846 – „Dreckschleuder" (insoweit nicht abgedruckt); BGH, Urt. v. 09.07.1985, Az. VI ZR 214/83, BGHZ 95, 212, 215 – Nachtigall II.

[140] BGH, Urt. v. 19.09.1961, Az. VI ZR 259/60, BGHZ 35, 363, 369 – Ginsengwurzel.

[141] BGH, Urt. v. 09.07.1985, Az. VI ZR 214/83, BGHZ 95, 212, 215 – Nachtigall II; BGH, Urt. v. 30.01.1996, Az. VI ZR 386/94, BGHZ 132, 13, 27 – „Lohnkiller".

[142] BGH, Urt. v. 25.05.1971, Az. VI ZR 26/70, VersR 1971, 845 f. – „Dreckschleuder".

[143] Theedom v. Nourish Training t/a CSP Recruitment and Sewell [2015] EWHC 3769 (QB) [28].

[144] Barron and Healey v. Vines [2016] EWHC 1226 (QB) [20 f.]; bestätigt in Monroe v. Hopkins [2017] EWHC 433 (QB) [75].

[145] Barron and Healey v. Vines [2016] EWHC 1226 (QB) [20].

[146] Vgl. *Anderson*, William & Mary Law Review 25 (1984), 747, 748: „The redirection of tort law from wrong to injury has bypassed defamation."

Anders als im amerikanischen Recht[147] wurde zumindest bis zum Defamation Act 2013 der Eintritt eines Schadens unwiderlegbar vermutet (*presumption of damage*).[148] Wie bereits dargestellt, bestimmt Section 1 Abs. 1 des Defamation Act 2013, dass eine Äußerung dann nicht als „diffamierend" anzusehen ist, wenn diese der Reputation des Klägers keinen „ernsthaften Schaden" (*serious harm*) zugefügt hat oder wahrscheinlich zufügen wird.[149] Nach Auffassung des High Court hebt Section 1 Abs. 1 die unwiderlegliche Schadensvermutung auf.[150] Dies ist allerdings zu bezweifeln.[151] Hiergegen spricht bereits der Wortlaut der Vorschrift selbst. Section 1 Abs. 1 Defamation Act 2013 erfordert den Nachweis von *serious harm*, was hier zwar als „ernsthafter Schaden" übersetzt wird. Der präzisere englische Terminus für das deutsche Verständnis von „Schaden" wäre jedoch *damage*. Die Auffassung des High Court wäre folglich dann gestützt, wenn Section 1 Abs. 1 Defamation Act „*serious damage*" voraussetzte. Gegen die Auffassung des High Court bestehen zudem systematische Bedenken. Es scheint, dass der High Court die unerlaubte Handlung (*iniuria*) mit dem Schaden (*damnum*) vermischt. Ziel des Gesetzgebers war es, mit Section 1 Abs. 1 Defamation Act 2013 die Schwelle für die *tatbestandliche* Annahme einer Diffamierung zu erhöhen.[152] Träfe die Annahme zu, Section 1 Abs. 1 Defamation Act 2013 hebe die unwiderlegbare Schadensvermutung auf, dann wirkte die Vorschrift sowohl auf der Ebene des Tatbestandes als auch auf Rechtsfolgenseite. Schlüssiger lässt sich Section 1 Abs. 1 Defamation Act 2013 hingegen mit dem unipolaren Modell des Schadensrechts erklären. Section 1 Abs. 1 Defamation Act 2013 verengt die Voraussetzungen, unter denen der Täter deliktisch handelt, mithin die *iniuria*. Die Vorschrift äußert sich hingegen nicht zum *damnum*. Vielmehr ist weiterhin anzunehmen, dass der *tort of defamation* gemäß dem unipolaren Modell allein darauf abstellt, ob und wie die unerlaubte Handlung das Rechtsgut des Klägers verkürzt. Das „Ob" bezieht sich dabei auf die Tatbestandsvoraussetzung, die nunmehr durch das Erforder-

---

[147] Gertz v. Robert Welsh Inc., 418 U.S. 323, 349 (1974); Dun & Bradstreet Inc. v. Greenmoss Builders Inc., 472 U.S. 749 (1985).

[148] Jameel v. Wall Street Journal Europe Sprl [2006] UKHL 44 [12]; vgl. *Mitchell*, The Making of the Modern Law of Defamation, 2005, S. 55; *Weir*, A Casebook on Tort, 10. Aufl. 2004, S. 519.

[149] „A statement is not defamatory unless its publication has caused or is likely to cause serious harm to the reputation of the claimant."

[150] Lachaux v. Independent Print Limited u. a. [2015] EWHC 2242 (QB) [60]; differenzierend der Court of Appeal: Lachaux v. Independent Print Limited u. a. [2017] EWCA Civ 1334 [72]: keine Aufhebung der Schadensvermutung, allerdings auch keine Vermutung des Eintritts eines „ernsthaften" (*serious*) Schadens.

[151] So auch – allerdings ohne Begründung – *Descheemaeker*, Law Quarterly Review 2016, 595, 610 Fn. 61.

[152] Theedom v. Nourish Training t/a CSP Recruitment and Sewell [2015] EWHC 3769 (QB) [28]; Ames and McGee v. Spamhouse Project Ltd. and Linford [2015] EWHC 127 (QB) [49]; Hourani v. Thomson u. a. [2017] EWHC 432 (QB) [123]; Lachaux v. Independent Print Limited u. a. [2017] EWCA Civ 1334 [36].

nis des *serious harm* verengt wurde. Das „Wie" determiniert die Höhe der Entschädigung, bei deren Festlegung sowohl die Interessen des Klägers als auch das Verhalten des Beklagten zu berücksichtigen sind. Gegen das Verständnis des High Court spricht schließlich auch Section 1 Abs. 2 Defamation Act 2013. Danach ist ein „ernsthafter Schaden" (oder Nachteil) bei Unternehmen nur dann anzunehmen, wenn dieser dem Unternehmen ernsthafte finanzielle Verluste verursacht oder wahrscheinlich verursachen wird („*unless it has caused or is likely to cause the body serious financial loss*"). Section 1 Abs. 2 Defamation Act 2013 unterscheidet somit deutlich zwischen der Ebene der unerlaubten Handlung und der Schadensebene. Der „ernsthafte Schaden"bzw. Nachteil muss die finanziellen Verluste „verursachen". Wäre die Lesart des High Court richtig und operierte auch Section 1 Abs. 1 Defamation Act 2013 auf Schadensebene, dann müsste es in Abs. 2 heißen, dass ein ernsthafter Nachteil bei Unternehmen nur dann anzunehmen ist, wenn dieser in einem ernsthaften finanziellen Verlust „besteht".

Section 1 Abs. 2 Defamation Act 2013 wirft jedoch eine andere Frage auf. Sind die bisherigen Ausführungen korrekt und handelt es sich bei dem *serious harm*-Erfordernis in Section 1 Abs. 1 und Abs. 2 Defamation Act 2013 um einen Bestandteil der *iniuria*, dann muss es sich bei dem „ernsthaften finanziellen Verlust" in Abs. 2 um den *damnum* als Folge der *iniuria* handeln. Damit wäre aber die Annahme widerlegt, dass es sich bei dem englischen *tort of defamation* um eine Ausprägung des unipolaren Schadensmodells handelt. Diese Schlussfolgerung wäre allerdings unrichtig. Der englische *tort of defamation* ist grundsätzlich mit dem unipolaren Modell zu erklären. Section 1 Abs. 2 Defamation Act 2013 macht hierzu eine Ausnahme für Wirtschaftsunternehmen. Dies ist kein Wertungswiderspruch, sondern vor dem Hintergrund der in Kapitel 2 entwickelten Ehrschutztheorien erklärbar und bestätigt eine dieser Untersuchung zugrundeliegenden These. Hierfür sind zunächst einige Überlegungen zu rekapitulieren.

3. Schadensersatz und Ehrschutztheorien

Die in Kapitel 2 entwickelten Ehrschutztheorien vermögen die dargestellte Dogmatik des Schadensrechts bei Verletzung der Ehre friktionslos zu erfassen. Das unipolare deutsche Modell ist mit der Persönlichkeitstheorie zu erklären. Wie bereits dargestellt, zielt der BGH ausdrücklich darauf ab, „eine mit anderen Rechtsbehalten nicht überbrückbare Lücke im Schutz der Persönlichkeit" zu schließen. Dem wird das unipolare Modell vollumfänglich gerecht. Den Gedanken fortführend lässt sich sogar argumentieren, dass das bipolare Modell gar nicht imstande wäre, das Desiderat des BGH zu erfüllen. Verlangte man für einen Schadensersatzanspruch zusätzlich zur Persönlichkeitsrechtsverletzung einen Schaden als Folge dieser Verletzung, so würde sich wiederum eine „Lücke im Schutz der Persönlichkeit" auftun. Ein Schadensersatzanspruch würde etwa dann von vornherein ausscheiden, wenn der Betroffene von der Persönlichkeitsverletzung keine Kenntnis nimmt und auch keinen unmittelbaren Schaden erleidet. Zu denken ist hier etwa an die unbefugte Aufnahme von Fotos der Kinder von Prominenten.[153] Eine solche Lücke wäre mit dem Diktum des BGH nicht vereinbar, wonach „eine Beeinträchtigung des Persönlichkeitsrechts eines Kindes nicht nur dann vorliegen kann, wenn das Kind die persönlichkeitserheblichen Einwirkungen Dritter bemerkt, sondern schon dann gegeben ist, wenn Dritte persönlichkeitsbezogene Informationen verbreiten und dies dazu führen kann, dass dem Kind in Zukunft nicht unbefangen begegnet wird oder dass es sich speziellen Verhaltenserwartungen ausgesetzt sieht."[154] Auch das englische (und im Übrigen auch das amerikanische) Schadensrecht bei Reputationsverletzungen ist mit der Persönlichkeitstheorie besser zu erklären als mit der Eigentumstheorie. Die Beeinträchtigung der Reputation verursacht nicht notwendig finanzielle Nachteile, sondern zumeist nicht messbare seelische Beeinträchtigungen und verletzte Gefühle, die durch die menschliche Natur begründet sind.[155]

Etwas anderes gilt allein, soweit ein Kläger eine Minderung seines Vermögens als Folge einer Ehrverletzung geltend macht. Diese Situation ist wiederum mit der Eigentumstheorie besser erklärbar. Schäden am Eigentum sind Vermögensschäden und lassen sich in der Regel mittels der Differenzhypothese genau bemessen. Die vermögensrechtliche Natur eines Anspruchs wegen Ehrverletzung kann dann bejaht werden, wenn das Rechtsschutzbegehren des Klägers „in wesentlicher Weise auch der Wahrung wirtschaftlicher Belange dienen soll".[156] Ansprüche, welche die persönliche Ehre schützen sollen, sind jedoch in der ganz überwiegenden Zahl der Fälle nichtvermögensrechtlicher Natur.[157] So

---

[153] Vgl. Weller v. Associated Newspapers Ltd. [2014] EWHC 1163 (QB) sowie BGH, Urt. v. 05.10.2004, Az. VI ZR 255/03, BGHZ 160, 298 – Alexandra von Hannover, wo die Gerichte jeweils einen Entschädigungsanspruch gewährten, obwohl die Kinder von den Fotoaufnahmen nichts bemerkten. Dieses Ergebnis lässt sich allein mit dem unipolaren, nicht jedoch mit dem bipolaren Modell erklären (so auch *Descheemaeker*, Law Quarterly Review 2016, 595, 605).

[154] BGH, Urt. v. 05.11.2013, Az. VI ZR 304/12, BGHZ 198, 346 Rn. 17 – Jauch.

[155] Vgl. Jameel v. Dow Jones & Co. [2005] EWCA Civ 75 [38]; US Supreme Court, Gertz v. Robert Welsh Inc., 418 U.S. 323, 376 (1974) (abw. Meinung Richter White); Dun & Bradstreet Inc. v. Greenmoss Builders Inc., 472 U.S. 749, 760 (1985); siehe auch *Weir*, Cambridge Law Journal 1972A, 238, 239f.

[156] BGH, Urt. v. 12.12.1967, Az. VI ZR 102/66 – Dokumentation; BGH, Urt. v. 05.01.1968, Az. VI ZR 127/66, VersR 1968, 370, 371 – Bergwerksdirektor; BGH, Urt. v. 29.10.1968, Az. VI ZR 180/66, GRUR 1969, 147, 149 – Korruptionsvorwurf; BGH, Urt. v. 27.05.1986, Az. VI ZR 169/85 – Stasi-Kontakte.

[157] BGH, Urt. v. 13.07.1962, Az. VI ZR 200/61, VersR 1962, 1088 – „Die Angelegenheit … 1960"; BGH, Urt. v. 12.12.1967, Az. VI ZR 102/66 – Dokumentation; BGH, Urt. v. 29.10.1968, Az. VI ZR 180/66, GRUR 1969, 147, 149 – Korruptionsvorwurf; BVerfG, Beschl. v. 28.01.1970,

ist ein Entschädigungsanspruch auch dann nichtvermögensrechtlicher Natur, wenn für den Kläger die Wahrung des gesellschaftlichen Ansehens und der persönlichen Ehre im Vordergrund steht und sich die ehrverletzende Behauptung allenfalls reflexhaft auf die wirtschaftliche Stellung auswirkt.[158]

Anders verhält es sich hingegen bei juristischen Personen. In Kapitel 3 wurde argumentiert, dass allein die Theorie der Ehre als Eigentum, nicht jedoch die Persönlichkeitstheorie, den Ehrschutz von Unternehmen zu erklären vermag. Dies findet sich im Schadensrecht bestätigt. Bis zum Defamation Act 2013 galt für das Recht von England und Wales, dass ein Unternehmen wegen *defamation* gegen eine Äußerung klagen kann, die dazu neigte, den Gang seiner Geschäfte zu beeinträchtigen. Der Nachweis eines Schadens war hierfür nicht erforderlich.[159] Section 1 Abs. 2 Defamation Act 2013 bestätigt nunmehr zwar, dass ein gewinnorientiertes Unternehmen grundsätzlich wegen *defamation* klagen kann. Für Klagen gewinnorientierter Unternehmen legt die Vorschrift aber fest, dass ein „ernsthafter Schaden" i. S. d. Section 1 Abs. 1 Defamation Act 2013 nur dann vorliegt, wenn die Äußerung dem Unternehmen einen „ernsthaften finanziellen Verlust" (*serious financial loss*) zugefügt hat oder wahrscheinlich zufügen wird.[160] Daraus folgt, dass Unternehmen alleine Vermögens-, nicht jedoch Nichtvermögensschäden einklagen können.[161] Auch der BGH erkennt einen Anspruch auf Geldentschädigung wegen immaterieller Nachteile eines Unternehmens nicht an. Ein solcher Anspruch soll in erster Linie der verletzten Persönlichkeit Genugtuung verschaffen. Ein Unternehmen als Zweckschöpfung des Rechts kann eine solche Genugtuung jedoch nicht erfahren, sondern nur natürliche Personen.[162]

Die Rechtslage des Section 1 Abs. 2 Defamation Act 2013 und die Rechtsprechung des BGH, wonach ein Schadensersatz für Unternehmen auf den Vermögensschaden zu beschränken ist, bestätigt die Theorie von der Unternehmensehre als Eigentum und wurde vom Verfasser bereits an anderer Stelle begrüßt.[163] Sie scheint indessen der Rechtsprechung des EGMR zum Schadensersatz nach

---

Az. 1 BvR 719/68, BVerfGE 28, 1, 6 – Augstein; BGH, Urt. v. 27.05.1986, Az. VI ZR 169/85 – Stasi-Kontakte.

[158] BGH, Urt. v. 27.05.1986, Az. VI ZR 169/85 – Stasi-Kontakte; BGH, Urt. v. 28.06.1994, Az. VI ZR 252/93, NJW 1994, 2614 – Börsenjournalist.

[159] Jameel v. Wall Street Journal Europe Sprl [2006] UKHL 44; English and Scottish Co-operative Properties Mortgage and Investment Society Ltd. v. Odhams Press Ltd. [1940] 1 KB 440; *O'Neill*, Company Lawyer 28 (2007) 75, 76; Justizministerium des Vereinigten Königreichs, Draft Defamation Bill, Consultation Paper CP3/11, März 2011, Rn. 136.

[160] Zur Auslegung dieser Begriffe Pirtek (UK) Limited v. Jackson [2017] EWHC 2834 (QB) [50].

[161] Vgl. Wilson v. Person(s) Unknown [2015] EWHC 2628 (QB) [29 f.]; Undre u. a. v. The London Borough of Harrow [2016] EWHC 931 (QB) [42 ff.].

[162] Vgl. BGH, Urt. v. 08.07.1980, Az. VI ZR 177/78, BGHZ 78, 24, 27 f. – „Medizin-Syndikat" I.

[163] *Oster*, Journal of European Tort Law 2 (2011), 255.

Art. 41 EMRK zu widersprechen. Der EGMR hat darauf hingewiesen, dass die Rechte aus der Konvention nur dann effektiv sind, wenn auch Unternehmen Schadensersatz wegen Nichtvermögensschäden aufgrund einer Verletzung eines Konventionsrechts gewährt würde. Hierfür müssten in Betracht gezogen werden: das Ansehen des Unternehmens, Planungsunsicherheit, Beeinträchtigungen der Führung des Unternehmens, die sich nicht aufgrund einer exakten Methode berechnen ließen, und schließlich die dem Management verursachten Beklemmungen und Unannehmlichkeiten.[164]

Dies überzeugt jedoch aus zwei Gründen nicht. Zum einen bezieht sich der EGMR tatsächlich auf materielle, nicht auf immaterielle Schäden: Der Gerichtshof nennt das Ansehen des Unternehmens, Planungsunsicherheit und Beeinträchtigungen der Führung des Unternehmens. Dies sind allesamt Faktoren, die Gegenstand einer wirtschaftlichen Berechnung sein können und als Verlust des Unternehmens beziffert werden können, mithin materielle Schadenspositionen.[165] Zwar trifft zu, dass die Berechnung schwierig sein kann. Dies ändert jedoch nichts daran, dass es sich um materielle Schäden handelt.[166] Zum anderen verwechselt das Gericht den Schaden, der dem Unternehmen entstanden ist, mit dem Schaden, der in dessen Belegschaft entsteht. Das Gericht benennt ausdrücklich die Beklemmungen und Unannehmlichkeiten, die dem Management verursacht worden sind. Auch nennt der Gerichtshof die Frustration und Unsicherheit des Managements, welche nicht allein durch die Feststellung einer Rechtsverletzung kompensiert würde.[167] Dies sind jedoch Kriterien, die auf die Belegschaft selbst zutreffen und die einen möglichen Schadensersatzanspruch der Belegschaft begründen können, nicht jedoch einen des Unternehmens selbst, sofern sich die Beklemmnis, Unannehmlichkeit und Frustration der Belegschaft nicht messbar auf das Unternehmen selbst auswirkt. Ein Unternehmen kann keine seelische Belastung oder verletzte Gefühle erfahren wie ein Mensch.[168] Es ist eine „Zweckschöpfung des Rechts", aber, um es mit den Wor-

---

[164] EGMR, Meltex Ltd. und Mesrop Movsesyan/Armenien [2008] Beschwerde-Nr. 32283/04 [105]: „The Court reiterates that, if the rights guaranteed by the Convention are to be effective, it must necessarily be empowered to award pecuniary compensation for non-pecuniary damage also to commercial companies. In such cases, account should be taken of the company's reputation, uncertainty in decision-planning, disruption in the management of the company (for which there is no precise method of calculating the consequences) and lastly the anxiety and inconvenience caused to the members of the management team".

[165] *Emberland*, The Human Rights of Companies, 2006, S. 127 f.

[166] So auch *Kissling/Kelliher*, in: Fenyves u. a. (Hrsg.), Tort Law in the Jurisprudence of the European Court of Human Rights, 2011, Rn. 11/26.

[167] EGMR, Meltex Ltd. und Mesrop Movsesyan/Armenien [2008] Beschwerde-Nr. 32283/04 [105].

[168] FlyMeNow Ltd. v. Quick Air Jet Charter GmbH [2016] EWHC 3197 (QB) [126]; *Rolph*, Reputation, Celebrity and Defamation Law, 2008, S. 98; *Descheemaeker*, Law Quarterly Review 2016, 595, 612.

ten des Richters Coke auszudrücken, „Unternehmen haben keine Seelen".[169] Das Ansehen eines Unternehmens ist daher allein von wirtschaftlichem Wert. Es wurzelt in der Ehrtheorie des Eigentums, nicht in der Persönlichkeit.[170] Daher ist der Schadensersatz eines Unternehmens wegen Verletzung seines Ansehens auf den Vermögensschaden zu beschränken.[171] Nur so kann das Recht eines Unternehmens auf Schutz seines Ansehens einerseits und das öffentliche Interesse an der Kritik an Unternehmen andererseits zu einem angemessenen Ausgleich gebracht werden. Der genaue Schaden mag im Einzelfall schwer zu beziffern sein; ein Unternehmen hat jedoch zumindest zu beweisen, dass ihm überhaupt ein Schaden entstanden ist.[172] Das Argument, dass ein Wirtschaftsunternehmen nur den materiellen Schaden einklagen darf, der durch die Verletzung seines Ansehens entstanden ist, nicht jedoch einen immateriellen Schaden, ist daher unter Zugrundelegung der hier entwickelten Theorie des Unternehmens-Ehrschutzes auch aus transnationaler Perspektive aufrechtzuerhalten.

4. Die Funktion der Entschädigung

Bis hierher wurde nachgewiesen, dass sich die deutsche und die englische Schadensrechtsdogmatik im Ehrschutzrecht mit den gleichen schadens- und ehrschutztheoretischen Überlegungen erklären lässt. Dies wirft die Frage auf, warum dennoch so erhebliche Unterschiede in der gerichtlichen Praxis zwischen deutschen und englischen Gerichten bestehen. Diese Unterschiede betreffen den Entschädigungsanspruch sowohl dem Grunde als auch der Höhe nach.

a) Geldentschädigung dem Grunde nach

Der BGH gewährt eine Entschädigung in Geld wegen einer Persönlichkeitsverletzung nur dann, wenn es sich um eine schwere Verletzung des Persönlichkeitsrechts handelt und wenn die Verletzung nicht auf andere Art auszugleichen ist. Die erste Voraussetzung – das Erfordernis einer schweren Persönlichkeitsverletzung – wurde bereits in Abschnitt 2. behandelt. Dort wurde festgestellt, dass das Abwägungsprogramm des BGH dem der englischen Gerichte zur Höhe des Entschädigungsanspruchs ähnlich ist. Ein Unterschied zu englischen

---

[169] Case of Sutton's Hospital [1612] 10 Co Rep 23a („Corporations [...] have no souls"); vgl. Jameel v. Wall Street Journal Europe Sprl [2006] UKHL 44 [91].

[170] Vgl. *Jackson*, William & Mary Bill of Rights Journal 9 (2001) 491, 522.

[171] Jameel v. Wall Street Journal Europe Sprl [2006] UKHL 44 [158] (abw. Meinung Baroness Hale); Gertz v. Robert Welsh Inc., 418 U.S. 323, 349 (1974); *Foster*, Coventry Law Journal 2008, 69, 75; *Weir*, Cambridge Law Journal 1972A, 238, 239 f.; *Post*, California Law Review 74 (1986), 691, 697; *Milo*, Defamation and Freedom of Speech, 2008, S. 220; *Beattie*, European Human Rights Law Review 2007, 81, 89.

[172] So bereits *Langvardt*, American Business Law Journal 27 (1990), 491, 518 f.; *Herzfeld*, Media & Arts Law Review 10 (2005), 135; *Kidner*, Journal of Business Law 1992, 570, 576.

Gerichten besteht allerdings in der zweiten Voraussetzung. Der Schadensersatzanspruch für Persönlichkeitsrechtsverletzungen ist nach dem BGH subsidiär. Er entsteht nur dann, wenn ein Gegendarstellungs-, Unterlassungs- oder
Widerrufsanspruch zur Wiederherstellung der persönlichen Integrität nicht
möglich oder nicht ausreichend ist.[173] Dies sei auch eine Ausprägung der Scha-
densminderungspflicht des Betroffenen nach § 254 BGB.[174] Damit begegnete
der BGH den Bedenken der Verfasser des BGB, die eine „Kommerzialisierung
der Ehre" befürchteten.[175] Würde der Betroffene eine Ehrverletzung nur dazu
ausnutzen, um hieran zu verdienen, dann entspräche dies nicht der Genugtuungsfunktion des Schmerzensgeldes. Bei Verletzungen von Persönlichkeitsrechten rücke „die Genugtuungsfunktion des Schmerzensgeldes gegenüber der
Entschädigungsfunktion durchaus in den Vordergrund."[176] Daher ist es folgerichtig, einen Entschädigungsanspruch dann auszuschließen, wenn dieser
Funktion bereits durch einen anderen Anspruch genügt wird, etwa einer Wi-
derrufserklärung oder einer Gegendarstellung. Dies harmoniert mit dem Zweck
der Geldentschädigung, eine Lücke im Schutz der Persönlichkeit zu schließen.
Wird dieser Zweck anderweitig oder kann er nicht mehr erfüllt werden, bedarf
es der Entschädigung als *ultima ratio* nicht mehr. Einen vollstreckbaren Unter-
lassungs- oder Widerrufsanspruch betrachten BGH und BVerfG als grundsätzlich geeignet, die Persönlichkeitsverletzung abzumildern.[177] Es ist daher möglich, dass einem Betroffenen ein Anspruch auf Unterlassung oder Widerruf
zusteht, nicht aber auf Schadensersatz.[178] Nur ausnahmsweise und unter besonderen Umständen kann eine erlittene Beeinträchtigung allein durch eine Entschädigung in Geld ausgeglichen werden.[179] Der BGH hat einen Widerruf etwa
dann nicht als ausreichend angesehen, wenn der Verletzer den begehrten Wider-

---

[173] Vgl. BGH, Urt. v. 19.09.1961, Az. VI ZR 259/60, BGHZ 35, 363, 369 – Ginsengwurzel;
BGH, Urt. v. 12.10.1965, Az. VI ZR 95/64, NJW 1965, 2395, 2396 – „Mörder unter uns";
BGH, Urt. v. 29.10.1968, Az. VI ZR 180/66, GRUR 1969, 147, 149f. – Korruptionsvorwurf;
BGH, Urt. v. 17.03.1970, Az. VI ZR 151/68, NJW 1970, 1077f. – Nachtigall I; BGH, Urt. v.
06.04.1976, Az. VI ZR 246/74, NJW 1976, 1198, 1201 – Panorama; BVerfG, Beschl. v.
14.02.1973, Az. 1 BvR 112/65, BVerfGE 34, 269, 286 – Soraya.

[174] BGH, Urt. v. 06.04.1976, Az. VI ZR 246/74, NJW 1976, 1198, 1201 – Panorama.

[175] BVerfG, Beschl. v. 14.02.1973, Az. 1 BvR 112/65, BVerfGE 34, 269, 286 – Soraya; vgl.
BGH, Urt. v. 19.09.1961, Az. VI ZR 259/60, BGHZ 35, 363, 369 – Ginsengwurzel.

[176] BGH, Urt. v. 19.09.1961, Az. VI ZR 259/60, BGHZ 35, 363, 369 – Ginsengwurzel
m.w.N.

[177] BVerfG, Beschl. v. 13.03.2007, Az. 1 BvR 1377/04, NJW-RR 2007, 1194f.– Veronica
Ferres; BGH, Urt. v. 29.10.1968, Az. VI ZR 180/66, GRUR 1969, 147, 150 – Korruptionsvorwurf; BGH, Urt. v. 24.05.2016, Az. VI ZR 496/15, CR 2016, 94 – „Schweinebacke".

[178] Vgl. BGH, Urt. v. 17.03.1970, Az. VI ZR 151/68, NJW 1970, 1077f. – Nachtigall I;
BVerfG, Beschl. v. 02.04.2017, Az. 1 BvR 2194/15, AfP 2017, 228 Rn. 12 – „Luder vom Lerchenberg".

[179] BGH, Urt. v. 29.10.1968, Az. VI ZR 180/66, GRUR 1969, 147, 150 – Korruptionsvorwurf; BGH, Urt. v. 17.03.1970, Az. VI ZR 151/68, NJW 1970, 1077, 1078 – Nachtigall I.

ruf zunächst verweigert hat sowie bei einer Ehrverletzung in einer nicht-periodischen Publikation.[180]

Vor dem Hintergrund der Genugtuungsfunktion des Schmerzensgeldes und seiner Subsidiarität ist es folgerichtig, Angehörigen und Wahrnehmungsberechtigten bei Verletzungen des postmortalen Ehrschutzes nur Widerruf und Unterlassen ehrverletzender Behauptungen zuzugestehen, aber keine Geldentschädigung (siehe Kapitel 3 Abschnitt I.). Eine Geldentschädigung wegen eines verletzenden Angriffs auf das Ansehen eines Verstorbenen könnte die Genugtuungsfunktion des Schmerzensgeldes nicht erfüllen.[181] Soweit Persönlichkeitsrechte ideelle Interessen schützen, „sind sie unauflöslich an die Person ihres Trägers gebunden".[182] Hierzu gehört auch die persönliche Ehre.

Das englische Recht sieht demgegenüber die Gewährung einer Entschädigung in Geld als zwingende Folge einer *defamation* vor. Anders als der BGH bestehen englische Gerichte nicht auf der Subsidiarität der Geldentschädigung. Dies ist darauf zurückzuführen, dass das englische Recht, wie dargestellt, ein differenziertes System an Rechtsfolgen einer Ehrverletzung – Gegendarstellung, Unterlassung und Folgenbeseitigung – nicht kennt. Die Entschuldigung für eine Äußerung oder ihre Zurücknahme durch den Beklagten ist allein als Mittel der Streitbeilegung, als ein Faktor, der den Tatbestand des „*serious harm*" auszuschließen oder zumindest zu mildern vermag, sowie als „mildernder Umstand" bei der Festlegung des Schadensersatzes auch in England und Wales anerkannt.[183] Auch von Seiten des EGMR bestand bislang kein Druck auf Gesetzgeber und Gerichte in England und Wales, die Rechtsfolgen einer Ehrverletzung differenzierter auszugestalten. Dass ein solcher Ansatz auch im Defamation Act 2013 keinen Niederschlag fand, wurde in der Literatur bedauert.[184]

b) Die Höhe der Entschädigung

Die Höhe eines Entschädigungsanspruchs steht in Deutschland gemäß § 287 Abs. 1 Satz 1 ZPO im Ermessen des Gerichts.[185] Bei der Festsetzung hat das

---

[180] BGH, Urt. v. 12.10.1965, Az. VI ZR 95/64, NJW 1965, 2395, 2396 – „Mörder unter uns"; BGH, Urt. v. 30.01.1996, Az. VI ZR 386/94, BGHZ 132, 13, 29 – „Lohnkiller".

[181] BGH, Urt. v. 04.06.1974, Az. VI ZR 68/73, GRUR 1974, 797, 800 – Fiete Schulze; BGH, Urt. v. 01.12.1999, Az. I ZR 49/97, BGHZ 143, 214, 223 f. – Marlene Dietrich.

[182] Vgl. BGH, Urt. v. 20.03.1968, Az. I ZR 44/66, BGHZ 50, 133, 147 – Mephisto; BGH, Urt. v. 01.12.1999, Az. I ZR 49/97, BGHZ 143, 214, 226 – Marlene Dietrich.

[183] Siehe z.B. Cooke & Midland Heart Limited v. MGN Limited & Trinity Mirror Midlands Limited [2014] EWHC 2831 (QB) [21]; Barron and Healey v. Vines [2016] EWHC 1226 (QB) [57]; Monroe v. Hopkins [2017] EWHC 433 (QB) [65]; Nr. 1.4 Pre-Action Protocol for Defamation; *mutatis mutandis* Lachaux v. Independent Print Limited u. a. [2017] EWCA Civ 1334 [97].

[184] So auch *Mullis/Scott*, Modern Law Review 77 (2014), 87, 107 f.; vgl. *Kenyon*, Journal of Media Law 6 (2014), 21, 31 ff.; *Gounalakis/Rösler*, Ehre, Meinung und Chancengleichheit im Kommunikationsprozeß, 1998, S. 108.

[185] Vgl. BGH, Urt. v. 07.12.1976, Az. VI ZR 272/75, NJW 1977, 626, 628 – Aktion Soziale

Gericht etwa zu berücksichtigen, mit welcher Intensität die Äußerung in Persönlichkeitsrechte eingreift, in welchem Ausmaß die Veröffentlichung verbreitet wird und ob der Schädiger die Ehrverletzung als Mittel zur Auflagensteigerung und damit zur Verfolgung eigener kommerzieller Interessen eingesetzt hat.[186] Die Entschädigungspflicht darf jedoch die Kommunikations- und Medienfreiheit nicht unverhältnismäßig beeinträchtigen und muss sich ihrer Höhe nach „in angemessenen Grenzen halten".[187] Wenngleich die Höhe der Entschädigung „unter umfassender Berücksichtigung aller für die Bemessung maßgeblicher Umstände"[188] festzusetzen ist und sich daher einer pauschalen Einschätzung entzieht, so dürfte sie mit 10.000 EUR schon vergleichsweise hoch taxiert sein.[189] Anders verhält es sich in England. Die Obergrenze für Schadensersatzklagen wegen Ehrverletzungen liegt derzeit bei ca. 300.000 GBP.[190]

Auch dieser Unterschied lässt sich theoretisch erfassen und erklären. Es geht um die grundsätzliche Frage, was Zweck des Deliktsrechts im Allgemeinen und des Kommunikationsdeliktsrechts – hier in Gestalt des Ehrschutzrechts – im Besonderen ist. Auf zwei Erklärungsmodelle ist hier näher einzugehen.[191] Auch diese sind nur als Idealtypen trennscharf voneinander abgrenzbar. In ihrer deskriptiven Kraft wie auch in den praktischen Auswirkungen überschneiden und ergänzen sie sich häufig.[192]

Nach dem utilitaristischen[193] Modell besteht der Zweck des Deliktsrechts zuvörderst darin, potentielle Deliktstäter von einer ähnlichen Tat abzuschrecken. Der moralische Wert des Deliktsrechts besteht danach in seinen Auswirkungen auf die Allgemeinheit. Utilitaristische Theorien des Deliktsrechts sind in persönlicher Hinsicht auf die Allgemeinheit, in zeitlicher Hinsicht auf die Zukunft

---

Marktwirtschaft; BGH, Urt. v. 03.05.1977, Az. VI ZR 36/74, NJW 1977, 1288 (insoweit nicht abgedruckt) – Abgeordnetenbestechung.

[186] Vgl. BGH, Urt. v. 03.05.1977, Az. VI ZR 36/74, NJW 1977, 1288 (insoweit nicht abgedruckt) – Abgeordnetenbestechung; BGH, Urt. v. 05.12.1995, Az. VI ZR 332/94, NJW 1996, 984, 985 – Caroline von Monaco I; BGH, Urt. v. 15.11.1994, Az. VI ZR 56/94, BGHZ 128, 1, 16 – Erfundenes Exklusiv-Interview; BGH, Urt. v. 05.10.2004, Az. VI ZR 255/03, BGHZ 160, 298, 306 – Alexandra von Hannover; BGH, Urt. v. 17.12.2013, Az. VI ZR 211/12, NJW 2014, 6 Rn. 67 – Sächsische Korruptionsaffäre.

[187] BVerfG, Beschl. v. 14.02.1973, Az. 1 BvR 112/65, BVerfGE 34, 269, 285f. – Soraya.

[188] *Grüneberg*, in: Palandt, BGB, 78. Aufl. 2018, § 253 Rn. 15.

[189] Vgl. <http://www.schmerzensgeldtabelle.net/beleidigung/#tabelle> (zuletzt abgerufen am 28.12.2018).

[190] Raj v. Bholowasia [2015] EWHC 382 (QB) [179]; Monroe v. Hopkins [2017] EWHC 433 (QB) [78]; Barron u.a. v. Collins [2017] EWHC 162 (QB) [26]; Harrath v. Stand for Peace Limited u.a. [2017] EWHC 653 (QB) [10].

[191] Weitere Erklärungsmodelle, die sich zwar in Wissenschaft und Praxis als einflussreich erwiesen haben, deren Erklärungsgehalt für diese Bearbeitung jedoch gering ist, bleiben außen vor. Dies sind etwa die ökonomische Analyse des Deliktsrechts (*law and economics*) und die Theorie von der sozialen Gerechtigkeit (*social justice theory*).

[192] *Schwartz*, Texas Law Review 75 (1997), 1801; *Goldberg*, The Georgetown Law Journal 91 (2003), 513, 521 ff.; *Al-Tawil*, European Journal of Legal Studies 6 (2013), 109, 110.

[193] Vgl. *Owen*, Alabama Law Review 40 (1989), 705, 713 ff.

ausgerichtet. Die wohl bekannteste dogmatische Ausprägung utilitaristischer
Deliktstheorien ist die Anerkennung von Strafschadensersatz (*punitive damages* oder *exemplary damages*).[194] Nach dem Kompensationsmodell hingegen ist
es das Ziel des Deliktsrechts, die Tat zu vergelten, d. h. eine mögliche Besserstel-
lung des Deliktstäters zu beenden (*retribution*) und den Betroffenen für den
ihm zugefügten Nachteil zu entschädigen, d. h. seine Schlechterstellung auszugleichen (*compensation*).[195] Zwischen Störung und Ausgleich muss eine Äquiva-
lenzbeziehung bestehen.[196] Kompensationstheorien ist gemein, dass sie in persönlicher Hinsicht auf die am Prozess beteiligten Individuen und in sachlicher
Hinsicht auf deren Verhalten in der Vergangenheit ausgerichtet sind. Philosophischer Vorläufer der Kompensationstheorien ist Aristoteles' Gedanke von der
ausgleichenden Gerechtigkeit.[197] Strafschadensersatz wäre nach diesem Modell
abzulehnen, da dieser über die Vergeltung der deliktischen Handlung und die
Entschädigung des Betroffenen hinausginge.

Das deutsche Deliktsrecht im Allgemeinen und der Ehrschutz im Besonderen
beruhen auf dem Kompensationsmodell. Eine Bereicherung des Deliktsopfers
ist ebenso unzulässig wie eine Belastung des Deliktstäters, die über die Vergeltung des Delikts hinausgeht. Zwar kommt dem Anspruch auf Geldentschädigung auch eine präventive Wirkung zu, indem er ehrenrührige Äußerungen einem finanziellen Risiko unterwirft.[198] Nach dem BGH muss in Fällen, in denen
der Deliktstäter aus der Persönlichkeitsrechtsverletzung einen Gewinn erzielte,
von der Höhe der Geldentschädigung „ein echter Hemmungseffekt" ausge-

---

[194] *Owen*, Alabama Law Review 40 (1989), 705, 713. Dies erlaubt indessen nicht den Umkehrschluss, dass Strafschadensersatz ausschließlich mit utilitaristischen Theorien zu erklären ist. So begründet beispielsweise *Zipursky* (Texas Law Review 84 (2005), 105) *punitive
damages* mit dem Recht des Betroffenen, den Schädiger zu bestrafen; ähnlich *Gotanda*, Collected Courses of the Hague Academy of International Law 326 (2007), 77, 323. – Von der
Rechtsfigur des Strafschadensersatzes zu unterscheiden ist der „verschärfte Schadensersatz"
(*aggravated damages*), der Ausgleich für besonders schwere Rechtsverletzungen gwährt. *Aggravated damages* dienen nicht Strafzwecken, sondern der Kompensation (*Murphy*, Cambridge Law Journal 2010, 353).

[195] Dazu und zu den in Einzelheiten bestehenden Meinungsverschiedenheiten etwa *Weinrib*, Iowa Law Review 77 (1992), 403; *Coleman*, Indiana Law Review 67 (1992), 349; *Coleman*,
Journal of Legal Studies 11 (1982), 421; *Coleman*, Iowa Law Review 77 (1992), 427; *Rohe*, AcP
201 (2001), 117, 125; *Hershovitz*, Stanford Law Review 63 (2010), 67, 106 ff.; *Gardner*, Law &
Philosophy 30 (2011), 1; *Al-Tawil*, European Journal of Legal Studies 6 (2013), 109, 112 ff.

[196] Vgl. *Ulpian*, Dig. 1.1.10pr: „Iuris praecepta sunt haec: honeste vivere, alterum non lae-
dere, suum cuique tribuere"; *Mahlmann*, Rechtsphilosophie und Rechtstheorie, 3. Aufl. 2014,
§ 27 Rn. 17.

[197] *Aristoteles*, Die Nikomachische Ethik, Fünftes Buch, 1131b33–1133b28 (S. 211–216).

[198] BVerfG, Beschl. v. 13.05.1980, Az. 1 BvR 103/77, BVerfGE 54, 129, 136 – Kunstkritik;
vgl. BGH, Urt. v. 07.12.1976, Az. VI ZR 272/75, NJW 1977, 626, 628 – Aktion Soziale Marktwirtschaft; BGH, Urt. v. 05.10.2004, Az. VI ZR 255/03, BGHZ 160, 298, 302, 307 – Alexandra von Hannover; BGH, Urt. v. 17.12.2013, Az. VI ZR 211/12, NJW 2014, 6 Rn. 49 – Sächsische Korruptionsaffäre.

hen.[199] Da hiermit jedoch zugleich ein Einschüchterungseffekt verbunden ist, unterliegt die Höhe des Entschädigungsanspruchs strengen verfassungsrechtlichen Anforderungen.[200] Insbesondere habe eine Entschädigung wegen einer Verletzung von Persönlichkeitsrechten keinen Strafcharakter i.S.d. Art. 103 Abs. 2 GG, so der BGH.[201] Die Entschädigung für Persönlichkeitsverletzungen dürfe nicht dazu dienen, eine Bestrafung des Deliktstäters über das Zivilrecht durchzusetzen.[202] Aus alldem folgt, dass zwischen der Entschädigung des Opfers und der Vergeltung des Unrechts des Täters ein angemessenes Verhältnis bestehen muss. Dies deckt sich mit allgemeinen Grundsätzen des deutschen IPR und IZVR. Nach Art. 40 Abs. 3 Nr. 1 und 2 EGBGB können Ansprüche, die dem Recht eines anderen Staates unterliegen, dann nicht geltend gemacht werden, soweit sie wesentlich weiter gehen als zur angemessenen Entschädigung des Verletzten erforderlich oder offensichtlich anderen Zwecken als einer angemessenen Entschädigung des Verletzten dienen. Anerkennungsrechtlich gilt, dass ein ausländisches Urteil auf Strafschadensersatz von nicht unerheblicher Höhe insoweit in Deutschland regelmäßig nicht für vollstreckbar erklärt werden darf.[203]

Im englischen Recht hingegen sind immer noch die Wurzeln des *tort of defamation* im Präventiv- und Bestrafungsgedanken erkennbar.[204] Allerdings zwingt die Rechtsprechung des EGMR englische Gerichte dazu, von diesem Gedanken abzuweichen und Entschädigungen für Ehrverletzungen dem Kompensationsmodell anzunähern. Nach dem EGMR dürfen Gerichte die Wahrnehmung der Kommunikationsgrundrechte keinen unvorhersehbaren oder unverhältnismäßigen Haftungsrisiken aussetzen; insbesondere ist zu vermeiden, dass die Sanktionen einschüchternde Wirkungen entfalten. Die Höhe der Entschädigung muss in einem „vernünftigen Verhältnis" zu der Ehrverletzung stehen.[205] Dem hat sich die englische Rechtsprechung durch die Abkehr von exor-

---

[199] BGH, Urt. v. 15.11.1994, Az. VI ZR 56/94, BGHZ 128, 1, 16 – Erfundenes Exklusiv-Interview; BGH, Urt. v. 05.12.1995, Az. VI ZR 332/94, NJW 1996, 984, 985 – Caroline von Monaco I; BGH, Urt. v. 05.10.2004, Az. VI ZR 255/03, BGHZ 160, 298, 307 – Alexandra von Hannover; BGH, Urt. v. 17.12.2013, Az. VI ZR 211/12, NJW 2014, 6 Rn. 49 – Sächsische Korruptionsaffäre.
[200] Vgl. BVerfG, Beschl. v. 14.02.1973, Az. 1 BvR 112/65, BVerfGE 34, 269, 285f. – Soraya; BVerfG, Beschl. v. 13.03.2007, Az. 1 BvR 1377/04, NJW-RR 2007, 1194 – Veronica Ferres.
[201] BGH, Urt. v. 05.10.2004, Az. VI ZR 255/03, BGHZ 160, 298, 302f. – Alexandra von Hannover. Kritisch *Gounalakis/Rösler*, Ehre, Meinung und Chancengleichheit im Kommunikationsprozeß, 1998, S. 97f.; *Gounalakis*, AfP 1998, 10, 14ff.; *Seitz*, NJW 1996, 2848, 2849f.; *Funkel*, Schutz der Persönlichkeit durch Ersatz immaterieller Schäden in Geld, 2001, S. 164ff.
[202] BGH, Urt. v. 07.12.1976, Az. VI ZR 272/75, NJW 1977, 626, 628 – Aktion Soziale Marktwirtschaft.
[203] BGH, Urt. v. 04.06.1992, Az. IX ZR 149/91, BGHZ 118, 312 – Punitive damages.
[204] Vgl. *Gotanda*, Columbia Journal of Transnational Law 42 (2004), 391, 399ff.; *Gotanda*, Collected Courses of the Hague Academy of International Law 326 (2007), 77, 324ff. Siehe z.B. John v. MGN Ltd. [1995] EWCA Civ 23.
[205] EGMR, Tolstoy Miloslavsky/Vereinigtes Königreich [1995] Beschwerde-Nr. 18139/91

bitant hohen Schadensersatzsummen – dem EGMR-Urteil *Tolstoy Miloslavsky gegen Vereinigtes Königreich* lag eine Entschädigungssumme von 1.500.000 GBP zugrunde – zumindest ansatzweise angepasst. Beispielhaft hierfür ist das Verfahren des Sängers Elton John gegen den Sunday Mirror. Die Zeitung veröffentlichte im Jahr 1992 einen Artikel, in dem sie behauptete, John betreibe eine „bizarre neue Diät", die ihn töten könne. Eine Jury des High Court gewährte Elton John Entschädigung i.H.v. 75.000 GBP und *exemplary damages* i.H.v. 275.000 GBP. Diese Entscheidung erging noch vor *Tolstoy Miloslavsky gegen Vereinigtes Königreich*. Während des Berufungsverfahrens entschied der EGMR dann die Rechtssache *Tolstoy Miloslavsky*. Mit Verweis auf den EGMR reduzierte das Berufungsgericht dann die Entschädigung auf 25.000 GBP und den Strafschadensersatz auf 50.000 GBP.

Genauere Vorgaben für die Bemessung der Höhe des Schadensersatzes bestehen in England und Wales nicht.[206] Stattdessen hat sich jeder Einzelfall an den Maßstäben vorheriger Entscheidungen zu orientieren.[207] Section 11 Defamation Act 2013 schaffte wenigstens einen besonderen Unsicherheitsfaktor ab, nämlich die Entscheidung über *defamation* grundsätzlich durch Geschworene.[208] Daher konnten Richter seit 2013 einen „mehr oder weniger kohärenten Rahmen" für die Bestimmung der Entschädigungshöhe entwickeln.[209]

V. Datenschutzrecht

Das Kommunikationsdeliktsrecht betrifft Delikte, die durch die Kommunikation von Informationen begangen werden. „Informationen" sind Daten, denen eine Bedeutung zukommt.[210] Für die in den Abschnitten I. bis IV. dieses Kapitels dargestellten Rechtsfolgen des hergebrachten Kommunikationsdeliktsrechts sind Informationen allein in ihrer semantischen Dimension relevant, d.h. weil ihnen eine bestimmte – etwa ehrenrührige – *Bedeutung* zukommt (dazu

---

[49]; Steel und Morris/Vereinigtes Königreich [2005] Beschwerde-Nr. 68416/01 [96]; Independent News und Media/Irland [2005] Beschwerde-Nr. 55120/00 [110]: „an award of damages for defamation must bear a reasonable relationship of proportionality to the injury to reputation suffered"; zuletzt bestätigt in Independent Newspapers (Ireland) Limited/Irland [2017] Beschwerde-Nr. 28199/15 [92].

[206] Monroe v. Hopkins [2017] EWHC 433 (QB) [78]; *Witzleb*, Geldansprüche bei Persönlichkeitsrechtsverletzungen durch Medien, 2002, S. 346 f.

[207] Barron and Healey v. Vines [2016] EWHC 1226 (QB) [79]; siehe z.B. Harrath v. Stand for Peace Limited u.a. [2017] EWHC 653 (QB) [17 ff.].

[208] Dazu Yeo v. Times Newspapers Ltd. [2015] EWHC 3375 (QB).

[209] Barron and Healey v. Vines [2016] EWHC 1226 (QB) [81] m.w.N.

[210] *Floridi*, The Philosophy of Information, 2011, S. 83.

Kapitel 2 Abschnitt II.). Unbeachtlich ist demgegenüber die syntaktische Dimension der Information, d. h. ihre Verkörperung als Datum.

Einen anderen Ansatz wählt das Datenschutzrecht. Ausgangspunkt des Datenschutzrechts ist nicht die semantische Dimension der Information, sondern ihre syntaktische. Mit anderen Worten: Ausgangspunkt des Datenschutzrechts ist die Eigenschaft einer Information *als Datum*. Das bedeutet indessen nicht, dass das Datenschutzrecht nur mit Daten als solchen befasst ist. Semantisch muss es sich bei dem Datum um ein „personenbezogenes" handeln, damit es für das Datenschutzrecht relevant wird (dazu sogleich 1.). Anders als im hergebrachten Kommunikationsdeliktsrecht kommt es für den Datenschutz grundsätzlich nicht darauf an, ob ein personenbezogenes Datum ehrenrührig ist. Da personenbezogene Daten jedoch auch ehrverletzende Daten sein *können*, ist das Datenschutzrecht angesichts der zunehmenden Digitalisierung und Datafizierung ein bedeutsames Instrument auch zum Schutz der persönlichen Ehre geworden.[211]

Der Datenschutz umfasst das Recht, grundsätzlich selbst darüber zu bestimmen, ob, wann und in welchem Ausmaß persönliche Daten erhoben, gespeichert, verarbeitet und veröffentlicht werden.[212] Es ist in Art. 8 EUGRCh ausdrücklich kodifiziert, aber auch unter Art. 10 EMRK und Art. 2 Abs. 1 i. V. m. Art. 1 Abs. 1 GG anerkannt.[213] Trotz regionaler und internationaler Datenschutzrichtlinien und -konventionen, wie etwa die UN-Richtlinien betreffend personenbezogene Daten in automatisierten Dateien, das Übereinkommen zum Schutz des Menschen bei der automatischen Verarbeitung personenbezogener Daten des Europarates oder die OECD-Richtlinien über Datenschutz und grenzüberschreitende Ströme personenbezogener Daten, lässt sich von einem globalen Datenschutzrecht allerdings noch nicht sprechen. Dies liegt insbesondere an divergierenden Datenschutzphilosophien zwischen den USA einerseits und der EU andererseits. Der zentrale Unterschied besteht darin, dass „Europa" die Informationsprivatheit als einen Aspekt der Würde des Menschen ansieht, wohingegen die USA Privatheit als Teil der Freiheit betrachten.[214] Der

---

[211] Siehe etwa HH Prince Moulay Hicham Ben Abdallah Al Alaoui of Morocco v. Elaph Publishing Limited [2017] EWCA Civ 29 [43 f.].

[212] Grundlegend BVerfG, Urt. v. 15.12.1983, Az. 1 BvR 209/83 u. a., BVerfGE 65, 1 – Volkszählungsurteil; BGH, Urt. v. 23.09.2014, Az. VI ZR 358/13, NJW 2015, 489 Rn. 26 – Ärztebewertung II; EGMR, Amann/Schweiz [2000] Beschwerde-Nr. 27798/95 [65].

[213] Siehe etwa EKomMR, X/Vereinigtes Königreich [1982] Beschwerde-Nr. 9702/82; EGMR, Leander/Schweden [1987] Beschwerde-Nr. 9248/81 [59] und [67]; Amann/Schweiz [2000] Beschwerde-Nr. 27798/95 [67]; Rotaru/Rumänien [2000] Beschwerde-Nr. 28341/95 [43]; Segerstedt-Wiberg u. a./Schweden [2006] Beschwerde-Nr. 62332/00; S. und Marper/Vereinigtes Königreich [2008] Beschwerde-Nr. 30562/04 und 30566/04; Biriuk/Litauen [2008] Beschwerde-Nr. 23373/03 [39]; I/Finnland [2008] Beschwerde-Nr. 20511/03 [38]; Z/Finnland [1997] Beschwerde-Nr. 22009/93 [96].

[214] *Whitman*, Yale Law Journal 113 (2004) 1151, 1161; vgl. *Post*, The Georgetown Law Journal 89 (2001), 2087, 2094 f.

amerikanische Ansatz ist liberal und marktbezogen, der europäische ist schutz- und rechtebasiert.[215] Die Betrachtung persönlicher Daten als Handelsware ist in den USA stärker ausgeprägt als in Europa, wenngleich auch europäische Vorschriften den freien Verkehr personenbezogener Daten zwischen Mitgliedstaaten betonen.[216] Die USA verlassen sich beim Datenschutz stärker auf Marktmechanismen, Selbstregulierung und die Entscheidungen der Verbraucher als die EU. In den USA steht die Furcht vor dem Eindringen des Staates im Vordergrund, in Europa hingegen haben Art. 8 EMRK und Art. 7 und 8 EUGRCh nicht nur eine vertikale, sondern auch zumindest indirekt eine horizontale Dimension.

Das europäische Datenschutzrecht, einschließlich des Datenschutzrechts der EU und des Europarates, regelt den Datenschutz umfassend. Es betrifft die Datenverarbeitung sowohl im öffentlichen als auch im privaten Sektor und es unterscheidet grundsätzlich nicht zwischen den zu schützenden Informationen, sieht man einmal von den „besonderen Kategorien personenbezogener Daten" in Art. 9 DSGVO[217] ab. Im Unterschied dazu ist das Datenschutzrecht der USA stark fragmentiert.[218] In den USA existieren ca. 20 Regelwerke zum Schutz der Privatheit auf Bundesebene und hunderte solcher *privacy laws* auf Ebene der Gliedstaaten. Die Regelungen sind entweder allein an den öffentlichen Sektor adressiert oder sie sind, sofern sie die private Datenverarbeitung betreffen, informations- oder medium-spezifisch. Die Vorschriften werden von der Federal Trade Commission, der Staatsanwaltschaft oder durch Zivilklagen vollstreckt. Aufgrund der Fragmentierung der datenschutzrechtlichen Bestimmungen existiert in den USA auch keine einheitliche Bestimmung des Begriffs der „personenbezogenen Daten". In weitem Umfang beruht der private Datenschutz in den USA auf „*best practices*" und Selbstregulierung, etwa den Safe Harbour Principles. In den USA bestehen auch grundsätzlich keine Einschränkungen hinsichtlich des Datentransfers zwischen Unternehmen. Der vergleichsweise niedrige Datenschutzstandard in den USA korrespondiert mit der herausragenden Bedeutung der Redefreiheit, welche auch die Verbreitung personenbezogener Daten umfasst.[219]

Schließlich bedarf die Datenverarbeitung in Europa einer rechtlichen Grundlage, in den USA hingegen nicht. Mit anderen Worten: In der EU ist die Verar-

---

[215] *Reidenberg*, Stanford Law Review 52 (2000), 1315.

[216] Siehe z. B. Art. 1 Abs. 1 Datenschutzrichtlinie 2002/58/EG für elektronische Kommunikation; Art. 1 Abs. 3 DSGVO.

[217] Verordnung (EU) 2016/679 des Europäischen Parlaments und des Rates vom 27. April 2016 zum Schutz natürlicher Personen bei der Verarbeitung personenbezogener Daten, zum freien Datenverkehr und zur Aufhebung der Richtlinie 95/46/EG (Datenschutz-Grundverordnung), ABl. L 119/1, korrigiert durch ABl. L 314/72 vom 22.11.2016, korrigiert durch Korrigendum vom 19.042018, 2012/0011 (COD).

[218] Dazu *Oster*, European and International Media Law, 2017, S. 313 f.

[219] *Wolf*, Washington University Journal of Law & Policy 43 (2014), 227, 255.

beitung personenbezogener Daten verboten, wenn sie nicht ausdrücklich er-
laubt ist, in den USA ist sie erlaubt, solange sie nicht ausdrücklich verboten ist.
Diese unterschiedlichen Ansätze bedeuten jedoch nicht, dass sich Europa und
die USA unversöhnlich gegenüberstehen, auch wenn die Entscheidung des
EuGH in der Rechtssache *Schrems* etwas anderes suggeriert.[220] Im Rahmen der
OECD gibt es seit langem einen Dialog zwischen den USA und der EU, insbesondere hinsichtlich der Entwicklung der OECD-Datenschutzrichtlinien.[221]
Gleichwohl werden sich die nachfolgenden Ausführungen auf die Rechtslage
der EU konzentrieren und die USA außen vor lassen.

1. Die Bedeutung des europäischen Datenschutzrechts für den Ehrschutz

Nach Art. 4 Nr. 1 DSGVO sind „personenbezogene Daten" alle Informationen,
die sich auf eine identifizierte oder identifizierbare natürliche Person („betroffene Person") beziehen. Das Konzept der „personenbezogenen Daten" besteht
somit aus drei Teilen:
1. Information: Persönliche Daten können alle Informationen sein, sowohl
Tatsachen als auch Werturteile und sowohl wahre als auch unwahre Tatsachen,
unabhängig vom Format oder Medium ihrer Speicherung oder Verarbeitung.[222]
Es ist auch unerheblich, ob die Information den privaten oder den beruflichen
Lebensbereich betrifft, ob die Information besonders sensibel ist (siehe hierzu
allein Art. 9 DSGVO), ob die Daten bereits in den Medien kommuniziert worden sind[223] oder ob die betroffene Person durch die Datenerhebung oder Verarbeitung einen Nachteil erleidet.[224] Das Konzept der „personenbezogenen Daten" umfasst auch Informationen, die für die persönliche Ehre von Bedeutung
sind, und zwar sowohl Tatsachenbehauptungen (z. B. Eintragungen in polizei-

---

[220] EuGH, Rs. C-362/14 [2015] Schrems/Data Protection Commissioner.

[221] *Schwartz*, Harvard Law Review 126 (2013), 1966, 1970 f. Siehe US Supreme Court,
Lawrence v. Texas, 539 U.S. 558, 573 (2003); EGMR, von Hannover/Deutschland (Nr. 1)
[2004] Beschwerde-Nr. 59320/00, zust. Meinung Richter Zupančič: „Privacy […] is the right
to be left alone."

[222] BGH, Urt. v. 23.06.2009, Az. VI ZR 196/08, BGHZ 181, 328 Rn. 17 – spickmich.de;
Dammann, in: Simitis (Hrsg.), BDSG, 8. Aufl. 2014, § 3 Rn. 4 ff.

[223] EuGH, Rs. C-73/07 [2008] Satakunnan Markkinapörssi Oy und Satamedia Oy [49];
Rs. C-131/12 [2014] Google Spain SL und Google Inc./AEPD u.a. [30].

[224] EuGH, verb. Rs. C-465/00, C-138/01 und C-139/01 [2003] Rechnungshof/Österrei-
cher Rundfunk u.a. [73–75]; verb. Rs. C-293/12 und C-594/12 [2014] Digital Rights Ireland
Ltd. und Kärntner Landesregierung [33]; verb. Rs. C-92/09 und C-93/09 [2010] Volker und
Markus Schecke GbR und Hartmut Eifert [59 f.]; *mutatis mutandis* Rs. T-194/04 [2007] Bavarian Lager [119]; vgl. EGMR, Niemietz/Deutschland [1992] Beschwerde-Nr. 13710/88 [29].

liche Register[225]) als auch Werturteile (z.B. Kreditwürdigkeit[226] oder die Bewertung dienstlichen Verhaltens[227]).

2. Die Information muss eine natürliche Person betreffen. Juristische Personen oder Personengesamtheiten sind somit vom Anwendungsbereich der DSGVO – nicht jedoch von dem der Richtlinie 2002/58/EG für den Datenschutz in der elektronischen Kommunikation – ausgeklammert. Unter der Datenschutzrichtlinie 95/46/EG[228] konnte der Name einer juristischen Person oder einer Personengesamtheit dann ein persönliches Datum sein, wenn er den Namen einer natürlichen Person enthält.[229] Erwägungsgrund 14 der DSGVO schließt dies jedoch nunmehr für die Verordnung aus. Schließlich erfasst das europäische Datenschutzrecht nur lebende natürliche Personen.[230]

3. Die Person muss bestimmt oder bestimmbar sein. Eine Person ist bestimmt, wenn alle Elemente bekannt sind, die eine Person derart beschreiben, dass sie von anderen Personen unterschieden werden kann. Eine Person ist bestimmbar, wenn der für die Verarbeitung Verantwortliche oder ein Dritter die zusätzlichen Informationen, die zur Bestimmung einer Person notwendig sind, mit vernünftigem Aufwand ermitteln kann. Dies bedeutet umgekehrt, dass die Regelungen des Datenschutzes auf anonymisierte Daten keine Anwendung finden.[231]

Das EU-Datenschutzrecht findet Anwendung auf die Verarbeitung personenbezogener Daten. Nach Art. 4 Nr. 2 DSGVO umfasst „Verarbeitung" „jeden […] ausgeführten Vorgang oder jede Vorgangsreihe im Zusammenhang mit personenbezogenen Daten". Als Beispiele nennt die Vorschrift das Erheben, das Erfassen, die Organisation, das Ordnen, die Speicherung, die Anpassung oder Veränderung, das Auslesen, das Abfragen, die Verwendung, die Offenlegung durch Übermittlung, Verbreitung oder eine andere Form der Bereitstellung, den Abgleich oder die Verknüpfung, die Einschränkung, das Löschen oder die Vernichtung. Für die Verarbeitung „Verantwortlicher" ist nach Art. 4 Nr. 7 DSGVO „die natürliche oder juristische Person, Behörde, Einrichtung oder an-

---

[225] Siehe EGMR, Leander/Schweden [1987] Beschwerde-Nr. 9248/81 [59] und [67]; Amann/Schweiz [2000] Beschwerde-Nr. 27798/95 [67]; Rotaru/Rumänien [2000] Beschwerde-Nr. 28341/95 [43]; Segerstedt-Wiberg u. a./Schweden [2006] Beschwerde-Nr. 62332/00.

[226] *Dammann*, in: Simitis (Hrsg.), BDSG, 8. Aufl. 2014, § 3 Rn. 12.

[227] BGH, Urt. v. 23.06.2009, Az. VI ZR 196/08, BGHZ 181, 328 Rn. 17 m. w. N. – spickmich.de.

[228] Richtlinie 95/46/EG des Europäischen Parlaments und des Rates vom 24. Oktober 1995 zum Schutz natürlicher Personen bei der Verarbeitung personenbezogener Daten und zum freien Datenverkehr, ABl. L 281/31, aufgehoben durch Art. 94 Abs. 1 DSGVO.

[229] EuGH, verb. Rs. C-92/09 und C-93/09 [2010] Volker und Markus Schecke GbR und Hartmut Eifert [54].

[230] Artikel-29-Datenschutzgruppe, Opinion 4/2007 on the concept of personal data, S. 22.

[231] Erwägungsgrund 26 DSGVO. Zur erfolgreichen Anonymisierung siehe Artikel-29-Datenschutzgruppe, Opinion 05/2014 on Anonymisation Techniques; Opinion 4/2007 on the concept of personal data, S. 18; Agentur der Europäischen Union für Grundrechte und Europarat, Handbook on European data protection law, 2013, S. 46.

dere Stelle, die allein oder gemeinsam mit anderen über die Zwecke und Mittel der Verarbeitung von personenbezogenen Daten entscheidet". Diese Vorschrift gewährleistet, dass die Datenverarbeitung sowohl durch private als auch durch öffentliche Stellen den Vorgaben des europäischen Datenschutzes unterliegt. Wer die personenbezogenen Daten im Auftrag des für die Verarbeitung Verantwortlichen verarbeitet, ist gemäß Art. 4 Nr. 8 DSGVO „Auftragsverarbeiter". Das Konzept der Datenverarbeitung umfasst beispielsweise die Veröffentlichung persönlicher Daten auf einer Webseite[232] oder in einem Kurzmitteilungsdienst[233] und die Weitergabe persönlicher Daten an Dritte.[234]

2. Grundsätze des europäischen Datenschutzrechts

Grundprinzip des europäischen Datenschutzrechts ist, dass Datenverarbeitung auf gesetzlicher Grundlage und im Einklang mit den gesetzlichen Vorschriften erfolgen muss.[235] Das bedeutet, dass die betroffene Person entweder ihre Einwilligung zur Datenverarbeitung erteilt hat[236] oder dass ein anderer gesetzlicher Grund vorliegt, der die Datenverarbeitung rechtfertigt.[237] Insbesondere erlaubt Art. 6 Abs. 1 Buchst. f) DSGVO die Verarbeitung personenbezogener Daten u. a. dann, wenn die Verarbeitung zur Verwirklichung berechtigter Interessen erforderlich ist, sofern nicht die Interessen oder die Grundrechte und Grundfreiheiten der betroffenen Person überwiegen. Das Konzept des „berechtigten Interesses" umfasst jedes rechtlich geschützte Interesse einschließlich Geschäftsinteressen.[238] In diesem Zusammenhang ist von Bedeutung, ob die Interessen des Verantwortlichen selbst grundrechtlich geschützt sind, beispielsweise durch die Meinungsfreiheit. Hierauf wird noch einzugehen sein.

---

[232] EuGH, Rs. C-101/01 [2003] Lindqvist [26]; verb. Rs. C-92/09 und C-93/09 [2010] Volker und Markus Schecke GbR und Hartmut Eifert [58].

[233] EuGH, Rs. C-73/07 [2008] Satakunnan Markkinapörssi Oy und Satamedia Oy [37].

[234] EuGH, verb. Rs. C-465/00, C-138/01 und C-139/01 [2003] Rechnungshof/Österreichischer Rundfunk u. a. [74]; Rs. T-194/04 [2007] Bavarian Lager [105].

[235] Siehe Art. 8 Abs. 2 EUGRCh, Art. 5 Buchst. a) Datenschutz-Übereinkommen, Art. 5 DSGVO. Siehe auch Nr. 7–10 der OECD-Datenschutzrichtlinien, Nr. 1 UN-Datenschutzrichtlinien.

[236] Siehe z. B. Art. 6 Abs. 1 Buchst. a) DSGVO, Art. 6 Abs. 3 und 9 Datenschutzrichtlinie 2002/58/EG für elektronische Kommunikation.

[237] Siehe Art. 6, 9 Abs. 2 DSGVO; EuGH, verb. Rs. C-468/10 und C-469/10 [2011] ASNEF und FECEMD [32].

[238] EuGH, Rs. C-131/12 [2014] Google Spain SL und Google Inc./AEPD u. a. [73]; Artikel-29-Datenschutzgruppe, Opinion 06/2014 on the notion of legitimate interests of the data controller under Article 7 of Directive 95/46/EC, S. 25. Im deutschen Recht war das geschäftsmäßige Interesse an Datenverarbeitung in §§ 28 bis 30a BDSG a. F. detailliert ausgestaltet; dazu etwa BGH, Urt. v. 23.06.2009, Az. VI ZR 196/08, BGHZ 181, 328 Rn. 24 – spickmich.de; BGH, Urt. v. 23.09.2014, Az. VI ZR 358/13, NJW 2015, 489 Rn. 16 – Ärztebewertung II.

Weitere Maßgaben für eine zulässige Datenverarbeitung sind das Prinzip der Zweckbestimmung[239] und Anforderungen an die Datenqualität. Die Daten müssen für die Zwecke erheblich sein, für die sie erhoben und/oder weiterverarbeitet werden, und sie dürfen nicht über diese Zwecke hinausgehen.[240] Für den Ehrschutz von besonderer Bedeutung ist Art. 5 Abs. 1 Buchst. d) DSGVO: danach müssen personenbezogene Daten „sachlich richtig und erforderlichenfalls auf dem neuesten Stand sein". Der für die Verarbeitung Verantwortliche hat alle angemessenen Maßnahmen zu treffen, damit personenbezogene Daten, die im Hinblick auf die Zwecke ihrer Verarbeitung unrichtig sind, unverzüglich gelöscht oder berichtigt werden. Je sensibler die Daten sind, desto mehr Aufwand kann von dem Verantwortlichen erwartet werden, die Informationen korrekt und auf neuestem Stand zu halten. Das Gebot der sachlichen Richtigkeit ist dadurch beschränkt, dass es rechtlich und tatsächlich möglich sein muss, die Daten zu berichtigen oder auf den neuesten Stand zu bringen.

Des weiteren dürfen personenbezogene Daten nicht länger in einer Form gespeichert werden, die die Identifizierung der betroffenen Person ermöglicht, als dies für die Realisierung der Zwecke erforderlich ist.[241] Sofern der Zweck auch durch den Gebrauch anonymisierter oder pseudonymisierter Daten erreicht werden kann, ist dies der Verarbeitung personenbezogener Daten vorzuziehen.

3. Rechte des Datensubjekts in der Taxonomie der Information

Das europäische wie auch das internationale Datenschutzrecht stattet betroffene Personen mit einer Reihe von Rechten aus, deren Verletzung Ansprüche auf Schadensersatz auslösen kann.[242] Sie werden flankiert durch entsprechende Informations- und Auskunftsansprüche.[243] Da nach der DSGVO sowohl öffentli-

---

[239] Siehe Art. 8 Abs. 2 EUGRCh, Art. 5 Abs. 1 Buchst. b) DSGVO, Art. 5 Buchst. b) Datenschutz-Übereinkommen, Nr. 9 OECD-Datenschutzrichtlinien, Nr. 3 UN-Datenschutzrichtlinien.

[240] Siehe Art. 5 Abs. 1 Buchst. c) DSGVO, Art. 5 Buchst. c) Datenschutz-Übereinkommen, Nr. 7 OECD-Datenschutzrichtlinien.

[241] Art. 5 Abs. 1 Buchst. e) DSGVO, Erwägungsgrund 9 und 30 sowie Art. 9 Abs. 3 Datenschutzrichtlinie 2002/58/EG für elektronische Kommunikation, Art. 5 Buchst. d) Datenschutz-Übereinkommen, Nr. 3 Buchst. c) UN-Datenschutzrichtlinien.

[242] Art. 77 ff. DSGVO, Art. 15 Abs. 2 Datenschutzrichtlinie 2002/58/EG für elektronische Kommunikation, Art. 10 Datenschutz-Übereinkommen. Zu der Frage, ob „Schaden" i. S. d. Art. 23 Datenschutzrichtlinie 95/46/EG Nichtvermögensschaden umfasste: Google Inc. v. Vidal-Hall u. a. [2015] EWCA Civ 311.

[243] Siehe Art. 8 Abs. 2 Satz 2 EUGRCh, Art. 14 und 15 DSGVO; EuGH, Rs. C-553/07 [2009] College van burgemeester en wethouders van Rotterdam/M.E.E. Rijkeboer; EGMR, Leander/Schweden [1987] Beschwerde-Nr. 9248/81 [48]; Gaskin/Vereinigtes Königreich [1989] Beschwerde-Nr. 10454/83 [49]; Segerstedt-Wiberg u. a./Schweden [2006] Beschwerde-Nr. 62332/00 [76]; M.G./Vereinigtes Königreich [2002] Beschwerde-Nr. 39393/98 [27]; K.H. u. a./Slowakei [2009] Beschwerde-Nr. 32881/04 [50].

che als auch private Stellen für die Verarbeitung Verantwortliche sein können, haben diese Rechte auch privatrechlichen Charakter. Sie lassen sich wiederum nach der Taxonomie der Information systematisieren.

Gemäß Art. 8 Abs. 2 Satz 2 Alt. 2 EUGRCh hat jede Person das Recht, die Berichtigung personenbezogener Daten zu erwirken. Dieses Recht hat bereits der EGMR unter Art. 8 EMRK im Hinblick auf staatliche Datenbanken anerkannt.[244] Art. 16 DSGVO sieht zudem auf sekundärrechtlicher Ebene vor, dass jede betroffene Person von dem Verantwortlichen die Berichtigung von Daten verlangen kann, wenn diese unrichtig sind. Rechte Dritter stehen dem nicht entgegen, denn an erwiesen unrichtigen bzw. unvollständigen Informationen kann weder ein privates noch ein öffentliches Interesse bestehen.[245]

Problematischer ist demgegenüber die Rechtslage bei nicht erwiesen unvollständigen oder unrichtigen Informationen, bei bewiesen wahren Informationen sowie bei Werturteilen. Hier ist eine Abwägung erforderlich, die an die von Persönlichkeitsrechten jenseits des Datenschutzes angelehnt ist (dazu Kapitel 4), durch das Datenschutzrecht jedoch verfeinert wird. Art. 17 Abs. 1 DSGVO bestimmt, dass jede betroffene Person von dem Verantwortlichen die Löschung von Daten verlangen kann, wenn diese für die Zwecke, für die sie verarbeitet wurden, nicht mehr notwendig sind (Buchst. a)) oder unrechtmäßig verarbeitet wurden (Buchst. d)). Art. 17 DSGVO ist damit die anspruchsrechtliche Ergänzung der Anforderungen an die Datenqualität und die Rechtmäßigkeit der Verarbeitung in Art. 5 und 6 DSGVO. Aus diesen Vorschriften folgt, dass der Betroffene von dem für die Datenverarbeitung Verantwortlichen grundsätzlich die Löschung bzw. das Hinwirken auf Löschung rechtswidriger, im Internet abrufbarer Tatsachenbehauptungen oder Werturteile in Anspruch nehmen kann.[246] Andererseits bestimmt Art. 17 Abs. 3 Buchst. a) DSGVO, dass das „Recht auf Vergessenwerden" nicht greift, soweit die Verarbeitung „zur Ausübung des Rechts auf freie Meinungsäußerung und Information" erforderlich ist.[247]

Maßgeblich für diese Abwägung sind die einschlägigen Grundrechte. Einerseits sind die Vorschriften, die den Schutz persönlicher Daten und Ansprüche der betroffenen Person gewährleisten, im Lichte von Art. 7 und 8 EUGRCh

---

[244] Siehe z. B. EGMR, Ciubotaru/Moldawien [2010] Beschwerde-Nr. 27138/04; Cemalettin Canlı/Türkei [2008] Beschwerde-Nr. 22427/04; Khelili/Schweiz [2011] Beschwerde-Nr. 16188/07; *mutatis mutandis* B.B./Frankreich [2009] Beschwerde-Nr. 5335/06 [61]; Gardel/Frankreich [2009] Beschwerde-Nr. 16428/05 [62].

[245] Vgl. BGH, Urt. v. 28.07.2015, Az. VI ZR 340/14, NJW 2016, 56 Rn. 31 – recht§billig. Vor diesem Hintergrund ist § 9c Abs. 3 Satz 4 RStV, der eine „weitere Speicherung" unrichtiger personenbezogener Daten erlaubt, rechtspolitisch verunglückt (*Oster*, in: Hartstein/Ring u. a. (Hrsg.), Heidelberger Kommentar Rundfunkstaatsvertrag/Jugendmedienschutz-Staatsvertrag, § 9c Rn. 55).

[246] Vgl. BGH, Urt. v. 28.07.2015, Az. VI ZR 340/14, NJW 2016, 56 Rn. 13 – recht§billig zu Art. 14 Buchst a), Art. 12 Buchst. b) und Art. 6 Abs. 1 Buchst. c) bis e) Datenschutzrichtlinie 95/46/EG.

[247] Vgl. auch Art. 23 Abs. 1 Buchst. i) DSGVO.

sowie Art. 8 EMRK auszulegen.[248] Sind die Informationen ehrenrührig, so sollte zusätzlich das Recht auf Schutz der Ehre als Ausprägung des Rechts auf Privatheit nach Art. 7 EUGRCh berücksichtigt werden. Andererseits muss eine Auslegung dieser Bestimmungen auch konfligierende Grundrechte berücksichtigen, insbesondere die Kommunikationsfreiheit. Verarbeitet ein Anbieter von Telemediendiensten personenbezogene Daten, die Nutzer über eine bestimmte Person verbreiten, etwa Bewertungsportale im Internet, so ist die Kommunikationsfreiheit sowohl der Nutzer als auch des Diensteanbieters zu beachten. Zwar verbreitet der Diensteanbieter nicht „seine" Meinung, wie Art. 5 Abs. 1 Satz 1 GG dies jedenfalls nach seinem Wortlaut verlangt; allerdings gibt er Informationen weiter im Sinne der Art. 19 Abs. 2 IPbpR, Art. 10 EMRK und Art. 11 Abs. 1 EUGRCh und nimmt damit an der Kommunikationsfreiheit teil (dazu Kapitel 6).[249] Darüber hinaus kann er sich bei gewerblicher Tätigkeit auf die Berufsfreiheit nach Art. 15 Abs. 1 EUGRCh, Art. 12 GG bzw. die unternehmerische Freiheit nach Art. 16 EUGRCh berufen.[250]

Von besonderer Bedeutung für das Kommunikationsdeliktsrecht ist das in Art. 85 Abs. 2 DSGVO kodifizierte sog. „Medienprivileg".[251] Nach Art. 85 Abs. 1 DSGVO sind die Mitgliedstaaten verpflichtet, durch Rechtsvorschriften das Recht auf den Schutz personenbezogener Daten mit dem Recht auf freie Meinungsäußerung und Informationsfreiheit, einschließlich der Verarbeitung zu journalistischen Zwecken und zu wissenschaftlichen, künstlerischen oder literarischen Zwecken, in Einklang zu bringen. Hierfür müssen sie nach Absatz 2 grundsätzlich Abweichungen oder Ausnahmen von den Kapiteln II, III, IV, V, VI, VII und IX der DSGVO vorsehen.[252] Dies allerdings nur, wenn dies erforderlich ist, um das Recht auf Schutz der personenbezogenen Daten mit der Freiheit der Meinungsäußerung und der Informationsfreiheit in Einklang zu bringen. Art. 85 Abs. 2 DSGVO findet beispielsweise Anwendung auf die Verarbeitung von Ton- und Bilddaten für journalistische, literarische oder künstlerische Zwecke.[253] Das Medienprivileg ist Ausprägung der Medienfreiheit nach Art. 11

---

[248] Siehe z. B. EuGH, verb. Rs. C-465/00, C-138/01 und C-139/01 [2003] Rechnungshof/Österreichischer Rundfunk u. a. [68]; verb. Rs. C-92/09 und C-93/09 [2010] Volker und Markus Schecke GbR und Hartmut Eifert [64 ff.]; Rs. C-212/13 [2014] František Ryneš [29]; vgl. Art. 1 Abs. 2 DSGVO.

[249] BGH, Urt. v. 23.09.2014, Az. VI ZR 358/13, NJW 2015, 489 Rn. 28 – Ärztebewertung II.

[250] BGH, Urt. v. 23.09.2014, Az. VI ZR 358/13, NJW 2015, 489 Rn. 27 – Ärztebewertung II; BGH, Urt. v. 20.02.2018, Az. VI ZR 30/17, Rn. 13 – Ärztebewertung IV.

[251] Kritisch zu dem Begriff *Eberle*, MMR 2008, 508, 510; *Schiedermair*, in: Dörr/Kreile/Cole (Hrsg.), Handbuch Medienrecht, 2. Aufl. 2011, Kapitel I. Datenschutz in den Medien, Rn. 65; *Dix*, in: Simitis (Hrsg.), BDSG, 8. Aufl. 2014, § 41 Rn. 1.

[252] Dazu etwa §§ 9c Abs. 1 Satz 4, 57 Abs. 1 Satz 4 RStV.

[253] Erwägungsgrund 121 DSGVO. Zum Medienprivileg nach Art. 9 Datenschutzrichtlinie 95/46/EG EuGH, Rs. C-73/07 [2008] Satakunnan Markkinapörssi Oy und Satamedia Oy

Abs. 2 EUGRCh und Art. 10 EMRK.[254] Wäre die Verarbeitung personenbezogener Daten auch ohne Einwilligung des Betroffenen unzulässig, dann wäre journalistische Arbeit nicht möglich.[255] Die „datenschutzrechtliche Sonderstellung der Medien" setzt allerdings voraus, dass die Verarbeitung personenbezogener Daten tatsächlich journalistischen Zwecken dient, d. h. der Recherche, Redaktion, Veröffentlichung, Dokumentation und Archivierung in der Absicht der Berichterstattung oder Meinungsäußerung gegenüber einem unbestimmten Personenkreis.[256] Der BGH wies daher zutreffend darauf hin, dass das Medienprivileg nach § 41 BDSG a. F. auf Internet-Bewertungsforen keine Anwendung findet.[257] Hier fehlt es bereits an der redaktionellen Gestaltung, die journalistische Arbeit von der automatischen Wiedergabe der Inhalte Dritter unterscheidet. Auch gilt das Medienprivileg nicht für Daten, die im Rahmen der Personaldatenverarbeitung, des Gebühreneinzugs, zur Akquisition von Abonnenten oder zur kommerziellen Weitergabe an Dritte anfallen.[258]

Das analytische Instrument, die widerstreitenden Rechte und Interessen in einen angemessenen Ausgleich zu bringen, ist wiederum der Grundsatz der Verhältnismäßigkeit.[259] So sind etwa Aussagekraft und Eingriffsqualität der

---

[61]; EGMR, Satakunnan Markkinapörssi Oy und Satamedia Oy/Finnland [2017] Beschwerde-Nr. 931/13 [150].

[254] *Oster*, Media Freedom as a Fundamental Right, 2015, S. 169; *Oster*, in: Hartstein/Ring u. a. (Hrsg.), Heidelberger Kommentar Rundfunkstaatsvertrag/Jugendmedienschutz-Staatsvertrag, § 9c Rn. 6; vgl. BGH, Urt. v. 15.12.2009, Az. VI ZR 227/08, BGHZ 183, 353 Rn. 23 – dradio.de; BGH, Urt. v. 09.02.2010, Az. VI ZR 243/08, NJW 2010, 2432 Rn. 26 – Spiegel-Dossier m. w. N. aus der Lit.

[255] Vgl. BGH, Urt. v. 23.06.2009, Az. VI ZR 196/08, BGHZ 181, 328 Rn. 20 – spickmich. de; BGH, Urt. v. 15.12.2009, Az. VI ZR 227/08, BGHZ 183, 353 Rn. 23 – dradio.de; BGH, Urt. v. 09.02.2010, Az. VI ZR 243/08, NJW 2010, 2432 Rn. 26 – Spiegel-Dossier; BVerwG, Beschl. v. 29.10.2015, Az. 1 B 32.15, K&R 2016, 66 Rn. 5 – Medienprivileg.

[256] EuGH, Rs. C-73/07 [2008] Satakunnan Markkinapörssi Oy und Satamedia Oy [61]; BGH, Urt. v. 15.12.2009, Az. VI ZR 227/08, BGHZ 183, 353 Rn. 26 – dradio.de; BGH, Urt. v. 09.02.2010, Az. VI ZR 243/08, NJW 2010, 2432 Rn. 29 – Spiegel-Dossier; *Oster*, in: Hartstein/ Ring u. a. (Hrsg.), Heidelberger Kommentar Rundfunkstaatsvertrag/Jugendmedienschutz-Staatsvertrag, § 9c Rn. 28.

[257] BGH, Urt. v. 23.06.2009, Az. VI ZR 196/08, BGHZ 181, 328 Rn. 19 – spickmich.de; BGH, Urt. v. 23.09.2014, Az. VI ZR 358/13, NJW 2015, 489 Rn. 40 – Ärztebewertung II.

[258] BGH, Urt. v. 15.12.2009, Az. VI ZR 227/08, BGHZ 183, 353 Rn. 27 – dradio.de; BGH, Urt. v. 09.02.2010, Az. VI ZR 243/08, NJW 2010, 2432 Rn. 30 – Spiegel-Dossier m. w. N.; *Oster*, in: Hartstein/Ring u. a. (Hrsg.), Heidelberger Kommentar Rundfunkstaatsvertrag/Jugendmedienschutz-Staatsvertrag, § 9c Rn. 28.

[259] Siehe z. B. EuGH, verb. Rs. C-465/00, C-138/01 und C-139/01 [2003] Rechnungshof/ Österreichischer Rundfunk u. a. [77 ff.]; Rs. C-275/06 [2008] Promusicae/Telefónica de España SAU [68 ff.]; Rs. C-557/07 [2009] LSG-Gesellschaft zur Wahrnehmung von Leistungsschutzrechten GmbH [29]; verb. Rs. C-92/09 und C-93/09 [2010] Volker und Markus Schecke GbR und Hartmut Eifert [65 ff.]; Rs. C-461/10 [2012] Bonnier Audio [59]; Rs. C-131/12 [2014] Google Spain SL und Google Inc./AEPD u. a. [76]; BGH, Urt. v. 23.06.2009, Az. VI ZR 196/08, BGHZ 181, 328 Rn. 36 – spickmich.de; BGH, Urt. v. 23.09.2014, Az. VI ZR 358/13, NJW 2015, 489 Rn. 25 – Ärztebewertung II.

Daten zu berücksichtigen, insbesondere ob sie dem Privat- oder gar Intimleben des Betroffenen zuzuordnen sind, oder ob sie lediglich seine soziale Sphäre betreffen.[260] Je mehr die Information eine Angelegenheit von öffentlichem Interesse betrifft, desto stärker fällt dies gegen das Recht auf Löschung ins Gewicht.[261] Je weiter allerdings der Vorgang zurückliegt, den die Information betrifft, desto geringer ist das öffentliche Interesse.[262] Das Interesse an Informationen über Personen des öffentlichen Lebens unterliegt einem weiteren Legitimationsradius als das an Informationen über Privatpersonen.[263] Kinder sind wiederum besonders zu schützen.[264]

Zu berücksichtigen sind ferner die konkreten Umstände der Datenveröffentlichung. Je größer der Personenkreis, dem die Daten bekannt gegeben werden, desto schutzwürdiger ist die von der Datenverarbeitung betroffene Person. Daten, die auf einer öffentlich einsehbaren, ungeschützten Webseite veröffentlicht werden, sind daher eher zu beseitigen als solche in einem Portal, welches erst nach Eingabe von Benutzerdaten zugänglich ist und welches daher nicht in den Suchergebnissen einer Internet-Suchmaschine erscheint.[265] Dabei fallen auch vorgesehene Mechanismen der Selbst- und Fremdkontrolle ins Gewicht, z. B. ob Nutzern von Internet-Foren die Möglichkeit gegeben wird, die Betreiber auf Unstimmigkeiten aufmerksam zu machen[266] oder ob eine Pflicht zur Angabe von Klarnamen Mehrfachbewertungen durch ein und dieselbe Person zumindest erschwert.[267]

---

[260] EuGH, Rs. C-101/01 [2003] Lindqvist [89]; Rs. T-194/04 [2007] Bavarian Lager [125]; verb. Rs. C-468/10 und C-469/10 [2011] ASNEF und FECEMD [45]; BGH, Urt. v. 23.06.2009, Az. VI ZR 196/08, BGHZ 181, 328 Rn. 31 – spickmich.de; BGH, Urt. v. 23.09.2014, Az. VI ZR 358/13, NJW 2015, 489 Rn. 25 – Ärztebewertung II.

[261] EuGH, Rs. C-101/01 [2003] Lindqvist [89]; Rs. T-194/04 [2007] Bavarian Lager [125]; verb. Rs. C-468/10 und C-469/10 [2011] ASNEF und FECEMD [45]; BGH, Urt. v. 23.06.2009, Az. VI ZR 196/08, BGHZ 181, 328 Rn. 37 – spickmich.de; BGH, Urt. v. 23.09.2014, Az. VI ZR 358/13, NJW 2015, 489 Rn. 40 – Ärztebewertung II.

[262] EGMR, Rotaru/Rumänien [2000] Beschwerde-Nr. 28341/95 [43]; Segerstedt-Wiberg u. a./Schweden [2006] Beschwerde-Nr. 62332/00 [90]; Cemalettin Canlı/Türkei [2008] Beschwerde-Nr. 22427/04 [33]; M.K./Frankreich [2013] Beschwerde-Nr. 19522/09 [42]; EuGH, Rs. C-131/12 [2014] Google Spain SL und Google Inc./AEPD u. a. [98].

[263] EuGH, Rs. C-131/12 [2014] Google Spain SL und Google Inc./AEPD u. a. [81].

[264] Siehe EGMR, S. und Marper/Vereinigtes Königreich [2008] Beschwerde-Nr. 30562/04 und 30566/04; Art. 8 DSGVO; Artikel-29-Datenschutzgruppe, Working Document 1/2008 on the protection of children's personal data (General guidelines and the special case of schools).

[265] BGH, Urt. v. 23.06.2009, Az. VI ZR 196/08, BGHZ 181, 328 Rn. 37 – spickmich.de; BGH, Urt. v. 23.09.2014, Az. VI ZR 358/13, NJW 2015, 489 Rn. 33 – Ärztebewertung II.

[266] BGH, Urt. v. 23.06.2009, Az. VI ZR 196/08, BGHZ 181, 328 Rn. 39 – spickmich.de; BGH, Urt. v. 23.09.2014, Az. VI ZR 358/13, NJW 2015, 489 Rn. 36 – Ärztebewertung II.

[267] Vgl. *mutatis mutandis* BGH, Urt. v. 23.09.2014, Az. VI ZR 358/13, NJW 2015, 489 Rn. 34 – Ärztebewertung II.

Von Bedeutung kann auch sein, ob die Daten bereits öffentlich bekannt sind.[268] Stehen dem Verantwortlichen weniger einschneidende, aber zur Verfolgung seiner Zwecke gleich geeignete Maßnahmen zur Verfügung, beispielsweise die Verarbeitung anonymer oder pseudonymisierter Daten, so sind diese vorzuziehen.[269]

Die fehlende Einwilligung des Betroffenen allein ist nicht ausreichend, um einem Löschungsbegehren stattzugeben. Aus Art. 6 Abs. 1 Buchst. a) DSGVO ergibt sich, dass die Einwilligung des Betroffenen nur eine von mehreren Möglichkeiten ist, die Verarbeitung personenbezogener Daten zu rechtfertigen. Dürften Äußerungen nur dann datenschutzrechtlich relevanten Inhalt enthalten, wenn die Einwilligung des Betroffenen vorliegt, würde der Diskurs weitgehend unmöglich gemacht, weil für negative Äußerungen die Einwilligung des Betroffenen zumeist fehlen dürfte.[270]

Im Fall *Google Spain* war die betreffende Information weder unrichtig noch unvollständig, sondern – aus Sicht des Klägers – nicht mehr bedeutsam. Nach der hier vorgeschlagenen Taxonomie der Information war *Google Spain* daher kein Fall des Ehrschutzes, sondern – weil die zu entfernende Information wahr war – ein Fall des Rechts auf informationelle Privatheit. Es war daher problematisch, den Fall unter Art. 12 Buchst. b) Datenschutzrichtlinie 95/46/EG, der Vorgängerregelung zu Art. 16 und 17 DSGVO, zu subsumieren. In Abweichung von der Stellungnahme des Generalanwalts hielt der EuGH jedoch einen Anspruch des Klägers auf die Entfernung von Ergebnissen für Suchanfragen mit seinem Namen für begründet. Art. 12 Buchst. b) Datenschutzrichtlinie 95/46/EG beziehe sich auf das Gebot der sachlichen Richtigkeit in Art. 6 Abs. 1 Buchst. d) Datenschutzrichtlinie 95/46/EG lediglich beispielhaft („insbesondere“).[271] Dies schließe nicht aus, dass es weitere Gründe geben kann, einen Anspruch auf Löschung oder Sperrung von Daten zu begründen. Der Kläger hatte somit ein Recht darauf, von der Ergebnisliste einer Suchmaschine entfernt zu werden. Dieses „Recht auf Vergessenwerden" gilt nach der *Google Spain*-Entscheidung allerdings nur dann, wenn der Eingriff in die Grundrechte dieser Person nicht „aus besonderen Gründen – wie der Rolle der betreffenden Person im öffentlichen Leben – [...] durch das überwiegende Interesse der breiten Öf-

---

[268] EuGH, verb. Rs. C-468/10 und C-469/10 [2011] ASNEF und FECEMD [44].

[269] EuGH, verb. Rs. C-465/00, C-138/01 und C-139/01 [2003] Rechnungshof/Österreichischer Rundfunk u. a. [77]; verb. Rs. C-92/09 und C-93/09 [2010] Volker und Markus Schecke GbR und Hartmut Eifert [81].

[270] BGH, Urt. v. 23.06.2009, Az. VI ZR 196/08, BGHZ 181, 328 Rn. 43 – spickmich.de.

[271] Die Vorschrift besagte: „Die Mitgliedstaaten garantieren jeder betroffenen Person das Recht, vom für die Verarbeitung Verantwortlichen folgendes zu erhalten:

a) [...]

b) je nach Fall die Berichtigung, Löschung oder Sperrung von Daten, deren Verarbeitung nicht den Bestimmungen dieser Richtlinie entspricht, insbesondere wenn diese Daten unvollständig oder unrichtig sind".

fentlichkeit daran, über die Einbeziehung in eine derartige Ergebnisliste Zugang zu der betreffenden Information zu haben, gerechtfertigt ist."[272]

Vor dem Hintergrund der Komplexität der Abwägungsentscheidung ist beachtlich und bedenklich, wie wenig Bedeutung der EuGH in seiner *Google Spain*-Entscheidung sowohl dem Recht des Suchmaschinenbetreibers auf Verbreitung der Information als auch dem Recht der Öffentlichkeit, die Information zu empfangen, beimaß. Im Unterschied zum Generalanwalt erwähnte der EuGH Art. 11 EUGRCh kein einziges Mal ausdrücklich.[273] Der EuGH ist dafür zu kritisieren, dass er das Recht des Antragstellers „auf Vergessenwerden" nicht hinreichend gegen das Recht der Öffentlichkeit abwog, sich an ihn zu erinnern.

VI. Zusammenfassung von Kapitel 5

Ehrverletzungen weisen eine solche Vielfalt an Erscheinungsformen auf, dass ein wirksamer Ehrschutz „auf gefächerte und elastische Möglichkeiten der Abwehr und Folgenbeseitigung angewiesen ist". Folgende Komponenten eines Ehrschutzsystems sind in den hier untersuchten Rechtsordnungen vertreten: Unterlassung, Gegendarstellung, Folgenbeseitigung und Schadensersatz. Zudem hat das Datenschutzrecht in der jüngeren Vergangenheit besondere Bedeutung als Instrument des Ehrschutzes gewonnen.

Um einem „Gebot der Gerechtigkeit" zu genügen, entwickelte das Reichsgericht einen verschuldensunabhängigen negatorischen Anspruch auf Unterlassung von Ehrkränkungen. Demgegenüber sind nach der Rechtsprechung des Obersten Gerichtshofs der Vereinigten Staaten Unterlassungsverfügungen mit dem Ersten Zusatzartikel grundsätzlich unvereinbar. Nach der Rechtsprechung des EGMR sind Unterlassungsansprüche – auch vorbeugend – zumindest nicht generell von Art. 10 EMRK ausgeschlossen. In Großbritannien schließlich gilt die Regel, dass Unterlassungsverfügungen gegen die Erstbegehung einer *defamation* grundsätzlich nicht erlassen werden, wenn der Antragsgegner behauptet, dass er im Hauptsacheverfahren den diffamierenden Charakter der Äußerung bestreiten wird oder eine Einrede erheben wird.

Die Rechtsprechung in den USA und in England, wonach Unterlassungsanträgen wegen *defamation* mit deutlich größerer Zurückhaltung begegnet wer-

---

[272] EuGH, Rs. C-131/12 [2014] Google Spain SL und Google Inc./AEPD u. a. [97]. Grundlegend zum „Recht auf Vergessenwerden" *Mayer-Schönberger*, Delete: the virtue of forgetting in the digital age, 2009.

[273] EuGH, Rs. C-131/12 [2014] Google Spain SL und Google Inc./AEPD u. a. [81] und [97]; Rs. C-131/12 [2014] Google Spain SL und Google Inc./AEPD u. a., Schlussantrag Generalanwalt Jääskinen [121].

den sollte als solchen wegen Verletzung der *information privacy*, ist vorzugswürdig. Die Quintessenz der informationellen Privatheit ist, dass eine bestimmte Information niemals zur Kenntnis Dritter gelangen darf oder hätte
gelangen dürfen, weil sie privat ist. Bei der Ehre hingegen ist eine unwahre,
nicht erwiesen wahre oder beleidigende Information in der Welt und deswegen
einen Nachteil anzurichten geeignet, weil Dritte an den Wahrheitsgehalt der
Information glauben oder – bei Meinungsäußerungen – sich dem abwertenden
Werturteil anschließen könnten. Im Umkehrschluss gilt, dass die Information
noch unschädlich gemacht werden kann, etwa wenn ihr der Betroffene zur
Überzeugung der Informationsempfänger widerspricht, wenn der Äußernde
die ehrenrührige Tatsachenbehauptung widerruft oder wenn ein Gericht feststellt, dass die Tatsachenbehauptung unwahr ist. Der Gedanke des „Marktplatzes der Meinungen", auf dem Rede und Gegenrede aufeinander treffen, ist daher
nur im Ehrschutz gegeben, nicht hingegen im Recht der informationellen Privatheit.

Ein Recht auf Gegendarstellung vermögen zwei einander ergänzende Erklärungsmodelle zu begründen: Nach der persönlichkeitsrechtlichen Dimension
hat der Einzelne ein Recht darauf, falsche – oder für falsch gehaltene – Informationen über sich selbst korrigieren zu dürfen. Die kommunikationsrechtliche
Dimension begründet den Gegendarstellungsanspruch damit, dass jeder ein
Recht auf Mitwirkung bei der öffentlichen Meinungsbildung hat und ein berechtigtes Interesse der Allgemeinheit daran besteht, die Sicht des Betroffenen
kennenzulernen. Das Recht auf Gegendarstellung ist erst mit beiden Erklä-
rungsansätzen vollständig begründet.

Unter „Folgenbeseitigung" ist die Beseitigung bestehender Folgen eines objektiv rechtswidrigen Eingriffs in die Ehre durch den Deliktstäter selbst zu verstehen. In den USA ist ein Antrag auf Folgenbeseitigung eine Obliegenheit des
Klägers vor Erhebung eines Schadensersatzanspruchs, in England und Wales
eine mögliche Einrede des Beklagten, und in Deutschland ein eigenständiger
Anspruch des Betroffenen mit korrespondierender Pflicht des Mitteilenden.
Trotz dieser dogmatischen Unterschiede besteht ein gemeinsamer Bezugspunkt: Alle drei Jurisdiktionen definieren den Folgenbeseitigungsanspruch
über sein Verhältnis zum Schadensersatz- bzw. Entschädigungsanspruch. In
den USA ist ein Antrag des Verletzten auf Folgenbeseitigung Voraussetzung
eines Anspruchs auf Ersatz des Nichtvermögensschadens und Strafschadensersatz. In England und Wales ist das Angebot der Folgenbeseitigung eine Einrede
des Verletzers gegen einen Entschädigungsanspruch. Und in Deutschland entsteht ein Anspruch auf Entschädigung für Persönlichkeitsrechtsverletzungen
nur dann, wenn ein Gegendarstellungs-, Unterlassungs- oder eben Widerrufsanspruch nicht ausreichend ist. Anders als die Gegendarstellung ist die Folgenbeseitigung ausschließlich mit dem Persönlichkeitsinteresse des Betroffenen zu
erklären, nicht jedoch mit dem kommunikativen Interesse des Betroffenen und

der Rezipienten. Die Gegendarstellung bietet der Öffentlichkeit die Sicht der Dinge des Betroffenen und hält damit die öffentliche Debatte am Leben, die Folgenbeseitigung beseitigt die Folgen der Erstmitteilung des Äußernden und soll damit die Debatte beenden. Hinzu kommt, dass ein Folgenbeseitigungsanspruch die negative Kommunikationsfreiheit noch stärker beeinträchtigt als ein Gegendarstellungsanspruch, da der Mitteilende zur Abgabe einer eigenen Erklärung verpflichtet wird und nicht lediglich die Erklärung eines Dritten veröffentlichen muss. Daraus folgt, dass ein Folgenbeseitigungsanspruch strengen Voraussetzungen unterliegen muss. Es ist zunächst danach zu fragen, ob zur Beseitigung der Ehrbeeinträchtigung eine Erklärung des Beklagten erforderlich ist, weil der Störungszustand nur durch seine Erklärung beendet werden kann, oder ob die Veröffentlichung einer entsprechenden Erklärung des Betroffenen selbst – etwa im Wege einer Gegendarstellung – genügt. Zudem muss eine zu widerrufende oder zu berichtigende Behauptung in ihrem streitgegenständlichen Teil zum Zeitpunkt der Verpflichtung zur Folgenbeseitigung erwiesen unwahr sein.

Schadensersatzansprüche für Ehrverletzungen lassen sich nur mit dem unipolaren, nicht mit dem bipolaren Modell des Deliktsrechts erklären. Entschädigungen für Nichtvermögensschäden bei Persönlichkeitsrechtsverletzungen finden ihre Grundlage in der Menschenwürde als Erklärungsmodell für den Ehrschutz. Macht der Kläger hingegen eine Minderung seines Vermögens als Folge einer Ehrverletzung geltend, so ist die Eigentumstheorie heranzuziehen. Juristische Personen und Personengesellschaften können allein Vermögensschäden bei Verletzung ihrer Reputation geltend machen.

Der BGH gewährt eine Entschädigung in Geld wegen einer Persönlichkeitsverletzung nur dann, wenn es sich um eine schwere Verletzung des Persönlichkeitsrechts handelt und wenn die Verletzung nicht auf andere Art auszugleichen ist. Das englische Recht sieht demgegenüber die Gewährung einer Entschädigung in Geld als zwingende Folge einer *defamation* vor. Anders als der BGH bestehen englische Gerichte nicht auf der Subsidiarität der Geldentschädigung. Dies ist darauf zurückzuführen, dass das englische Recht ein differenziertes Rechtsfolgensystem für Ehrverletzungen – Gegendarstellung, Unterlassung und Folgenbeseitigung – nicht kennt. Das deutsche Deliktsrecht im Allgemeinen und der Ehrschutz im Besonderen beruhen auf dem Kompensationsmodell als Grundlage des Schadensrechts. Eine Bereicherung des Deliktsopfers ist ebenso unzulässig wie eine Belastung des Deliktstäters, die über die Vergeltung des Delikts hinausgeht. Zwar kommt dem Anspruch auf Geldentschädigung auch eine präventive Wirkung zu, indem sie ehrenrührige Äußerungen einem finanziellen Risiko unterwirft. Da hiermit jedoch zugleich ein Einschüchterungseffekt verbunden ist, unterliegt die Höhe des Entschädigungsanspruchs strengen verfassungsrechtlichen Anforderungen. Insbesondere hat eine Entschädigung wegen einer Verletzung von Persönlichkeitsrechten nach dem BGH keinen Strafcharakter. Im englischen Recht hingegen sind immer noch die Wurzeln des *tort of defamation* im Präventiv- und Bestrafungsgedanken erkennbar, weshalb Schadensersatzansprüche deutlich höher ausfallen als in Deutschland. Allerdings dürfen nach dem EGMR Gerichte die Wahrnehmung der Kommunikationsgrundrechte keinen unvorhersehbaren oder unverhältnismäßigen Haftungsrisiken aussetzen; insbesondere ist zu vermeiden, dass die Sanktionen einschüchternde Wirkungen entfalten.

Da personenbezogene Daten auch ehrverletzende Daten sein können, ist das Datenschutzrecht angesichts der zunehmenden Digitalisierung und Datafizierung ein bedeutsames Instrument auch zum Schutz der persönlichen Ehre. Nach dem EU-Datenschutzrecht kann jede betroffene Person von dem für die Verarbeitung Verantwortlichen insbesondere die Berichtigung, Löschung oder Sperrung von unvollständigen oder unrichtigen Daten verlangen. Bei nicht erwiesen unvollständigen oder unrichtigen Informationen, bei bewiesen wahren Informationen sowie bei Werturteilen ist eine Abwägung der widerstreitenden Interessen erforderlich.

6. Kapitel

Die Haftung von Intermediären

Wie in Kapitel 2 dargestellt, gehört zur menschlichen Kommunikation ein Kommunikationsmedium. Bei Kommunikation unter Abwesenden bedarf die zu kommunizierende Botschaft eines Trägermediums, das sie vom Sender zum Empfänger transportiert, etwa Bücher, Zeitungen, elektronische Kommunikationsnetze und -dienste. Natürliche oder juristische Personen, die solche Kommunikationsmedien bereitstellen oder zu ihrer Verbreitung beitragen, wie beispielsweise Buchverleger, Zeitungsverkäufer, Kommunikationsnetzbetreiber und -diensteanbieter, nehmen daher eine unverzichtbare Rolle für die moderne menschliche Kommunikation ein.

Trotz ihrer bedeutenden Funktion in der menschlichen Kommunikation hat die Haftung von Intermediären für Kommunikationsdelikte bis in die jüngere Vergangenheit hinein in der Praxis kaum eine Rolle gespielt, wenn man einmal von Klagen gegen Verleger absieht. Dies ist auf den ersten Blick verwunderlich, erscheinen doch Betreiber von Rundfunknetzen oder Zeitungsverkäufer leichte Ziele einer Klage zu sein. Auch tatbestandlich wäre eine solche Klage zumindest auf den ersten Blick erfolgversprechend, da etwa §§ 186, 187 StGB, § 824 Abs. 1 BGB und § 4 Nr. 2 UWG auch die *Verbreitung* von ehrverletzenden Tatsachen erfassen und der *tort of defamation* die bloße Kundgabe von Informationen voraussetzt. In demokratischen Gesellschaften, in denen der Publikationsprozess üblicherweise transparent verläuft, ist der Urheber einer Information jedoch zumeist bekannt und Ansprüche können direkt gegen ihn gerichtet werden. Bei journalistischen Medien etwa gewährleistet dies die Impressumspflicht. Es erscheint vor diesem Hintergrund unbillig, den bloßen Übermittler deliktischer Informationen zum Ziel von Klagen zu machen.

Die Entwicklung des Internets hat der Haftung von Intermediären eine beachtliche praktische Bedeutung beschert. Dies erscheint zunächst paradox, denn wirtschaftlich gesehen hat das Internet zu einer Disintermediation in der Wertschöpfungskette geführt. Digitalisierte Produkte wie e-books, Musik, Filme und Online-Zeitungen werden unmittelbar vom Anbieter zum Konsumenten geliefert. Intermediäre wie beispielsweise Buchhändler, Zeitungsverkäufer und Musikgeschäfte werden von der Lieferkette ausgeschlossen. Kommunikationswissenschaftlich hingegen hat das Internet jedoch zu einer verstärkten Mediation der Kommunikation geführt. Das Internet selbst ist ein System von Intermediären (Kommunikationsnetze und -dienste), welche mittels Übertragungs- und Speicherdienstleistungen Informationen von einem Nutzer zum anderen transportieren. Diese Dienstleistungen sind zwar zumeist automatisch und daher in der menschlichen Wahrnehmung weniger präsent als die Dienstleistungen von Zeitungsverkäufern oder Postzustellern. Da es sich jedoch angesichts der Ubiquität und der Anonymität der Internet-Kommunikation häufig als unmöglich erweist, den Inhalteanbieter zu ermitteln, haben sich Internet-Intermediäre als strategische Ziele bei behaupteten Kommunikationsdelikten, etwa Urheberrechts- oder Ehrverletzungen, erwiesen.[1]

Die Haftung von Kommunikationsintermediären im Allgemeinen und von Internet-Diensteanbietern im Besonderen steht in folgendem Spannungsfeld: Einerseits sind solche Intermediäre für menschliche Fern- und Massenkommunikation unverzichtbar. Ohne sie wäre der transnationale Austausch von Ideen und Informationen unmöglich. Kommunikationsintermediäre erfüllen daher eine gesellschaftlich wichtige Funktion.[2] Andererseits erhöhen Intermediäre auch das Risiko eines Kommunikationsdelikts. Ohne Internet-Diensteanbieter wäre es privaten Individuen etwa nicht möglich, ehrverletzende Botschaften anonym an ein Massenpublikum zu richten. Sie wären stattdessen auf analoge Vorgänge wie das Verteilen von Flugblättern oder Mund-zu-Mund-Propaganda angewiesen, hätten damit einen erheblich eingeschränkten Wirkungsbereich und wären einfacher identifizierbar. Das Internet ist damit eine weitere Bestätigung von Marshall McLuhans These „Das Medium ist die Botschaft."[3]

Gesetzgeber in den USA und in Europa haben sowohl die Bedeutung von Internet-Diensteanbietern für den Kommunikationsprozess als auch die Bedrohung, die von einer zu strengen Haftung von Intermediären ausgeht, erfasst. In ihrer Gemeinsamen Erklärung zur freien Meinungsäußerung und dem Internet betonten der UN-Sonderberichterstatter für freie Meinungsäußerung, die Vertreterin für Medienfreiheit der OSZE, die Sonderberichterstatterin für freie Meinungsäußerung der OAS und die Sonderberichterstatterin für freie Meinungsäußerung und Informationszugang der Afrikanischen Kommission für Menschenrechte, dass grundsätzlich niemand, der lediglich technische Internetdienste wie etwa Zugang, Übermittlung oder Caching anbiete, für Inhalte Dritter verantwortlich sein soll.[4] Im Gegensatz zu dem fragmentierten Haf-

---

[1] *Oster*, European and International Media Law, 2017, S. 227 f.
[2] Vgl. BGH, Urt. v. 23.06.2009, Az. VI ZR 196/08, BGHZ 181, 328 Rn. 37 – spickmich.de.
[3] *McLuhan*, Understanding Media, 1964, S. 7 ff.
[4] The United Nations (UN) Special Rapporteur on Freedom of Opinion and Expression, the Organization for Security and Co-operation in Europe (OSCE) Representative on Freedom of the Media, the Organization of American States (OAS) Special Rapporteur on Freedom of Expression and the African Commission on Human and Peoples' Rights (ACHPR) Special Rapporteur on Freedom of Expression and Access to Information, Joint Declaration

tungs(freistellungs)regime für Internet-Intermediäre der USA[5] erließ die EU mit Art. 12 bis 14 e-commerce-Richtlinie einen haftungsrechtlichen „Filter", der allen Ansprüchen und Maßnahmen gegen Internet-Diensteanbietern vorgelagert ist, gleich ob diese öffentlich-rechtlicher oder privatrechtlicher Natur sind.[6] Während sich die Beschreibung von Art. 12 bis 14 e-commerce-Richtlinie als vorgelagerter „Filter" in der praktischen Arbeit bewährt hat, so ist sie doch dogmatisch oberflächlich. Stattdessen ist es von einer transnationalen Perspektive her geboten, die Regelungen in die Gesamtsystematik des Kommunikationsdeliktsrechts einzufügen.[7] Ähnlich wie Section 1 Defamation Act 1996 (dazu sogleich) beschreiben und begrenzen Art. 12 bis 14 e-commerce-Richtlinie die *Sorgfaltspflichten* von Kommunikationsintermediären. Die in Art. 12 bis 14 e-commerce-Richtlinie statuierten Voraussetzungen für die Haftungsfreistellungen sind daher dogmatisch Ausdruck der „Pflichten und Verantwortung" im Sinne von Art. 19 Abs. 3 IPbpR, Art. 10 Abs. 2 EMRK.

I. Der grund- und menschenrechtliche Rahmen

Die USA gewähren den am weitesten gehenden Schutz von Internet-Intermediären gegenüber einzelnen Kommunikationsdelikten. Section 230(c)(1) des Communications Decency Act 1996 etwa stattet Internet-Diensteanbieter mit umfassender Immunität gegenüber Ehrverletzungsklagen aus.[8] Diese Regelung ist vor dem Hintergrund des robusten Schutzes der Redefreiheit durch den Ersten Zusatzartikel zu verstehen. Der IPbpR, die EMRK und die EUGRCh verlangen demgegenüber eine ausgewogenere Regelung. Im Anwendungsbereich dieser Grund- und Menschenrechtskataloge sind verschiedene Interessen zu berücksichtigen. Diese betreffen zunächst die Kommunikationsfreiheit des Inhalteanbieters (Art. 19 Abs. 2 IPbpR, Art. 10 Abs. 1 EMRK und Art. 11 Abs. 1 EUGRCh), das korrelierende Recht des Empfängers, diese Information zu erhalten,[9] und das Recht des Ehrträgers auf Schutz seiner Ehre aus Art. 17 IPbpR,

---

on Freedom of Expression and the Internet, Nr. 2(a), abrufbar unter <http://www.osce.org/fom/78309?download=true> (zuletzt abgerufen am 28.12.2018).

[5] Etwa Section 230(c)(1) des US Communications Decency Act 1996 (47 USC § 230) für *defamation*; Titel II des Digital Millennium Copyright Act 1998 (Online Copyright Infringement Liability Limitation Act – OCILLA) für Urheberrechtsverletzungen.

[6] Siehe z.B. BGH, Urt. v. 27.03.2007, Az. VI ZR 101/06, NJW 2007, 2558 Rn. 6 – Forenbetreiber; *Frey/Rudolph/Oster*, CR 2015, Beilage zu Heft 11, Rn. 9 m.w.N. aus der Lit.

[7] So die sog. „Integrationslösung": *Gounalakis/Rhode*, Persönlichkeitsschutz im Internet, 2002, Rn. 264 Fn. 5 m.w.N.

[8] Siehe Zeran v. America Online (AOL) Inc., 129 F. 3d 327 (4th Cir. 1997); Blumenthal v. Drudge, 992 F. Supp. 44 (D.D.C. 1998); Barnes v. Yahoo! Inc., 570 F. 3d 1096 (9th Cir. 2009).

[9] Siehe z.B. EGMR, Sunday Times/Vereinigtes Königreich (Nr. 1) [1979] Beschwerde-

Art. 8 EMRK und Art. 7 EUGRCh. Hinzu treten die Rechte des Intermediärs selbst. Hierzu gehören die unternehmerische Freiheit nach Art. 16 EUGRCh[10] sowie die Freiheit, Ideen und Informationen zu verbreiten, die ausdrücklich in Art. 19 Abs. 2 IPbpR, Art. 10 Abs. 1 EMRK und Art. 11 Abs. 1 EUGRCh kodifiziert ist.[11] Diese Vorschriften unterscheiden nicht zwischen der Verbreitung eigener und fremder Informationen.[12]

Anders verhält es sich indessen unter dem deutschen Grundgesetz. Ausweislich seines Wortlauts schützt Art. 5 Abs. 1 Satz 1 GG lediglich das Recht, *seine* Meinung zu verbreiten. Berechtigter des Grundrechts der Meinungsfreiheit ist daher anscheinend nur der Meinungsträger selbst. BVerfG und BGH weisen zwar darauf hin, dass Art. 5 Abs. 1 Satz 1 GG nicht nur die individuelle Meinung, sondern auch den Kommunikationsprozess als solchen, den „Marktplatz der Meinungen", schützt.[13] Zu diesem Kommunikationsprozess könne „auch die Mitteilung einer fremden Meinung oder Tatsachenbehauptung zählen, und zwar auch dann, wenn der Mitteilende sich diese weder zu eigen macht noch sie in eine eigene Stellungnahme einbindet, sondern lediglich verbreitet".[14] Wer die Meinungen Dritter lediglich verbreitet, wird durch Art. 5 Abs. 1 GG nur dann geschützt, wenn er zu den privilegierten Informationsmittlern „Presse", „Rundfunk" oder „Film" im Sinne des Satzes 2 gehört.[15] Dies ist etwa dann der Fall, wenn eine Online-Presseveröffentlichung einen Link auf eine andere Webseite setzt.[16] Telekommunikationsnetzbetreiber und -diensteanbieter, die Äußerungen Dritter bloß technisch verbreiten, fallen hierunter jedoch gerade nicht.[17] Sie

---

Nr. 6538/74 [65]; Observer und Guardian/Vereinigtes Königreich [1991] Beschwerde-Nr. 13585/88 [59]; EuGH, Rs. C-314/12 [2014] UPC Telekabel Wien GmbH [47].

[10] Siehe EuGH, Rs. C-314/12 [2014] UPC Telekabel Wien GmbH [47].

[11] Vgl. EuGH, Rs. C-314/12 [2014] UPC Telekabel Wien GmbH; Rs. C-131/12 [2014] Google Spain SL und Google Inc./AEPD u. a.

[12] Vgl. EGMR, Groppera u. a./Schweiz [1990] Beschwerde-Nr. 10890/84; Öztürk/Türkei [1999] Beschwerde-Nr. 22479/93; Magyar Tartalomszolgáltatók Egyesülete und Index.hu Zrt/Ungarn [2016] Beschwerde-Nr. 22947/13; Lykin/Ukraine [2017] Beschwerde-Nr. 19382/08 [28].

[13] BVerfG, Beschl. 25.06.2009, Az. 1 BvR 134/03, AfP 2009, 480 Rn. 66 – Effecten-Spiegel, das ausdrücklich auf den „Markt[] der Meinungen" Bezug nimmt; vgl. BGH, Urt. v. 17.11.2009, Az. VI ZR 226/08, NJW 2010, 760 Rn. 13 – Helmut Markwort; BGH, Urt. v. 27.03.2012, Az. VI ZR 144/11, NJW 2012, 2345 Rn. 18 – RSS-Feed; BGH, Urt. v. 23.09.2014, Az. VI ZR 358/13, NJW 2015, 489 Rn. 28 – Ärztebewertung II; BGH, Urt. v. 04.04.2017, Az. VI ZR 123/16, NJW 2017, 2029 Rn. 24 – Klinikbewertung.

[14] BVerfG, Beschl. 25.06.2009, Az. 1 BvR 134/03, AfP 2009, 480 Rn. 58 – Effecten-Spiegel; vgl. BGH, Urt. v. 17.11.2009, Az. VI ZR 226/08, NJW 2010, 760 Rn. 13 – Helmut Markwort; BGH, Urt. v. 27.03.2012, Az. VI ZR 144/11, NJW 2012, 2345 Rn. 18 – RSS-Feed; BGH, Urt. v. 04.04.2017, Az. VI ZR 123/16, NJW 2017, 2029 Rn. 24 – Klinikbewertung.

[15] Vgl. BVerfG, Beschl. 25.06.2009, Az. 1 BvR 134/03, AfP 2009, 480 Rn. 59 – Effecten-Spiegel.

[16] Vgl. BGH, Urt. v. 01.04.2004, Az. I ZR 317/01, BGHZ 158, 343, 348 – Schöner Wetten; BVerfG, Beschl. v. 15.12.2011, Az. 1 BvR 1248/11, NJW 2012, 1205 Rn. 31 – AnyDVD.

[17] Vgl. BVerfG, Beschl. 25.06.2009, Az. 1 BvR 134/03, AfP 2009, 480 Rn. 59 – Effecten-

können sich bei Eingriffen in ihre Tätigkeit daher lediglich auf Art. 12 und 14 GG, das Auffanggrundrecht des Art. 2 GG sowie auf im Einzelfall weitere einschlägige Grundrechte, z. B. Art. 3 GG und Art. 19 Abs. 4 GG, berufen, nicht jedoch auf Art. 5 Abs. 1 GG.[18]

Diese Regelungslücke ist historisch zu erklären und nicht mehr zeitgemäß.[19] Sie reflektiert die telekommunikationsrechtliche Nachkriegsordnung, in der nicht-redaktionelle Telekommunikationsdienstleistungen von staatlichen Stellen selbst erbracht wurden, die keines grundrechtlichen Schutzes bedurften. Im Nachgang der Privatisierung von Telekommunikationsdienstleistungen wird Art. 5 Abs. 1 GG der Bedeutung von Telekommunikationsdiensteanbietern und -netzbetreibern für die Verbreitung von Informationen und ihrer Gefährdung durch staatliche Stellen jedoch nicht mehr gerecht. Zu denken ist etwa an Sperrungsanordnungen gegenüber Access-Providern. Zur Schließung dieser Regelungslücke ist anzuregen, Art. 5 Abs. 1 Satz 1 GG ebenso wie Art. 19 Abs. 2 IPbpR, Art. 10 EMRK und Art. 11 EUGRCh als umfassendes Grundrecht der Kommunikationsfreiheit zu konzipieren, welches auch die Freiheit umfasst, Meinungen (und Tatsachenbehauptungen[20]) Dritter zu verbreiten, gleich ob dies aufgrund einer redaktionellen Entscheidung oder automatisch geschieht.[21] Es erscheint inkonsequent, die bloß technische Verbreitung von Informationen vom Schutzbereich des Art. 5 Abs. 1 Satz 1 GG auszuschließen, dienen doch jene Durchleitungsdienste in besonderem Maße dem Kommunikationsprozess als solchem. Gerade weil sie von der Kommunikationsfreiheit geschützt sind, tragen Kommunikationsintermediäre auch „Pflichten und Verantwortung" im Sinne von Art. 19 Abs. 3 IPbpR und Art. 10 Abs. 2 EMRK. Eine menschenrechtskonforme Herangehensweise an die Haftung von Kommunikationsintermediären muss daher einen angemessenen Ausgleich zwischen ihrer gesellschaftlich bedeutsamen Funktion und dem Schaden, zu dem sie beitragen können, gewährleisten.

Spiegel; BGH, Urt. v. 23.09.2014, Az. VI ZR 358/13, NJW 2015, 489 Rn. 28 – Ärztebewertung II.

[18] *Oster*, in: Hoeren/Sieber/Holznagel (Hrsg.), Handbuch Multimediarecht, EL 40 Dez. 2014, Teil 4 Rn. 32.

[19] Dazu ausf. *Oster*, in: Hoeren/Sieber/Holznagel (Hrsg.), Handbuch Multimediarecht, EL 40 Dez. 2014, Teil 4 Rn. 33.

[20] Siehe Kapitel 2 Abschnitt VI.

[21] So ausdrücklich BGH, Urt. v. 23.09.2014, Az. VI ZR 358/13, NJW 2015, 489 Rn. 28 – Ärztebewertung II. Ähnlich *Peifer*, AfP 2015, 193, 195.

II. Der Begriff des Intermediärs

Intermediär ist, wer keine eigenen Inhalte anbietet, sondern lediglich fremde Inhalte weitergibt und so Dritten die Möglichkeit verschafft, von der Information Kenntnis zu nehmen. Insofern bestätigt sich zunächst das Shannon'sche Kommunikationsmodell, welches zwischen Sender und Medium unterscheidet, als analytischer Rahmen (Kapitel 2 Abschnitt I.). Maßgeblich für die Unterscheidung zwischen „eigenen" und „fremden" Inhalten ist jedoch nicht der kommunikationstheoretische Begriff des Intermediärs, sondern der juristische. Entscheidend ist, ob sich aus einer rechtlichen Bewertung ergibt, dass die Information dem Mitteilenden als eigene *zugerechnet* werden kann. Die Unterscheidung zwischen eigenen und fremden Inhalten findet sich etwa in der Einrede der *innocent dissemination* und in der e-commerce-Richtlinie wieder. Sie ist ein zentraler Bestandteil des transnationalen Informations- und Kommunikationsrechts, insbesondere – aber nicht nur – für das transnationale Kommunikationsdeliktsrecht.

Wie aus der Überschrift des 4. Abschnitts der e-commerce-Richtlinie hervorgeht, finden Art. 12 bis 14 e-commerce-Richtlinie nur auf die Vermittlung von Informationen Dritter und nicht auf die Verbreitung eigener Informationen Anwendung. Bei der Vermittlungstätigkeit handelt es sich um reine Durchleitung (Art. 12), Caching (Art. 13) und Hosting (Art. 14). Erwägungsgrund 42 erläutert, dass die Haftungsausnahmen nur solche Fälle abdecken,

> „in denen die Tätigkeit des Anbieters von Diensten der Informationsgesellschaft auf den technischen Vorgang beschränkt ist, ein Kommunikationsnetz zu betreiben und den Zugang zu diesem zu vermitteln, über das von Dritten zur Verfügung gestellte Informationen übermittelt oder zum alleinigen Zweck vorübergehend gespeichert werden, die Übermittlung effizienter zu gestalten. Diese Tätigkeit ist rein technischer, automatischer und passiver Art, was bedeutet, daß der Anbieter eines Dienstes der Informationsgesellschaft weder Kenntnis noch Kontrolle über die weitergeleitete oder gespeicherte Information besitzt."

Im deutschen Recht bestimmt § 7 Abs. 1 TMG ausdrücklich, dass Diensteanbieter für eigene Informationen, die sie zur Nutzung bereithalten, nach den allgemeinen Gesetzen verantwortlich sind. Im Umkehrschluss gilt, dass die §§ 8 bis 10 TMG, welche Art. 12 bis 14 e-commerce-Richtlinie in deutsches Recht umsetzen, nur für fremde Informationen gelten.[22]

Grundsätzlich ist ein Kommunikationsintermediär für „fremde" Inhalte nur dann verantwortlich, wenn er eine Sorgfaltspflicht verletzt hat. Hierauf wird noch einzugehen sein. Allerdings ist ein Intermediär auch ohne Verletzung einer Sorgfaltspflicht für ursprünglich fremde Inhalte verantwortlich, wenn ihm

---

[22] BGH, Urt. v. 04.07.2013, Az. I ZR 39/12, NJW 2014, 552 Rn. 21 – Terminhinweis mit Kartenausschnitt.

die Inhalte als eigene zugerechnet werden können. Hierfür lassen sich aus transnationaler Perspektive folgende Fallgruppen identifizieren:
1. Der Intermediär übernimmt Inhalte als eigene,
2. der Intermediär übt redaktionelle Kontrolle über Inhalte Dritter aus, oder
3. der Intermediär hat bei der Kundgabe der Inhalte Dritter eine aktive Rolle
   gespielt, die ihm eine Kenntnis der Information oder eine Kontrolle über sie
   verschaffen konnte.[23]

1. Übernahme der Inhalte Dritter

Ein Intermediär übernimmt die Inhalte Dritter, wenn er sie als Ausdruck seiner
eigenen Ansicht vorbringt oder sie sich zu eigen macht.[24] Ob ein Zu-eigen-Machen vorliegt, „ist aus der Sicht eines verständigen Durchschnittsnutzers auf der
Grundlage einer Gesamtbetrachtung aller relevanten Umstände zu beurteilen."[25] Ein Zu-eigen-Machen liegt regelmäßig vor, wenn die fremde Äußerung
„so in den eigenen Gedankengang eingefügt wird, dass die gesamte Äußerung
als eigene erscheint".[26] So macht sich der Betreiber einer Internet-Seite nutzergenerierte Inhalte (User-Generated Content) zu eigen, wenn er erkennbar die
inhaltliche Verantwortung für die Informationen übernimmt, den Text inhaltlich überprüft oder zurechenbar den Anschein erweckt, er identifiziere sich mit
den fremden Inhalten.[27] Ist dies der Fall, dann kann sich der Betreiber auch

---

[23] Vgl. *Oster*, Legal Studies 35 (2015), 348, 358. Die nachfolgenden Ausführungen basieren auf *Oster*, Legal Studies 35 (2015), 348 und entwickeln darin enthaltene Überlegungen weiter.
[24] EGMR, Bladet Tromsø und Stensaas/Norwegen [1999] Beschwerde-Nr. 21980/93 [66]; BVerfG, Beschl. v. 30.09.2003, Az. 1 BvR 865/00, NJW 2004, 590, 591 – „CSU-Mafia"; BGH, Urt. v. 29.10.1968, Az. VI ZR 180/66, GRUR 1969, 147, 150 – Korruptionsvorwurf; BGH, Urt. v. 20.06.1969, Az. VI ZR 234/67, NJW 1970, 187, 188f. – „Hormoncreme"; BGH, Urt. v. 03.02.1976, Az. VI ZR 23/72, NJW 1976, 799, 800 – VUS; BGH, Urt. v. 15.11.1994, Az. VI ZR 56/94, BGHZ 128, 1, 11 – Erfundenes Exklusiv-Interview; BGH, Urt. v. 30.01.1996, Az. VI ZR 386/94, BGHZ 132, 13, 18 – „Lohnkiller"; BGH, Urt. v. 16.11.2004, Az. VI ZR 298/03 – „Bauernfängerei"-Zitat; BGH, Urt. v. 19.03.2015, Az. I ZR 94/13, NJW 2015, 3443 Rn. 25 – Hotelbewertungsportal; BGH, Urt. v. 01.03.2016, Az. VI ZR 34/15, NJW 2016, 2106 Rn. 17 – Ärztebewertung III.
[25] Vgl. BGH, Urt. v. 19.03.2015, Az. I ZR 94/13, NJW 2015, 3443 Rn. 25 – Hotelbewer-tungsportal; BGH, Urt. v. 18.06.2015, Az. I ZR 74/14, NJW 2016, 804 Rn. 13 – Implantate-Akupunktur; BGH, Urt. v. 01.03.2016, Az. VI ZR 34/15, NJW 2016, 2106 Rn. 17 – Ärztebe-wertung III.
[26] BVerfG, Beschl. v. 30.09.2003, Az. 1 BvR 865/00, NJW 2004, 590, 591 – „CSU-Mafia"; BGH, Urt. v. 06.04.1976, Az. VI ZR 246/74, NJW 1976, 1198, 1199 – Panorama; BGH, Urt. v. 17.11.2009, Az. VI ZR 226/08, NJW 2010, 760 Rn. 11 – Helmut Markwort; BGH, Urt. v. 27.03.2012, Az. VI ZR 144/11, NJW 2012, 2345 Rn. 11 – RSS-Feed; BGH, Urt. v. 17.12.2013, Az. VI ZR 211/12, NJW 2014, 6 Rn. 19 – Sächsische Korruptionsaffäre.
[27] BGH, Urt. v. 19.03.2015, Az. I ZR 94/13, NJW 2015, 3443 Rn. 25 – Hotelbewertungs-portal; BGH, Urt. v. 01.03.2016, Az. VI ZR 34/15, NJW 2016, 2106 Rn. 17 – Ärztebewertung III; BGH, Urt. v. 04.04.2017, Az. VI ZR 123/16, NJW 2017, 2029 Rn. 18 – Klinikbewertung.

nicht dadurch der Haftung entziehen, dass er in seinen Nutzungsbedingungen erklärt, sich veröffentlichte Inhalte nicht zu eigen machen zu wollen.[28]

Ein Zu-eigen-Machen fremder Inhalte ist jedoch grundsätzlich nur zurückhaltend anzunehmen.[29] Nicht ausreichend für die Annahme des Zu-eigen-Machens ist etwa, dass sich der Intermediär nicht von den wiedergegebenen Äußerungen Dritter distanziert oder wenn aus den Umständen erkennbar ist, dass lediglich ein Meinungsstand dokumentiert wird.[30] Ein Zu-eigen-Machen liegt ferner nicht allein deswegen vor, weil der Intermediär die Informationen Dritter automatisch und algorithmisch überprüft und verarbeitet.[31] Kein Zu-eigen-Machen ist auch die automatische Überprüfung durch einen Wortfilter, um Formalbeleidigungen zu finden.[32] Ein Weitergeben ohne Zu-eigen-Machen liegt etwa regelmäßig vor bei der Veröffentlichung von Leserbriefen,[33] einer Presseschau,[34] einem RSS-Feed,[35] der Wiedergabe eines Suchergebnisses durch eine Internet-Suchmaschine,[36] einer Gesprächsrunde im Fernsehen,[37] bei einem Zitat in einem Zeitungsartikel[38] oder bei einem Interview.[39] Bei einem Interview kann ein Zu-eigen-Machen allerdings vorliegen, wenn der Interviewende eigene Tatsachenbehauptungen aufstellt, deren Richtigkeit nur von den Antworten des

---

[28] BGH, Urt. v. 19.03.2015, Az. I ZR 94/13, NJW 2015, 3443 Rn. 27 – Hotelbewertungsportal.

[29] BGH, Urt. v. 19.03.2015, Az. I ZR 94/13, NJW 2015, 3443 Rn. 25 – Hotelbewertungsportal; BGH, Urt. v. 01.03.2016, Az. VI ZR 34/15, NJW 2016, 2106 Rn. 17 – Ärztebewertung III; BGH, Urt. v. 27.02.2018, Az. VI ZR 489/16, NJW 2018, 2324 Rn. 28 – Google II. Zu pauschal daher *Wilkat*, Bewertungsportale im Internet, 2013, S. 78.

[30] EGMR, Thoma/Luxemburg [2001] Beschwerde-Nr. 38432/97 [64]; Radio France u.a./Frankreich [2004] Beschwerde-Nr. 53984/00 [37]; Verlagsgruppe News GmbH/Österreich (Nr. 1) [2006] Beschwerde-Nr. 76918/01 [33]; BGH, Urt. v. 20.06.1969, Az. VI ZR 234/67, NJW 1970, 187, 189 – „Hormoncreme"; BGH, Urt. v. 17.11.2009, Az. VI ZR 226/08, NJW 2010, 760 Rn. 11 – Helmut Markwort; BGH, Urt. v. 17.12.2013, Az. VI ZR 211/12, NJW 2014, 6 Rn. 19 – Sächsische Korruptionsaffäre.

[31] BGH, Urt. v. 19.03.2015, Az. I ZR 94/13, NJW 2015, 3443 Rn. 28 – Hotelbewertungsportal; BGH, Urt. v. 01.03.2016, Az. VI ZR 34/15, NJW 2016, 2106 Rn. 18 – Ärztebewertung III; BGH, Urt. v. 27.02.2018, Az. VI ZR 489/16, NJW 2018, 2324 Rn. 29 – Google II.

[32] BGH, Urt. v. 19.03.2015, Az. I ZR 94/13, NJW 2015, 3443 Rn. 28 – Hotelbewertungsportal.

[33] BGH, Urt. v. 27.05.1986, Az. VI ZR 169/85 – Stasi-Kontakte.

[34] BVerfG, Beschl. 25.06.2009, Az. 1 BvR 134/03, AfP 2009, 480 Rn. 59 – Effecten-Spiegel; BGH, Urt. v. 27.03.2012, Az. VI ZR 144/11, NJW 2012, 2345 Rn. 11 – RSS-Feed.

[35] BGH, Urt. v. 27.03.2012, Az. VI ZR 144/11, NJW 2012, 2345 Rn. 10 – RSS-Feed.

[36] BGH, Urt. v. 27.02.2018, Az. VI ZR 489/16, NJW 2018, 2324 Rn. 29 – Google II.

[37] BGH, Urt. v. 20.06.1969, Az. VI ZR 234/67, NJW 1970, 187, 188 f. – Hormoncreme; BGH, Urt. v. 06.04.1976, Az. VI ZR 246/74, NJW 1976, 1998 – Panorama.

[38] Siehe z. B. EGMR, Olafsson/Island [2017] Beschwerde-Nr. 58493/13 [56] und [59]; Milisavljević/Serbien [2017] Beschwerde-Nr. 50123/06 [37].

[39] EGMR, Dyundin/Russland [2008] Beschwerde-Nr. 37406/03 [34]; Kącki/Polen [2017] Beschwerde-Nr. 10947/11 [52]; BGH, Urt. v. 17.11.2009, Az. VI ZR 226/08, NJW 2010, 760 Rn. 11 – Helmut Markwort; *mutatis mutandis* BGH, Urt. v. 30.01.1996, Az. VI ZR 386/94, BGHZ 132, 13, 20 – „Lohnkiller".

Interviewten bestätigt werden.[40] Soweit sich ein Rechtsanwalt im Namen eines Mandanten äußert, ist davon auszugehen, dass er nicht im eigenen Interesse tätig ist, sondern als Vertreter seines Mandanten. Ein Rechtsanwalt, der einen Sachverhalt wiedergibt, den ihm sein Mandant geschildert hat, stellt daher regelmäßig weder eine eigene Behauptung auf noch macht er sich die Behauptung seines Mandanten zu eigen.[41] Es ist die Aufgabe des Rechtsanwalts, als unabhängiges Organ der Rechtspflege die Interessen seines Mandanten unabhängig zu vertreten und wahrzunehmen.[42]

Problematisch ist, ob ein Zu-eigen-Machen dann vorliegt, wenn der Mitteilende einen Hyperlink auf die Webseite eines Dritten setzt. Hier kommt es wiederum auf die Umstände des Einzelfalls an.[43] Ein Indikator ist, ob der Link wesentlicher Bestandteil des Geschäftsmodells des Mitteilenden ist,[44] der Vervollständigung des Angebots des Mitteilenden dient oder dermaßen in einen redaktionellen Beitrag des Mitteilenden eingebettet ist, dass er „für das weitergehende Verständnis dort geäußerter Meinungen oder Ansichten erkennbar von Bedeutung und dadurch Bestandteil der vom Beklagten auf seiner Internetseite bereitgestellten Inhalte geworden ist".[45] Bei Links in journalistischen Veröffentlichungen dürfte hingegen regelmäßig anzunehmen sein, dass diese einen redaktionellen Artikel nur ergänzen, der Autor sich jedoch nicht den verlinkten Inhalt Dritter zu eigen macht.[46] Zu fragen ist ferner danach, ob es sich lediglich um einen Link zur Startseite des Dritten (Surface Link) oder um einen Deep Link handelt, der direkt zu der beanstandeten Aussage führt, die sich auf der Unterseite einer Internetpräsenz befindet.[47] Der Inhalt einer frei zugänglichen Webseite, auf die ein Hyperlink verweist, kann regelmäßig nicht als der Inhalt des Linksetzenden angesehen werden, da dieser den Webseiteninhalt nicht an ein anderes Publikum adressierte als der Inhalteanbieter selbst.[48] Das Publikum, welches durch eine frei zugängliche Webseite angesprochen wird, ist die gesamte „Netzgemeinde".[49]

---

[40] BGH, Urt. v. 17.11.2009, Az. VI ZR 226/08, NJW 2010, 760 Rn. 11 – Helmut Markwort.

[41] BGH, Urt. v. 16.11.2004, Az. VI ZR 298/03 – „Bauernfängerei"-Zitat.

[42] Nr. 1.1 und 2.1 der Berufsregeln der Rechtsanwälte der Europäischen Union (CCBE); §§ 1, 3 Abs. 1 BRAO.

[43] Vgl. BGH, Urt. v. 01.04.2004, Az. I ZR 317/01, BGHZ 158, 343, 353 – Schöner Wetten; BVerfG, Beschl. v. 15.12.2011, Az. 1 BvR 1248/11, NJW 2012, 1205 Rn. 35 – AnyDVD; BGH, Urt. v. 18.06.2015, Az. I ZR 74/14, NJW 2016, 804 Rn. 13 – Implantate-Akupunktur.

[44] Vgl. BGH, Urt. v. 18.10.2007, Az. I ZR 102/05, NJW 2008, 1882 Rn. 21 – ueber18.de.

[45] BGH, Urt. v. 18.06.2015, Az. I ZR 74/14, NJW 2016, 804 Rn. 18 – Implantate-Akupunktur.

[46] Vgl. BGH, Urt. v. 01.04.2004, Az. I ZR 317/01, BGHZ 158, 343, 353 – Schöner Wetten.

[47] Vgl. BGH, Urt. v. 17.07.2003, Az. I ZR 259/00, BGHZ 156, 1, 18 – Paperboy.

[48] EuGH, Rs. C-466/12 [2014] Svensson et al./Retriever Sverige AB [24].

[49] EuGH, Rs. C-466/12 [2014] Svensson et al./Retriever Sverige AB [25].

2. Redaktionelle Kontrolle über Inhalte Dritter

Selbst wenn ein Internet-Diensteanbieter weder eigene Inhalte bereitstellt noch sich fremde zu eigen macht, so geht er doch über die Rolle als bloßer Intermediär hinaus, wenn er die Informationen Dritter redaktionell auf Vollständigkeit und Richtigkeit überprüft oder auswählt.[50] Der BGH spricht in diesen Fällen ebenfalls von einem Zu-eigen-Machen. Im Ergebnis unterschiedslos, aber begrifflich und dogmatisch trennschärfer dürfte es indessen sein, die Zurechnung von Informationen aufgrund „redaktioneller Kontrolle" als eigene Rechtsfigur zu behandeln.

Das Prinzip der Zurechnung aufgrund redaktioneller Kontrolle ist etwa in Art. 12 Abs. 1 Buchst c) und Art. 13 Abs. 1 Buchst. a) e-commerce-Richtlinie wiedergegeben, wonach der Diensteanbieter nicht für übermittelte bzw. gespeicherte Informationen verantwortlich ist, die er nicht veränderte. Hieraus folgt im Umkehrschluss, dass der Diensteanbieter dann wie ein Inhalteanbieter zu behandeln ist, wenn – und nicht nur „soweit" – er übermittelte bzw. gespeicherte Informationen veränderte. Ein ähnlicher Vorbehalt findet sich in der genannten Gemeinsamen Erklärung der Sonderberichterstatter für freie Meinungsäußerung.[51] Selbst die Anbieter rein technischer Dienste sind nach Nr. 2(a) dieser Erklärung für Inhalte verantwortlich, auf die sie gezielt Einfluss nehmen („*specifically intervene in that content*"). Auch Richtlinie 2.7 Pressekodex des Deutschen Presserates bringt die Verantwortung für Inhalte, über die ein Presseorgan redaktionelle Kontrolle ausübt, zum Ausdruck. Zunächst stellt die Vorschrift allgemein klar, dass die Presse für eigene ebenso wie für „die von Nutzern beigesteuerten Inhalte" Verantwortung trägt. Die Redaktion stellt die Einhaltung der publizistischen Grundsätze sicher, „wenn sie Verstöße durch Nutzerbeiträge selbst erkennt oder darauf hingewiesen wird." Dem ließe sich hinzufügen, dass die Redaktion die Einhaltung publizistischer Grundsätze *erst dann* sicherstellen muss, wenn sie Verstöße erkennt oder darauf hingewiesen wird. Sofern die Redaktion nämlich „einzelne Nutzerbeiträge auswählt oder sie bearbeitet", so der nächste Satz von Richtlinie 2.7, „ist die Einhaltung der publizistischen Grundsätze *von vornherein* sicherzustellen" (Kursivdruck durch Verf.). Im Umkehrschluss gilt: Die Redaktion hat publizistische Grundsätze nicht

---

[50] BGH, Urt. v. 27.03.2012, Az. VI ZR 144/11, NJW 2012, 2345 Rn. 12 – RSS-Feed; BGH, Urt. v. 19.03.2015, Az. I ZR 94/13, NJW 2015, 3443 Rn. 25 – Hotelbewertungsportal; BGH, Urt. v. 01.03.2016, Az. VI ZR 34/15, NJW 2016, 2106 Rn. 18 – Ärztebewertung III.

[51] The United Nations (UN) Special Rapporteur on Freedom of Opinion and Expression, the Organization for Security and Co-operation in Europe (OSCE) Representative on Freedom of the Media, the Organization of American States (OAS) Special Rapporteur on Freedom of Expression and the African Commission on Human and Peoples' Rights (ACHPR) Special Rapporteur on Freedom of Expression and Access to Information, Joint Declaration on Freedom of Expression and the Internet, Nr. 2(a), abrufbar unter <http://www.osce.org/fom/78309?download=true> (zuletzt abgerufen am 28.12.2018).

„von vornherein" für solche Nutzerbeiträge sicherzustellen, die sie nicht auswählt oder bearbeitet, mit anderen Worten: über die sie keine redaktionelle
Kontrolle ausübt.

3. Ausüben einer „aktiven Rolle" bei der Kundgabe der Information

Wenngleich er sich eine Veröffentlichung weder zu eigen machte noch redaktionelle Kontrolle hierüber ausübte, so ist ein Intermediär doch wie ein Inhalteanbieter zu behandeln, wenn er die Veröffentlichung initiiert. Für Anbieter
von Internet-Durchleitungsdiensten ist diese Regel in Art. 12 Abs. 1 Buchst. a)
und b) e-commerce-Richtlinie kodifiziert. Nach Buchst. a) ist der Intermediär
nur dann nicht haftbar, wenn er die Übermittlung nicht veranlasst, und nach
Buchst. b) dann, wenn er den Adressaten der übermittelten Informationen nicht
auswählt. Buchst. b) und Buchst. a) sind kommunikationstheoretisch identisch,
denn die Auswahl eines Adressaten (Empfängers) einer Botschaft bedeutet, einen neuen Kommunikationsprozess zu veranlassen.

In *Google France gegen Louis Vuitton* wählte der EuGH einen ähnlichen Ansatz gegenüber Host-Providern im Sinne von Art. 14 e-commerce-Richtlinie.
Danach ist ein Host-Provider nur dann unter dieser Vorschrift von der Haftung
– in diesem Fall für eine Verletzung des geistigen Eigentums – freigestellt, wenn
er „keine aktive Rolle gespielt hat, die ihm eine Kenntnis der gespeicherten Daten oder eine Kontrolle über sie verschaffen konnte."[52] Eine solche „aktive Rolle" eines Host-Providers besteht jedenfalls dann nicht, wenn der Host-Provider
„insofern neutral ist, als sein Verhalten rein technischer, automatischer und passiver Art ist und er weder Kenntnis noch Kontrolle über die weitergeleitete oder
gespeicherte Information besitzt."[53] Der Intermediär bleibt auch dann neutral,
wenn er Informationen Dritter statistisch auswertet, Wortfilter für rechtsverletzende Inhalte einsetzt und Inhalte Dritter auf Verstöße gegen die Nutzungsbedingungen überprüft, nachdem der Wortfilter angeschlagen hat, sofern er
darüber hinaus keine inhaltliche Einflussnahme ausübt.[54] Der bloße Umstand,
dass der Dienst entgeltlich ist, dass der Diensteanbieter Verkaufs- und Vergütungsmodalitäten festlegt und dass er seinen Kunden Auskünfte allgemeiner

---

[52] EuGH, verb. Rs. C-236/08–C-238/08 [2010] Google France SARL u.a./Louis Vuitton
Malletier SA u.a. [120]; siehe zur „aktiven Rolle" auch BGH, Urt. v. 17.08.2011, Az. I ZR
57/09, BGHZ 191, 19 Rn. 23 – Stiftparfüm; BGH, Urt. v. 19.03.2015, Az. I ZR 94/13, NJW
2015, 3443 Rn. 35 – Hotelbewertungsportal.

[53] EuGH, verb. Rs. C-236/08–C-238/08 [2010] Google France SARL u.a./Louis Vuitton
Malletier SA u.a. [114]; s.a Rs. C-324/09 [2011] L'Oréal SA u.a./eBay International AG u.a.
[113].

[54] Vgl. BGH, Urt. v. 19.03.2015, Az. I ZR 94/13, NJW 2015, 3443 Rn. 35 – Hotelbewertungsportal.

Art erteilt, führt ebenfalls noch nicht zum Ausschluss von Art. 14 e-commerce-Richtlinie.[55]

Eine „aktive Rolle" liegt hingegen dann vor, wenn der Intermediär eine Äußerung einem anderen Publikum bekanntgibt, d.h. einem Publikum, auf das der ursprüngliche Inhalteanbieter noch nicht abzielte.[56] Dieser Gedanke wurzelt in der Rechtsprechung des EuGH zum „öffentlichen Zugänglichmachen" im Sinne des Art. 3 Abs. 1 der Urheberrechts-Richtlinie 2001/29/EG, er findet sich zudem im eben genannten Art. 12 Abs. 1 Buchst. b) e-commerce-Richtlinie, er lässt sich allerdings auch auf andere Kommunikationsdelikte – auch im Offline-Bereich – übertragen. In der EGMR-Entscheidung *Print Zeitungsverlag GmbH gegen Österreich*[57] zitierte eine Zeitung den Inhalt eines diffamierenden Briefes, den ein anonymer Absender an den Aufsichtsrat einer Tourismusvereinigung schickte. Wenngleich sich die Zeitung vom Inhalt des Briefes distanzierte, entschied der EGMR, dass sie den Brief durch seine Wiedergabe einer breiteren Öffentlichkeit bekannt gegeben hat, als dies vom Verfasser beabsichtigt war.[58] Daher setzte die Zeitung einen neuen Kommunikationsprozess in Gang: eine Massenkommunikation an eine unbestimmte Zahl von Rezipienten gegenüber der Kommunikation eines Briefes an eine begrenzte Zahl von Individuen. Für eine Online-Auktionsplattform entschied der EuGH: Hat der Intermediär

„Hilfestellung geleistet, die u.a. darin bestand, die Präsentation der betreffenden Verkaufsangebote zu optimieren oder diese Angebote zu bewerben, ist davon auszugehen, dass er zwischen dem fraglichen als Verkäufer auftretenden Kunden und den potentiellen Käufern keine neutrale Stellung eingenommen, sondern eine aktive Rolle gespielt hat, die ihm eine Kenntnis der diese Angebote betreffenden Daten oder eine Kontrolle über sie verschaffen konnte."[59]

Hinsichtlich dieser Daten könne er sich nicht auf Art. 14 e-commerce-Richtlinie berufen.

Die Unterscheidung zwischen einem neutralen Informationsmittler und einer „aktiven Rolle" ist schließlich auch Leitmotiv der Rechtsprechung des BGH zu Ärztebewertungsportalen. Beschränkt sich der Anbieter eines Bewertungsportals darauf, in Profilen die Basisdaten einzelner Ärzte zusammen mit von Nutzern vergebenen Noten oder Kommentaren zu veröffentlichen, dann steht dem Betroffenen kein Anspruch auf Löschung dieser Daten zu.[60] Verschafft der

---

[55] EuGH, verb. Rs. C-236/08–C-238/08 [2010] Google France SARL u.a./Louis Vuitton Malletier SA u.a. [116]; Rs. C-324/09 [2011] L'Oréal SA u.a./eBay International AG u.a. [115].
[56] Vgl. EuGH, Rs. C-466/12 [2014] Svensson et al./Retriever Sverige AB [24].
[57] Print Zeitungsverlag GmbH/Österreich [2013] Beschwerde-Nr. 26547/07.
[58] EGMR, Print Zeitungsverlag GmbH/Österreich [2013] Beschwerde-Nr. 26547/07 [40f.]; vgl. auch Lykin/Ukraine [2017] Beschwerde-Nr. 19382/08 [28].
[59] EuGH, Rs. C-324/09 [2011] L'Oréal SA u.a./eBay International AG u.a. [115f.].
[60] BGH, Urt. v. 23.09.2014, Az. VI ZR 358/13, NJW 2015, 489 – Ärztebewertung II.

Betreiber hingegen einzelnen Ärzten gegen Bezahlung Vorteile, so fällt seine Kommunikationsfreiheit geringer ins Gewicht.[61]

Umstritten ist, ob Betreiber von Newsportalen für Kommentare ihrer Leser verantwortlich gemacht werden können. Section 5 Abs. 2 Defamation Act 2013 gewährt dem Betreiber grundsätzlich eine Einrede, wenn er beweisen kann, dass er es nicht war, der die streitgegenständliche Äußerung auf seiner Seite veröffentlichte (dazu Abschnitt III.1.). Im Gegensatz dazu bestätigte der EGMR in *Delfi AS gegen Estland* die Entscheidung estnischer Gerichte, die den Betreiber eines Newsportals (Delfi) für diffamierende Äußerungen seiner Leser verantwortlich hielten, obwohl dieser die Kommentare auf einen Hinweis des Betroffenen hin entfernte.[62] Hierbei ist allerdings zu beachten, dass der EGMR lediglich die Vereinbarkeit der estnischen Entscheidungen mit Art. 10 EMRK überprüfen durfte. Das Straßburger Gericht war hingegen nicht dazu berufen, die Vereinbarkeit dieser Entscheidungen mit der e-commerce-Richtlinie zu kontrollieren. Hierfür hätten die estnischen Gerichte die Sache nach Art. 267 AEUV dem EuGH vorlegen müssen.

Delfi hätte nur dann von den Haftungseinschränkungen der e-commerce-Richtlinie – in diesem Fall Art. 14 – profitiert, wenn die Kommentare lediglich Inhalte Dritter dargestellt hätten. Wenn diese jedoch Delfis eigenen Inhalt darstellten, Delfi redaktionelle Verantwortung über die Kommentare ausübte oder eine „aktive Rolle" innehatte, die Delfi Kenntnis der gespeicherten Daten oder eine Kontrolle über sie verschaffen konnte, dann könnte sich Delfi nicht auf Art. 14 berufen. Delfi selbst hat die Kommentare nicht verfasst. Es hat die Kommentarfunktion jedoch in sein Newsportal integriert und Nutzer eingeladen, Kommentare abzugeben. Darüber hinaus übte Delfi Kontrolle über das Forum aus. Delfis Tätigkeit war daher nicht rein technischer, automatischer und passiver Art. Vielmehr hatte Delfi eine „aktive Rolle" im Sinne von *Google France gegen Louis Vuitton* inne.[63] Daher konnte sich Delfi nicht auf Art. 14 e-commerce-Richtlinie berufen.

Dennoch musste die Entscheidung der estnischen Gerichte einen angemessenen Ausgleich zwischen Art. 8 EMRK und Art. 10 EMRK erzielen. Der EGMR identifizierte die folgenden Abwägungsfaktoren:

– Der Kontext der Kommentare,
– die Haftung der Urheber der Kommentare als mildere Alternative gegenüber einer Haftung Delfis,
– die Maßnahmen, die der Host-Provider ergriff, um ehrverletzende Kommentare zu verhindern und zu entfernen, und
– die Folgen des staatlichen Verfahrens für den Antragsteller.[64]

---

[61] BGH, Urt. v. 20.02.2018, Az. VI ZR 30/17, Rn. 19 – Ärztebewertung IV.
[62] EGMR, Delfi AS/Estland [2015] Beschwerde-Nr. 64569/09.
[63] Vgl. EGMR, Delfi AS/Estland [2015] Beschwerde-Nr. 64569/09 [146].
[64] EGMR, Delfi AS/Estland [2015] Beschwerde-Nr. 64569/09 [143]; bestätigt in Magyar

Hinsichtlich des Kontextes der Kommentare akzeptierte der Gerichtshof, dass der Artikel, den das Newsportal Delfi veröffentlichte, ausgewogen und nicht in beleidigender Sprache verfasst war. Allerdings handelte es sich bei Delfi um ein professionell gemanagtes Internet-Newsportal, das auf kommerzieller Grundlage betrieben wurde und versuchte, eine große Anzahl von Kommentaren zu von ihm veröffentlichten Artikeln anzuziehen.[65] Delfi lud die Besucher der Webseite dazu ein, die Nachrichten durch ihre eigenen Kommentare zu ergänzen. Das Gericht stellte auch fest, dass der Betroffene die Inhalteanbieter selbst nicht verklagen konnte, da diese ihre Kommentare anonym schrieben.

Nach Auffassung des EGMR übte Delfi erhebliche Kontrolle über die Kommentare aus. Es hätte daher solche Kommentare, die zum Hass oder zur Gewalt aufstachelten,[66] ohne Verzögerung unmittelbar nach ihrer Veröffentlichung löschen müssen. Stattdessen entfernte Delfi streitige Kommentare innerhalb von etwa sechs Wochen nach dem Hochladen auf die Website und erst nach Benachrichtigung der geschädigten Person. Delfis automatischer Wortfilter erwies sich zudem als unzureichend.

Eine weitere, noch nicht vollständig geklärte Frage betrifft die Haftung von Suchmaschinenbetreibern für Begriffsvorschläge ihrer Such-Ergänzungsfunktion. Stellt der Begriffsvorschlag einer Suchmaschine einen eigenen Inhalt des Suchmaschinenbetreibers dar, gibt er lediglich einen fremden Inhalt wieder, oder lassen sich derartige automatisch generierte Begriffe möglicherweise gar nicht in diese Dichotomie fassen? Zwar ist der exakte Algorithmus eines Suchmaschinenbetreibers ein gut gehütetes Geheimnis. Eine wichtige Rolle für die Generierung der Ergänzungsbegriffe spielen jedoch frühere Suchanfragen von Nutzern. So muss beispielsweise die Suchanfrage nach der Ehefrau des ehemaligen Bundespräsidenten Wulff so häufig von dem Wort „Prostituierte" begleitet worden sein, dass Googles Suchmaschine als Ergänzung der Eingabe „Bettina Wulff" „Prostituierte" vorschlug. Vor diesem Hintergrund ließe sich argumentieren, dass der Ergänzungsvorschlag „Prostituierte" nicht Googles eigenen Inhalt widerspiegelt, sondern Google lediglich Inhalte Dritter weiterleitet, nämlich die Suchanfragen seiner Nutzer. Dies würde jedoch verkennen, dass selbst automatisch generierte Begriffe wie die Ergänzungsvorschläge einer Suchmaschine eines Algorithmus bedürfen. Algorithmen sind keine transhumanen Naturgesetze, sondern von Menschen programmierte Handlungsanwei-

Tartalomszolgáltatók Egyesülete und Index.hu Zrt/Ungarn [2016] Beschwerde-Nr. 22947/13 [69]; Pihl/Schweden [2017] Beschwerde-Nr. 74742/14 [28].

[65] Das unterschied Delfi von der späteren Entscheidung des EGMR in Tamiz/Vereinigtes Königreich [2017] Beschwerde-Nr. 3877/14 [85].

[66] Auch darin unterschied sich Delfi von den Sachverhalten späterer Entscheidungen des EGMR zur Verantwortung von Internet-Intermediären: siehe Magyar Tartalomszolgáltatók Egyesülete und Index.hu Zrt/Ungarn [2016] Beschwerde-Nr. 22947/13 [64]; Kucharczyk/Polen [2015] Beschwerde-Nr. 72966/13 [35]; Pihl/Schweden [2017] Beschwerde-Nr. 74742/14 [25]; Tamiz/Vereinigtes Königreich [2017] Beschwerde-Nr. 3877/14 [81].

sungen – in Lessigs Diktion „Codes". Der Programmierer ist der Architekt dieses Codes. Da es der Code ist, der den Ergänzungsvorschlag generiert, ist es folgerichtig, den Programmierer des Codes (bzw. das Unternehmen, für das er arbeitet) als Schöpfer des Ergänzungsvorschlags zu betrachten.[67] Der Code setzt nämlich gerade nicht auf ein zufälliges oder chronologisches und damit neutrales Auswahlverfahren für einen Suchbegriff, sondern auf Relevanz. Was „relevant" ist, bestimmt der Betreiber mit einem wohlkalkulierten und geheim gehaltenen Auswahlverfahren. Ergänzungsvorschläge eines Suchmaschinebetreibers – und dieser Gedanke lässt sich auf automatisch generierte Informationen generell übertragen – sind daher nicht nur rein technischer, automatischer und passiver Art, sondern ein aktives Generieren von Information.[68]

Im Unterschied dazu kann die Angabe von Ausschnitten aus Webseiten, auf die eine Suchmaschine verweist, nicht als eigener Inhalt der Suchmaschine angesehen werden. In diesem Fall ist deutlich erkennbar, dass die Suchmaschine lediglich einen Ausschnitt der Webseite wiedergibt und keinen eigenen Inhalt des Suchmaschinenbetreibers.[69]

III. Die Haftung von Intermediären

Wenn ein Diensteanbieter oder Netzbetreiber weder eigene Inhalte anbietet noch Inhalte Dritter übernimmt oder verändert noch eine „aktive Rolle" bei der Verbreitung der Informationen einnimmt, dann handelt er als bloßer Kommunikationsintermediär. Auch Kommunikationsintermediäre treffen „Pflichten und Verantwortung" im Sinne von Art. 19 Abs. 3 IPbpR und Art. 10 Abs. 2 EMRK. Dies ist die Grundlage dafür, dass auch demjenigen, der Äußerungen eines Dritten verbreitet, ohne sie sich zu eigen zu machen, Pflichten auferlegt werden dürfen, um sich von ihrer Rechtmäßigkeit zu vergewissern.[70] Eine rechtswidrige Äußerung wird nicht dadurch zulässig, dass sie ein anderer unwidersprochen aufgestellt hat.[71]

Zugleich können sich Kommunikationsintermediäre, wie dargestellt, ihrerseits auf Art. 19 IPbpR, Art. 10 EMRK und Art. 11 EUGRCh berufen. Zudem

[67] Vgl. BGH, Urt. v. 14.05.2013, Az. VI ZR 269/12, BGHZ 197, 213 Rn. 17 – Google I; *Oster*, Legal Studies 35 (2015), 348, 359; für eine transhumane Dogmatik *Koops/Hildebrandt/ Jaquet-Chiffelle*, Minnesota Journal of Law, Science & Technology 11 (2010), 497; aus publizistischer Perspektive *Primo/Zago*, Digital Journalism 3 (2015), 38.
[68] BGH, Urt. v. 14.05.2013, Az. VI ZR 269/12, BGHZ 197, 213 Rn. 26 – Google I.
[69] BGH, Urt. v. 27.02.2018, Az. VI ZR 489/16, NJW 2018, 2324 Rn. 29 – Google II; *Oster*, Legal Studies 35 (2015), 348, 359.
[70] Vgl. BVerfG, Beschl. v. 30.09.2003, Az. 1 BvR 865/00, NJW 2004, 590, 591 – „CSU-Mafia"; BVerfG, Beschl. 25.06.2009, Az. 1 BvR 134/03, AfP 2009, 480 Rn. 64 – Effecten-Spiegel.
[71] BVerfG, Beschl. 25.06.2009, Az. 1 BvR 134/03, AfP 2009, 480 Rn. 64 – Effecten-Spiegel.

ist in der Abwägung die bedeutende Rolle zu berücksichtigen, die sie für den
Gedankenaustausch einnehmen. Ihnen dürfen daher keine uneingeschränkten
Sorgfaltspflichten abverlangt werden. Stattdessen bedarf es einer umfassenden
Interessenabwägung, bei der die betroffenen Grund- und Menschenrechte der
Beteiligten angemessen zu berücksichtigen sind.[72]

1. Allgemeine Regeln

Im englischen Recht können sich Intermediäre gegenüber Diffamierungsklagen
auf die Einrede des Section 1 Abs. 1 Defamation Act 1996 berufen. Danach steht
dem Beklagten eine Einrede zu, wenn er beweisen kann, dass er

(a) nicht der Urheber, Redakteur oder Herausgeber der streitgegenständlichen
    Äußerung war,

(b) angemessene Sorgfalt im Hinblick auf die Kundgabe walten ließ und

(c) nicht wusste, und keinen Grund hatte anzunehmen, dass seine Handlung
    die Kundgabe einer diffamierenden Äußerung verursachte oder hierzu bei-
    trug.[73]

Section 1 Abs. 2 Defamation Act bestimmt die Begriffe „Urheber", „Redakteur" und „Herausgeber" im Sinne des Absatzes 1.[74] Nach Section 1 Abs. 3 Defamation Act 1996 ist eine Person dann nicht als Urheber, Redakteur oder Herausgeber anzusehen, wenn sie nur in technische Vorbereitungs- oder Verbrei-
tungshandlungen einbezogen ist.[75] Section 1 Abs. 5 Defamation Act 1996 liefert

---

[72] Vgl. EGMR, Tamiz/Vereinigtes Königreich [2017] Beschwerde-Nr. 3877/14 [90]; BGH,
Urt. v. 01.04.2004, Az. I ZR 317/01, BGHZ 158, 343, 348 – Schöner Wetten; BGH, Urt. v.
01.03.2016, Az. VI ZR 34/15, NJW 2016, 2106 Rn. 38 – Ärztebewertung III.

[73] „In defamation proceedings a person has a defence if he shows that
  (a) he was not the author, editor or publisher of the statement complained of,
  (b) he took reasonable care in relation to its publication, and
  (c) he did not know, and had no reason to believe, that what he did caused or contributed to
the publication of a defamatory statement." Die Vorschrift offenbart terminologische Unstimmigkeiten im englischen Recht der *defamation*, auf die hier nicht im Detail einzugehen
ist; dazu *Oster*, Legal Studies 35 (2015), 348, 352f.

[74] „For this purpose "author", "editor" and "publisher" have the following meanings,
which are further explained in subsection (3)—"author" means the originator of the statement, but does not include a person who did not intend that his statement be published at all;
"editor" means a person having editorial or equivalent responsibility for the content of the
statement or the decision to publish it; and "publisher" means a commercial publisher, that is,
a person whose business is issuing material to the public, or a section of the public, who issues
material containing the statement in the course of that business."

[75] „A person shall not be considered the author, editor or publisher of a statement if he is
only involved—
  (a) in printing, producing, distributing or selling printed material containing the statement;
  (b) in processing, making copies of, distributing, exhibiting or selling a film or sound recor-
ding (as defined in Part I of the Copyright, Designs and Patents Act 1988) containing the
statement;

Anhaltspunkte dafür, ob eine Person angemessene Sorgfalt im Hinblick auf die Kundgabe walten ließ bzw. keinen Grund hatte anzunehmen, dass ihre Handlung die Kundgabe einer diffamierenden Äußerung verursachte oder hierzu beitrug. Diese Faktoren sind:

(a) das Ausmaß ihrer Verantwortung für den Inhalt der Äußerung oder für die Entscheidung, sie zu veröffentlichen,

(b) die Natur oder Umstände der Veröffentlichung, und

(c) das vorhergehende Verhalten oder die Rolle des Urhebers, Redakteurs oder Herausgebers.

Die Kriterien der „angemessenen Sorgfalt" und der fehlende Grund zur Annahme, dass die Handlung zur Kundgabe einer diffamierenden Äußerung beitrug, sind Rudimente des Verschuldenserfordernisses des *tort of defamation*.[76] Während die Haftung von Urhebern, Redakteuren und Herausgebern verschuldensunabhängig ist, steht bloßen Intermediären eine Einrede zu, wenn sie nachweisen können, dass sie kein Verschulden trifft. Die Einrede der schuldlosen Verbreitung lässt daher auch den Umkehrschluss zu, dass – worauf bereits in Kapitel 2 Abschnitt V.2.c)bb) hingewiesen wurde – die Kundgabe an sich gerade keinen wissentlichen, sondern einen bloß faktischen Beitrag voraussetzt. Nur dann, wenn diese Kundgabe schuldlos erfolgt ist, steht dem Kommunikationsintermediär die Einrede des Section 1 Defamation Act 1996 offen.

Das Common Law, welches vor dem Defamation Act 1996 galt, gewährte bereits dann die Einrede der schuldlosen Verbreitung, wenn der Intermediär zwar Kenntnis von dem diffamierenden Charakter einer Äußerung hatte, jedoch annahm, dass dem Äußernden eine Einrede zustand.[77] Im Gegensatz dazu bezieht sich Section 1 Abs. 1 Buchst. c) Defamation Act 1996 auf die Kenntnis bzw. Unkenntnis einer *diffamierenden* Äußerung. Im Unterschied zur Common Law-Einrede besteht die Einrede nach Section 1 Abs. 1 Defamation Act 1996 somit bereits dann nicht mehr, wenn der Intermediär Kenntnis vom diffamierenden Charakter einer Äußerung hat, und zwar auch dann, wenn er von

---

(c) in processing, making copies of, distributing or selling any electronic medium in or on which the statement is recorded, or in operating or providing any equipment, system or service by means of which the statement is retrieved, copied, distributed or made available in electronic form;

(d) as the broadcaster of a live programme containing the statement in circumstances in which he has no effective control over the maker of the statement;

(e) as the operator of or provider of access to a communications system by means of which the statement is transmitted, or made available, by a person over whom he has no effective control.

In a case not within paragraphs (a) to (e) the court may have regard to those provisions by way of analogy in deciding whether a person is to be considered the author, editor or publisher of a statement."

[76] Dazu Kapitel 2 Abschnitt V.2.c).ee); *Oster*, Legal Studies 35 (2015), 348, 355.

[77] Goldsmith v. Sperrings Ltd. [1977] 1 WLR 478, 487; *Robertson/Nicol*, Media Law, 5. Aufl. 2007, Rn. 3-040.

einer wirksamen Einrede des Äußernden ausgeht (etwa der Veröffentlichung zu einer Angelegenheit von öffentlichem Interesse). Section 1 Abs. 1 Defamation Act 1996 ist daher bereits dann ausgeschlossen, wenn der Beklagte Kenntnis des diffamierenden Charakters hat. Die Common Law-Einrede war erst dann ausgeschlossen, wenn der Beklagte Kenntnis des *libel* hatte.

Zudem gewährt nunmehr Section 5 Abs. 2 Defamation Act 2013 einem Webseitenbetreiber eine Einrede, wenn er beweisen kann, dass er es nicht war, welcher die streitgegenständliche Äußerung auf der Webseite veröffentlichte. Diese Einrede ist widerlegt, wenn dem Webseitenbetreiber die Äußerung bekannt war (Abs. 11) oder der Kläger beweisen kann, dass

(a) es ihm nicht möglich war, den Inhalteanbieter zu identifizieren,

(b) er sich bei dem Webseitenbetreiber über die Äußerung beschwerte, und

(c) der Webseitenbetreiber auf die Beschwerde nicht nach den Vorgaben der Webseitenbetreiber-Verordnung antwortete (Abs. 3 i. V. m. Abs. 5).[78]

Nach deutschem Recht kommen Ansprüche aus negatorischem Ehrschutz (Störerhaftung) und auf Schadensersatz grundsätzlich auch gegen denjenigen in Betracht, der die Beschuldigungen nicht selbst erhoben, sondern als Behauptungen eines Dritten verbreitet hat. Ein Störer i. S. v. § 1004 Abs. 1 Satz 1 BGB ist zur Unterlassung und, wenn nur über die Beseitigung der Information die Unterlassung durchgesetzt werden kann, zur Löschung der Information verpflichtet.[79] Als Störer[80] ist jeder anzusehen, der die Störung herbeigeführt hat oder dessen Verhalten eine Beeinträchtigung befürchten lässt.[81] Erfasst wird sowohl der unmittelbare Störer als auch der mittelbare Störer. Unmittelbarer Störer ist, wer durch sein Verhalten selbst die Beeinträchtigung willentlich und adäquat kausal verursacht hat. Im Falle einer Ehrverletzung sind dies diejenigen, die eigene oder zu eigen gemachte Inhalte anbieten.[82] Mittelbarer Störer ist, wer in irgendeiner Weise willentlich und adäquat kausal an der rechtswidrigen Beeinträchtigung des Rechtsguts mitwirkt. Dafür genügt die Unterstützung oder die Ausnutzung der Handlung eines eigenverantwortlich handelnden Dritten, sofern der Mitwirkende die rechtliche und tatsächliche Möglichkeit zur Verhinderung dieser Handlung hatte.[83] Im medienrechtlichen Bereich sind dies diejeni-

---

[78] Siehe The Defamation (Operators of Websites) Draft Regulations 2013.

[79] BGH, Urt. v. 23.06.2009, Az. VI ZR 196/08, BGHZ 181, 328 Rn. 14 – spickmich.de.

[80] Die Begrifflichkeit von „Störer" und „Täter" variiert zwischen dem für das Urheber- und Markenrecht zuständigen I. und dem für das Recht der unerlaubten Handlung zuständigen VI. Zivilsenat; vgl. BGH, Urt. v. 28.07.2015, Az. VI ZR 340/14, NJW 2016, 56 Rn. 34f. – recht§billig; BGH, Urt. v. 01.03.2016, Az. VI ZR 34/15, NJW 2016, 2106 Rn. 16 – Ärztebewertung III; BGH, Urt. v. 27.02.2018, Az. VI ZR 489/16, NJW 2018, 2324 Rn. 27 – Google II.

[81] Statt vieler BGH, Urt. v. 28.07.2015, Az. VI ZR 340/14, NJW 2016, 56 Rn. 34 – recht§billig.

[82] Vgl. BGH, Urt. v. 27.05.1986, Az. VI ZR 169/85 – Stasi-Kontakte; BGH, Urt. v. 27.02.2018, Az. VI ZR 489/16, NJW 2018, 2324 Rn. 28 – Google II.

[83] Siehe BGH, Urt. v. 14.05.2013, Az. VI ZR 269/12, BGHZ 197, 213 Rn. 24 – Google I; BGH, Urt. v. 26.05.2009, Az. VI ZR 191/08, NJW 2009, 3576 Rn. 12 – „Kannibale von Roten-

gen, die bei der Herstellung und Verbreitung der Veröffentlichung mitgewirkt haben oder in Zukunft mitwirken werden, etwa Herausgeber, Schriftleiter, verantwortlicher Redakteur und sonstige Verlagsmitarbeiter, sowie grundsätzlich die Personen, die in den Vertrieb eingeschaltet sind, wie etwa Grossisten, Inhaber von Vertriebsstellen oder Buchhandlungen.[84] Dass diese nicht im Sinne des Presserechts verantwortlich sind, schließt ihre zivilrechtliche Störereigenschaft nicht aus.[85] Ebenfalls als mittelbare Störer angesehen werden Betreiber eines Informationsportals, welches RSS-Feeds bereitstellt,[86] Access-Provider,[87] Blog-Dienste[88] und Betreiber von Internet-Foren.[89] Umstritten ist dies für Bibliothekare.[90] Angesichts des „Wesen[s] des Mediums [Fernsehen] und seiner Funktion" sind Sendeunternehmen von Live-Diskussionen grundsätzlich nicht als „Störer" hinsichtlich der von Gästen geäußerten Behauptungen anzusehen.[91] Zu den wichtigsten – und von der Medienfreiheit geschützten – Aufgaben des Rundfunks gehört es, der Meinungsvielfalt einen „Marktplatz" zur Verfügung zu stellen und dabei gerade Meinungen von Minderheiten die Möglichkeit der Darstellung zu bieten. Diese Aufgabe würde beeinträchtigt, wenn man einen Fernsehsender allein wegen des Ausstrahlens der ehrverletzenden Äußerung eines Dritten belangte.[92] Diesen Gedanken hat der BGH indessen nicht auf Meinungsforen im Internet übertragen.[93]

Die Haftung als mittelbarer Störer darf allerdings „nicht über Gebühr" auf Dritte erstreckt werden, welche die Beeinträchtigung nicht selbst vorgenommen haben.[94] Sie setzt deshalb die Verletzung zumutbarer Verhaltenspflichten, insbesondere von Prüfungspflichten, voraus.[95] Die Rechtsfigur der Prüfungspflichten stellt – ebenso wie Section 1 Abs. 1 Buchst. b) Defamation Act 1996 – das „Einfallstor" dar, um konfligierende Grundrechtspositionen zu berücksichtigen. Inhalt und Umfang der Prüfungspflichten bestimmt sich danach, inwieweit dem

---

burg"; BGH, Urt. v. 28.07.2015, Az. VI ZR 340/14, NJW 2016, 56 Rn. 34 – recht§billig; BGH, Urt. v. 01.03.2016, Az. VI ZR 34/15, NJW 2016, 2106 Rn. 22 – Ärztebewertung III; BGH, Urt. v. 27.02.2018, Az. VI ZR 489/16, NJW 2018, 2324 Rn. 31 – Google II.

[84] BGH, Urt. v. 03.02.1976, Az. VI ZR 23/72, NJW 1976, 799, 800 – VUS m. w. N.

[85] BGH, Urt. v. 03.02.1976, Az. VI ZR 23/72, NJW 1976, 799, 800 – VUS.

[86] BGH, Urt. v. 27.03.2012, Az. VI ZR 144/11, NJW 2012, 2345 – RSS-Feed.

[87] BGH, Urt. v. 26.11.2015, Az. I ZR 3/14, NJW 2015, 28 Rn. 24 – Sperrung Access-Provider.

[88] BGH, Urt. v. 25.10.2011, Az. VI ZR 93/10, NJW 2012, 148 Rn. 21 – Blogspot.

[89] BGH, Urt. v. 27.03.2007, Az. VI ZR 101/06, NJW 2007, 2558 – Forenbetreiber; BGH, Urt. v. 23.06.2009, Az. VI ZR 196/08, BGHZ 181, 328 Rn. 14 – spickmich.de.

[90] Vgl. BGH, Urt. v. 03.02.1976, Az. VI ZR 23/72, NJW 1976, 799, 800 – VUS.

[91] BGH, Urt. v. 06.04.1976, Az. VI ZR 246/74, NJW 1976, 1198, 1199 – Panorama.

[92] BGH, Urt. v. 06.04.1976, Az. VI ZR 246/74, NJW 1976, 1998, 1999 – Panorama.

[93] BGH, Urt. v. 27.03.2007, Az. VI ZR 101/06, NJW 2007, 2558 Rn. 8 – Forenbetreiber.

[94] St. Rspr.; siehe etwa BGH, Urt. v. 25.10.2011, Az. VI ZR 93/10, NJW 2012, 148 Rn. 22 – Blogspot; BGH, Urt. v. 27.02.2018, Az. VI ZR 489/16, NJW 2018, 2324 Rn. 31 – Google II.

[95] St. Rspr.; siehe etwa BGH, Urt. v. 27.02.2018, Az. VI ZR 489/16, NJW 2018, 2324 Rn. 31 – Google II. Dazu ausf. *Hartmann*, Unterlassungsansprüche im Internet, 2009, S. 70 ff.

mittelbaren Störer „nach den Umständen des Einzelfalls unter Berücksichtigung seiner Funktion und Aufgabenstellung sowie mit Blick auf die Eigenverantwortung desjenigen, der die rechtswidrige Beeinträchtigung selbst unmittelbar vorgenommen hat", eine Verhinderung der Verletzung zuzumuten ist.[96] Dem negatorischen Unterlassungsbegehren steht nicht entgegen, dass der Störer die die Tatbestandsmäßigkeit und Rechtswidrigkeit begründenden Umstände nicht kannte und ihm kein Verschulden vorzuwerfen ist.[97] Eine Distanzierung von dem Inhalt der Äußerungen Dritter vermag zwar einen Schadensersatzanspruch auszuschließen, nicht jedoch die Störerhaftung.[98] Bei Internet-Intermediären müssen diese Prüfungspflichten mit Art. 15 Abs. 1 e-commerce-Richtlinie, § 7 Abs. 2 Satz 1 TMG vereinbar sein (dazu sogleich unter 2.).

Die Prüfungspflichten müssen dem Intermediär zumutbar sein. Sie entstehen daher in der Regel erst dann, wenn der Betroffene eine Rechtsverletzung vorträgt.[99] Deshalb unterliegt etwa der Importeur einer ausländischen Wochenzeitschrift keiner allgemeinen Prüfungspflicht dahingehend, ob die Zeitschrift Äußerungen enthält, die das Persönlichkeitsrecht anderer verletzen.[100] Journalistische Medien müssen Tatsachenbehauptungen Dritter, die sie in einer Presseschau oder in Leserbriefen wiedergeben, nicht wie eigene Beiträge auf ihren Wahrheitsgehalt überprüfen. Stattdessen genügt eine eindeutige Kennzeichnung als (gekürzter) Fremdbericht.[101] Allerdings ist es Teil der journalistischen Sorgfaltspflichten, keine relevanten Tatsachen auszulassen und dadurch den Sinngehalt des Beitrages zu verfälschen.[102]

Anders als das negatorische Unterlassungsbegehren setzt der Schadensersatzanspruch Kenntnis der die Tatbestandsmäßigkeit und die Rechtswidrigkeit begründenden Umstände voraus.[103]

---

[96] Siehe BGH, Urt. v. 11.03.2004, Az. I ZR 304/01, BGHZ 158, 236, 251 – Internet-Versteigerung I; BGH, Urt. v. 01.04.2004, Az. I ZR 317/01, BGHZ 158, 343, 350 – Schöner Wetten; BGH, Urt. v. 27.03.2012, Az. VI ZR 144/11, NJW 2012, 2345 Rn. 18 – RSS-Feed; BGH, Urt. v. 25.10.2011, Az. VI ZR 93/10, NJW 2012, 148 Rn. 22 – Blogspot; BGH, Urt. v. 01.03.2016, Az. VI ZR 34/15, NJW 2016, 2106 Rn. 22 – Ärztebewertung III; BGH, Urt. v. 27.02.2018, Az. VI ZR 489/16, NJW 2018, 2324 Rn. 31 – Google II.

[97] BGH, Urt. v. 03.02.1976, Az. VI ZR 23/72, NJW 1976, 799, 800 – VUS; BGH, Urt. v. 09.12.2003, Az. VI ZR 373/02, NJW 2004, 762, 765 – Sabine Christiansen.

[98] BGH, Urt. v. 27.05.1986, Az. VI ZR 169/85 – Stasi-Kontakte.

[99] BGH, Urt. v. 03.02.1976, Az. VI ZR 23/72, NJW 1976, 799, 800 – VUS; BGH, Urt. v. 27.02.2018, Az. VI ZR 489/16, NJW 2018, 2324 Rn. 32 – Google II.

[100] BGH, Urt. v. 03.02.1976, Az. VI ZR 23/72, NJW 1976, 799, 800 – VUS.

[101] BVerfG, Beschl. 25.06.2009, Az. 1 BvR 134/03, AfP 2009, 480 Rn. 67 – Effecten-Spiegel.

[102] BVerfG, Beschl. 25.06.2009, Az. 1 BvR 134/03, AfP 2009, 480 Rn. 79 – Effecten-Spiegel.

[103] Vgl. BGH, Urt. v. 03.02.1976, Az. VI ZR 23/72, NJW 1976, 799, 800 – VUS.

2. E-commerce-Richtlinie

Art. 12 bis 15 e-commerce-Richtlinie beschreiben und begrenzen die Sorgfaltspflichten für Internet-Intermediäre. Die Vorschriften wurden in Deutschland durch §§ 7 ff. TMG und im Vereinigten Königreich durch Regulations 17 ff. der Electronic Commerce (EC Directive) Regulations 2002 umgesetzt.[104] Die e-commerce-Richtlinie findet Anwendung auf „Dienste der Informationsgesellschaft". Nach Art. 2 Buchst. a) e-commerce-Richtlinie i. V. m. Art. 1 Abs. 1 Buchst. b) der Richtlinie 2015/1535[105] sind dies in der Regel gegen Entgelt elektronisch im Fernabsatz und auf individuellen Abruf eines Empfängers erbrachte Dienstleistungen. „Dienstleistungen" sind solche im Sinne des Art. 57 Abs. 1 AEUV, d. h. „in der Regel gegen Entgelt" erbrachte Leistungen. Das Entgelt muss jedoch nicht notwendig vom Empfänger der Dienstleistung erbracht werden. Es genügt, wenn der Erbringer der Dienstleistung ein Entgelt von Dritten erhält, etwa von Werbetreibenden.[106] Stellt ein Anbieter kostenfreien Internetzugang über ein drahtloses lokales Netzwerk (W-LAN) zur Verfügung, so ist dies dann als „Dienst" im Sinne der e-commerce-Richtlinie anzusehen, wenn er dieses Angebot zu Werbezwecken erbringt.[107] In geographischer Hinsicht findet die e-commerce-Richtlinie nach Art. 3 Abs. 1 auf solche Dienste der Informationsgesellschaft Anwendung, deren Anbieter in einem EU-Mitgliedstaat niedergelassen sind.

Im Umkehrschluss gilt, dass der Anwendungsbereich der e-commerce-Richtlinie nicht eröffnet ist, wenn der Dienst nicht gegen Entgelt erbracht wird oder wenn der zu regulierende Dienstleistungsanbieter in einem Drittland niedergelassen ist.[108] So unterfällt beispielsweise kostenfreier Internetzugang über W-LAN dann nicht der e-commerce-Richtlinie, wenn dieser von Privatpersonen und ohne Werbezwecke angeboten wird. Vor diesem Hintergrund bestimmt nunmehr § 8 Abs. 3 TMG, dass § 8 Abs. 1 und 2 TMG – die Haftungsfreistellung für Access-Provider – auch für Diensteanbieter gelten, die Nutzern einen Internetzugang über W-LAN zur Verfügung stellen.[109]

---

[104] The Electronic Commerce (EC Directive) Regulations 2002, SI 2002 No. 2013.
[105] Richtlinie (EU) 2015/1535 des Europäischen Parlaments und des Rates vom 9. September 2015 über ein Informationsverfahren auf dem Gebiet der technischen Vorschriften und der Vorschriften für die Dienste der Informationsgesellschaft, ABl. L 241/1. Die Richtlinie kodifiziert die in Art. 2 Buchst. a) e-commerce-Richtlinie genannte Richtlinie 98/34/EG in der Fassung der Richtlinie 98/48/EG.
[106] Erwägungsgrund 18 e-commerce-Richtlinie; EuGH, Rs. C-291/13 [2014] Papasavvas [30]; vgl. EuGH, Rs. 352/85 [1988] Bond van Adverteerders [16].
[107] EuGH, Rs. C-484/14 [2016] McFadden [43] und [54].
[108] Zu letzterem Erwägungsgrund 58 e-commerce-Richtlinie.
[109] Eingefügt durch das Zweite Gesetz zur Änderung des Telemediengesetzes v. 21.07.2016, BGBl. I S. 1766.

a) Sorgfaltspflichten

Nach Art. 15 Abs. 1 e-commerce-Richtlinie dürfen die Mitgliedstaaten Diensteanbietern keine *allgemeine* Verpflichtung auferlegen, die von ihnen übermittelten oder gespeicherten Informationen zu überwachen oder aktiv nach Umständen zu forschen, die auf eine rechtswidrige Tätigkeit hinweisen. Ein (Unterlassungs-)Begehren gegenüber einem Internet-Diensteanbieter, etwa in Gestalt der Störerhaftung, darf daher nicht auf eine nach Art. 15 Abs. 1 e-commerce-Richtlinie unzulässige Begründung einer allgemeinen Überwachungs- oder Nachforschungspflicht abzielen.[110] Insbesondere ist ein Host-Provider grundsätzlich nicht dazu verpflichtet, jeden Beitrag auf eine mögliche Rechtsverletzung hin zu überprüfen.[111] Dies ist eine Ausprägung der Kommunikationsfreiheit nach Art. 11 Abs. 1 EUGRCh, die nicht nur das Recht einschließt, Informationen und Ideen Dritter zu verbreiten, sondern auch das Recht der Öffentlichkeit, solche Informationen zu empfangen. Eine allgemeine Prüfungspflicht würde den freien Informationsfluss hemmen.[112] Nach Art. 15 Abs. 2 e-commerce-Richtlinie können die Mitgliedstaaten Diensteanbieter lediglich dazu verpflichten, die zuständigen Behörden unverzüglich über mutmaßliche rechtswidrige Tätigkeiten oder Informationen der Nutzer ihres Dienstes zu unterrichten. Ferner können sie sie dazu verpflichten, den zuständigen Behörden auf Verlangen Informationen zu übermitteln, anhand derer die Nutzer ihres Dienstes, mit denen sie Vereinbarungen über die Speicherung geschlossen haben, ermittelt werden können.

Art. 15 e-commerce-Richtlinie schließt jedoch die Auferlegung *spezifischer* Überwachungspflichten nicht aus, auf die wiederum auch klägerische Begehren gerichtet sein können.[113] Die Richtlinie lässt nach Erwägungsgrund 48 ausdrücklich die Möglichkeit unberührt, dass die Mitgliedstaaten von Host-Providern verlangen, die nach vernünftigem Ermessen von ihnen zu erwartende und in innerstaatlichen Rechtsvorschriften niedergelegte Sorgfaltspflicht anzuwenden, um bestimmte Arten rechtswidriger Tätigkeiten aufzudecken und zu verhindern. Nach Art. 18 e-commerce-Richtlinie stellen die Mitgliedstaaten zudem sicher, dass die nach innerstaatlichem Recht verfügbaren Klagemöglichkeiten im Zusammenhang mit Diensten der Informationsgesellschaft es ermöglichen, dass rasch Maßnahmen, einschließlich vorläufiger Maßnahmen,

---

[110] Vgl. BGH, Urt. v. 01.03.2016, Az. VI ZR 34/15, NJW 2016, 2106 Rn. 19 – Ärztebewertung III.

[111] BGH, Urt. v. 25.10.2011, Az. VI ZR 93/10, NJW 2012, 148 Rn. 24 – Blogspot; BGH, Urt. v. 27.03.2012, Az. VI ZR 144/11, NJW 2012, 2345 Rn. 19 – RSS-Feed; BGH, Urt. v. 19.03.2015, Az. I ZR 94/13, NJW 2015, 3443 Rn. 31 – Hotelbewertungsportal; BGH, Urt. v. 01.03.2016, Az. VI ZR 34/15, NJW 2016, 2106 Rn. 23 – Ärztebewertung III.

[112] Vgl. BGH, Urt. v. 27.03.2012, Az. VI ZR 144/11, NJW 2012, 2345 Rn. 19 – RSS-Feed.

[113] Vgl. Urt. v. 18.11.2010, Az. I ZR 155/09, GRUR 2011, 617 Rn. 40 – Sedo; BGH, Urt. v. 19.03.2015, Az. I ZR 94/13, NJW 2015, 3443 Rn. 31 – Hotelbewertungsportal.

getroffen werden können, um eine mutmaßliche Rechtsverletzung abzustellen und zu verhindern, dass den Betroffenen weiterer Schaden entsteht. Der Hinweis auf eine konkrete Rechtsverletzung verpflichtet den Diensteanbieter somit dazu, den Inhalt zu sperren und Vorsorge gegen zukünftige derartige Rechtsverletzungen zu treffen.

Aus alldem folgt, dass eine Verhaltenspflicht des Betreibers (erst) nach Erlangung der Kenntnis von der Rechtsverletzung entstehen kann.[114] Daher begründet die Handlung, die Gegenstand der erstmaligen Mitteilung eines Rechtsverstoßes ist, noch keine eigene Verletzungshandlung. Hierfür ist eine vollendete Rechtsverletzung *nach* Begründung der Pflicht zur Verhinderung weiterer Rechtsverletzungen erforderlich.[115] Zudem muss eine gegen den Intermediär ergangene Anordnung mit den betroffenen Grundrechten vereinbar sein und ein angemessenes Gleichgewicht der widerstreitenden Rechte und Interessen sicherstellen.[116] Die betroffenen Grundrechte sind die unternehmerische Freiheit und Berufsfreiheit des Intermediärs, sofern er geschäftlich tätig ist,[117] die Informationsfreiheit der Internetnutzer,[118] die Kommunikationsfreiheit des Inhalteanbieters, und die konfligierenden Rechte des Betroffenen, etwa das Recht am geistigen Eigentum oder der Schutz der persönlichen Ehre.[119] Das analytische Instrument zur Abwägung der widerstreitenden Rechte und Interessen ist der Grundsatz der Verhältnismäßigkeit.[120] Schließlich ist zu beachten, dass dem Betroffenen ein wirksamer Rechtsbehelf zustehen muss. Für Rechte des geistigen

---

[114] Siehe z.B. BGH, Urt. v. 30.04.2010, Az. I ZR 69/08, BGHZ 185, 291 Rn. 39 – Vorschaubilder; BGH, Urt. v. 19.03.2015, Az. I ZR 94/13, NJW 2015, 3443 Rn. 42 – Hotelbewertungsportal.

[115] Siehe z.B. BGH, Urt. v. 12.07.2007, Az. I ZR 18/04, BGHZ 173, 188 Rn. 53 – Jugendgefährdende Medien bei eBay; BGH, Urt. v. 17.08.2011, Az. I ZR 57/09, BGHZ 191, 19 Rn. 39 – Stiftparfüm; BGH, Urt. v. 12.07.2012, Az. I ZR 18/11, BGHZ 194, 39 Rn. 28 – Alone in the Dark; BGH, Urt. v. 19.03.2015, Az. I ZR 94/13, NJW 2015, 3443 Rn. 42 – Hotelbewertungsportal; BGH, Urt. v. 26.11.2015, Az. I ZR 3/14, NJW 2015, 28 Rn. 26 – Sperrung Access-Provider.

[116] Vgl. EuGH, Rs. C-70/10 [2011] Scarlet Extended/SABAM u.a. [47–49]; Rs. C-360/10 [2012] SABAM/Netlog [44–47]; Rs. C-314/12 [2014] UPC Telekabel Wien GmbH [46]; Rs. C-324/09 [2011] L'Oréal SA u.a./eBay International AG u.a. [143]; Rs. C-484/14 [2016] McFadden [82 f.]; BGH, Urt. v. 26.11.2015, Az. I ZR 3/14, NJW 2015, 28 Rn. 30 f. – Sperrung Access-Provider.

[117] EuGH, Rs. C-484/14 [2016] McFadden [82]; BGH, Urt. v. 26.11.2015, Az. I ZR 3/14, NJW 2015, 28 Rn. 35 f. – Sperrung Access-Provider.

[118] EuGH, Rs. C-314/12 [2014] UPC Telekabel Wien GmbH [56]; Rs. C-484/14 [2016] McFadden [82]; BGH, Urt. v. 26.11.2015, Az. I ZR 3/14, NJW 2015, 28 Rn. 41 – Sperrung Access-Provider.

[119] EuGH, Rs. C-484/14 [2016] McFadden [98].

[120] Vgl. BGH, Urt. v. 19.04.2007, Az. I ZR 35/04, BGHZ 172, 119 Rn. 47 – Internet-Versteigerung II; BGH, Urt. v. 12.07.2007, Az. I ZR 18/04, BGHZ 173, 188 Rn. 39 – Jugendgefährdende Medien bei eBay; BGH, Urt. v. 12.07.2012, Az. I ZR 18/11, BGHZ 194, 39 Rn. 28 – Alone in the Dark; BGH, Urt. v. 19.03.2015, Az. I ZR 94/13, NJW 2015, 3443 Rn. 36 – Hotelbewertungsportal; BGH, Urt. v. 01.03.2016, Az. VI ZR 34/15, NJW 2016, 2106 Rn. 40 – Ärztebewertung III.

Eigentums folgt dies bereits aus Art. 3 Abs. 2 der Vollstreckungsrichtlinie 2004/48/EG, für sonstige Kommunikationsdelikte – etwa Ehrverletzungsdelikte – folgt ein solches Recht unmittelbar aus Art. 47 EUGRCh.

Für die Frage, welche Prüfungspflichten den Intermediären dann im Einzelnen auferlegt werden dürfen, ist zwischen Diensteanbietern, die Zugang zum Internet vermitteln (Access-Provider) und Diensteanbietern, die fremde Inhalte speichern (Host-Provider), zu differenzieren.

aa) Reine Durchleitung

Werden einem Anbieter reiner Durchleitungsdienste (etwa einem Zugangsanbieter) Prüf- und Sperrpflichten auferlegt, so müssen diese hinreichend effektiv sein, um das kollidierende Rechtsgut, etwa die persönliche Ehre, wirksam zu schützen. Die Sperrmaßnahmen müssen unerlaubte Zugriffe auf die Schutzgegenstände verhindern oder wenigstens erschweren und die Internetnutzer vom Zugriff darauf abhalten.[121] Gleichzeitig dürfen die Maßnahmen Internetnutzern die Möglichkeit, Zugang zu rechtmäßigen Informationen zu erhalten, „nicht unnötig" vorenthalten.[122] Diese Maßgabe des EuGH hat der BGH dahingehend konkretisiert, dass auf das „Gesamtverhältnis von rechtmäßigen zu rechtswidrigen Inhalten" abzustellen ist. Kommt es im Einzelfall zu einer Sperrung rechtmäßiger Inhalte und wird auf diese Weise die legale Nutzung des Angebots nur in geringem Umfang eingeschränkt, so ist eine Sperrung nicht unzumutbar.[123] So darf etwa von Betreibern öffentlicher W-LANs verlangt werden, dass sie den Internetanschluss durch ein Passwort sichern.[124]

Der Grundsatz der Verhältnismäßigkeit gebietet zudem, dass die Haftung des Durchleitungsdienstes gegenüber der des Inhalteanbieters und sogar des Host-Providers subsidiär ist. In der Regel ist die Tätigkeit eines Durchleitungsdienstes ein von der Rechtsordnung gebilligtes, gesellschaftlich nützliches und in Bezug auf Kommunikationsdelikte neutrales Geschäftsmodell.[125] Daher ist es angemessen, vom Betroffenen vorrangig die Rechtsverfolgung gegenüber denjenigen Beteiligten zu verlangen, die die Rechtsverletzung entweder selbst

---

[121] EuGH, Rs. C-314/12 [2014] UPC Telekabel Wien GmbH [62]; Rs. C-484/14 [2016] McFadden [95]; BGH, Urt. v. 26.11.2015, Az. I ZR 3/14, NJW 2015, 28 Rn. 40 – Sperrung Access-Provider.

[122] EuGH, Rs. C-314/12 [2014] UPC Telekabel Wien GmbH [63]; BGH, Urt. v. 26.11.2015, Az. I ZR 3/14, NJW 2015, 28 Rn. 45 – Sperrung Access-Provider.

[123] Vgl. BGH, Urt. v. 26.11.2015, Az. I ZR 3/14, NJW 2015, 28 Rn. 45 – Sperrung Access-Provider m. w. N. zu Entscheidungen zu Host-Providern.

[124] EuGH, Rs. C-484/14 [2016] McFadden [90ff.]; BGH, Urt. v. 12.05.2010, Az. I ZR 121/08, BGHZ 185, 330 Rn. 44 – Sommer unseres Lebens; BGH, Urt. v. 24.11.2016, Az. I ZR 220/15, NJW 2017, 1965 Rn. 14 – The Expendables 2.

[125] BGH, Urt. v. 26.11.2015, Az. I ZR 3/14, NJW 2015, 28 Rn. 25 – Sperrung Access-Provider; dazu *Ohly*, ZUM 2015, 308, 314; *Thompson*, Vanderbilt Journal of Entertainment & Technology Law 18 (2016), 783, 799 f.

begangen haben (Inhalteanbieter) oder mit der Erbringung ihrer Dienstleistungen zur Rechtsverletzung unmittelbar beigetragen haben (Host-Provider). Hierfür spricht, dass der Inhalteanbieter und sein Host-Provider wesentlich näher an der Rechtsgutsverletzung stehen als der Zugangsanbieter.[126] Nur dann, wenn die Inanspruchnahme des Inhalteanbieters oder seines Host-Providers scheitert oder ihr jede Erfolgsaussicht fehlt, kommen Ansprüche gegen den Anbieter des Durchleitungsdienstes in Betracht. Daher ist zu verlangen, dass der Rechteinhaber zunächst „naheliegende Bemühungen unternimmt, um die Identität und Erreichbarkeit des Rechtsverletzers zu klären".[127] Erst wenn solche weiteren Maßnahmen fehlschlagen und auch ein Vorgehen gegen den Host-Provider keinen Erfolg verspricht, ist die Inanspruchnahme des Durchleitungsdienstes zulässig.[128]

Bei der Umsetzung einer Sperrverfügung sind das Fernmeldegeheimnis sowie datenschutzrechtliche Vorgaben zu beachten.[129] Schließlich müssen die nationalen Verfahrensvorschriften den Internetnutzern ermöglichen, ihre Rechte vor Gericht geltend zu machen.[130]

bb) Host-Provider

Welche Sorgfalts- und Überwachungspflichten einem Host-Provider auferlegt werden dürfen, bestimmt sich nach mehreren Faktoren. Grundsätzlich verpflichtet Art. 18 e-commerce-Richtlinie einen Diensteanbieter – hier einen Host-Provider – nicht nur dazu, ein Kommunikationsdelikt zu beenden, sondern auch dazu, Vorsorge gegen erneute Rechtsverletzungen zu treffen.[131] Die Grenze für diese Sorgfaltspflicht legt Art. 15 Abs. 1 e-commerce-Richtlinie fest. Von einem Diensteanbieter darf nicht verlangt werden, aktiv alle gespeicherten Inhalte zu überwachen, um jeder künftigen Rechtsverletzung vorzubeugen.[132] Den Diensteanbieter trifft daher keine Verpflichtung dazu, präventiv, auf eigene

---

[126] BGH, Urt. v. 26.11.2015, Az. I ZR 3/14, NJW 2015, 28 Rn. 70 – Sperrung Access-Provider.

[127] BGH, Urt. v. 26.11.2015, Az. I ZR 3/14, NJW 2015, 28 Rn. 73 – Sperrung Access-Provider.

[128] BGH, Urt. v. 26.11.2015, Az. I ZR 3/14, NJW 2015, 28 Rn. 73 – Sperrung Access-Provider.

[129] BGH, Urt. v. 26.11.2015, Az. I ZR 3/14, NJW 2015, 28 Rn. 47 ff., 63 ff. – Sperrung Access-Provider.

[130] EuGH, Rs. C-314/12 [2014] UPC Telekabel Wien GmbH [57]; BGH, Urt. v. 26.11.2015, Az. I ZR 3/14, NJW 2015, 28 Rn. 46 – Sperrung Access-Provider.

[131] EuGH, Rs. C-324/09 [2011] L'Oréal SA u. a./eBay International AG u. a. [131–134]; BGH, Urt. v. 25.10.2011, Az. VI ZR 93/10, NJW 2012, 148 Rn. 24 – Blogspot; vgl. BGH, Urt. v. 11.03.2004, Az. I ZR 304/01, BGHZ 158, 236, 252 – Internet-Versteigerung I; BGH, Urt. v. 27.03.2012, Az. VI ZR 144/11, NJW 2012, 2345 Rn. 19 – RSS-Feed; BGH, Urt. v. 19.03.2015, Az. I ZR 94/13, NJW 2015, 3443 Rn. 37 – Hotelbewertungsportal; BGH, Urt. v. 01.03.2016, Az. VI ZR 34/15, NJW 2016, 2106 Rn. 23 – Ärztebewertung III.

[132] EuGH, Rs. C-324/09 [2011] L'Oréal SA u. a./eBay International AG u. a. [139].

Kosten und zeitlich unbegrenzt ein unterschiedslos auf alle Kunden anwendbares System der Filterung einzurichten, mit dem sich eine Rechtsverletzung ermitteln lässt.[133] In welchem Umfang einem Host-Provider spezifische Überwachungspflichten auferlegt werden dürfen, richtet sich danach, ob und inwieweit ihm nach den Umständen des Einzelfalls bei Abwägung aller betroffenen Interessen eine Prüfung zuzumuten ist.[134] Hierzu gehören zunächst der Grad der Erkennbarkeit des Rechtsverstoßes, das Gewicht der angezeigten Rechtsverletzungen und die Erkenntnismöglichkeiten des Providers.[135] Dabei ist zu berücksichtigen, dass sich eine behauptete Verletzung von Persönlichkeitsrechten häufig nur nach sorgfältiger rechtlicher und tatsächlicher Prüfung feststellen lässt.[136] Ein Host-Provider muss nur dann handeln, wenn der Hinweis auf eine Rechtsverletzung so konkret gefasst ist, „dass der Rechtsverstoß auf der Grundlage der Behauptungen des Betroffenen unschwer – das heißt ohne eingehende rechtliche und tatsächliche Überprüfung – bejaht werden kann."[137] Für eine erhöhte Prüfungspflicht spricht es, wenn die Tätigkeit des Host-Providers eine gesteigerte Gefahr von Rechtsverletzungen birgt, wie dies etwa bei Bewertungsportalen der Fall ist.[138] Für eine erhöhte Prüfungspflicht spricht auch, wenn der Diensteanbieter eine besondere Gefahrenlage für missbräuchliche Nutzung schafft, etwa wenn er Internetnutzern die Möglichkeit bietet, sich anonym oder unter einem Pseudonym über Betroffene zu äußern[139] oder wenn er Verkehrspflichten verletzt.[140] Einem Host-Provider darf daher aufgegeben werden, Maßnahmen zu ergreifen, die die Identifizierung seiner Nutzer erleichtern.[141] Zu beachten ist aber auch, ob die Tätigkeit des Host-Providers eine

---

[133] EuGH, Rs. C-70/10 [2011] Scarlet Extended/SABAM u.a. und Rs. C-360/10 [2012] SABAM/Netlog.

[134] BGH, Urt. v. 25.10.2011, Az. VI ZR 93/10, NJW 2012, 148 Rn. 26 – Blogspot; BGH, Urt. v. 14.05.2013, Az. VI ZR 269/12, BGHZ 197, 213 Rn. 29 – Google I; BGH, Urt. v. 19.03.2015, Az. I ZR 94/13, NJW 2015, 3443 Rn. 36 – Hotelbewertungsportal.

[135] BGH, Urt. v. 25.10.2011, Az. VI ZR 93/10, NJW 2012, 148 Rn. 26 – Blogspot; BGH, Urt. v. 01.03.2016, Az. VI ZR 34/15, NJW 2016, 2106 Rn. 38 – Ärztebewertung III.

[136] BGH, Urt. v. 19.04.2007, Az. I ZR 35/04, BGHZ 172, 119 Rn. 47 – Internet-Versteigerung II; BGH, Urt. v. 25.10.2011, Az. VI ZR 93/10, NJW 2012, 148 Rn. 25 – Blogspot; BGH, Urt. v. 19.03.2015, Az. I ZR 94/13, NJW 2015, 3443 Rn. 36 – Hotelbewertungsportal.

[137] BGH, Urt. v. 25.10.2011, Az. VI ZR 93/10, NJW 2012, 148 Rn. 26 – Blogspot.

[138] BGH, Urt. v. 23.09.2014, Az. VI ZR 358/13, NJW 2015, 489 Rn. 32 – Ärztebewertung II; BGH, Urt. v. 19.03.2015, Az. I ZR 94/13, NJW 2015, 3443 Rn. 36 – Hotelbewertungsportal; BGH, Urt. v. 01.03.2016, Az. VI ZR 34/15, NJW 2016, 2106 Rn. 40 – Ärztebewertung III; so auch EGMR, Magyar Tartalomszolgáltatók Egyesülete und Index.hu Zrt/Ungarn [2016] Beschwerde-Nr. 22947/13 [49].

[139] BGH, Urt. v. 23.09.2014, Az. VI ZR 358/13, NJW 2015, 489 Rn. 34 – Ärztebewertung II; BGH, Urt. v. 19.03.2015, Az. I ZR 94/13, NJW 2015, 3443 Rn. 36 – Hotelbewertungsportal; BGH, Urt. v. 01.03.2016, Az. VI ZR 34/15, NJW 2016, 2106 Rn. 40 – Ärztebewertung III.

[140] Vgl. BGH, Urt. v. 18.06.2015, Az. I ZR 74/14, NJW 2016, 804 Rn. 23 – Implantate-Akupunktur.

[141] EuGH, Rs. C-324/09 [2011] L'Oréal SA u.a./eBay International AG u.a. [142].

grundsätzlich erlaubte – und möglicherweise sogar gesellschaftlich erwünschte – Teilnahme am geschäftlichen Verkehr darstellt.[142]

Die e-commerce-Richtlinie hat die Haftung für Hyperlinks und für Suchmaschinen („Instrumente zur Lokalisierung von Informationen") ausdrücklich nicht geregelt (Art. 21 Abs. 2). In der Praxis werden diese jedoch zumeist wie Host-Provider behandelt und unterliegen damit auch den Maßgaben des Art. 15 e-commerce-Richtlinie analog,[143] wobei der BGH jüngst betonte, dass an den Betreiber einer Suchmaschine geringere Anforderungen als an Host-Provider zu stellen sind: Einer Prüfungspflicht des Suchmaschinenanbieters, sich über die Rechtmäßigkeit der Inhalte zu versichern, bevor er diese auffindbar macht, „stehen Aufgabe und Funktionsweise der Suchmaschinen entgegen" und sie stellten letztlich sein Geschäftsmodell in Frage.[144] Zu beachten ist auch, dass der Anbieter der Suchmaschine – anders als ein Portalbetreiber – in keinem rechtlichen Verhältnis zum Inhalteanbieter steht.[145]

Auch soweit ein Hyperlink nicht als eigene Äußerung des Intermediärs zu behandeln ist (dazu oben Abschnitt II.1.), erhöht das Setzen eines Hyperlinks auf die Internetseite eines Dritten die Gefahr, dass rechtswidrige Inhalte, die sich auf den Internetseiten Dritter befinden, verbreitet werden.[146] Aufgrund dieser Gefahrerhöhung ist derjenige, der den Link setzt, dazu verpflichtet, „diese Gefahr im Rahmen des Möglichen und Zumutbaren zu begrenzen".[147] Ähnlich einem Host-Provider konkretisiert sich für den Linksetzenden diese Pflicht als Prüfungspflicht, deren Inhalt und Umfang wiederum nach einer Abwägung aller betroffenen Interessen und relevanten rechtlichen Wertungen zu bestimmen ist.[148] Dabei ist allerdings zu beachten, dass das Setzen von Hyperlinks in der Regel vergleichsweise weniger bedeutsam für das Geschäftsmodell eines Internet-Diensteanbieters ist, als das Bereithalten von Informationen Dritter. Hieraus ergibt sich, dass das Setzen von Hyperlinks strengeren Prüfungspflichten unterworfen werden darf als das „Hosting".[149]

---

[142] BGH, Urt. v. 14.05.2013, Az. VI ZR 269/12, BGHZ 197, 213 Rn. 29 – Google I; BGH, Urt. v. 23.09.2014, Az. VI ZR 358/13, NJW 2015, 489 Rn. 39 f. – Ärztebewertung II; BGH, Urt. v. 19.03.2015, Az. I ZR 94/13, NJW 2015, 3443 Rn. 36 – Hotelbewertungsportal; BGH, Urt. v. 01.03.2016, Az. VI ZR 34/15, NJW 2016, 2106 Rn. 40 – Ärztebewertung III.

[143] Vgl. BGH, Urt. v. 14.05.2013, Az. VI ZR 269/12, BGHZ 197, 213 Rn. 29 – Google I; BGH, Urt. v. 18.06.2015, Az. I ZR 74/14, NJW 2016, 804 Rn. 23 – Implantate-Akupunktur.

[144] BGH, Urt. v. 27.02.2018, Az. VI ZR 489/16, NJW 2018, 2324 Rn. 33 f. – Google II.

[145] BGH, Urt. v. 27.02.2018, Az. VI ZR 489/16, NJW 2018, 2324 Rn. 35 – Google II.

[146] BGH, Urt. v. 18.06.2015, Az. I ZR 74/14, NJW 2016, 804 Rn. 23 – Implantate-Akupunktur.

[147] BGH, Urt. v. 18.06.2015, Az. I ZR 74/14, NJW 2016, 804 Rn. 23 – Implantate-Akupunktur.

[148] BGH, Urt. v. 01.04.2004, Az. I ZR 317/01, BGHZ 158, 343, 352 f. – Schöner Wetten; BGH, Urt. v. 18.06.2015, Az. I ZR 74/14, NJW 2016, 804 Rn. 23 – Implantate-Akupunktur.

[149] BGH, Urt. v. 18.06.2015, Az. I ZR 74/14, NJW 2016, 804 Rn. 27 – Implantate-Akupunktur.

Wie dargestellt, ist der Ergänzungsvorschlag einer Suchmaschine als die eigene Information des Suchmaschinenbetreibers zu behandeln. Damit unterfällt die Suchmaschinen-Ergänzungsfunktion nicht dem Anwendungsbereich des 4. Abschnitts des II. Kapitels der e-commerce-Richtlinie, insbesondere nicht dem Art. 15. Gleichwohl unterwarf der BGH den Suchmaschinenbetreiber Google (nur) einer besonderen Prüfungspflicht – „ebenso wie bei der Haftung eines Hostproviders wegen der Verbreitung einer in einem Blog enthaltenen Äußerung eines Dritten"[150] – nicht jedoch einer allgemeinen Prüfungspflicht, obwohl dies mangels Anwendbarkeit des Art. 15 Abs. 1 e-commerce-Richtlinie bzw. § 7 Abs. 2 Satz 1 TMG zulässig gewesen wäre. Der BGH entschied, dass der Betreiber einer Suchmaschine grundsätzlich nicht dazu verpflichtet sei, die algorithmisch generierten Suchergänzungsvorschläge generell vorab auf etwaige Rechtsverletzungen zu kontrollieren. Dies würde den Betrieb einer Suchmaschine mit einer der schnellen Recherche der Nutzer dienenden Suchergänzungsfunktion zumindest unzumutbar erschweren. Den Betreiber einer Internet-Suchmaschine trifft deshalb grundsätzlich erst dann eine Prüfungspflicht, wenn er Kenntnis von der Rechtsverletzung erlangt, etwa wenn ein Betroffener auf eine Verletzung seiner Persönlichkeitsrechte hinweist.[151]

b) Die Haftungsfreistellungen nach Art. 12 bis 14 e-commerce-Richtlinie

Sofern die Voraussetzungen der Art. 12, 13 oder 14 e-commerce-Richtlinie vorliegen, profitiert der Intermediär von den darin kodifizierten Haftungsfreistellungen. Art. 12 bis 14 finden Anwendung auf reine Durchleitung, Caching bzw. Hosting. Der Unterschied zwischen diesen Diensten besteht in der Dauer der Speicherung von Informationen: Die „kurzzeitige Zwischenspeicherung" von Informationen zum Zwecke der Übermittlung im Telekommunikationsnetz unterfällt Art. 12, die „zeitlich begrenzte Zwischenspeicherung" von Informationen ist von Art. 13 erfasst und der Haftungsausschluss bei dauerhafter Speicherung unterliegt den Voraussetzungen des Art. 14. Diese abgestufte Regelungssystematik findet sich auch in den Voraussetzungen der Vorschriften wieder: Je länger der Diensteanbieter die Informationen speichert, desto näher ist er dem rechtswidrigen Inhalt und desto strenger sind die Voraussetzungen, die er erfüllen muss, um von Haftung freigestellt zu werden.

Art. 12 e-commerce-Richtlinie findet Anwendung auf Dienste, die von einem Nutzer eingegebene Informationen in einem Kommunikationsnetz übermitteln oder Zugang zu einem Kommunikationsnetz vermitteln. Diese reinen Durchleitungsdienste sind nicht für die übermittelten Informationen verantwortlich, sofern sie die Übermittlung nicht veranlasst, den Adressaten der übermittelten Informationen nicht ausgewählt und die übermittelten Informationen nicht

---

[150] BGH, Urt. v. 14.05.2013, Az. VI ZR 269/12, BGHZ 197, 213 Rn. 29 – Google I.
[151] BGH, Urt. v. 14.05.2013, Az. VI ZR 269/12, BGHZ 197, 213 Rn. 30 – Google I.

ausgewählt oder verändert haben. Anders als unter Art. 13 und 14 e-commerce-Richtlinie ist Kenntnis über den rechtswidrigen Inhalt unter Art. 12 unbeachtlich. Ein reiner Durchleitungsdienst ist daher auch dann nicht haftbar, wenn er sich des rechtswidrigen Inhalts einer Webseite bewusst ist, zu der er Zugang vermittelt.

Die Übermittlung von Informationen und die Vermittlung des Zugangs im Sinne von Art. 12 e-commerce-Richtlinie „umfassen auch die automatische kurzzeitige Zwischenspeicherung der übermittelten Informationen, soweit dies nur zur Durchführung der Übermittlung im Kommunikationsnetz geschieht und die Information nicht länger gespeichert wird, als es für die Übermittlung üblicherweise erforderlich ist" (Art. 12 Abs. 2). Umfasst die Übermittlung der Informationen hingegen eine zeitlich begrenzte Zwischenspeicherung dieser Informationen, „die dem alleinigen Zweck dient, die Übermittlung der Information an andere Nutzer auf deren Anfrage effizienter zu gestalten" (sog. Caching), so ist Art. 13 e-commerce-Richtlinie anzuwenden. Diese Vorschrift spielt für Ehrverletzungsdelikte – soweit ersichtlich – keine Rolle, da die kurzzeitige Zwischenspeicherung anders als die Weiterleitung von Information (Art. 12) und ihre längerfristige Speicherung (Art. 14) keine Kommunikation des Inhalts an Dritte bewirkt. Hauptanwendungsbereich von Art. 13 e-commerce-Richtlinie sind Urheberrechtsverletzungen, da auch der Vorgang des Caching eine Vervielfältigung im Sinne des Art. 2 der Urheberrechts-Richtlinie 2001/29/EG darstellt.

Für eine dauerhafte Speicherung von Informationen gilt schließlich Art. 14 e-commerce-Richtlinie. Ein Diensteanbieter ist nicht für die im Auftrag eines Nutzers gespeicherten Informationen (sog. Hosting) verantwortlich, wenn folgende Voraussetzungen erfüllt sind:

– Der Anbieter hat keine tatsächliche Kenntnis von der rechtswidrigen Tätigkeit oder Information (Art. 14 Abs. 1 Buchst. a) Var. 1) und

– in Bezug auf Schadensersatzansprüche ist er sich auch keiner Tatsachen oder Umstände bewusst, aus denen die rechtswidrige Tätigkeit oder Information offensichtlich wird (Art. 14 Abs. 1 Buchst. b) Var. 2), oder

– der Anbieter wird, sobald er diese Kenntnis oder dieses Bewusstsein erlangt, unverzüglich tätig, um die Information zu entfernen oder den Zugang zu ihr zu sperren (Art. 14 Abs. 1 Buchst. b)).

Die Haftungsfreistellung greift nach Art. 14 Abs. 2 dann nicht, wenn der Nutzer dem Diensteanbieter untersteht oder von ihm beaufsichtigt wird. In diesen Fällen ist der Diensteanbieter daher wie ein Inhalteanbieter zu behandeln.

Art. 14 Abs. 1 Buchst. b) e-commerce-Richtlinie verpflichtet den Host-Provider somit dazu, „unverzüglich tätig" zu werden, um die Information zu entfernen, sobald er Kenntnis oder Bewusstsein über Tatsachen oder Umstände erlangt hat, aus denen die rechtswidrige Tätigkeit oder Information offensichtlich wird. Eine gleichlautende sog. „notice and take down"-Verpflichtung gilt gemäß

Art. 13 Abs. 1 Buchst. e) für Caching-Dienste. Daher hat der Betroffene den beanstandeten Inhalt zunächst beim Host-Provider zu melden. Antwortet dieser nicht „innerhalb einer nach den Umständen angemessenen Frist", so hat er den Eintrag zu löschen.[152]

Diese Vorschriften bieten jedoch selbst nur wenige Anhaltspunkte dafür, wann solche „Kenntnis" oder wann ein solches „Bewusstsein" vorliegt. Für Ehrverletzungsdelikte stellt sich speziell die Frage, ob Kenntnis des ehrverletzenden Charakters der Äußerung genügt, oder ob der Diensteanbieter auch wissen muss, dass die Äußerung rechtswidrig war (bzw. in englischer Diktion, ob dem Deliktstäter *defences* zustanden). Art. 14 Abs. 1 Buchst. a) e-commerce-Richtlinie verlangt „tatsächliche Kenntnis von der *rechtswidrigen* Tätigkeit oder Information". Dies deutet darauf hin, dass sich der Diensteanbieter der Rechtswidrigkeit der Äußerung bzw. des Fehelns von *defences* bewusst gewesen sein muss. Dem ähnlich regelt Regulation 19 der Electronic Commerce Regulations 2002, welche Art. 14 e-commerce-Richtlinie in britisches Recht umsetzt, dass der Diensteanbieter sich der Tatsachen oder Umstände bewusst gewesen sein muss, aus denen für ihn ersichtlich gewesen ist, dass die Aktivität oder Information *unrechtmäßig* („unlawful") gewesen ist.[153] Section 5 Abs. 6 Buchst. b) Defamation Act 2013 erlaubt hingegen den Schluss, dass der bloß diffamierende Charakter der Äußerung ausreicht. Denn nach dieser Vorschrift muss eine Beschwerde an einen Webseitenbetreiber lediglich eine Begründung dafür enthalten, warum die Äußerung den Betroffenen diffamiert („defamatory of the claimant"); umgekehrt bedeutet dies, dass die Beschwerde gerade nicht die Rechtswidrigkeit – d. h. das Fehlen von Einreden – darlegen muss. Eine solche Lesart stünde jedoch nicht mit Art. 14 e-commerce-Richtlinie im Einklang, sollte die Richtlinie tatsächlich so zu verstehen sein, dass sie auch die Kenntnis der Rechtswidrigkeit der Information erfordert. Zwar ist fraglich, ob die Richtlinie eine Vollharmonisierung bezweckt (dazu sogleich in Abschnitt c)); keinesfalls dürfen die Mitgliedstaaten jedoch zum Nachteil der Intermediäre hiervon abweichen.

In *L'Oréal SA gegen eBay* hielt es der EuGH für das Vorliegen von „Sich-bewusst-Sein" im Sinne von Art. 14 e-commerce-Richtlinie für ausreichend, wenn sich der Diensteanbieter „etwaiger Tatsachen oder Umstände bewusst war, auf deren Grundlage ein sorgfältiger Wirtschaftsteilnehmer die in Rede stehende Rechtswidrigkeit hätte feststellen und nach Art. 14 Abs. 1 Buchst. b dieser Richtlinie hätte vorgehen müssen."[154] Art. 14 Abs. 1 Buchst. a) e-commerce-Richtlinie sei dahin auszulegen, dass die Vorschrift alle Fälle erfasse, „in denen

---

[152] BGH, Urt. v. 25.10.2011, Az. VI ZR 93/10, NJW 2012, 148 Rn. 27 – Blogspot.

[153] „[A]ware of facts or circumstances from which it would have been apparent to the service provider that the activity or information was unlawful".

[154] EuGH, Rs. C-324/09 [2011] L'Oréal SA u. a./eBay International AG u. a. [120].

sich der betreffende Anbieter in der einen oder anderen Weise solcher Tatsachen oder Umstände bewusst war."[155] Damit sei

„u. a. die Situation erfasst, in der der Betreiber eines Online-Marktplatzes aufgrund einer aus eigenem Antrieb vorgenommenen Prüfung feststellt, dass eine rechtswidrige Tätigkeit oder Information vorliegt, wie auch die, in der ihm das Vorliegen einer solchen Tätigkeit oder einer solchen Information angezeigt wird. Zwar kann im zweitgenannten Fall eine Anzeige nicht ohne Weiteres dazu führen, dass die Inanspruchnahme der in Art. 14 [e-commerce-Richtlinie] vorgesehenen Ausnahme von der Verantwortlichkeit ausgeschlossen wäre, da sich Anzeigen vermeintlich rechtswidriger Tätigkeiten oder Informationen als unzureichend genau und substantiiert erweisen können, doch stellt eine solche Anzeige in der Regel einen Anhaltspunkt dar, dem das nationale Gericht bei der Würdigung Rechnung zu tragen hat, ob sich der Betreiber in Anbetracht der ihm so übermittelten Informationen etwaiger Tatsachen oder Umstände bewusst war, auf deren Grundlage ein sorgfältiger Wirtschaftsteilnehmer die Rechtswidrigkeit hätte feststellen müssen."[156]

Im Lichte von Art. 10 EMRK sowie Art. 11 und 16 EUGRCh ist richtigerweise davon auszugehen, dass der diffamierende Charakter einer Äußerung allein nicht genügt, um Kenntnis des Intermediärs zu begründen.[157] Hinzutreten muss, dass er Kenntnis von der ehrenrührigen Natur *und* der Rechtswidrigkeit dieses Inhalts hatte. Eine niedrigere Schwelle übt Druck auf Intermediäre aus, ehrenrührige Informationen zu entfernen, ohne danach zu fragen, ob sie wahr sind oder im öffentlichen Interesse liegen.[158] Eine solch enge Auslegung widerspricht der Kommunikationsfreiheit, die eine möglichst weite Verbreitung von Informationen und Meinungen verlangt.[159] Vor diesem Hintergrund überzeugt das in England vertretene Argument nicht, dass im *tort of defamation* – vergleichbar dem Wortlaut des § 186 StGB – ohnehin vermutet wird, dass eine ehrenrührige Tatsachenbehauptung unwahr ist.[160] Das Argument berücksichtigt nämlich nicht, dass andere Gründe als die erwiesene Wahrheit einer Behauptung diese zu rechtfertigen vermögen, insbesondere die von der Kommunikationsfreiheit beeinflusste *public interest*-Einrede.[161] Es ist darauf zu achten, dass

---

[155] EuGH, Rs. C-324/09 [2011] L'Oréal SA u. a./eBay International AG u. a. [121].

[156] EuGH, Rs. C-324/09 [2011] L'Oréal SA u. a./eBay International AG u. a. [122].

[157] So bereits *Oster*, Legal Studies 35 (2015), 348, 367; siehe BGH, Urt. v. 25.10.2011, Az. VI ZR 93/10, NJW 2012, 148 Rn. 27 – Blogspot: „Ergibt sich aus der Stellungnahme des Betroffenen oder den vorgelegten Belegen auch unter Berücksichtigung einer etwaigen Äußerung des für den Blog Verantwortlichen eine rechtswidrige Verletzung des Persönlichkeitsrechts, ist der beanstandete Eintrag zu löschen."

[158] *Law Commission*, Defamation and the Internet – A Preliminary Investigation, 2002, Rn. 2.65.

[159] Vgl. US Supreme Court, Abrams v. United States, 250 U.S. 616, 630 (1919) (zust. Meinung Richter Brandeis); Gertz v. Robert Welch Inc., 418 U.S. 323, 339f. (1974); UN-Menschenrechtsausschuss, General Comment Nr. 34, Rn. 14.

[160] *Law Commission*, Defamation and the Internet – A Preliminary Investigation, 2002, Rn. 2.22.

[161] *McEvedy*, Computer and Telecommunications Law Review 19 (2013), 108, 109.

(Internet-)Intermediäre nicht zu strategischen Zielscheiben für Kläger werden, die die Verbreitung von Informationen, die im öffentlichen Interesse liegen, zu verhindern trachten.[162] Daher dürfte ein „Sich-bewusst-Sein" einer Ehrverletzung nur in offensichtlichen Fällen gegeben sein, etwa bei Formalbeleidigungen. Hat der Intermediär im Zeitpunkt der Veröffentlichung jedoch keine Kenntnis von dem rechtswidrigen Inhalt der streitgegenständlichen Äußerungen, so scheidet seine Haftung aus. Allein das Bewusstsein, dass fremde, „gehostete" Inhalte möglicherweise die Rechte Dritter verletzen, genügt nicht.[163]

c) Einseitige oder Vollharmonisierung?

Es dürfte unstreitig sein, dass Art. 12 bis 14 e-commerce-Richtlinie die Haftungsfreistellung von Internet-Diensteanbietern insoweit harmonisiert, als die Mitgliedstaaten keine strengeren Voraussetzungen für die Haftungsfreistellung festsetzen dürfen. Fraglich ist jedoch, ob die Mitgliedstaaten auch mildere Voraussetzungen aufstellen dürfen, d.h. ob sie den Intermediären eine weitergehende Haftungsfreistellung als die der Richtlinie gewähren dürfen. So verhält es sich nämlich unter Section 5 des UK Defamation Act 2013. Danach steht dem Webseitenbetreiber grundsätzlich eine Einrede zu, wenn er beweisen kann, dass er es nicht war, der eine ehrverletzende Äußerung auf seiner Webseite publizierte. Section 5 Defamation Act 2013 gewährt damit einer Fallgruppe von Host-Providern eine weiterreichende Haftungsfreistellung als Art. 14 e-commerce-Richtlinie. Im Gegensatz dazu entspricht es der Auffassung des deutschen Gesetzgebers, des BGH und weiter Teile der Literatur, dass Art. 12 bis 14 e-commerce-Richtlinie eine Vollharmonisierung bewirken, die eine nationale Abweichung weder zugunsten noch zu Lasten der Internet-Diensteanbieter verträgt.[164] Zur Begründung verweist der BGH auf Erwägungsgründe 6 und 40, wonach die e-commerce-Richtlinie „im Bereich der Verantwortlichkeit der Diensteanbieter die Schaffung eines koordinierten Bereichs durch Rechtsangleichung" bezwecke. Die Literatur verweist auf den Regierungsentwurf zum TDG, der eine Vollharmonisierung ohne weitere Begründung annimmt. Träfe diese Auffassung zu, dann verletzte der britische Gesetzgeber mit Section 5 Defamation Act 2013 Europarecht.

---

[162] *Oster*, Legal Studies 35 (2015), 348, 367; vgl. *Law Commission*, Defamation and the Internet – A Preliminary Investigation, 2002, Rn. 2.65; *Wimmers*, AfP 2015, 202.

[163] BGH, Urt. v. 19.03.2015, Az. I ZR 94/13, NJW 2015, 3443 Rn. 39 – Hotelbewertungsportal.

[164] Siehe BT-Drucks. 14/6098, S. 22; BGH, Urt. v. 04.07.2013, Az. I ZR 39/12, NJW 2014, 552 Rn. 19 – Terminhinweis mit Kartenausschnitt. Vgl. *Frey/Rudolph*, Rechtsgutachten zur Evaluierung des „Haftungsregimes für Host- und Access-Provider im Bereich der Telemedien" im Auftrag des Bundesverband Digitale Wirtschaft (BVDW) e.V., 2009, Rn. 6; *Spindler*, ZRP 2001, 203, 206; *Sieber/Höfinger*, in: Hoeren/Sieber/Holznagel, Handbuch Multimedia-Recht, EL 18 Okt. 2007, Teil 18.1 Rn. 10f.; *Hoffmann*, in: Spindler/Schuster, Recht der elektronischen Medien, 3. Aufl. 2015, Vorb. §§ 7ff. TMG Rn. 21 und § 7 TMG Rn. 4.

Die besseren Gründe sprechen indes dafür, dass die nationalen Gesetzgeber
zwar keine strengeren, wohl aber mildere Voraussetzungen für die Haftungsfreistellung von Internet-Intermediären schaffen dürfen. Der Bezugnahme des
BGH auf Erwägungsgründe 6 und 40 ist Erwägungsgrund 63 entgegenzuhal-
ten. Hierin erläutert der Richtliniengeber, dass die Richtlinie die Mitgliedstaaten

„nicht davon ab[hält], den verschiedenen sozialen, gesellschaftlichen und kulturellen
Auswirkungen Rechnung zu tragen, zu denen das Entstehen der Informationsgesellschaft führt. Insbesondere darf sie nicht Maßnahmen verhindern, die die Mitgliedstaaten im Einklang mit dem Gemeinschaftsrecht erlassen könnten, um soziale, kulturelle
und demokratische Ziele unter Berücksichtigung ihrer sprachlichen Vielfalt, der nationalen und regionalen Besonderheiten sowie ihres Kulturerbes zu erreichen und den Zugang der Öffentlichkeit zu der breitestmöglichen Palette von Diensten der Informationsgesellschaft zu gewährleisten und zu erhalten.“

Ferner gab der EuGH in *Papasavvas* den Hinweis, dass sich Art. 12 bis 15 „ihrem Gegenstand nach nicht auf die Voraussetzungen beziehen, unter denen gegen diese Diensteanbieter Klagen wegen zivilrechtlicher Verantwortlichkeit
erhoben werden können, die in Ermangelung einer Präzisierung im Unionsrecht vorbehaltlich der Grundsätze der Äquivalenz und der Effektivität in die
alleinige Zuständigkeit der Mitgliedstaaten fallen.“[165] Es liegt daher an den Mitgliedstaaten, die tatbestandlichen Voraussetzungen für die Verantwortlichkeit
von Internet-Diensteanbietern, etwa mittels ihres nationalen Deliktsrechts,
festzusetzen. Diese Voraussetzungen, beispielsweise ein Verschuldenserforder-
nis, engen die Haftung von Diensteanbietern jedoch ein. Zwar verläuft diese
Einengung der Haftung auf tatbestandlicher Ebene und nicht auf der „Filter-
ebene“ der Art. 12 bis 14. Maßgeblich ist jedoch allein, dass die Mitgliedstaaten
im Ergebnis die Haftung von Diensteanbietern im Vergleich zu Art. 12 bis 14
e-commerce-Richtlinie weiter erleichtern dürfen. Wären Art. 12 bis 14 hingegen
Regelungen der Vollharmonisierung, dann stünden sie weiteren Haftungsvor-
aussetzungen auf mitgliedstaatlicher Ebene – etwa einem Verschuldenserfor-
dernis – entgegen. Als Regeln der Vollharmonisierung wären Art. 12 bis 14 keine vorgelagerten „Filter“ mehr, sondern sie umfassten bereits abschließend alle
Tatbestandsvoraussetzungen für eine (beispielsweise deliktische) Haftung. Die
hier vertretene Auffassung findet Unterstützung in der Rechtsprechung des
EuGH. In *L'Oréal SA gegen eBay* betonte das Gericht:

„Art. 12 bis 15 der [e-commerce-Richtlinie sollen] die Fälle *beschränken*, in denen nach
dem einschlägigen nationalen Recht die Vermittler von Diensten der Informationsgesellschaft zur Verantwortung gezogen werden können. Die Voraussetzungen für die Feststellung einer solchen Verantwortlichkeit sind daher dem nationalen Recht zu entneh-

---

[165] EuGH, Rs. C-291/13 [2014] Papasavvas [53].

men, *wobei jedoch nach den vorgenannten Artikeln dieser Richtlinie in bestimmten Fällen keine Verantwortlichkeit dieser Vermittler festgestellt werden darf*".[166]

Aus der Argumentation des EuGH geht somit hervor, dass Art. 12 bis 15 die Haftung von Diensteanbietern beschränken. Der EuGH deutet jedoch nicht an, dass die Haftung nicht noch weiter beschränkt werden darf.

3. Subsidiarität der Haftung des Intermediärs?

Die Verpflichtungen, die Art. 14 Abs. 1 Buchst. b) e-commerce-Richtlinie dem Diensteanbieter auferlegt, müssen auch in den Fällen, in denen Kenntnis oder Sich-bewusst-Sein vorliegt, im Einklang mit den einschlägigen Grund- und Menschenrechten ausgelegt werden. Die Haftung eines Kommunikationsintermediärs ist dann nicht „erforderlich" im Sinne des Grundsatzes der Verhältnismäßigkeit, wenn es ein milderes, gleich geeignetes Mittel gibt, die Rechte des Betroffenen zu wahren.

Ein milderes Mittel, welches ein Gericht zu berücksichtigen hat, bevor es Ansprüche gegen einen Internet-Diensteanbieter gewährt, ist die Verantwortlichkeit des Inhalteanbieters selbst. Dieser ist, sofern nicht Rechtfertigungsgründe bzw. *defences* greifen, für den Inhalt seiner Äußerungen verantwortlich.[167] Der tatsächliche Schwerpunkt des Konflikts liegt zwischen dem Betroffenen und dem Inhalteanbieter, nicht zwischen dem Betroffenen und dem Intermediär. Aus diesem Grunde, so wurde bereits an anderer Stelle argumentiert,[168] sollte die Haftung von Kommunikationsintermediären gegenüber der Haftung von Inhalteanbietern subsidiär sein. Die Haftung des Intermediärs ist gleichwohl erforderlich, wenn es dem Kläger nicht oder nur mit unzumutbarem Aufwand möglich ist, die Identität des Inhalteanbieters festzustellen. Die Subsidiarität der Haftung von Intermediären deutet auch der EGMR in seiner Rechtsprechung an, indem er die mögliche Haftung der Urheber ehrverletzender Kommentare als einen Faktor in die Abwägung einbezieht, ob die Haftung von Intermediären „in einer demokratischen Gesellschaft notwendig" i.S.d. Art. 10 Abs. 2 EMRK ist.[169]

Sections 5 Abs. 3 Buchst. a), 10 und 13 Defamation Act 2013 sind ein Ausdruck dieses Erforderlichkeits- bzw. Subsidiaritätsprinzips im englischen

---

[166] EuGH, Rs. C-324/09 [2011] L'Oréal SA u. a./eBay International AG u. a. [107] (Hervorhebung durch Verf.).

[167] *Oster*, Legal Studies 35 (2015), 348, 352; so auch EGMR, Tamiz/Vereinigtes Königreich [2017] Beschwerde-Nr. 3877/14 [82].

[168] *Oster*, Legal Studies 35 (2015), 348, 364 ff.; so auch *Specht/Eickhoff*, CR 2016, 740.

[169] EGMR, Tamiz/Vereinigtes Königreich [2017] Beschwerde-Nr. 3877/14 [84]; Delfi AS/Estland [2015] Beschwerde-Nr. 64569/09 [143]; Magyar Tartalomszolgáltatók Egyesülete und Index.hu Zrt/Ungarn [2016] Beschwerde-Nr. 22947/13 [79]; ähnlich zu einem nicht-internetbezogenen Sachverhalt Olafsson/Island [2017] Beschwerde-Nr. 58493/13 [60].

Recht. Gemäß Section 5 Abs. 3 Buchst. a) ist zur Widerlegung der Einrede der schuldlosen Verbreitung eines Webseitenbetreibers erforderlich, dass es dem Kläger nicht möglich war, den Inhalteanbieter zu identifizieren. Wenn dies dem Kläger hingegen möglich ist, dann bleibt die Einrede bestehen. Zudem ist gemäß Section 10 Abs. 1 ein Gericht nicht für *defamation*-Klagen gegen Personen zuständig, die nicht der Autor, Redakteur oder Herausgeber der streitgegenständlichen Veröffentlichung sind, es sei denn, es sei „vernünftigerweise nicht durchführbar" („*not reasonably practicable*"), eine Klage gegen den Autor, Redakteur oder Herausgeber zu erheben.[170] Anders als Section 5 Defamation Act 2013 findet Section 10 auf alle Kommunikationsintermediäre Anwendung, nicht bloß auf Webseitenbetreiber. Unklar ist jedoch, wann eine Klage gegen den Inhalteanbieter „vernünftigerweise nicht durchführbar" ist.[171] In Übereinstimmung mit Section 5 Abs. 3 Buchst. a) dürfte eine Klage in jedem Fall dann „vernünftigerweise nicht durchführbar" sein, wenn es dem Kläger nicht möglich ist, die Identität des Inhalteanbieters festzustellen. Ferner dürfte für das Kriterium der „Undurchführbarkeit" ausreichen, dass ein stattgebendes Urteil gegen den Inhalteanbieter nicht vollstreckt werden kann, wie dies beispielsweise unter dem SPEECH Act 2010 in den USA der Fall ist.[172] Dass es lediglich mit einem gewissen Aufwand verbunden ist, eine Klage gegen den Inhalteanbieter einzureichen, dürfte diese jedoch nicht „vernünftigerweise nicht durchführbar" werden lassen. Dies widerspräche der Subsidiarität der Haftung von Intermediären. Section 13 Defamation Act 2013 vervollständigt den Schutz von Intermediären aus Sections 5 und 10. Wenn ein Gericht einer *defamation*-Klage gegen einen Inhalteanbieter stattgibt, dann kann es gegenüber dem Intermediär anordnen, die Äußerung zu entfernen.

Der Rechtsprechung des BGH ist hingegen ein ausdrückliches Bekenntnis zum Subsidiaritätsprinzip nicht zu entnehmen.[173] Für Unterlassungsklagen entschied der BGH, dass die Verantwortlichkeit des Betreibers eines Internetforums für *user-generated content* nicht deshalb entfällt, weil der Betroffene die Identität des Inhalteanbieters kennt. Der Betreiber eines Forums, in das ein ehrverletzender Beitrag eingestellt wird, ist unabhängig von Ansprüchen gegen den Autor als Störer zur Unterlassung verpflichtet.[174] Nach dem BGH ist die Störerhaftung von Internet-Intermediären allerdings gegenüber der Inanspruchnahme des Täters grundsätzlich nicht subsidiär. Die Störerhaftung biete effektiven

---

[170] Die Begriffe „author", „editor" und „publisher" haben dieselbe Bedeutung wie unter Section 1 Defamation Act 1996 (Section 10 Abs. 2 Defamation Act 2013).

[171] Siehe *Mullis/Scott*, Modern Law Review 77 (2014), 87, 101.

[172] *Mullis/Scott*, Modern Law Review 77 (2014), 87, 101; *Oster*, Legal Studies 35 (2015), 348, 365. Zum SPEECH Act Kapitel 7 Abschnitt IV.

[173] Dagegen insbesondere BGH, Urt. v. 27.02.2018, Az. VI ZR 489/16, NJW 2018, 2324 Rn. 45 – Google II.

[174] BGH, Urt. v. 27.03.2007, Az. VI ZR 101/06, NJW 2007, 2558 Rn. 13 – Forenbetreiber.

Rechtsschutz, weil nicht gegen eine Vielzahl einzelner Anbieter vorgegangen werden müsse.[175] Der BGH entschied allerdings auch, dass es dem Kläger am Rechtsschutzinteresse für eine negatorische Ehrverletzungsklage gegen den mittelbaren Störer fehlt, wenn der Tatbeitrag des Beklagten „untergeordnet" ist, der oder die Hauptverantwortlichen bereits in Anspruch genommen worden sind oder ohne Schwierigkeit in Anspruch genommen werden können und wenn ein solches Vorgehen ohne weiteres ausreichen würde, um Beeinträchtigungen wirksam zu verhindern.[176] Das Rechtsschutzbedürfnis für Störerhaftung eines Verlegers sei allerdings dann nicht ausgeschlossen, wenn der Verfasser im Ausland sitzt und Vollstreckungsschwierigkeiten bestehen.[177] Dies ist vergleichbar mit der Regelung des Section 10 Defamation Act 2013. Auch wies der BGH darauf hin, dass bei Bestimmung von Inhalt und Umfang der Prüfungspflichten eines Host-Providers auch die „Eigenverantwortung des für die persönlichkeitsrechtsbeeinträchtigende Aussage unmittelbar verantwortlichen – ggf. zulässigerweise anonym auftretenden – Nutzers" zu berücksichtigen sei.[178] Dies wiederum erinnert an Section 5 Abs. 3 Buchst. a) Defamation Act 2013.

Die Haftung des Inhalteanbieters selbst muss jedoch nicht nur das mildere Mittel, sondern auch ein „gleich geeignetes" Mittel zur Haftung des Intermediärs sein. Hieran bestehen Zweifel im Hinblick auf Unterlassungsansprüche. Die Störerhaftung deutscher Prägung hat sich insbesondere aufgrund ihrer Effizienz und Flexibilität praktisch bewährt.[179] Trotz methodischer Einwände[180] sollte daher an der Störerhaftung als einem der Unterlassungshaftung des Inhalteanbieters gleichrangigen Instrument festgehalten werden. Im Hinblick auf Schadensersatz hingegen sollte – wie dies in England der Fall ist – der Intermediär nur nachrangig haften.

IV. Zusammenfassung von Kapitel 6

Intermediär – oder Bereitsteller des „Mediums" im Sinne der Kommunikationstheorie Shannons – ist, wer keine eigenen Inhalte anbietet, sondern lediglich

---

[175] BGH, Urt. v. 12.07.2007, Az. I ZR 18/04, BGHZ 173, 188 Rn. 40 – Jugendgefährdende Medien bei eBay; BGH, Urt. v. 26.11.2015, Az. I ZR 3/14, NJW 2015, 28 Rn. 69 – Sperrung Access-Provider.

[176] BGH, Urt. v. 03.02.1976, Az. VI ZR 23/72, NJW 1976, 799, 800 – VUS m.w.N.

[177] BGH, Urt. v. 03.02.1976, Az. VI ZR 23/72, NJW 1976, 799, 800 – VUS.

[178] BGH, Urt. v. 01.03.2016, Az. VI ZR 34/15, NJW 2016, 2106 Rn. 38 – Ärztebewertung III; vgl. BGH, Urt. v. 25.10.2011, Az. VI ZR 93/10, NJW 2012, 148 Rn. 22 – Blogspot.

[179] Vgl. *Hartmann*, Unterlassungsansprüche im Internet, 2009, S. 166; *Peifer*, AfP 2015, 193, 193; ebenso, allerdings kritisch *Ohly*, ZUM 2015, 308, 312 f.

[180] Dazu *Ohly*, ZUM 2015, 308, 311.

fremde Inhalte weitergibt und so Dritten die Möglichkeit verschafft, von der Information Kenntnis zu nehmen. Für die Haftung von Intermediären sind verschiedene Interessen zu berücksichtigen. Diese betreffen zunächst die Kommunikationsfreiheit des Inhalteanbieters (Art. 19 Abs. 2 IPbpR, Art. 10 Abs. 1 EMRK, Art. 11 Abs. 1 EUGRCh und Art. 5 Abs. 1 GG), das korrelierende Recht des Empfängers, diese Information zu erhalten, und das Recht des Ehrträgers auf Schutz seiner Ehre aus Art. 17 IPbpR, Art. 8 EMRK, Art. 7 EUGRCh und Art. 2 Abs. 1 i. V. m. Art. 1 Abs. 1 GG. Hinzu treten die Rechte des Intermediärs selbst. Hierzu gehören die unternehmerische Freiheit nach Art. 16 EUGRCh Art. 12 GG sowie die Freiheit, Ideen und Informationen zu verbreiten, die ausdrücklich in Art. 19 Abs. 2 IPbpR, Art. 10 Abs. 1 EMRK und Art. 11 Abs. 1 EUGRCh kodifiziert ist. Als ein solches umfassendes Grundrecht der Kommunikationsfreiheit sollte auch Art. 5 Abs. 1 GG konzipiert werden.

Ein Kommunikationsintermediär ist für ursprünglich fremde Inhalte verantwortlich, wenn ihm diese als eigene zugerechnet werden können. Dies ist dann der Fall, wenn der Intermediär Inhalte als eigene übernimmt, redaktionelle Kontrolle über Inhalte Dritter ausübt oder bei der Kundgabe der Inhalte Dritter eine aktive Rolle spielt, die ihm eine Kenntnis der Information oder eine Kontrolle über sie verschaffen konnte.

Grundsätzlich ist ein Kommunikationsintermediär für Inhalte Dritter, die ihm nicht als eigene zugerechnet werden können, nicht verantwortlich. Im englischen Recht können sich Intermediäre im Allgemeinen gegenüber Diffamierungsklagen daher grundsätzlich auf die Einrede des Section 1 Abs. 1 Defamation Act 1996 berufen. Art. 12 bis 14 e-commerce-Richtlinie stellen Internet-Intermediäre im Besonderen grundsätzlich von Haftung frei. Auch reine Kommunikationsintermediäre treffen allerdings „Pflichten und Verantwortung" im Sinne von Art. 19 Abs. 3 IPbpR und Art. 10 Abs. 2 EMRK. Dies ist die Grundlage dafür, dass auch demjenigen, der Äußerungen eines Dritten verbreitet, ohne sie sich zu eigen zu machen, Pflichten auferlegt werden dürfen, um sich ihrer Rechtmäßigkeit zu vergewissern. Bei Verletzung von Prüfpflichten können Intermediäre daher etwa nach deutschem Recht als „Störer" zur Unterlassung verpflichtet werden.

7. Kapitel

Internationales Zivilverfahrens- und Privatrecht

Der gemeinsame Kern eines Kommunikationsdeliktsrechts am Beispiel des Ehrschutzes der hier zu untersuchenden Rechtsordnungen ist somit freigelegt. Diesem Ziel folgend betont die Arbeit transnationale Gemeinsamkeiten, nicht Unterschiede. Soweit allerdings solche Harmonisierungstendenzen der Rechtsordnungen nicht bestehen, kann die Bestimmung der internationalen Zuständigkeit der Gerichte sowie des anwendbaren Rechts für den Ausgang eines Verfahrens entscheidend sein. In England kommt es häufig zu einer Einigung der Parteien, sobald die streitige jurisdiktionelle Frage geklärt ist.

I. Das Territorialprinzip und das Problem der Jurisdiktion

Von den Prinzipien zur Begründung internationaler Zuständigkeit – Territorialitätsprinzip, Nationalitätsprinzip, Schutzprinzip, passives Personalitätsprinzip und Universalitätsprinzip[1] – ist das für Kommunikationsdelikte bedeutendste das Territorialitätsprinzip. Das Territorialitätsprinzip, welches auch Art. 7 Nr. 2 Brüssel Ia-VO und § 32 ZPO widerspiegeln, knüpft die gerichtliche Zuständigkeit an die Präsenz einer Person oder eines Ereignisses in einem bestimmten Territorium an. Das Territorialitätsprinzip unterteilt sich weiter in subjektive und objektive Territorialität. Subjektive Territorialität beschreibt die Zuständigkeit staatlicher Stellen über Handlungen, die auf dem Staatsgebiet stattfinden, selbst wenn diese Handlungen Folgen („Erfolge") in anderen Staatsgebieten verursachen. Das Prinzip der objektiven Territorialität begründet eine internationale Zuständigkeit staatlicher Stellen für solche Handlungen, die zwar in einem anderen Staatsgebiet stattfinden, die aber Folgen auf ihrem Staatsgebiet zeitigen.[2]

---

[1] Siehe Harvard Law School, Research in International Law, Jurisdiction with Respect to Crime, American Journal of International Law 29 (Supp. 1935), 443.

[2] EuGH, verb. Rs. C-89/85, C-104/85, C-114/85, C-116/85, C-117/85, C-125/85, C-126/85, C-127/85, C-128/85, C-129/85 [1988] Ahlström Osakeyhtiö u. a./Kommission, Schlussantrag

Aus zwei Gründen erweist sich die Ermittlung der international zuständigen Gerichtsbarkeit bei transnationalen Kommunikationsdelikten auf der Grundlage des Territorialprinzips als problematisch. Erstens betrifft transnationales Informations- und Kommunikationsrecht – anders als beispielsweise transnationale Umweltdelikte oder die Produkthaftung – physisch nicht fassbare und damit nur schwer lokalisierbare Informationen. Zweitens sind mittels Medien der Massenkommunikation begangene Delikte oftmals Streudelikte, d. h. sie verursachen primäre Schäden[3] in mehreren Jurisdiktionen. Während sich der Handlungsort zumindest bei Ehrverletzungsdelikten vergleichsweise einfach bestimmen lässt (siehe nachfolgend 1.), erweist sich die Bestimmung des Erfolgsortes bei grenzüberschreitenden Kommunikationsdelikten häufig schwieriger als bei anderen Delikten (dazu 2.).

1. Die Bestimmung des Handlungsortes

Theoretische Grundlage der Begründung eines Gerichtsstands am Handlungsort ist das subjektive Territorialitätsprinzip. Der Gerichtsstand des Handlungsortes soll dort eröffnet werden, „wo die sachliche Aufklärung und Beweiserhebung in der Regel am besten, sachlichsten und mit den geringsten Kosten erfolgen kann".[4] Begehungsort von Persönlichkeitsverletzungen mittels Presseerzeugnissen ist daher neben dem Ort der Verbreitung (dazu sogleich) nur der Erscheinungsort, nicht dagegen der Wohn- oder Aufenthaltsort des Geschädigten.[5] Bei grenzüberschreitenden Kommunikationsdelikten ist Handlungsort der Ort, von dem aus die streitgegenständliche Information gesendet wurde.[6]

Orte, an denen nur Vorbereitungshandlungen getroffen wurden, bleiben hingegen außer Betracht. Dies betrifft beispielsweise Rechercheaktivitäten für eine diffamierende Publikation. Nur dann, wenn Vorbereitungshandlungen für eine Veröffentlichung selbst vorgeblich eine deliktische Handlung darstellen, sind sie für das IZVR relevant. In diesem Fall kann der Kläger einen Gerichtsstand am Ort dieser Handlung begründen, allerdings nur hinsichtlich der Rechtsverletzung durch die Vorbereitungshandlung selbst. Dies wäre beispielsweise dann der Fall, wenn ein Journalist zur Vorbereitung eines ehrverletzenden Artikels, den er von der Jurisdiktion A aus veröffentlicht, in der Jurisdiktion B in die

---

Generalanwalt Darmon [20]; *Schultz*, European Journal of International Law 19 (2008), 799, 800, 812.

[3] Folgeschäden bleiben außer Betracht; siehe EuGH, Rs. C-364/93 [1995] Marinari/Lloyds Bank plc.; BGH, Urt. v. 03.05.1977, Az. VI ZR 24/75, NJW 1977, 1590 – profil.

[4] BGH, Urt. v. 03.05.1977, Az. VI ZR 24/75, NJW 1977, 1590 – profil.

[5] BGH, Urt. v. 03.05.1977, Az. VI ZR 24/75, NJW 1977, 1590, 1591 – profil.

[6] Statt vieler EuGH, Rs. C-68/93 [1995] Shevill u. a./Presse Alliance SA [24]; BGH, Urt. v. 29.03.2011, Az. VI ZR 111/10, NJW 2011, 2059 Rn. 16 – „Sieben Tage in Moskau"; *Gounalakis/Rhode*, Persönlichkeitsschutz im Internet, 2002, Rn. 12.

Privatsphäre des Klägers eindringt. Hier könnte der Kläger einen Gerichtsstand für eine Verletzung der Privatsphäre in B begründen und für eine Verletzung seiner Ehre in A.

Der Handlungsort ist ferner von dem Ort zu unterscheiden, an dem die Kommunikationsmedien des Beklagten lokalisiert sind. Dies ist beispielsweise dann von Bedeutung, wenn eine Zeitung von A aus veröffentlicht wird, allerdings in B gedruckt wird, oder wenn ein Blog in A geschrieben wird, der Host-Server jedoch in B befindlich ist. Im Hinblick auf Ehrverletzungen ist in diesen Fällen der Handlungsort dort zu lokalisieren, wo die redaktionellen Entscheidungen zur Veröffentlichung getroffen worden sind, und nicht dort, wo sich das Kommunikationsmedium befindet.[7] Dahinter steht der Gedanke, dass der Standort eines Kommunikationsmediums oftmals einen zu flüchtigen Anknüpfungspunkt zur Begründung von Jurisdiktion bildet. Gerade bei Servern hängt dieser Standort entweder vom Zufall ab oder ist der Willkür zugänglich.[8] Zumeist dürfte jedoch weder dem Anbieter von Inhalten noch dem Betroffenen bekannt sein, wo der Host-Server lokalisiert ist.[9]

Im EU-Recht bestätigt ein Vergleich mit der e-commerce-Richtlinie diese Beobachtung. Zwar schafft diese Richtlinie weder zusätzliche Regeln im Bereich des IPR, noch befasst sie sich mit der Zuständigkeit der Gerichte (Art. 1 Abs. 4 e-commerce-Richtlinie). Hierauf wird noch einzugehen sein. Die Prinzipien dieser Richtlinie können gleichwohl herangezogen werden, um Wertungswidersprüche zwischen Herkunftslandprinzip und Internationalem Privatrecht zu vermeiden. In Erwägungsgrund 19 der Richtlinie heißt es: „Erbringt ein Unternehmen Dienstleistungen über eine Web-Site des Internets, so ist es weder dort niedergelassen, wo sich die technischen Mittel befinden, die diese Web-Site beherbergen, noch dort, wo die Web-Site zugänglich ist, sondern an dem Ort, an dem es seine Wirtschaftstätigkeit ausübt."

Der Standort des Kommunikationsmediums ist hingegen dann für die Bestimmung gerichtlicher Zuständigkeiten beachtlich, wenn physischer Zugang zu den Kommunikationseinrichtungen notwendig ist. In den genannten Beispielen hätten nur die Gerichte von B die Entscheidungsmacht, den Zugang zu oder die Beschlagnahme der Druckerpresse oder des Servers anzuordnen. Eine weitere Ausnahme vom Grundsatz der Unbeachtlichkeit des Kommunikationsmediums galt unter Art. 4 Abs. 1 Buchst. c) der Datenschutzrichtlinie 95/46/EG. Diese Vorschrift stellte für die Anwendbarkeit der Richtlinie auf die „Bele-

---

[7] Vgl. BGH, Urt. v. 29.03.2011, Az. VI ZR 111/10, NJW 2011, 2059 Rn. 16 – „Sieben Tage in Moskau"; so bereits *von Hinden*, Persönlichkeitsrechtsverletzungen im Internet, 1999, S. 77.

[8] BGH, Urt. v. 29.03.2011, Az. VI ZR 111/10, NJW 2011, 2059 Rn. 16 – „Sieben Tage in Moskau" m.w.N. aus der Lit.; vgl. BGH, Urt. v. 12.12.2000, Az. 1 StR 184/00, BGHSt 46, 212, 224 f. – Volksverhetzung im Internet; *Prütting*, in: GS Hübner, 2012, 425, 430.

[9] EuGH, Rs. C-101/01 [2003] Lindqvist [59].

genheit automatisierter Mittel" in einem Mitgliedstaat ab. Dies allerdings auch nur dann, wenn der für die Datenverarbeitung Verantwortliche nicht im Gebiet der EU niedergelassen ist.

2. Die Bedeutung des Erfolgsortes

Wie eingangs dargestellt, lässt sich der Erfolgsort bei grenzüberschreitenden Kommunikationsdelikten häufig nur schwer sachgerecht bestimmen. Zur Lösung dieses Problems stehen sich zwei Ansätze unversöhnlich gegenüber: Die *single publication rule* und die *multiple publication rule*. Diese beiden Ansätze bieten unterschiedliche Antworten auf die Frage, ob eine grenzüberschreitende Kommunikation auch in den Jurisdiktionen justiziabel sein soll, in denen sie *empfangen* werden kann.

a) Die multiple publication rule und das Ubiquitätsprinzip

Wie in Kapitel 2 Abschnitt V.2.c)bb) dargestellt, betraf der Ursprung der *multiple publication rule* die Verjährung von *defamation*-Ansprüchen. Später übertrugen englische (bzw. britische) Gerichte den Gedanken, dass eine einmalig kommunizierte Botschaft mehrere *publications* darstellen kann, auch auf die jurisdiktionelle Frage.[10] Dass England als ein die Gerichtsbarkeit begründender Erfolgsort festgestellt werden kann setzt voraus, dass eine Veröffentlichung in England stattgefunden hat. Aus *Duke of Brunswick v. Harmer* folgt, dass eine einmalig kommunizierte Botschaft *in zeitlicher Hinsicht* mehrere Veröffentlichungen begründen kann, und zwar immer dann, wenn sie einem Dritten erneut zugänglich gemacht wird. Für die Begründung eines Gerichtsstands in England und Wales bedeutet diese *multiple publication rule*, dass eine einmalig kommunizierte Botschaft auch *in örtlicher Hinsicht* als mehrfach veröffentlicht betrachtet werden kann.[11] So wird ein diffamierender Artikel in einer Zeitung in jeder Jurisdiktion veröffentlicht, in der die Zeitung vertrieben wird, ein Rundfunkprogramm wird in jeder Jurisdiktion veröffentlicht, in der das Programm empfangen wird, und eine Webseite wird überall dort veröffentlicht, wo sie zugänglich ist. Section 8 des Defamation Act 2013 hat zwar inzwischen eine *single publication rule* hinsichtlich der Verjährung einer Verleumdungsklage eingeführt. Die Vorschrift gilt jedoch nicht für die Ermittlung des Gerichtsstands. Diesbezüglich findet die *multiple publication rule* weiterhin Anwendung.

Weder die deutsche noch die europäische Rechtsprechung haben sich die *multiple publication rule* explizit zu eigen gemacht. Gleichwohl steckt auch in

---

[10] Siehe z.B. Scotland's Court of Session, Longworth v. Hope [1865] 3 M 1049, 1057; Berezovsky v. Michaels [2000] UKHL 25; Loutchansky v. Times Newspapers Ltd. (Nos 2–5) [2002] QB 783.

[11] *Smith*, Internet Law and Regulation, 4. Aufl. 2007, Rn. 4-006.

der ubiquitären Auslegung des Art. 7 Nr. 2 Brüssel Ia-VO durch den EuGH sowie in der Interpretation des § 32 ZPO analog durch deutsche Gerichte der Gedanke der *multiple publication rule*. Hinter dem Ubiquitätsprinzip steht das Desiderat, die einheimische Bevölkerung gegen deliktische Übergriffe aus anderen Jurisdiktionen zu schützen. Seine theoretische Grundlage ist das objektive Territorialprinzip. Zunächst begründete der EuGH in *Bier gegen Mines de Potasse d'Alsace* das Ubiquitätsprinzip für die Auslegung von (nunmehr) Art. 7 Nr. 2 Brüssel Ia-VO. Für die Fälle, in denen der *locus actus* und der *locus damni* nicht identisch sind, ist der „Ort[], an dem das schädigende Ereignis eingetreten ist oder einzutreten droht" so zu verstehen, dass er „sowohl den Ort, an dem der Schaden eingetreten ist, als auch den Ort des ursächlichen Geschehens meint".[12] In der *Shevill*-Entscheidung von 1995 urteilte der EuGH dann, dass bei Ehrverletzungen durch einen in mehreren Mitgliedstaaten verbreiteten Presseartikel der Betroffene eine Schadensersatzklage gegen den Herausgeber

1. sowohl bei den Gerichten des Mitgliedstaats, in dem der Herausgeber niedergelassen ist, als auch

2. bei den Gerichten jedes Mitgliedstaats erheben kann, in dem die Veröffentlichung verbreitet worden ist und in dem das Ansehen des Betroffenen nach dessen Behauptung beeinträchtigt worden ist.[13]

Dabei sind die erstgenannten Gerichte zur Entscheidung über den Ersatz sämtlicher durch die Ehrverletzung entstandener Schäden berufen; die letztgenannten Gerichte dürfen hingegen nur über den Ersatz der Schäden entscheiden, die in dem Staat des angerufenen Gerichts verursacht worden sind (sog. Mosaik-Prinzip).[14] „Schaden" umfasst dabei sowohl den materiellen als auch den immateriellen Schaden.[15]

Nach deutschem Recht regeln die Vorschriften über die örtliche Zuständigkeit (§§ 12 ff ZPO) mittelbar auch die internationale Zuständigkeit deutscher Gerichte.[16] Sowohl die internationale als auch die örtliche Zuständigkeit eines deutschen Gerichts bei Klagen aus unerlaubter Handlung hängen daher davon ab, dass die vom Kläger behauptete unerlaubte Handlung im Sinne des § 32 ZPO in Deutschland „begangen" worden ist. Begehungsort einer deliktischen Handlung ist sowohl der Handlungs- als auch der Erfolgsort. Es ist daher wahlweise das Gericht zuständig, in dessen Bezirk die Verletzungshandlung begangen

---

[12] EuGH, Rs. 21/76 [1976] Handelskwekerij G.J. Bier B.V./Mines de Potasse d'Alsace S.A. [24 f.].

[13] EuGH, Rs. C-68/93 [1995] Shevill u. a./Presse Alliance SA [61].

[14] EuGH, Rs. C-68/93 [1995] Shevill u. a./Presse Alliance SA [61].

[15] EuGH, Rs. C-194/16 [2017] Bolagsupplysningen OÜ und Ilsjan/Svensk Handel AB [36].

[16] BGH, Urt. v. 03.05.1977, Az. VI ZR 24/75, NJW 1977, 1590 – profil; BGH, Urt. v. 02.03.2010, Az. VI ZR 23/09, BGHZ 184, 313 Rn. 7 – New York Times; BGH, Urt. v. 29.03.2011, Az. VI ZR 111/10, NJW 2011, 2059 Rn. 6 – „Sieben Tage in Moskau".

wurde, oder das, wo in ein geschütztes Rechtsgut eingegriffen wurde.[17] Ein Pressedelikt wird nach der Rechtsprechung des BGH sowohl am Erscheinungsort des Druckwerkes als auch an dem Ort begangen, an dem das Presseerzeugnis verbreitet wird.[18] Zur Begründung führt der BGH aus, dass „die Verbreitung von Druckerzeugnissen, deren Inhalt unerlaubt in das Persönlichkeitsrecht des Verletzten eingreift, noch einen Teil der Verletzungshandlung selbst darstellt und deswegen den Tatbestand der unerlaubten Handlung (§ 823 Abs. 1 BGB) als eines seiner Teilstücke verwirklicht".[19] „Verbreiten" bedeutet, einen Text Lesern in einer bestimmten Region bestimmungsgemäß und nicht bloß zufällig zur Kenntnis zu bringen.[20] Es reicht nicht aus, dass „nur hier und da einmal durch Dritte ein oder mehrere Exemplare in ein Gebiet gelangen, das von der Betriebsorganisation des Verlegers oder Herausgebers nicht erfaßt und in das das Druckerzeugnis nicht regelmäßig geliefert wird, und so außerhalb des üblichen, von der Zeitschrift erreichten Gebietes wohnenden Lesern zur Kenntnis kommt". Ebenso wenig kann „von einem Vertrieb gesprochen werden, wenn jemand ein Exemplar nur zu dem Zwecke bezieht, um dadurch an seinem Wohnsitz erst den Gerichtsstand des Begehungsortes zu begründen. Immer muß der Leser des Druckerzeugnisses, dem dessen Inhalt zur Kenntnis gegeben werden soll, sich in dem Bereich aufhalten, den der Verleger oder Herausgeber nach seinen Intentionen auch wirklich erreichen will oder in dem er mit einer Verbreitung rechnen muß."[21] Kein „Verbreiten" liegt daher vor, wenn der Geschädigte sich ein Exemplar der Zeitschrift mit dem beanstandeten Artikel nachträglich zusenden lässt.[22] Unerheblich ist, wo ein über den Verletzungserfolg hinausreichender Schaden oder weitere Schadensfolgen eingetreten sind.[23] Der BGH übertrug die zu § 32 ZPO entwickelte Beschränkung des Erfolgsortes auf bestimmungsgemäße Verbreitungsorte aufgrund der parallelen *ratio* beider Vorschriften auf die Auslegung von (nunmehr) Art. 7 Nr. 2 Brüssel Ia-VO.[24]

In England gilt: Hat der Beklagte nicht in der EU oder einem EFTA-Mitgliedstaat seinen Wohnsitz, so bestimmt sich die englische Gerichtsbarkeit grundsätzlich nach der Nr. 3.1 Abs. 9 der Civil Procedure Rules Practice Direction 6B

---

[17] Siehe z. B. BGH, Urt. v. 28.02.1996, Az. XII ZR 181/93, BGHZ 132, 105, 110 f. m. w. N. – Verlobungsgeschenke; BGH, Urt. v. 02.03.2010, Az. VI ZR 23/09, BGHZ 184, 313 Rn. 8 – New York Times; BGH, Urt. v. 29.03.2011, Az. VI ZR 111/10, NJW 2011, 2059 Rn. 7 – „Sieben Tage in Moskau". Erfasst werden neben Ansprüchen auf Schadensersatz auch Unterlassungsansprüche: BGH, Urt. v. 02.03.2010, Az. VI ZR 23/09, BGHZ 184, 313 Rn. 8 – New York Times m. w. N. aus der Lit.

[18] BGH, Urt. v. 03.05.1977, Az. VI ZR 24/75, NJW 1977, 1590 – profil.

[19] BGH, Urt. v. 03.05.1977, Az. VI ZR 24/75, NJW 1977, 1590 – profil m. w. N.

[20] BGH, Urt. v. 03.05.1977, Az. VI ZR 24/75, NJW 1977, 1590, 1591 – profil m. w. N.; BGH, Urt. v. 13.10.2004, Az. I ZR 163/02, NJW 2005, 1435 f. – Hotel Maritime.

[21] BGH, Urt. v. 03.05.1977, Az. VI ZR 24/75, NJW 1977, 1590 – profil.

[22] BGH, Urt. v. 03.05.1977, Az. VI ZR 24/75, NJW 1977, 1590, 1591 – profil.

[23] BGH, Urt. v. 03.05.1977, Az. VI ZR 24/75, NJW 1977, 1590 – profil.

[24] BGH, Beschl. v. 10.11.2009, Az. VI ZR 217/08, NJW 2010, 1232 Rn. 12 – rainbow.at.

in Verbindung mit der Lehre vom *forum (non) conveniens*. Wie bereits dargestellt, besteht nach der *multiple publication rule* grundsätzlich sowohl am Handlungsort als auch am Erfolgsort ein Gerichtsstand für eine unerlaubte Handlung.[25] Hat der Beklagte seinen Aufenthalt in England und Wales, ist die Klageschrift nach Sections 6.3 ff. der Civil Procedure Rules zuzustellen.[26] Er kann
jedoch beantragen, das Verfahren auf der Grundlage von *forum non conveniens*
auszusetzen. Befindet sich der Beklagte hingegen nicht in England und Wales, so
gestatten Sections 6.36 und 6.37 der Civil Procedure Rules den Gerichten, dem
Beklagten die Klageschrift im Ausland zuzustellen. Dies setzt jedoch voraus,
dass die Klage Aussicht auf Erfolg hat und England und Wales der geeignete Ort
(*proper place*) ist, über den Antrag zu entscheiden. Ähnlich der Lehre vom *forum
non conveniens* steht den Gerichten bei Auslegung dieser Regel erhebliches Ermessen zu, dessen Ausübung sich nach dem Grundsatz des *forum conveniens*
bestimmt.[27] Die Lehre vom *forum non conveniens* besteht aus zwei Stufen:
Kommt das Gericht zu dem Ergebnis, dass ein anderer Gerichtsstand *prima fa-
cie* eindeutig geeigneter ist, um über die Klage zu entscheiden, so wird das englische Gericht das Verfahren einstellen.[28] Dieser „natürliche Gerichtsstand" („*natural forum*") ist der Gerichtsstand, zu dem die Klage die engste Verbindung
besitzt („*the most real and substantial connection*").[29] Dies gilt allerdings dann
nicht, wenn ausnahmsweise Umstände dafür sprechen, dass doch England und
Wales der geeignetere Gerichtsstand ist.[30] Umgekehrt bedeutet *forum conveniens*, dass England und Wales der am besten geeignete Gerichtsstand sein muss.[31]

---

[25] „[A claim] is made in tort where (a) damage was sustained within the jurisdiction; or (b)
the damage sustained resulted from an act committed within the jurisdiction."
[26] *Fawcett/Carruthers*, Cheshire, North & Fawcett Private International Law, 14. Aufl.
2008, S. 353.
[27] *Fawcett/Carruthers*, Cheshire, North & Fawcett Private International Law, 14. Aufl.
2008, S. 399.
[28] Siehe The Atlantic Star [1974] AC 436; MacShannon v. Rockware Glass Ltd. [1978] AC
795, 812; The Abidin Daver [1984] AC 398, 411; Spiliada Maritime Corp. v. Cansulex Ltd.
[1987] AC 460; Lucasfilm Ltd. u. a. v. Ainsworth and another [2009] EWCA Civ 1328; zur
Anwendung von *forum non conveniens* auf Internet-Sachverhalte Harrods Ltd. v. Dow Jones
[2003] EWHC 1162 (QB); King v. Lewis [2004] EWHC 168 (QB); Richardson v. Schwarzenegger [2004] EWHC 2422 (QB); Jameel v. Dow Jones & Co. [2005] EWCA Civ 75. Etwas
anderes gilt in Australien: Australische Gerichte fragen nicht danach, ob ein anderes Gericht
geeigneter ist, sondern vielmehr danach, ob das australische Gericht eindeutig ungeeignet (*the
clearly inappropriate forum*) ist. Australische Gerichte sind daher zurückhaltender als englische Gerichte, ein Verfahren wegen *forum non conveniens* einzustellen (kritisch zu diesem
Befund Richter Kirby in seiner zust. Meinung in Dow Jones & Company Inc. v. Gutnick
[2002] HCA 56 [157]).
[29] The Abidin Daver [1984] AC 398, 415; Spiliada Maritime Corp. v. Cansulex Ltd. [1987]
AC 460.
[30] *Fawcett/Carruthers*, Cheshire, North & Fawcett Private International Law, 14. Aufl.
2008, S. 428.
[31] *Fawcett/Carruthers*, Cheshire, North & Fawcett Private International Law, 14. Aufl.
2008, S. 399.

Forum non conveniens beruht somit auf der Vermutung, dass England und Wales der am besten geeignete Gerichtsstand ist, solange nichts Gegenteiliges nachgewiesen ist; *forum conveniens* hingegen verlangt den Nachweis, dass England und Wales die am besten geeignete Jurisdiktion ist. Die Fragmentierung der Rechtsordnungen im Hinblick auf den Ehrschutz und die Tatsache, dass englische Gerichte bei *defamation*-Klagen nur selten aufgrund von *forum non conveniens* zu dem Ergebnis kamen, dass ein anderer internationaler Gerichtsstand eindeutig geeigneter ist, begünstigte *forum shopping* in Gestalt des *libel tourism* nach London.[32] Section 9 Abs. 2 Defamation Act 2013 soll dem entgegenwirken. Die Vorschrift bestimmt, dass ein englisches Gericht nur dann international für eine Klage wegen *defamation* zuständig ist, wenn es davon überzeugt ist, dass von allen Orten, an denen die Äußerung veröffentlicht wurde, England und Wales „klar der geeignetste Ort ist, an der die Klage wegen der Äußerung einzureichen ist."[33] Section 9 Abs. 2 Defamation Act 2013 kodifiziert daher faktisch die *forum conveniens*-Doktrin anstelle der *forum non conveniens*-Doktrin für *defamation*-Klagen.[34] Folgende Faktoren sind zur Auslegung des Section 9 Abs. 2 Defamation Act 2013 heranzuziehen:

– Der Schaden, den der Kläger in einer Jurisdiktion erleidet;[35]
– eine Ausrichtung auf England und Wales;[36]
– ob die Verfahrensrechte des Verletzen in einer anderen Jurisdiktion gewahrt wären;[37]
– das Vorhandensein von Zeugen in einer Jurisdiktion und die möglichen Kosten des Verfahrens;[38]
– bei Zeitungen: die Auflage einer Zeitung im Vereinigten Königreich im Vergleich zu anderen Jurisdiktionen;[39]
– bei Internet-Veröffentlichungen: die Zahl der Abrufe einer Webseite.[40]
Die Anwendung der Vorschrift hat sich jedoch bereits als problematisch erwiesen, nämlich bei Klägern mit einer internationalen Reputation.[41] Sind Personen in mehreren Jurisdiktionen gleichermaßen bekannt, so kann England und Wa-

---

[32] Defamation Act 2013 Explanatory Notes, Rn. 66; Ahuja v. Politika Novine i Magazini D.O.O. u. a. [2015] EWHC 3380 (QB) [26].

[33] „A court does not have jurisdiction to hear and determine an action to which this section applies unless the court is satisfied that, of all the places in which the statement complained of has been published, England and Wales is clearly the most appropriate place in which to bring an action in respect of the statement."

[34] Anders als *forum conveniens* überlässt Section 9 Abs. 2 Defamation Act 2013 den Gerichten allerdings kein Ermessen.

[35] Defamation Act 2013 Explanatory Notes, Rn. 66.

[36] Defamation Act 2013 Explanatory Notes, Rn. 66.

[37] Defamation Act 2013 Explanatory Notes, Rn. 66.

[38] Ahuja v. Politika Novine i Magazini D.O.O. u. a. [2015] EWHC 3380 (QB) [70].

[39] Defamation Act 2013 Explanatory Notes, Rn. 66.

[40] Ahuja v. Politika Novine i Magazini D.O.O. u. a. [2015] EWHC 3380 (QB) [68].

[41] Vgl. Ahuja v. Politika Novine i Magazini D.O.O. u. a. [2015] EWHC 3380 (QB) [71].

les nicht „klar der geeignetste Ort" für eine Diffamierungsklage sein. Von einem transnationalen Standpunkt ist dies bedenklich, denn wenn jedes Land seine Zuständigkeit nach einer solchen Regel bestimmte, dann führte dies zu einem negativen Kompetenzkonflikt: Bei Menschen mit internationaler Reputation wäre kein Forum eindeutig das geeignetste.

b) Das Herkunftslandprinzip der single publication rule

Die Anwendung des Ubiquitätsprinzips im Kommunikationsdeliktsrecht beruht auf der Prämisse, dass ein und dieselbe Aussage in verschiedenen Jurisdiktionen veröffentlicht und damit deliktsrechtlich justiziabel sein kann. Die sog. *single publication rule* stellt diese Prämisse in Frage. Nach der *single publication rule* kann ein und dieselbe Aussage im Rechtssinne nur einmal und auch nur an einem Ort veröffentlicht werden. Dies führt dazu, dass nur am Ort der Handlung – den (Wohn-)Sitzgerichtsstand einmal beiseitegelassen – ein Gerichtsstand begründet werden kann. Der Anknüpfungspunkt für die Begründung der internationalen Zuständigkeit kann daher zumeist klar bestimmt werden. Dies führt gerade im Hinblick auf Internet-Veröffentlichungen zu mehr Rechtssicherheit für den Urheber.

Das Handlungsortprinzip der *single publication rule* stellt jedoch eine einseitige Bevorzugung des Deliktstäters dar, der sich seinen Handlungsort danach aussuchen wird, wo der größte Schutz der Redefreiheit besteht – insbesondere die USA.[42] Amerikanische Gerichte wenden die *single publication rule* bei *defamation*-Klagen an.[43] Daher nehmen sie ihre internationale Zuständigkeit für *defamation*-Klagen nur bei Veröffentlichungen an, die in dem Territorium ihrer Gerichtsbarkeit ihren Ursprung haben.[44] Dies lädt zu Missbrauch ein. Zudem führt die *single publication rule* dazu, dass anderen Jurisdiktionen, die den Schutz der Persönlichkeitsrechte stärker betonen als die USA, amerikanische *free speech*-Wertvorstellungen aufgezwungen werden.[45]

Da der Handlungsort und der (Wohn-)Sitzgerichtsstand in der Regel identisch sind, führt die *single publication rule* faktisch zu einer Anwendung des Herkunftslandprinzips. Dieses findet sich zwar auch in der e-commerce-Richtlinie und der AVMD-Richtlinie wieder. Auf europäischer Ebene ist das allerdings weniger bedenklich, da ein ausreichender transnationaler Schutzstandard

---

[42] Vgl. *von Hinden*, Persönlichkeitsrechtsverletzungen im Internet, 1999, S. 239 f.; *Junker*, RIW 2010, 257, 258; *Mills*, Journal of Media Law 7 (2015), 1, 22 f.

[43] Siehe Kapitel 2 Abschnitt V.2.

[44] *Barendt*, Penn State Law Review 110 (2006), 727, 733; siehe Compuserve Inc. v. Patterson, 89 F. 3d 1257 (6th Cir. 1996).

[45] Vgl. Dow Jones & Company Inc. v. Gutnick [2002] HCA 56 [200] (zust. Meinung Richter Callinan), [133] (zust. Meinung Richter Kirby); Berezovsky v. Michaels [2000] UKHL 25; *Barendt*, Penn State Law Review 110 (2006), 727, 734.

sowohl für die Redefreiheit als auch für Persönlichkeitsrechte dank EuGH und vor allem EGMR gewährleistet ist.

Die *single publication rule* ist daher als Grundlage einer transnationalen Rechtsdogmatik des Informations- und Kommunikationsrechts nicht tragfähig. Stattdessen ist an der *multiple publication rule* festzuhalten. Allerdings bedarf das auf der *multiple publication rule* basierende Ubiquitätsprinzip der Einschränkung, um uferloses *forum shopping* zu vermeiden. Hierauf ist im Folgenden einzugehen.

3. Die Bestimmung des Erfolgsortes

Nach der *multiple publication rule* und dem Ubiquitätsprinzip kann ein Gerichtsstand grundsätzlich dort begründet werden, wo das streitgegenständliche Fernsehprogramm empfangen, die Zeitung verkauft oder die Webseite zugänglich gemacht wird. Sofern ein Gleichlauf zwischen zuständiger Jurisdiktion und anwendbarem Recht besteht (dazu unter Abschnitt II.), folgt hieraus jedoch, dass ein potentieller Beklagter seine Inhalte zunächst auf ihre Kompatibilität mit jeder Rechtsordnung hin überprüfen müsste, in der sie wahrgenommen werden können, und zwar auch dann, wenn die Veröffentlichung mit dem Recht des Herkunftslandes vereinbar ist. Bei einer Kommunikation über das Internet wäre dies beinahe jede Jurisdiktion der Welt. Das ist aus mehreren Gründen problematisch. Die Vorschriften über die besondere Gerichtsbarkeit in Art. 7 ff. Brüssel Ia-VO und § 32 ZPO, die von dem allgemeinen Grundsatz *actor sequitur forum rei* in Art. 4 Brüssel Ia-VO und § 12 ZPO abweichen, sind einschränkend und für den Beklagten vorhersehbar auszulegen.[46] Insbesondere bei Internetdelikten führt die Anwendung des Ubiquitätsprinzips jedoch faktisch zu einem Universalitätsprinzip, das dem Ausnahmecharakter des besonderen Gerichtsstands der unerlaubten Handlung nicht gerecht wird. Hier ließe sich nun argumentieren, dass dieses Ergebnis gerechtfertigt ist, da jeder, der die Universalität des Internets nutzt, auch die Konsequenzen hieraus zu tragen hat.[47] Dies läuft jedoch nicht nur dem Regel-Ausnahme-System des IZVR zuwider, sondern ist auch grund- und menschenrechtlich bedenklich. Eine uferlose Ausdehnung des Erfolgsortprinzips erzeugt Rechtsunsicherheit, begünstigt *forum shopping*[48] und zeitigt eine abschreckende Wirkung (*„chilling effect"*) auch für

---

[46] Erwägungsgrund 15 Brüssel Ia-VO; EuGH, Rs. 189/87 [1988] Kalfelis/Bankhaus Schröder, Münchmeyer, Hengst und Co. u.a. [19]; Rs. C-168/02 [2004] Kronhofer [14]; BGH, Urt. v. 29.03.2011, Az. VI ZR 111/10, NJW 2011, 2059 Rn. 10 – „Sieben Tage in Moskau"; *Stone*, EU Private International Law, 2. Aufl. 2010, S. 77.

[47] Vgl. *Garber*, ÖJZ 2012, 108, 117.

[48] EuGH, verb. Rs. C-509/09 und C-161/10 [2011] eDate Advertising GmbH und Olivier Martinez, Robert Martinez/MGN Ltd., Schlussantrag Generalanwalt Cruz Villalón [56]; BGH, Urt. v. 02.03.2010, Az. VI ZR 23/09, BGHZ 184, 313 Rn. 17 – New York Times; *Smith*,

solche Veröffentlichungen, die zu Angelegenheiten des öffentlichen Interesses beitragen. Rechtskonform handelnde Webseitenbetreiber müssten ihre Inhalte den Standards der restriktivsten Jurisdiktion anpassen, d.h. dem weltweit kleinsten gemeinsamen Nenner der Kommunikationsfreiheit.[49]

Aus diesen Gründen ist heute weitgehend akzeptiert, *dass* das Ubiquitäts-prinzip für grenzüberschreitende Kommunikationsdelikte der Einschränkung bedarf. Fraglich ist jedoch, *wie* dies zu geschehen hat. Sowohl das akademi-sche Schrifttum als auch Gerichte bieten hierfür verschiedene Lösungen an. Diese Lösungsvorschläge müssen sich daran messen lassen, ob sie einen ange-messenen Ausgleich zwischen den widerstreitenden Interessen im Lichte der Grund- und Menschenrechte finden. Kern des Konfliktes ist, dass eine zu großzügige Annahme von Erfolgsorten die Kommunikationsfreiheit des Äu-ßernden verletzt, wohingegen eine zu enge Auswahl an Gerichtsständen die Grund- und Menschenrechte des Opfers verletzt, sind doch auch Persönlich-keitsrechte von Art. 17 IPbpR, Art. 8 EMRK und Art. 7 EUGRCh geschützt (siehe Kapitel 2).

Nach der Rechtsprechung des EuGH ist die Ubiquitätsformel bei Pressede-likten durch das sogenannte Mosaik-Prinzip einzuschränken (siehe a)). Proble-matisch ist allerdings die Anwendung der Mosaik-Formel auf Kommunikati-onsdelikte, die über das Internet begangen werden (siehe b)). Anstelle der Mosa-ik-Formel sollte bei Internet-Delikten daher neben dem Wohnsitz des Beklagten und dem Handlungsort ein Gerichtsstand nur dort begründet werden, wo der „Schwerpunkt des Konflikts" liegt (siehe c) und d)).

a) Einschränkung des Ubiquitätsprinzips durch die Mosaik-Formel nach Shevill

Wie bereits dargestellt, räumt die *Shevill*-Entscheidung des EuGH dem Kläger eine Auswahl zwischen mehreren Jurisdiktionen ein. Zunächst kann der Kläger nach Art. 4 Abs. 1 Brüssel Ia-VO den Beklagten, sofern dieser seinen (Wohn-)Sitz[50] im Hoheitsgebiet eines EU-Mitgliedstaats hat, vor den Gerichten dieses Mitgliedstaats auf den gesamten Schaden verklagen. Der Mitgliedstaat des (Wohn-)Sitzes ist zumeist identisch mit dem Handlungsort, aber nicht notwen-dig. Ist der (Wohn-)Sitz nicht identisch mit dem Handlungsort, kann der Kläger den Beklagten nach Art. 7 Nr. 2 Brüssel Ia-VO alternativ am Handlungsort ebenfalls auf den gesamten Schaden verklagen. Der EuGH entschied zudem, dass der Kläger auch bei den Gerichten jedes Mitgliedstaats Klage erheben kann, in dem die Veröffentlichung verbreitet und in dem das Ansehen des Be-

---

Internet Law and Regulation, 4. Aufl. 2007, Rn. 6-031; *Maier*, International Journal of Law & Information Technology 2010, 142, 150.

[49] *Mensching*, Entertainment Law Review 2010, 281, 284; *Kuipers*, German Law Journal 12 (2011), 1681, 1686; *Oster*, International Review of Law, Computers & Technology 26 (2012), 113, 117.

[50] Siehe Art. 62 f. Brüssel Ia-VO.

troffenen nach dessen Behauptung beeinträchtigt worden ist, allerdings nur über den Ersatz des Schadens, der in dem Staat des angerufenen Gerichts entstanden ist.[51] Die Mosaik-Formel begrenzt somit Klagen auf vollen Schadensersatz auf eine – oder maximal zwei – mögliche Jurisdiktionen. Alternativ ermöglicht *Shevill* dem Kläger, dort zu klagen, wo er eine Verletzung seiner Rechte behauptet, dies allerdings begrenzt auf den in dieser Jurisdiktion entstandenen Schaden.

Shevill scheint damit zunächst den Geschädigten zu benachteiligen, denn dieser ist zumeist darauf angewiesen, die „Mosaiksteine" seines Gesamtschadens mühsam in verschiedenen Jurisdiktionen einzusammeln. Eine Klage am Handlungsort, der regelmäßig mit dem (Wohn-)Sitz des Beklagten identisch ist,[52] ist demgegenüber oftmals aussichtslos, da sich der Beklagte regelmäßig im Einklang mit der – ihm zumeist vertrauten – Rechtsordnung verhält. Zugleich benachteiligt *Shevill* aber auch den Beklagten, weil er – in Abweichung vom Grundsatz *actor sequitur forum rei* – in mehreren Jurisdiktionen auf den jeweiligen Teilschaden verklagt werden kann. Vor diesem Hintergrund ließe sich *Shevill* als salomonisches Urteil begrüßen, weil die Entscheidung sowohl den Kläger als auch den Beklagten benachteiligt und damit beide indirekt doch wieder begünstigt. Für die traditionellen Massenmedien Presse und Rundfunk scheint die *Shevill*-Formel tatsächlich einen angemessenen Ausgleich der widerstreitenden Interessen zu schaffen. Zeitungsunternehmen und – in einem beschränkterem Maße – Rundfunkanbieter können sich die Zielländer ihrer Publikation auswählen und somit das Risiko gegen sie gerichteter Ehrverletzungsklagen einschätzen. Zudem ist die *Shevill*'sche Mosaik-Formel auch praktisch handhabbar, da der potentielle Erfolgsort klar bestimmt werden kann, nämlich die Jurisdiktion, in der die Zeitung verkauft bzw. in die die Rundfunkveranstaltung gesendet wird.

Drei Gründe sprechen jedoch dafür, dass *Shevill* keinen angemessenen Ausgleich zwischen den widerstreitenden Interessen der Beteiligten schafft, sondern vielmehr den Verletzten begünstigt. Erstens entscheidet das Gericht der zuständigen Jurisdiktion über die Höhe des Teilschadens selbst. So ist es etwa möglich, dass ein englisches Gericht für einen in England eingetretenen Teilschaden auf Schadensersatz in Höhe von 30.000 Pfund erkennt, ein deutsches Gericht des Handlungsortes für den Gesamtschaden in demselben Fall hingegen etwa auf 10.000 EUR erkannt hätte. Die Mosaik-Formel gibt dem Kläger daher die Möglichkeit des *forum shopping*. Dies hat, zweitens, eine abschreckende Wirkung auf mögliche Beklagte. Diese gehen mit einer grenzüberschreitenden Veröffentlichung nicht nur ein finanzielles Risiko ein, sondern auch ein Reputationsrisiko, ist doch davon auszugehen, dass sie sich rechtstreu verhalten

---

[51] EuGH, Rs. C-68/93 [1995] Shevill u.a./Presse Alliance SA [61].
[52] *Thorn*, in: FS von Hoffmann, 2011, 746, 749.

wollen. Drittens gilt, dass bei Ehrverletzungsdelikten die Höhe des erzielten Schadensersatzes oftmals nur symbolisch ist. Gerade in *libel tourism*-Fällen dürfte es dem Geschädigten hauptsächlich darum gehen, seine verletzte Ehre zu vindizieren. Dies wird dadurch erzielt, dass das Gericht einer respektablen Jurisdiktion (wie etwa England und Wales) zu dem Ergebnis kommt, dass eine bestimmte Veröffentlichung ehrenrührig und nicht erwiesen wahr ist. Anders ist es nicht zu erklären, dass England und Wales trotz der kostspieligen Verfahren ein beliebtes Ziel des *libel tourism* ist. Daher bevorzugt die *Shevill*-Entscheidung den Geschädigten einseitig.

Mit der Kommunikationsfreiheit ist die *Shevill*-Entscheidung jedoch deswegen noch vereinbar, weil es die Herausgeber traditioneller Printmedien selbst in der Hand haben, in welchen Ländern sie ihre Publikationen verkaufen. Mithin können sie die Erfolgsorte ihres potentiellen Delikts selbst bestimmen.[53] Die Verbreitung von Zeitungen in einer bestimmten Jurisdiktion erfordert die „Opt-in"-Entscheidung des Herausgebers, die Zeitung in diesem Territorium zu vertreiben. Anders verhält es sich hingegen bei Internet-Delikten. Bei Internet-Publikationen ist das Risiko des Äußernden, in einer bestimmten Jurisdiktion nicht verklagt zu werden, deutlich schwerer kontrollierbar. Internet-Inhalteanbieter können die Erfolgsorte ihres potentiellen Delikts zumeist nicht selbst eingrenzen. Eine Internet-Publikation ist standardmäßig global und erfordert eine „Opt-out"-Entscheidung hinsichtlich bestimmter Länder mittels Geo-Blocking-Technologien. Diese Möglichkeiten stehen Nutzern sozialer Medien in der Regel nicht zur Verfügung. Angewendet auf Internet-Publikationen führt die Mosaik-Formel somit dazu, dass sich ein Nutzer allein in der EU mit 28 verschiedenen Jurisdiktionen vertraut machen müsste. Das einzige Kriterium nach *Shevill*, das dieses Haftungsrisiko einschränkt, ist die Beeinträchtigung des Ansehens des Klägers in der betreffenden Jurisdiktion, was voraussetzt, dass der Kläger dort überhaupt bekannt ist. Bei prominenten Künstlern und Politikern dürfte dies jedoch regelmäßig der Fall sein. Zudem ist zu bedenken, dass es häufig die Ehrverletzung selbst ist, die den Betroffenen in einer Jurisdiktion bekannt macht.[54] Die Anwendung des Ubiquitätsprinzips und der *Shevill*-Formel auf das Internet bedarf daher einer Revision, auf die im nächsten Abschnitt einzugehen ist.

---

[53] *Thorn* (in: FS von Hoffmann, 2011, 746, 751) plädiert hingegen dafür, es für die Begründung des Erfolgsortes ausreichen zu lassen, wenn eine Publikation auf anderem Wege als durch den Vertrieb in eine Jurisdiktion gelangt.

[54] Siehe z.B. Ames and McGee v. Spamhouse Project Ltd. and Linford [2015] EWHC 127 (QB) [40].

b) Der Erfolgsort bei Internet-Delikten

Die internationale wissenschaftliche Debatte zur Bestimmung des Erfolgsorts bei Internetdelikten war von Anfang an von einem Missverständnis geprägt. Dieses Missverständnis ist zurückzuführen auf das Wort „Cyberspace" als Metapher für das Internet. Das Missverständnis besteht darin, dass genau dieser Befund ignoriert wurde, nämlich dass es sich nur um eine Metapher handelt. Stattdessen beruhen manche Veröffentlichungen – teils aus Unwissenheit, teils aus Wunschdenken – auf der Prämisse, dass es sich bei dem Internet tatsächlich um einen separaten Raum handelt. Da der Erfolgsort bei Delikten wesentlich durch das Territorialitätsprinzip bestimmt wird und es sich beim Internet eben vermeintlich um ein eigenständiges „Territorium" handelt, folgt daraus zwingend, dass der deliktische Erfolgsort „im Internet" ein anderer sein muss als in der analogen Welt. Niemand hat diese Gedankenführung poetischer auf den Punkt gebracht als der Rinderzüchter und Liederkomponist John Perry Barlow in seiner „Unabhängigkeitserklärung des Cyberspace" im Jahre 1996:

> „Regierungen der Industriellen Welt, ihr müden Riesen aus Fleisch und Stahl, ich komme aus Cyberspace, dem neuen Zuhause des Geistes. [...] Ich erkläre den globalen sozialen Raum, den wir bauen, als natürlich unabhängig von den Tyranneien, die ihr uns aufzwingen wollt. Ihr habt kein moralisches Recht, uns zu regieren, noch habt ihr irgendwelche Vollstreckungsmöglichkeiten, die wir wirklich fürchten müssen."[55]

Dieser Auszug von Barlows „Unabhängigkeitserklärung" ist einer der einflussreichsten Beiträge eines ideengeschichtlichen Ansatzes, der bereits an anderer Stelle „Cyberidealismus" genannt wurde.[56] Er fasst die Grundaussagen der cyberidealistischen Schule zusammen:[57]

1. „Cyberspace" ist ein eigener Raum, unabhängig von der Staatenordnung.
2. Daher haben hergebrachte Regierungen kein („moralisches") Recht, über Cyberspace zu regieren.
3. Staaten ist es nicht möglich, ihre Entscheidungen im Cyberspace zu vollstrecken.

Auf die Standpunkte der cyberidealistischen Schule zur Regulierung des Internets ist hier nicht näher einzugehen.[58] Von Bedeutung für die vorliegende Unter-

---

[55] *Barlow*, A Declaration of the Independence of Cyberspace, 1996: „Governments of the Industrial World, you weary giants of flesh and steel, I come from Cyberspace, the new home of Mind. [...] I declare the global social space we are building to be naturally independent of the tyrannies you seek to impose on us. You have no moral right to rule us nor do you possess any methods of enforcement we have true reason to fear."

[56] Nachfolgende Ausführungen basieren auf *Oster*, European and International Media Law, 2017, S. 206 ff. und entwickeln darin enthaltene Überlegungen weiter.

[57] *Oster*, European and International Media Law, 2017, S. 207. Siehe etwa *Johnson/Post*, Stanford Law Review 48 (1996), 1367; *Sachdeva*, Computer and Telecommunications Law Review 2007, 245; *Colby*, Journal of Technology & Policy 2005, 188, 210; in diese Richtung auch *Mills*, Journal of Media Law 7 (2015), 1, 29 ff.

[58] Dazu *Oster*, European and International Media Law, 2017, S. 208, 212 ff.

suchung ist allein, dass nach cyberidealistischer Betrachtung staatliches Recht nicht ohne weiteres auf das Internet angewendet werden kann, sondern dass zunächst im Wege einer Kollisionsregel darüber zu entscheiden ist, ob staatliches Recht einerseits oder das – näher zu entwickelnde – „Recht des Cyberspace" andererseits Anwendung findet. Dem vorgelagert ist eben die Frage, ob staatliche Stellen oder – wiederum näher zu bestimmende – Spruchkörper des Cyberspace zur Rechtsfindung berufen sind. In jedem Fall folgt daraus für Delikte, die „im Internet" begangen werden, dass der Erfolgsort nicht etwa durch die Anwendung der ZPO oder der Brüssel Ia-VO zu ermitteln ist, sondern über eine wie auch immer geartete Zuständigkeitsvorschrift des Cyberspace.

Wenngleich der cyberidealistischen Schule für die Regulierung des Internets *de lege ferenda* einige Inspirationen abgewonnen werden können,[59] vermochte sie sich gegenüber dem Cyberrealismus[60] nicht durchzusetzen. Der Cyberrealismus entlarvte die Prämisse des Cyberidealismus, nämlich dass es sich bei dem Internet um einen separaten Raum handelt, als einen Fehlschluss (*cyberspace fallacy argument*).[61] Die umgangssprachliche Formulierung, dass man „im Internet surft", ändert nichts daran, dass man sich physisch weiterhin in der Welt der „Riesen aus Fleisch und Stahl" bewegt. Bei dem Internet handelt es sich lediglich um eine Kommunikationstechnologie. Delikte „im Internet" werden in aller Regel von Menschen und gegenüber Menschen begangen, die sich im Hoheitsgebiet eines Staates befinden. Entzieht man die Prämisse „Internet als separater Raum", so fallen weite Teile des cyberidealistischen Gedankengebäudes in sich zusammen.

Vom *cyberspace fallacy argument* unberührt bleibt jedoch zunächst ein weiteres Argument des Cyberidealismus: Die praktischen Schwierigkeiten, denen staatliche Stellen gegenüberstehen, wenn sie ihre Vorschriften im Internet vollstrecken wollen. Hierfür steht die Bestimmung des Erfolgsortes bei Internet-Delikten paradigmatisch. Selbst wenn eine hoheitliche Stelle, etwa ein Gericht, für die Entscheidung über einen Sachverhalt „aus dem Internet" zuständig ist, so ist es aufgrund der Anonymität und des grenzüberschreitenden Charakters des Internets nicht oder nur erschwert möglich, die Entscheidung zu vollstrecken. Entscheidungen der späten 1990er-Jahre haben gezeigt, dass die befürchtete Zahnlosigkeit des Rechts nicht ohne sachliche Grundlage war.[62] Die Lösung dieses Problems besteht jedoch nicht darin, ein neues Recht des

---

[59] So *Oster*, European and International Media Law, 2017, S. 212.

[60] *Oster*, European and International Media Law, 2017, S. 206.

[61] *Reed*, Internet Law, 2. Aufl. 2004, S. 1–2, 218; *Goldsmith/Wu*, Who Controls the Internet? Illusions of a Borderless World, 2008; zur „Space"-Metapher *Hunter*, California Law Review 91 (2003), 439; *Lemley*, California Law Review 91 (2003), 521; *Cohen*, Columbia Law Review 107 (2007), 210; siehe auch *Gounalakis/Rhode*, Persönlichkeitsschutz im Internet, 2002, Rn. 3; *von Hinden*, Persönlichkeitsrechtsverletzungen im Internet, 1999, S. 245 f.

[62] So etwa die Rechtssache LICRA gegen Yahoo; siehe Tribunal de Grande Instance de Paris, Ligue contre le racisme et l'antisémitisme et Union des étudiants juifs de France c.

Internet zu schaffen, sondern das Recht angesichts der Herausforderungen des Internets neu zu denken. Diesen Weg hat Lawrence Lessig gewiesen, auf dessen Theorie „*code is law*" (siehe Kapitel 2) nunmehr zurückzukommen ist. In das Recht ist die Architektur des Internets, sein „Code", mit einzubeziehen. Diese Architektur kann verändert werden; in der Regel geschieht dies aufgrund wirtschaftlicher Erwägungen, notfalls aber auf Geheiß des Rechts. Sperrverfügungen gegenüber Zugangsanbietern aus den frühen 2000er-Jahren geben hierüber beredtes Zeugnis ab.[63] Aus heutiger Sicht wirken diese Maßnahmen recht ungestüm, finden aber dennoch selbst in Mitgliedstaaten der EMRK noch gelegentlich Verwendung. Punktgenauer sind demgegenüber Cookies, die Identifizierung der IP-Adresse oder der Einsatz von Geolokations-Technologien. Dies sind Maßnahmen, die zwar in der Architektur des Internets nicht standardisiert, allerdings auch nicht ausgeschlossen sind. Anders als das cyberidealistische Argument suggeriert, ist das Internet daher nicht unregulierbar. Im Gegenteil, es dürfte sich dabei um die am effizientesten zu regulierende Technologie in der Geschichte der Menschheit handeln.[64] Die vermeintliche Schwierigkeit, Entscheidungen über Delikte „im Internet" zu vollstrecken, ist daher kein absolutes Hindernis, sondern – wie in der „analogen Welt" auch – eine praktische Frage, die von Fall zu Fall zu entscheiden ist. Das Internet ist jedoch weder notwendig global noch anonym. Somit spricht nichts grundsätzlich dagegen, die Gesetzgebung der „Riesen aus Fleisch und Stahl" zur Bestimmung der gerichtlichen Zuständigkeit auch auf Internet-Delikte anzuwenden.

Daher haben Gerichte innerhalb und außerhalb der EU auch auf grenzüberschreitende Persönlichkeitsrechtsverletzungen durch Internet-Publikationen das Ubiquitätsprinzip angewandt. Der *locus classicus* für eine grenzüberschreitende Ehrverletzung über das Internet ist die Entscheidung des High Court of Australia *Dow Jones v. Gutnick* aus dem Jahre 2002.[65] Der Kläger war ein Geschäftsmann aus Victoria/Australien. Vor australischen Gerichten verklagte er den auf Finanznachrichten spezialisierten US-amerikanischen Verlag Dow Jones wegen eines auf der Webseite von Dow Jones veröffentlichten, angeblich ehrverletzenden Artikels. Dow Jones argumentierte, dass der Artikel in den Vereinigten Staaten veröffentlicht worden sei und dass daher, nach der *single publication rule*, nur US-Gerichte internationale Zuständigkeit besäßen. Wenn andere Gerichte internationale Zuständigkeit beanspruchten, würde dies den Kläger jeder Jurisdiktion auf Erden unterwerfen. Der High Court of Australia schloss sich dieser Argumentation nicht an. Das Gericht entschied, dass die

---

Yahoo! Inc. et Société Yahoo! France (LICRA v. Yahoo!), No. RG 00/05308; dazu *Oster*, European and International Media Law, 2017, S. 112 ff., 139 f.

[63] Nachweise bei *Frey/Rudolph/Oster*, MMR-Beilage 3/2012, 1.

[64] Vgl. *Lessig*, Code, version 2.0, 2006, S. 310; *Reed*, Internet Law, 2. Aufl. 2004, S. 2; *Oster*, European and International Media Law, 2017, S. 211.

[65] Dow Jones & Company Inc. v. Gutnick [2002] HCA 56

Ehrverletzung an dem Ort stattfinde, an dem der Schaden für die Reputation des Klägers eintrete, und nicht ausschließlich an dem Ort, von dem aus die streitgegenständliche Veröffentlichung verbreitet werde.[66] Da die Veröffentlichung auch in Australien über das Internet einsehbar war und der Kläger in Australien bekannt war, entschied der High Court zugunsten der internationalen Zuständigkeit australischer Gerichte (und im Übrigen auch der Anwendbarkeit australischen Deliktsrechts).[67] Da der Kläger jedoch lediglich die Verletzung seiner Reputation in Victoria geltend machte und in keiner anderen Jurisdiktion, musste der High Court nicht über mögliche Schäden entscheiden, die der Kläger in anderen Jurisdiktionen erlitten haben könnte. Der High Court wies allerdings darauf hin, dass er nicht über den Fall entschieden hätte, wenn der Kläger in Australien unbekannt gewesen wäre.[68] *Gutnick* steht somit im Einklang mit der EuGH-Entscheidung in *Shevill*, da der High Court sowohl eine Veröffentlichung als auch eine behauptete Persönlichkeitsrechtsverletzung in Australien forderte und der Schadensersatzanspruch auf den in Australien eingetretenen Schaden beschränkte.

Englische Gerichte urteilten im Anwendungsbereich des englischen IZVR ähnlich wie der High Court in *Gutnick*. Sie wiesen *forum non conveniens*-Einreden regelmäßig zurück, wenn der Beklagte in England und Wales bekannt und die Klageerhebung in London nicht missbräuchlich war.[69] Dies hat zu beachtlichem *forum shopping* in Form eines *libel tourism* nach England geführt.[70] Ein bekannter Fall, in dem englische Gerichte die Klageerhebung in England ausnahmsweise für missbräuchlich erklärten, war *Jameel v. Dow Jones*.[71] Richter Eady setzte das Verfahren auf Antrag des Beklagten aus, da nur fünf Personen die streitgegenständliche Webseite von England aus besuchten, von denen drei „aus dem Lager des Klägers" stammten: sein Anwalt, ein Berater seines Unternehmens und der Direktor einer assoziierten Firma.[72] Der Defamation

---

[66] Dow Jones & Company Inc. v. Gutnick [2002] HCA 56 [42].

[67] Dow Jones & Company Inc. v. Gutnick [2002] HCA 56 [48].

[68] Dow Jones & Company Inc. v. Gutnick [2002] HCA 56 [54], [151] (zust. Meinung Richter Kirby).

[69] Siehe z. B. King v. Lewis [2004] EWHC 168 (QB); Richardson v. Schwarzenegger [2004] EWHC 2422 (QB).

[70] *Eardley*, Entertainment Law Review 2006, 35; *Hartley*, International & Comparative Law Quarterly 2010, 25; *Garnett/Richardson*, Journal of Private International Law 5 (2009), 471; siehe z. B. King v. Lewis [2004] EWHC 168 (QB); Richardson v. Schwarzenegger [2004] EWHC 2422 (QB); Jameel v. Dow Jones & Co. [2005] EWCA Civ 75.

[71] Jameel v. Dow Jones & Co. [2005] EWCA Civ 75.

[72] Jameel v. Dow Jones & Co. [2005] EWCA Civ 75 [17]. Nur am Rande sei auf den vergleichbaren Fall *Bangoura v. Washington Post* des Ontario Court of Appeal hingewiesen (Bangoura v. Washington Post, 2005 CanLII 32906 (ON CA)). Ein ehemaliger Beschäftigter der Vereinten Nationen verklagte die Washington Post für einen angeblich diffamierenden Artikel, den die Zeitung auf ihrer Webseite veröffentlichte. Das Berufungsgericht von Ontario entschied zugunsten der Washington Post. Zur Begründung verwies es auf die Unterschiede zwischen diesem Fall und dem Sachverhalt, der *Dow Jones v. Gutnick* zugrundelag.

Act 2013 hat die Rechtslage in England verändert. Wie bereits dargestellt, erlaubt es Section 9 Abs. 2 des Defamation Act britischen Gerichten außerhalb des Anwendungsbereich der Brüssel Ia-VO, nur noch dann ihre Kognitionsbefugnis anzunehmen, wenn England und Wales „klar der angemessenste Ort" (*clearly the most appropriate place*) ist, um die Klage einzureichen.

Die erste Entscheidung des EuGH zur gerichtlichen Zuständigkeit bei Internet-Delikten war *Martinez und eDate-Advertising*. Darin ging der EuGH über *Shevill* und die Entscheidung des High Court of Australia in *Gutnick* hinaus. Der EuGH gewährte dem Kläger gegen eine behauptete Persönlichkeitsrechtsverletzung zusätzlich zu der *Shevill*-Formel einen weiteren Gerichtsstand, in dem der Kläger den gesamten Schaden geltend machen konnte. Der EuGH entschied, dass der Kläger nach Maßgabe des Ortes, an dem der Betroffene den „Mittelpunkt seiner Interessen" hat, einen Gerichtsstand für den gesamten Schaden begründen kann. Daneben hielt der EuGH aber weiterhin auch das Mosaik-Prinzip nach *Shevill* aufrecht.[73] Daher bleiben die Gerichte jedes Mitgliedstaats zuständig, in dessen Hoheitsgebiet ein im Internet veröffentlichter Inhalt zugänglich ist und in dem der Kläger eine Verletzung seiner Persönlichkeitsrechte behauptet. Sie sind jedoch nur zur Entscheidung über den Schaden berufen, der im Staat des angerufenen Gerichts verursacht worden ist.

Der Ort, an dem eine Person den Mittelpunkt ihrer Interessen hat, entspricht nach dem EuGH „im Allgemeinen ihrem gewöhnlichen Aufenthalt. Jedoch kann eine Person den Mittelpunkt ihrer Interessen auch in einem anderen Mitgliedstaat haben, in dem sie sich nicht gewöhnlich aufhält, sofern andere Indizien wie die Ausübung einer beruflichen Tätigkeit einen besonders engen Bezug zu diesem Staat herstellen können."[74] Auf der anderen Seite soll der Beklagte in der Lage sein, den Mittelpunkt der Interessen der Personen zu erkennen, um die es geht.[75] Das Kriterium des Mittelpunkts der Interessen soll sowohl dem Kläger ermöglichen, „ohne Schwierigkeiten festzustellen, welches Gericht er anrufen kann, als auch dem Beklagten, vorherzusehen, vor welchem Gericht er verklagt werden kann."[76] Der Ort, an dem der Kläger den Mittelpunkt seiner Interessen hat, ähnelt dem *Shevill*-Kriterium, wonach das Ansehen des Betroffenen

---

Anders als Mr Gutnick lebte Mr Bangoura nicht in dem Land, dessen Jurisdiktion er geltend machte, nämlich Kanada bzw. die Provinz Ontario. Dow Jones, Beklagter in *Dow Jones v. Gutnick*, hatte 1.700 Abonnenten in Australien, wohingegen nur sieben Abonnenten der Washington Post in Ontario lebten. Schließlich besuchte nachweislich nur eine Person in Ontario den streitgegenständlichen Artikel der Washington Post online: der Anwalt des Klägers.

[73] EuGH, verb. Rs. C-509/10 und C-161/10 [2011] eDate Advertising GmbH und Olivier Martinez, Robert Martinez/MGN Ltd. [52].

[74] EuGH, verb. Rs. C-509/10 und C-161/10 [2011] eDate Advertising GmbH und Olivier Martinez, Robert Martinez/MGN Ltd. [49].

[75] EuGH, verb. Rs. C-509/10 und C-161/10 [2011] eDate Advertising GmbH und Olivier Martinez, Robert Martinez/MGN Ltd. [50].

[76] EuGH, verb. Rs. C-509/10 und C-161/10 [2011] eDate Advertising GmbH und Olivier Martinez, Robert Martinez/MGN Ltd. [50].

nach dessen Behauptung an einem Ort beeinträchtigt worden sein muss. Allerdings sind diese beiden Kriterien nicht identisch. Für den Mittelpunkt der Interessen ist es nicht ausreichend, dass das Ansehen des Klägers an einem Ort beeinträchtigt werden kann. Vielmehr handelt es sich bei dem Ort des Mittelpunkts der Interessen um den Ort, an dem die Persönlichkeitsrechte des Klägers am stärksten ausgeprägt sind.[77] Anders als das *Shevill*-Kriterium der Beeinträchtigung des Ansehens des Betroffenen, welches an verschiedenen Orten eintreten kann, befindet sich der Mittelpunkt der Interessen an nur einem Ort.[78] Hingegen liegt der Mittelpunkt der Interessen nicht notwendig an dem Wohnort des Klägers. Ein deutscher Fernsehmoderator mit Wohnsitz in der Schweiz, aber breiterer Bekanntheit und Werbeverträgen ausschließlich in der Bundesrepublik, dürfte den Mittelpunkt seiner Interessen in Deutschland haben. In *Bolagsupplysningen OÜ und Ilsjan* stellte der EuGH klar, dass die Bestimmung der gerichtlichen Zuständigkeit nach dem „Mittelpunkt der Interessen" sowohl für natürliche als auch für juristische Personen gilt.[79] Bei einer juristischen Person, müsse der Mittelpunkt der Interessen den Ort widerspiegeln, an dem das geschäftliche Ansehen der juristischen Person am gefestigtsten ist. Dies sei der Ort, an dem die juristische Person den wesentlichen Teil ihrer wirtschaftlichen Tätigkeit ausübt. Dabei kann es sich um Ort ihres satzungsmäßigen Sitzes handeln; zwingend ist dies allerdings nicht. Entscheidend ist der Staat, in dem die juristische Person „ihre gesamte oder den wesentlichen Teil ihrer Tätigkeit ausübt und deshalb das Ansehen, über das sie dort verfügt, größer ist als in jedem anderen Mitgliedstaat".[80] Zudem entschied der EuGH, dass Art. 7 Nr. 2 Brüssel Ia-VO nicht dahin auszulegen ist, dass eine Person vor den Gerichten jedes Mitgliedstaats, in dessen Hoheitsgebiet eine im Internet veröffentlichte Information zugänglich ist oder war, eine Klage auf Richtigstellung dieser Angaben erheben kann.[81] Eine solche Klage ist „einheitlich und untrennbar" und kann daher nur bei einem Gericht erhoben werden, das für die Entscheidung über einen Antrag auf Ersatz des gesamten Schadens zuständig ist.[82]

Zusammengefasst ergeben sich aus *Shevill* und *eDate Advertising* für über das Internet begangene Persönlichkeitsverletzungen folgende Gerichtsstandorte, unter denen der Kläger wählen kann:

---

[77] Siehe EuGH, verb. Rs. C-509/09 und C-161/10 [2011] eDate Advertising GmbH und Olivier Martinez, Robert Martinez/MGN Ltd., Schlussantrag Generalanwalt Cruz Villalón [59].

[78] So auch *Bogdan*, Yearbook of Private International Law 13 (2011), 483, 486.

[79] EuGH, Rs. C-194/16 [2017] Bolagsupplysningen OÜ und Ilsjan/Svensk Handel AB [38].

[80] EuGH, Rs. C-194/16 [2017] Bolagsupplysningen OÜ und Ilsjan/Svensk Handel AB [41].

[81] EuGH, Rs. C-194/16 [2017] Bolagsupplysningen OÜ und Ilsjan/Svensk Handel AB [45 f.].

[82] EuGH, Rs. C-194/16 [2017] Bolagsupplysningen OÜ und Ilsjan/Svensk Handel AB [48].

1. Der Kläger kann den Beklagten auf den gesamten Schaden an dessen Wohnsitzgerichtsstand verklagen. Dies folgt aus Art. 4 Abs. 1 Brüssel Ia-VO.

2. Der Kläger kann den Beklagten auf den gesamten Schaden am Gerichtsstand des Handlungsortes verklagen, sofern dieser nicht ohnehin mit dem Wohnsitzgerichtsstand identisch ist. Dies folgt aus Art. 7 Abs. 2 Brüssel Ia-VO.

3. Der Kläger kann den Beklagten an dem Gerichtsstand auf den gesamten Schaden verklagen, an dem er den Mittelpunkt seiner Interessen hat, sofern dieser Ort nicht ohnehin mit dem Wohnsitzgerichtsstand oder dem Handlungsort identisch ist. Dies folgt aus Art. 7 Abs. 2 Brüssel Ia-VO (*eDate Advertising*).

4. Schließlich kann der Kläger vor den Gerichten jedes Mitgliedstaats klagen, in dem die Veröffentlichung verbreitet worden ist und in dem das Ansehen des Betroffenen nach dessen Behauptung beeinträchtigt worden ist. Das angerufene Gericht oder die angerufenen Gerichte sind nur für die Entscheidung über den Ersatz der Schäden zuständig, die in dem Staat des angerufenen Gerichts verursacht worden sind. Dies folgt ebenfalls aus Art. 7 Nr. 2 Brüssel Ia-VO (*Shevill*).

Wie bereits dargestellt, ist die *Shevill*'sche Mosaik-Formel bereits im Hinblick auf traditionelle Pressedelikte grundrechtlich bedenklich. Hinzu kommt für Internet-Delikte, dass Internetnutzer – anders als bei traditionellen Medienpublikationen – regelmäßig nicht die Möglichkeit haben, den Bestimmungsort ihrer Veröffentlichungen selbst festzulegen. Vielmehr müssen sie sich gewissermaßen am kleinsten gemeinsamen Nenner der Redefreiheit orientieren. Dass der Kläger an anderen Orten als am Wohnort des Beklagten bzw. dem Mittelpunkt dessen Interesses nur einen Teilschaden einklagen darf, ist, wie bereits erwähnt, nur ein schwaches Gegenargument. Schließlich hat der EuGH offenbar nicht bedacht, welche Auswirkung seine *eDate Advertising*-Entscheidung auf Unterlassungsklagen haben wird.[83] Möglichkeiten des Geo-Blocking wiederum beiseitegelassen, bedeutet eine erfolgreiche Unterlassungsklage in einer Jurisdiktion, dass der Inhalt insgesamt aus dem Internet entfernt werden muss, selbst wenn er in anderen Jurisdiktionen zulässig ist.

Richtig wäre daher, die *Shevill*'sche Mosaik-Formel zumindest bei Internetdelikten nicht nur um eine Jurisdiktion zu ergänzen, sondern sie gänzlich aufzugeben.[84] Die Anwendung der Mosaik-Formel auf Internetdelikte führt zu einem untragbaren *chilling effect* für kritische Auseinandersetzungen im Internet. Dem hat der EuGH in *eDate Advertising* nicht abgeholfen, sondern – im Gegenteil – dem Kläger noch einen weiteren Gerichtsstand zugebilligt, an dem

---

[83] Der Gegendarstellungsanspruch bestimmt sich nach der h. M. nach dem Sitz des Erscheinungsortes (*Gounalakis/Rhode*, Persönlichkeitsschutz im Internet, 2002, Rn. 10; *Kropholler*, Internationales Privatrecht, 2007, S. 541 m. w. N.).

[84] So auch *Picht*, GRUR Int. 2013, 19, 23; *von Hinden*, ZEuP 2012, 940, 950; *Paal*, ZEuP 2016, 591, 598.

dieser den gesamten Schaden einklagen kann. Damit weitete der EuGH die Erfolgsortzuständigkeit weiter zum Nachteil von Internet-Inhalteanbietern aus. Dies schafft keinen angemessenen Ausgleich zwischen den widerstreitenden Interessen im Lichte der Grund- und Menschenrechte.[85]

Die *single publication rule* ist indessen keine tragfähige Alternative, da sie den Beklagten einseitig begünstigt. Stattdessen ist grundsätzlich am Ubiquitätsprinzip und der *multiple publication rule* festzuhalten. Diese bedürfen jedoch eines Korrektivs, um der ausufernden Jurisdiktion bei Internet-Delikten entgegenzuwirken und zu einem angemessenen Ausgleich der widerstreitenden Interessen zu gelangen. Dies ist die Konzentration des Erfolgsort-Gerichtsstandes auf den Ort, an dem sich der „Schwerpunkt des Konflikts" befindet.

c) Der „Schwerpunkt des Konflikts"

Wie bereits dargestellt, sind die Prinzipien zur Begründung internationaler Zuständigkeit das Territorialitätsprinzip, das Nationalitätsprinzip, das Schutzprinzip, das passive Personalitätsprinzip und das Universalitätsprinzip. Für Kommunikationsdelikte am bedeutsamsten ist das Territorialitätsprinzip. Ubiquitätsprinzip und Mosaik-Formel sind Regeln des Territorialitätsprinzips. Wie bereits dargestellt, vermag jedoch keine dieser Regeln die internationale gerichtliche Zuständigkeit bei Internetdelikten zufriedenstellend zu bestimmen. Dies legt nahe, die Grundlagen der Bestimmung der internationalen Zuständigkeit zu befragen. Nicht in Frage gestellt wird insoweit, dass das Territorialitätsprinzip das maßgebliche Prinzip zur Bestimmung der internationalen Zuständigkeit bei Kommunikationsdelikten bleiben sollte. Auf den Prüfstand gehört jedoch die Frage, *wie* der Deliktsort bei Kommunikationsdelikten zu bestimmen ist. Dies erfordert einige grundsätzliche Überlegungen zur Bestimmung der internationalen Zuständigkeit.

Ziel des internationalen Zivilverfahrensrechts im Allgemeinen ist es, möglichst ein räumlich mit dem Rechtsstreit hinreichend verbundenes Gericht zu finden.[86] Es ist das Gericht am sachnächsten, „wo die sachliche Aufklärung und Beweiserhebung in der Regel am besten, sachlichsten und mit den geringsten Kosten erfolgen kann."[87] Das dem internationalen Deliktsrecht zugrundeliegende Territorialitätsprinzip steht daher nur stellvertretend für ein übergeordnetes Prinzip, nämlich das des sachnächsten Gerichts. Nach dem Territorialitätsprinzip ist eben das Gericht am sachnächsten, in dessen Zuständigkeitsbereich sich eine Person befindet oder ein Ereignis stattfindet. Für das

---

[85] So auch *Sujecki*, K&R 2015, 305, 309; ähnlich *von Hinden*, ZEuP 2012, 940, 950 f.; *Prütting*, in: GS Hübner, 2012, 425, 434; a. A. *Spindler*, AfP 2012, 114, 121; *Garber*, ÖJZ 2012, 108, 116 f.

[86] Statt vieler *von Hoffmann/Thorn*, Internationales Privatrecht, 9. Aufl. 2007, § 3 Rn. 32.

[87] BGH, Urt. v. 29.03.2011, Az. VI ZR 111/10, NJW 2011, 2059 Rn. 13 – „Sieben Tage in Moskau".

Kommunikationsdeliktsrecht im Besonderen tritt hinzu, dass ein angemessener Ausgleich der widerstreitenden Grundrechte zu schaffen ist.[88] Dies sind die Kommunikationsfreiheit des Beklagten (Art. 10 EMRK bzw. Art. 11 EUGRCh) und der Schutz der damit konfligierenden Interessen des Klägers, beispielsweise Persönlichkeitsrechte. Daher ist besonderer Wert auf die Vorhersehbarkeit des Gerichtsortes und des anwendbaren Rechts für den Beklagten zu legen; ein *chilling effect* für die Redefreiheit ist zu vermeiden.

Wie ist also das „sachnächste Gericht" bei Kommunikationsdelikten vor diesem Hintergrund zu bestimmen? Als Abweichung vom Grundsatz *actor sequitur forum rei* muss die Begründung eines Gerichtsstands an einem anderen Ort als dem Wohnsitz des Beklagten durch eine „besondere[] Beziehung der Streitigkeit" zu einem bestimmten Forum „und in der geringeren Schutzwürdigkeit des Interesses des deliktisch handelnden Schuldners, an seinem Wohnsitz verklagt zu werden", begründet sein.[89] Savigny schrieb, dass für die „Collision von örtlichen Rechten desselben Staates und verschiedener Staaten" die Formel gelte, „nach welcher die gesammte Aufgabe dahin geht, daß bei jedem Rechtsverhältniß dasjenige Rechtsgebiet aufgesucht werde, welchem dieses Rechtsverhältniß seiner eigenthümlichen Natur nach angehört oder unterworfen ist, (worin dasselbe seinen Sitz hat)."[90] Maßgeblich ist daher der „Sitz" oder der „Schwerpunkt" des Rechtsverhältnisses in örtlicher Hinsicht. Aus der Vielzahl der geltenden Rechtsordnungen ist folglich diejenige anzuwenden, zu der der Sachverhalt die engste Verbindung hat.[91] Die Savigny'sche Formel bezieht sich zwar auf das anwendbare Recht; ihr Grundgedanke kann jedoch auf die Ermittlung des Gerichtsstandes übertragen werden: Zu fragen ist danach, wo ein Internetdelikt seinen Sitz hat. Vor dem Hintergrund der Grundrechtssensitivität dieses Rechtsverhältnisses und dem Gebot, die konfligierenden Grundrechte zu einem angemessenen Ausgleich zu bringen, kann dies nur dort sein, wo der *Schwerpunkt des Konflikts* zwischen den betroffenen Gütern und Werten liegt.[92] Abgesehen von dem Wohnsitz des Beklagten und vom Gerichtsstand des Handlungsortes sind die möglichen zusätzlichen Gerichtsstände auf denjenigen zu begrenzen, in dessen Zuständigkeitsbereich eine Interessenkollision tatsächlich eingetreten sein kann.[93]

---

[88] Vgl. EuGH, verb. Rs. C-509/09 und C-161/10 [2011] eDate Advertising GmbH und Olivier Martinez, Robert Martinez/MGN Ltd., Schlussantrag Generalanwalt Cruz Villalón [56]; Ahuja v. Politika Novine i Magazini D.O.O. u. a. [2015] EWHC 3380 (QB) [37].

[89] BGH, Urt. v. 29.03.2011, Az. VI ZR 111/10, NJW 2011, 2059 Rn. 13 – „Sieben Tage in Moskau".

[90] *Von Savigny*, System des heutigen Römischen Rechts, Band 8, 1849, S. 108

[91] *Von Hoffmann/Thorn*, Internationales Privatrecht, 9. Aufl. 2007, § 1 Rn. 12; vgl. auch das Restatement (Second) of the Conflict of Laws: „most significant relationship".

[92] So bereits *Oster*, International Review of Law, Computers & Technology 26 (2012), 113; *Reymond*, Yearbook of Private International Law 13 (2011), 493, 500.

[93] So bereits *Oster*, International Review of Law, Computers & Technology 26 (2012), 113,

Gründliche Überlegungen zur Lehre vom Schwerpunkt des Konflikts finden sich in der *New York Times*-Entscheidung des BGH aus dem Jahre 2010 und in späteren Entscheidungen des BGH[94] sowie in der Stellungnahme des Generalanwalts Cruz Villalón zu *eDate Advertising und Martinez*. Unter Bezugnahme u. a. auf die Entscheidung *Dow Jones v. Gutnick* entschied der BGH in *New York Times*, dass für die Begründung des internationalen Gerichtsstandes entsprechend § 32 ZPO entscheidend sei,

„ob die als rechtsverletzend beanstandeten Inhalte objektiv einen deutlichen Bezug zum Inland in dem Sinne aufweisen, dass eine Kollision der widerstreitenden Interessen – Interesse des Klägers an der Achtung seines Persönlichkeitsrechts einerseits, Interesse des Beklagten an der Gestaltung seines Internetauftritts und an einer Berichterstattung andererseits – nach den Umständen des konkreten Falls, insbesondere aufgrund des Inhalts der beanstandeten Meldung, im Inland tatsächlich eingetreten sein kann oder eintreten kann".

Dies sei

„dann anzunehmen, wenn eine Kenntnisnahme von der beanstandeten Meldung nach den Umständen des konkreten Falls im Inland erheblich näher liegt als dies aufgrund der bloßen Abrufbarkeit des Angebots der Fall wäre […] und die vom Kläger behauptete Beeinträchtigung seines Persönlichkeitsrechts durch Kenntnisnahme von der Meldung (auch) im Inland eintreten würde".[95]

Ähnlich argumentierte Generalanwalt Cruz Villalón in *eDate Advertising und Martinez*, dass der „Ort, an dem das schädigende Ereignis eingetreten ist oder einzutreten droht", im Sinne von (nunmehr) Art. 7 Nr. 2 Brüssel Ia-VO auch mit dem Ort gleichzusetzen sei, an dem sich der „Schwerpunkt des Konflikts" zwischen den betroffenen Gütern und Interessen befinde.[96] Der Ort des „Schwerpunkts des Konflikts" befindet sich nach dem Generalanwalt

„dort, wo ein Gericht unter den günstigsten Umständen einen Konflikt zwischen der Informationsfreiheit und dem [Persönlichkeitsrecht][97] entscheiden kann. Das ist in dem Staat der Fall, in dem die potentielle Beeinträchtigung des Rechts am eigenen Ansehen oder auf Privatleben *und* der der Mitteilung einer bestimmten Information oder Mei-

---

118 ff.; vgl. BGH, Urt. v. 13.10.2004, Az. I ZR 163/02, NJW 2005, 1436 – Hotel Maritime (bzgl. Markenrecht); BGH, Beschl. v. 10.11.2009, Az. VI ZR 217/08, NJW 2010, 1232 Rn. 18 – rainbow.at.

[94] BGH, Urt. v. 14.05.2013, Az. VI ZR 269/12, BGHZ 197, 213 Rn. 7 – Google I; siehe auch BGH, Urt. v. 29.03.2011, Az. VI ZR 111/10, NJW 2011, 2059 – „Sieben Tage in Moskau"; BGH, Urt. v. 25.10.2011, Az. VI ZR 93/10, NJW 2012, 148 Rn. 11 – Blogspot.

[95] BGH, Urt. v. 02.03.2010, Az. VI ZR 23/09, BGHZ 184, 313 Rn. 20 – New York Times; bestätigt in BGH, Urt. v. 29.03.2011, Az. VI ZR 111/10, NJW 2011, 2059 Rn. 8 – „Sieben Tage in Moskau"; BGH, Urt. v. 27.02.2018, Az. VI ZR 489/16, NJW 2018, 2324 Rn. 17 – Google II; siehe bereits BGH, Beschl. v. 10.11.2009, Az. VI ZR 217/08, NJW 2010, 1232 Rn. 21 – rainbow.at.

[96] EuGH, verb. Rs. C-509/09 und C-161/10 [2011] eDate Advertising GmbH und Olivier Martinez, Robert Martinez/MGN Ltd., Schlussantrag Generalanwalt Cruz Villalón [55].

[97] In diesem Fall das Recht am eigenen Bild.

nung innewohnende Wert am stärksten ‚sichtbar' wird oder sich äußert. In diesem Staat erlitte der Inhaber des Persönlichkeitsrechts seinerseits einen besonders umfassenden und intensiven Schaden. Dies wäre auch das Gebiet – was zweifellos unter dem Aspekt der Rechtssicherheit von Bedeutung ist –, für das das Medium hätte vorhersehen können, dass es eventuell zu einer solchen Schädigung kommen kann und dass damit die Gefahr besteht, dort verklagt zu werden. Der Schwerpunkt befindet sich somit dort, wo das Gericht am besten in der Lage ist, den Konflikt zwischen den in Rede stehenden Interessen umfassend zu beurteilen."[98]

Der Ort des „Schwerpunkts des Konflikts" entzieht sich einer eindeutigen Definition. Stattdessen ist dieser Ort von Fall zu Fall unter Berücksichtigung bestimmter Faktoren zu ermitteln, die sowohl die Interessen des Geschädigten als auch die des Deliktstäters und die Umstände der Kommunikation berücksichtigen. Die Lehre vom Schwerpunkt des Konflikts ist daher allen anderen bislang zu Internetdelikten vertretenen Ansätzen vorzuziehen, weil es diese Ansätze auf sich vereint, ohne die jeweiligen Defizite zu absorbieren. Sie schließt dogmatisch den Kreis zu Savignys „Sitz des Rechtsverhältnisses". Eine solche Herangehensweise hat den Vorteil, dass sie sich am engsten an der Suche nach dem „sachnächsten Gericht" bzw. „Sitz des Rechtsverhältnisses" orientiert. Andererseits ist auch zu bedenken, dass sich der „Schwerpunkt des Konflikts" nicht in jedem Fall eindeutig bestimmen lässt, was zu Rechtsunsicherheit führen kann. Anders als andere Lösungsvorschläge, wie etwa der Wohnsitz des Klägers oder das Herkunftslandprinzip, bietet der „Schwerpunkt des Konflikts" keine feste Subsumtionsstruktur, sondern verlangt eine wertende Abwägungsentscheidung.

Hinsichtlich des Geschädigten ist zunächst der Mittelpunkt seiner Interessen relevant, der beispielsweise durch Wohnort und Schwerpunkt der geschäftlichen Tätigkeit indiziert wird.[99] In seiner *eDate*-Entscheidung sah der EuGH den Mittelpunkt der Interessen des Betroffenen als das einzige maßgebliche Kriterium zur Begründung eines (zusätzlichen) Gerichtsstands über den gesamten Schaden an. Das ist jedoch zu klägerfreundlich, da es die Interessen des Klägers betont und nicht die Interessen des Beklagten berücksichtigt. Der Schwerpunkt der Interessen des Betroffenen eröffnet einen Gerichtsstand der unerlaubten Handlung „in allen Ländern […], in denen jemand – möglicherweise sogar zeitlich erst nach dem die Haftung begründenden Vorfall – einen Wohnsitz begründet".[100] Dies würde zu einer ähnlich „uferlosen Ausweitung der Gerichtspflichtigkeit des Beklagten" führen wie die Anknüpfung an die bloße Abrufbarkeit

---

[98] EuGH, verb. Rs. C-509/09 und C-161/10 [2011] eDate Advertising GmbH und Olivier Martinez, Robert Martinez/MGN Ltd., Schlussantrag Generalanwalt Cruz Villalón [58].

[99] Vgl. EuGH, verb. Rs. C-509/09 und C-161/10 [2011] eDate Advertising GmbH und Olivier Martinez, Robert Martinez/MGN Ltd., Schlussantrag Generalanwalt Cruz Villalón [59].

[100] BGH, Urt. v. 29.03.2011, Az. VI ZR 111/10, NJW 2011, 2059 Rn. 14 – „Sieben Tage in Moskau".

im Internet.[101] Der Mittelpunkt der Interessen des Geschädigten ist daher nur ein Faktor zur Ermittlung des Gerichtsstandes des „Schwerpunkts des Konflikts". Zu berücksichtigen sind ferner der „Nachrichtenwert" der Information, d. h. in welchem Ausmaß sie in einer Jurisdiktion relevant ist und dort Interesse weckt[102] und ob nach den Umständen des Streitfalles eine Kenntnisnahme der beanstandeten Meldung in einem Land erheblich näher liegt als in anderen Ländern.[103] Dies wird indiziert durch den Ort, an dem die Handlungen, die Gegenstand der Nachricht bilden, stattgefunden haben[104] und die Anzahl der Abrufe einer Webseite.[105] Gerade weil eine Information „an einem bestimmten Ort von besonderem Interesse sein kann, kann die mögliche Beeinträchtigung der Persönlichkeitsrechte an diesem Ort auch den höchsten Schädigungsgrad erreichen".[106] Hinzu treten die Umstände der Kommunikation, etwa die Sprache,[107] die Top-Level-Domain,[108] die Rubrik, in der die Information geführt wird,[109]

---

[101] BGH, Urt. v. 29.03.2011, Az. VI ZR 111/10, NJW 2011, 2059 Rn. 14 – „Sieben Tage in Moskau".

[102] EuGH, verb. Rs. C-509/09 und C-161/10 [2011] eDate Advertising GmbH und Olivier Martinez, Robert Martinez/MGN Ltd., Schlussantrag Generalanwalt Cruz Villalón [63]; siehe auch BGH, Urt. v. 02.03.2010, Az. VI ZR 23/09, BGHZ 184, 313 Rn. 20 – New York Times; Dow Jones & Company Inc. v. Gutnick [2002] HCA 56 [154]; Harrods Ltd. v. Dow Jones [2003] EWHC 1162 (QB) [32 ff.].

[103] BGH, Beschl. v. 10.11.2009, Az. VI ZR 217/08, NJW 2010, 1232 Rn. 24 – rainbow.at.

[104] Vgl. EuGH, verb. Rs. C-509/09 und C-161/10 [2011] eDate Advertising GmbH und Olivier Martinez, Robert Martinez/MGN Ltd., Schlussantrag Generalanwalt Cruz Villalón [64]; BGH, Urt. v. 29.03.2011, Az. VI ZR 111/10, NJW 2011, 2059 Rn. 12 – „Sieben Tage in Moskau".

[105] EuGH, verb. Rs. C-509/09 und C-161/10 [2011] eDate Advertising GmbH und Olivier Martinez, Robert Martinez/MGN Ltd., Schlussantrag Generalanwalt Cruz Villalón [59]; BGH, Urt. v. 02.03.2010, Az. VI ZR 23/09, BGHZ 184, 313 Rn. 22 – New York Times; BGH, Beschl. v. 10.11.2009, Az. VI ZR 217/08, NJW 2010, 1232 Rn. 20 – rainbow.at; vgl. Ahuja v. Politika Novine i Magazini D.O.O. u. a. [2015] EWHC 3380 (QB) [68].

[106] EuGH, verb. Rs. C-509/09 und C-161/10 [2011] eDate Advertising GmbH und Olivier Martinez, Robert Martinez/MGN Ltd., Schlussantrag Generalanwalt Cruz Villalón [61].

[107] EuGH, verb. Rs. C-509/09 und C-161/10 [2011] eDate Advertising GmbH und Olivier Martinez, Robert Martinez/MGN Ltd., Schlussantrag Generalanwalt Cruz Villalón [65]; vgl. BGH, Urt. v. 03.05.1977, Az. VI ZR 24/75, NJW 1977, 1590 (insoweit nicht abgedruckt) – profil; BGH, Urt. v. 13.10.2004, Az. I ZR 163/02, NJW 2005, 1435, 1436 – Hotel Maritime; BGH, Beschl. v. 10.11.2009, Az. VI ZR 217/08, NJW 2010, 1232 Rn. 24 – rainbow.at; BGH, Urt. v. 29.03.2011, Az. VI ZR 111/10, NJW 2011, 2059 Rn. 15 – „Sieben Tage in Moskau".

[108] EuGH, verb. Rs. C-509/09 und C-161/10 [2011] eDate Advertising GmbH und Olivier Martinez, Robert Martinez/MGN Ltd., Schlussantrag Generalanwalt Cruz Villalón [65]; vgl. verb. Rs. C-585/08 und C-144/09 [2010] Pammer und Hotel Alpenhof [83] (bzgl. Art. 17 Abs. 1 Buchst. c) Brüssel Ia-VO)

[109] EuGH, verb. Rs. C-509/09 und C-161/10 [2011] eDate Advertising GmbH und Olivier Martinez, Robert Martinez/MGN Ltd., Schlussantrag Generalanwalt Cruz Villalón [65].

Werbung,[110] und gegebenenfalls die Währung, mit der für die Information bezahlt werden muss.[111]

Schließlich sind auch im Deliktstäter liegende Umstände zu berücksichtigen, etwa ob dieser eine Information auf einen bestimmten Ort ausrichtete[112] oder ob er es gar zu vermeiden versuchte, die Information an einem bestimmten Ort zugänglich zu machen, etwa durch Maßnahmen des Geo-Blocking. Für den Beklagten muss es zudem vorhersehbar sein, an einem bestimmten Gerichtsstand verklagt zu werden.[113]

d) „Schwerpunkt des Konflikts" als transnationale Regel?

Der „Schwerpunkt des Konflikts" ist als jurisdiktionelle Regel des transnationalen Kommunikationsdeliktsrechts trag- und anknüpfungsfähig. Einschlägige Regelungen bieten „Einfallstore", um die Lehre vom Schwerpunkt des Konflikts aufzunehmen.

In England und Wales kann der „Schwerpunkt des Konflikts" über Section 9 Defamation Act 2013 Eingang finden. Danach ist ein englisches Gericht international unzuständig, wenn das Gericht nicht festgestellt hat, dass England und Wales von allen Orten, an denen die Äußerung veröffentlicht worden ist, „klar der angemessenste Ort" ist, an dem im Hinblick auf die Äußerung Klage einzureichen ist. Section 9 Defamation Act 2013 ist damit Ausdruck der *forum conveniens*-Doktrin. Unklar ist jedoch, wie der „klar angemessenste Ort" zu bestimmen ist. Auch die Erläuterungen zum Defamation Act 2013 bieten hierfür keine eindeutige Definition. Vielmehr heißt es, dass hierfür das „gesamte globale Bild" zu berücksichtigen sei.[114] Als Beispiel nennen die Erläuterungen ein quan-

---

[110] EuGH, verb. Rs. C-509/09 und C-161/10 [2011] eDate Advertising GmbH und Olivier Martinez, Robert Martinez/MGN Ltd., Schlussantrag Generalanwalt Cruz Villalón [65].

[111] Vgl. BGH, Urt. v. 03.05.1977, Az. VI ZR 24/75, NJW 1977, 1590 (insoweit nicht abgedruckt) – profil.

[112] Sog. *targeting approach*; vgl. BGH, Urt. v. 13.10.2004, Az. I ZR 163/02, NJW 2005, 1435, 1436 – Hotel Maritime (bzgl. Markenrecht); BGH, Urt. v. 02.03.2010, Az. VI ZR 23/09, BGHZ 184, 313 Rn. 24 – New York Times (bzgl. Persönlichkeitsrechtsverletzung); BGH, Urt. v. 12.12.2013, Az. I ZR 131/12, MMR 2014, 605 Rn. 24 – Flugvermittlungsportal (bzgl. Wettbewerbsverletzung); EuGH, verb. Rs. C-585/08 und C-144/09 [2010] Pammer und Hotel Alpenhof (bzgl. Art. 17 Abs. 1 Buchst. c) Brüssel Ia-VO); verb. Rs. C-509/09 und C-161/10 [2011] eDate Advertising GmbH und Olivier Martinez, Robert Martinez/MGN Ltd., Schlussantrag Generalanwalt Cruz Villalón [65]; Rs. C-230/14 [2015] Weltimmo [41] (bzgl. Datenschutz); Art. 4a Abs. 2 des Vorschlags des Deutschen Rates für IPR vom 11.08.2007, überarbeitete Fassung vom 19.02.2010; *Smith*, Internet Law and Regulation, 4. Aufl. 2007, Rn. 6-055; *Kohl*, Jurisdiction and the Internet, 2007, S. 24–26; *Schultz*, European Journal of International Law 19 (2008), 799, 800, 816; *Reymond*, Yearbook of Private International Law 14 (2012/2013), 205; *Junker*, RIW 2010, 257, 260.

[113] Vgl. Erwägungsgrund 15 Brüssel Ia-VO; EuGH, verb. Rs. C-509/09 und C-161/10 [2011] eDate Advertising GmbH und Olivier Martinez, Robert Martinez/MGN Ltd., Schlussantrag Generalanwalt Cruz Villalón [57].

[114] Defamation Act 2013 Explanatory Notes, Rn. 66.

titatives Kriterium: Wenn ein Äußerung 10.000 Mal in Australien veröffentlicht wurde aber nur 5.000 Mal in England, dann sei eben Australien die angemessenere Jurisdiktion. Es gebe jedoch noch weitere Faktoren, die ein Gericht heranziehen sollte, beispielsweise die Größe des Schadens für die Reputation des Klägers in einer bestimmten Jurisdiktion im Vergleich zu anderen Jurisdiktionen, in welchem Ausmaß eine Veröffentlichung auf ein bestimmtes Publikum abzielte, oder ob es Grund zu der Annahme gibt, dass der Kläger vor einem anderen Gericht kein faires Verfahren erhielte.[115] Diese Faktoren sind denen zur Ermittlung des Schwerpunkts des Konflikts ähnlich, weshalb Section 9 Defamation Act einen geeigneten dogmatischen Anknüpfungspunkt für einen transnationalen Gleichlauf bietet.[116]

Unter der Brüssel Ia-VO wäre Art. 7 Nr. 2 die geeignete Vorschrift, um nach dem Schwerpunkt des Konflikts zu fragen. Zwar entschied der EuGH in *Owusu gegen Jackson*, dass die *forum non conveniens*-Doktrin unter der (nunmehr) Brüssel Ia-VO keine Anwendung finde, selbst wenn das geeignetere Forum kein EU-Mitgliedstaat sei.[117] Die Einführung eines Gerichtsstandes am Schwerpunkt des Konflikts steht allerdings nicht im Widerspruch zu *Owusu gegen Jackson*. Es ist zwar nicht zu verkennen, dass die Analyse des „Mittelpunkts der Interessen" der Lehre vom *forum (non) conveniens* nicht unähnlich ist.[118] Die Feststellung des „Mittelpunkts der Interessen" beruht auf der Bewertung mehrerer Faktoren, anhand derer der geeignetste Gerichtsstand zur Entscheidung über den Rechtsstreit ermittelt wird – eben der „natürliche Gerichtsstand" im Sinne des *forum (non) conveniens*. Im Unterschied zur *forum (non) conveniens*-Doktrin würden die Gerichte allerdings kein Ermessen besitzen, ob sie die Jurisdiktion, die sie zum „Schwerpunkt des Konflikts" erklärt haben, für geeignet halten oder nicht.

Im deutschen Recht schließlich ließe sich die gerichtliche Zuständigkeit nach dem „Schwerpunkt des Konflikts" mit § 32 ZPO analog vereinbaren. Auf diese Vorschrift gründete der BGH seine Rechtsprechung zum Schwerpunkt des Konflikts.[119]

---

[115] Defamation Act 2013 Explanatory Notes, Rn. 66.

[116] Vgl. bereits *Oster*, International Review of Law, Computers & Technology 26 (2012), 113, 121.

[117] EuGH, Rs. C-281/02 [2005] Owusu/Jackson.

[118] Siehe z. B. King v. Lewis [2004] EWHC 168 (QB) [24–27]; Richardson v. Schwarzenegger [2004] EWHC 2422 (QB) [24]; Dow Jones & Company Inc. v. Gutnick [2002] HCA 56 [134].

[119] BGH, Urt. v. 02.03.2010, Az. VI ZR 23/09, BGHZ 184, 313 Rn. 20 – New York Times; BGH, Urt. v. 29.03.2011, Az. VI ZR 111/10, NJW 2011, 2059 – „Sieben Tage in Moskau".

II. Das anwendbare Recht

In der EU bestimmt sich das anzuwendende Recht bei Kommunikationsdelikten grundsätzlich[120] nach der Rom II-VO.[121] Allerdings nimmt Art. 1 Abs. 2 Buchst. g) der Rom II-VO „außervertragliche Schuldverhältnisse aus der Verletzung der Privatsphäre oder der Persönlichkeitsrechte, einschließlich der Verleumdung" vom Anwendungsbereich der Verordnung aus.

Problematisch ist, ob Art. 1 Abs. 2 Buchst. g) Rom II-VO auch die Verleumdung von Unternehmen erfasst.[122] Dagegen spricht, dass die Vorschrift „Schuldverhältnisse aus der Verletzung [...] der Persönlichkeitsrechte, *einschließlich* der Verleumdung" betrifft. Das suggeriert, dass ein Anspruch wegen Verleumdung eine Verpflichtung aus der Verletzung von Persönlichkeitsrechten darstellt. Es ist allerdings fraglich, ob Unternehmen überhaupt Persönlichkeitsrechte besitzen. Wie in Kapitel 3 dargestellt, ist der Ehrschutz von Unternehmen eigentumstheoretisch zu erklären. Andererseits erscheint es künstlich, Unternehmen vom Anwendungsbereich des Art. 1 Abs. 2 Buchst. g) Rom II-VO auszunehmen. Die Gesetzgebungsgeschichte dieser Vorschrift zeigt, dass es dem Normgeber nicht vorrangig um die Opfer von Persönlichkeitsrechtsverletzungen ging, sondern um die beklagten Schädiger, namentlich die Medien. Für die Medien macht es wiederum keinen Unterschied, ob sie von einer natürlichen oder einer juristischen Person verklagt werden. Aus diesem Grunde sollte Art. 1 Abs. 2 Buchst. g) Rom II-VO auch auf Verleumdungsklagen von Unternehmen angewendet werden.[123]

Für diesen Grundsatz gilt jedoch eine Ausnahme, nämlich die Fälle, in denen die Ehrverletzung eines Unternehmens ein wettbewerbswidriges Verhalten nach Art. 6 Rom II-VO darstellt. Als Ausnahmevorschrift ist Art. 1 Abs. 2 Buchst. g) Rom II-VO grundsätzlich eng auszulegen. Die Regelung gilt nicht, soweit eine andere Vorschrift – wie etwa Art. 6 Rom II-VO – einschlägig ist. Dem widerspricht auch nicht die Gesetzgebungsgeschichte des Art. 1 Abs. 2 Buchst. g) Rom II-VO: bei einem Vorwurf der Ehrverletzung durch wettbewerbswidriges Verhalten – etwa über § 4 UWG, *malicious falsehood* und *trade libel* – ist Beklagter notwendig ein anderes, im Wettbewerb mit dem Kläger stehendes Unternehmen. In diesem Fall erscheint es sachgerecht, Art. 6 Abs. 2

---

[120] Art. 3 DSGVO ist allerdings *lex specialis* zur Rom I- und Rom II-VO; siehe Artikel-29-Datenschutzgruppe, Opinion 8/2010 on applicable law sowie EuGH, Rs. C-230/14 [2015] Weltimmo, jeweils zu Art. 4 Datenschutzrichtlinie 95/46/EG.

[121] Die Rom II-VO gilt nicht für Dänemark (Erwägungsgrund 40).

[122] Dafür etwa *Dickinson*, The Rome II Regulation: The Law Applicable to Non-Contractual Obligations, 2008, Rn. 3.227.

[123] Siehe *Oster*, European and International Media Law, 2017, S. 497 f.

Rom II-VO anzuwenden, nicht hingegen mittels Art. 1 Abs. 2 Buchst. g) Rom II-VO die Anwendung der Rom II-VO auszuschließen.[124]

Wegen Art. 1 Abs. 2 Buchst. g) Rom II-VO gilt für Persönlichkeitsrechtsverletzungen nach wie vor autonomes Recht. In Deutschland unterliegen solche Ansprüche gemäß Art. 40 Abs. 1 Satz 1 EGBGB grundsätzlich dem Recht des Staates, in dem der Ersatzpflichtige gehandelt hat. Der Verletzte kann im ersten Rechtszug bis zum Ende des frühen ersten Termins oder dem Ende des schriftlichen Vorverfahrens verlangen, dass anstelle dieses Rechts das Recht des Erfolgsortes angewandt wird (Art. 40 Abs. 1 Sätze 2 und 3 EGBGB).

In England regelt seit 1995 der Private International Law Act die Wahl des anzuwendenden Rechts. Defamation ist jedoch gemäß Section 13 von dessen Anwendungsbereich ausdrücklich ausgenommen. In England fällt *defamation* somit gleichsam doppelt durch das legislative Raster: Zum einen ist es vom Anwendungsbereich der Rom II-Verordnung ausgenommen, und zum anderen von dem des Private International Law Act 1995. Die Gründe hierfür liegen parallel: Ebenso wie der europäische Verordnungsgeber konnte sich auch der britische Gesetzgeber nicht zu einer Kollisionsregel für die grundrechtssensiblen Pressedelikte durchringen.[125] Dies hat zur Folge, dass in Großbritannien nach wie vor die sog. *double actionability rule* gilt, die auf eine Entscheidung im Jahre 1870 zurückgeht.[126] Nach dieser Regel darf ein englisches Gericht einer Klage, die sich auf Verhalten außerhalb von England und Wales bezieht, nur dann stattgeben, wenn sie sowohl nach englischem Recht als auch nach dem Recht des Handlungsortes erfolgreich ist.[127] Steht dem Beklagten hingegen nach dem Recht auch nur einer der beiden Jurisdiktionen eine *defence* zu, wird die Klage abgewiesen. Dahinter steht der Gedanke, dass vor einem englischen Gericht niemandem die *defences* verweigert werden dürfen, die ihm nach englischem Recht zustünden. Für *defamation*-Klagen birgt dies aber eine gewisse Ironie: Da die *defences* gegen *defamation claims* relativ schwach ausgeprägt sind, kann der Beklagte nur davon profitieren, dass ihm möglicherweise auch ausländische Verteidigungsmöglichkeiten zur Verfügung stehen. Generell stellt sich jedoch die Frage, ob diese „engstirnige"[128] Regel aus dem 19. Jahrhundert

---

[124] *Fawcett/Carruthers*, Cheshire, North & Fawcett Private International Law, 14. Aufl. 2008, S. 868; *Oster*, European and International Media Law, 2017, S. 497.

[125] *Mills*, Journal of Media Law 7 (2015), 1, 13.

[126] Phillips v. Eyre [1870] LR 6 QB 1; weiterentwickelt in Machado v. Fontes [1897] 2 QB 231; Boys v. Chaplin [1971] AC 356 und Red Sea Insurance Co. Ltd. v. Bouygues SA [1995] 1 AC 190; Kuwait Airways Corporation v. Iraqi Airways Company u. a. [2002] UKHL 19; Loutchansky v. Times Newspapers Ltd. (Nos 2–5) [2002] QB 783.

[127] Für in England begangene Torts gilt hingegen ausschließlich englisches Recht (Szalatnay-Stacho v. Fink [1947] KB 1).

[128] So The Law Commission (No. 193) and The Scottish Law Commission (No. 129), Private International Law, Choice of Law in Tort and Delict, 11.12.1990, Nr. 2.7: „parochial".

noch dazu geeignet ist, die Kommunikationsformen des 21. Jahrhunderts sachgerecht zu erfassen.[129]

Es bedarf vielmehr einer einheitlichen transnationalen, zumindest europäischen Kollisionsnorm. Diese sollte an die oben dargestellten Wertungen des europäischen Zivilprozessrechts angepasst sein, das heißt, das anwendbare Recht sollte ebenfalls nach dem Schwerpunkt des Konflikts bestimmt werden. Wird nämlich der Gerichtsort so sorgfältig und ausgewogen bestimmt, so spricht nichts dagegen, bei Kommunikationsdelikten die *lex fori* für anwendbar zu erklären, sofern der Kläger am Ort des „Schwerpunkt des Konflikts" klagt.[130] Dies entspräche der Savigny'schen Aufgabe, den „Sitz des Rechtsverhältnisses" zu finden.

III. Die Bedeutung des europarechtlichen Herkunftslandprinzips

Seit längerem ist umstritten, ob das Herkunftslandprinzip nach der e-commerce-Richtlinie kollisionsrechtlichen Charakter besitzt.[131] Die gleiche Frage stellt sich auch für das Herkunftslandprinzip nach der AVMD-Richtlinie, wenngleich diese – soweit ersichtlich – bislang noch nicht ausdrücklich entschieden wurde.

Hintergrund des Herkunftslandprinzips der e-commerce-Richtlinie und der AVMD-Richtlinie ist die Dogmatik der Grundfreiheiten des europäische Binnenmarktes, in diesem Fall die Dienstleistungsfreiheit gemäß Art. 56 AEUV.[132] Danach sind Beschränkungen des grenzüberschreitenden freien Dienstleistungsverkehrs innerhalb der EU grundsätzlich verboten.[133] Nach Art. 62 i.V.m. Art. 52 AEUV sind Beschränkungen jedoch zulässig, die aus Gründen der öffentlichen Ordnung, Sicherheit oder Gesundheit gerechtfertigt sind. Darüber hinaus folgt aus der Entscheidung *Cassis de Dijon*, dass für nicht-diskriminierende Maßnahmen auch verhältnismäßige Beschränkungen zulässig sind, „um zwingenden Erfordernissen gerecht zu werden".[134] Zu diesen „zwingenden Er-

---

[129] Aus den kritischen Stimmen der englischen Literatur statt vieler *Mills*, Journal of Media Law 7 (2015), 1, 7 ff.

[130] Vgl. *Heiderhoff*, EuZW 2007, 428, 432; *Picht*, GRUR Int. 2013, 19, 26; *Gebauer*, IPRax 2014, 513, 517; *von Hinden*, ZEuP 2012, 940, 954; a. A. *Kropholler*, Internationales Privatrecht, 2007, S. 542.

[131] Dazu *Halfmeier*, ZEuP 2001, 837; *Gounalakis/Rhode*, Persönlichkeitsschutz im Internet, 2002, Rn. 25 ff.; *Grundmann*, RabelsZ 67 (2003), 246; *Sack*, EWS 2011, 65, 68.

[132] Zur Qualifizierung von Rundfunk als Dienstleistung siehe EuGH, Rs. 155/73 [1974] Sacchi [6].

[133] Zum Verständnis der Grundfreiheiten als Beschränkungs- und nicht nur als Diskriminierungsverbot: EuGH, Rs. 8/74 [1974] Dassonville.

[134] EuGH, Rs. 120/78 [1979] Rewe/Bundesmonopolverwaltung für Branntwein („Cassis de Dijon") [8].

fordernissen" rechnen beispielsweise der Verbraucherschutz[135] oder der Schutz des geistigen Eigentums.[136] Die e-commerce-Richtlinie und die AVMD-Richtlinie kodifizieren die Maßgaben des europäischen Primärrechts unter Berücksichtigung ihrer Auslegung durch den EuGH[137] für Dienste der Informationsgesellschaft und für audiovisuelle Mediendienste.

Gemäß Art. 3 Abs. 1 e-commerce-Richtlinie trägt jeder Mitgliedstaat dafür Sorge, dass die Dienste der Informationsgesellschaft, die von einem in seinem Hoheitsgebiet niedergelassenen Diensteanbieter erbracht werden, den in diesem Mitgliedstaat geltenden innerstaatlichen Vorschriften entsprechen, die in den koordinierten Bereich fallen.[138] Mitgliedstaaten dürfen daher nicht den freien Verkehr von Diensten der Informationsgesellschaft aus einem anderen Mitgliedstaat aus Gründen einschränken, die in den koordinierten Bereich fallen (Art. 3 Abs. 2 e-commerce-Richtlinie). Dieses Verbot schließt Einschränkungen durch Regelungen des öffentlichen Rechts wie auch solche des Privatrechts ein.[139] Mitgliedstaaten können jedoch unter bestimmten Bedingungen Maßnahmen ergreifen, die im Hinblick auf einen bestimmten Dienst der Informationsgesellschaft von Art. 3 Abs. 2 e-commerce-Richtlinie abweichen. Die Maßnahmen müssen aus einem der in Art. 3 Abs. 4 Buchst. a) e-commerce-Richtlinie genannten Gründe (Schutz der öffentlichen Ordnung, der öffentlichen Gesundheit, der öffentlichen Sicherheit oder der Verbraucher) erforderlich sein, einen bestimmten Dienst der Informationsgesellschaft betreffen, der diese Schutzziele beeinträchtigt oder eine ernsthafte und schwerwiegende Gefahr einer Beeinträchtigung dieser Ziele darstellt und sie müssen angemessen sein. An das Ergreifen der betreffenden Maßnahmen sind Notifizierungspflichten geknüpft (Art. 3 Abs. 4 Buchst. b) e-commerce-Richtlinie).

Art. 3 AVMD-Richtlinie kodifiziert das Herkunftslandprinzip für audiovisuelle Mediendienste. Zunächst hat jeder Mitgliedstaat nach Art. 2 Abs. 1 AVMD-Richtlinie – ähnlich wie unter Art. 3 Abs. 1 e-commerce-Richtlinie – dafür Sorge zu tragen, dass alle audiovisuellen Mediendienste, die von seiner Rechtshoheit unterworfenen Mediendiensteanbietern übertragen werden, den Vorschriften des Rechtssystems entsprechen, die auf für die Allgemeinheit bestimmte audiovisuelle Mediendienste in diesem Mitgliedstaat anwendbar sind. Ähnlich Art. 3 Abs. 2 e-commerce Richtlinie verpflichtet Art. 3 Abs. 1 AVMD-

---

[135] Siehe z. B. EuGH, Rs. 120/78 [1979] Rewe/Bundesmonopolverwaltung für Branntwein ("Cassis de Dijon") [8]; Rs. C-288/89 [1991] Collectieve Antennevoorziening Gouda [14]; verb. Rs. C-34/95, C-35/95 und C-36/95 [1997] De Agostini (Svenska) Förlag AB u. a. [53].

[136] EuGH, Rs. 62/79 [1980] Coditel u. a./Ciné Vog Films u. a. [15].

[137] Siehe Erwägungsgründe 35, 40, 41 und 43 der AVMD-Richtlinie.

[138] Die im Anhang zur e-commerce-Richtlinie genannten Bereiche, auf die Art. 3 Abs. 1 und 2 keine Anwendung findet, spielen für die vorliegende Untersuchung keine Rolle.

[139] Erwägungsgrund 25 e-commerce-Richtlinie; EuGH, verb. Rs. C-509/09 und C-161/10 [2011] eDate Advertising GmbH und Olivier Martinez, Robert Martinez/MGN Ltd. [58]; aus der Lit. etwa *Halfmeier*, ZEuP 2001, 837, 861.

Richtlinie die Mitgliedstaaten dazu, den freien Empfang audiovisueller Mediendienste aus anderen Mitgliedstaaten in ihrem Hoheitsgebiet zu gewährleisten und ihre Weiterverbreitung nicht aus Gründen zu behindern, die Bereiche betreffen, die durch die AVMD-Richtlinie koordiniert sind. Art. 3 AVMD-Richtlinie statuiert Ausnahmen zu dem Prinzip des „free flow of information", die sich danach richten, ob es sich bei dem audiovisuellen Mediendienst um ein Fernsehprogramm im Sinne von Art. 1 Abs. 1 Buchst. e) der Richtlinie oder um einen audiovisuellen Mediendienst auf Abruf nach Art. 1 Abs. 1 Buchst. g) handelt. Bei Fernsehprogrammen können die Mitgliedstaaten nach Art. 3 Abs. 2 AVMD-Richtlinie vorübergehend vom Herkunftslandprinzip abweichen, wenn das Programm „in offensichtlicher, ernster und schwerwiegender Weise" gegen Art. 27 Abs. 1 oder Abs. 2 und/oder Art. 6 AVMD-Richtlinie verstößt. Auch solchen Maßnahmen sind Notifizierungspflichten vorangestellt. Bei audiovisuellen Mediendiensten auf Abruf können die Mitgliedstaaten nach Art. 3 Abs. 4 AVMD-Richtlinie von den Pflichten nach Art. 3 Abs. 1 abweichen, wenn die Maßnahme zum Schutz der öffentlichen Ordnung, der öffentlichen Gesundheit, der öffentlichen Sicherheit oder der Verbraucher erforderlich und angemessen ist.

Um zu prüfen, welche Auswirkungen das Herkunftslandprinzip in Bezug auf Dienste der Informationsgesellschaft und audiovisuelle Mediendienste für den Ehrschutz auf kollisionsrechtlicher und sachrechtlicher Ebene zeitigt, ist zunächst der Charakter des Herkunftslandprinzips als kollisions- oder als sachrechtlich zu qualifizieren. Art. 1 Abs. 4 e-commerce-Richtlinie besagt ausdrücklich, dass die Richtlinie „weder zusätzliche Regeln im Bereich des internationalen Privatrechts [schafft], noch befaßt sie sich mit der Zuständigkeit der Gerichte". Ausweislich des Erwägungsgrundes 23 der e-commerce-Richtlinie dürfen „Vorschriften des anwendbaren Rechts, die durch Regeln des Internationalen Privatrechts bestimmt sind, [...] die Freiheit zur Erbringung von Diensten der Informationsgesellschaft im Sinne dieser Richtlinie nicht einschränken." Die AVMD-Richtlinie trifft keine entsprechenden Feststellungen. Es ist jedoch anzunehmen, dass die Aussagen des Art. 1 Abs. 4 und des 23. Erwägungsgrundes der e-commerce-Richtlinie auch auf die AVMD-Richtlinie zutreffen.

In *Martinez und eDate Advertising* hatte der EuGH die Vorlagefrage des BGH zu beantworten, ob Art. 3 Abs. 1 und 2 der e-commerce-Richtlinie

„kollisionsrechtlichen Charakter in dem Sinne haben, dass sie auch für den Bereich des Zivilrechts unter Verdrängung der nationalen Kollisionsnormen für die Dienste der Informationsgesellschaft die alleinige Anwendung des im Herkunftsland geltenden Rechts anordnen oder ob es sich bei diesen Bestimmungen um ein Korrektiv des nach den nationalen Kollisionsnormen für anwendbar erklärten Rechts handelt, um dieses gemäß den Anforderungen des Herkunftslands inhaltlich zu modifizieren."

Der EuGH antwortete, dass Art. 3 Abs. 2 e-commerce-Richtlinie keine Umsetzung in Form einer speziellen Kollisionsregel *verlange*.[140] Die Lesart des EuGH weicht somit vom Wortlaut des Art. 1 Abs. 4 e-commerce-Richtlinie etwas ab, besagt dieser doch, dass die Richtlinie keine Regeln im Bereich des IPR *schaffe*. Daraus ist zu folgern, dass der EuGH eine Umsetzung von Art. 3 Abs. 2 e-commerce-Richtlinie als Kollisionsnorm auch nicht verbietet. Der EuGH wies darauf hin, dass es den Empfangsstaaten grundsätzlich freistehe, das anwendbare Sachrecht anhand ihres autonomen Rechts zu bestimmen, „soweit sich daraus keine Einschränkung der Freiheit zur Erbringung von Diensten des elektronischen Geschäftsverkehrs ergibt".[141] Maßgeblich ist somit allein die praktische Wirksamkeit des Unionsrechts im Entscheidungsergebnis.[142] Die Mitgliedstaaten müssen – vorbehaltlich der Ausnahmebestimmungen in Art. 3 Abs. 4 e-commerce-Richtlinie – den „free flow of information" gewährleisten. Wie sie dieser Pflicht nachkommen – ob mittels einer kollisionsrechtlichen Regelung oder mittels einer entsprechenden Auslegung ihres Sachrechts – bleibt ihnen überlassen. In Deutschland sieht § 1 Abs. 5 TMG vor, dass das TMG weder Regelungen im Bereich des IPR trifft, noch die Zuständigkeit der Gerichte regelt. § 3 TMG ist somit eine sachrechtliche Regelung. Die britischen Electronic Commerce Regulations sehen keine Regelung in Umsetzung von Art. 1 Abs. 4 e-commerce-Richtlinie vor. Allerdings spricht die Gesetzgebungsgeschichte dafür, dass der britische Gesetzgeber die e-commerce-Richtlinie allein sachrechtlich umzusetzen gedachte.[143]

Als kollisionsrechtliche Regelung wäre die nationale Umsetzung von Art. 3 Abs. 2 e-commerce-Richtlinie – und das Gleiche gilt für Art. 3 Abs. 1 AVMD-Richtlinie – *lex specialis* zur Rom II-VO im Sinne von Art. 27 dieser Verordnung. In diesem Fall wären die Ausnahmetatbestände der Art. 3 Abs. 4 e-commerce-Richtlinie bzw. Art. 3 Abs. 2 und 4 AVMD-Richtlinie als kollisionsrechtliche *ordre public*-Vorschriften zu charakterisieren. Sofern die Umsetzung der Art. 3 Abs. 2 e-commerce-Richtlinie und Art. 3 Abs. 1 AVMD-Richtlinie jedoch – wie in Deutschland und England – auf sachrechtlicher Ebene operiert, muss das Gericht des Empfangsstaates zunächst das inländische Kollisionsrecht[144] danach befragen, welches Recht Anwendung findet. Verweist das inländische IPR auf das Recht des Herkunftslandes, ist dieses unmittelbar anzuwenden. Verweist das IPR hingegen auf das Recht des Empfangsstaates, so

---

[140] EuGH, verb. Rs. C-509/09 und C-161/10 [2011] eDate Advertising GmbH und Olivier Martinez, Robert Martinez/MGN Ltd. [63].

[141] EuGH, verb. Rs. C-509/09 und C-161/10 [2011] eDate Advertising GmbH und Olivier Martinez, Robert Martinez/MGN Ltd. [62].

[142] Vgl. EuGH, verb. Rs. C-509/09 und C-161/10 [2011] eDate Advertising GmbH und Olivier Martinez, Robert Martinez/MGN Ltd. [64 ff.].

[143] Siehe Department for Trade and Industry, A Guide for Business to the Electronic Commerce (EC Directive) Regulations 2002, 31. Juli 2002, Nr. 4.8

[144] Wegen Art. 1 Abs. 2 Buchst. g) fände die Rom II-VO hier keine Anwendung.

findet dieses Anwendung. Es darf dann jedoch keine strengeren sachrechtlichen Anforderungen an den Dienst stellen als diejenigen, die im Herkunftsland gelten. Eine kollisionsrechtliche Umsetzung des Herkunftslandprinzips führt somit dazu, dass die Vorschriften des Herkunftslandes unmittelbar anzuwenden sind. Eine sachrechtliche Umsetzung führt dazu, dass sie – im Falle eines Verweises des nationalen Kollisionsrechts auf das Recht des Empfangsstaates – mittelbar zu berücksichtigen sind.[145]

Abschließend soll noch auf die Bedeutung des Herkunftslandprinzips für Ehrverletzungen in Rundfunk und Internet eingegangen werden. Ob eine ehrenrührige Aussage in einem grenzüberschreitenden Fernsehprogramm oder in einem Internetdienst im Empfangsstaat deliktisch geahndet werden kann, bestimmt sich zunächst danach, ob nach dem Recht des Herkunftslandes ein Ehrverletzungsdelikt vorliegt. Ist dies nicht der Fall, so könnte die Ehrverletzung gleichwohl dann nach den Maßstäben des Empfangsstaats beurteilt werden, wenn eine der Ausnahmen nach Art. 3 Abs. 2 oder 4 AVMD-Richtlinie oder nach Art. 3 Abs. 4 e-commerce-Richtlinie vorliegt. Im Hinblick auf Dienste der Informationsgesellschaft und nicht-lineare audiovisuelle Mediendienste sehen Art. 3 Abs. 2 Buchst. a) lit. (i) erster SpStr. der e-commerce-Richtlinie und Art. 3 Abs. 4 Buchst. a) lit. (i) erster SpStr. der AVMD-Richtlinie gleichlautend vor, dass Mitgliedstaaten abweichend vom Herkunftslandprinzip Maßnahmen treffen können, wenn diese erforderlich sind zum „Schutz der öffentlichen Ordnung, insbesondere Verhütung, Ermittlung, Aufklärung und Verfolgung von Straftaten, einschließlich des Jugendschutzes und der Bekämpfung der Hetze aus Gründen der Rasse, des Geschlechts, des Glaubens oder der Nationalität, sowie von Verletzungen der Menschenwürde einzelner Personen." Dieser Gleichlauf der beiden Regelungen ist konsequent, da ein audiovisueller Mediendienst auf Abruf ein Unterfall eines Dienstes der Informationsgesellschaft im Sinne der e-commerce-Richtlinie ist.[146]

Ein Zivilgericht eines Empfangsmitgliedstaats kann sich daher nur dann auf Art. 3 Abs. 2 Buchst. a) lit. (i) e-commerce-Richtlinie bzw. Art. 3 Abs. 4 Buchst. a) lit. (i) AVMD-Richtlinie berufen, um Maßnahmen zum Schutz der Ehre eines Verletzten zu ergreifen, wenn die Ehrverletzung zugleich eine Verletzungen der Menschenwürde dieser Person darstellt.[147] Irreführend ist insofern Erwägungsgrund 60 der AVMD-Richtlinie. Danach sollen Maßnahmen zur Wahrung der Menschenwürde „sorgfältig gegen das in der Charta der Grundrechte der Europäischen Union verankerte Grundrecht auf Meinungsfreiheit abgewogen werden." Nach Art. 1 der Charta ist die Menschenwürde

---

[145] Vgl. *Gounalakis/Rhode*, in: Gounalakis (Hrsg.), Rechtshandbuch Electronic Business, 2003, § 22 Rn. 26.
[146] Siehe Erwägungsgrund 18 der e-commerce-Richtlinie.
[147] Dazu Kapitel 4 Abschnitt III.6.

indessen „unantastbar". Sie ist daher einer Abwägung gegen andere Grundrechte nicht zugänglich.

Art. 3 Abs. 2 AVMD-Richtlinie, der Abweichungen hinsichtlich linearer audiovisuelle Mediendienste (Fernsehprogramme) vorsieht, ist noch enger gefasst als Art. 3 Abs. 4 e-commerce-Richtlinie und Art. 3 Abs. 4 AVMD-Richtlinie. Danach können die Mitgliedstaaten im Anwendungsbereich der AVMD-Richtlinie dann vom Herkunftslandprinzip abweichen, wenn das Fernsehprogramm „in offensichtlicher, ernster und schwerwiegender Weise" gegen Art. 27 Abs. 1 oder Abs. 2 und/oder Art. 6 AVMD-Richtlinie verstößt. Art. 27 AVMD-Richtlinie betrifft den Schutz Minderjähriger und kann hier außer Betracht bleiben. Artikel 6 AVMD-Richtlinie verpflichtet die Mitgliedstaaten dazu, dafür zu sorgen, dass audiovisuelle Mediendienste „nicht zu Hass aufgrund von Rasse, Geschlecht, Religion oder Staatsangehörigkeit aufstacheln". Anders als Art. 3 Abs. 4 e-commerce-Richtlinie und Art. 3 Abs. 4 AVMD-Richtlinie sieht Art. 3 Abs. 2 AVMD-Richtlinie daher gerade nicht vor, dass Abweichungen vom Herkunftslandprinzip auch zum Schutz der „Menschenwürde einzelner Personen" zulässig sind. Im Lichte von Art. 1 EUGRCh kann es sich dabei nur um ein Redaktionsversehen handeln.

IV. Kommunikationsdeliktsrecht und *ordre public*

IPR und IZVR bieten Ausnahmen sowohl zur Anwendung der *lex causae* durch ein nationales Gericht als auch der Anerkennung eines ausländischen Urteils (Exequatur), wenn die Anwendung ausländischen Rechts oder die Anerkennung des ausländischen Urteils unvereinbar ist mit dem *ordre public* des Forums bzw. des Staates, in dem um Anerkennung ersucht wird.[148] Im europäischen Mehrebenensystem finden sich *ordre public*-Klauseln sowohl im EU-Recht als auch im nationalen Recht und sowohl hinsichtlich der Anerkennung ausländischer Urteile als auch der Anwendung ausländischen Rechts. Von Bedeutung für die vorliegende Untersuchung sind Art. 45 Abs. 1 Buchst. a) der Brüssel Ia-VO und Art. 26 Rom II-VO sowie *ordre public*-Klauseln nach deutschem und englischem Recht.[149] *Ordre public*-Klauseln sind der ultimative Ausdruck nationaler Souveränität, der es Staaten erlaubt, Grundwerte ihres Rechtssystems zu

---

[148] Die Ausführungen dieses Abschnitts basieren auf *Oster*, Journal of Private International Law 11 (2015), 542 und entwickeln darin enthaltene Überlegungen weiter.

[149] Siehe zum englischen Recht In re Macartney [1921] 1 Ch 522; Section 4 Abs. 1 Buchst. a) lit. (v) Foreign Judgments (reciprocal enforcement) Act 1933; Adams v. Cape Industries Plc [1990] Ch 433; zum deutschen Recht Art. 6 EGBGB, § 328 Abs. 1 Nr. 4 ZPO.

schützen.[150] Zugleich bieten sie Einfallstore zur Berücksichtigung von Grund- und Menschenrechten. Im Mittelpunkt dieser Untersuchung steht die materiell-rechtliche Funktion von *ordre public*-Klauseln im Hinblick auf Meinungsfreiheit und Ehrschutz. Verstöße gegen den verfahrensrechtlichen *ordre public*, der bei der (Nicht-)Anerkennung ausländischer Urteile bedeutsam sein kann, bleiben hier außer Betracht.[151]

Ordre public beschreibt „die grundlegenden moralischen Überzeugungen oder Politiken" einer Gesellschaft, die von „derart überragender Bedeutung sind, dass ihre Nicht-Anwendung auf den Fall nicht zu tolerieren wäre".[152] Es umfasst die „grundlegende[n] Rechtsvorschrift[en] in der Rechtsordnung" eines Staates.[153] Zu diesen „grundlegenden Rechtsvorschriften" zählen auch die Grund- und Menschenrechte, die in einem Staat Gültigkeit beanspruchen. In den EU-Mitgliedstaaten sind dies etwa die EU-Grundrechtecharta, sofern sie nach Art. 51 anwendbar ist, die EMRK, der IPbpR und die Grundrechte nationaler Verfassungen.[154]

Einzelne nationale und europäische IPR-Kodifikationen erklären ausdrücklich, dass Grund- und Menschenrechte als *ordre public*-Erwägungen zu berücksichtigen sind. Hierzu gehören beispielsweise Art. 26 der Insolvenz-Verfahrensverordnung,[155] § 328 Abs. 1 Nr. 4 ZPO und Art. 6 EGBGB. Diese Regelungen sind indessen nur deklaratorisch. Die Grundrechtsbindung der Gerichte bei der Anwendung des IPR folgt bereits unmittelbar aus den Grund- und Menschenrechtskatalogen selbst, etwa Art. 1 EMRK, Art. 2 IPbpR, Art. 51 EUGRCh oder Art. 1 Abs. 3 GG. Zu den Grund- und Menschenrechten, die über *ordre*

---

[150] *Briggs*, The Conflict of Laws, 3. Aufl. 2013, S. 209; *Meidanis*, European Law Review 2005, 95, 97; *Oster*, Journal of Private International Law 11 (2015), 542.

[151] Dazu beispielsweise EuGH, Rs. C-7/98 [2000] Krombach; EGMR, Pellegrini/Italien [2001] Beschwerde-Nr. 30882/96; Government of the United States of America v. Montgomery (Nr. 2) [2004] UKHL 37; Maronier v. Larmer [2002] EWCA Civ 774; Al-Bassam v. Al-Bassam [2004] EWCA Civ 857; Mark v. Mark [2004] EWCA Civ 168; SA Marie Brizard et Roger International v. William Grant & Sons Ltd. (No. 2) [2002] SLT 1365.

[152] *Kahn-Freund*, Transactions for the Year 1953 (The Grotius Society) (1954), 39, 40.

[153] EuGH, Rs. C-38/98 [2000] Renault [34]; siehe auch Rs. C-7/98 [2000] Krombach [37].

[154] Siehe Oppenheimer v. Cattermole [1976] AC 249, 277 f.; Kuwait Airways Corporation v. Iraqi Airways Company u.a. [2002] UKHL 19 [28] (Lord Nicholls), [114] (Lord Steyn), [139] (Lord Hope); Al-Bassam v. Al-Bassam [2004] EWCA Civ 857 [45]; Government of the United States of America v. Montgomery (Nr. 2) [2004] UKHL 37; EGMR, Al-Adsani/Vereinigtes Königreich [2001] Beschwerde-Nr. 35763/97 [55]; Pellegrini/Italien [2001] Beschwerde-Nr. 30882/96 [46]; Al-Saadoon und Mufdhi/Vereinigtes Königreich [2010] Beschwerde-Nr. 61498/08 [126]; Nada/Schweiz [2012] Beschwerde-Nr. 10593/08; Povse/Österreich [2013] Beschwerde-Nr. 3890/11 [79]; X/Lettland [2013] Beschwerde-Nr. 27853/09; Avotiņš/ Lettland [2014] Beschwerde-Nr. 17502/07 [47 ff.]; BVerfG, Beschl. v. 04.05.1971, Az. 1 BvR 6361/68, BVerfGE 31, 58 – Spanierbeschluss (IPR und Grundrechte I); *Fawcett/Carruthers*, Cheshire, North & Fawcett Private International Law, 14. Aufl. 2008, S. 145. Näher *Oster*, Journal of Private International Law 11 (2015), 542, 547 f.

[155] Verordnung (EG) Nr. 1346/2000 des Rates vom 29. Mai 2000 über Insolvenzverfahren, ABl. L 160/1.

public-Klauseln Eingang in die Anwendung des Internationalen Privatrechts finden, gehören auch die Kommunikationsfreiheit und die Persönlichkeitsrechte. Ein nationales Gericht kann somit etwa die Kommunikationsfreiheit eines Beklagten verletzen, indem es ein ausländisches Diffamierungsurteil anerkennt und seine *ordre public*-Klausel nicht anwendet. Umgekehrt kann ein Gericht den Ehrschutz des im Ausland erfolgreichen Klägers verletzen, wenn es die Anerkennung des ausländischen Diffamierungsurteils unter Berufung auf *ordre public* verweigert.[156]

Dass Kommunikationsfreiheit und Ehrschutz als Teil des *ordre public* zu berücksichtigen sind, sagt jedoch noch nichts darüber aus, in welcher Intensität nationale Gerichte ausländisches Recht oder ausländische Urteile auf ihre Vereinbarkeit mit diesen Grund- und Menschenrechten überprüfen dürfen. Anders formuliert: Bietet eine transnationale Analyse nationaler und europäischer *ordre public*-Klauseln Anhaltspunkte dafür, unter welchen Umständen ein nationales Gericht die Anerkennung ausländischer Diffamierungsurteile verweigern bzw. von der gebotenen Anwendung ausländischen Ehrschutzrechts abweichen darf, weil das Urteil bzw. die Rechtsanwendung gegen *ordre public*-Grundsätze des Ehrschutzes oder der Kommunikationsfreiheit verstößt? Es besteht weitgehende Einigkeit, dass eine Berufung auf *ordre public* nur restriktiv und ausnahmsweise möglich sein soll.[157] Gerichten soll es nicht möglich sein, eine *ordre public*-Regelung nur deswegen anzuwenden, weil die Anwendung ausländischen Rechts zu einem anderen Ergebnis führt als die Anwendung nationalen Rechts oder wenn ein inländisches Gericht zu einem anderen Ergebnis gekommen wäre als das ausländische Gericht.[158] Der *ordre public* darf insbesondere nicht dazu benutzt werden, ausländische Entscheidungen einer *révision au fond* zu unterziehen. Gerichte sehen verschiedene Gradmesser vor, um einen *effet atténué de l'ordre public de la reconnaissance* zu gewährleisten, etwa die Nähe des Rechtsstreits zum Forum oder die Relativität der betreffenden Vorschriften.[159] Auch der EuGH betont, dass eine Anwendung der *ordre public*-Klausel

[156] Vgl. EGMR, Wagner und JMWL/Luxemburg [2007] Beschwerde-Nr. 76240/01 bzgl. Adoptionsrecht und Art. 8 EMRK; Leschiutta und Fraccaro/Belgien [2008] Beschwerde-Nr. 58081/00, 58411/00 bzgl. Sorgerecht und Art. 8 EMRK.
[157] *Briggs*, The Conflict of Laws, 3. Aufl. 2013, S. 151, 209; siehe EuGH, Rs. 145/86 [1988] Hoffmann/Krieg [21]; Rs. C-78/95 [1996] Hendrikman und Feyen/Magenta Druck & Verlag [23]; Rs. C-7/98 [2000] Krombach [21]; Rs. C-341/04 [2006] Eurofood [62]; Rs. C-420/07 [2009] Apostolides [55]; Rs. C-444/07 [2010] MG Probud Gdynia [34]; Erwägungsgrund 22 der Verordnung (EG) Nr. 1346/2000 über Insolvenzverfahren.
[158] Erwägungsgrund 37 Rom I-VO und Erwägungsgrund 32 Rom II-VO; EuGH, Rs. 145/86 [1988] Hoffmann/Krieg [21]; Rs. C-78/95 [1996] Hendrikman und Feyen/Magenta Druck & Verlag [23]; Rs. C-38/98 [2000] Renault [26]; Rs. C-7/98 [2000] Krombach [36].
[159] Siehe z.B. BGH, Urt. v. 21.04.1998, Az. XI ZR 377/97, BGHZ 138, 331 – ordre public international; *Mills*, Journal of Private International Law 4 (2008), 201; *Mills*, The Confluence of Public and Private International Law, 2009, S. 191, 259; *Kahn-Freund*, Transactions for the Year 1953 (The Grotius Society) (1954), 39.

nur dann in Betracht kommt, „wenn die Anerkennung oder Vollstreckung der in einem anderen Vertragsstaat erlassenen Entscheidung gegen einen wesentlichen Rechtsgrundsatz verstieße und deshalb in einem nicht hinnehmbaren Gegensatz zur Rechtsordnung des Vollstreckungsstaats stünde."[160] Dies gelte auch dann, wenn eine Verletzung der Grund- und Menschenrechte zu befürchten ist. Vielmehr muss eine solche Verletzung „offensichtlich" sein.[161] Ein *effet atténué de l'ordre public* erscheint insbesondere dann gerechtfertigt, wenn der Empfangsstaat bzw. der Forumsstaat und der Staat des Urteils bzw. der Staat, dessen Recht angewandt werden soll, derselben Menschenrechtskonvention angehören, etwa der IPbpR, die EMRK oder die EU-Grundrechtecharta. In diesem Fall könnte man annehmen, dass sich das Recht und das gerichtliche Verfahren des Ursprungslandes im Einklang mit diesen Katalogen befinden.[162]

Die uneingeschränkte Pflicht zum Schutz der Menschenrechte erlaubt eine derart restriktive Interpretation von *ordre public*-Klauseln jedoch nicht. Das Internationale Privatrecht ist im Einklang mit den Grund- und Menschenrechten auszulegen, nicht umgekehrt.[163] Daher sollten Gerichte eine Verletzung der Grund- und Menschrechte vollumfänglich überprüfen und nicht lediglich auf „offensichtliche Verletzungen" oder die Verletzung bestimmter Normen, etwa *ius cogens*-Vorschriften eingehen. Dies folgt aus der unmittelbaren Grundrechtsbindung der Gerichte.[164] Der Pflicht zur Beachtung der Grund- und Menschenrechte können sich Staaten auch nicht durch den Eintritt in Systeme wechselseitiger Anerkennung entziehen.[165] Stattdessen ist das IPR selbst als ein System zum Schutz der Grund- und Menschenrechte zu konzipieren.[166] § 328 Abs. 1 Nr. 4 ZPO steht hierfür beispielhaft. Danach ist die Anerkennung des Urteils eines ausländischen Gerichts ausgeschlossen, wenn die Anerkennung des Urteils zu einem Ergebnis führt, das mit wesentlichen Grundsätzen des deutschen Rechts offensichtlich unvereinbar ist, insbesondere wenn die Anerkennung mit den Grundrechten unvereinbar ist. Das Erfordernis der *offensicht-*

---

[160] EuGH, Rs. C-7/98 [2000] Krombach [37]; Rs. C-38/98 [2000] Renault [30]; Rs. C-341/04 [2006] Eurofood [63]; Rs. C-420/07 [2009] Apostolides [59]; Rs. C-394/07 [2009] Gambazzi [27]; *Briggs*, The Conflict of Laws, 3. Aufl. 2013, S. 151, 209.

[161] EuGH, Rs. C-7/98 [2000] Krombach [44]; Rs. C-38/98 [2000] Renault [30].

[162] Vgl. Maronier v. Larmer [2002] EWCA Civ 774 [25]; EuGH, Rs. C-66/08 [2008] Kozłowski, Schlussantrag Generalanwalt Bot [98]. Vgl. *Mills*, Journal of Private International Law 4 (2008), 201, 217.

[163] Dazu bereits *Oster*, Journal of Private International Law 11 (2015), 542, 547 f.

[164] Siehe Art. 2 IPbpR, Art. 1 EMRK, Art. 6 Human Rights Act sowie Art. 1 Abs. 3 GG.

[165] Siehe Reservations to the Convention on the Prevention and Punishment of the Crime of Genocide, Advisory Opinion, ICJ Reports 1951, 19 (28. Mai 1951); EKomMR, Österreich/Italien (der Fall Pfunders) [1961] Beschwerde-Nr. 788/60, S. 18; IAGMR, The Effect of Reservations on the Entry into Force of the American Convention on Human Rights (Arts 74 and 75), Advisory Opinion OC-2/82, 24. September 1982 [29].

[166] Siehe *Mills*, The Confluence of Public and Private International Law, 2009, S. 187 ff., 264 ff.; *Kramberger Škerl*, Journal of Private International Law 7 (2011), 461, 490; *Juratowitch*, Journal of Private International Law 3 (2007), 173, 197.

lichen Unvereinbarkeit eines ausländischen Urteils mit wesentlichen Grundsätzen des deutschen Rechts spiegelt das Gebot wider, dass nicht jede Abweichung eines ausländischen Urteils von deutschem Recht zur Verweigerung seiner Anerkennung führen sollte. Durch die Verwendung des Wortes „insbesondere" bringt § 328 Abs. 1 Nr. 4 ZPO dann allerdings zum Ausdruck, dass eine Unvereinbarkeit mit den Grundrechten als ein Unterfall einer offensichtlichen Unvereinbarkeit mit deutschem Recht anzusehen ist. Es bedarf hierfür gerade keiner offensichtlichen Unvereinbarkeit mit den Grundrechten, sondern es genügt jede Unvereinbarkeit. Das Gleiche gilt für den Wortlaut des (nunmehr) Art. 6 EGBGB und seine Auslegung im „Spanierbeschluss" des BVerfG.[167] Schließlich vermag das Argument, dass ein *effet atténué de l'ordre public* durch die Zugehörigkeit der betroffenen Staaten zu derselben Menschenrechtskonvention gerechtfertigt ist, nicht zu überzeugen. Dies verwechselt die Tatsache, dass ein Staat einer Menschenrechtskonvention angehört, damit, dass er die Menschenrechte auch beachtet.

Diese Auslegung gibt jedoch keinen Grund zu der Besorgnis, dass *ordre public*-Klauseln ein zu breites Einfallstor für das nationale Sachrecht böten. Eine restriktive Anwendung der Grund- und Menschenrechte im IPR ist bereits in den Grund- und Menschenrechten selbst angelegt: Sie entfalten grundsätzlich nur eine mittelbare Drittwirkung in Privatrechtsverhältnissen (siehe Kapitel 2 Abschnitt V.1.e)). Eines Rückgriffs auf extrinsische Konzepte wie etwa eines *effet atténué* bedarf es daher nicht.

In den USA verweigert der SPEECH Act 2010 die Anerkennung ausländischer Diffamierungsurteile, die nicht im Einklang mit dem Ersten Zusatzartikel der US-Verfassung stehen.[168] Damit reagierte der Kongress auf die als solche wahrgenommene Bedrohung der Redefreiheit durch die Anerkennung und Vollstreckung ausländischer Diffamierungsurteile in den USA. Darüber hinaus ermöglicht der SPEECH Act unterlegenen Parteien einer gegen sie im Ausland erhobenen Diffamierungsklage eine Klage auf Feststellung, dass das ausländische Urteil in den USA nicht anerkannt werde. Hintergrund dieser Regelung, in den USA als *„Rachel's law"* bekannt, ist die gerichtliche Auseinandersetzung zwischen der Terrorismus-Autorin Rachel Ehrenfeld und dem saudischen Milliardär Khalid bin Mahfouz. In ihrem Buch „Funding Evil: How

---

[167] BVerfG, Beschl. v. 04.05.1971, Az. 1 BvR 6361/68, BVerfGE 31, 58 – Spanierbeschluss (IPR und Grundrechte I); bestätigt in BVerfG, Beschl. v. 22.02.1983, Az. 1 BvL 17/81, NJW 1983, 1986 – IPR und Grundrechte II; BVerfG, Beschl. v. 18.12.2002, Az. 1 BvR 108/96, FamRZ 2003, 361 – IPR und Grundrechte III; BVerfG, Beschl. v. 18.07.2006, Az. 1 BvL 1/04, 1 BvL 12/04, NJW 2007, 900 – Namens- und Geschlechtsänderung von Transsexuellen.

[168] Securing the Protection of our Enduring and Established Constitutional Heritage Act, 124 STAT. 2380 PUBLIC LAW 111–223—AUG. 10, 2010, amending title 28, United States Code (Judiciary and Judicial Procedure). Zur Genese des SPEECH Act Bachchan v. India Abroad Publications, 585 N.Y.S. 2d 661 (N.Y. Sup. Ct. 1992) und Telnikoff v. Matusevitch, 347 Md. 561 (Md. 1997).

Terrorism is Financed and How to Stop It" beschuldigte Ehrenfeld bin Mahfouz, al Qaida finanziert zu haben. Bin Mahfouz verklagte Ehrenfeld mit Erfolg in London.[169] Daraufhin beantragte Ehrenfeld vor dem New York Court of Appeals die Feststellung, dass die englische Entscheidung in den USA nicht vollstreckt würde. Der New York Court of Appeals entschied, dass er nicht international zuständig sei. In der Folge erließt der Gesetzgeber des Staates New York den Libel Terrorism Protection Act 2008, welcher eine Feststellungsklage ähnlich dem *„Rachel's law"* vorsah, die nunmehr im SPEECH Act 2010 kodifiziert ist.

V. Zusammenfassung von Kapitel 7

Soweit transnationale Tendenzen der Harmonisierung des materiellen Kommunikationsdeliktsrechts nicht zu verzeichnen sind, kann die Auslegung jurisdiktioneller Zuständigkeitsregln und kollisionsrechtlicher Vorschriften über den Ausgang eines Verfahrens bestimmen. Aus drei Gründen erweist sich die Ermittlung der international zuständigen Gerichtsbarkeit bei transnationalen Kommunikationsdelikten auf der Grundlage des Territorialprinzips als problematisch. Erstens betrifft transnationales Informations- und Kommunikationsrecht physisch nicht fassbare und damit nur schwer lokalisierbare Informationen. Zweitens sind mittels Medien der Massenkommunikation begangene Delikte oftmals Streudelikte, d.h. sie verursachen primäre Schäden in mehreren Jurisdiktionen. Drittens muss die Bestimmung der internationalen Zuständigkeit mit den einschlägigen Grundrechten vereinbar sein. Daher ist die Bestimmung des Erfolgsortes bei grenzüberschreitenden Kommunikationsdelikten häufig schwieriger als bei anderen Delikten.

Der *single publication rule* amerikanischer Prägung ist eine Absage zu erteilen. Aber auch das auf der *multiple publication rule* beruhende Ubiquitätsprinzip bedarf bei Kommunikationsdelikten der Einschränkung. Für Pressedelikte hat der EuGH insofern die sog. Mosaik-Formel geprägt. Umstritten ist jedoch, wie diese Einschränkung bei Internet-Delikten zu erfolgen hat. Anstelle der Mosaik-Formel sollte bei Internet-Delikten neben dem Wohnsitz des Beklagten und dem Handlungsort ein Gerichtsstand nur dort begründet werden, wo der „Schwerpunkt des Konflikts" liegt. Das anwendbare Recht sollte ebenfalls nach dem „Schwerpunkt des Konflikts" bestimmt werden.

Umstritten ist, ob das Herkunftslandprinzip nach der e-commerce-Richtlinie und der AVMD-Richtlinie kollisionsrechtlichen Charakter besitzt. Der

---

[169] Bin Mahfouz v. Ehrenfeld [2005] EWHC 1156 (QB). Dazu *Dinse/Rösler*, IPRax 2011, 414.

EuGH entschied, dass Art. 3 Abs. 2 e-commerce-Richtlinie keine Umsetzung in Form einer speziellen Kollisionsregel verlange. Daraus ist zu folgern, dass der EuGH eine Umsetzung von Art. 3 Abs. 2 e-commerce-Richtlinie als Kollisionsnorm auch nicht verbietet. Eine kollisionsrechtliche Umsetzung des Herkunftslandprinzips führt dazu, dass die Vorschriften des Herkunftslandes unmittelbar anzuwenden sind. Eine sachrechtliche Umsetzung führt dazu, dass sie – im Falle eines Verweises des nationalen Kollisionsrechts auf das Recht des Empfangsstaates – mittelbar zu berücksichtigen sind.

Kommunikationsfreiheit und Ehrschutz sind als Teil des *ordre public* zu berücksichtigen. Gerichte sollten eine Verletzung der Grund- und Menschenrechte vollumfänglich überprüfen und nicht lediglich auf „offensichtliche Verletzungen" oder die Verletzung bestimmter Normen, etwa *ius cogens*-Vorschriften, eingehen. Dies folgt aus der unmittelbaren Grundrechtsbindung der Gerichte. Eine restriktive Anwendung der Grund- und Menschenrechte im Internationalen Privatrecht ist bereits in den Grund- und Menschenrechten selbst angelegt: Sie entfalten grundsätzlich nur eine mittelbare Drittwirkung in Privatrechtsverhältnissen.

8. Kapitel

Wozu „transnationales Kommunikationsdeliktsrecht"?

Am Beispiel des Ehrschutzes als Unterfall des Kommunikationsdeliktsrechts hat diese Untersuchung gezeigt, dass transnationale Rechtserkenntnis möglich ist. Transnationales Recht als Methode betont den gemeinsamen Kern zu vergleichender Rechtsordnungen unter Berücksichtigung internationaler Harmonisierungstendenzen, hier in Gestalt regionaler und globaler Menschenrechtskodifikationen. Die Methode überwindet hergebrachte Dichotomien wie öffentliches Recht und Privatrecht, nationales Recht und internationales Recht, „hard law" und „soft law", und sie ersetzt binäre Begrifflichkeiten durch imaginäre Skalen und Stufenontologien. Rechtsordnungsübergreifende Theorienbildung, etwa zur Kommunikationsfreiheit, zum Ehrschutz und zur Medienfreiheit, arbeitet die grundlegenden Gemeinsamkeiten der zu untersuchenden Rechtsordnungen heraus, erklärt bestehende Unterschiede und vermag in Einzelfällen Argumente für eine weitere Annäherung *de lege ferenda* zu liefern. Beispiele für Gemeinsamkeiten des Kommunikationsdeliktrechts der hier untersuchten Rechtsordnungen sind der starke Schutz der Redefreiheit bei Beiträgen zu Angelegenheiten von öffentlichem Interesse und der geringe Schutz von bewusst unwahren, ehrverletzenden Tatsachenbehauptungen. Kaum zu überwindende Unterschiede bestehen – insbesondere zwischen den Mitgliedern des Europarates Deutschland und dem Vereinigten Königreich (hier England und Wales) einerseits und den USA andererseits – etwa im Hinblick auf die Anforderungen an Sorgfaltspflichten vor einer ehrenrührigen Äußerung. Dogmatische Unterschiede bestehen ferner beispielsweise in der Konzeptualisierung von Persönlichkeitsrechten – Stichwort „allgemeines Persönlichkeitsrecht" in Deutschland – und den Rechtsfolgen einer Ehrverletzung. Diese Divergenzen ließen sich allerdings beseitigen, ohne dass dies grundlegende Wertvorstellungen in Frage stellte. Beispielhaft genannt sei hier die Einführung eines Rechts auf Gegendarstellung auch in England und den USA, welches den Gedanken des – gerade in den USA so geschätzten – „Marktplatzes der Ideen" verkörpert wie kaum eine andere Rechtsfigur des Kommunikationsdeliktsrechts. Umgekehrt stellt die transnationale Perspektive ausdrücklich in Frage, ob es der Rechtsfigur des „allgemeinen Persönlichkeitsrechts" in Deutschland noch bedarf.

Transnationale Rechtserkenntnis endet dort, wo Staaten auf fragmentierten Werteordnungen beharren, wie dies etwa in den USA mit dem SPEECH Act 2010 der Fall ist.

Ein Hinweis sollte gleichwohl Hoffnung machen. Soweit in dieser Arbeit vom „Recht der USA" die Rede war, war damit regelmäßig das Bundesrecht der USA gemeint. Einen bundeseinheitlichen *tort of defamation* gibt es nämlich nicht. Es existiert nicht einmal ein bundeseinheitliches Deliktsrecht oder Vertragsrecht, da diese in die Kompetenz der Gliedstaaten fallen. Der Supreme Court als oberster Gerichtshof der USA ist seinerseits Beschränkungen unterworfen, da er nur die Wahrung des Bundesrechts,[1] insbesondere der Bundesverfassung,[2] prüft. Für den *tort of defamation* bedeutet dies etwa nach *New York Times v. Sullivan*, dass aufgrund des Ersten Zusatzartikels in der US-Verfassung eine *defamation*-Klage von Personen des öffentlichen Lebens wegen einer ehrenrührigen Tatsachenbehauptung nur dann Erfolg haben darf, wenn diese die Unwahrheit der Äußerung und den bösen Glauben des Mitteilenden beweisen können. Dieses Diktum gilt für die USA insgesamt. Da jedoch nach Auffassung des US Supreme Court der Erste Zusatzartikel nur wenige[3] Aussagen darüber trifft, wie *defamation*-Klagen von Privatpersonen zu behandeln sind, ist dies in weitem Umfang den Gliedstaaten überlassen. Vergleichbares, wenn auch unter anderen verfassungsrechtlichen Voraussetzungen, gilt hinsichtlich der eingeschränkten Kontrolldichte des BVerfG, die auf die „Verletzung spezifischen Verfassungsrechts" beschränkt ist.[4] Anders als der US Supreme Court ist das BVerfG keine „Superrevisionsinstanz", auch wenn diese Aussage hinsichtlich des Supreme Court ohnehin nur für das Bundesrecht gilt.

Dennoch lernen amerikanische Studierende der verschiedenen Gliedstaaten *tort law* und *contract law* mit denselben Lehrbüchern, und Vorlesungen in diesen Rechtsgebieten sind kaum voneinander zu unterscheiden, ob sie nun in Cambridge/Massachusetts oder in Berkeley/Kalifornien stattfinden. Erst im *bar exam* beschäftigen sich die Absolventen mit den Spezifika des Rechts des jeweiligen Gliedstaats, zu dessen *bar* sie zugelassen werden wollen. Dies ist damit zu erklären, dass sich die Lehrbücher und Vorlesungen in weitem Umfang auf gemeinsame Grundprinzipien der Gliedstaaten beschränken. Diese wiederum werden ermittelt durch Rechtsvergleichung, festgehalten in den Restatements, vor allem aber in den Urteilen des US Supreme Court, die zu einer Rechtvereinheitlichung geführt haben. In den USA wird somit die Methode des transnationalen Rechts, gleichsam als „transstaatliches Recht", schon lange an-

---

[1] Art. III Abs. 2 US-Verfassung; dazu US Supreme Court, Erie Railroad Co. v. Tompkins, 304 U.S. 64 (1938).

[2] US Supreme Court, Marbury v. Madison, 5 U.S. 137 (1803).

[3] Dazu Kapitel 2 Abschnitt V.2.d).

[4] BVerfG, Beschl. v. 18.09.1952, Az. 1 BvR 612/52, BVerfGE 1, 418, 420 – Ahndungsgesetz; BVerfG, Beschl. v. 10.06.1964, Az. 1 BvR 37/63, BVerfGE 18, 85, 92 – Patent.

gewendet. Wenn diese Untersuchung über ihren wissenschaftlichen Anspruch hinaus einen kleinen Beitrag dazu leistet, dass in einigen Jahren Rechtskandidaten verschiedener Länder der Welt oder wenigstens Europas zum Studium des Informations- und Kommunikationsrechts auf dieselben Lehrbücher zugreifen und sich erst zur praktischen Prüfung mit den Spezifika des Rechts ihres jeweiligen Staates befassen müssen, dann hat sie ihr Ziel mehr als erreicht.[5]

---

[5] Ausführlich zur „Globalization of the Mind" *Arthurs*, German Law Journal 10 (2009), 629; vgl. auch *Zumbansen*, in: Calliess (Hrsg.), Transnationales Recht, 2014, 557, 582 f.

Literaturverzeichnis

Quellen, die weder in diesem Literaturverzeichnis noch im nachstehenden Entscheidungsverzeichnis aufgeführt sind, sind in den Fußnoten in einer Weise zitiert, die sie erkennbar und aus allgemein zugänglichen Quellen auffindbar machen.

Abbott, Kenneth W./Snidal, Duncan: Hard and Soft Law in International Governance, International Organization 54 (2000), 421–456.

Adams, John: A Defence of the Constitutions of the Government of the United States of America, in: Charles Francis Adams (Hrsg.), The Works of John Adams, Second President of the United States: with a Life of the Author, Notes and Illustrations, by his Grandson Charles Francis Adams, vol. 6 (Boston: Little, Brown and Co., 1856), 3–221.

Addo, Michael K.: Are judges beyond criticism under Article 10 of the European Convention of Human Rights?, International & Comparative Law Quarterly 47 (1998), 425–438.

–: Freedom of Expression and the Criticism of Judges. A Comparative Study of European Legal Standards, Aldershot 2000.

Ahdar, Rex/Leigh, Ian: Religious Freedom in the Liberal State, Oxford 2005.

Albert, Mathias: Zur Politik der Weltgesellschaft. Identität und Recht im Kontext internationaler Vergesellschaftung, Weilerswist 2002.

Albrecht, Florian: Informations- und Kommunikationsrecht. Lehrbuch für das gesamte IT-Recht, Stuttgart 2018.

Alder, John: The Sublime and the Beautiful: Incommensurability of Human Rights, Public Law 2006, 697–721.

Aleinikoff, T. Alexander: Transnational Spaces: Norms and Legitimacy, Yale Journal of International Law 3 (2008), 479–490.

Alexander, Gregory S.: Property as a Fundamental Constitutional Right – The German Example, Cornell Law Review 88 (2003), 733–778.

Alexy, Robert: Theorie der Grundrechte, Baden-Baden 1994 (zit. nach 7. Aufl. 2015).

Alkema, Evert A.: The Third-Party Applicability or *"Drittwirkung"* in the European Convention on Human Rights, in: Matscher, Franz/Petzold, Herbert/Wiarda, Gérard J. (Hrsg.), Protecting Human Rights: The European Dimension. Studies in Honour of G.J. Wiarda, Köln 1988, 33–45.

Alonzo, Joseph S.: Restoring the Ideal Marketplace: How Recognizing Bloggers as Journalists Can Save the Press, Legislation and Public Policy 9 (2006), 751–780.

Al-Tawil, Tareq: Corrective Justice and Deterrence: Can They Co-Exist?, European Journal of Legal Studies 6 (2013), 109–125.

Altenhain, Heike: Negatorischer Ehrenschutz, Berlin 2003.

Amar, Vikram D.: From Watergate to Kenn Starr: Potter Stewart's "Or of the Press" A Quarter Century Later, Hastings Law Journal 50 (1999), 711–715.

Amelung, Knut: Die Ehre als Kommunikationsvoraussetzung. Studien zum Wirklichkeitsbezug des Ehrbegriffs und seiner Bedeutung im Strafrecht, Baden-Baden 2002.

Amstutz, Marc: The Letter of the Law: Legal Reasoning in a Societal Perspective, German Law Journal 10 (2009), 361–382.

Amstutz, Marc/Karavas, Vaios: Rechtsmutation: Zur Genese und Evolution des Rechts im transnationalen Raum, Rechtsgeschichte 6 (2006), 14–32.

Anderson, Christopher W.: Towards a Sociology of Computational and Algorithmic Journalism, New Media & Society 15 (2013), 1005–1021.

Anderson, David A.: The Origins of the Press Clause, UCLA Law Review 30 (1983), 455–541.

–: Reputation, Compensation, and Proof, William & Mary Law Review 25 (1984), 747–778.

–: Freedom of the Press, Texas Law Review 80 (2002), 429–530.

–: Rethinking Defamation, Arizona Law Review 48 (2006), 1047–1059.

Anonymer Autor: The Constitutional Right to Anonymity, Free Speech, Disclosure and the Devil, Yale Law Journal 70 (1961), 1084–1128.

Anonymer Autor: Developments in the Law – The Law of the Media, Harvard Law Review 120 (2007), 990–1066.

Appelgren, Ester/Nygren, Gunnar: Data Journalism in Sweden: Introducing New Methods and Genres of Journalism into 'Old' Organizations, Digital Journalism 2 (2014), 394–405.

Archavlis, Kyriaki: Die juristische Willenserklärung. Eine sprechakttheoretische Analyse, Tübingen 2015.

Ardia, David S.: Reputation in a Networked World: Revisiting the Social Foundations of Defamation Law, Harvard Civil Rights-Civil Liberties Law Review 45 (2010), 261–328.

–: Freedom of Speech, Defamation, and Injunctions, William & Mary Law Review 55 (2013), 1–84.

Aristoteles: Die Nikomachische Ethik, übersetzt von Olof Gigon, 6. Aufl., München 2004.

–: Metaphysik, übersetzt von Franz F. Schwarz, Stuttgart 2016.

Armacost, Barbara E.: Race and Reputation: The Real Legacy of *Paul v. Davis*, Virginia Law Review 85 (1999), 569–629.

Arthurs, Harry W.: Law and Learning in an Era of Globalization, German Law Journal 10 (2009), 629–639.

Augsberg, Ingo/Viellechner, Lars/Zumbansen, Peer: Introduction to the Special Issue: The Law of Network Society. A Tribute to Karl-Heinz Ladeur, German Law Journal 10 (2009), 305–309.

Austin, John L.: How to do Things With Words, Oxford 1962.

Baer, Susanne: Theorizing Transnational Law – Observations on a Birthday, German Law Journal 10 (2009), 1319–1324.

Baker, C. Edwin: Scope of the First Amendment Freedom of Speech, UCLA Law Review 25 (1978), 964–1040.

–: Human Liberty and Freedom of Speech, Oxford 1989.

–: The Independent Significance of the Press Clause under Existing Law, Hofstra Law Review 35 (2007), 955–1026.

–: Press Performance, Human Rights, and Private Power as a Threat, Law & Ethics of Human Rights 5 (2011), 219–256.

Baker, Roy: Defamation Law and Social Attitudes, Cheltenham 2011.

Balkin, Jack M.: Digital Speech and Democratic Culture: A Theory of Freedom of Expression for the Information Society, NYU Law Review 79 (2004), 1–58.

Barak, Aharon: Constitutional Human Rights and Private Law, in: Friedmann, Daniel/ Barak-Erez, Daphne (Hrsg.), Human Rights in Private Law, Oxford, Portland 2001, 13–42.

–: Proportionality. Constitutional Rights and their Limitations, Cambridge 2012.

Barakso, Mayann/Sabet, Daniel M./Schaffner, Brian: Understanding Political Science Research Methods. The Challenge of Inference, New York, London 2014.

Barendt, Eric: What is the Point of Libel Law?, Current Legal Problems 52 (1999), 111–125.

–: Freedom of Speech, 2. Aufl., Oxford 2005.

–: Jurisdiction in Internet Libel Cases, Penn State Law Review 110 (2006), 727–739.

–: An overlap of defamation and privacy?, Journal of Media Law 7 (2015), 85–91.

–: Problems with the 'reasonable expectation of privacy' test, Journal of Media Law 8 (2016), 129–137.

Barlow, John Perry: A Declaration of the Independence of Cyberspace, 1996, abrufbar unter <https://projects.eff.org/~barlow/Declaration-Final.html> (zuletzt abgerufen am 28.12.2018).

Barroso, Luís Roberto: Here, There, and Everywhere: Human Dignity in Contemporary Law and in the Transnational Discourse, Boston College International & Comparative Law Review 35 (2012), 331–393.

Bartosch, Ulrich: Weltinnenpolitik. Zur Theorie des Friedens von Carl Friedrich von Weizsäcker, Berlin 1995.

Bassani, Luigi Marco: The Bankruptcy of the Republican School, Telos 124 (2002), 131–158.

Baston-Vogt, Marion: Der sachliche Schutzbereich des zivilrechtlichen allgemeinen Persönlichkeitsrechts, Tübingen 1997.

Beattie, Kate: New life for the Reynolds "public interest defence"? *Jameel v Wall Street Journal Europe*, European Human Rights Law Review 2007, 81–89.

Beck, Gunnar: Human rights adjudication under the ECHR between value pluralism and essential contestability, European Human Rights Law Review 2008, 214–244.

Beck, Ulrich: Nachrichten aus der Weltinnenpolitik, Berlin 2010.

Bellah, Robert N.: The Meaning of Reputation in American Society, California Law Review 74 (1986), 743–751.

Benhabib, Seyla: Kosmopolitismus ohne Illusionen. Menschenrechte in unruhigen Zeiten, übersetzt von Karin Wördemann, Andreas Fliedner, Jeanette Ehrmann und Stefan Eich, Berlin 2016.

Berger, Linda L.: Shielding the Unmedia: Using the Process of Journalism to Protect the Journalist's Privilege in an Infinite Universe of Publication, Houston Law Review 39 (2003), 1371–1416.

Berlin, Isaiah: Two Concepts of Liberty, in: Berlin, Isaiah, Four Essays on Liberty, Oxford 1969, 118–172.

Berman, Paul Schiff: From International Law to Law and Globalization, Columbia Journal of Transnational Law 43 (2005), 485–556.

–: Global Legal Pluralism, Southern California Law Review 80 (2007), 1155–1237.

von Bernstorff, Jochen: The Structural Limitations of Network Governance: ICANN as a Case in Point, in: Teubner, Gunther/Joerges, Christian/Sand, Inger-Johanne (Hrsg.), Transnational Governance and Constitutionalism, 2004, 257–281.

Bertoni, Eduardo Andrés: The Inter-American Court of Human Rights and the European Court of Human Rights: a dialogue on freedom of expression standards, European Human Rights Law Review 2009, 332–352.

Bezanson, Randall P.: The New Free Press Guarantee, Virginia Law Review 63 (1977), 731–788.

–: Whither Freedom of the Press?, Iowa Law Review 97 (2012), 1259–1274.

Binding, Karl: Die Ehre und ihre Verletzbarkeit, Berlin 1892.

Black, Hugo L.: The Bill of Rights, New York University Law Review 35 (1960), 865–881.

Blanke, Hermann-Josef: Kommunikative und politische Rechte, in: Merten, Detlef/Papier, Hans-Jürgen (Hrsg.), Handbuch der Grundrechte in Deutschland und Europa, Band VI/1, Heidelberg 2010, 217–253.

Blasi, Vincent: The Checking Value in First Amendment Theory, American Bar Foundation Research Journal 1977, 521–649.

Blocher, Joseph: Public Discourse, Expert Knowledge, and the Press, Washington Law Review 87 (2012), 409–443.

Bogdan, Michael: Defamation on the Internet, *Forum Delicti* and the E-commerce Directive: Some Comments on the ECJ Judgment in the *eDate* Case, Yearbook of Private International Law 13 (2011), 483–492.

Bork, Robert H.: Neutral Principles and Some First Amendment Problems, Indiana Law Journal 47 (1971), 1–35.

Bosland, Jason: Republication of Defamation under the Doctrine of Reportage – The Evolution of Common Law Qualified Privilege in England and Wales, Oxford Journal of Legal Studies 31 (2011), 89–110.

Bossuyt, Marc J.: Guide to the "Travaux Préparatoires" of the International Covenant on Civil and Political Rights, Leiden 1987.

Bourdieu, Pierre: Sozialer Raum und „Klassen", in: Bourdieu, Piere, Sozialer Raum und „Klassen", Leçon sur la leçon. Zwei Vorlesungen, übersetzt von Bernd Schwibs, Frankfurt a. M. 1985, 7–46.

Branscomb, Anne Wells: Anonymity, Autonomy, and Accountability: Challenges to the First Amendment in Cyberspaces, Yale Law Journal 104 (1995), 1639–1679.

Branson, Douglas M.: Teaching Comparative Corporate Governance: The Significance of "Soft Law" and International Institutions, Georgia Law Review 34 (2000), 669–715.

Briggs, Adrian: The Conflict of Laws, 3. Aufl., Oxford 2013.

Broussard, Meredith: Big Data in Practice, Digital Journalism 4 (2016), 266–279.

Bruns, Alexander: Persönlichkeitsschutz und Pressefreiheit auf dem Marktplatz der Ideen, JZ 2005, 428–435.

Bussani, Mauro/Mattei, Ugo: The Common Core Approach to European Private Law, Columbia Journal of European Law 3 (1997/1998), 339–356.

Burkhart, Dagmar: Eine Geschichte der Ehre, Darmstadt 2006.

Cabrelli, David/Siems, Mathias: Convergence, Legal Origins, and Transplants in Comparative Corporate Law: A Case-Based and Quantitative Analysis, American Journal of Comparative Law 63 (2015), 109–153.

Calliess, Gralf-Peter: Reflexive Transnational Law, Zeitschrift für Rechtssoziologie 23 (2002), 185–216.

–: The Making of Transnational Contract Law, Indiana Journal of Global Legal Studies 14 (2007), 469–483.

Calliess, Gralf-Peter/Renner, Moritz: Transnationalizing Private Law – The Public and the Private Dimensions of Transnational Commercial Law, German Law Journal 10 (2009), 1341–1355.

Calliess, Gralf-Peter/Zumbansen, Peer: Law, the State, and Evolutionary Theory: Introduction, German Law Journal 9 (2008), 389–396.

–/–: Rough Consensus and Running Code. A Theory of Transnational Private Law, Oxford, Portland 2010.

Calvert, Clay/Torres, Mirelis: Putting the Shock Value in First Amendment Jurisprudence: When Freedom for the Citizen-Journalist Watchdog Trumps the Right of Informational Privacy on the Internet, Vanderbilt Journal of Entertainment and Technology Law 23 (2011), 323–355.

Campbell, Vincent: Theorizing Citizenship in Citizen Journalism, Digital Journalism 3 (2015), 704–719.

Cappelletti, Mauro/Seccombe, Monica/Weiler, Joseph H. (Hrsg.): Integration through law: Europe and the American federal experience, Berlin 1985.

Carlson, Matt: The Robotic Reporter. Automated Journalism and the Redefinition of Labor, Compositional Forms, and Journalistic Authority, Digital Journalism 3 (2014), 416–431.

Carpenter, Serena: How online citizen journalism publications and online newspapers utilize the objectivity standard and rely on external sources, Journalism and Mass Communication Quarterly 85 (2008), 531–548.

Carter, Stephen L.: Technology, Democracy, and the Manipulation of Consent, Yale Law Journal 93 (1984), 581–607.

–: Does the First Amendment Protect More Than Speech?, William and Mary Law Review 33 (1992), 871–894.

Chemerinsky, Erwin: Injunctions in Defamation Cases, Syracuse Law Review 57 (2007), 157–173.

Chesterman, Michael R.: Freedom of Speech in Australian Law: A Delicate Plant, London 2000.

Chimni, B.S.: Co-option and Resistance: Two Faces of Global Administrative Law, International Law and Politics 37 (2005), 799–827.

Chinkin, Christine: The Challenge of Soft Law: Development and Change in International Law, International & Comparative Law Quarterly 38 (1989), 850–866.

–: A Critique of the Public/Private Distinction, European Journal of International Law 10 (1999), 387–395.

Christie, George C.: Injury to Reputation and the Constitution: Confusion Amid Conflicting Approaches, Michigan Law Review 75 (1976), 43–67.

Cicero, Marcus Tullius: Vom pflichtgemäßen Handeln, übersetzt von Heinz Gunermann, Stuttgart 2016.

Clapham, Andrew: Human Rights in the Private Sphere, Oxford 1993.

Clerwall, Christer: Enter the Robot Journalist. Users' Perceptions of Automated Content, Journalism Practice 8 (2014), 519–531.

Clooney, Amal/Webb, Philippa: The Right to Insult in International Law, Columbia Human Rights Law Review 48 (2017), 1–55.

Coddington, Mark: Clarifying Journalism's Quantitative Turn, Digital Journalism 3 (2015), 331–348.

Cohen, Julie E.: Cyberspace as/and Space, Columbia Law Review 107 (2007), 210–256.

Cohen, Sarah/Hamilton, James T./Turner, Fred: Computational Journalism, Communications of the ACM 54 (2011), 66–71.

Colby, Dean/Trager, Robert: Using Communication Theory to Understand Cyberlaw and its Discontents, Journal of Technology & Policy 2005, 187–264.

Coleman, Jules: Tort Law and the Demands of Corrective Justice, Indiana Law Review 67 (1992), 349–378.

–: Corrective Justice and Wrongful Gain, Journal of Legal Studies 11 (1982), 421–440.

–: The Mixed Conceptions of Corrective Justice, Iowa Law Review 77 (1992), 427–444.

Cooley, Charles Horton: Human Nature and the Social Order, New York 1902.

Cooper, Jonathan/Williams, Adrian Marshall: Hate Speech, Holocaust Denial and International Human Rights Law, European Human Rights Law Review 1999, 593–613.

Cotterrell, Roger: The Sociological Concept of Law, Journal of Law & Society 10 (1983), 241–255.

–: What is Transnational Law?, Law & Social Inquiry 37 (2012), 500–524.

Cremer, Hans-Joachim: Human Rights and the Protection of Privacy in Tort Law, London, New York 2011.

Curran, James/Seaton, Jean: Power Without Responsibility. Press, Broadcasting and the Internet in Britain, 7. Aufl., London, New York 2010.

Deakin, Simon/Johnston, Angus/Markesinis, Basil: Markesinis and Deakin's Tort Law, 7. Aufl., Oxford 2013.

De la Rasilla del Moral, Ignacio: The Increasingly Marginal Appreciation of the Margin-of-Appreciation Doctrine, German Law Journal 7 (2006), 611–623.

DeLue, Steven M./Dale, Timothy M.: Political Thinking, Political Theory, and Civil Society, 4. Aufl., New York, London 2017.

De Maeyer, Juliette/Libert, Manon/Domingo, David/Heinderyckx, François/Le Cam, Florence: Waiting for Data Journalism, Digital Journalism 3 (2015), 432–446.

Descheemaeker, Eric: Protecting reputation: defamation and negligence, Oxford Journal of Legal Studies 2009, 603–641.

–: Unravelling harms in tort law, Law Quarterly Review 2016, 595–617.

Dickinson, Andrew: The Rome II Regulation. The Law Applicable to Non-Contractual Obligations, Oxford 2008.

Di Fabio, Udo: Verfassungsstaat und Weltrecht, Rechtstheorie 39 (2008), 399–418.

Dillon, Thomas J./Ebenroth, Carsten Thomas: The Rating Game: An Analysis of the Liability of Rating Agencies in the United States, Journal of International Banking Law 1993, 174–185.

Dinse, Jason/Rösler, Hannes: Libel Tourism in U.S. Conflict of Laws – Recognition and Enforcement of Foreign Defamation Judgments, IPRax 2011, 414–419.

Dörr, Dieter: Ein Grundrecht der Medienfreiheit: Gleiches Recht für alle?, K&R Beihefter 2/2013, 9–12.

Dörr, Konstantin Nicholas: Mapping the field of Algorithmic Journalism, Digital Journalism 4 (2016), 700–722.

Dreier, Horst (Hrsg.): Grundgesetz-Kommentar, Band I, 3. Aufl., Tübingen 2013.

Drzemczewski, Andrew Z.: The European Human Rights Convention and Relations between Private Parties, Netherlands International Law Review 2 (1979), 163–181.

Düring, Beate: Amtsanmaßung und Mißbrauch von Titeln, Bern 1990.

Dworkin, Ronald: Taking Rights Seriously, Bodmin, King's Lynn 1997.

–: Freedom's Law: The Moral Reading of the American Constitution, Oxford 1996.

Eberle, Carl-Eugen: Medien und Datenschutz – Antinomien und Antipathien, MMR 2008, 508–513.

Ebert, Jessica Annabell: Die Gegendarstellung in Deutschland und den USA. Das Gegendarstellungsrecht als Beitrag zur Gewährleistung von Persönlichkeitsschutz und Meinungsvielfalt in den Massenmedien, Münster 1997.

Eardley, Aidan: Libel tourism in England: now the welcome is even warmer, Entertainment Law Review 2006, 35–38.

Edwards, Lilian: The Fall and Rise of Intermediary Liability Online, in: Edwards, Lilian/Waelde, Charlotte (Hrsg.), Law and the Internet, 3. Aufl. Oxford, Portland 2009.

Ehmann, Horst: Der Begriff des Allgemeinen Persönlichkeitsrechts als Grundrecht und als absolut-subjektives Recht, in: Staithopoulos, Michael u.a. (Hrsg.), Festschrift für Apostolos Georgiades, München 2006, 113–157.

Eichler, Mirko: Globalisierung des Wirtschaftsrechts unter besonderer Berücksichtigung der *Lex Mercatoria*, Rechtstheorie 39 (2008), 167–189.

Elmaleh, Katerina Kocian: Gegendarstellungsrecht, Droit de Réponse: Eine rechtsvergleichende Studie zum Medienrecht von Deutschland, Frankreich und der Schweiz, Bern 1993.

Emberland, Marius: The Human Rights of Companies, Oxford 2006.

Emerson, Thomas I.: Toward a General Theory of the First Amendment, Yale Law Journal 72 (1963), 877–956.

Engisch, Karl: Wahrheit und Richtigkeit im juristischen Denken, München 1963.

Engle, Eric: Harmonization of Rights of Privacy and Personality in the European Union, London Law Review 1 (2005), 215–240.

Epping, Volker/Hillgruber, Christian (Hrsg.): Grundgesetz. Kommentar, 2. Aufl., München 2013.

Estlund, Cynthia L.: Speech on Matters of Public Concern: The Perils of an Emerging First Amendment Category, The George Washington Law Review 59 (1990), 1–55.

Fargo, Anthony L./Alexander, Laurence B.: Testing the Boundaries of the First Amendment Pres Clause: A Proposal for Protecting the Media from Newsgathering Torts, Harvard Journal of Law & Public Policy 32 (2009), 1093–1153.

Fawcett, James/Carruthers, Janeen/North, Peter: Cheshire, North & Fawcett, Private International Law, 14. Aufl., Oxford 2008.

Fechner, Frank: Medienrecht, 17. Aufl., Tübingen 2016.

Feinberg, Joel: The Moral Limits of the Criminal Law: Harm to Others, New York, Oxford 1984.

–: The Moral Limits of the Criminal Law: Offense to Others, New York, Oxford 1985.

Fenwick, Helen/Phillipson, Gavin: Media Freedom under the Human Rights Act, Oxford 2006.

Fetzer, Patricia Nassif: The Corporate Defamation Plaintiff as First Amendment "Public Figure": Nailing the Jellyfish, Iowa Law Review 68 (1982), 35–86.

Fichte, Johann Gottlieb: Ein Evangelium der Freiheit, in: Riess, Max (Hrsg.), Ein Evangelium der Freiheit, 1914, abrufbar unter <http://gutenberg.spiegel.de/buch/ein-evangelium-der-freiheit-8280/5> (zuletzt abgerufen am 28.12.2018)

Filipova, Valya: Standards of protection of freedom of expression and the margin of appreciation in the jurisprudence of the European Court of Human Rights, Coventry Law Journal 17 (2012), 64–83.

Finger, Jasmin Daniela: Homophobie und Strafrecht. Eine strafrechtliche Untersuchung homophober Äußerungen und Äußerungen in Bezug auf Homosexualität, Berlin 2015.

Finnemore, Martha/Sikkink, Kathryn: International Norm Dynamics and Political Change, International Organziation 52 (1998), 887–917.

Fischer, Thomas: Strafgesetzbuch mit Nebengesetzen, 64. Aufl., München 2017.

Fischer-Lescano, Andreas: Transnationales Verwaltungsrecht, JZ 2008, 373–383.

Fischer-Lescano, Andreas/Teubner, Gunther: Regime-Collisions: The Vain Search for Legal Unity in the Fragmentation of Global Law, Michigan Journal of International Law 25 (2004), 999–1046.

Flanagan, Anne: Blogging: A Journal Need Not a Journalist Make, Fordham Intellectual Property, Media and Entertainment Law Journal 16 (2005), 395–427.

Flew, Terry/Spurgeon, Christina/Daniel, Anna/Swift, Adam: The Promise of Computational Journalism, Journalism Practice 6 (2012), 157–171.

Floridi, Luciano: The Philosophy of Information, Oxford 2011.

–: On Human Dignity as a Foundation for the Right to Privacy, Philosophy & Technology 29 (2016), 307–312.

Foster, Steve: Case Comment: Press freedom, the law of defamation and the reputation of multi-national companies, Coventry Law Journal 2008, 69–76.

Foucault, Michel: Discourse and Truth: the Problematization of Parrhesia, in: Pearson, Joseph (Hrsg.), 6 lectures given by Michel Foucault at the University of California at Berkeley, Oct–Nov. 1983, 1985, abrufbar unter <https://foucault.info/parrhesia/> (zuletzt abgerufen am 28.12.2018)

Franca Filho, Marcílio Toscano: Westphalia: a Paradigm? A Dialogue between Law, Art and Philosophy of Science, German Law Journal 8 (2007), 955–975.

Franzius, Claudio: Das Internet und die Grundrechte, JZ 2016, 650–659.

Frege, Gottlob: Der Gedanke: Eine logische Untersuchung, Beiträge zur Philosophie des Deutschen Idealismus I, 2 (1918), 58–77.

Frey, Dieter/Rudolph, Matthias: Rechtsgutachten zur Evaluierung des „Haftungsregimes für Host- und Access-Provider im Bereich der Telemedien" im Auftrag des Bundesverband Digitale Wirtschaft (BVDW) e.V., Norderstedt 2008.

Frey, Dieter/Rudolph, Matthias/Oster, Jan: Internetsperren und der Schutz der Kommunikation im Internet, MMR-Beilage 3/2012, 1–26.

–/–/–: Die Host-Providerhaftung im Lichte des Unionsrechts, CR 2015, Beilage zu Heft 11, 1–28.

Funkel, Thorsten: Schutz der Persönlichkeit durch Ersatz immaterieller Schäden in Geld. Eine rechtsvergleichende Untersuchung des zivilrechtlichen Persönlichkeitsschutzes unter besonderer Berücksichtigung des Geldersatzes für Nichtvermögensschäden in Deutschland und England, München 2001.

Gallie, Walter Bryce: Essentially contested concepts, Proceedings of the Aristotelian Society 56 (1956), 167–198.

Garber, Thomas: Die internationale Zuständigkeit für Klagen aufgrund einer Persönlichkeitsrechtsverletzung im Internet, ÖJZ 2012, 108–118.

Gardner, John: What is tort law for? Part 1: the place of corrective justice, Law & Philosophy 30 (2011), 1–50.

Garnett, Richard/Richardson, Megan: Libel tourism or just redress? Reconciling the (English) right to reputation with the (American) right to free speech in cross-border libel cases, Journal of Private International Law 5 (2009), 471–490.

Garry, Patrick, The First Amendment and Freedom of the Press: A Revised Approach to the Marketplace of Ideas Concept, Marquette Law Review 72 (1989), 187–234.

Garton Ash, Timothy: Free Speech. Ten Principles for a Connected World, New Haven, London 2016.

Gebauer, Martin: Persönlichkeitsrechtsverletzung durch Suchergänzungsfunktion bei Google, IPRax 2014, 513–520.

Gersdorf, Hubertus: Hate Speech in sozialen Netzwerken, MMR 2017, 439–447.

Gey, Steven G.: The First Amendment and the Dissemination of Socially Worthless Untruth, Florida State University Law Review 36 (2008), 1–22.

Goldberg, David/Sutter, Gavin/Walden, Ian (Hrsg.): Media Law and Practice, Oxford 2009.

Goldberg, John C.P.: Twentieth-Century Tort Theory, The Georgetown Law Journal 91 (2003), 513–583.

Goldsmith, Jack/Wu, Tim: Who Controls the Internet? Illusions of a Borderless World, Oxford 2008.

Gotanda, John Y.: Punitive Damages: A Comparative Analysis, Columbia Journal of Transnational Law 42 (2004), 391–449.

–: Damages in Private International Law, Collected Courses of the Hague Academy of International Law 326 (2007), 77–407.

Götting, Horst-Peter: Persönlichkeitsrechte als Vermögensrechte, Tübingen 1995.

–: Gewerblicher Rechtsschutz. Patent-, Gebrauchsmuster-, Design- und Markenrecht, 10. Aufl., München 2014.

Goudkamp, James: Tort Law Defences, Oxford, Portland 2013.

Gounalakis, Georgios: Persönlichkeitsschutz und Geldersatz, AfP 1998, 10–25.

Gounalakis, Georgios/Rhode, Lars: Persönlichkeitsschutz im Internet. Grundlagen und Online-Spezifika, München 2002.

–/–: § 22. Persönlichkeitsschutz, in: Gounalakis, Georgios (Hrsg.), Rechtshandbuch Electronic Business, München 2003.

Gounalakis, Georgios/Rösler, Hannes: Ehre, Meinung und Chancengleichheit im Kommunikationsprozeß. Eine vergleichende Untersuchung zum englischen und deutschen Recht der Ehre, Baden-Baden 1998.

Grabenwarter, Christoph/Pabel, Katharina: Europäische Menschenrechtskonvention. Ein Studienbuch, 6. Aufl., München 2016.

Greer, Steven: "Balancing" and the European Court of Human Rights: A Contribution to the Habermas-Alexy Debate, Cambridge Law Journal 62 (2004), 412–434.

Grimm, Dieter: Die Meinungsfreiheit in der Rechtsprechung des Bundesverfassungsgerichts, NJW 1995, 1697–1705.

–: Dignity in a Legal Context: Dignity as an Absolute Right, in: McCrudden, Christopher (Hrsg.), Understanding Human Dignity, Oxford 2013, 381–391.

Grosswald Curran, Vivian: On the Shoulders of Schlesinger: The Trento Common Core of European Private Law Project, European Review of Private Law 2003, 66–80.

Grundmann, Stefan: Das internationale Privatrecht der e-commerce-Richtlinie, RabelsZ 67 (2003), 246–297.

Gynnild, Astrid: Journalism Innovation Leads to Innovation Journalism: The Impact of Computational Exploration on Changing Mindsets, Journalism 15 (2014), 713–730.

Habermas, Jürgen: Theorie des kommunikativen Handelns, Band 1: Handlungsrationalität und gesellschaftliche Rationalisierung, Frankfurt a. M. 1981.

–: Theorie des kommunikativen Handelns, Band 2: Zur Kritik der funktionalistischen Vernunft, Frankfurt a. M. 1981.

–: Faktizität und Geltung, Frankfurt a. M. 1998.

–: Die postnationale Konstellation, Politische Essays, Frankfurt a. M. 1998.

–: Notes on Post-Secular Society, New Perspectives Quarterly 2008 (Fall), 17–29.

Hahn, Werner/Vesting, Thomas (Hrsg.): Beck'scher Kommentar zum Rundfunkrecht, 3. Aufl., München 2012.

Hain, Karl-E.: Ist die Etablierung einer Internetdienstefreiheit sinnvoll?, K&R 2012, 98–103.

Halfmann, Jost: Nationalstaat und Recht der Weltgesellschaft, Rechtstheorie 39 (2008), 279–300.

Halfmeier, Axel: Vom Cassislikör zur e-commerce-Richtlinie: Auf dem Weg zu einem europäischen Mediendeliktsrecht, ZEuP 2001, 837–868.

Haltern, Ulrich: Integration durch Recht, in: Bieling, Hans-Jürgen/Lerch, Marika (Hrsg.), Theorien der europäischen Integration, 3. Aufl., Wiesbaden 2012, 339–358.

Hart, Herbert Lionel Adolphus: The Concept of Law, 3. Aufl., Oxford 2012.

Hartley, Trevor C.: "Libel tourism" and conflict of laws, International & Comparative Law Quarterly 2010, 25–38.

Hartmann, Alexander: Unterlassungsansprüche im Internet. Störerhaftung für nutzergenerierte Inhalte, München 2009.

Hartstein, Reinhard/Ring, Wolf-Dieter/Kreile, Johannes/Stettner, Rupert/Dörr, Dieter/Cole, Mark D./Wagner, Eva Ellen (Hrsg.): Heidelberger Kommentar Rundfunkstaatsvertrag/Jugendmedienschutz-Staatsvertrag, Stand: 74. AL, Heidelberg 2018.

Hayes, John: The Right to Reply: A Conflict of Fundamental Rights, Columbia Journal of Law and Social Problems 37 (2004), 551–583.

Heck, Philipp: Gesetzesauslegung und Interessenjurisprudenz, AcP 112 (1914), 1–318.

–: Begriffsbildung und Interessenjurisprudenz, Tübingen 1932.

Hegel, Georg Wilhelm Friedrich: Vorlesungen über die Ästhetik, 1835–1838, abrufbar unter <https://www.lernhelfer.de/sites/default/files/lexicon/pdf/BWS-DEU2-0170-04.pdf> (zuletzt abgerufen am 28.12.2018)

–: Grundlinien der Philosophie des Rechts, 1820, abrufbar unter <http://www.zeno.org/Philosophie/M/Hegel,+Georg+Wilhelm+Friedrich/Grundlinien+der+Philosophie+des+Rechts> (zuletzt abgerufen am 28.12.2018)

Heiderhoff, Bettina: Eine europäische Kollisionsregel für Pressedelikte, EuZW 2007, 428–432.

Helle, Ernst: Der Schutz der persönlichen Ehre und des wirtschaftlichen Rufes im Privatrecht, 2. Aufl., Tübingen 1969.

Hershovitz, Scott: Harry Potter and the Trouble with Tort Theory, Stanford Law Review 63 (2010), 67–114.

Herzfeld, Perry: Corporations, Defamation and General Damages: Back To First Principles, Media & Arts Law Review 10 (2005), 135–149.

Hesse, Konrad: Grundzüge des Verfassungsrechts der Bundesrepublik Deutschland, 20. Aufl., Heidelberg 1999.

von Hinden, Michael: Persönlichkeitsrechtsverletzungen im Internet, Tübingen 1999.

–: Ein europäisches Kollisionsrecht für die Medien – Gedanken zur Fortentwicklung der Rom II-Verordnung, in: Baetge, Dietmar/von Hein, Jan/von Hinden, Michael (Hrsg.), Die richtige Ordnung, Festschrift für Jan Kropholler, Tübingen 2008, 573–594.

–: Internationale Zuständigkeit und anwendbares Recht bei Persönlichkeitsrechtsverletzungen im Internet, ZEuP 2012, 940–954.

Hobbes, Thomas: Leviathan, 1651, übersetzt von Jacob Peter Mayer, Stuttgart 2016.

Hoffman, David/Rowe, John: Human Rights in the UK, 3. Aufl., Harlow 2010.

von Hoffmann, Bernd/Thorn, Karsten: Internationales Privatrecht, 9. Aufl., München 2007.

Hoffmann-Riem, Wolfgang: Mediendemokratie als rechtliche Herausforderung, Der Staat 42 (2003), 193–223.

Hooper, David/Waite, Kim/Murphy, Oliver: Defamation Act 2013 – what difference will it really make?, Entertainment Law Review 24 (2013), 199–206.

Howarth, David: Libel: Its Purpose and Reform, Modern Law Review 74 (2011), 845–877.

Huber, Peter (Hrsg.): Rome II Regulation Pocket Commentary, München 2011.

Hughes, Kirsty: No Reasonable Expectation of Anonymity?, Journal of Media Law 2 (2010), 169–181.

–: A Behavioural Understanding of Privacy and its Implications for Privacy Law, Modern Law Review 75 (2012), 806–836.

Hunter, Dan: Cyberspace as Place and the Tragedy of the Digital Anticommons, California Law Review 91 (2003), 439–519.

Ibbetson, David: A Historical Introduction to the Law of Obligations, Oxford 1999.

Ingber, Stanley: The Marketplace of Ideas: A Legitimizing Myth, Duke Law Journal 1984, 1–91.

Ipsen, Nils Christian: Private Normenordnungen als transnationales Recht?, Berlin 2009.

Jackson, D. Mark: The Corporate Defamation Plaintiff in the Era of SLAPPs: Revisiting *New York Times v. Sullivan*, William & Mary Bill of Rights Journal 9 (2001), 491–523.

Jeffery, Anthea J.: Free Speech and Press: An Absolute Right?, Human Rights Quarterly 8 (1986), 197–226.

Jellinek, Georg: Die sozialethische Bedeutung von Recht, Unrecht und Strafe, 2. Aufl., Berlin 1908.

Jessup, Philip C.: Transnational Law, New Haven 1956.

von Jhering, Rudolf: Der Zweck im Recht, Band 1, Wiesbaden 1877.

Johnson, David R./Post, David: Law and Borders—The Rise of Law in Cyberspace, Stanford Law Review 48 (1996), 1367–1402.

Junker, Abbo: Der Reformbedarf im Internationalen Deliktsrecht der Rom II-Verordnung drei Jahre nach ihrer Verabschiedung, RIW 2010, 257–269.

Juratowitch, Ben: The European Convention on Human Rights and English Private International Law, Journal of Private International Law 3 (2007), 173–199.

Kahle, Franz: Der Mißbrauch von Titeln, Berufsbezeichnungen und Abzeichen. Rechtsgut, Schutzzweck und Anwendungsbereich des § 132a StGB, Marburg 1995.

Kahn-Freund, Otto: Reflections on Public Policy in the English Conflict of Laws, Transactions for the Year 1953 (The Grotius Society) (1954), 39–69.

Kant, Immanuel: Kritik der reinen Vernunft, 2. Aufl. 1787, zit. nach Weischedel, Wilhelm (Hrsg.), Werkausgabe Band III, suhrkamp taschenbuch wissenschaft, 20. Aufl., Berlin 2014.

–: Grundlegung zur Metaphysik der Sitten, 2. Aufl. 1786, zit. nach Weischedel, Wilhelm (Hrsg.), Werkausgabe Band VII, suhrkamp taschenbuch wissenschaft, 17. Aufl., Berlin 2014.

–: Kritik der praktischen Vernunft, 1788, zit. nach Weischedel, Wilhelm (Hrsg.), Werkausgabe Band VII, suhrkamp taschenbuch wissenschaft, 17. Aufl., Berlin 2014.

–: Die Metaphysik der Sitten, 2. Aufl. 1798, zit. nach Weischedel, Wilhelm (Hrsg.), Werkausgabe Band VIII, suhrkamp taschenbuch wissenschaft, 22. Aufl., Berlin 2015.

–: Kritik der Urteilskraft, 3. Aufl. 1799, zit. nach Weischedel, Wilhelm (Hrsg.), Werkausgabe Band X, suhrkamp taschenbuch wissenschaft, 22. Aufl., Berlin 2015.

Katzenmeier, Christian: Zur neueren dogmengeschichtlichen Entwicklung der Deliktsrechtstatbestände, AcP 203 (2003), 79–118.

Kay, Richard S.: The European Convention on Human Rights and the control of private law, European Human Rights Law Review 2005, 466–479.

Keller, Albert: Allgemeine Erkenntnistheorie, 3. Aufl., Stuttgart 2006.

Keller, Perry: European and International Media Law, Oxford 2011.

Kenyon, Andrew T.: Defamation. Comparative Law and Practice, Abingdon 2006.

–: Protecting Speech in Defamation Law: Beyond *Reynolds*-Style Defences, Journal of Media Law 6 (2014), 21–46.

Kerwer, Dieter: Holding Global Regulators Accountable: The Case of Credit Rating Agencies, Governance 18 (2005), 453–475.

Khan, Aatifa: A "right not to be offended" under article 10(2) ECHR? Concerns in the construction of the "rights of others", European Human Rights Law Review 2012, 191–204.

Kidner, Richard: Defaming a company by disparaging its products, Journal of Business Law 1992, 570–580.

Kim, Yeojin/Lowrey, Wilson: Who are Citizen Journalists in the Social Media Environment?, Digital Journalism 3 (2015), 298–314.

Kissling, Christa/Kelliher, Denis: Compensation for Pecuniary and Non-Pecuniary Loss, in: Fenyves, Attila u. a. (Hrsg.), Tort Law in the Jurisprudence of the European Court of Human Rights, Berlin 2011.

Klein, Hans H.: Öffentliche und private Freiheit – Zur Auslegung des Grundrechts der Meinungsfreiheit, Der Staat 10 (1971), 145–172.

Kohl, Uta: Jurisdiction and the Internet, Cambridge 2007.

Koops, Bert-Jaap/Hildebrandt, Mireille/Jaquet-Chiffelle, David-Olivier: Bridging the Accountability Gap: Rights for New Entities in the Information Society?, Minnesota Journal of Law, Science & Technology 11 (2010), 497–561.

Koreng, Ansgar: Das „Unternehmenspersönlichkeitsrecht" als Element des gewerblichen Reputationsschutzes, GRUR 2010, 1065–1070.

Korff, Wilhelm: Ehre, Prestige, Gewissen, Köln 1966.

Kotzur, Markus: Weltrechtliche Bezüge in nationalen Verfassungstexten, Rechtstheorie 39 (2008), 191–216.

Kovach, Bill/Rosenstiel, Tom: The elements of journalism. What Newspeople should know and the public should expect, New York 2001.

Kramberger Škerl, Jerca: European public policy (with an emphasis on *exequatur* proceedings), Journal of Private International Law 7 (2011), 461–490.

Kreide, Regina: The Ambivalence of Juridification. On Legitimate Governance in the International Context, Global Justice: Theory Practice Rhetoric 2 (2009), 18–34.

Kropholler, Jan: Internationales Privatrecht, 6. Aufl., München 2007.

Kühling, Jürgen: Die Kommunikationsfreiheit als europäisches Gemeinschaftsgrundrecht, Berlin 1999.

Kuipers, Jan-Jaap: Towards a European Approach in the Cross-Border Infringement of Personality Rights, German Law Journal 12 (2011), 1681–1705.

Kutner, Peter B.: What is Truth?: True Suspects and False Defamation, Fordham Intellectual Property Media & Entertainment Law Journal 19 (2008), 1–74.

–: Suspicion, Investigation and Truth: A Continuing Evolution in English Defamation Law, Journal of Media Law 3 (2011), 61–87.

Lange, David: The Speech and Press Clauses, UCLA Law Review 23 (1975), 77–119.

Langvardt, Arlen W.: A Principled Approach to Compensatory Damages in Corporate Defamation Cases, American Business Law Journal 27 (1990), 491–534.

Lauber-Rönsberg, Anne: Rechtsdurchsetzung bei Persönlichkeitsrechtsverletzungen im Internet – Verantwortlichkeit von Intermediären und Nutzern in Meinungsforen und Personenbewertungsportalen, MMR 2014, 10–14.

Law Commission: Defamation and the Internet – A Preliminary Investigation, Dezember 2002, abrufbar unter <https://www.lawcom.gov.uk/project/defamation-and-the-internet/> (zuletzt abgerufen am 28.12.2018).

Lee, Douglas E.: Public Interest, Public Figures, and the Corporate Defamation Plaintiff: *Jadwin v. Minneapolis Star & Tribune*, Northwestern University Law Review 81 (1987), 318–348.

Legrand, Pierre: The same and the different, in: Legrand, Pierre/Munday, Roderick (Hrsg.), Comparative Legal Studies: Traditions and Transitions, 2003, 240–311.

Leipziger Kommentar zum Strafgesetzbuch, Band 6 (zit: LK-*Verfasser*): Laufhütte, Heinrich Wilhelm/Rissing-van Saan, Ruth/Tiedemann, Klaus (Hrsg.), 12. Aufl., Berlin 2009.

Lemley, Mark A.: Place and Cyberspace, California Law Review 91 (2003), 521–542.

Lessig, Lawrence: The Zones of Cyberspace, Stanford Law Review 48 (1996), 1403–1411.

–: The Law of the Horse: What Cyberlaw Might Teach, Harvard Law Review 113 (1999), 501–549.

–: Code, version 2.0, New York 2006.

Leßmann, Herbert: Persönlichkeitsschutz juristischer Personen, AcP 170 (1970), 266–294.

Lester, Anthony: The right to offend, in: Casadevall, Josep u. a. (Hrsg.), Freedom of Expression – Essays in Honour of Nicolas Bratza, Oisterwijk 2012, 297–306.

Letsas, George: Two concepts of the margin of appreciation, Oxford Journal of Legal Studies 26 (2006), 705–732.

–: Is there a right not to be offended in one's religious beliefs?, in: Zucca, Lorenzo/Ungureanu, Camil (Hrsg.), Law, State and Religion in the New Europe, 2012, 239–260.

Leveson, Brian: An Inquiry into the Culture, Practices and Ethics of the Press, London 2012.

Levy, Leonard W.: The *Legacy* Reexamined, Stanford Law Review 37 (1985), 767–792.

Lewis, Anthony: A Preferred Position for Journalism?, Hofstra Law Review 7 (1979), 595–627.

Lewis, Seth C.: Journalism In An Era Of Big Data, Digital Journalism 3 (2015), 321–330.

Lidsky, Lyrissa Barnett: Where's the Harm?: Free Speech and the Regulation of Lies, Washington & Lee Law Review 65 (2008), 1091–1101.

Lippmann, Walter: Public Opinion, New York 1922.

Lobel, Orly: The Renew Deal: The Fall of Regulation and the Rise of Governance in Contemporary Legal Thought, Minnesota Law Review 89 (2004), 342–470.

Locke, John: Über die Regierung, 1690, übersetzt von Dorothee Tidow, Stuttgart 1986.

–: Versuch über den menschlichen Verstand, 1690, übersetzt von von Julius Heinrich von Kirchmann, abrufbar unter <http://www.zeno.org/Philosophie/M/Locke,+John/ Versuch+%C3%BCber+den+menschlichen+Verstand> (zuletzt abgerufen am 28.12. 2018).

Löffler, Martin (Begr.): Presserecht, 6. Aufl., München 2015.

Loosen, Wiebke: The Notion of the "Blurring Boundaries", Digital Journalism 3 (2015), 68–84.

Loveland, Ian: Political Libels, Oxford, Portland 2000.

Luhmann, Niklas: Die Gesellschaft der Gesellschaft I, Frankfurt a. M. 1998.

Luther, Christoph: Postmortaler Persönlichkeitsschutz als Grenze der Kommunikationsgrundrechte, AfP 2009, 215–220.

Mahlmann, Matthias: Theorizing Transnational Law – Varieties of Transnational Law and the Universalistic Stance, German Law Journal 10 (2009), 1325–1336.

–: Rechtsphilosophie und Rechtstheorie, 3. Aufl., Baden-Baden 2015.

Maier, Bernhard: How has the law attempted to tackle the borderless nature of the Internet?, International Journal of Law & Information Technology 2010, 142–175.

Manning White, David: The Gate Keeper: A Case Study in the Selection of News, Journalism Quarterly 27 (1950), 383–390.

Marks, Susan: Naming Global Administrative Law, International Law and Politics 37 (2005), 995–1001.

Marshall, Geoffrey: Press Freedom and Free Speech Theory, Public Law 1992, 40–60.

Märten, Judith Janna: Personality Rights and Freedom of Expression: A Journey through the Development of German Jurisprudence under the Influence of the European Court of Human Rights, Journal of Media Law 4 (2012), 333–349.

Marx, Karl: Thesen über Feuerbach, 1845, zit. nach Marx-Engels Werke, Band 3, 9. Aufl., Berlin 1990, 5–7.

Maunz/Dürig, Grundgesetz-Kommentar: Herzog, Roman/Scholz, Rupert/Herdegen, Matthias/Klein, Hans H. (Hrsg.), Stand: 84. Aufl., München, 2018.

Mayer-Schönberger, Viktor: Demystifying Lessig, Wisconsin Law Review 2008, 713–746.

–: Delete: the virtue of forgetting in the digital age, Princeton 2009.

McBride, Nicholas J./Bagshaw, Roderick: Tort Law, 5. Aufl., Harlow 2015.

McChesney, Robert W.: Freedom of the Press for Whom? The Question to be Answered in our Critical Juncture, Hofstra Law Review 35 (2007), 1433–1454.

McCrudden, Christopher: Human Dignity and Judicial Interpretation of Human Rights, The European Journal of International Law 19 (2008), 655–724.

McEvedy, Victoria: Defamation and intermediaries: ISP defences, Computer and Telecommunications Law Review 19 (2013), 108–112.

McLuhan, Marshall: Understanding Media, London, New York 1964 (zit. nach Routledge Classics, 2001).

McNamara, Lawrence: Reputation and Defamation, Oxford 2007.

McNaughton, David/Rawling, Piers: Agent-Relativity and the Doing-Happening Distinction, Philosophical Studies 63 (1991), 167–185.

–: Value and Agent-Relative Reasons, Utilitas 7 (1995), 31–47.

Mead, George Herbert: Mind, Self and Society, Chicago 1934.

Meidanis, Haris P.: Public policy and ordre public in the private international law of the EC/EU: traditional positions and modern trends, European Law Review 2005, 95–110.

Meiklejohn, Alexander: Free Speech and its Relation to Self-Government, New York 1948.

–: The First Amendment is an Absolute, Supreme Court Review 1961, 245–266.

Menkel-Meadow, Carrie: Why and How to Study "Transnational" Law, UC Irvine Law Review 1 (2011), 97–128.

Mensching, Christian: Bundesgerichtshof (Rainbow.at) (VI ZR 218/08) – limitless or limited international internet jurisdiction within the European Union?, Entertainment Law Review 2010, 281–284.

Merz, Susanne: Strafrechtlicher Ehrenschutz und Meinungsfreiheit, Bern 1998.

Michaels, Ralf: The True Lex Mercatoria: Law Beyond the State, Indiana Journal of Global Legal Studies 14 (2007), 447–468.

Micklitz, Hans-W.: Rethinking the public/private divide, in: Maduro, Miguel/Tuori, Kaarlo/Sankari, Suvi (Hrsg.), Transnational Law. Rethinking European Law and Legal Thinking, Cambridge 2014, 271–306.

Mill, John Stuart: Über die Freiheit, 1859, übersetzt von Bruno Lemke, Stuttgart 2016.

Miller, Russell A./Zumbansen, Peer C.: Introduction—Comparative Law as Transnational Law, in: Miller, Russell A./Zumbansen, Peer C. (Hrsg.), Comparative Law as Transnational Law, Oxford 2011, 3–13.

Mills, Alex: The Dimensions of Public Policy in Private International Law, Journal of Private International Law 4 (2008), 201–236.

–: The Confluence of Public and Private International Law, Cambridge 2009.

–: The Law Applicable to Cross-Border Defamation in Social Media: whose law governs free speech in 'Facebookistan'?, Journal of Media Law 7 (2015), 1–35.

Milo, Dario: Defamation and Freedom of Speech, Oxford 2008.

Milton, John: Areopagitica; A Speech of Mr. John Milton For the Liberty of Unlicenc'd Printing, To the Parliament of England, London 1644.

Mitchell, Paul: The Making of the Modern Law of Defamation, Oxford, Portland 2005.

–: The Nature of Responsible Journalism, Journal of Media Law 3 (2011), 19–28.

Monaghan, Henry Paul: Of "Liberty" and "Property", Cornell Law Review 62 (1977), 405–444.

Moore, Vanessa: Free speech and the right to self-realisation, UCL Jurisprudence Review 2005, 95–111.

Moosavian, Rebecca: Deconstructing 'Public Interest' in the Article 8 vs Article 10 Balancing Exercise, Journal of Media Law 6 (2014), 234–268.

Moosheimer, Thomas: Die actio injuriarum aestimatoria im 18. und 19. Jahrhundert, Tübingen 1997.

Moro, Nikhil/Aikat, Debashis: Liberty v. Libel: Disparity and Reconciliation in Freedom of Expression Theory, First Amendment Studies 47 (2013), 58–83.

Mullis, Alastair/Scott, Andrew: Worth the Candle? The Government's Draft Defamation Bill, Journal of Media Law 3 (2011), 1–17.

–/–: The swing of the pendulum: reputation, expression and the re-centring of English libel law, Northern Ireland Legal Quarterly 63 (2012), 27–58.

–/–: Tilting at Windmills: the Defamation Act 2013, Modern Law Review 77 (2014), 87–109.

Murray, Andrew: Information Technology Law, 3. Aufl., Oxford 2016.

Murphy, John: The nature and domain of aggravated damages, Cambridge Law Journal 2010, 353–377.

Nagel, Thomas: Personal Rights and Public Space, Philosophy and Public Affairs 24 (1995), 83–107.

Nestler, Jeffrey S.: The Underprivileged Profession: The Case for Supreme Court Recognition of the Journalist's Privilege, University of Pennsylvania Law Review 154 (2005), 201–156.

Nicol, Andrew/Millar, Gavin/Sharland, Andrew: Media Law & Human Rights, 2. Aufl., Oxford 2009.

Nicolaidis, Kalypso/Shaffer, Gregory: Transnational Mutual Recognition Regimes: Governance Without Global Government, Law and Contemporary Legal Problems 68 (2005), 263–317.

Nimmer, Melville B.: The Right to Speak from *Times* to *Time*: First Amendment Theory Applied to Libel and Misapplied to Privacy, California Law Review 56 (1968), 935–967.

–: Introduction—Is Freedom of the Press a Redundancy: What Does it Add to Freedom of Speech?, Hastings Law Journal 26 (1975), 639–658.

Nolte, Georg: Hate-Speech, Fake-News, das „Netzwerkdurchsetzungsgesetz" und Vielfaltsicherung durch Suchmaschinen, ZUM 2017, 552–565.

Nowak, Manfred: U.N. Covenant on Civil and Political Rights Commentary, 2. Aufl., Kehl 2005.

Ó Fathaigh, Ronan: Article 10 and the chilling effect principle, European Human Rights Law Review 3 (2013), 304–313.

–: The Recognition of a Right of Reply under the European Convention, Journal of Media Law 4 (2012), 322–332.

O'Flynn, Ian: Deliberating about the public interest, Res Publica 16 (2010), 299–315.

Ohly, Ansgar: Die Verantwortlichkeit von Intermediären, ZUM 2015, 308–318.

O'Neill, Ailbhe: Case Comment: Corporate reputation in the House of Lords, Company Lawyer 2007, 75–77.

Örnebring, Henrik: Anything you can do, I can do better? Professional journalists on citizen journalism in six European countries, The International Communication Gazette 75 (2013), 35–53.

Ossenbühl, Fritz: Medien zwischen Macht und Recht, JZ 1995, 633–643.

Oster, Jan: Normative Ermächtigungen im Regulierungsrecht, Baden-Baden 2010.

–: 'Who Rates the Raters'? The Regulation of Credit Rating Agencies in the EU, Maastricht Journal of European and Comparative Law 4 (2010), 353–376.

–: The Criticism of Trading Corporations and their Right to Sue for Defamation, Journal of European Tort Law 2 (2011), 255–279.

–: Rethinking *Shevill*. Conceptualising the EU private international law of Internet torts against personality rights, International Review of Law, Computers & Technology 26 (2012), 113–128.

–: Theory and Doctrine of 'Media Freedom' as a Legal Concept, Journal of Media Law 5 (2013), 57–78.

–: Grenzen der Privatautonomie im europarechtlich determinierten Privatisierungsfolgenrecht am Beispiel des Telekommunikationssektors, in: Heid, Daniela/Stotz, Rüdiger/Verny, Arsène (Hrsg.), Festschrift für Manfred A. Dauses zum 70. Geburtstag, München 2014, 285–297.

–: Telekommunikationsrechtliche Vorfragen, in: Hoeren, Thomas/Sieber, Ulrich/Holznagel, Bernd (Hrsg.), Handbuch Multimediarecht, EL 40, München 2014.

–: Communication, defamation and liability of intermediaries, Legal Studies 35 (2015), 348–368.

–: Media Freedom as a Fundamental Right, Cambridge 2015.

–: Public Policy and Human Rights, Journal of Private International Law 11 (2015), 542–567.

–: Religiously Offensive Speech: A Doctrinal Inquiry, Review of International Law & Politics 12 (2016), 139–178.

–: European and International Media Law, Cambridge 2017.

Oster, Jan/Wagner, Eva: Kommunikation und Medien, in: Dauses, Manfred A./Ludwigs, Markus (Hrsg.), Handbuch des EU-Wirtschaftsrechts, EL 31, München 2012.

Owen, David G.: The Moral Foundations of Punitive Damages, Alabama Law Review 40 (1989), 705–739.

Paal, Boris: Online-Suchmaschinen – Persönlichkeitsrecht und Datenschutz, ZEuP 2016, 591–627.

Palandt, Otto (Begr.): Bürgerliches Gesetzbuch, 78. Aufl., München 2018.

Park, Sung-Yeon/Yun, Gi Woong/Holody, Kyle/Yoon, Ki Sung/Xie, Shuang/Lee, Sooyoung: Inside the blogosphere: A taxonomy and framing analysis of abortion weblogs, The Social Science Journal 50 (2013), 616–624.

Pasich, Kirk Alan: The Right to the Press to Gather Information under the First Amendment, Loyola of Los Angeles Law Review 12 (1978), 357–385.

Pasqualucci, Jo M.: Criminal Defamation and the Evolution of the Doctrine of Freedom of Expression in International Law: Comparative Jurisprudence of the Inter-American Court of Human Rights, Vanderbilt Journal of Transnational Law 39 (2006), 379–433.

Peifer, Karl-Nikolaus: Individualität im Zivilrecht, Tübingen 2001.

–: Die zivilrechtliche Verteidigung gegen Äußerungen im Internet, AfP 2015, 193–201.

Pellonpää, Matti: Kontrolldichte des Grund- und Menschenrechtsschutzes in mehrpoligen Rechtsverhältnissen, EuGRZ 2006, 483–486.

Phillipson, Gavin: The "global pariah", the Defamation Bill and the Human Rights Act, Northern Ireland Legal Quarterly 63 (2012), 149–186.

Picht, Peter: Von eDate zu Wintersteiger – Die Ausformung des Art. 5 Nr. 3 für Internetdelikte durch die Rechtsprechung des EuGH, GRUR Int. 2013, 19–27.

Platon: Theaitetos, übersetzt von Friedrich E.D. Schleiermacher, Hamburg 1958.

Popper, Karl: Logik der Forschung, Berlin, 1934.

Pörksen, Bernhard: Trolle, Empörungsjunkies und kluge Köpfe. Die fünfte Gewalt des digitalen Zeitalters, Cicero.de vom 15. April 2015, abrufbar unter <http://cicero.de/berliner-republik/trolle-empoerungsjunkies-und-kluge-koepfe-die-fuenfte-gewalt-des-digitalen> (zuletzt abgerufen am 28.12.2018).

Post, Robert C.: The Social Foundations of Defamation Law: Reputation and the Constitution, California Law Review 74 (1986), 691–742.

–: Defaming Public Officials: On Doctrine and Legal History, American Bar Foundation Research Journal 1987, 539–557.

–: The Constitutional Concept of Public Discourse: Outrageous Opinion, Democratic Deliberation, and *Hustler Magazine v. Falwell*, Harvard Law Review 103 (1990), 601–686.

–: Racist Speech, Democracy and the First Amendment, William & Mary Law Review 32 (1991), 267–327.

–: Meiklejohn's Mistake: Individual Autonomy and the Reform of Public Discourse, University of Colorado Law Review 64 (1993), 1109–1137.

–: Recuperating First Amendment Doctrine, Stanford Law Review 47 (1995), 1249–1281.

–: Reconciling Theory and Doctrine in First Amendment Jurisprudence, California Law Review 88 (2000), 2353–2374.

–: Three Concepts of Privacy, The Georgetown Law Journal 89 (2001), 2087–2098.

–: Participatory Democracy and Free Speech, Virginia Law Review 97 (2011), 477–489.

–: Understanding the First Amendment, Washington Law Review 87 (2012), 549–563.

Prepeluh, Urska: Die Entwicklung der *Margin of Appreciation*-Doktrin im Hinblick auf die Pressefreiheit, ZaöRV 61 (2001), 770–832.

Primo, Alex/Zago, Gabriela: Who and what do journalism? An actor-network perspective, Digital Journalism 3 (2015), 38–52.

Prinz, Matthias/Peters, Butz: Medienrecht: Die zivilrechtlichen Ansprüche, München 1999.

Pronto, Arnold N.: Understanding the Hard/Soft Distinction in International Law, Vanderbilt Journal of Transnational Law 48 (2015), 941–956.

Prosser, William L.: Privacy, California Law Review 48 (1960), 383–423.

Prütting, Hanns: Rechtsschutz gegen Persönlichkeitsverletzungen im Internet, in: Beckmann, Roland Michael/Mansel, Heinz-Peter/Matusche-Beckmann, Annemarie (Hrsg.), Weitsicht in Versicherung und Wirtschaft. Gedächtnisschrift für Ulrich Hübner, Heidelberg 2012, 425–434.

von Pufendorf, Samuel Freiherr: Acht Bücher vom Natur- und Völkerrecht, übersetzt von Johann Nicolai Hertii, Johann Barbeyrac u. a., Hildesheim, New York City 1998 (Reprint).

Pugh, Scott C.: Checkbook Journalism, Free Speech, and Fair Trials, University of Pennsylvania Law Review 143 (1995), 1739–1785.

Rabel, Ernst: Das Recht des Warenkaufs – Eine rechtsvergleichende Darstellung, Band 1 und 2, 1936, 1957 (Reprint Berlin 2011).

Rainey, Bernadette/Wicks, Elizabeth/Ovey, Clare: Jacobs, White & Ovey, The European Convention on Human Rights, 6. Aufl., Oxford 2014.

Rebhahn, Robert: Zivilrecht und Europäische Menschenrechtskonvention, AcP 210 (2010), 489–554.

Redish, Martin H.: The Value of Free Speech, University of Pennsylvania Law Review (1982), 591–645.

Reed, Chris: Internet Law, 2. Aufl., Cambridge 2004.

Reese, Steven D./Rutigliano, Lou/Hyun, Kideuk/Jeong, Jaekwan: Mapping the blogosphere. Professional and citizen-based media in the global news arena, Journalism 8 (2007), 235–261.

Reidenberg, Joel R.: Lex Informatica: The Formation of Information Policy Rules Through Technology, Texas Law Review 76 (1998), 553–584.

–: Resolving Conflicting International Data Privacy Rules in Cyberspace, Stanford Law Review 52 (2000), 1315–1371.

Reimann, Mathias: Beyond National Systems: A Comparative Law for the International Age, Tulane Law Review 75 (2001), 1103–1119.

–: From the Law of Nations to Transnational Law: Why We Need a New Basic Course for the International Curriculum, Pennsylvania State International Law Review 22 (2004), 397–415.

Reymond, Michel: The ECJ *eDate* Decision: A Case Comment, Yearbook of Private International Law 13 (2011), 493–506.

–: Jurisdiction in Case of Personality Torts Committed over the Internet: A Proposal for a Targeting Test, Yearbook of Private International Law 14 (2012/2013), 205–246.

Richards, David A. J.: Toleration and the Constitution, New York 1986.

–: Free Speech and the Politics of Identity, Oxford 1999.

Robertson, Geoffrey/Nicol, Andrew: Media Law, 5. Aufl., London 2007.

Rohe, Mathias: Gründe und Grenzen deliktischer Haftung – die Ordnungsaufgaben des Deliktsrechts (einschließlich der Haftung ohne Verschulden) in rechtsvergleichender Betrachtung, AcP 201 (2001), 117–164.

Rolph, David: Reputation, Celebrity and Defamation Law, Hampshire 2008.

–: Irreconcilable differences? Interlocutory injunctions for defamation and privacy, Media and Arts Law Review 17 (2012), 170–200.

Rooney, Martin J.: Freedom of the Press: An Emerging Privilege, Marquette Law Review 67 (1983), 34–63.

Rösler, Hannes: Pressegegendarstellungen gegen Meinungen – das europäische Erwiderungsrecht als Maßstab?, ZRP 1999, 507–509.

–: Caricatures and satires in art law: the German approach in comparison with the United States, England and the Human Convention on Human Rights, European Human Rights Law Review 2008, 463–487.

–: Dignitarian Posthumous Personality Rights—An Analysis of U.S. and German Constitutional and Tort Law, Berkeley Journal of International Law 26 (2008), 153–205.

–: Harmonizing the German Civil Law Code of the Ninetheenth Century with a Modern Constitution—The Lüth Revolution 50 Years Ago in Comparative Perspective, Tulane European and Civil Law Forum 23 (2008), 1–36.

Roth, Wendy D./Mehta, Jal D.: The *Rashomon* Effect – Combining Positivist and Interpretivist Approaches in the Analysis of Contested Events, Sociological Methods and Research 31 (2002), 131–173.

Rousseau, Jean-Jacques: Vom Gesellschaftsvertrag oder Grundsätze des Staatsrechts, 1762, übersetzt von Hans Brockard in Zusammenarbeit mit Eva Pietzcker, Stuttgart 2011.

Rubenfeld, Jed: The First Amendment's Purpose, Stanford Law Review 53 (2001), 767–832.

Rudkin, Tom: After the flood: archives and the Defamation Act 2013, Entertainment Law Review 25 (2014), 19–22.

Russell, Bertrand: History of Western Philosophy, London New York 1946 (zit. nach Routledge Classics, 2004).

Sachdeva, Amit M.: International jurisdiction in cyberspace: a comparative perspective, Computer and Telecommunications Law Review 13 (2007), 245–258.

Sachs, Michael (Hrsg.): Grundgesetz-Kommentar, 7. Aufl., München 2014.

Sack, Rolf: Die IPR-Neutralität der E-Commerce-Richtlinie und des Telemediengesetzes, EWS 2011, 65–70.

Salamon, Lester M.: The New Governance and the Tools of Public Action: An Introduction, Fordham Urban Law Journal 28 (2001), 1611–1674.

von Savigny, Friedrich Carl: System des heutigen Römischen Rechts, Band 8, Berlin 1849.

Scanlon, Thomas: A Theory of Freedom of Expression, Philosophy and Public Affairs 1 (1972), 204–226.

–: Freedom of Expression and Categories of Expression, University of Pittsburgh Law Review 40 (1979), 519–550.

–: Why Not Base Free Speech on Autonomy or Democracy?, Virginia Law Review 97 (2011), 541–548.

Schauer, Frederick: Free speech: a philosophical enquiry, Cambridge 1982.

–: Must Speech Be Special?, Northwestern University Law Review 78 (1983), 1284–1306.

–: The Phenomenology of Speech and Harm, Ethics 103 (1993), 635–653.

–: Towards an Institutional First Amendment, Minnesota Law Review 89 (2005), 1256–1279.

–: Freedom of expression adjudication in Europe and the United States: a case study in comparative constitutional architecture, in: Nolte, Georg (Hrsg.), European and US Constitutionalism, Cambridge 2005, 49–69.

Schiedermair, Stephanie: Kapitel I. Datenschutz in den Medien, in: Dörr, Dieter/Kreile, Johannes/Cole, Mark D. (Hrsg.), Handbuch Medienrecht, 2. Aufl., Frankfurt a.M. 2011, 339–390.

Schlesinger, Rudolf B.: The Past and Future of Comparative Law, American Journal of Comparative Law 43 (1995), 477–481.

Schmidt, Eric/Cohen, Jared: The New Digital Age: Reshaping the Future of People, Nations and Business, New York 2013.

Schmitt Glaeser, Walter: Meinungsfreiheit, Ehrenschutz und Toleranzgebot, NJW 1996, 873–879.

Schopenhauer, Arthur: Parerga und Paralipomena, Band I, 1851 (zit. nach Haffmans-Ausgabe, Arthur Schopenhauers Werke in fünf Bänden, Zürich 1988).

Schulte, Martin: Weltrecht in der Weltgesellschaft, Rechtstheorie 39 (2008), 143–164.

Schultz, Thomas: Carving up the internet: jurisdiction, legal orders, and the private/public international law interface, European Journal of International Law 19 (2008), 799–839.

Schwartz, Gary T.: Mixed Theories of Tort Law: Afforming Both Deterrence and Corrective Justice, Texas Law Review 75 (1997), 1801–1834.

Schwartz, Paul M.: The EU-US Privacy Collision: A Turn to Institutions and Procedures, Harvard Law Review 126 (2013), 1966–2009.

Schwartz, Victor E./Kelly, Kathryn/Partlett, David F.: Prosser, Wade and Schwartz's Torts – Cases and Materials, 12. Aufl., New York 2010.

Seitz, Walter: Prinz und Prinzessin – Wandlungen des Deliktsrechts durch Zwangskommerzialisierung der Persönlichkeit, NJW 1996, 2848–2850.

Sendler, Horst: Kann man Liberalität übertreiben?, ZRP 1994, 343–351.

Shaffer, Gregory/Pollack, Mark A.: Hard vs. Soft Law: Alternatives Complements and Antagonists in International Governance, Minnesota Law Review 94 (2010), 706–799.

Shakespeare, William: Othello, der Moor von Venedig, übersetzt von Christoph Martin Wieland, Zürich 1993.

Shannon, Claude E.: A Mathematical Theory of Communication, The Bell System Technical Journal 27 (1948), 379–423.

Shannon, Claude E./Weaver, Warren: The Mathematical Theory of Communication, Champaign 1949.

Shively, W. Phillips: The Craft of Political Research, 9. Aufl., London, New York 2016.

Sieber, Ulrich/Höfinger, Frank Michael: Allgemeine Grundsätze der Haftung, in: Hoeren, Thomas/Sieber, Ulrich/Holznagel, Bernd (Hrsg.), Handbuch Multimediarecht, EL 18, München 2007.

Siems, Mathias: Comparative Law, Cambridge 2014.

Siems, Mathias/Zumbansen, Peer: "New Governance" in European Corporate Governance Regulation as Transnational Legal Pluralism, European Law Journal 15 (2008), 246–276.

Simitis, Spiros (Hrsg.): Bundesdatenschutzgesetz, 8. Aufl., Baden-Baden 2014.

Slaughter, Anne-Marie: A New World Order, Princeton 2004.

Sloane, Robert D.: Outrelativizing Relativism: A Liberal Defense of the Universality of International Human Rights, Vanderbilt Journal of Transnational Law 34 (2001), 527–595.

Smith, Graham: Internet Law and Regulation, 4. Aufl., London 2007.

Smits, Jan M.: Applied Evolutionary Theory: Explaining Legal Change in Transnational and European Private Law, German Law Journal 9 (2008), 477–491.

Soehring, Jörg/Hoene, Verena: Presserecht. Recherche, Darstellung, Haftung im Recht der Presse, des Rundfunks und der neuen Medien, 5. Aufl., Köln 2013.

Solove, Daniel J.: Conceptualizing Privacy, California Law Review 90 (2002), 1087–1155.

–: A Taxonomy of Privacy, University of Pennsylvania Law Review 154 (2006), 477–560.

Solove, Daniel J./Schwartz, Paul M.: Information Privacy Law, 5. Aufl., New York 2015.

Specht, Louisa/Eickhoff, Vera: Ein reformiertes Haftungskonzept für rechtswidrige Äußerungen auf Bewertungsportalen? Überlegungen zu einem auf das Äußerungsrecht beschränkten sektorspezifischen Haftungskonzept, CR 2016, 740–746.

Speitkamp, Winfried: Ohrfeige, Duell und Ehrenmord. Eine Geschichte der Ehre, Stuttgart 2010.

Spindler, Gerald: Der Entwurf zur Umsetzung der E-Commerce-Richtlinie, ZRP 2001, 203–207.

–: Kollisionsrecht und internationale Zuständigkeit bei Persönlichkeitsrechtsverletzungen im Internet – die eDate Entscheidung des EuGH, AfP 2012, 114–121.

Spindler, Gerald/Schuster, Fabian (Hrsg.): Recht der elektronischen Medien, 3. Aufl., München 2015.

Sporn, Stefan: Ein Grundrecht der Medienfreiheit – Gleiches Recht für alle!?, K&R Beihefter 2/2013, 2–8.

Stark, Ralf: Ehrenschutz in Deutschland, Berlin 1996.

Steensen, Steen/Ahva, Laura: Theories of Journalism in a Digital Age, Digital Journalism 3 (2015), 1–18.

Stein, Eric: Lawyers, judges, and the making of a transnational Constitution, American Journal of International Law 75 (1981), 1–27.

Steinbach, Armin: Meinungsfreiheit im postfaktischen Umfeld, JZ 2017, 653–661.

Steuten, Ulrich: Von der Lebensführung zur Selbstinszenierung – Soziologische Überlegungen zur Diffusion der Ehre in der Gegenwartsgesellschaft, Duisburger Beiträge zur Soziologischen Forschung 2 (2005), 1–44.

Stevens, Robert: Torts and Rights, Oxford 2007.

Stewart, Potter: "Or of the Press", Hastings Law Journal 26 (1975), 631–637.

Stichweh, Rudolf: Die Weltgesellschaft. Soziologische Analysen, Berlin 2000.

–: Das Konzept der Weltgesellschaft: Genese und Strukturbildung eines globalen Gesellschaftssystems, Rechtstheorie 39 (2008), 329–355.

Stone, Peter: EU Private International Law, 2. Aufl., Cheltenham 2010.

Stürner, Rolf: Die verlorene Ehre des Bundesbürgers – Bessere Spielregeln für die öffentliche Meinungsbildung?, JZ 1994, 865–877.

Sujecki, Bartosz: Zur Bestimmung des Erfolgsortes nach Art. 7 Nr. 2 EuGVVO bei Internetdelikten, K&R 2015, 305–309.

Sunstein, Cass R.: Pornography and the First Amendment, Duke Law Journal 35 (1986), 589–627.

–: Free Speech Now, University of Chicago Law Review 59 (1992), 255–316.

Temperman, Jeroen: Blasphemy, Defamation of Religions and Human Rights Law, Netherlands Quarterly of Human Rights 26 (2008), 517–545.

Tettinger, Peter J.: Die Ehre – Ein ungeschütztes Verfassungsgut?, Köln 1995.

Thomas von Aquin: Summa contra gentiles, übersetzt von Karl Albert, Karl Allgaier, Leo Dümpelmann, Paulus Engelhardt, Leo Gerken und Markus H. Wörner, Darmstadt 2001.

Thompson, Marcelo: Beyond Gatekeeping: The Normative Responsibility of Internet Intermediaries, Vanderbilt Journal of Entertainment & Technology Law 18 (2016), 783–849.

Thorn, Karsten: Internationale Zuständigkeit bei Persönlichkeitsverletzungen durch Massenmedien, in: Kronke, Herbert/Thorn, Karsten (Hrsg.), Grenzen überwinden – Prinzipien bewahren, Festschrift für Bernd von Hoffmann, Bielefeld 2011, 746–762.

Tietje, Christian/Nowrot, Karsten: Laying Conceptual Ghosts of the Past to Rest: The Rise of Philip. C. Jesup's 'Transnational Law' in the Regulatory Governance of the International Economic System, in: Tietje, Christian/Brouder, Alan/Nowrot, Karsten (Hrsg.), Philip C. Jessup's *Transnational Law* Revisited, Halle 2006, 17–43.

Trispiotis, Ilias: The Duty to Respect Religious Feelings: Insights From European Human Rights Law, Columbia Journal of European Law 19 (2013), 499–551.

Tuori, Kaarlo: Transnational law. On legal hybrids and perspectivism, in: Maduro, Miguel/Tuori, Kaarlo/Sankari, Suvi (Hrsg.), Transnational Law. Rethinking European Law and Legal Thinking, Cambridge 2014, 11–57.

Ueding, Gert: Klassische Rhetorik, 5. Aufl., München 2011.

Ugland, Erik: Demarcating the Right to Gather News: A Sequential Interpretation of the First Amendment, Duke Journal of Constitutional Law and Public Policy 3 (2008), 118–189.

Ulpian: Corpus Iuris Civilis, Digesten 1–10, Behrends, Okko/Knütel, Rolf/Kupisch, Berthold/Seiler, Hans Hermann (Hrsg.), Heidelberg 1995.

Van Alstyne, William W.: The Hazards to the Press of Claiming a "Preferred Position", Hastings Law Journal 28 (1977), 761–770.

van Noorloos, Marloes: Criminalising Defamation of Religion and Belief, European Journal of Crime, Criminal Law and Criminal Justice 22 (2014), 351–375.

van Raalte, Marlein: Socratic Parrhesia and its Afterlife in Plato's Laws, in: Sluiter, Ineke/Rosen, Ralph M. (Hrsg.) Free Speech in Classical Antiquity, Leiden, Boston 2004, 279–312.

Vedder, Christoph: Die UN-Menschenrechtspakte und ihre Verfahren, in: Merten, Detlef/Papier, Hans-Jürgen (Hrsg.), Handbuch der Grundrechte in Deutschland und Europa, Band VI/2, Heidelberg 2009, 237–301.

Viellechner, Lars: The Network of Networks: Karl-Heinz Ladeur's Theory of Law and Globalization, German Law Journal 10 (2009), 515–536.

–: Transnationalisierung des Rechts, Weilerswist 2013.

Vogel, J. Benedikt: Das Medienpersönlichkeitsrecht im Internationalen Privatrecht, Baden-Baden 2014.

Vogt, Ludgera: Zur Logik der Ehre in der Gegenwartsgesellschaft, Frankfurt 1997.

Vogt, Ludgera/Zingerle, Arnold: Einleitung: Zur Aktualität des Themas Ehre und zu seinem Stellenwert in der Theorie, in: Vogt, Ludgera/Zingerle, Arnold (Hrsg.), Ehre. Archaische Momente in der Moderne, Frankfurt a. M. 1994, 9–34.

Voigt, Rüdiger: Weltrecht – Entsteht eine „dritte Rechtsordnung"?, Rechtstheorie 39 (2008), 357–380.

Volokh, Eugene: Freedom of Speech and Information Privacy: The Troubling Implications of a Right to Stop People From Speaking About You, Stanford Law Review 52 (2000), 1049–1124.

–: The Trouble With "Public Discourse" as a Limitation on Free Speech Rights, Virginia Law Review 97 (2011), 567–594.

–: In Defense of the Marketplace of Ideas/Search for Truth as a Theory of Free Speech Protection, Virginia Law Review 97 (2011), 595–601.

–: Freedom for the Press as an Industry, of for the Press as a Technology?, University of Pennsylvania Law Review 160 (2012), 459–540.

Wacks, Raymond: Privacy and Media Freedom, Oxford 2013.

Wagner, Gerhard: Die neue Rom II-Verordnung, IPrax 2008, 1–17.

Wall, Melissa: Citizen Journalism – A retrospective on what we know, an agenda for what we don't, Digital Journalism 3 (2015), 797–813.

Warren, Samuel/Brandeis, Louis D.: The Right to Privacy, Harvard Law Review 4 (1890), 193–220.

Weaver, Russell L./Delpierre, Nicholas/Boissier, Laurence: Holocaust Denial and Governmentally Declared 'Truth': French and American Perspective, Texas Tech University Law Review 41 (2009), 495–517.

Weaver, Russell L./Kenyon, Andrew/Partlett, David/Walker, Clive: The Right to Speak Ill. Defamation, Reputation and Free Speech, Durham 2006.

Weaver, Russell L./Partlett, David: Defamation, Free Speech and Democratic Governance, New York Law School Law Review 50 (2005–2006), 57–80.

Webber, Gregoire: Rights and the rule of law in the balance, Law Quarterly Review 129 (2013), 399–419.

Weber, Max: Wissenschaft als Beruf, 1919, zit. nach Mommsen, Wolfgang J./Schluchter, Wolfgang (Hrsg.), Studienausgabe der Max-Weber-Gesamtausgabe, Band I/17, Tübingen 1994.

–: Wirtschaft und Gesellschaft – Soziologie, 1918–1920, zit. nach Baier, Horst u. a. (Hrsg.), Max Weber Gesamtausgabe, Band 23, Tübingen 2013.

–: Wirtschaft und Gesellschaft – Gemeinschaften, zit. nach Baier, Horst u. a. (Hrsg.), Max Weber Gesamtausgabe, Band 22-1, Tübingen 2001.

–: Gesammelte Aufsätze zur Wissenschaftslehre, 3. Aufl., Tübingen 1968.

Weiner, Christian/Schmelz, Christoph: Die elektronische Presse und andere neue Kommunikationsformen im neuen rechtlichen Regulierungsrahmen, K&R 2006, 453–460.

Weinrib, Ernest J.: Corrective Justice, Iowa Law Review 77 (1992), 403–426.

Weinstein, James: Participatory Democracy as the Central Value of American Free Speech Doctrine, Virginia Law Review 97 (2011), 491–514.

–: Participatory Democracy as the Basis of American Free Speech Doctrine: A Reply, Virginia Law Review 97 (2011), 633–679.

Weir, J. A.: Local authority v. critical ratepayer—A suit in defamation, Cambridge Law Journal 1972A, 238–246.

Weir, Tony: A Casebook on Tort, 10. Aufl., London 2004.

Welcker, Carl Theodor: Infamie, Ehre, Ehrenstrafen, in: von Rotteck, Carl/Welcker, Carl Theodor (Hrsg.), Staats-Lexikon oder Encyklopädie der Staatswissenschaften, Bd. 8, Hamburg 1839.

Wells, Christina E.: Reinvigorating Autonomy: Freedom and Responsibility in the Supreme Court's First Amendment Jurisprudence, Harvard Civil Rights—Civil Liberties Law Journal 32 (1997), 159–196.

Wenzel, Egbert (Begr.): Das Recht der Wort- und Bildberichterstattung. Handbuch des Äußerungsrechts, 5. Aufl., Köln 2003.

Wessels, Johannes/Hettinger, Michael/Engländer, Armin: Strafrecht Besonderer Teil 1. Straftaten gegen Persönlichkeits- und Gemeinschaftswerte, 41. Aufl., Heidelberg 2017.

West, Sonja R.: Awakening the Press Clause, UCLA Law Review 58 (2011), 1025–1070.

Whitman, James Q.: The Two Western Cultures of Privacy: Dignity Versus Liberty, Yale Law Journal 113 (2004) 1151–1221.

Whitney, Charles D./Becker, Lee B.: 'Keeping the Gates' for Gatekeepers. The Effects of Wire News, Journalism Quarterly 59 (1982), 60–65.

Wilkat, Anja: Bewertungsportale im Internet, Baden-Baden 2013.

Williams, Katherine S.: On-Line Anonymity, Deindividuation and Freedom of Expression and Privacy, Penn State Law Review 110 (2006), 687–701.

Wimmers, Jörg: Der Intermediär als Ermittler, Moderator und Entscheider in äußerungsrechtlichen Auseinandersetzungen?, AfP 2015, 202–210.

Winkler, Adam: We the corporations – how American businesses won their civil rights, New York, London 2018.

Wittgenstein, Ludwig: Tractatus Logico-Philosophicus, London 1922.

Witzleb, Normann: Geldansprüche bei Persönlichkeitsrechtsverletzungen durch Medien, Tübingen 2002.

Wolf, Christopher: Delusions of Adequacy? Examining the Case for Finding the United States Adequate for Cross-Border EU-U.S. Data Transfers, Washington University Journal of Law & Policy 43 (2014), 227–257.

Wragg, Paul: Mill's dead dogma: the value of truth to free speech jurisprudence, Public Law 2013, 363–385.

Zech, Herbert: Information als Schutzgegenstand, Tübingen 2012.

Zipursky, Benjamin C.: Theory of Punitive Damages, Texas Law Review 84 (2005), 105–171.

Zumbansen, Peer: Comparative Law's Coming of Age? Twenty Years after *Critical Comparisons*, German Law Journal 6 (2005), 1073–1084.

–: Transnational Legal Pluralism, Transnational Legal Theory 10 (2010), 141–189.

–: The Ins and Outs of Transnational Private Regulatory Governance: Legitimacy, Accountability, Effectiveness and a New Concept of "Context", German Law Journal 13 (2012), 1269–1281.

–: Transnational Law, Evolving, in: Smits, Jan M. (Hrsg.), Elgar Encyclopedia of Comparative Law, 2. Aufl. Cheltenham 2012, 899–925.

–: Methodologie und Legitimation: Transnationales Recht als Politische Rechtstheorie, in: Calliess, Gralf-Peter (Hrsg.), Transnationales Recht, Tübingen 2014, 557–583.

Zweigert, Konrad/Kötz, Hein: Einführung in die Rechtsvergleichung, 3. Aufl., Tübingen 1996.

Entscheidungsverzeichnis

I. Internationale Gerichte

1. Internationaler Strafgerichtshof für das ehemalige Jugoslawien

2. Sondergerichtshof für Sierra Leone

II. Vereinte Nationen

1. UN-Ausschuss für die Beseitigung der Rassendiskriminierung

2. UN-Menschenrechtsausschuss

III. Interamerikanischer Gerichtshof für Menschenrechte

IV. Europarat

1. Europäischer Gerichtshof für Menschenrechte

2. Europäische Kommission für Menschenrechte

V. Europäischer Gerichtshof/Gerichtshof der Europäischen Union

VI. Bundesrepublik Deutschland

1. Bundesverfassungsgericht

2. *Bundesgerichtshof*

3. Bundesarbeitsgericht

4. Bundesverwaltungsgericht

VII. Vereinigtes Königreich

1. United Kingdom Supreme Court

2. House of Lords

3. Court of Appeal (England und Wales)

4. High Court of Justice (England und Wales)

5. Privy Council

6. Sonstige Gerichte und Spruchkörper

VIII. Frankreich

Tribunal de Grande Instance de Paris

IX. Vereinigte Staaten von Amerika

1. US Supreme Court

2. Sonstige Gerichte

X. Kanada

1. Supreme Court of Canada

Personen- und Sachregister

Beiträge zum ausländischen und internationalen Privatrecht

Herausgegeben vom
Max-Planck-Institut für ausländisches
und internationales Privatrecht

Direktoren:
Holger Fleischer, Ralf Michaels und Reinhard Zimmermann

In der Schriftenreihe *Beiträge zum ausländischen und internationalen Privatrecht* (BtrIPR) werden regelmäßig wichtige Schriften, namentlich Habilitationsschriften, aus den Aufgabengebieten des Max-Planck-Instituts für ausländisches und internationales Privatrecht publiziert. Etliche in dieser Reihe erschienene Monografien und Gesamtdarstellungen sind im Institut verfasst oder betreut worden. Die Vielfalt der Forschungsthemen reicht etwa über die Darstellung des Internationalen Privatrechts in Lateinamerika oder vergleichende Studien zum Ehe- und Kindschaftsrecht oder Sanierungs- und Reorganisationsrecht bis zur Aufarbeitung des Internationalen Versicherungsvertragsrechts. Für thematisch einschlägige Dissertationen steht anstelle der Reihe *BtrIPR* die Reihe *StudIPR* offen.

ISSN: 0340-6709
Zitiervorschlag: BtrIPR

Alle lieferbaren Bände finden Sie unter *www.mohrsiebeck.com/btripr*

Mohr Siebeck
www.mohrsiebeck.com